临平年鉴

LINPING YEARBOOK

中共杭州市临平区委党史研究室
（杭州市临平区地方志编纂研究室） 编

2023

方志出版社
Publishing House of Local Records

临平年鉴

LINPING YEARBOOK

2023

临平区委党史工作委员会
临平区地方志编纂委员会领导小组

顾　　问　陈如根

组　　长　周徐胤

副 组 长　王卫安　宋　斌　沈　威　杨　霞

办公室主任　陈　霞

《临平年鉴(2023)》编辑部

主　　编　陈　霞

执　　行
副 主 编　张　嫣

副 主 编　丁黎明　吴莹岗　胡晓秋　张　迎

编　　辑　张婷婷　罗灵洁　吕晓英　陈建益　董双双
　　　　　高云娇　何晓菲　施虹霞　徐　丹

编辑说明

一、《临平年鉴》是中国共产党杭州市临平区委、临平区人民政府主办，中共杭州市临平区委党史研究室（杭州市临平区地方志编纂研究室）承编的综合性地方年鉴，逐年记载临平区自然、政治、经济、文化、社会和生态文明建设等方面的基本情况，为各级党政机关和社会各界人士了解、研究临平提供丰富、翔实的地情资料。

二、《临平年鉴(2023)》是临平区连续编纂的第2卷年鉴。全书以马克思列宁主义、毛泽东思想、邓小平理论、“三个代表”重要思想、科学发展观、习近平新时代中国特色社会主义思想为指导，坚持辩证唯物主义和历史唯物主义的立场、观点和方法，客观、系统、真实记述2022年临平区的历史和现状，突出资料性、地方性和年度性，综合反映全区经济社会发展的概貌。

三、《临平年鉴(2023)》采用分类编辑法，设类目、分目、条目三级结构层次，随文插入照片、表格。所采用的文字原稿和数据，均由区级机关各部门，各镇、街道和有关单位提供，文后署名，并经供稿单位审核。凡涉及临平区国民经济和社会发展全局性数据，以临平区统计局公布的数据为准。资料一般为2022年情况，个别特殊事项适当上溯或下延。

四、2021年4月杭州市行政区划调整后，个别职能部门统计数据未随区划调整进行拆分的，按原口径统计，并随文注明。

五、《临平年鉴(2023)》主体内容中，单位名称一般采用全称或规范简称。数字用法、标点符号用法，分别采用国家标准《出版物上数字用法》(GB/T 15835—2011)、《标点符号用法》(GB/T 15834—2011)。计量单位采用国家技术监督局1993年12月发布的《量和单位》系列国家标准。农田土地面积仍保留“亩”为单位。

六、“特载”“附录”中的“文件辑录”“2022年临平区国民经济和社会发展统计公报”内容照原文登载，不做编辑处理。

七、《临平年鉴(2023)》采用双重检索系统。书前有总目和详细目录，书后有索引。索引采用分析索引法。

杭州·临平
HANGZHOU LINPING

7月1日，临平城市LOGO发布（区融媒体中心 供稿）

7月1日，临平城市形象IP发布（区融媒体中心 供稿）

2022
临平概览

- 全区总面积**286**平方千米
- 全区户籍人口**60.24**万人
- 全区实现地区生产总值**1006.68**亿元
- 全区实现财政总收入**229.93**亿元，其中地方一般公共预算收入**135.57**亿元
- 全区固定资产投资同比增长**11.4%**
- 全区社会消费品零售总额**373.60**亿元
- 全区实现进出口总额**392.65**亿元
- 全区实际利用外资**2.10**亿美元
- 全区常住居民人均可支配收入**79422**元（城市）、**51384**元（农村）

2022年3月24日，运河街道双桥村千亩油菜（应召平 摄）

大运河（临平段），拍摄于2022年9月7日

（高宇轩 摄）

杭州临平经济技术开发区夜景，拍摄于2022年8月8日

（临平经济技术开发区 供稿）

学习贯彻中共二十大精神

2022年10月23日，中共二十大主题文艺宣讲在临平区人民广场举行　　（区文广旅体局 供稿）

2022年11月2日，临平区星桥街道举办“星桥企新说”暨“贯彻党的二十大精神·我‘耀’星桥”演讲比赛　　（区融媒体中心 供稿）

2022年10月16日，中共二十大代表、贝达药业股份有限公司质量工程师高娅琴（第二排右起第4位）在现场听报告　　（区融媒体中心 供稿）

2022年11月14日，“激扬巾帼她力量 砥砺奋进新征程”女性代表学习中共二十大精神座谈会在贝达药业召开

（区妇女联合会 供稿）

2022年11月10日，大运河科创城管委会青年干部分享学习中共二十大报告金句的体会

（区融媒体中心 供稿）

2022年12月9日，“贯彻党的二十大精神 争当学习弄潮儿”2022年杭州市“学习强国”知识竞赛临平团区委专场在区融媒体中心举行

（区融媒体中心 供稿）

亚运筹办

2022年2月14日，2022年临平区“闹元宵·迎亚运”万米精英赛暨亚运场地测试赛在临平体育中心举办

（区文广旅体局 供稿）

2022年2月21日，临平滚灯献艺杭州亚组委举办亚运会倒计时200天群众体育文化展演活动

（区融媒体中心 供稿）

2022年4月8日，“韵味杭州”2022年全国空手道锦标系列赛（第一站）在临平体育中心举办

（区文广旅体局 供稿）

临平体育中心外景，拍摄于2022年10月12日

（周　铭 摄）

临平体育中心内景，拍摄于2022年10月12日

（周　铭 摄）

2022年3月3日，亚运元素点亮临平街头

（周　铭 摄）

2022年7月1日，“红心向党 跑荧青春”2022临平区荧光夜跑活动在临平体育中心开赛

（区融媒体中心 供稿）

2022年4月10日，临平电信网络工程师正在开展亚运测试赛网络调测　（胡敏丽 摄）

社会治理

2022年2月，“乔网智治云上中心”正式启用　　（乔司街道 供稿）

2022年3月2日，浙江省内公积金行业共享法庭率先在杭州住房公积金管理中心临平分中心成立。图为临平区人民法院共享法庭（公积金服务站）

（杭州住房公积金管理中心临平分中心 供稿）

2022年5月24日，临平区海关办事处海关关员在辖区全地形车生产企业开展监管工作

（赵　瑾 摄）

2022年6月30日，临平区市场监管局开展食品安全周宣传　　（区市场监管局 供稿）

2022年6月8日，杭州市生态环境局临平分局执法人员开展生态环境交叉执法检查（区生态环境局 供稿）

2022年9月29日，临平、海宁、德清交通部门开展“跨市域联合执法行动”　　（区交通运输局 供稿）

2022年6月，临平区人民检察院第六检察部检察官介绍网约房数字监督场景研发情况　（区检察院 供稿）

社会民生

2022年2月24日，临平区“职为你来”春风行动专场直播带岗招聘活动举办

（周　铭 摄）

2022年3月，银行金融服务专员深入塘栖镇超丁村田间地头做好金融助力春耕备耕工作

（沈海萍 摄）

2022年3月7日，临平区供电公司员工到崇贤街道鸭兰村进行农排线路及农灌表箱检查（谢 枫 摄）

2022年11月2日，市医保局临平分局工作人员在龙兴未来社区开展医保“五进”宣传活动（徐千云 供稿）

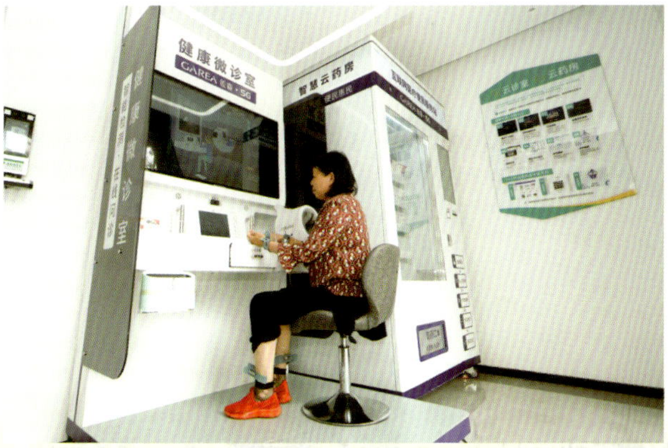

临平区南苑街道龙兴未来社区内的“健康汇”，拍摄于2022年5月28日（周 铭 摄）

临平区南苑街道龙兴未来社区托育服务，拍摄于2022年5月28日（周 铭 摄）

水美公园里“嵌”着的运动场地，拍摄于2022年8月16日（区融媒体中心 供稿）

产业平台

2022年9月16日，中国大运河古镇联盟在临平区塘栖镇成立 （大运河微融媒中心 供稿）

2022年7月22日，国家知识产权局公布第二十三届中国专利奖评选结果，杭州东华链条集团有限公司获中国专利优秀奖，图为杭州东华链条集团有限公司 （经济技术开发区 供稿）

大运河国家文化公园—崇贤塘栖段绿道，拍摄于2022年10月24日

（临平区大运河国家文化公园建设管委会、大运河科创城建设管委会、超山风景名胜区管委会 供稿）

2022年7月27日，第五届CCFW中国国际儿童时尚周在临平新城艺尚小镇启幕 （临平新城 供稿）

2022年8月25日，2022年中国服装科技大会在临平新城艺尚小镇开幕 （临平新城 供稿）

生态环境

临平区运河街道新宇环村绿道，拍摄于2022年4月25日（运河街道 供稿）

临平区艺尚小镇粉黛花海，拍摄于2022年10月10日（区融媒体中心 供稿）

2022年10月13日，临平区塘超小径吸引不少骑行爱好者和游客前来“打卡”（塘栖镇 供稿）

临平区塘超小径将古镇塘栖、赏梅胜地超山、原生态湿地丁山湖串联成线，拍摄于2022年10月13日

（塘栖镇 供稿）

2022年12月，临平区塘栖镇河西埭村入选2022年浙江省生态文化基地名单，图为临平区塘栖镇河西埭村

（区融媒体中心 供稿）

2022年12月15日，临平区北塔漾入选浙江省2022年美丽河湖名单，图为临平区北塔漾

（区融媒体中心 供稿）

2022年12月15日，临平区西太漾入选浙江省2022年美丽河湖名单，图为临平区西太漾

（区融媒体中心 供稿）

精神文明

2022年3月1日，临平区举行首届“美丽临平人”发布会，为获首届“美丽临平人”称号的先进集体和个人颁奖 （区融媒体中心 供稿）

2022年2月10日，老人们在居家养老服务中心写福字迎新 （周 铭 摄）

2022年5月14日，“丰起大运河　乡村绘共富”首届中国·大运河乡村研学节在临平区运河街道双桥村开幕 （运河街道 供稿）

2022年2月9日，临平区委宣传部与区教育局联合打造的“弘临”思政学院成立仪式在区融媒体中心举行

（区教育局 供稿）

2022年7月24日，大运河古镇文化节·非遗文化周开场，图为临平区塘栖非遗民俗水乡婚礼展示

（区融媒体中心 供稿）

2022年6月6日，临平区“塘栖百匠”非遗工坊入选省级非遗工坊创建名单 （区文广旅体局 供稿）

临平街道数字港临品书坊，拍摄于2022年9月30日 （区文广旅体局 供稿）

文化事业

2022 年 12 月，良渚文化玉架山遗址考古公园一期建成对外开放　　（王钰 摄）

2022 年 9 月 16 日，临平区文化馆原创小品《抢“地盘”》在第十二届中国曲艺“牡丹奖”中获中国曲艺界最高奖——“牡丹奖”　　（区文广旅体局 供稿）

2022年5月，“一起·向未来”临平区第一届中小学生艺术节举行，图为戏剧曲艺专场　（区教育局摄）

2022年10月，临平区首个省级文化驿站——“庙街拾铺”对外开放　（临平街道 供稿）

2022年11月4日，大运河1986文创园开园
（区融媒体中心 供稿）

2022年9月14日，临平智慧图书馆获评首届浙江省最美公共文化空间　（临平街道 供稿）

2022年9月27日，第九届西湖合唱节暨首届中国大运河室内合唱节惠民演出在临平区塘栖广济桥边举行
（区文广旅体局 供稿）

2022年12月21日，临平街道成功创建全省首家镇街级“中国曲艺之乡”，图为临平街道文化艺术长廊
（临平街道 供稿）

重大工程

2022年8月10日，沪杭高速公路临平段改建工程全线通车　　（临平新城 供稿）

2022年6月28日，望梅高架路二期、东湖高架路二期正式通车　　（周 铭 摄）

2022年8月18日凌晨，沪昆铁路临平段拔接工程现场　　（金山 摄）

2022年10月28日，320国道快速路二期（崇贤至东湖路连接线）正式通车　　（区交通运输局 供稿）

2022年10月31日，白鹤滩-浙江特高压终点站交流系统调试及试运行顺利结束，成功接入浙江电网

（区融媒体中心 供稿）

2022年9月19日，京杭运河航道桥梁提升工程（一期）丰稔桥通车　　（区融媒体中心 供稿）

健身绿道

临平山旋转绿道，拍摄于2023年4月4日 （区住建局 供稿）

临平区亚运场馆周边绿道，拍摄于2022年10月14日 （区住建局 供稿）

临平区星光街绿道（凯文杭庄段），拍摄于2022年10月16日 （区住建局 供稿）

临平区九乔绿道，拍摄于2022年9月12日　　（区融媒体中心 供稿）

临平区龙兴公园绿道，拍摄于2022年10月14日
（区住建局 供稿）

临平区星光街绿道，拍摄于2022年12月19日
（区融媒体中心 供稿）

临平山绿道，拍摄于2022年10月7日
（区融媒体中心 供稿）

四好农村路

临平区超山环线梧桐秋色，拍摄于2022年11月10日　　（区交通运输局 供稿）

临平区崇贤街道鸭兰村四好农村路，拍摄于2022年7月19日　　（区交通运输局 供稿）

临平区塘栖镇邵家坝村“四好农村路”，拍摄于2022年10月

（区交通运输局 供稿）

临平区运河街道东新村“四好农村路”，拍摄于2022年11月10日

（区交通运输局 供稿）

南苑街道临平东“四好农村路”，拍摄于2022年10月

（区交通运输局 供稿）

浙江理工大学

2022年8月29日，临平区首所大学——浙江理工大学临平校区启用，图为校区大门，拍摄于2022年8月

（区融媒体中心 供稿）

浙江理工大学临平校区篮球场，拍摄于2022年8月

（区融媒体中心 供稿）

浙江理工大学临平校区校园外景，拍摄于2022年8月

（区融媒体中心 供稿）

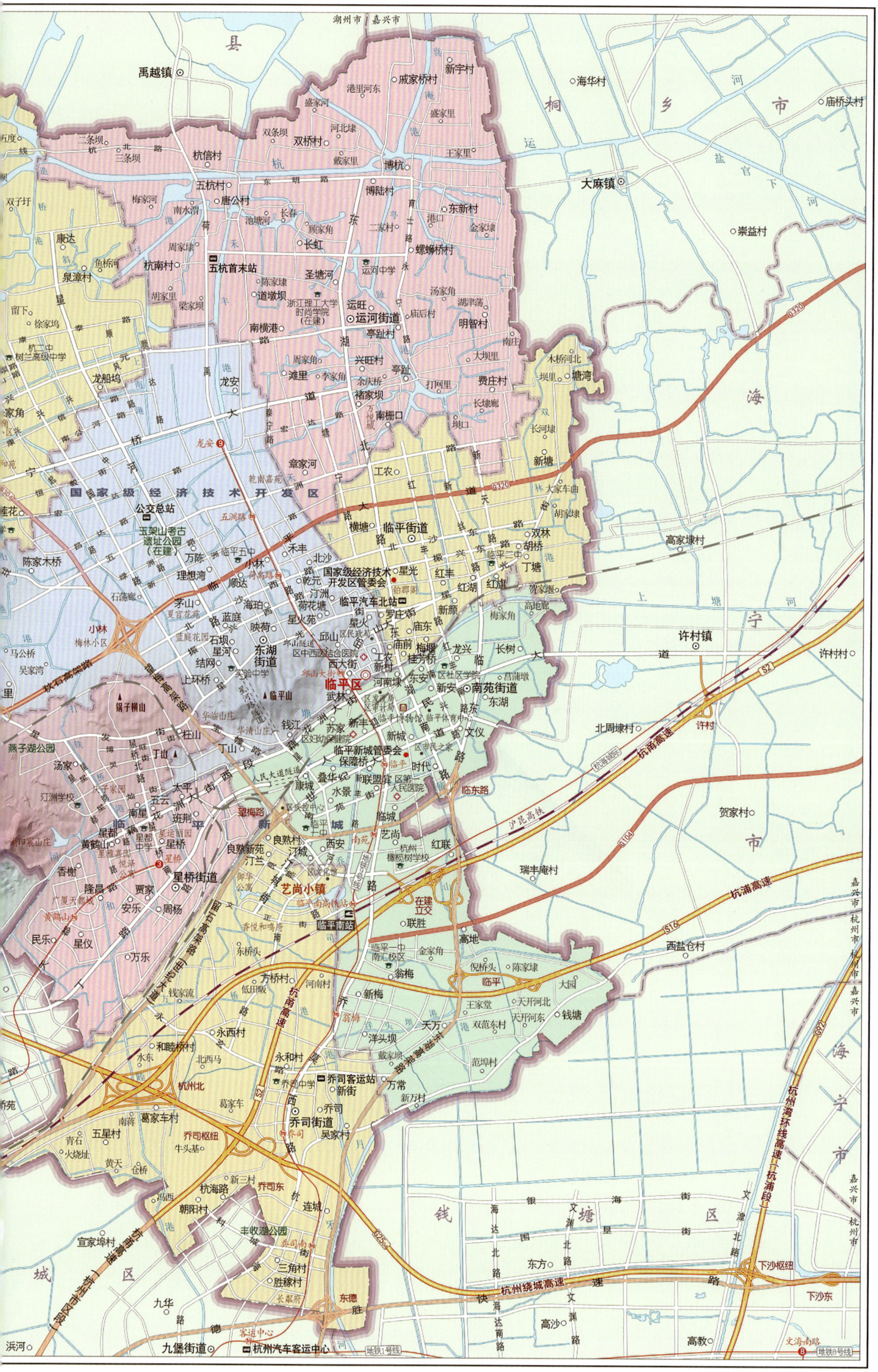

湖州市
嘉兴市
县
禹越镇
新宇村
戚家桥村
港里河东
盛家河
盛家里
双条坝
双桥村
河北埭
二条坝
三条坝
杭信村
戴家里
王家里
博杭
五杭村
唐公村
博陆村
东新村
梅家河
南木渭
池塘河
长春
钱家角
二家村
港口
金家埭
周家埭
长虹
螺蛳桥村
康达
鱼桥河
杭南村
五杭首末站
圣塘河
运河中学
泉漳村
陈家埭
道墩坝
浙江理工大学时尚学院(在建)
运旺
运河街道
汤家角
胡家里
梁家坝
庙后村
湖津港
明智村
留下
徐家坞
南横港
亭趾村
南庄
杭二中树兰高级中学
周家角
兴旺村
大坝里
龙船坞
滩里
李家角
亭趾
龙安
余庆桥
打网里
费庄村
褚家坝
长埭廊
南栅口
坝口
龙安
章家河
国家级经济技术开发区
乾南嘉苑
工农
新塘
长河埭
大家车曲
胡家埭
公交总站
五洲路
玉架山考古遗址公园(在建)
横塘
临平街道
双林
胡桥
陈家木桥
万陈
临平五中
禾丰
北沙
临平三中
理想湾
小林
顺达
国家级经济技术开发区管委会
星光
红丰
丁塘
红湖
红旗
石荡廊
茅山
海珀
荷花塘
临平汽车北站
罗庄
贺家桥
高地廊
梅家角
夏宫花苑
蓝庭
映荷
星火苑
新颜
小林
梅林小区
蓝庭花园
石坝
东湖街道
邱山
庙东
龙兴
长树
马公桥
星河
庙前
桂芳桥
吴家湾
结网
实验中学
临平山
西大街
工农
新村
上环桥
武林
临平区
河南埭
新安
南苑街道
东湖
锅子桶山
华清山庄
钱江
苏家
新丰
新城
文仪
燕子湖公园
丁山
临平新城管委会
保障桥
时代
汤家
叠华
联盟
临平区第一人民医院
临东路
汀洲学校
康城
水景
太平
五云
新城
南星
星都
望梅路
良熟村
艺尚
红联
黄鹤山
星桥
良熟新苑
汀城
西安
杭州樱桃树学校
星桥
香树
汀兰
临平南
隆昌
贾家
星桥街道
艺尚小镇
在建立交
安乐
周杨
临平南站
联胜
民乐
星仪
万乐
东桥头
高地
临平一中南苑校区
金家角
翁梅
倪桥头
陈家埭
大园
钱家流
低田畈
方桥村
河南村
临平
新梅
王家堂
天开河北
天开河东
钱塘
永西村
天万
双范东村
和睦桥村
洋头坝
范埠村
水东
北西马
永和村
戴家坝
乔司中学
乔司客运站
新街
万常
杭州北
葛家车
乔司
新万村
五星村
南蒋
葛家车村
乔司街道
吴家村
乔司枢纽
牛头基
青石
火烧址
黄天
仓桥
新三村
乔司东
杭海路
朝阳村
连城
丰收湖公园
宣家埠村
三角村
胜稼村
东德
九华
城
区
九堡街道
杭州汽车客运中心
客运中心
浜河
海华村
桐
乡
市
庙桥头村
运
河
盐
官
下
河
大麻镇
崇益村
木桥河北
坝里
塘湾
海
宁
高家埭村
上
塘
河
许村镇
道
大
许村村
北周埭村
许村
杭浦高速
贺家村
市
沪昆高铁
瑞丰庵村
杭浦高速
西盐仓村
嘉兴市
杭州市
海
宁
市
杭州湾环线高速(杭浦段)
钱
塘
区
银
海
达
北
路
文
渊
北
路
街
东方
杭州绕城高速
下沙枢纽
下沙东
高沙
文
渊
路
高教
文海南路
地铁1号线
地铁8号线
G320
S2
S16
G104
G92

杭州市临平区行政区划图

图例

◎	区政府	G25	高速立交及编号
●	管委会	G320	国道及编号
⊙	镇、街道	S304	省道及编号
○	行政村、社区		街道、城市高架
∘	自然村	9	地铁线及站点
	设区市界		博物馆 寺庙
	区界		学校 汽车站
	镇、街道界		医院 单位
	高速铁路及车站		景点 山峰
	普通铁路		河流、水库

比例尺 1:60 000

杭州市临平区民政局
杭州市勘测设计研究院有限公司 编制

基础资料由杭州市规划和自然资源局提供

地图审核号：浙杭S（2021）049号
界线仅供参考 不作划界依据

杭州市临平区行政区划表

街道镇	管辖归属	社区 行政村
临平街道	临平街道	西大街 工农新村 星火 荷花塘 邱山 钱江 武林 工山
	东湖街道	小林 蓝庭 结网 星火苑 屯里 乾元 禾丰 龙安 石坝 万陈 上环桥 陈家木桥 茅山 顺达 映荷 海珀 星河 北沙 汀洲 理想湾
南苑街道	/	河南埭 东安 新城 保障桥 苏家 联盟 新丰 万常 高地 西安 钱塘 翁梅 天万 红联 联胜 东湖 长树 新安 时代 文仪 水景 龙兴 康城 新梅 临城 洋头坝 叠华 汀城 艺尚
东湖街道	东湖街道	胡桥 红旗 双林 工农 塘湾 新塘 红丰 星光 横塘 红湖
	临平街道	罗庄 庙前 桂芳桥 庙东 梅堰 工塘 新颜
星桥街道	/	星都 香榭 南星 安乐 汤家 枉山 太平 星桥 民乐 万乐 周杨 贾家 班荆 五云 隆昌 星仪 黄鹤山
乔司街道	/	新街 乔司 连城 良熟新苑 汀兰 杭海路 葛家车村 和睦桥村 永西村 良熟村 方桥村 朝阳村 五星村 吴家村 三角村 胜稼村 永和村
运河街道	运河街道	亭趾 博杭 褚家坝 南栅口 运旺 螺蛳桥村 唐公村 东新村 五杭村 杭南村 戚家桥村 新宇村 双桥村 杭信村 明智村 亭趾村 博陆村 兴旺村 费庄村
	东湖街道	长虹 道墩坝 圣塘河 章家河 滩里 南横港
崇贤街道	/	前村 崇杭 崇文 杨家浜 曹家浜 崇贤村 向阳村 大安村 沾桥村 鸭兰村 三家村 龙旋村 四维村 北庄村 沿山村 陆家桥村
塘栖镇	塘栖镇	南苑 乐苑 东小河 西小河 广济路 水北 酒店埭 华城 莲花 枇杷湾 河西埭村 塘栖村 西界河村 塘北村 超丁村 三星村 宏磻村 丁河村 三文村 丁山河村 邵家坝村 超山村 泰山村 柴家坞村 西河村 莫家桥村 西苑村 唐家埭村
	东湖街道	朱家角 望梅 龙船坞 康达 李家桥村 姚家埭村 泉漳村

注：①资料截止时间为2021年12月。
②临平区共有7个街道、1个镇、127个社区、57个行政村。
③表格中，***为社区。

总 目

Table of Contents

Table of Contents

目 录

Contents

中共杭州市临平区委员会

杭州市临平区人民代表大会

杭州市临平区人民政府

中国人民政治协商会议 杭州市临平区委员会

中国共产党临平区纪律检查委员会 临平区监察委员会

民 主 党 派

群众团体

法　治

军　事

城乡建设和治理

自然资源管理·环境保护

交通运输·邮政·电信

产 业 平 台

数字经济

工 业

建筑业·房地产业

农　业

商贸服务业

旅 游 业

金融·保险业

财政·税务

经 济 管 理

教　育

人力资源·科学技术

文化·传媒

卫生健康

体育

社会生活

街道·镇

全区组织机构及负责人名录

人物·先进集体

附　录

索　引

特 载

Special Reports

坚决做到“两个维护” 全面奋进“两个先行”在高质量发展中加快建设“数智临平·品质城区”

——在中共杭州市临平区委一届五次全体（扩大）会议上的报告（节选）

中共杭州市临平区委书记 陈如根

（2022年8月1日）

这次会议是在我省迈入高水平全面建设社会主义现代化、高质量发展建设共同富裕示范区新征程之际，在全省上下深入学习贯彻省第十五次党代会精神、全面推进经济稳进提质攻坚行动之时，召开的一次重要会议。会议的主要任务是：高举习近平新时代中国特色社会主义思想伟大旗帜，认真学习贯彻省第十五次党代会、市第十三次党代会及省、市委全会精神，动员全区党员干部群众忠实践行“八八战略”、坚决笃行“两个维护”、全面奋进“两个先行”，在高质量发展中加快建设“数智临平·品质城区”，突出抓好下半年工作，奋力夺取全年高分报表，以优异成绩迎接中共二十大胜利召开！

一、今年以来工作简要回顾

今年上半年极不容易、很不平凡。面对“三重压力”“两大变量”叠加影响，全区上下坚决贯彻落实习近平总书记“疫情要防住、经济要稳住、发展要安全”的重要指示要求，在省委、市委坚强领导下，万众一心、共克时艰，团结一致、砥砺奋进，统筹抓好共同富裕、数字化改革、经济稳进提质大事要事，经济社会各项工作取得阶段性成效，为我们冲刺下半年、实现全年红打下了坚实基础、注入了坚定信心。主要表现为以下六方面：

（一）略

（二）经济运行呈现企稳回升好势头。全力打好“政策+服务”组合拳，全面承接国务院和省、市稳经济一揽子政策，制定出台“服务业纾困解难30条”“金融助企纾困18条”“稳经济50条”等系列政策，深入开展“三服务”“百干进百企”活动，切实帮助企业纾困解难，兑付各类政策资金12.6亿元，落实降本减负政策33.6亿元、制造业中小微企业缓缴税费10.1亿元；新增市场主体1.14万家，其中企业5100余家。坚持项目为王、大抓项目，开工建设“152”项目2个，省、市重点项目开工率达92.2%，全区新建项目开工率达48.3%，较去年同期提高27个百分点，集中签约百诚医药、晶盛半导体、遥望网络等重大产业项目71个、总投资146亿元。上半年，全区实现生产总值452.41亿元、增长0.6%；完成固定资产投资285.36亿元、增长18.2%，其中民间投资、高新技术产业投资、制造业投资分别增长22.8%、60.4%、16.5%；实现规上工业增加值204.9亿元、增长2.7%，规上营利性服务业营收增长16.9%；完成财政总收入132.86亿元、地方一般公共预算收入77.43亿元，同口径剔除留抵退税因素后分别增长0.03%、-8.69%，较1—5月分别回升6.7、5.5个百分点，全区经济运行“稳”的基础不断巩固，“进”的态势持续向好。

（三）**改革创新积蓄制胜未来强动能**。以数字化改革引领系统性变革，迭代升级“1612”体系架构，积极打造区级特色应用，获省级数字化改革综合评价五星等级。创新载体建设扩面提效，“红丰创新带”创新产业社区启动建设，小林高科创新中心全面开工，中国RISC-V联盟浙江中心成功落户，工信部服务型制造研究院投入运营。加快数字驱动产业变革，春风动力等6个项目入选全省“五个一批”重点技改示范项目计划，铁流离合器等6家企业获评省级服务型制造示范企业（平台），运达风电、益海嘉里入选省级“未来工厂”试点，新增省级创新型领军企业3家、智能工厂培育企业7家、数字化车间培育企业8家、科技型中小企业182家，新增发明专利授权量比上年增长31.2%，7项成果获评省科学技术进步奖、省技术发明奖。全面落实数字经济“一号工程”升级版，成立区数字经济协会，预计上半年数字经济核心产业增加值增长17%。金融活水充分涌流，综合金融服务示范区创建纵深推进，红杉科创基金、德诺医疗基金顺利落地，新增上市企业2家、累计达22家。创新资源要素加快集聚，突出以用为本，出台“临航工程师”“临航博士团”专项政策，推出“五钻”工程师培育发展体系，与杭州电子科技大学、浙江工商大学等8所高校开展战略合作，集聚高水平工程师1.16万名，新增高技能人才3400余人，新招引首次来临青年大学生1.1万余人。

（四）**城乡共进铺展美丽宜居大画卷**。乔司全域土地综合整治与生态修复、大运河国家文化公园（大运河科创城）建设两大工程强势推进，乔司全域整治一期涉及2204户农户签约全面完成，大运河国家文化公园涉及27家码头、30家企业完成签约，塘栖崇贤段、东湖运河段绿道全面开工。城乡风貌整治提升工作有力推进，崇文社区、西小河社区入选省级未来社区创建名单，龙兴社区顺利通过省级验收并获评全省首批共同富裕现代化基本单元，丁山湖和运河北片两大美丽乡村核心示范片区启动建设，塘栖村、双桥村等5个村入选省级未来乡村创建名单，农村天然气“户户通”试点启动。借势亚运筹办全域提升功能品质，东湖高架路二期、望梅高架路二期顺利通车，地铁3号线（一期首通段）开通运营，临平体育中心成功举办首场亚运测试赛（全国空手道锦标赛）并实现惠民开放，中国江南水乡文化博物馆精彩亮相，玉架山考古遗址公园加快建设，古海塘迁移和海塘公园建设全面启动，S304省道电力廊道开工建设。实施临平城市品牌建设传播行动，入选新华社民族品牌工程，发布临平城市形象视觉识别系统，临平对外影响力、美誉度持续提升。

（五）**共富建设实现破题起势加速跑**。积极打造具有临平辨识度的标志性成果，“时尚E家”获评全省首批高质量发展建设共同富裕示范区最佳实践，集体经济发展案例入选全省强村富民乡村集成改革典型，嵌入式体育场地设施建设工作全市领先。上半年城乡居民人均可支配收入增长4.2%，城乡居民收入倍差缩小至1.46：1。美好教育扩容提质，竣工学校项目

16个，杭高临平校区10月开工，浙江理工大学临平校区9月开学，高考成绩创历史新高。医疗资源布局优化，区中西医结合医院、公共卫生大楼、急救中心等改扩建项目有序推进，与浙大二院、浙大妇院建立深度合作关系。“一老一小”服务优化，新增示范型居家养老服务中心11家、婴幼儿照护服务托位1000余个。老旧小区综合改造提升扎实推进，完成电梯加装60台，临平街道邱山小区、南苑街道爱民小区获评市级优秀案例。完善住房保障体系，启动全省首个共有产权保障房项目建设，筹建保障性租赁住房8700套（间），竣工安置房25.2万平方米。圆满完成北京冬奥会、省、市党代会等维稳安保任务，顺利实现信访积案动态清零，全域开展消防安全大排查大整治行动，电信网络诈骗发案数下降74.5%，社会大局总体稳定。

（六）党建引领开创大抓落实新气象。始终将政治建设摆在首位，建立学习贯彻习近平总书记对杭州、临平工作重要指示批示精神闭环管理机制，坚决做到总书记有号召、党中央有要求、省、市委有部署、临平见行动。深化理论铸魂溯源走心工程，严格落实意识形态工作责任制，坚决守好宣传思想阵地。以推进现代社区建设为总牵引，深入实施“红色根脉强基工程”，高质量开展“争星晋位、全域建强”行动，完成村社规模调整，优化网格微网格设置。建立健全“项目化实施+专班化运作”“党建项目化、项目党建化”、年轻干部“周六书记”培养模式等工作机制，分层分类开展系统性、专业化、实战式培训，在重大项目、重点工作推进中锤炼干部作风、提升攻坚能力。认真抓好中央及省委巡视反馈问题和省、市“七张问题清单”整改落实，高质量完成中央巡视办“上下联动”试点任务，高标准推进区委巡察工作规范化建设。持续深化清廉临平建设，全省率先打造涉企政策全覆盖、公权力监督全闭环的“亲+清”“一键达”数智体系，作风建设和反腐倡廉工作取得新成效。

与此同时，全力支持人大、政府、政协和法院、检察院依法履职，重视做好党管武装和双拥、民族宗教、侨务、对台、老干部、关心下一代等工作，注重发挥工青妇等群团组织作用，密切同各民主党派、工商联、无党派人士合作共事，凝聚起全区上下团结奋进“数智临平·品质城区”建设新征程的磅礴力量。在此，我代表区委常委会，向全区广大党员干部群众、向关心支持参与临平发展的各界朋友表示衷心的感谢！

在肯定成绩的同时，我们要清楚地看到，“三重压力”“两大变量”持续影响，经济基本面深度承压，下行压力仍然较大，也要清醒地认识到自身存在的不足和短板，突出表现为：产业结构有待加快调整优化，制造业产业链韧性和竞争力不强，现代服务业和数字经济规模总体偏小；科创、人才支撑不够有力，大项目带动、大企业引领不足，新旧动能转换有待加快；城乡环境品质还不够高，优质公共服务供给仍有不足，生态文明建设任重道远；平安建设基础不够牢固，消防等重点领域安全隐患仍然不少，特别是发生了“6·9”火灾这样影响恶劣、损失惨重的事故，基层治理现代化水平亟待提升；部分干部能力素质与新形势新要求还有差距，抓落实的决心不够、招数不多、韧劲不足、作风不硬，争先创优意识不强，等等。我们必须高度重视这些问题，抓紧采取针对性举措，下大力气加以解决。

二、全面奋进“两个先行”新征程，以稳进提质更大成效扎实迈好第一步、决战决胜全年度

省第十五次党代会是一次非同寻常的党代会，所处方位不一般、担负使命不一般、面对形势任务不一般，具有重大的政治意义和战略意义。袁家军书记代表十四届省委作的报告，纵贯过去五年浙江发展的生动历程，锚定当下

阶段浙江所处的历史方位，总揽未来五年浙江奋进的方向路径，是省委团结带领全省人民接续奋斗、砥砺前行的政治宣言，是指导浙江走好新时代赶考路的行动纲领，必将凝聚起全省上下奋进新征程、建功新时代的磅礴力量。我们要深刻领会把握省第十五次党代会精神实质，勇担时代使命，锐意拼搏进取，努力为全省推进“两个先行”，为杭州在“两个先行”中展现头雁风采扛起临平担当，必须突出把握几个总体原则：一要以大战略引领大跨越。“八八战略”实施19年来，浙江实现了从经济大省向经济强省、对内对外开放向深度融入全球、总体小康向高水平全面小康的历史性跃迁。忠实践行“八八战略”，是全省上下不断从胜利走向胜利、推动之江大地发生精彩蝶变的制胜法宝，必须始终坚持、一以贯之。肩负推进“两个先行”新的历史使命，今天的浙江正在为明天的中国探路，今天的临平要以深化实践助杭州破题、浙江闯关。我们必须以“八八战略”抓落实机制为牵引，深入贯彻“5大战略指引、11方面重要遵循”，将一张蓝图绘到底和一往无前开新局有机统一起来，将落实省第十五次党代会、市第十三次党代会和区第一次党代会部署要求联系贯穿起来，紧紧抓住一批既该干又能干成的大事要事，突出辨识度钻研临平战术、打好临平战役，加快高水平建设“数智临平·品质城区”，以“八八战略”引领发展新跨越，以标志性成果为“八八战略”真理力量、时代价值提供鲜活例证。二要以大视野融入大格局。进入新发展阶段，我们正面临大国博弈之变，中国日益走近世界舞台中央，崛起之势不可阻挡；我们正面临新旧动能之变，科技革命和产业变革日新月异，浙江集全省之力打造城西科创大走廊，杭州倾力建设综合性国家科学中心、全球数智制造基地；我们正面临城市竞合之变，长三角一体化发展战略纵深推进，城市群、都市圈成为未来最大结构性潜能，杭州奋力争创国家中心城市，都为我们做好工作提出了新的更高要求，也为我们加快发展提供了新的更大机遇。我们必须立足新时代、放大坐标系，将服务“国之大者”、省、市战略与推动临平发展紧密结合起来，增强识变之智、谋求应变之方、激发求变之勇，在发展大局中找准定位，在时代洪流中与时俱进，在大势观澜中顺势而为，以改革破题、以创新制胜，不断放大数字化改革的裂变效应，巩固代表杭州接沪融长的区位优势、联动三条廊道发展的支点地位、数字驱动转型升级的智造基础等，最大程度借船出海、借梯登高。三要以大安全保障大发展。没有安全作为基础，发展必然不可持续。当前，安全的内涵外延比历史上任何时候都要丰富，内外因素比历史上任何时候都要复杂。从今年以来疫情防控实战、平安建设实践和各类事故的惨痛教训中，我们更加清醒地看到，不安全不稳定因素往往萌发于、潜藏在低水平低能级发展场景中；更加深刻地认识到，要想攀登高峰、必须先守底线。我们必须牢固树立总体国家安全观，增强忧患意识、风险意识，更高水平统筹发展和安全，全面重塑大安全理念、格局和体系，以“时时放心不下”“事事放心不下”的责任感，加快完善风险闭环管控大平安机制，强化系统治理、依法治理、综合治理、源头治理、专项治理，将发展安全落实到每一寸土地上、深植在每一个人心中、贯穿经济社会各领域，在充满变数的环境中掌控变量，以高水平安全护航高质量发展。四要以大转变推动大落实。干事创业关键在人，干部是决定性因素。区委将今年定为“大抓落实年”，就是要牢固树立崇尚实干、奋勇争先的鲜明导向，坚决破除不思进取、得过且过的安逸思想，有令慢行、办事拖拉的不良作风，大而化之、笼而统之的工作状态，促进干部抓落实理念、方法、作风全面转变，步调一致打出临平节奏、临平攻势，推动党中央及省、市、区委决策部署从宏观到微观、从愿景到实景的全贯通，全力为临平百姓多谋福利、为省、市大局多作贡献。全区各级干部要知重负重、明责担责，以思想破冰引领行动突围，大抓落实、大干快上，群策群力、善作善成。区委常委会将率先垂范、埋头苦干，团结带领全区广大党员干部群众，保持奋进者姿态、激发创造性张力，弘扬犹如“十年大围垦”的精气神，点燃激情、沸腾干事，努力创造无愧于时代、无愧于人民的崭新业绩！

同志们，今年是“两个先行”新征程的开局之年，我们既要聚焦当下采取非常之举，也要着眼未来谋划长远之策；下半年是冲刺发展全年红、献礼中共二十大的关键时期，全区各级各部门要坚定信心、鼓足干劲，迎难而上、加压奋进，重点实施八大行动：

（一）实施先进制造业稳进增效行动。以链长制为牵引打造“5+1”产业生态圈，着力提升产业链韧性和竞争力水平，争创全省制造业高质量发展示范区。一要强链补链扩能级。大力实施“雄鹰”“鲲鹏”“雏鹰”等培育行动，深入开展科技企业“双倍增”计划和规上企业高企化、国高企业规上化行动，加快完善制造业企业梯度培育体系，力争全年新增“百亿”企业1家、“五十亿”企业1家、制造业规上企业85家、省级专精特新中小企业30家。全力支持老板电器、春风动力等“链主”企业垂直整合产业链，加强产业链精准招商，全年新增10亿元以上制造业项目4个，争取实现固定资产投资10亿元以上、总投资50亿元以上重大项目招引新突破。二要数智驱动促转型。深入实施“3521”数字化转型计划，聚焦“产业大脑+未来工厂”体系构建，推动制造业产业模式和企业形态的根本性重塑，力争新增省级智能工厂、数字化车间2家以上、市级“未来工厂”3家以上，积极争创省级中小企业数字化改造示范区。落实碳达峰碳中和部署要求，着力创建国家级绿色工厂1家、省、市级绿色低碳工厂8家。深化高端装备制造、生命健康、新能源新材料等重点产业链科技创新，实施市级以上重点科研攻关项目8项以上，新增省级以上研发机构15家。三要聚合要素强保障。持续深化“亩均论英雄”改革，探索建立工业用地“供给—监管—退出”全生命周期管理机制，抓紧制定全区工业用地统一出让标准和流程体系，全年实施工业用地有机更新100公顷、整治低效工业企业200家以上，为存量企业扩容、招引项目落地提供空间支撑。加强封闭生产管理模式常态化建设，力促生产不停、链条不断、产能不减、秩序不乱，最大程度降低疫情对企业生产经营的影响。

（二）实施现代服务业提级扩容行动。围绕全市打造现代服务业“两地四中心”，找准结合点、发力点和突破口，加快补齐服务业短板，构筑经济发展新增长点。一要做大做强营利性服务业。制定完善营利性服务业产业图谱，持续攻坚“龙头重点企业培育、小升规储备、细分行业集聚招引”三张清单，力争实现10亿元以上项目招引零突破、全年规上营利性服务业营收增长10%以上。以算力小镇为核心拓展产业版图，加大浙江云计算数据中心建设力度，联动构建“西数东算”格局。持续放大临平新城省级现代服务业创新发展试点作用，不断发力楼宇经济，深化“楼均论英雄”改革，打造服务业发展集聚区。二要深入推进“两业融合”。谋划建设沪杭未来智造协同发展试验区，加强生产性研发用地供给，加快构建形成与上海互补、与长三角区域协同的生产性服务业布局。全力支持工信部服务型制造研究院打造“服务型制造枢纽”，赋能制造业企业延伸产业链、提升价值链，鼓励企业实施工贸分离。三要打造新型消费杭州东部中心。科学布局建设高品质商圈、步行街，积极发展“首店经济”“夜间经济”，着力引入新能源汽车、直播新零售等消费新增长点，大力培育网红国货新品牌，持续开展“数智消费·共富临平”系列活动，力争社会消费品零售总额增长5%

以上。四要大力发展现代金融。持续深化综合金融服务示范区创建，打造融资畅通工程升级版，加快“金服宝”落地推广，做强综合金融服务平台“临平专区”。全面落实“凤凰行动”计划，统筹做好股权投融资对接与用地企业股权变更联动服务，全年力争新增上市企业4家。此外，房地产业是第三产业的重要组成部分，要全面落实“稳经济、稳房价、稳预期”长效机制，强化商品房预售资金监管，促进房地产市场平稳健康发展。

（三）**实施产业大平台空间重塑行动**。遵循“引产留才先造城”的底层逻辑，深化“南融、北创、西优、东靓、中兴”的区域发展战略，力促空间集中、产业集聚、资源集约、功能集成，整体改善产业平台生产生活生态空间。一要拉开城市大框架。深入推进乔司全域土地综合整治与生态修复、大运河国家文化公园（大运河科创城）建设两大工程，全面完成农户、企业、码头签约腾空，积极导入创新型产业、功能性载体、高品质项目。抢抓列入城西科创大走廊联动区契机，积极申报省、市重点项目，有序推进创新型产业供地，探索“工业+商服”等混合供地，主动参与杭州东部战略，全力争取“三区三线”划定空间支持，以负面清单加强业态管控，实现集中集约用地。逐宗明确处置方式、处置责任、完成时限，全年盘活批而未供、供而未用、低效用地等存量用地666.67公顷以上。二要完善交通大体系。参与建设“轨道上的长三角”，对接推进沪乍杭铁路规划建设，谋划争取苏杭城际线路，力争增设高铁杭州北站始发功能，全力争取地铁3号线东延、9号线北延和15号线、18号线落地建设。推进塘康公路拓宽二期、运河大桥改造等项目建设，力争沪杭高速抬升（临平段）8月全面建成、320国道高架路二期年底通车，系统谋划永玄快速路、秋石北路改扩建等项目，加快形成覆盖广泛、密度合理的城市路网。服务杭甬共融长三角、唱好“双城记”，探索推进运河二通道通航后跨区域协同发展，谋划明智作业区建设，加强与宁波舟山港、上海港联动，积极构建区域路网、公铁水网、货运体系综合框架。三要推进环境大提升。分步分片构建“一核双心、双轴联动”城镇建设格局，推动乔司街道争创美丽城镇省、市级样板，加快推进3个首批省级风貌样板区项目，联动深化未来社区建设和老旧小区改造，全年完成老旧小区改造提升52万平方米、电梯加装80台，高质量推进亚运场馆周边环境提升，大力攻坚宝幢路以西、藕花洲大街以南等“城市死角”。推进“美丽临平”建设，持续打好“五水共治”碧水行动、蓝天保卫战，加快临平第二净水厂等项目建设，开展污水零直排三年提升行动，实施禾丰港、亭趾港专项治理，深化“无废城市”创建，持续推进降碳攻坚，加强生态修复和生物多样性保护，统筹临平山保护开发利用，链接塘栖、崇贤、超山等节点构筑生态屏障。不断完善基础配套，临平自来水厂一期年底建成投运，白鹤滩—浙江特高压直流工程部分投运，加快500千伏临平变送出工程落地建设。

（四）**实施双创生态圈优化提升行动**。深度联动G60科创走廊、城西科创大走廊发展，围绕产业链部署创新链，构建优化“产学研用金、才政介美云”十联动双创生态，重塑发展新动能。一要建强高能级高质量载体。加快建设“红丰创新带”创新产业社区，持续盯引浙江省国家大学科技园等优质项目，积极导入“基金+运营商”“地产+基金”等新模式，促进产业转型升级、城市功能迭代和区块有机更新。全速推进小林高科创新中心、西大门都市工业园等项目建设，实质推进联胜工业园区提升改造，加快启动大运河科创城产业园、AB岛文旅区块建设，以“一桥一墩”先行启动区打造募投项目和总部集聚地、数字文化集聚区。提升发展艺尚小镇、算力小镇、工业互联网小镇，围绕区内重要节点和交通要道加快布局建设一批创新载体。二要集聚高层次高技能人才。持续深化未来智造工程师协同创新中心省级试点，全力打响“临聚里”工程师品牌，加快打造卓越工程师临平方阵。依托塘栖古镇预留空间建设大学生创新创业基地，联合高校建立产学研公共服务平台，实施校企合作订单式培养人才，谋划打造环浙江理工大学临平校区创新纽带，加快推进理工大学临平研究院项目，吸引更多青年大学生来临成长、就地创业。推进人才发展体制机制综合改革，设立“人才服务日”，成立人才联盟，迭代升级临云人才生态系统，不断优化人才全生命周期综合服务。三要促进高水平高效率转化。完善“苗圃—孵化器—加速器”全链条，集中建设一批工业楼宇、GMP标准车间等定制化空间，全年新增孵化空间120万平方米；加大对首台套、首批次等示范应用的支持，让更多科技成果就地交易、转化、应用。积极构建科研矩阵，全力支持龙头企业组建创新联合体攻关“卡脖子”技术，提升区内7个研究院建设实效，加快杭汽轮燃气轮机试验基地等“大国重器”落地建设。优化科技金融服务，加快贝达、百诚等基金落地，做深做精红杉、德诺等基金，更好发挥政府产业引导基金撬动作用。

（五）实施共富新生活共建共享行动。瞄准“13+5”共富赛道，不断促进人的全面发展和社会全面进步，推动发展成果更多更公平惠及全体人民。一要建设宜居宜业富美乡村。提速大运河省级现代农业园区建设，携手省农发集团推进合作开发，加快筹建区农投公司，积极推进阿里数字乡村现代农业产业园等项目建设，着力打造运河以北和乔司全域整治区域两个农业“双强”示范。坚决遏制耕地“非农化”、基本农田“非粮化”，筑牢粮食安全生命线。推进美丽乡村提质升级攻坚行动，持续打造一批省级未来乡村、市级特色村和农文旅融合发展示范村，狠下决心开展运河二通道沿线农村人居环境整治专项行动，完成天然气“户户通”7个试点村建设，加快农民住房解困，将大美图景绘至最小单元。深化省新时代乡村集成改革试点，打好结对抱团发展、留用地开发、村庄经营等“组合拳”，做精做优运河抱团建设望山青少年活动中心、塘栖合作托管共享资源项目等“共富体”，村均年经营性收入达580万元。二要发展优质均衡公共服务。加快杭高临平校区、开发区职高等项目落地建设，开工学校项目10个以上，力争创建省级幼儿园6所，规范民办义务教育发展，积极争创全国学前教育普及普惠县。着力提升区属医院医疗救治能力，8家社区卫生服务中心达到“优质服务基层行”国家推荐标准，巩固完善多层次医疗保障制度，积极打造省级县域医共体建设示范区、公共卫生最安全区。探索构建老年、儿童友好型社会，加快完善普惠性养老托育服务体系，建成示范型居家养老服务照料中心14家，整合老年教育资源推进普惠共享，实现镇街社区普惠性托育机构全覆盖。三要健全暖心有力保障体系。探索建立初次分配、再分配、三次分配协调配套的基础性制度安排，实施就业精准帮扶计划，支持创业带动就业，健全低收入人口监测和常态化帮扶机制，确保零就业家庭动态清零，年底前实现镇街级“助联体”全覆盖，加快构建多主体参与、多领域覆盖的新型慈善体系。

（六）实施新时代文化繁荣兴盛行动。深入实施新时代文化临平工程，全力建设更富魅力、更具辨识、更有温度的人文之城。一要打造鲜明文化标识。实施临平文化探源工程，加快上塘河宋韵文化带建设，开展“运河南源”“宋韵临平”等文艺创研，加强玉架山遗址、古海塘遗址保护传承利用，打造玉架山考古遗址博物馆、班荆馆、王蒙艺术馆、俞樾纪念馆、九曲营宋韵文化历史街区等一批文化地标，争创省级大运河文化传承生态保护区。二要着力优化文化供给。深入推进省公共文化现代化先行区建设，大力实施文化设施综合体项目，完善“15分钟品质文化生活圈”，建设以亚运场馆为核心、嵌入式体育场地为支点的品质健身圈，打造一批临品书坊、百姓健身房等公共“文体+”空间，推广应用“临享”文化保障卡。三要不断壮大文化产业。瞄准亚运、宋韵等文化IP，持续推进“原动力”动漫产业园、大运河文创园等平台提升，加快推进朱炳仁铜文化制造、中国蓝直播电商生态综合体等项目建设，充分发挥“大美莲运”文化产业主导基金作用，确保文化产业增加值增长7.5%。依托大运河、超山、丁山湖等优越生态资源，谋划建设超山城市公园，深化湿地系统保护修复利用，着力打造各具特色文旅融合发展示范。四要涵养培育文明风尚。深入挖掘新宇村推动“三农”发展、乔司探索基层治理等优秀实践精神内涵，进一步打响鸭兰、双桥等红色品牌，建设一批红色研学教育基地，牢牢守住红色根脉。积极开展“浙江有礼·和润临平”区域文明新实践，建强新华社临平城市品牌传播中心，健全新时代志愿服务体系，推进青少年美好成长阳光行动，着力打造“美丽临平人”品牌，营造文明厚德的社会风尚。

（七）实施护航二十大平安攻坚行动。坚决扛起保安全保稳定的政治责任，有效防范化解重大风险，加快构建现代化基层治理体系，为中共二十大召开营造安全和谐稳定的社会环境。一要全域守牢安全发展底线。纵深推进消防安全大排查大整治行动，同步开展道路交通、建筑施工、食药安全等各领域安全隐患风险排查整治，以“零容忍”态度狠抓隐患问题闭环整改，以严管重罚倒逼企业落实主体责任，借势借力打好安全生产翻身仗、产业转型主动仗。深化“安全生产一网统管”等智控平台建设，高效运转基层应急消防管理站，推进区域性消防站建设，持续提升防灾减灾救灾能力。慎终如始抓好疫情常态化防控。二要全力建设平安法治社会。加强重点领域风险防范，完善涉稳问题滚动排查、社会稳定风险评估工作机制，加快信访积案攻坚清零，开展电信诈骗、货运车辆等专项整治行动，深化社会治安立体防控体系建设，大力遏制“民转刑”“刑转命”案件发生。加快“法治临平”建设，纵深推进“大综合一体化”行政执法改革，推动行政执法监督工作体系向基层延伸，分层分类开展普法宣传，不断提高依法治区质效。三要全面提升基层治理水平。加强基层智治系统建设，迭代升级线上和线下矛调中心、“基层治理四平台”，探索打造村社数智平台，创新智慧治理新场景。推进践行全过程人民民主基层单元建设，深化人大代表联络站、政协委员工作室、街道居民议事会议等各类基层民主协商平台建设，完善街道社区党组织领导下的社区居委会、业主委员会、物业服务企业议事协调机制，进一步丰富拓展基层民主实践、提升基层治理成效。

（八）实施抓工作落实提速提效行动。围绕省、市、区委重大决策部署，找准切入点、抓住关键点，立说立行抓落实、一以贯之抓推进，不断锤炼“说了就办、定了就干、干就干好”的工作作风。一要强化干部学习力，确保干有章法。聚焦发展新形势新要求，实施干部队伍新能力提升计划，开展“大学习大走访大比拼”主题活动，完善“集中研学+一线实践”培养模式，积极探索干部交叉挂职机制，持续选派各层面干部到共同富裕、疫情防控、征地拆迁、招商引资等重点工作岗位实战练兵，着力打造一支本领高强、堪当大任的新时代临平铁军队伍。二要强化工作执行力，确保干有实效。聚焦中心工作、重大任务、难点问题，建立健全“项目化推进、清单式销号”的闭环管理工作机制，明确每项工作的总体目标、节点指标和时限要求，实行挂图作战、对表推进，确保件件有回音、事事有着落、项项有结果。树牢实干实绩鲜明用人导向，健全完善干部考核评价体系，探索正向激励制和末位淘汰制，严肃查纠“不担当、不作为、不落实”行为，以“考”促“干”、以“纠”督“干”，激励干部大抓落实、争先创优。三要强化机制保障力，确保干有底气。坚持“三个区分开来”，健全完善容错免责“事前备案”、澄清正名等机制，及时开展谈心谈话、关心关爱，切实保护干部奋发进取的勇气、锐气和正气。聚焦形式主义、官僚主义问题开展检视整顿，持续为基层松绑减负，让干部轻装上阵，做到心无旁骛抓发展、全力以赴抓落实。

三、坚持和加强党的全面领导，为高质量发展建设“数智临平·品质城区”提供坚强政治保障

奋进“两个先行”，党的领导是核心，各级党组织的强有力保障是关键。我们要坚决贯彻落实新时代党的建设总要求，持续发扬自我革命精神，建强基层组织战斗堡垒，纵深推进全面从严治党，凝聚起高质量发展建设“数智临平·品质城区”的强大合力。

（一）健全党的领导体系。坚持和加强党的全面领导，更好发挥党的政治优势，不断提高区委把方向、谋大局、定政策、促改革的能力和定力。一要筑牢“两个维护”政治忠诚。高举习近平新时代中国特色社会主义思想伟大旗帜，高质量开展中共二十大精神学习宣传贯彻工作，把握意识形态工作主动权，切实用党的创新理论武装头脑、指导实践、服务发展。忠诚拥护“两个确立”，坚决做到“两个维护”，处处对标对表、事事校正紧跟，切实做到思想上统一、政治上同心、行动上同步。二要强化党建统领发展大局。坚持党总揽全局、协调各方的领导核心地位，充分发挥“一个党委、五个党组”作用，巩固和发展最广泛的爱国统一战线，支持工青妇等群团组织围绕中心开展工作，积极引导党员干部群众、社会各层面力量投身改革发展稳定大局，形成全区上下心往一处想、劲往一处使的生动局面。三要完善谋事干事成事闭环。严格执行民主集中制，加强调查研究，集体分析研判，不断提高科学决策水平；坚持集体领导和个人分工负责相结合，确保班子成员既各负其责又密切配合，不折不扣执行集体决策结果。深化完善重点任务区领导领衔、重大不稳定因素包案化解等工作机制，由区领导带头破难，以上率下、合力攻坚，推动形成一级抓一级、层层抓落实的工作格局。

（二）建强过硬基层组织。树立“大抓基层、重抓党建”鲜明导向，以提升组织力为重点，把各级各领域党组织建设成为服务群众、推动发展的坚强战斗堡垒。一要打造硬核村社。以“百县争创、千乡晋位、万村过硬”“争星晋位、全域建强”为抓手，以现代社区建设为目标，坚持“抓两头、带中间”工作思路，全面推进“一村（社）一策”短板破难，树立一批典型，抓实一批整转，辐射带动村（社）党组织“全域建强、全面过硬”。深入实施“领雁工程”，持续深化赋能大培训、争先大比拼、结对大帮带，加强村社后备干部、“全科社工”“一长三员”力量建设，全面赋能村社组织治理效能提升。二要强化条块战力。区直部门要强化工作统筹，对各自牵头重点任务、行业领域工作，要敢于提出标准，善于协调推进，勇于落实监管。产业平台要聚焦发展中心，加快内部机构改革调整，注重扁平化、增强执行力，配精配强招商引资、项目推进、企业服务等专业力量。镇街要落实发展稳定属地主责，推动更多力量和资源精准向基层一线下沉、向重点难点攻坚，着力形成各负其责、协同作战的良好工作局面。三要全域建强组织。持续用好“双建争先”指数系统，深入推进国企、“两新组织”等领域党组织建设，探索加强产业链供应链创新链党建，不断扩大党的组织覆盖和工作覆盖，把党的政治主张体现到经济社会发展各领域各方面，将各级党组织的活力转化为推动全区改革发展的强大动力。

（三）**推进全面从严治党**。坚持严的主基调不动摇，推动党风廉政建设和反腐败斗争向纵深发展，以全面从严治党的坚决行动和成效回应人民期盼。一要守牢管党治党“责任田”。压紧压实党委主体责任、党委书记第一责任、纪委监督责任和班子成员“一岗双责”，狠抓“一把手”和领导班子监督“五张责任清单”落实，健全完善“定责、履责、听责、考责”机制，推动管党治党责任层层落地。严明党的政治纪律和政治规矩，严肃党内政治生活，切实提升管党治党效能。二要织密立体监督“防护网”。全面深化中央巡视办“上下联动”试点成果应用，高质量完成中央和省委巡视整改任务，打好常规巡、提级巡和专项巡“组合拳”，扎实推动整改落实和成果运用。强化对权力运行的制约和监督，发挥“点题式”专项监督实效，充分运用“四种形态”抓早抓小、防微杜渐，不断增强监督治理效能。持续建强基层监督网络，深化村级“三小”监督，强化“巡镇带村”工作联动，严肃整治查处群众身边的不正之风和腐败问题。三要涵养风清气正“好生态”。始终保持惩治腐败高压态势，坚持无禁区、全覆盖、零容忍，一体推进不敢腐、不能腐、不想腐。纵深推进清廉临平建设，激活基层清廉细胞，培育一批具有临平特色的省、市清廉示范标杆。落实亲清政商交往“三张清单”，深化建设政企服务监督平台，推动形成亲而有度、清而有为的亲清政商关系。

同志们，使命呼唤担当，奋斗成就未来。让我们更加紧密地团结在以习近平同志为核心的党中央周围，忠实践行“八八战略”，坚决做到“两个维护”，只争朝夕、攻坚克难，踔厉奋发、笃行不怠，全面奋进“两个先行”，在高质量发展中加快建设“数智临平·品质城区”，以优异成绩迎接中共二十大胜利召开！

全面学习贯彻中共二十大精神 忠实践行“八八战略” 坚决做到“两个维护” 奋力谱写高质量发展现代化先行临平篇章

——在中共杭州市临平区委一届六次全体（扩大）会议上的报告

中共杭州市临平区委书记 陈如根

（2023年1月3日）

这次会议的主要任务是高举习近平新时代中国特色社会主义思想伟大旗帜，深入学习贯彻中共二十大精神，认真落实中央经济工作会议和省、市委全会暨经济工作会议精神，回顾总结2022年工作，研究部署2023年重点任务，动员全区广大党员干部群众在党的旗帜下团结奋斗、在“两个先行”中砥砺前行，在全面奋进中国式现代化伟大新征程中加快建设“数智临平·品质城区”，以实干实绩实效谱写高质量发展、现代化先行临平篇章。

一、回顾总结过去一年工作，发展信心决心在大事难事攻坚中进一步坚定

2022年是极不平凡的一年。面对错综复杂的外部环境、交织叠加的风险挑战，区委常委会坚持以习近平新时代中国特色社会主义思想为指导，坚决贯彻落实党中央和省、市委决策部署，攻坚克难，砥砺奋进，守住了疫情防控的底线，稳住了经济发展的大盘，保持了社会大局的和谐稳定，共同富裕示范样板建设取得良好开局。预计地区生产总值实现正增长、有望突破1000亿元；完成财政总收入229.93亿元、一般公共预算收入135.57亿元；城镇、农村居民人均可支配收入增速均高于地区生产总值增速。主要抓了以下七方面工作：

（一）迅速掀起学习宣传贯彻中共二十大精神热潮。先后召开区委常委会会议、全区领导干部大会、区委理论学习中心组专题学习会，推动区委常委和区级领导干部率先垂范、深学笃行。全面落实《中共中央关于认真学习贯彻党的二十大精神的决定》，最快速度学习研讨，最全范围宣讲宣传，最大力度贯彻落实，切实把全区党员干部群众的思想和行动统一到中共二十大精神上来。扎实推进领导班子专题学、党员干部示范学、线上和线下全员学、青年群体创新学等，组织开展各类学习研讨活动近1000场。持续打响“千人千场”宣讲品牌，区领导带头到企业和基层联系点宣讲，示范带动区委理论宣讲团、“好声音”宣讲团等各类力量走村入户、宣传阐释，推动中共二十大精神“飞入寻常百姓家”。发挥主流媒体扛旗引导作用，开设“喜迎二十大 临航新征程”等专题专栏32个，刊发各类报道8000余篇，总阅读量近1亿次。

（二）持续攻坚经济稳进提质。按照“季目标、月例会、周调度”，区四套班子领导牵头领衔，部门、平台、镇街齐上一线，清单式闭环化推进稳进提质攻坚行动，因时因势优化存量政策、制定增量政策，深入开展组团式服务、“百干进百企”活动，有力推行重点企业

"白名单"制度和"三区"企业闭环生产管理模式，第一时间响应号召支持企业走出去、稳订单、拓市场，以超常规力度和举措提振市场主体信心、稳住经济基本盘。截至目前，累计兑付政策资金16.6亿元，落实组合式税费支持政策，为市场主体减负44.5亿元，切实做到应享尽享、应兑尽兑、应退尽退；全区在册市场主体达12.9万家、增长10.4%，新增企业5200余家。突出大抓项目、抓好项目，坚持开展季度"双集中"活动，组建4个驻外创新促进中心，签约瑞科生物、晶盛、遥望网络等产业项目135个、总投资超400亿元；迭代深化"三大攻坚战"，3个"152"项目全面开工，58个省、市重点项目投资完成率达137.4%，预计完成固定资产投资660亿元、增长10%，"抓项目、扩投资"工作3次位列全市赛马第一。统筹做好稳就业、粮食稳价保供、迎峰度夏度冬、保交楼等兜底保障工作，办好"1+3+N"促消费系列活动，守护万家灯火和城市烟火。

（三）全面转入创新驱动发展轨道。以数字化引领改革创新，迭代升级"1612"体系，数字化改革工作连续三次在全省综合评价中获评五星等级。加快打造创新平台矩阵，乔司全域土地综合整治与生态修复国家级试点、大运河国家文化公园（大运河科创城）建设两大工程全速推进，腾出产业用地153.33公顷、创新空间320万平方米；算力小镇提升发展，"红丰创新带"产业社区、小林高科创新中心、西大门都市工业园启动建设，城西科创大走廊联创中心全面投运。着力完善创新生态体系，工信部服务型制造研究院实质性运营，杭州徐工研究院、浙江理工大学临平研究院、中国RISC-V联盟浙江中心正式落户，综合金融服务示范区建设纵深推进，红杉科创基金、德诺医疗基金签约落地，与国科大杭高院战略合作全面启动，未来智造工程师协同创新中心省级试点深化建设，国家级领军人才实现零突破，新增国家级海外高层次人才3名，集聚高水平工程师、高技能人才超10万名。持续激发创新主体活力，贝达药业获评国家技术创新示范企业，西奥电梯入选全省"雄鹰"企业名单，东华链条、自强链传动获评省级智能工厂，运达风电、益海嘉里成为省级"未来工厂"试点，新增上市企业4家、总数达24家，新增国家高新技术企业320家（公示）、工信部专精特新"小巨人"企业11家、省级领军型创新创业团队2个、省科技型中小企业587家，省级服务型制造示范企业（平台）新增量位居全市首位，13个项目入选省"尖兵""领雁"重点研发攻关计划，7项成果获评省科学技术进步奖、技术发明奖，全社会研发投入强度达3.79%、增速位居全市第一。

（四）等高对接改善城乡面貌品质。积极构建全域美丽新格局，3个省级首批城乡风貌样板区试点基本建成，14个社区、5个村分别创建省级未来社区、未来乡村，"运河水乡"县域风貌区列入省级试点创建名单，新增省级森林城镇2个，塘栖古镇入选省级旅游休闲街区，乔司街道获评美丽城镇省级样板，城郊接合部、运河二通道沿线村社人居环境专项整治有序推进，我区入选"四好农村路"全国示范县创建单位，获评全省深化"千万工程"建设新时代美丽乡村工作优胜县。对标中心城区完善配套服务，地铁3号线（一期首通段）顺利运营，沪杭高速（临平段）全线通车，"南融"路网体系加快构建，成为全省首个快速路环线贯通区县。全面启动上塘河宋韵文化带建设三年行动，亚运场馆临平体育中心、中国江南水乡文化博物馆、玉架山考古遗址公园等文化地标串珠成链，嵌入式体育场地、临品书坊等惠民设施星罗棋布，公共文化服务现代化发展指数位居全市第一，成功创建省文旅产业融合试验区。积极开展"迎亚运"城市环境品质提升行动，在全市赛马榜中取得"四连优"。打好降碳、减污、扩绿、增长组合拳，完成第二轮中央生态环保督察和上一轮省委专项督察整改销号，经济技术开发区成功创建国家级绿色园区、国家级园区循环化改造试点，分布式光伏试点建设全市领先，大运河郊野段生态绿道基本贯通，全区新建绿道达20公里。

（五）**着力打造共同富裕美好家园**。城乡共富扎实推进，大运河省级现代农业园区加快创建，24个重点项目先后开工，乔司全域整治区块完成土地复耕，携手省农发集团打造233.33公顷临平未来农场，平台国有公司与经济薄弱村抱团合作持续深化，预计村均年经营性收入增长8.2%，集体经济发展案例入选全省强村富民改革典型。公共服务扩容提质，余高（临平中学）一流大学录取数跃居全省前列，浙江理工大学临平校区顺利启用，杭州高级中学临平校区开工建设，新增学校19个、示范型居家养老服务照料中心14家、婴幼儿照护服务托位1905个，基本公共卫生服务绩效评价工作代表浙江接受考评获第一。配套短板加快补齐，提升改造老旧小区31.5万平方米、加装电梯80台，竣工安置房项目206.2万平方米、回迁安置4092户，筹建保障性租赁住房17400余套（间），实现农房解困1071户，管道天然气村村通7个试点建设全面完成，全省首个共有产权保障性住房项目有序推进。各级民生实事项目圆满收官，民生支出占公共预算比重超过四分之三，“共富基金”“邦共富”等慈善基金先后设立，普惠性兜底性民生保障更加有力。

（六）**化危为机夯实安全发展底板**。面对“6·9”火灾突发危机，我们坚持动真碰硬、标本兼治，迅速妥善完成事件处置，趁势而上开展全域安全隐患大排查大整治，通过“拆除一批、关停一批、整改一批”，推动风险大起底、产业大转型，顺利实现省级挂牌督办摘牌，安全发展水平得到有效提升。面对基层治理新形势新问题，我们坚持改革引领、数字赋能，持续深化基层智治体系建设，纵深推进“大综合一体化”行政执法改革，着力推动基层治理力量下沉、资源整合、关口前移，圆满完成中共二十大、北京冬奥会等重大维稳安保任务，全年刑事警情、治安警情、交通警情分别下降39%、40%、16%，反诈指数、行政复议调撤率、一审行政诉讼调撤率均位居全市第一，国家、省交办信访积案实现动态清零。

（七）**加强党的全面领导和全面从严治党**。始终把讲政治摆在首位，建立落实习近平总书记对杭州、临平工作重要指示批示精神闭环管理机制。抓实宣传思想工作，牢牢守住意识形态主阵地。加强干部队伍建设，健全完善梯队培养、比选交流、激励倒逼、容错免责各项机制，注重在疫情防控、稳进提质、除险保安等重大斗争一线考察识别干部，树牢大抓落实、担当作为鲜明导向。深化党建统领现代社区建设，开展“争星晋位、全域建强”村社大比拼，完善“一肩挑”后村社干部监督管理制度体系，全市现场会在我区召开。认真抓好中央及省委巡视反馈问题和省、市“七张问题清单”整改落实，持续深化中央巡视办“上下联动”试点成果运用，高标准推进区委巡察工作。深化清廉临平建设，制定“一把手”和领导班子“五张责任清单”，完善交通工程监管仓建设并实现全省推广，严肃整治查处群众身边的不正之风和腐败问题，持续构建“亲清有道”政商关系，全区政风社风不断净化优化。

与此同时，区委常委会深入践行全过程人民民主，政府系统狠抓工作落实取得新成效，人大、政协、法院、检察院服务中心大局展现新作为；老干部、关心下一代、红十字和工青妇等群团组织桥梁纽带作用得到新发挥，统一战线、人民武装保稳定促发展开创新局面。

同志们，成绩殊为不易，这是以习近平同志为核心的党中央坚强领导的结果，是习近平新时代中国特色社会主义思想科学指引的结果，是省、市委正确领导、关心支持的结果，更是全区上下“干”字当头、大抓落实的结果。在此，我代表区委常委会，向全区广大党员干部群众的团结奋斗表示衷心的感谢！

当然，我们也要清醒地认识到，我们的工作中还存在不少问题和不足。比如，产业结构有待加快调整优化，创新驱动发展基础还不够坚实，大企业大项目支撑不足，新产业新赛道培育有待提速；城市综合能级仍需提升，教育、医疗、养老、托育等优质公共服务供给离群众期盼还有差距，环境治理、绿色发展任重道远，城乡共富有待接续发力；平安建设基础不够牢固，安全发展仍需从产业转型中加快破题，除险保安面临诸多新情况新问题，基层治理现代化水平还需进一步提升；复合型、专业化干部较为缺乏，少数干部责任心、执行力不足，担当作为、争先创优意识有待增强，全面从严治党永远在路上，等等。对此，我们将持续采取更加有效的措施，切实加以解决和改进。

二、深刻把握中共二十大精神，全面推进高质量发展现代化先行临平实践

中共二十大是在全党全国各族人民迈上全面建设社会主义现代化国家新征程、向第二个百年奋斗目标进军的关键时刻召开的一次十分重要的大会。大会郑重宣示我们党在新征程上举什么旗、走什么路、以什么样的精神状态、朝着什么样的目标继续前进，深刻阐释新时代坚持和发展中国特色社会主义的一系列重大理论和实践问题，科学擘画全面建设社会主义现代化国家、全面推进中华民族伟大复兴的宏伟蓝图，选举产生以习近平同志为核心的新一届中央领导集体，取得了丰硕的政治成果、理论成果、实践成果、制度成果。深入学习贯彻中共二十大精神，是当前和今后一个时期的首要政治任务和头等大事。我们必须结合临平实际，在全面学习、全面把握、全面落实上狠下功夫，以高质量发展现代化先行临平实践探路中国式现代化伟大征程。

（一）学出信仰、悟出忠诚。学习中共二十大精神是一个常学常新、常悟常进的过程，必须坚持全面准确，深入理解内涵、精准把握外延，确保入脑入心、真正见行见效。

1. 深刻领会伟大变革，增强对标对表的政治自觉。过去十年，党和国家事业历经涉滩之险、爬坡之艰、闯关之难，实现一系列突破性进展，取得一系列标志性成果，根本在于有习近平同志作为党中央的核心、全党的核心掌舵领航，在于有习近平新时代中国特色社会主义思想科学指引，向全党全军全国宣示了“两个确立”的决定性意义，明确了最大的政治、最大的大局、最大的原则。我们要深刻认识到“两个确立”是新时代实现伟大变革的关键所在，更是新征程上赢得未来的根本保证，切实把“两个确立”“两个维护”融入血脉、注入灵魂、付诸行动，不断提高政治判断力、政治领悟力、政治执行力，紧跟总书记走好新的赶考之路。

2. 深刻领会伟大思想，深植笃信笃行的理论根基。中共十八大以来，以习近平同志为核心的党中央持续深化对“三大规律”的认识，不断回答“四个之问”，创立了习近平新时代中国特色社会主义思想，实现了马克思主义中国化时代化新的飞跃，引领中华民族伟大复兴进入了不可逆转的历史进程。我们要深刻认识到，习近平新时代中国特色社会主义思想是当代中国马克思主义，是中华文化和中国精神的时代精华，坚持好、运用好贯穿其中的立场观点方法，争做党的创新理论的坚定信仰者、忠实践行者。

3. 深刻领会伟大道路，扛起敢闯敢创的使命担当。中共二十大把以中国式现代化全面推进中华民族伟大复兴作为新时代新征程中国共产党的使命任务，明确提出了中国式现代化的鲜明特色、本质要求、重大原则和战略举措，摆脱了西方现代化的话语体系，擘画了强国复兴的宏伟蓝图。我们要深刻认识到，中国式现代化这条路不仅走得对、走得通，而且也一定能够走得稳、走得好，切实将临平的未来放在

中国式现代化的宏大场景中谋划，以历史主动精神和强烈使命担当，在探索具有普遍意义的共同富裕和现代化路径上先行先试、敢闯敢创，为中国式现代化贡献更多临平素材、临平经验。

4. 深刻领会伟大斗争，深化从严从紧的自我革命。中共二十大告诫全党“四大考验”“四大危险”将长期存在，全面从严治党永远在路上，充分彰显了百年大党饱经沧桑而初心不改、铸就辉煌仍勇于自我革命的坚定清醒。我们要深刻认识到，党的创造力凝聚力战斗力从根本上决定了历史使命和奋斗目标的实现进程，坚定不移贯彻新时代党的建设总要求，以政治建设为统领，全面推进党的各方面建设，以伟大自我革命引领伟大社会革命。

5. 深刻领会伟大精神，激活群策群力的奋斗基因。中共二十大强调弘扬以伟大建党精神为源头的中国共产党人精神谱系，号召全党同志发扬斗争精神、增强斗争本领、坚持团结奋斗，这是从新时代伟大斗争实践中总结出来的重要经验。我们要深刻认识到，我们党之所以能够历经考验磨难无往而不胜，关键就在于始终坚持团结人民，始终牢记“三个务必”，以斗争促团结谋合作求共赢，依靠顽强斗争打开事业发展新天地。

（二）看准大势、找准方位。面向现代化，我们应跳出临平看临平，找准时代坐标和奋进方向，在全局高度上谋好一域；开启新征程，我们要加压奋进求突破，扛起光荣使命和重大责任，以一域争光为全局添彩。

1. 把握“时”与“势”，进一步明确总体要求。今日之临平，正处于重大战略融汇推进的机遇期、发展动能加速变革的突破期、共同富裕新题难点的攻坚期，必须坚持以习近平新时代中国特色社会主义思想为指导，全面落实中共二十大和省、市委决策部署，一以贯之践行“八八战略”，始终聚焦高质量发展主题主线，牢牢把握杭州融沪桥头堡的职责定位，突出彰显联动城西科创大走廊和城东智造大走廊发展的支点地位，全面提升“一主六副三城”建设中的城市段位，加快高水平建设“数智临平·品质城区”，在“两个先行”奋进征程中展现临平风采，为中国式现代化提供区域实践样板。

2. 统筹“近”与“远”，进一步完善目标安排。按照党中央“两步走”战略安排，深化完善区第一次党代会提出的目标任务，在关键节点上与国家及省、市同频同步。力争到二〇三五年，率先实现共同富裕，基本实现高水平现代化；到本世纪中叶，全面建成世界一流的社会主义现代化国际大都市标杆区。未来五年是加快建设“数智临平·品质城区”的关键期窗口期，主要目标是：创新发展实现新突破，全区生产总值达到1500亿元，全社会研发投入强度达到4.2%；融杭接沪再上新台阶，主城区块框架基本成型、副城综合能级持续提升，长三角金南翼门户枢纽作用更好发挥；共同富裕取得新成果，橄榄型社会结构基本形成，公共服务供给更加优质均衡，城乡居民收入倍差缩小至1.55以内；党的建设开创新局面，引领现代化建设的领导体系、组织体系、干部体系更加健全，清风正气充盈临平大地。

3. 贯通“知”与“行”，进一步强化工作导向。一是坚持党的领导，坚决维护党中央权威和集中统一领导，坚持和完善党领导经济社会发展的体制机制，将党的领导贯穿各领域各方面各环节，确保党始终成为现代化建设的坚强领导核心。二是坚持人民至上，自觉践行以人民为中心的发展思想，把为民造福作为最大政绩，切实解决好群众急难愁盼问题，让现代化建设成果更多更公平惠及全区人民。三是坚持问题导向，把认识和化解矛盾作为打开工作局面的突破口，下大力气研究解决临平发展面临的突出问题，在攻坚难题中不断探索新路子创造新业绩。四是坚持深化改革开放，坚定不移扩大开放，用好改革关键一招，坚决破除制约高质量发展、高品质生活、高效能治理的体制机制障碍，推动地理空间桥头堡向现代化桥头堡的蝶变跃升。五是坚持统筹发展和安全，增强忧患意识，树牢底线思维，打好主动仗，用好组合拳，持续提升本质安全水平，以新安全格局保障新发展格局。六是坚持系统观念，统筹兼顾、统分结合，突出破解部门思维、层级壁垒、条块分割，推动全局和局部相配套、治本和治标相结合、渐进和突破相衔接，力促工作整体性推进、事业全方位发展。

（三）**干在实处、走在前列**。区第一次党代会提出，要打造长三角开放高地、数智化变革高地、全景式幸福高地，高水平建设“数智临平·品质城区”，奋力展现“重要窗口”的临平风采。这与中共二十大作出的战略部署，与省、市委明确的奋斗目标，内在逻辑是贯通的、内涵特征是契合的、实践要求是一致的。我们要始终保持“更快一步、更实一层、更优一等”的奋进姿态，全面推进“数智临平·品质城区”系列建设的渐次深化、迭代升级，着力打造“窗口中的窗口”“天堂中的天堂”。

——加快打造长三角开放高地，强化现代化建设战略支撑。全面深度提速融入杭州市域一体化发展，加快做优主城、做强副城、培育重镇，不断提升城市综合承载力、辐射带动力、核心竞争力，打造古今交融、蓝绿交织、职住平衡、诗意栖居的都市新区，同步研深做透融沪接长文章，积极构建立体化综合交通枢纽，深化创建沪杭未来智造协同发展试验区，服务推进科创西拓、智造东联，在杭州都市区都市圈建设中唱重头戏、当排头兵。

——加快打造数智化变革高地，构筑现代化建设强大引擎。坚持平台集聚发展、创新驱动发展不动摇，全力推进新型工业化，聚焦提升“5+1”产业生态圈综合竞争力，持续深化数字产业化和产业数字化“两化融合”、数字经济和新制造业“双轮驱动”，积极探索“产业大脑+未来工厂”融合新范式，大力推进主导产业、特色产业高端化、智能化、绿色化、服务化、品牌化发展，持续擦亮“临平智造”金名片，努力成为全球先进制造业基地示范区。

——加快打造全景式幸福高地，擦亮现代化建设美好底色。聚焦群众所盼、未来所向，统筹城市和乡村、富民和安民、物质富裕和精神富有，持续完善为民办实事长效机制，积极构建橄榄型社会结构，推动全生命周期公共服务优质共享，以文化文明双向赋能滋养社会民生，压实生态基底，筑牢平安底板，攻坚农村短板，高标准建设共同富裕现代化基本单元，全力打造人文美、生态美、生活美、和谐美的共同富裕幸福临平。

三、切实找准工作切入点和突破口，加快形成高质量发展现代化先行标志性成果

2023年是全面贯彻落实中共二十大精神开局之年，是“八八战略”实施二十周年，是杭州亚运会举办之年，也是高水平建设“数智临平·品质城区”的关键之年。我们将坚持一张蓝图绘到底，干好今年、干好每年，积厚成势、行以致远，一步一个脚印地将美好蓝图变为生动现实。做好2023年工作的指导思想是：高举习近平新时代中国特色社会主义思想伟大旗帜，全面贯彻落实中共二十大、中央经济工作会议精神和省、市委的决策部署，坚持稳中求进工作总基调，全力服务保障杭州亚运会、亚残运会，围绕“数智临平·品质城区”建设总目标，开展大抓发展主题年活动，全面实施五大战略性工程，以实干实绩实效展现高质量发展、现代化先行临平担当。

建议2023年全区经济社会发展的主要目标为：地区生产总值增长6%，其中规模工业增加值增长7%，服务业增加值增长6.5%；财政总收入及一般公共预算收入分别增长8%、7.5%；居民人均可支配收入与经济增长基本同步。重点实施好五大工程：

（一）实施经济发展提速提质工程。拿出硬招实招和信心决心，争分夺秒拼经济，全力打好翻身仗，以“开门红”带动“季季红”“全年红”，推动经济实现质的有效提升和量的合理增长。一要以虎口夺食之势攻坚招大引强。牢牢扭住招商引资“生命线”，锚定“5+1”产业生态圈、总部经济等重点产业发展赛道，积极探索“基金+基地+招商”产业培育发展模式，全力争取“3+N”杭州基金群支持，更好发挥红杉、德诺等基金和4个驻外创新促进中心撬动作用，全年招引落地亿元以上项目50个、10亿元以上10个，其中制造业项目占比50%以上，实际利用外资、制造业利用外资占比均增长10%，着力在总投资50亿元以上的链式增量项目招引上取得新突破，力争在全市招商引资双月攻坚比拼中赢得好成绩。强化产业项目落地全要素保障，以实施工业用地有机更新“3533”计划为抓手，推动零星工业用地集聚平台、整合归宗，出清亩均税收3万元以下低效企业，盘活清理“三块地”466.67公顷，新增13.33公顷以上工业用地5宗，完善供楼为主、供地供楼双轨并行机制，推行“带条件”“带方案”出让，力促“项目等地”向“地等项目”转变。区领导要率先垂范，各涉经部门和产业平台、镇街要齐上一线，聚焦产业图谱、紧盯目标项目，积极走出去、精准请进来，确保优质项目引得进、落得快、留得住，形成全区上下大招商、招好商的火热氛围。二要以只争朝夕之劲大抓项目推进。牢固树立“以项目看发展论英雄”理念，抓紧谋划一批战略性、支撑性、引领性的重大项目，推动更多优质项目列入省、市盘子，积极争取配套资源倾斜、地方政府专项债券、政策性开发性金融工具等政策支持，申报省、市重点项目68个、“152”项目3个，以丰富项目储备蓄足强大发展后劲。迭代打好项目推进攻坚战，强化重大投资项目“周晒月拼季赛年考”打擂比武，健全完善平台牵头、部门服务、镇街清障、全员参与工作机制，积极开拓市、区两级联建、社会资本共建等新路径，加快形成“资源跟着项目走、要素围着项目转、干部盯着项目干”的重大项目服务保障机制，推动在建项目加快建设进度、投产项目加快释放产能，确保全区项目开工率一季度达到60%、二季度达到70%、三季度达到80%以上，全年固定资产投资增长7%、制造业投资增长16%、高新技术产业投资增长7%以上。三要以滚石上山之力打造产业集群。坚持制造业立区之本，全面融入省“415X”产业集群、市“五大产业生态圈”建设，大力实施“链长+链主”制，聚焦聚力高端装备、绿色能源、生物医药、时尚等主导产业、特色产业，发力领跑泛半导体、药品、风电、节能环保等细分赛道，加快建设以千亿级产业为引领、百亿级产业为骨干、未来产业为先导的现代产业体系。深入推进“两化融合”“两业融合”，建强省国防科技成果转化中心临平分中心，深度服务承接阿里产业创新溢出，发展壮大算力、工业互联网、高端软件等细分产业，培育省级服务型制造示范企业（平台）5家、省级工业设计中心3家，新增省、市级未来工厂认定企业4家，确保数字经济核心产业增加值增长9%。深化“早鸟”“凤凰”“雄鹰”“扎根”等阶梯式培育，新设企业数增长10%以上，新增工信部专精特新“小巨人”企业5家以上、上市企业5家以上、国家高新技术企业230家，百亿级企业达到5家。四要以久久为功之效激发经济活力。全力提振激活消费，以省新消费示范区创建为引领，支持住宿、餐饮等迅速回暖，加强大型市场、商超电商化数字化改造，大力发展流量经济、共享经济，积极培育新能源汽车、时尚美妆、养老托育等消费热点，加快打造一批数字消费、夜经济等场景，持续办好促消费系列活动，确保社会消费品零售总额增长5%以上。千方百计推动外贸平稳增长，深化杭州自贸区联动创新区临平片区建设，大力发展数字贸易、跨境电商等新业态，鼓励企业共建共享海外仓，支持企业参与“展会+包机”，助力企业夺回订单、抢占赛道、赢得先机，确保出口份额占全国比重稳中有进。

（二）**实施产业平台能级跃升工程**。突出抓平台、平台抓，着力打造新型功能区块，不断完善创新创业生态，推动三大平台错位发展、优势叠加。国家级经济技术开发区要锚定全省高能级战略平台建设目标，聚集高端装备制造、生物医药、新材料和时尚产业高质量发展，抓紧谋划建设专精特新产业园、半导体产业园和生物医药集聚区3个“1平方公里”产业区块，加快“红丰创新带”产业社区、小林高科创新中心建设，全力推进信达生物、科盛智能、永创智云、倍特生物等重大项目，梯次攻坚兴旺工业城、旺旺区块等片区开发，塑造未来产居生态新范式、先进制造业产业集群新优势，全年实现工业总产值1300亿元，规模工业增加值增长8%，制造业投资增长20%，向着进入“十四五”国家级经开区综合考评全国第一梯队、全省前三战队目标攻坚冲刺。临平新城要全域提速南融发展，深入推进乔司全域土地综合整治与生态修复国家级试点工程，持续深化南融板块规划修编和实施，布局新数字、元宇宙、新消费、大健康、高端商务服务业五大产业，加强“三横三纵路网”“一湖一心一绿道”谋划推进，启动打造杭州未来产业高新区，强化三大特色小镇联动发展，加快推进西大门都市工业园、丰收湖总部园区、金融科技大厦等创新平台和浙江云计算数据中心、菜鸟网络IOT数智化转运中心等引擎项目，奋力交出科产城人融合发展的高分报表，规上服务业营收增长10%以上，规上营利性服务业营收增长18%以上。大运河科创城要主动融入杭州大城北开发建设，加快整体重塑“一园一城”发展格局，圆满收官大运河国家文化公园（临平段）建设三年行动，启动实施超山—丁山湖综保工程，亚运前实现郊野段滨水生态绿道精彩亮相；完善廊区联动机制，深度对接城西科创大走廊，全面启动张家墩产业区块、塘栖AB岛文旅区块等项目建设，推进塘栖和崇贤工业园区改造提升，加速嵌入省、市创新发展版图，规模工业增加值增长8%，力争规上营利性服务业营收增长10%。同时，三大产业平台要坚持“三个第一”，推动人才链、创新链、产业链深度融合，大力支持工信部服务型制造研究院打造高能级产业服务枢纽，强化产学研订单式精准对接、企业共建创新联合体等跨领域合作，加快专业园区、科技中介、公共平台建设培育，实施市级以上重大科研攻关项目8项以上，力争新增市级概念验证中心2家，全社会研发投入强度达到3.9%；聚焦人才“育、引、留、用、管”，建立人才发展集团，加大市场化引才荐才力度，强化与下沙大学城、浙江理工大学临平校区、国科大杭高院等校地合作，着力推进普职融通、产教融合、科教融汇，深入开展好“春风化雨”人才服务专项行动，持续壮大高层次人才、卓越工程师和青年大学生人才队伍。

（三）**实施综合环境整体提升工程**。聚焦“办好一个会、提升一座城”，统筹推进城乡硬环境改善和发展软实力提升，着力打造杭州高品质现代化新中心。一要以更优公共配套汇聚更佳发展要素。积极争取临平北站扩台增线升格，推动杭州地铁四期落地建设，系统推进320国道杭州博陆至仁和段工程（临平段）、塘康路拓宽更新工程二期等重点项目，确保运河二通道顺利通航，加快启动明智作业区建设，着力构建高质量综合立体交通网。大力推进S304省道电力廊道建设，白鹤滩—浙江±800千伏特高压直流工程迎峰度夏前全容量投运，纵深开展分布式光伏和新型储能设施建设，有序布点5G基站、小型水利工程、城市绿道等配套设施，着力打造弹性、韧性城市。二要以更美环境颜值彰显更高品质品位。一体推进城乡风貌样板区、未来社区建设，开展新一轮老旧小区提升改造和美丽城镇建设，加快形成八镇街、四特色的城镇社区发展格局。深化美丽临平建设，链接大运河、超山、临平山、东湖等节点，构建蓝绿相间、山水相融的生态格局，标本兼治打好碧水、蓝天、净土保卫战，大力实施运河流域整治、污水零直排建设、引水入城等工程，加快建设临平第二净水厂，力争空气质量优良率达到80%以上。全域推进“迎亚运”长效管理等系列行动，进一步提升城市管理精细化水平。三要以更深文化基底打造更亮城市品牌。深入推进新时代文化临平工程，厚植大运河、良渚、超山等文化底蕴，重塑上塘河宋韵文化带、古海塘（临平段）等历史记忆，挖掘王蒙、俞樾、吴昌硕等名人文化资源，精心打造文化设施综合体、玉架山考古遗址博物馆等文化地标。抓住“开放办赛”机遇，一体推进赛事侧产业侧城市侧，高标准筹办亚运赛事，建好用好数字文化IP产研中心、国漫孵化基地、大运河1986文创园、朱炳仁铜等“体育+”“文旅+”发展阵地，精心策划亚运文化展示、商务交流、旅游休闲、体育健身等活动，积极拓宽新华社临平城市品牌、企业品牌传播渠道，不断提升对外美誉度、城市影响力。四要以更好营商环境释放更强发展活力。抓实营商环境优化提升“一号改革工程”，推动省“8+4”、市“2+X”政策集成落地、直达快享，持续深化综合金融服务示范区建设，不断扩大“金服宝·小微”惠企覆盖面，加大小微企业政府采购、融资担保等支持力度；积极推进“一站式”企业服务平台运用拓展，健全完善政策兑付“全流程网办”、问题处理“135”、组团式走访服务等工作机制，持续迭代“施工许可一件事”“竣工验收一件事”等办理新模式，拓展深化政务服务“一网通办”；积极推进市场监管、税务、经信、商务等企业年报“多报合一”，探索推行“综合查一次”联合执法机制，以政府更有为促进市场更有效。

（四）实施幸福生活共建共享工程。着眼物的全面丰富和人的全面发展，持续提升社会建设战略地位，不断满足人民群众多层次多样化需求。一要深化落实乡村振兴战略。提速大运河省级现代农业园区创建，加快临平未来农场、丁山湖区块农文旅基地等项目建设，积极推进土地连片流转，重点打造运河以北和乔司全域整治区域两个农业“双强”示范区。持续深化省强村富民乡村集成改革试点，通过留用地开发、平台国企结对帮扶、强村公司运营等方式，突出产业致富、能人带富、帮扶促富，全面消除年经营性收入120万元以下村。纵深推进美丽乡村建设，精心打造京杭大运河、超山—丁山湖、运河二通道三条美丽乡村示范带，持续攻坚环境整治、农房解困、配套改善，示范带动农村全域人居环境优化提升。二要推进公共服务均衡优享。提升“学在临平”美好教育品牌，加快杭州高级中学临平校区、临平区职高等项目建设，全年竣工学校项目15个。深化完善突发公共卫生事件应急体系建设，全面增强公共卫生服务能力。聚焦“一老一小”，开展基本养老服务提升行动，新增智慧养老院1家、康养联合体2家，扩面建设婴幼儿照护服务托位、成长驿站，积极创建儿童友好城区。深化阳光青少年美好成长行动，推进青年发展型城区建设。加快完善多元化住房保障体系，开竣工安置房270万平方米、共有产权房1250套，解决好新市民、青年人等住房问题。深化省级公共文化服务现代化先行区、省体育现代化区创建，积极打造全覆盖、全时段的公共文体空间，不断升级“临享·文化保障卡”，让公共文体服务更多更公平惠及全体人民。三要着力提升扩中提低成效。实施就业优先战略，落实用好稳促就业各项政策，不断完善高质量就业服务体系。大力推动社保医保扩面提标，持续健全覆盖全民、统筹城乡、公平统一的多层次社会保障体系。加快构建新时代大慈善格局，积极引导社会力量参与，做大用好各类共富基金，持续建强三级助联体，加快形成五型救助“扶弱圈”。四要全面构建安全发展格局。全力做好杭州亚运会等维稳安保工作，统筹推进消防安全、生产安全、粮食安全、防汛抗灾等各领域风险隐患排查整治，以“货车之家”平台为抓手，持续深化货运车辆综合治理服务行动，统筹整合全区视频监控资源，加快构建公共视频“一张网”，落实重大信访问题清单管理机制，形成信访矛盾纠纷调处“一盘棋”，确保社会大局和谐稳定。

（五）**实施组织体系变革重塑工程**。坚持改革破题，着眼体系重塑、职能优化、衔接顺畅，进一步构建上下贯通、执行有力的严密工作组织。一要完善平台作战体系。进一步理顺产业平台、国有公司、属地镇街关系，产业平台要聚焦发展主职能，建立“产业招商+企业服务”“基础设施+工程建管”“征迁做地+规划报审”三线指挥作战体系，采取专人负责、专班运转模式，结合实际情况，动态调整发布阶段性重点任务，国有公司、属地镇街服从产业平台统一调度，实现扁平化运作、一竿子到底。二要强化条块协同联动。具体而言，“条”上要进一步加强“统”的意识和能力，聚焦产业赛道谋划、项目招引推进、城市空间风貌、企业服务监管等重点领域，各涉经、规划、审批部门要做强统筹协调、引导管控职能，同时在合法合规前提下，全力支持服务平台“三线”工作开展；“块”上要全面协同发力、落实属地主责，形成重点工作“全区一盘棋”推进的良好局面。今年，我们要在项目招引推进方面率先破题，区级层面将整合各部门资源，调整成立“大项目办”，负责统筹重大产业项目、政府投资项目及省、市重点工程、跨区域线性工程的协调推进，建立健全产业项目从谋划、招引、落地、开工至投产达效的全生命周期服务体系，确保项目推进有力度、投资投产有效度。三要健全基层治理机制。安全生产领域，区安委办要切实发挥好牵头抓总作用，统一数据、信息归口，厘清各专委会的职责边界、压实行业主管部门责任，做好全区面上安全生产情况的统筹把控分析，确保安委办和各专委会紧密协作，合力将安全生产风险底数摸清、控在源头，严防小风险发酵转化为大事故。社会治理领域，要深化“大综合一体化”行政执法改革、镇街法治化综合改革，纵深推进法治临平建设，持续推动基层智治迭代升级，大力推进“平安码”运用拓展，完善重点纠纷警情流转跟踪闭环机制，不断创新自治、法治、德治、智治“四治融合”基层治理模式，切实构建上下贯通、责任到底、队伍精简、高效严密的治理体系。

四、坚持党建引领聚合力，为推进高质量发展现代化先行提供坚强保障

办好临平的事，关键在党、关键在人。我们要始终坚持党建统领，在大抓发展中提振士气、建强组织、转变作风、锻造铁军，始终保持“奋进姿态”，努力交出“高分答卷”。

（一）**加强党的全面领导**。坚持以习近平新时代中国特色社会主义思想为指导，分层分期开展学习贯彻中共二十大精神轮训，全面落实“第一议题”制度，深化拓展“七张问题清单”机制，以实际行动把党中央和省、市委的各项决策部署落实到位。充分发挥党总揽全局、协调各方的领导核心作用，全力支持人大、政府、政协、法院、检察院依法履职，团结凝聚群团组织、民主党派等各界力量共谋发展，建设具有强大凝聚力和引领力的社会主义意识形态，重视做好党管武装、双拥等工作，积极构建大统战工作格局，切实推动全区上下思想更加统一、政治更加团结、行动更加一致。

（二）**锻造过硬干部队伍**。全面实施提升干部新能力专项行动，分层分类组织开展主体班次培训，探索统分结合的紧缺专业干部培育模式，坚持在经济发展、亚运筹办、安全稳定

等中心工作、基层一线和急难险重岗位中锻炼磨砺干部，推动干部在解决实际问题、化解各类矛盾中增强斗争本领。树立实干实绩用人导向，建立干部优进绌退动态调整机制，加大优秀年轻干部选拔培养力度，健全“两个担当”良性互动机制，加快形成“干事有动力、晋升有通道、发展有空间”的工作局面。坚持严管厚爱兼顾，做深做实政治素质考察，探索完善干部多维度监督管理机制，动态掌握思想状态、工作作风等实际情况，对出现的苗头性、倾向性问题抓早抓小、防患未然，全面激发全区党员干部干事创业活力。

（三）筑牢坚强战斗堡垒。牢固树立大抓基层工作导向，以“争星晋位、全域建强”行动为总牵引，巩固提升党建铸魂“先锋临”、民生优享“幸福临”、集成改革“共富临”、智治护航“平安临”示范赛道成果，深入实施示范集群攻坚行动，高标准推进城郊接合部、融合型大社区大单元、软弱后进村社整转提升，不断擦亮“现代社区、幸福来临”品牌。大力实施政治铸魂、全域建强、双强创优、双建争先、队伍提能、阵地提质六大行动，系统重构基层组织架构、骨干队伍、治理体系，深化打造“一肩挑”后村社队伍管理“届中文章”、产业链供应链创新链党建、流动党员综合党委提质管理等基层党建金名片，切实以基层强助力发展强。

（四）深化正风反腐肃纪。严格落实“一把手”和领导班子“五张责任清单”、九项监督机制，全面构建“四责联述”责任传导链，层层抓实管党治党政治责任。认真落实中央八项规定及其实施细则精神，锲而不舍纠治“四风”，持续抓好漠视侵害群众利益问题专项治理，引导党员干部严守“底线”、不破“红线”。坚持一体推进“三不腐”，完善防治腐败滋生蔓延机制，扎实做好以案促改，努力实现政治效果、纪法效果、社会效果有机统一。充分发挥“亲清在临会客厅”等载体作用，健全涉企诉求“多跨协同”解决机制，进一步构建“亲清”新型政商关系。持续深化清廉临平建设，着力营造干部清正、政治清明、社会清朗的政治生态和发展环境。

同志们，寒冬已经过去、暖春即将到来，明天充满希望、临平大有可为！让我们更加坚定自觉地团结在以习近平同志为核心的党中央周围，深入学习贯彻中共二十大精神，踔厉奋发、勇毅前行，敢作敢为、善作善成，加快高水平建设“数智临平·品质城区”，为全面建设社会主义现代化国家、全面推进中华民族伟大复兴做出新的更大贡献！

政府工作报告

——在杭州市临平区第一届代表大会第三次会议上

2022年工作回顾

2022年，临平区政府以迎接中共二十大召开、学习宣传贯彻党的二十大精神为强大动力，坚持以习近平新时代中国特色社会主义思想为指导，认真落实习近平总书记“疫情要防住、经济要稳住、发展要安全”的重要指示，在上级党委政府和区委的坚强领导下，在区人大及其常委会和区政协的监督支持下，紧紧围绕区一届人大二次会议确定的主要目标任务，克难攻坚、大抓落实，统筹推进“数智临平·品质城区”建设，全区经济社会保持良好发展态势。预计地区生产总值实现正增长、有望突破1000亿元；完成财政总收入229.93亿元、一般公共预算收入135.57亿元；城镇、农村居民人均可支配收入增速均高于地区生产总值增速。

（一）经济发展稳中有进。坚决贯彻落实新发展理念，扎实推进稳进提质攻坚行动，以超常规举措推动经济平稳健康发展。产业结构持续优化。大力发展智能制造，预计完成规上工业增加值410亿元、战略性新兴产业增加值160亿元，生物医药产业增加值预计增长5%。春风动力入选国家智能制造示范工厂和新一代信息技术与制造业融合发展试点示范，铁流离合器等6家企业获评省级服务型制造示范企业（平台），运达风电、益海嘉里入选省级“未来工厂”试点，东华链条、自强链传动入选省级智能工厂（数字化车间），西奥电梯入选市“链主工厂”。预计实现服务业增加值440亿元。我区入选全省家纺行业中小企业数字化改造区域试点，数字经济核心产业增加值预计达64亿元，增长4%。扎实推进综合金融服务示范区创建，红杉科创基金签约落地，金融业增加值预计增长13%。预计实现建筑业产值270亿元，增长3%。高标准创建大运河省级现代农业园区，预计实现农业增加值16.5亿元，增长2.5%。创新活力持续加强。预计研究与试验发展经费支出相当于生产总值比例为3.79%，新产品产值率达54.6%。预计新增发明专利815件，增长40.1%。加速拓展创新空间，新增孵化载体23个、物理空间120.38万平方米。实施“双倍增”计划，预计新增国家高新技术企业320家、省科技型中小企业587家。大力实施“雄鹰”“鲲鹏”“小巨人”、隐形冠军、单项冠军企业梯次培育，新增国家级专精特新“小巨人”企业11家、省级专精特新中小企业6家，贝达药业获评国家技术创新示范企业，西奥电梯获评省级“雄鹰”企业，7项成果获评省科学技术进步奖、省技术发明奖，13个项目入选省“尖兵”“领雁”研发攻关计划。落实“凤凰行动”计划，新增上市企业4家，累计达24家。杭州徐工研究院、浙江理工大学临平研究院、省国防科技成果转化中心成功落户，城西科创大走廊联创中心全面投运，与国科大杭高院战略合作正式启动。深化未来智造工程师协同创新中心省级试点建设，国家级领军人才实现“零的突破”，新增国家级海外高层次人才3名、高技能人才3619名，引进首次来杭就业高校毕业生1.78万名。有效需求持续扩大。固定资产投资预计增长11.5%，制造业投资、高新技术产业投资预计分别增长17%、38%。狠抓项目招引，集中签约百诚医药、遥望网络等重大产业项目135个，总投资达400余亿元。攻坚项目建设，集中开工重大项目56个，“152”项目开工率达100%。网络零售持续活跃，预计实现网络零售总额800亿元。大力促进大宗商品消费，发放汽车消费券2000万元。预计完成社会消费品零售总额371亿元，增长5%。预计实现外贸进出口总额389亿元、跨境电商出口额90亿元，分别增长11%、40%。平台建设持续发力。经济技术开发区引入晶盛研发中心、德诺电生理总部等项目52个，启动建设“红丰创新带”，小林高科创新中心全面开工，长三角G60浙江（临平）科创基地建成投用，预计实现规上工业总产值1140亿元。临平新城有序推进乔司全域土地综合整治与生态修复工程，签约玉美、宏达等项目61个，加快建设西大门都市工业园，成功落户中国RISC-V联盟浙江中心，服务业总营收破千亿元。大运河科创城编制规划方案8个，扎实开展大运河沿线征迁整治，签约码头29家、企业53家，完成塘栖AB岛文旅区块项目前期，积极对接科技孵化、研发设计等领域企业，招引企业110家，签约重大项目19个。

（二）城乡品质稳步提升。坚持以精细化理念贯穿全过程，统筹推进城乡融合发展，加快建设美丽临平。基础配套不断完善。实施交通强区建设三年行动计划，地铁3号线（一期首通段）开通运营，望梅、东湖、320国道快速路二期和沪杭高速临平段改建工程建成通车，成为全省首个快速路环线贯通的区县。玉架山考古遗址公园建成开放，江南水乡文化博物馆新馆顺利启用。深化美丽城镇建设，乔司街道成功创建省级美丽城镇样板。“艺尚小镇”“小林板块”获评市级城乡风貌样板区，“运河水乡”县域风貌区纳入省级试点创建名单。成功创建龙兴、海珀、梅堰和杭海路4个省级未来社区，新增崇文、西小河等9个省级创建项目。龙兴社区获评省首批共同富裕现代化基本单元，星桥街道获评省数字生活服务特色镇街。临平自来水厂一期工程通水试运行。开展天然气管道农村全覆盖三年行动计划，完成7个试点村社建设。环境治理成效明显。深化“污水零直排”提升行动，创建“污水零直排”工业企业（集聚区）55个、生活小区16个，6个市控及以上断面水质达到三类，创建省级美丽河湖2条。新增国土绿化40公顷，创建省级森林城镇2个，塘栖镇河西埭村获评省级生态文化基地。深入推进“无废城市”建设，老板电器入选全省第一批“无废亚运工厂”示范点。落实碳达峰、碳中和战略，成立区能源大数据中心，分布式光伏装机总容量达286兆瓦，年发电量可达2.8亿千瓦时。经济技术开发区成功创建国家级绿色园区、国家级园区循环化改造试点。西奥电梯、铁流离合器成功创建国家级绿色工厂。城市管理日益精细。全力推进“迎亚运”城市环境品质提升行动，排查整治环境问题30.8万多件，30处通勤道路、入城口、比赛场馆等场所环境提升任务圆满完成。持续提升园林绿化水平，新增公园和附属绿地面积78.5万平方米。镜子山资源循环利用项目试运行，生活垃圾年进场量下降2.8%。坚决遏制新增违建，大力整治小区违建，处置违法建筑108万平方米。新增公共停车泊位3000个。乡村振兴深入实施。抓好“米袋子”“菜篮子”工程，全年粮食产量增长35.65%，全省率先完成966.67公顷“非粮化”整治任务。加快全省强村富民乡村集成改革实践试点建设，建立产业平台、国有公司与经济薄弱村结对机制，实施商业综合体等抱团项目29个。预计实现村集体经营性收入7.3亿元，增长8.2%。开展美丽乡村提质升级行动，获评省深化“千万工程”建设新时代美丽乡村工作优胜区，崇贤街道获省美丽乡村示范乡镇，双桥村等5个村获评省级未来乡村，鸭兰村等4个村成功创建省AAA级景区村庄。推进质量兴农，塘栖村被评为全国“一村一品”示范村。积极引培“三农”人才，面向全国招聘农村职业经理人3名，培育农创客51名。

（三）**共同富裕扎实推进**。践行以人民为中心的发展思想，不断加大民生投入，持续增进民生福祉，更好满足人民群众对美好生活的向往。民生实事全面完成。（1）住房保障项目。开工安置房73万平方米、竣工206.2万平方米，回迁安置4092户。（2）住房改善项目。完成老旧小区综合提升改造31.5万平方米；完成既有住宅加装电梯80台。（3）公卫应急项目。区急救中心迁址项目基本完工，配置救护车8辆；招录公共卫生专业技术人员24人，举办公共卫生队伍专业能力培训演练14场。（4）教育惠民项目。开工建设中小学校、幼儿园16所，启用项目19个，新增学位9240个；建成校园智慧安防数字化平台，实现校园视频监控等设备更新升级全覆盖；完成所有公办中小学校2113间普通教室护眼灯光改造，举办心理、视力等健康类讲座200场。（5）健康空间项目。举办亚运相关主题活动78场；完成110处新型文体空间建设；新增投入使用绿道21.9公里。（6）养老服务项目。新增14家示范型居家养老服务照料中心；参加肺部CT体检老年人达9.01万人次；搭建智能化养老助餐系统。（7）交通改善项目。实施联网路（断头路）建设项目，完工12条，开工6条；推进“四好农村路”建设，完成21公里，新开工37公里；新增、优化公交线路17条；治理交通隐患重点道路20条，实现交通隐患点位动态清零。（8）乡村富美项目。全面消除村集体经营性收入100万元以下的相对薄弱村；开工建设塘栖丁山湖、运河北片核心圈美丽乡村示范片区；完成128个村民小组美丽乡村提质扩面工程；完成全区农村住房困难户规划布点，落实农村建房困难户用地指标1071户，完成农村危房治理改造396处，实现动态清零。（9）助残扶弱项目。完成无障碍设施改造1.2万平方米；规范提升星级“残疾人之家”4家，创建省级无障碍社区2个；完成58户在册困难家庭个性化帮扶工作，为26名残疾未成年人开展免费康复治疗。（10）优生优育项目。为常住备孕育龄夫妇开展免费外周血染色体检查，累计检查9746人；为在医疗机构系统保健的孕产妇及其分娩的新生儿开展免费产前筛查和新生儿疾病筛查，分别完成9237人、6756人；新建婴幼儿照护服务成长驿站54家，新增托幼一体化托位560个。民生保障持续完善。预计民生支出占一般公共预算比重达76.7%。开展稳就业惠民生专项行动，城镇新增就业3.06万人，调查失业率为5%。促进参保提质扩面，户籍人口基本养老保险、基本医疗保险参保率分别达99.43%、99.95%。健全康养结合养老服务体系，新增康养联合体2家，配建养老服务用房2.1万平方米，东湖街道蓝庭社区成功创建国家级“老年友好型社区”。加大困难群体帮扶力度，实现镇街级助联体全覆盖，累计发放各类救助金5920万元。启动建设全省首个共有产权保障性住房项目。公共服务更加优质。教育质量全面跃升，高考成绩再创新高。浙江理工大学临平校区建成启用，杭州高级中学临平校区顺利开工。实施名师名校长名班主任培养工程，引培市级以上名优教师300余人。深化健康临平建设，构建居民“15分钟医疗服务圈”，所有社区卫生服务中心均达国家优质服务基层行推荐标准。加快创建省公共文化服务现代化先行区，58个品质文化生活圈投入运行，新增嵌入式体育场地93个。社会治理不断加强。发挥“一体两翼”矛盾纠纷化解机制作用，深化“四治融合”，办结事项1.3万多件，结案率94.93%。推进现代社区建设，完成社区规模优化调整。攻坚信访积案化解，实现积案动态清零。全面开展消防安全大排查大整治行动，累计整改问题隐患9.05万个。实施货运车辆综合治理服务专项行动，涉货车交通事故下降34.22%。扎实推进“全民反诈”工程，电信网络诈骗发案数、案损额分别下降56.71%、48.52%，劝阻止损5000余万元。开展除险保安百日攻坚行动，圆满完成中共二十大维稳安保任务。

（四）营商环境持续优化。坚持以数字化改革引领系统性变革，刀刃向内、整体推进，不断提升发展环境。深化各项改革。区一体化智能化公共数据平台、“两端”建设持续加强，“临平数字赋能落实‘最多交办一次’”入选“浙政钉”省级优秀案例集，“入学入园服务”“健康临平”等获“浙里办”全省高频应用。实施区级重大改革任务23项，“网格疫管通”获评省数字法治好应用，被多地申请复用，“临享·文化保障卡”获评省数字文化优秀应用，“时尚E家”获评省首批共富最佳实践、省数字经济系统地方特色应用，我区被列为省“应急管理全覆盖责任体系”建设唯一试点区县，在全省数字化改革综合评价中连续三次获得五星等级。纵深推进“大综合一体化”行政执法改革，实现镇街全域赋权。强化要素保障。加强政策集成落地，制定出台“服务业30条”“金融18条”“稳经济50条”等一揽子助企纾困政策，兑付各类政策资金16.64亿元。全面落实组合式税费支持政策，为市场主体减负44.5亿元。深化产业基金运作，累计出资25.36亿元。充分发挥地方政府专项债拉动作用，发行专项债项目26个，总金额达34.75亿元。打造“金服宝”综合数字服务平台，为6643家企业成功授信223亿元。加大政策性担保支持力度，新增小微企业等贷款担保8.5亿元。推进“亩均论英雄”改革，完成工业用地有机更新100公顷，盘活清理批而未供、供而未用、低效用地946.67公顷。提升行政效能。严格落实全面从严治党主体责任，出台政府系统重点领域廉政风险防范工作实施方案。坚持重大事项向区人大及其常委会报告和向区政协通报制度，办结人大代表建议185件、政协提案251件。严格执行重大行政决策程序，行政负责人出庭应诉率达100%。完善行政争议预防化解工作机制，行政复议、行政诉讼调撤率均居全市第一。牢固树立政府过“紧日子”思想，非必要、非刚性等一般性支出压减3.29亿元。深入开展“三服务”“百千助百企”等活动，依托企业服务中心办理企业诉求2.7万多条，政策线上兑付效率显著提升，涉企审批时长平均压减50%。

各位代表，过去一年我区经济社会发展取得的成就，离不开上级党委政府和区委正确领导、科学决策，离不开全区广大干部群众团结一心、努力奋斗。在此，我代表区人民政府，向全体人大代表和政协委员，向各民主党派、工商联、人民团体，向解放军、武警驻临平部队和驻临平各直属单位，向所有关心支持临平发展的各界人士，向全区人民，表示衷心的感谢并致以崇高的敬意！

在肯定成绩的同时，我们也清醒地看到，我区经济社会发展还存在一些不平衡不充分之处，主要是：经济增长还需加速，创新发展支撑力不够强；产业链供应链还存在薄弱环节，与构建现代化产业体系的要求相比还有不足；资金、土地等发展要素依然趋紧，传统产业转型升级任务艰巨；城市整体品质有待提升，管理精细度还不够；优质公共服务供给不足，教育、医疗、养老、安置房建设等领域离群众期盼还有较大差距；社会治理现代化水平还不够高，社会治安、安全生产等领域面临较大挑战；政府自身建设仍需加强，少数干部担当执行意识、克难攻坚能力、依法行政水平有待提高，等等。对此，我们要直面群众关切，正视自身问题，抓住关键环节，采取有力措施，切实加以克服和改进。

2023年主要工作任务

2023年是全面贯彻落实中共二十大精神开局之年，是“八八战略”实施二十周年，是杭州亚运会举办之年，也是高水平建设“数智临平·品质城区”的关键之年。做好今年政府各项工作，具有重要而深远的意义。我们要充分认识到，当前国际环境错综复杂，经济运行稳中有变、变中有忧，既要增强忧患意识，未雨绸缪，在危与机的转换中赢得主动；又要保持战略定力，久久为功，在稳与进的统筹中增创优势，奋力书写临平高质量发展的精彩篇章。

今年政府工作的指导思想是：高举习近平新时代中国特色社会主义思想伟大旗帜，全面贯彻中共二十大、中央经济工作会议精神，坚决落实省、市和区委决策部署，坚持稳中求进工作总基调，全力服务保障杭州亚运会，围绕“数智临平·品质城区”建设总目标，开展大抓发展主题年活动，全面实施五大战略性工程，以实干实绩实效展现高质量发展、现代化先行临平担当。

建议2023年全区经济社会发展的主要目标为：地区生产总值增长6%；财政总收入增长8%，一般公共预算收入增长7.5%；研究与试验发展经费支出相当于生产总值的比例达到3.9%；居民人均可支配收入与经济增长基本同步；完成省、市下达平安建设和节能减排任务。围绕上述目标，着重抓好以下五方面工作：

一、聚焦聚力转型升级，提升区域经济竞争力

着力提升产业能级。坚持把制造业高质量发展作为构建现代化产业体系的关键环节，细化“5+1”产业链实施路径，大力实施产业基础再造工程和产业链提升工程，规上工业增加值增长7%。加强“未来工厂”梯度化培育，力争新增省级“未来工厂”企业1家，新增省级“未来工厂”试点企业2家，市级“未来工厂”认定企业3家、培育企业20家。加快发展工业互联网产业，力争新增省级认定平台3家，10家企业列入省、市制造业“云上企业”培育库。以集成电路、算力等产业为发力点，壮大数字经济规模，确保数字经济核心产业增加值增长9%。大力发展金融保险、信息技术服务、研发设计等生产性服务业，推动现代服务业同先进制造业深度融合，确保服务业增加值增长6.5%。加大楼宇经济培育力度，力争亿元税收楼宇达到10幢。

着力做强产业平台。经济技术开发区要坚持工业用地姓“工”，持续做强高端装备制造、生物医药两大优势产业，提升家纺时尚产业能级，重点打造专精特新产业园、半导体产业园和生物医药集聚区三大产业区块，加快推进科盛智能、赋成生物等项目建设，促进“红丰创新带”产业社区建设提质增效，规上工业增加值增长8%，制造业投资增长20%，奋力打造省高能级战略平台。临平新城要加快南融板块控规修编，全力推进乔司全域土地综合整治与生态修复工程，谋划打造钱江新城3.0版本，促进艺尚小镇、工业互联网小镇、算力小镇提档升级，加快推进西大门都市工业园、丰收湖总部园区和浙江云计算数据中心等项目建设，规上营利性服务业营收增长18%以上，积极争创杭州未来产业高新区。大运河科创城要主动融入杭州大城北发展规划，整体构建“一园一城”发展格局，加快张家墩孵化器、塘栖AB岛文旅区块项目建设，提升改造陆家桥、塘栖工业园区，大力培育科创、文创、数字等新兴产业，力争规上营利性服务业营收增长10%，成为接轨城西科创大走廊桥头堡。

着力扩大投资消费。牢牢扭住项目建设“牛鼻子”，优化投资结构，提高投资效益，固定资产投资增长7%。攻坚项目落地，“152”项目开工率达到100%，政府投资项目开工率、投资完成率均达到95%以上。聚焦制造业高质量发展，加快小林高科、信达生物等项目建设，制造业投资增长16%。着力引导民间资本参与重大项目建设，民间投资增长15%。用足用好地方政府专项债，储备专项债项目资金需求达到67.65亿元。大力支持住宿、餐饮、零售、旅游等生活性服务业迅速回暖，积极发展直播带货、时尚美妆、数字贸易等新消费新业态，社会消费品零售总额增长5%。

着力深化开放合作。坚持招商引资“一把手”工程，建立健全“大招商”工作机制，围绕头部企业、顶尖团队梳理完善产业地图和招商项目清单，强化精准招商、产业链招商、驻点招商、基金招商，集中签约项目100个以上，其中10亿元、50亿元以上项目分别达到10个、1个，实际利用外资2.3亿美元。深度融入长三角一体化发展，加快建设长三角创新研发总部基地，积极打造沪杭未来智造协同发展试验区。谋划建设运河二通道明智作业区，完善开放型经济基础配套。大力支持企业开拓新兴市场、培育自主品牌、防范贸易风险，货物进出口占全市份额保持稳定。持续做好对口帮扶、对口合作、山海协作、区县协作。

二、聚焦聚力动能转换，激活创新发展动力源

大力培育创新主体。稳步推进“双倍增”计划，新增国家高新技术企业230家以上、省科技型中小企业400家以上。深入实施“凤凰行动”“雄鹰计划”“鲲鹏计划”“雏鹰计划”“小微企业三年行动计划”“扎根计划”，力争新增单项冠军、隐形冠军和专精特新培育企业50家，新增上市企业5家。落实“尖峰”“尖兵”“领雁”“领航”四大计划，新增省级企业研究院4家以上，发明专利拥有量增长900件以上。发挥浙大高端装备研究院、工信部服务型制造研究院、杭州徐工研究院、国科大杭高院等作用，推动创新链与产业链高效协同、融合发展。

大力集聚创新资源。深化“大孵化器”战略，新增孵化载体22个、物理空间125万平方米，着力打造一批产业集聚度高、产业优势明显的专业园区。坚持人才第一资源理念，优化人才政策体系，建立区人才发展公司，制定出台新时代高技能人才队伍建设意见，推动卓越工程师队伍提质扩面，新增高技能人才3200名、首次来杭就业高校毕业生1.8万名。加大与高校、研究院所合作力度，组建重点产业咨询委员会，提升智力支持水平。加强技术转移、检验检测、质量标准等公共技术服务平台建设，新增市级概念认证中心1家。

大力优化创新生态。充分发挥改革的先导和突破作用，健全服务集成、生态完善的创新发展保障机制，着力打造国际一流营商环境。围绕审批服务、建设推动、竣工验收、达产履约等关键环节，优化项目全生命周期管理服务，确保一般产业项目土地摘牌后45天内开工。持续迭代“施工许可一件事”“竣工验收一件事”等新模式，大幅提高审批效率。深化“亩均论英雄”改革，扎实推进“腾笼换鸟、凤凰涅槃”攻坚行动，实施工业用地有机更新133.33公顷，出让工业用地66.67公顷，盘活清理批而未供、供而未用、低效用地466.67公顷。做大做强政府产业基金，力争基金总规模达到200亿元。加大助企纾困力度，优化政策兑付流程，助力企业轻装上阵。

三、聚焦聚力品质跃升，增强现代城市魅力值

做好亚运文章。加强临平体育中心、塘栖盲人门球训练基地两大亚运场馆设施维护，推进“无废场馆”创建。强化场馆测试运行，健全赛时指挥体系，做实做细亚运维稳安保工作。深入开展“迎亚运”城市环境品质提升行动，扮靓亚运场馆周边、通勤道路沿线等重点区域，打造一批精品道路、景观小品等“亚运美景”。加大亚运宣传力度，深度融入临平元素，举办半马接力赛等亚运主题活动。实施亚运城市文明提升五大行动，打造“‘益’起亚运·青春来临”志愿服务品牌等标志性成果，营造全民迎亚运浓厚氛围。充分放大后亚运效应，推动场馆综合利用和惠民开放，吸引高水平体育赛事、体育机构和品牌会展活动落户。举办临平区首届人民运动会，大力推动全民健身。

提升城市能级。深化国土空间规划编制，落实“三区三线”刚性约束，科学布局生产、生活、生态空间。加快谋划沪乍杭铁路与临平北站建设，全力保障地铁3号线二期、9号线二期、15号线一期和18号线一期有序开工。扎实推进320国道杭州博陆至仁和段工程（临平段）、硖许连接线、塘康路拓宽更新二期等工程建设，系统谋划永玄快速路、沪杭高速抬升二期等项目，打通杭乔路、天都路等“断头路”。加快打造共同富裕现代化基本单元，全力推进“运河水乡”“共富海珀”等城乡风貌样板区建设，重点推进汤家、星桥、运旺、南兴等4个社区争创省、市级未来社区。完善供排水设施，加快建设临平第二净水厂。优化电力设施布局，开工、投产输变电项目各4个，白鹤滩特高压直流工程及配套接入工程高端投产。加快电动汽车自用充电桩供电配套设施建设。

加强城市管理。推进城市化管理区域向城郊接合部拓展，探索实施准城市化管理模式。健全市政绿化保洁养护监督管理机制，实现纳管、准入、监督、奖惩、衔接“五统一”。深入推进“大综合一体化”行政执法改革，健全基层综合行政执法队伍工作体系。强化城市道桥、城镇燃气等重点领域监管，确保城市安全有序运行。持续改善市容环境，完成道路修缮、绿化提升各5万平方米。深化垃圾治理，“一站式”上门和智能回收模式覆盖居民扩面至28万户，生活垃圾总量继续保持零增长。新增工程渣土资源化利用场地1处，推进泥浆资源化利用技术试点。攻坚防违控违，拆除违法建筑60万平方米以上。

四、聚焦聚力绿色发展，跑出生态建设加速度

深化环境治理。聚焦治水治气治土治废，深入开展重点污染源综合治理，打好升级版污染防治攻坚战。深化“五水共治”，创新采用EOD模式，推动“污水零直排区”建设提质增效。加大扬尘污染防治力度，确保空气质量主要指标比上年改善。强化土壤污染风险管控，严格开展建设用地土壤污染状况调查评审。攻坚“无废城市”建设，推动各类固废源头减量，建成“无废城市细胞”40个以上。促进能源、工业、建筑、交通等重点领域绿色低碳转型，完成整区分布式光伏开发试点建设任务。启动超山—丁山湖综合保护工程，推进大运河、丁山湖等湿地资源保护利用，争创省级森林城镇1个。

推进文旅融合。加快上塘河宋韵文化带建设，开展“运河南源”“宋韵临平”等文艺创研。圆满收官大运河国家文化公园（临平段）建设三年行动，承办“行走大运河”“爱上大运河”等全国性活动，打造大运河文化新廊道。加强古海塘临平段保护传承利用，推进玉架山考古遗址博物馆建设，推动江南水乡文化博物馆争创国家一级博物馆。建强“非遗工作站”“非遗工坊”等文化传承阵地，打造高品质旅游产品。持续推出超山梅花节、塘栖枇杷节、大运河鱼羊美食节等主题节庆活动，打响临平特色文旅品牌。深入实施“百千万”工程，重点深化“诗画浙江·百县千碗”建设，积极打造“百县千集”“百县千礼”。开展“临平体验”优化工程，升级“临享·文化保障卡”功能，推出3条以上江南水乡文化体验游线。加快临平文旅大数据平台建设，实现全域旅游精准治理。

振兴美丽乡村。深化大运河省级现代农业园区建设，打造丁山湖区块农文旅、大运河北部水产粮油、运河二通道果蔬三大基地，加快推进“临平未来农场”综合体建设，积极争创省级水产健康生态养殖示范区，农业增加值增长2%。严格落实粮食安全责任制，坚决打赢“粮食保卫战”。实施美丽乡村提质升级攻坚行动，新建未来乡村3个，基本建成塘栖丁山湖、运河北片核心圈2个美丽乡村示范片区。

谋划实施跨乡镇土地综合整治项目，实现耕地集中连片保护。推进城郊接合部16个村（社）环境整治，建设大运河郊野段美丽田园风光带。全力争创“四好农村路”全国示范县。深化全省强村富民乡村集成改革实践试点建设，打好结对抱团发展、村级留用地开发、村庄经营等“组合拳”，村均集体经营性收入达到580万元以上，全面消除120万元以下相对薄弱村。

五、聚焦聚力共同富裕，提高人民群众幸福感

提升社会保障水平。落实就业优先政策，完善高质量就业服务体系。推进社保医保扩面提标，强化社保医保基金监管。健全覆盖全面、分层分类、精准高效的新时代大救助体系。开展基本养老服务提升行动，积极推广托幼一体化、嵌入式办托模式，统筹提升“一老一小”照护服务水平。开展儿童友好单元建设，推进儿童友好城区创建。完善住房保障体系，筹建公租房15.18万平方米、保障性租赁住房8700套（间）、共有产权住房1250套，促进房地产市场平稳健康发展。加强预警监测，实现城乡危旧房动态清零。深入开展双拥活动，积极争创省级双拥模范城（县、区）。建立健全残疾人“全生命周期”服务体系。推动红十字、公积金等事业健康发展。

优化公共服务供给。打响“学在临平”品牌，加快杭州高级中学临平校区、临平区职高等项目建设。实施全学段教育质量提升行动，引入省、市优质教育资源合作办学，培育引进名优教师400人以上。深化产教融合、校企合作，推进职业教育高质量发展。大力发展省、市医学重点学科和区域诊疗中心，提升县域医共体服务能力，促进医疗卫生资源均衡化发展。强化新发突发传染病监测预警，加强重大疫情防控救治体系和应急能力建设。推进省级公共文化服务现代化先行区、省体育现代化区创建，加快文化设施综合体建设，新增一批“公共文体+”空间、嵌入式体育场地。

完善社会治理体系。深化现代社区建设，健全“141”基层治理体系，迭代升级基层智治综合应用，完善矛盾纠纷协同化解机制。激活多方力量参与社区治理，打造“五社联动”区级试点7个。持续建设平安临平，推进“天网工程”攻坚行动，健全除险保安长效机制，开展消防安全、道路交通等重点领域风险排查整治，确保安全形势总体稳定。完善立体化社会治安防控体系，深化重复信访和信访积案攻坚化解，常态化开展扫黑除恶斗争，严厉打击“盗抢骗”“黄赌毒”等突出违法犯罪。强化食品药品安全监管。深化文明城市创建，打造“15分钟新时代文明实践圈”。

办好政府民生实事。各位代表，在前期广泛征集、仔细遴选、充分论证的基础上，确定了13项民生实事候选项目，现提交大会审议。（1）美好教育项目。开工学校7所；竣工学校15所，新增班数350个以上、学位1.5万多个；组建百人心理辅导教师团队；开设“临听900父母课堂”；培育区级及以上示范性家长学校30所。（2）儿童友好项目。制定儿童友好空间建设导则；各镇街至少打造1条“无忧上学路”；新建社区普惠性托育机构8家、社区婴幼儿照护服务成长驿站30家，新增托幼一体化托位600个；建设儿童友好主题公园1处。（3）老有颐养项目。提升改造老年食堂（助餐点）10家；为不少于500户特殊困难老年人安装智能监测设备；构建老年教育体系；为老年人开展智能设备实操培训100场，组建为老服务志愿者队伍10支；60岁及以上户籍老年人健康体检覆盖率不低于70%，为重点人群提供健康服务，建立家庭病床600张，公立医疗机构设置老年人优先窗口全覆盖。（4）健康服务项目。建设数智化急救平台，新（改）建急救站（点）3个，增购负压救护车2辆，增配人员30人；新（迁）建社区卫生服务站4家，创建星级服务站不少于10家；建设残疾人“康复之家”7家；提升重症救治能力，促进医疗资源扩容，新增不少于30张重症床位的设施设备，新增2台CT，完成不少于1000人的重症救治团队培训；提升基层卫生服务“早识别”的诊疗监测能力，为全区202支居家医疗服务队配备指夹式脉搏血氧仪及救治药品。（5）乡村富美项目。实施100个村民小组美丽乡村提质扩面工程；解决882户农村住房困难户建房空间需求并落实相应新增用地指标；完成30个村社天然气管道建设工作。（6）文体惠享项目。举办亚运相关主题活动30场；建设新型文体空间100处；开展大运河、宋韵、古海塘等主题品牌活动10场；开展“藕花洲”系列惠民活动100场；完成九曲营宋韵文化历史街区改造提升项目、临平俞樾纪念馆、图书馆改造项目；建成投用绿道15公里。（7）就业帮扶项目。对低保低边困难家庭人员、就业困难人员、离校未就业高校毕业生等重点人员开展分类帮扶，就业帮扶率达到100%；实现城乡新增就业2万人，帮扶就业困难人员、失业人员实现就业再就业不少于6000人；实施职业技能培训提升行动，全年培训2万人次，培养技能人才5000人。（8）安居保障项目。开工建设安置房40万平方米、竣工备案80万平方米；完成回迁安置2000户。（9）住房改善项目。完成老旧小区综合改造提升20万平方米、加装电梯60台；完成50个住宅小区二次供水改造、惠及3万户。（10）交通畅行项目。提升改造乡村道40公里，其中完成20公里，开工20公里；完成交通拥堵点位治理5处；新增公共自行车点位55个以上；联网路建设完工5条，开工3条；完成桥头跳车整治20处、道路窨井盖整治1000处、无障碍设施改造不少于5000平方米。（11）城郊整治项目。推进城郊接合部环境综合整治项目建设，重点实施3个市级城郊村和10个区级城郊村整治项目，梳理“脏、乱、差”问题点位，明确“一村一方案”及整治建设项目计划，全面整治环境卫生，提升村容村貌，改善服务设施，提升城郊接合部人居环境质量和公共服务水平，并形成长效管理机制。（12）市容提质项目。整治提升道路分隔设施不少于400处，整治各类标识标牌广告1000处，新增非机动车泊位1000个，节能改造路灯1万盏；实现空气质量优良率和主要指标比上年改善，PM2.5平均浓度控制在30微克/立方米以下；排查整治市政污水管网50公里，建设“污水零直排”生活小区15个，实施农村生活污水治理项目10个，河道清淤15公里；市控以上断面水质达到三类。（13）暖心安居项目。用好公积金增值收益，为廉租房等保障性住房提供建设补充资金不少于4000万元；加大住房公积金贷款力度，全年力争为2500户家庭发放公积金贷款不少于10亿元；实施住房公积金支持购买共有产权保障住房政策。

加强政府自身建设

各位代表！打铁必须自身硬。我们将坚决拥护“两个确立”，持续增强“四个意识”、坚定“四个自信”、做到“两个维护”，把讲政治与办实事结合起来，加快转变政府职能，打造创新、阳光、高效、廉洁的人民满意政府。

以学为基，打造创新政府。坚持不懈用习近平新时代中国特色社会主义思想凝心铸魂，扎实推动中共二十大精神入脑入心、见行见效。始终把创新破难作为政府工作的重要命题，全面加强干部队伍的专业思维、专业素养，着力提升调查研究、科学决策、改革攻坚等能力。推进数字化改革行稳致远，以“平安码”“好孕来临”等项目为抓手，持续打造一批具有临平特色的改革品牌。

以法为纲，打造阳光政府。深入践行习近平法治思想，自觉接受人大依法监督、政协民主监督和监察监督、司法监督，加强重点领域审计监督，主动接受舆论、社会监督。严格执行区人大及其常委会各项决议，支持区政协履行职能，高质量办好建议提案。强化行政规范性文件全流程管理，严格规范公正文明执法，加强政务公开。持续深化“两高一低”整治，全面提升行政争议预防化解质效。

以实为要，打造高效政府。始终把大抓落实作为政府工作的生命线，紧紧围绕上级和区委决策部署，科学谋划工作抓手、政策措施、保障机制，全力推动落地见效。大力发扬“马上就办、办就办好”作风，高质量抓好“七张问题清单”整改，用心用情解决群众“急难愁盼”问题。提升企业服务中心能级，健全常态化组团服务、闭环化诉求管理机制，实现涉企服务精准高效。坚持正向激励与容错纠错并举，加大督查问责力度，确保政府工作干一件、成一件。

以纪为尺，打造廉洁政府。坚持以严的基调强化正风肃纪，认真落实中央八项规定及其实施细则精神，驰而不息纠“四风”、转作风。坚持政府过“紧日子”，进一步压减非必要、非刚性支出，把更多财力投入到促发展、惠民生上。紧盯政策支持力度大、投资密集、资源集中的重点领域和关键环节，严肃查处侵害群众利益的不正之风和腐败问题，着力营造崇廉尚实的干事氛围，积极构建亲清政商关系。

各位代表，事业发展永无止境，赶考之路未有穷期。让我们紧密团结在以习近平同志为核心的党中央周围，在上级党委政府和区委的坚强领导下，团结和依靠全区人民，踔厉奋发、勇毅前行，为高水平建设“数智临平·品质城区”而努力奋斗，在新征程上全面推进中国式现代化临平新实践！

链接▶▶

名词解释

“双倍增”：即到2025年，高新技术企业和科技型中小企业数量均较“十三五”规划目标增长1倍以上。

“152”项目：即省、市县书记、县长工程，省、市、区三级主要领导和分管领导每人每年牵头谋划招引1个总投资100亿元、50亿元、20亿元的重大产业项目。

“四治融合”：即党建统领下自治、德治、法治、智治“四治融合”。

“两端”：即浙政钉和浙里办。

五大战略性工程：即经济发展提速提质、产业平台能级跃升、综合环境整体提升、幸福生活共建共享、组织体系变革重塑工程。

“5+1”产业链：即在全市建设智能物联、生物医药、高端装备、新材料、绿色能源五大产业生态圈基础上，巩固时尚产业生态圈建设。

EOD模式：即生态导向发展模式，是以生态保护和环境治理为基础，以特色产业运营为支撑，以区域综合开发为载体，采取产业链延伸、联合经营、组合开发等方式，推动公益性较强、收益性差的生态环境治理项目与收益较好的关联产业有效融合、统筹推进、一体化实施的模式。

“百千万”工程：即省里提出的百城千镇万村景区化工程。

“141”基层治理体系：“1”指社会治理中心，“4”指“基层治理四平台”，“1”指全科网格。“141”基层治理体系就是发挥“中心”牵引辐射作用、“基层治理四平台”支撑作用、“全科网格”底座作用，推动社会治理现代化建设。

特　辑

Special Records

学习贯彻中共二十大精神

根据中央和省委、市委决策部署，中共杭州市临平区委统筹运用理论舆论、内宣外宣、网上网下，推动全区广大党员干部群众准确把握中共二十大精神，切实把全区广大党员干部群众的思想统一到中共二十大精神上来，把力量凝聚到中共二十大确定的各项任务上来。通过扎实推进学习宣传贯彻中共二十大精神，在高质量发展中加快建设“数智临平·品质城区”。

做好组织部署，区委常委会专题部署学习宣传贯彻中共二十大精神。全区各级党委（党组）面向全体党员开展多形式、分层次、全覆盖的全员培训。广大党员发挥先锋模范作用，深入群众、引导群众认真学习贯彻中共二十大精神。区委组织部把学习中共二十大精神与干部教育培训工作、加强领导班子建设和基层党组织建设结合起来，开展全区组织系统“学习贯彻二十大·争先示范走在前”十大行动和“破难争先作示范”活动，分层分类抓好党员干部党性思想淬炼。率先举办中共二十大精神专题导学，高标准开展区管领导集中轮训，深化“周三夜学”载体，依托“集中研学+自主选学”培训机制，组织全区2299个基层党组织和38638名党员全覆盖学习。区教育局把学习中共二十大精神作为学校思想政治教育和课堂教学的重要内容，抓好中共二十大精神进教材、进课堂、进学生头脑工作。区总工会、团区委、区妇联等群团组织发挥自身优势，开展各具特色的学习教育活动。

开展学习培训，在学习培训工作中重点抓好六个方面。领导干部专题学，各级党委（党组）理论学习中心组以专题学习交流研讨形式开展集中学习，中心组成员撰写学习心得体会。区委宣传部对各镇街、区直各部门（含国企、平台）专题学习进行督导。党员干部示范学，各级党组织把学习中共二十大精神纳入“三会一课”和主题党日学习的重点内容，通过集体研讨、专家辅导、专题党课等方式组织党员开展学习，并抓好离退休党员、农村党员、两新组织党员、流动党员的学习。线上和线下全员学，各级机关工委、教育部门、国资系统、工商联系统通过学习交流会、学习论坛、现场学习等形式推动干部群众开展学习活动。市委党校临平区分校把中共二十大精神纳入必学课程，对全区各级干部进行全覆盖轮训，共组织开展各类专题学习活动约50场。线上学习活动通过“学习强国”杭州学习平台、浙江领导干部杭州频道、“西湖先锋”等平台开展。青年群体创新学，各镇街、区直各部门（含国企、平台）成立青年学习小组，开展“藕花洲·青年大学习”活动，以读书沙龙、青年说、情景剧等形式组织开展主题学习活动。"追随足迹"现场学，广大党员干部群众、青年学习小组以主题党日、现场教学、校地结对、宣讲采风等形式，深入习近平总书记调研指导过的地方，开展现场学习、实地访谈，挖掘习近平总书记有关重要论述、批示指示精神在全区各地各单位生动实践的成果。思想溯源研讨学，区社科联、市委党校临平区分校组织区内外专家开展理论阐释工作。全区社科理论界围绕中共二十大提出的新思想新观点新论断，推出一批理论文章和学习体会。市委党校临平区分校围绕中共二十大提出的党的中心任务、重大决策部署，结合临平实际组织开展重大理论和实践问题研究，在《今日临平》理论版刊发《沿着党的二十大指引的方向奋勇前进》等研究阐释文章。

进行集中宣讲，在配合好市委宣讲团到临平宣讲的基础上，重点开展"六讲"活动。区领导专题宣讲。区委常委、区人大常委会党组书记和区政协党组书记等区领导分别到村社和企业作中共二十大精神专题宣讲，与干部群众、青年进行交流。各镇街、区直各单位（含国企、平台）主要负责人在本单位本系统进行宣讲。全区处级正职以上领导干部和各领域正高级以上专家学者进企业、进农村、进机关、进社区、进网站开展宣讲工作。区委宣讲团到各地宣讲。成立区委宣讲团，到镇街及所辖村社开展宣讲。"千人千场"集中宣讲。发挥"大宣讲团"宣讲整体效应，组织记者深入各地开展不同层面对象的访谈，组织推动百名基层干部、党支部书记结合实际，进村入户，深入基层问需于民，问计于民，面向基层群众开展宣讲。宣讲名师示范宣讲。宣讲名师及工作室成员到基层一线、科研院所、非公企业组织等，开展对象化、分众化、互动式宣讲。通过"线上＋线下""对话+直播"等形式为基层干部群众解疑释惑、专题辅导。市委党校临平区分校选派教师干部参加全省党校系统"百名校长、百名骨干教师、百名支部书记"宣讲团，组建"潮涌临平"宣讲队深入基层宣讲，持续打响"送课进基层，理论进家门"宣讲品牌，开展"菜单式"宣讲服务110多场。青年团队巡回宣讲。以"新时代临平青年说"为代表，从"青企兵""教育头雁说""少年先锋说""十点钟讲坛"等全区各地各单位特色宣讲团遴选一批二十大精神宣讲的优秀青年宣讲员，开展基层理论宣讲联盟走亲活动。深入非公企业职工和新业态就业群体开展宣讲活动，凝聚各行各业更广泛的党员群众、党外人士的政治认同、思想认同、情感认同。线上和线下融合讲。发挥新时代文明实践中心、农村文化礼堂、社区文化家园、企业文化中心、党群服务中心等阵地作用，发动专家学者、群团组织、党员干部等力量，开展群众性主题宣讲教育活动。发挥区融媒体中心和微融媒体中心作用，以理论宣讲栏目结合"千人千场"宣讲活动的方式，制作网络宣讲视频、短视频，开展中共二十大精神云宣讲、云展播，互动解答干部群众关心的理论和实践问题。

开展媒体宣传，区委宣传部负责统筹谋划和协调指导，组织新闻媒体集中开展宣传报道，营造学习宣传贯彻中共二十大精神浓厚氛围。新闻宣传。协调《人民日报》、新华社、《浙江日报》、《杭州日报》等中央、省、市级媒体对临平区学习贯彻中共二十大精神的具体举措、实际行动、亮点经验进行宣传报道。区融媒体中心开设专题专栏，做好基层一线的主题报道。理论宣传。临平区主流媒体及时转载刊登央媒播发的重要报道、重要节目和重要文章，策划推出系列短视频等融媒体产品，讲好中共二十大故事、临平故事。网络宣传。开设学习宣传贯彻中共二十大精神网上专题专栏，组织区级网评员转发推送相关重点稿件和新媒体作品，为贯彻落实中共二十大精神营造良好网络舆论氛围。对外宣传。在临平外宣官方海外社交账号开设"遇见临平·发现美好"话题，对外报道临平经济社会发展成就，开展国际传播。文艺宣传。开展精神文明建设“五个一工程”展示展播活动，推动全区电视频道、网络媒体等展播展示入选全国和省、市精神文明建设“五个一工程”优秀作品。社会宣传。以中共二十大精神为主题，做好全区主题公益广告宣传工作。在全区农村文化礼堂集中组织开展“奋进新征程 礼堂大学习”中共二十大精神群众性宣传教育活动，凝聚奋进中国式现代化的乡村力量。

（区委办　区委组织部　市委党校临平区分校 供稿）

数字化改革

2022年是数字化改革“两年大变样”关键之年。为进一步推进数字化改革工作迈向纵深，10月10日，临平区召开全区数字化改革推进会，学深悟透习近平总书记关于数字化改革的重要论述精神，落实省、市决策部署，以数字化实战实效推动“两个先行”。全年，全区新增27项数字化改革试点，其中“浙里报账”等18个应用入选省级条线试点，9个项目入选市级试点；“全域数字法院”等197项重大应用贯通落地；67项制度成果、47项理论成果形成。在6月、8月、10月3个月中，临平区获全省数字化改革综合评价五星等级。

临平区遵循“1612”体系架构，在数字化改革“一图双报三会”工作机制的基础上，迭代建立应用场景梯度推进、整体工作统筹推进、比学赶超争先创优三大机制。通过应用场景梯度推进工作机制，建立区级攻坚应用库、省、市贯通应用库和部门特色应用库，实行项目分级分类管理。年底，纳入区级攻坚应用库8项、省、市贯通应用库107项、部门特色应用库48项。全年开展进度双周报13次、督察评估3次，召开工作例会9次，举办各类培训会12次，培训1258人次。针对区级攻坚项目，落实“一个项目、一位领导、一个团队、一套方案、一抓到底”的工作机制，压实改革责任。针对省、市贯通应用，建立工作专班，定期通报各项应用贯通情况及月活指数，做到“应贯通尽贯通”。针对部门特色应用，切实发挥部门的主体责任，从实际需求出发，谋划、推进、迭代应用场景。搭建改革协同平台，设置项目管理、重大改革任务、试点管理、特色亮点等模块，实现改革项目与部门考核数字化、智能化管理。全年全区新增试点47个，其中省级试点33个，市级试点14个，数字化改革试点27个；谋划区级重大改革任务22项，全部在线管理项目进度及亮点绩效。

临平区依托一体化智能化公共数据平台，实施全区公共数据“全量全要素”归集，至年末，归集数据总量18632万条，申请省回流数据近8亿条，保障18个部门253项数据需求。搭建物联平台，实现公安侧平台、社会面平台的数据统一汇聚、管理、共享，部署动火作业、违章停车等通用解析算法，实现算力并发。“两端”能力持续提升，“浙里办”城市频道上架应用12个，“浙政钉”激活用户18313人，用户活跃率98.9%，“临平数字赋能落实‘最多交办一次’”入选省级“浙政钉”优秀案例集，“入学入园服务”“健康临平”被列为全省高频应用。

临平区依托七张问题清单、突发快响等重大应用，全力推进党政机关整体“智治”取得实效。区委组织部、区纪委等28家单位，将反映全区重点工作进度和特色亮点的148项指标，在本级综合门户上实时更新。数智人大、清廉机关驾驶舱、人才大脑、数智群团、疑残智防5个区级特色应用上架综合门户。《临平区党建统领整体智治操作手册（2022）》紧扣“重大任务”、“主要领域”和“任务拆解执行”等关键环节，突出“规定动作”“自选动作”区分度，明确重点攻坚方向，压实主体责任，提升内生动力，指导党建统领整体智治各项工作有序落实。

临平区数字政府系统建设形成一批具有临平特色的标志性应用成果：如“统计报表最多报一次”改革试点受国家统计局、省统计局邀请在由国家统计局、联合国统计司主办的国家质量保证框架和通用统计业务流程模型国际培训会上做典型交流发言；应急管理责任体系应用获评省应急管理厅“一地创新、全省共享”试点，并被提级复用在全省推广；交通项目全寿命周期数字档案管理获评省年度交通数字化改革基层和社会“最佳实践”等。全年，临平数字政府系统有企业服务平台、入库早知道数字化应用等8个应用的建设经验与成效在省委、省政府、国家部委信息刊物刊登，地下管网一网统管、交通建管云等7个应用获得省委、省政府领导批示肯定。

临平区加速推进“未来工厂”培育行动，构建以龙头链主企业、专精特新企业、小微企业为梯度的企业培育体系，新增试点企业2家，总量和增量均居全省第一，并入选全省首批中小企业数字化改造试点区县名单。以工业互联网小镇、阿里supET工业互联网平台为核心，打通工业互联供需壁垒，为传统企业数字化转型赋能。通过纺织印染、注塑加工等8个国内一流的行业级平台，接入工业设备213万台、沉淀工业App 6.2万个、服务工业企业9.3万家。全年全区列入省首批制造业“云上企业”6家，数量居全省各区县首位，新增认定省级工作互联网平台3家，数量居全省各区县第二位。“时尚E家”应用获评全省高质量发展建设共同富裕示范区最佳实践、省数字经济系统地方特色应用。“金服宝”建设，创新服务模式，注册小微企业近3万家，签约银行3家。

临平区通过打造“云上中心”，实现矛盾纠纷“一件事”全流程运转。全区矛盾纠纷全量数据的“搜索引擎”，入选全国政法智能化建设智慧治理创新案例。“网格疫管通”应用通过压实管控责任，及时响应纳管人员需求，推送任务提示12万次，确保全区5万多名居家纳管人员得到规范有效管控。在基层智治体制改革领域，全区184个村（社区）1127个网格得到优化，网格长+专职网格员、兼职网格员、包联干部+基层党员干部、志愿者等“1+3+N”的网格管理体系建成。“基层智治综合应用”等平台，立足“141”体系，横向设置党建统领、经济生态、平安法治、公共服务四条跑道，依托统一地址库，有效推动社会治理要素归集精细化。

临平区围绕浙有善育、义务教育“双减”、浙里有善等牵一发动全身重大改革项目，聚焦助残、公共文化服务、母婴安全等领域打造特色应用。“好孕来临”数字应用，创新孕前—孕期—出生等全周期服务模式，被纳入省卫健委年度首批基层创新储备项目，获国家发明专利。区残联“精准康复服务”应用被列入全省残联系统“揭榜挂帅”榜单，“残疾预防”应用获中央广播电视总台《新闻联播》头条报道。浙江省公共文化服务现代化先行区试点建设，推出“临享·文化保障卡”，形成“区镇两级+社会组织+市场经营主体”的公共文化服务供给模式。年底，保障卡领取及参与人数突破28.3万，“临享·文化保障卡”被省文旅厅纳入“品质文化智达惠享”应用。

（区委改革办　区经科局　区委政法委供稿）

共同富裕示范区临平样板建设

2022年，临平全面贯彻落实习近平总书记关于共同富裕的重要论述以及省、市工作部署，推动全区上下聚焦赛道、真抓实干、开拓创新，加快形成一批具有临平辨识度、群众可感可知的创新实践，奋力打造高质量发展建设共同富裕示范区临平样板。

迭代架构体系，系统化推进格局构建。全面对照省“1+7+N”重点任务、“1+5+N”重大改革，深化细化形成临平区高质量发展建设共同富裕示范区样板系统架构图1.0版，明确临平区高质量发展建设共同富裕示范区样板年度“13+5”重点赛道，迭代升级指标目标、突破性抓手、重大改革、典型案例等“四张清单”，形成上下贯通、重点清晰的工作体系。完善推进机制，先后召开全区共同富裕工作推进大会、区共同富裕领导小组会议、区社会建设专题会议、区领导专题研究等会议，区四套班子领导领衔“13+5”重点赛道，进行部署落实、协调推进。印发《临平区共同富裕示范区样板建设绩效考评办法》，强化互学互鉴、比学赶超。

积极创新实践，共富试点示范争创。区经科局“搭建‘时尚E家’平台，助力服装中小企业蝶变”获评全省首批共富最佳实践；运河街道“研学产业带动新时代农村高质量发展”；区残联“打造残疾人全生命周期服务体系的临平样板”入选全市第二批共富试点名单，试点数量位居全市首位；南苑街道“探索工业用地有机更新一体化开发运营新模式，打造都市产业新社区”；区委宣传部“构建三个‘共同体’，打造全民志愿服务助推精神共富样板地”入选全市共富最佳实践；区生态环境局“地下净水 地上公园 临平净水厂变‘避邻’为‘邻利’”等多项典型做法获省级部门最佳实践。临平“盒马村”案例获国家发展改革委员会《共富简报》第9期刊发，“优化残疾人全生命周期服务”获《浙里共富》第52期刊发，6篇创新实践、2篇工作动态在《杭向共富》刊发，共编发《临里共富》简报14期。全区各地各部门在《人民日报》《浙江日报》等中央及省、市主流媒体刊发共富相关报道200多篇。全区共同富裕专题培训班有效提升各地各部门谋划能力和水平。

全力攻坚重点赛道，着力缩小城乡差距。区农业农村局实施平台、国有公司与经济薄弱村项目结对帮扶，实现村集体经营性收入7.3亿元，增长8.2%。推进农村公共服务提升，实施燃气进村入户三年行动，7个试点村社建设全面完成。区农业农村局科学落实农村住房解困“一村一方案”，实现农房解困1071户。区交通运输局实施“幸福通道”建设行动，临平区农村公路路网密度超全省平均值86%。

全力推动“扩中提低”，推动创业带动就业。经济技术开发区启动“红丰创新带”建设，实施云尚工园及周边工业园区提升改造，推动工业旧厂房变创新产业社区。区人社局全区新招引首次来临青年大学生1.7万多人，新增高技能人才3600多人。区教育局探索“中高企”一体化人才培养新模式，开设14个订单班，培养学生3000多人。经济技术开发区、东湖街道、运河街道实施就业精准帮扶，促进新毕业大学生、零就业家庭、残疾人等重点人群“家门口”就业，建设各类就业工坊25家，“奶奶工坊”入选全省共富工坊优秀案例。

公共服务优质共享，推动精神文明建设，区文广旅体局打造嵌入式体育设施10分钟健身圈，全年新增93个嵌入式体育场地项目，建设面积5.1万平方米，丰彩运动公园、引水入城一期、望梅高架桥下等一批群众可知可感的体育场地亮相。区民政局、区卫健局开展“一老一小”服务提升，新增示范型居家养老服务照料中心14家、康养联合体2家，配建养老服务用房2.1万平方米；新增婴幼儿成长驿站54家、照护服务托位1905个。区妇联、团区委儿童友好城区创建、阳光青少年美好成长行动全面启动。

区文广旅体局建设省公共文化现代化先行区，启动上塘河宋韵文化带建设三年行动。亚运场馆临平体育中心、中国江南水乡文化博物馆、玉架山考古遗址公园等文化地标串珠成链，临平区公共文化服务现代化发展指数位居全市第一位，成功创建省文旅产业融合试验区。区委宣传部打造志愿服务“临平模式”，率先出台全市首个志愿服务指标体系，实现志愿服务基层全覆盖。联合浙江理工大学成立全市首家区县级志愿服务学院，培育一批志愿服务区域示范，获评志愿服务各类典型国家级4个、省级4个、市级8个。

（文稿部分已标注具体工作责任和数源单位，方程 供稿）

新时代文化临平工程

2022年，为彰显地区深厚人文底蕴，全域提升地区文化软实力，临平区学习贯彻习近平总书记关于文化建设的系列重要论述精神，落实省、市、区委文化工作会议决策部署，以争创共同富裕示范区样板为牵引，推进新时代文化临平工程建设。8月11日,浙江省文化和旅游厅公布浙江省2021年度公共文化服务现代化发展指数(CMDI)评估结果，临平区位列杭州市第一、浙江省第五。

临平区制定《临平区上塘河宋韵文化带建设三年行动计划（2022—2024年)》和《临平区大运河文化保护传承利用暨国家文化公园建设三年行动计划》，明确100多项具体工作任务，打造塘栖江南运河名镇核心展示园和上塘古韵寻踪核心展示园，推进大运河国家文化公园（临平段)、上塘河宋韵文化带建设。同时，成立以区委书记担任组长的上塘河宋韵文化带建设工作领导小组，统筹区发改局、区住建局等17个部门及沿线3个镇街，合力推进上塘河宋韵文化带建设。2022年，大运河文化（临平段）入选首批“浙江文化标识”培育项目和省级文化基因解码优秀项目。《杭州市临平区扎实推进大运河国家文化公园建设》获省委宣传部常务副部长来颖杰批示肯定。临平区创新推出的临享·文化保障卡列入浙江省数字文化系统第四批优秀应用，省级民生实事项目15分钟品质文化生活圈服务指数居全省第一。

临平区按照《文化设施建设工程项目清单》要求，建成开放中国江南水乡文化博物馆，推进市民文化综合体、玉架山考古遗址公园、临平山文化景观提升等项目。通过提升改造上塘河（邱山大街至东湖路段），推进明因寺遗址公园、安隐寺（安平泉）遗址公园、明因寺遗址公园、南宋班荆馆复建等项目，打造上塘河宋韵文化长廊和景观带。同时，联动黄鹤山、临平山等节点，推进东来阁宋韵博物馆、俞樾纪念馆、王蒙艺术馆、王蒙草堂、九曲营文化历史街区等项目。2022年，运河·塘栖古镇历史风情街入选浙江省旅游休闲街区名单；临平街道入选浙江省戏曲之乡名单，并被中国曲艺家协会发文授予“中国曲艺之乡”称号。

临平区委宣传部印发《2022年临平区文艺精品培育工程项目清单》，推进“运河南源·精彩临平”大运河文艺创研、“大师原乡”临平历史文化名人研究弘扬等9大项目，31个具体项目。创作《走向共富》《宋韵临平》《临平简史》《宋韵临平文化绘本》等文学作品，《我的中国红》《小村故事》《秋风吹过的村庄》《风动艺尚》等歌曲，《心灵的归处》《临平历史文化名人》纪录片，《栖月荷塘》等电影。曲艺小品《抢“地盘”》获第十二届中国曲艺牡丹奖节目奖。上塘河主题歌曲《山水引》，获浙江省旅游歌曲大赛金奖。电视剧《杭州女人》、原创话剧《马叙伦》入选杭州市重点扶持项目，电影《人在囧途2》、长篇报告文学《钱塘江古海塘畅想曲》入选杭州市扶持项目。

2022年12月1日，临平区举行《临平简史》出版发行会

（临平学研究中心 供稿）

2022年，新时代文化临平传播工程在“悦临平”客户端开设“文化临平”专题，刊发相关报道280多篇。《今日临平》推出《文化·品读临平》《宋韵临平》等文化系列专刊近20期。区融媒体中心制作推出文化临平新媒体类短视频12条。临平区联合中国合唱协会、中国美术家协会等全国性组织，上级宣传、文旅、文联部门，中国美术学院、浙江音乐学院等重点高校，举办第九届西湖合唱节暨首届中国大运河室内合唱节、大运河古镇发展研讨会、首届大运河1927红旅文化节等大运河主题活动；“鹤隐临平·艺承王蒙”中国画名家临平写生采风活动、“宋韵迹忆·风雅临平”系列展、“宋韵临平”文化研讨会等上塘河宋韵主题活动；第三届网络文艺评论优选汇之“中国网络文艺评论（杭州）论坛”、首届古海塘文化节、首届临平艺术节等重大活动。同时，通过提升改造中国大运河美食博物馆，推广塘栖乾隆御宴等特色美食，打造舌尖上的运河，助推农文旅发展。上塘河“藕花无数”项目，入选杭州宋韵精品研学线路。“运河水乡·美食文化之旅”“塘栖生态采摘之旅”入选“浙里田园”乡村旅游精品线路。

临平区坚持“文创+科创”双驱动，规划建设大运河科创城，重点打造数字化文化高地、未来工场实践地和总部基地，涵盖数字影视、数字文创、数字娱乐、数字文旅等数字文化产业体系。1986大运河文创园通过提升上塘河新天地文创园业态，探索设立“运河数字文化大脑”，打造大运河文化主题小镇。省文投、清大文产、彦博影视、在水一芳等17个重大项目完成签约，490多家新企业注册登记。规模1亿元的影视文化产业基金“大美莲运”设立，重点扶持《杭州女人》《月栖荷塘》等影视精品。大运河杯首届大学生创新创业大赛、浙江省青年企业家会客厅强化校企合作，提供思维拓展、咨询辅导、资源链接等帮扶指导，孵化培育文创、教育、电子信息、新能源等焦点领域项目120多个，营造创新创业氛围。

（区委宣传部　区文广旅体局　临平学研究中心　区融媒体中心　区文联　区住建局 供稿）

（责任编辑　张婷婷）

大 事 记

Chronicle of Major Events

1 月

7日 浙江省民营经济发展大会召开。会议宣读浙江省委、省政府《关于表彰2021浙江省新时代中国特色社会主义事业优秀建设者的决定》。临平区企业家杭州老板电器股份有限公司董事长任建华、杭州朱炳仁文化艺术有限公司董事长朱军岷、华临绿建科技股份有限公司创始人兼总裁邹华受到表彰。临平区企业西子国际控股有限公司作为入选“2021中国民营企业500强”的浙江上榜企业接受授牌。

8日 “临平区大运河文化（临平段）”入选浙江省文化和旅游首批100个“浙江文化标识”培育项目名单。

12日 浙江省委常委、杭州市委书记刘捷到临平区调研，强调推动产业转型升级，做大做强实体经济。刘捷先后走访李加林织锦艺术工作室、伊芙丽国际艺术设计交流中心、杭州老板股份有限公司、浙江春风动力股份有限公司，参观临平大剧院。

13日 临平区临平第三幼儿园北大街园区、东湖幼儿园临东园区、崇贤第一幼儿园崇韵园区、乔司第二幼儿园天长园区入选浙江省人民政府教育督导委员会一级幼儿园名单。临平区优质学前教育覆盖率98.24%。

14日 中国绿地集团数科总部成立暨绿地数科入驻临平仪式举行。绿地集团成立于1992年，是上海市属特大型国有参股混合所有制公司。绿地数科是绿地集团产业数字化转型的执行者、数字技术框架的制定者，以科技手段实现产业数字化升级，以金融服务实现产业价值变现。

是日 临平区携手浙江省金融顾问服务联合会，启动创建临平区综合金融服务示范区。发布《综合金融服务示范区建设整体规划方案》和《临平区打造综合金融服务示范区行动方案》，临平区人民政府与浙江省金融顾问服务联合会签订示范区建设合作框架协议，临平区金融顾问工作室授牌仪式举行。

20日 共青团临平区委联合区卫生健康局开展首届“热血致青春”临平区青年献血专场活动，32家单位208位青年及志愿者献血，献血总量5.78万毫升。

21日 临平区企业杭州老板电器股份有限公司、浙江春风动力股份有限公司分别入选杭州市经济和信息化局公布的杭州市“未来工厂”评定名单、“链主工厂”名单，临平区入选企业数量居全市第一位。临平区企业浙江益海嘉里食品工业有限公司被评定为“智能工厂”。

26日 临平区“中共杭州市第一个村支部”揭牌仪式在崇贤街道举行。经中共杭州市委党史研究室（市志办）认定，中共鸭兰村支部被确认为“中共杭州市第一个村支部”。

28日 临平区企业杭州西奥电梯有限公司的“西奥电梯未来工厂”入选浙江省经济和信息化厅公布的第二批省“未来工厂”名单。

是日 临平企业浙江运达风电股份有限公司入选国家发展改革委（第28批）新认定及全部国家企业技术中心名单。

30日 临平区外卖小哥叶阳辉因助人为乐入选由浙江省委宣传部和浙江日报集团联合公布的“浙江好人榜”2022年1月名单。

2 月

2日 临平区塘栖镇河西埭村、崇贤街道沾桥村、运河街道兴旺村、东湖街道海珀社区、南苑街道新梅社区5个村（社区）入选浙江省司法厅、民政厅、普法办公布的省级“民主法治村（社区）”名单。

8日 临平区举行浙江省青联委员工作站揭牌暨工作站第一次会议，浙江省首个青联委员工作站落户临平。

9日 临平区东湖街道社区卫生服务中心、崇贤街道社区卫生服务中心、星桥街道社区卫生服务中心3家单位入选国家卫生健康委、国家中医药局通报表扬的2021年“优质服务基层行”活动中表现突出、服务优质的机构名单。

是日 临平区运河街道新宇村、塘栖镇塘栖村、塘栖镇丁河村3个共富村，丁山湖水韵风情共富带，塘栖未来乡村共富联合体入选杭州市乡村振兴第一批共富村、共富带、共富联合体名单。

10日 临平区三角丰收湖嘉园安置房小区入选杭州市主城区城中村改造五年攻坚行动领导小组公布的2021年度杭州市“最美安置房”名单。

是日 浙江省教育厅、浙江省人民政府教育辅导委员会办公室公布评估结果，临平区余杭第二高级中学、乔司中学、实验小学、星桥第二小学、天长世纪小学、新星幼儿园邱山园区、塘栖镇教育指导和社区教育中心学校7所学校入选浙江省现代化学校名单。

是日 临平区塘栖镇塘栖村入选浙江省农业农村厅、浙江省财政厅、浙江省城乡风貌整治提升工作专班办公室公布的100个全省第一批未来乡村建设试点村名单。

11—13日 中国人民政治协商会议第一届杭州市临平区委员会第二次会议召开。

12—14日 临平区第一届人民代表大会第二次会议召开。

12日 临平街道入选浙江省美丽浙江建设领导小组“五水共治”2021年度全省“五水共治”工作考核优秀乡镇（街道）名单。

17日 杭州市人大常委会党组书记、主任李火林到临平区走访联系高层次人才，开展“助企开门红”活动，倾听企业发展诉求与意见建议。

18日 由临平区委组织部、临平区人力资源和社会保障局主办的2022年临平区首场工程师集结号暨“千企万岗·来临启航”直播带岗人才招聘周活动启动。

是日 浙江省生活垃圾分类工作领导小组印发《关于2021年度全省生活垃圾分类工作考核评估结果的通报》，临平区被确定为考核评估优秀单位。

21日 杭州地铁3号线首通段通车。首通段全长约21千米，设13座车站，其中星桥站、黄鹤山站位于临平区。

22日 临平区“产业富民，力推家纺内外贸一体化”工作案例入选浙江省商务厅全省商务领域共同富裕试点项目（第二批）名单。

是日 临平区迎亚运倒计时200天接力赛暨全民健身跑启动仪式在临平体育中心体育场举行，来自全区各行各业300多人参加活动。该项活动由杭州亚运会、亚残运会临平区筹备领导小组办公室，杭州市临平区全民健身领导小组，杭州市临平区健康临平建设领导小组主办。

27日 临平美术馆“管领春风——纪念金农诞辰335周年”全国书画印砚名家邀请展开

幕。展览汇集来自全国100多名艺术家的数百件书、画、印、砚作品。

3 月

1日 临平区举行首届“美丽临平人”发布会，宣传和弘扬道德模范、身边好人的先进事迹和精神力量。

4日 市公安局临平区分局举行新型犯罪防范大队成立揭牌仪式暨杭州市公安局临平区分局与浙江工业大学法学院共建“新型犯罪防范与共治智库研究中心”揭牌签约仪式。全省首个新型犯罪防范大队暨新型犯罪防范与共治警校合作专业智库在临平区成立。

是日 临平区启动“亚运来临 青春来临 五社联动”新时代文明实践志愿服务行动，杭州市首个区县级志愿服务学院——临平区临理志愿服务学院成立。

17日 临平区企业杭州华源前线能源设备有限公司的“LDJ型电极式热水锅炉”、浙江运达风电股份有限公司的“3.6兆瓦变速恒频风力发电机组（WD3600）”、浙江联运知慧科技有限公司的“LY-LJFL217智能可回收箱”、贝达药业股份有限公司的“盐酸恩沙替尼”、杭州西奥电梯有限公司的“曳引驱动乘客电梯锐智II”5个产品入选浙江省经济和信息化厅公布2021年度“浙江制造精品”认定名单。

20日 临平区人民政府与浙江大学医学院附属第二医院签订医疗合作协议，拓宽合作领域和深度，助推健康临平建设。

21日 临平区入选中共浙江省委依法治省委员会2021年度法治浙江（法治政府）建设优秀单位名单。

23日 浙江省副省长王文序一行到临平区塘栖盲人门球基地，实地调研亚残运会无障碍环境建设工作。

是日 临平区塘栖古镇举行亚残运会倒计时200天活动。中国盲人门球训练基地（塘栖）比赛场馆启用、杭州亚残运会智能手语平台上线、亚残运会倒计时装置揭幕。

25日 临平区塘栖镇塘栖村、运河街道双桥村、塘栖镇丁河村、崇贤街道鸭兰村、运河街道新宇村入选浙江省第二批未来乡村名单。

31日 杭州市政协主席马卫光一行到临平区调研，听取临平区政协工作情况汇报。

4 月

2日 在全省建设平安浙江工作会议上，临平区被省委、省政府命名为2021年度“平安区”，被授予浙江省平安建设的最高荣誉——“一星平安金鼎”。

是日 浙江省纪委副书记、省监委副主任温暖一行到临平区调研临平经济技术开发区纪检监察工作。

8—10日 “韵味杭州”全国空手道锦标系列赛（第一站）在临平体育中心举行，是临平体育中心场馆改造提升后首次进行的赛事。

10日 临平区发布第1号总林长令，全面推进林长制工作。

13日 浙江省文化和旅游厅公布第一批旅游驿站（试点）名单。临平区艺尚小镇旅游驿站、运河·塘栖古镇旅游驿站、超山风景名胜区北园旅游驿站被评为浙江省三级旅游驿站。

14日 浙江省金服会会长、浙商银行党委书记陆建强一行到临平区调研，双方就深入推进综合金融服务示范区建设进行座谈交流。

15日 临平区崇贤街道鸭兰村、运河街道双桥村、塘栖镇丁河村、运河街道新宇村入选浙江省农业农村厅、浙江省城乡风貌整治第二批“未来乡村”创建名单。

是日 临平区印发《临平区关于促进服务业领域困难行业恢复发展的政策意见》，提出30条助企纾困扶持政策措施，针对餐饮、旅游等不同行业分别提供扶持。

19日 临平区18家企业入选浙江省制造业高质量发展先进单位名单。

20日 浙江省副省长带队到临平区调研亚运食品安全保障工作。

21日 临平净水厂入选浙江省生态环境厅第二批全省生态环境系统共同富裕最佳实践名单。

23日 临平区委宣传部、区新闻出版局主办的“临品阅读 宋韵书华”临平区首届“俞樾读书节”启动。

24日 浙江省乡村振兴领导小组办公室公布2021年度“浙江省善治村”“浙江省善治示范村”名单，临平区运河街道新宇村获评2021年度“浙江省善治村”，运河街道戚家桥村、塘栖镇塘栖村、崇贤街道三家村获评2021年度“浙江省善治示范村”。

26日 临平区企业浙江运达风电股份有限公司、浙江益海嘉里食品工业有限公司入选浙江省经济和信息化厅“未来工厂”试点企业名单，临平区新增量居全省各县（市、区）第一位。

28日 杭州老板电器股份有限公司电子商务本部入选全国总工会、全国五一劳动奖和全国工人先锋号名单。

5月

6日 临平区劳动模范和模范集体表彰大会召开。会议通报和表彰“2022年全国工人先锋号”获奖单位及市级、区级劳动模范和模范集体。

11日 中国文明网公布2021年度全国学雷锋志愿服务“四个100”先进典型名单，临平区群星滚灯艺术团被中央宣传部、中央文明办等部门评为最佳志愿服务组织。

14日 “丰起大运河 乡村绘共富”首届中国·大运河乡村研学节在运河街道双桥村举行。临平区研学共富产业带、研学基地标准、大中小学生研学课程现场发布，研学基地项目签约。

15日 临平区丰晓莹家庭入选全国妇联公布的全国五好家庭名单。沈剑芬家庭入选浙江省委宣传部、浙江省文明办、浙江省妇联2021年度浙江“最美家庭”名单。

是日 浙江省委宣传部副部长赵磊一行到临平区调研媒体融合工作。

是日 浙江（杭州）国际博物馆日主场活动启动仪式暨临平博物馆运行开幕式在临平区举行。活动现场公布浙江省乡村博物馆第一批认定名单及浙江省最具创新力博物馆名单、20条“宋韵精品研学线路”。

16日 位于临平区人民广场的中国江南水乡文化博物馆对外开放。博物馆总建筑面积2.1万平方米，以玉琮造型为原型设计的西馆区用于展示地方历史，以江南民居为主题元素设计的东馆区用于展示江南水乡文化。

17日 临平区星桥第二小学《星呗赋能：基于儿童立场的学生综合素养评价新样式》入选浙江省教育厅第六批“双减”典型实践案例名单。

19日 位于临平区的浙江省工业互联网发展研究院入选浙江省经济和信息化厅省级中小企业公共服务示范平台名单。

20日 临平区与中国电建华东勘测设计研究院签订战略合作协议。中国电建华东勘测设计研究院隶属于中国电力建设集团，是国家大型综合性甲级勘测设计研究单位。根据战略合作协议，双方将在城市片区开发、市政交通建设、智慧城市建设等领域开展深度合作。

是日 浙江农业之最枇杷擂台赛暨第24届中国杭州塘栖枇杷节开幕式在临平区举行。塘栖选送果品获白沙红沙双冠军。

23日 杭州市规划资源局临平分局联合国家税务总局临平分局、临平区司法局（杭州市禹航公证处）推出“不动产登记+税收+公证”一件事协同办理业务流程。

24日 临平区崇文社区、西小河社区入选浙江省住房和城乡建设厅、浙江省城乡风貌整治提升第五批未来社区创建名单。

25日 中国（杭州）·“红丰创新带”创新产业社区启动暨2022年临平区工程师出征号、工程师协同创新中心“临里汇”启用仪式在工信部服务型制造研究院举行。

26日 临平区首笔数字人民币大额贷款支付成功，实现数字人民币应用场景上的突破。

27日 临平区重点工程——杭州市首个共有产权房项目开工。项目位于乔司街道，总建筑面积6.25万平方米。

是日 临平区“搭建‘时尚E家’平台助力服装中小企业蝶变”案例入选浙江省委社建委省首批共富最佳实践（经济高质量发展先行示范）名单，为该领域全省唯一区县案例。

是日 浙江省召开共同富裕现代化基本单元建设工作推进会，公布首批共同富裕现代化基本单元名单，临平区龙兴未来社区入选。

28日 共青团杭州市临平区第一次代表大会召开。大会表彰临平区第一届“十大杰出青年”“十佳优秀青年”“抗疫优秀青年”，发布临平区“青春共富”计划。

6月

1日 临平区公益助学代表团在临平区对口支援的石渠县开展“护苗行动 情暖六一”爱心助学活动。

6日 临平区企业浙江铁流离合器股份有限公司、杭州西子智能停车股份有限公司、浙江联运知慧科技有限公司、杭州勇电照明有限公司、诺华（杭州）纺织有限公司、杭州医智捷供应链管理有限公司入选浙江省经济和信息化厅服务型制造示范企业（平台、项目）名单（第六批）。

8日 浙江省高院党组书记、院长李占国到临平区调研指导工作。

9日 临平区望梅路588号18幢2楼杭州互动冰雪文化旅游发展有限公司（冰雪大世界）发生火灾。

10日 临平区“运河水乡·美食文化之旅”和“塘栖生态采摘之旅”两条路线入选浙江省农业农村厅、浙江省文化和旅游厅公布的“浙里田园”休闲农业与乡村旅游精品线路名单。

15日 中国少年先锋队杭州市临平区第一次代表大会在临平区实验小学嘉文校区举行。

17日 临平区经济稳进提质攻坚行动推进会暨高质量发展大会召开。大会对临平区2021年度推进高质量发展先进集体进行表彰，发布临平区贯彻落实国务院、浙江省、杭州市扎实稳住经济一揽子政策。

是日 浙江中以产业合作园——德诺·临平数字医疗器械产业创新中心揭牌仪式在临平经济技术开发区举行。该中心按照“海外研发孵化、国内引进产业加速”的思路，通过率先引进一批有意向的海外创新医疗器械项目、持续引进成熟的技术与项目落地、打造配套的医疗器械公共服务型平台等方式加强医疗产业集聚效应。

23日 临平区数智消费嘉年华启动仪式在塘栖镇举行。活动围绕“经开区畅购、艺尚小镇时尚、塘栖老字号”三大场景，大运河鱼羊美食节、“百县千碗”临平味道、民宿农家乐等N场农文旅共富主题系列活动开展。

24日 “打卡‘浙’里@共富”百家媒体千名达人万名拍客大型新闻行动暨“遇见临平 发现美好”主题采访活动在临平区启动。

25日 临平区举行纪念中共杭州市第一个村支部成立95周年暨首届大运河1927红旅文化节启动仪式。活动现场，崇贤街道与浙江大学、杭州师范大学等6所高校进行产学研签约，5条农文旅主题线路发布。

28日 望梅高架路二期、东湖高架路二期正式通车，临平区“三路一环”快速路网升级。

是日 第六届万物生长大会“创新临平智汇红丰”高校成果转化创新发展高峰论坛活动在临平区举行。

30日 临平区庆祝“七一”暨首届临平艺术节开幕式在临平体育中心举行。临平城市LOGO与城市形象IP发布。

7 月

5日 新华社民族品牌工程与临平区合作签约仪式举行，“新华社民族品牌工程临平品牌传播中心”在临平区揭牌成立。

11日 2021年度浙江省科学技术奖励大会在省人民大会堂举行。临平区企业杭州科汀光学技术有限公司获浙江省科学技术进步奖一等奖。

是日 国家卫生健康委公布2021年度国家基本公共卫生服务项目绩效评价结果，杭州市临平区、慈溪市代表浙江省接受2021年项目绩效评价，浙江省综合得分排名全国第一位。

12日 临平区企业杭州慧翔电液技术开发有限公司入选浙江省经济和信息化厅第一批浙江省专精特新中小企业名单。

14日 临平区中国（杭州）算力小镇项目、亚运场馆改建项目和丰收湖公园工程景观绿化工程获浙江省住房和城乡建设厅浙江省建设工程钱江杯（优质工程）奖。

14—16日 临平区党政代表团到四川省甘孜藏族自治州石渠县开展对口支援工作。

15日 临平区微融媒体中心建设推进会暨临平新闻网上线仪式在区融媒体中心举行，新授牌20个微融媒体中心和微融媒体站。

17日 迪尚华东总部落地临平新城项目签约仪式举行。

18日 中国少年先锋队浙江省工作委员会公布浙江省少先队“红领巾奖章”四星章名单。临平区育才实验小学高钰恬、星桥中学方欣怡、乔司小学袁周楚涵被认定为2021—2022年浙江省“红领巾奖章”个人四星章；临平第一中学八（13）中队被认定为2021—2022年浙江省“红领巾奖章”集体四星章。

19日 共青团浙江省委公布全省“两红两优”光荣榜，临平区叶阳辉获“浙江省优秀共青团员”称号，邹华获“浙江省优秀共青团干部”称号。

21日 “芯算力赋能高质量发展”集成电路产业发展高峰论坛暨中国RISC-V联盟浙江中心揭牌仪式在中国（杭州）算力小镇举行。

22日 临平区志愿服务项目大赛决赛在临平区融媒体中心举行。20个优秀志愿服务项目通过同台路演的方式，展示临平区新时代文明实践志愿服务水平。

是日 国家知识产权局公布第二十三届中国专利奖评选结果，临平区企业东华链条集团有限公司凭借专利链条、链条过渡链板以及链条过渡链板集成自动冲压成型工艺获中国专利优秀奖。

26日 第三届浙江国际生命健康产业发展交流会在临平区举行。会上，13位来自生物医药领域的专家被聘任共同组成“健康产业专家智库”，12个由中国（浙江）卫生健康科技研发与转化平台引进的新项目签约落户临平经济技术开发区。

是日 临平区星桥街道办事处和栖溪望府、紫桂公寓、临东家园、北杭宸章府、荷田相寓5个小区入选浙江省建设厅第一批浙江省节水型单位、居民小区名单。

27日 由中国服装协会、杭州市临平区人民政府、上海时尚之都促进中心联合主办的第五届CCFW中国国际儿童时尚周在临平艺尚小镇开幕。该届时尚周以“数字未来·拥抱童心元宇宙”为主题，引导童装品牌利用先进技术，线上和线下全景展示最新潮品，助力实现数字技术对童装实体产业的赋能。

28日 杭州城西科创大走廊临平片区联动办揭牌暨联创中心启用。

是日 临平区委宣传部、区人武部主办，区退役军人事务局承办的临平区庆祝建军95周年暨双拥共建展演活动在临平大剧院举行。

29日 山海协作“红领巾喜迎二十大 争做新时代好队员”主题青少年交流活动在临平区举办，来自衢州市柯城区鹿鸣小学的32名学生代表到临平区参观交流。

30日 浙江省委、省政府健康浙江建设领导小组办公室公布2021年度健康浙江考核结果，临平区获得优秀等次。

8 月

5日 “临平夏韵——浙江美术馆藏当代浙江国画名家作品展”在临平区文化艺术交流中心（临平美术馆）举办。

10日 沪杭高速临平段全线通车，临平收费站（迎宾路）和临平收费站（东湖路）同步启用，实现杭州主城区与临平、上海与临平互通的四向通行。

是日 由临平区委宣传部主办的2022年杭州市“学习强国”知识竞赛临平区决赛在区融媒体中心举行。活动以“喜迎二十大 争做学习弄潮儿”为主题，自选拔赛启动以来，近3万名选手参与。

11日 临平区企业杭州朱炳仁文化有限公司入选浙江省现代服务业发展工作领导小组办公室公布的年度浙江省服务业重点行业规模以上企业“亩产效益”领跑者名单。

是日 临平区第一人民医院急诊护理站、中国江南水乡文化博物馆宣教部、农村商业银行塘栖支行营业部被全国创建青年文明号活动组委会评为“一星级全国青年文明号”。

11—13日 中国家纺产业创新发展高峰论坛暨2022杭州国际布艺时尚（秋季）展览会在浙江省家纺产业创新服务综合体举行。展览会吸引全国家纺布艺行业精英，线下万余名客商逛展，线上超300万人次观展。

17日 银川市西夏区党政代表团到临平区考察交流。

18日 临平区启动“鹤隐临平·艺承王蒙”中国美协“送欢乐 下基层”中国画名家临平写生采风活动，同日王蒙艺术研究会揭牌成立。

19日 工业和信息化部、浙江省人民政府主办的第五届中国服务型制造大会在临平区召开。大会以“服务型制造构筑产业发展新格局”为主题，分析产业发展态势，展示服务型制造最新发展成就，发布全球服务型制造发展指数报告和中国服务型制造发展蓝皮书。

20日 临平汽车运动协会风行车队车手童喜君在2022中国汽车场地越野锦标赛苏州站中勇夺轻型越野车组冠军，两名队友黄茂贵和王翔分别获第六名、第十名，并夺得该组别团体冠军。

是日 连接临平、海宁两地的运河二通道新开挖航道段中的320国道大桥主桥及A匝道完成交通导改，正式通车。

21日 余杭高级中学（临平中学）6名学子在第31届全国中学生生物奥林匹克竞赛取得4枚金牌、2枚银牌的好成绩，列全省第一位。

23日 第三届网络文艺评论优选汇之中国网络文艺评论（杭州）论坛在临平区开幕，国内首个数字文化IP评价中心“杭州临平大运河数字文化IP评价中心”揭牌。“网络文艺评论优选汇”是中国评论家协会、中国文联文艺评论中心举办的网络文艺领域的重要活动。

25日 2022年中国服装科技大会在临平艺尚小镇开幕。大会还对“2022年中国服装行业专利奖”获得者进行表彰。

是日 临平万达广场签约仪式在临平经济技术开发区举办，临平区首座万达广场入驻万宝城。

是日 临平区一院运河分院新院区正式启用。新院区位于东湖北路707-2号，投资1.8亿元，占地面积1万多平方米，以二级乙等社区医院标准规划设计建造。

26日 浙江省委常委、杭州市委书记刘捷到临平区调研，强调推进城乡社区现代化建设，打造共同富裕现代化基本单元。

29日 临平区首所大学——浙江理工大学临平校区交接启用仪式举行。浙江理工大学临平校区总用地面积34.48公顷，新建22个主要单体建筑，总建筑面积30.06万平方米，总投资22.48亿元，师生总人数约8000人。

是日 霍林郭勒市委常委、宣传部部长辛欣一行到临平区考察新时代文明实践工作。

30日 临平区举行迎接第七个“中华慈善日”暨“慈善一日捐”活动。

是日 临平区入选浙江省经济和信息化厅公布的全省首批中小企业数字化改造试点县（市、区）创建名单。

9 月

2日 临平区教育局与杭州高级中学举行教育合作签约仪式。根据合作协议，将由杭州高级中学全面托管临平新城重点开发建设区域内一所义务段学校。

6日 杭州徐工智能科技研究院在临平经济技术开发区揭牌成立。研究院由徐工集团与浙江大学高端装备研究院联合共建，重点开展智能机电系统及零部件、新能源智能化零部件等方向技术研究。

是日 临平区企业杭州东华链条集团有限公司、杭州自强链传动有限公司入选浙江省经济和信息化厅公布的2022年度第一批智能工厂（数字化车间）名单。

是日 临平区企业杭州慧翔电液技术开发有限公司、杭州安杰思医学科技股份有限公司、万通智控科技股份有限公司、杭州天地数码科技股份有限公司、杭州西子智能停车股份有限公司、杭州全盛机电科技有限公司、杭州科汀光学技术有限公司、浙江联运知慧科技有限公司、杭州弹簧有限公司、杭州汽轮铸锻有限公司、杭州华源前线能源设备有限公司11家入选工业和信息化部公布的第四批国家级专精特新“小巨人”企业名单。

8日 临平区企业贝达药业股份有限公司、杭州东华链条集团有限公司、杭州本松新材料技术股份有限公司、杭州自强链传动有限公司、杭州安杰思医学科技股份有限公司入选浙江省“2022年浙江省知识产权示范企业”名单。

9日 临平区铁艺画、王元兴特色菜点烹饪技艺、亭趾月饼制作技艺、崇贤蹄髈烹饪技艺、旗袍制作技艺、杭州摊簧6个项目入选第七批杭州市非物质文化遗产代表性项目名录。

是日 浙江省经济和信息化厅公布2022年省级工业互联网平台创建名单，临平区7家平台入围，入围数量居全省各区县第一位。

13日 临平区科汀光学“银反射膜”、尚越新能源“柔性CIGS薄膜太阳能电池”、华江科技“低气味、低VOC、高性能汽车内饰专用聚丙烯材料”、欣和智达“高纯氧化铝”、本松新材料“高导热尼龙材料”5个项目入选浙江省首批次新材料名单，数量居全省第一。其中，杭州本松新材料技术股份有限公司“高导热尼龙材料”获评国内首批次新材料。

是日 临平区首届古海塘文化节开幕。开幕式上，古海塘遗址所在地乔司街道发布全新形象标识LOGO，5名“守望古海塘”志愿服务队代表发出守护古海塘倡议。

14日 临平智慧图书馆在浙江省文化和旅游厅、《浙江日报》传媒有限公司联合举办的

"首届浙江省最美公共文化空间"评审中入选公共阅读空间单元名单。

15日 中共杭州市临平区委举行"杭州这十年·临平"主题新闻发布会，介绍中共十八大以来临平深化改革开放和经济社会发展方面的情况。

是日 临平新城西大门产业园区正式开工，园区总用地面积约16万平方米，总建筑面积56.7万平方米，目标打造临平区重要的服装智能制造、医疗器械及芯片等高新特精类制造业集聚地。

16日 中国大运河古镇发展研讨会在临平区举行。研讨会现场，由塘栖、张家湾、杨柳青、瓜洲、南阳、南浔、崇福、乌镇八大运河古镇联合发起，携手全国大运河沿线近40个古镇共同筹划的中国大运河古镇联盟成立。

是日 临平区崇贤街道获评浙江省"扫黄打非"办公布的第六批全省"扫黄打非"进基层示范点。

是日 临平区文化馆原创小品《抢"地盘"》在第十二届中国曲艺"牡丹奖"中获中国曲艺界最高奖——"牡丹奖"。

是日 由中国科学院院士、国科大杭高院院长王建宇带队的国科大杭高院一行到临平调研，就深化校地合作座谈交流。

19日 连接临平、海宁两地的运河二通道人民大道大桥全线通车。人民大道大桥位于临平南苑街道与海宁许村镇交界处，是连接临平与海宁的交通要道。线路全长1.441千米，双向六车道，设计时速为60千米。

是日 临平区举行构建新时代和谐劳动关系推进会暨2022年"临平工匠"认定发布会，表彰"临平工匠"。

是日 连接临平、湖州、嘉兴三地，横跨京杭大运河的京杭运河航道桥梁提升工程（一期）丰稔桥通车。

20日 由深圳市政协经济委员会副主任、深圳市浙江商会会长、北航投资有限公司董事长夏炜带队的深圳市浙江商会、北航投资一行到临平调研，与临平区就深化合作进行座谈交流。

是日 临平区育才实验小学《"整体设计分组PK"：研教评一体化教研》案例入选浙江省第九批"双减"典型实践案例名单。

25日 临平区贝达药业股份有限公司高娅琴当选中共二十大代表。

26日 浙江省委常委、杭州市委书记刘捷到临平经济技术开发区调研。

28日 临平区阳光青少年成长守护应用正式上线。该应用由课外趣玩、求助灯塔、智慧家长等十余个模块组成，通过整合不同部门的数据资源，构建学校、医院、家庭、社会、政府五位一体的协同育人体系，守护全区青少年健康成长。

是日 临平区塘栖镇塘栖村入选浙江省妇联、浙江省农业农村厅联合认定的"浙江省美丽庭院特色村"名单。

10 月

7日 全国中学生生物学联赛浙江赛区颁奖大会在临平区举行。余杭高级中学（临平中学）获浙江省团体冠军。

10日 临平龙兴未来社区养老服务场景、临平梅堰未来社区养老服务场景、临平海珀未来社区托育服务场景入选浙江省首批300个共同富裕现代化基本单元"一老一小"场景。

是日 临平区综合行政执法局在全市率先推出机动车人行道违停第三种处理渠道——自助处理机。

11日 临平区首个省级文化驿站，临平街道庙东社区文化驿站——"庙街拾铺"对外开放。"庙街拾铺"设有"爱满庙街""杏林春暖""宋香品茗""庙东集市"等十大服务场景，涵盖非遗体验、艺术展演、文创集市、便民服务等多个惠民项目。

12日 临平民间舞蹈“临平滚灯”入选浙江首批公共文化国际交流项目名单。

14日 临平区大运河文化入选浙江省首批文化标识建设创新项目名单。

18日 临平区与中国石油浙江销售公司战略合作签约仪式举行。

20日 临平区人民检察院、国家税务总局临平区税务局共建协作配合机制工作会议召开，双方共同签署《关于建立协作配合机制的意见》，杭州市首个“检察+税务”协作机制在临平区落地。

是日 临平区乔司街道入选杭州市市级美丽城镇样板名单，成功创建商贸特色型美丽城镇样板。

24日 临平区东湖街道蓝庭社区入选国家卫生健康委、全国老龄办公布的全国示范性老年友好型社区名单。

25日 临平区委召开领导干部会议，传达学习中共二十大精神，贯彻落实省委、市委相关会议要求，对临平区学习宣传贯彻工作进行部署。

27日 灵璧县党政代表团到临平区考察，两地举行合作帮扶工作联席会议。

是日 临平街道梅堰社区、运河街道新宇村、崇贤街道鸭兰村、崇文社区四个村社入选浙江省碳达峰碳中和工作领导小组办公室公布的全省第二批低（零）碳乡镇（街道）、村（社区）及减污降碳协同试点创建单位名单。

28日 临平区举行“构建互联互通 助推全域共富”320国道快速路二期通车仪式。该快速路的通行，标志着临平成为浙江省首个快速路环线贯通的区县。

30日 杭州市市长刘忻到临平区调研企业及督查重大项目建设推进情况。

31日 受端位于临平区运河街道京杭大运河河岸的白浙特高压终点站交流系统调试及试运行结束，成功接入浙江电网，每年接收超235亿千瓦时“巴蜀绿电”。

是日 临平区塘栖镇丁河村入选由司法部、民政部公布的第九批“全国民主法治示范村（社区）”拟命名名单。

11 月

4日 首届大运河文化创意设计周（1986文创园开园）暨第十三届大运河鱼羊美食节开幕活动在临平区举行。该文创园位于五杭集镇，前身为浙江麻纺厂余杭分厂，占地2.8公顷，建筑面积2.5万平方米。

是日 杭州市召开全市清廉村居建设推进会，临平区崇贤街道鸭兰村和运河街道新宇村入选第二批市级清廉村居特色样板名单。

5日 临平俞樾纪念馆动工建设，纪念馆所在地在桂芳桥社区缸甏弄2号、3号民居。

7日 临平区塘栖镇获浙江省省级小城市培育试点单位考核结果优秀等次。

是日 临平区“门户客厅・艺尚小镇”城市新区风貌样板区、“未来工厂・小林板块”特色产业风貌样板区入选杭州市城乡风貌样板区（第三批）名单。

7—8日 高水平推进健康浙江行动现场会在杭州召开，临平区获得“2018—2020年健康浙江建设先进县（市、区）”称号。

8日 临平区玉架山考古遗址公园（博物馆）一期建成开放。

9日 临平区法院与临平区工商联共同召开涉企矛盾纠纷调解机制推进会并举行服务站授牌仪式，“商会共享法庭”机制在临平区推行。

10日 临平区入选交通运输部评选公布的“四好农村路”全国示范县创建单位。

是日 临平区青年邹华入选首届“金砖国家企业家国际百强奖”名单。

11日 临平区子不语集团（股票简称“子

不语”，股票代码：2420）在香港证券交易所主板上市，成为2022年临平区第三家上市企业。

12日 中国研究型医院学会指导的公立医院高质量发展论坛在临平区举行，来自全国各地的140多名公立医院代表参会。论坛聚焦公立医院高质量发展、国考与高质量发展、医保和DRG支付三大主题，围绕公立医院专科能力建设、医疗安全、服务效能、人才培养、管理创新等内容开展交流。

15日 临平区7个社区入选浙江省第六批未来社区创建名单，分别是运河街道运旺社区，星桥街道汤家社区、星桥社区，南苑街道文仪、东安、新安、新城社区（合称南兴社区），创建类型均为旧改类。

16日 临平区与国网杭州供电公司召开工作座谈会。会上，双方签订合作框架协议，临平区负荷管理中心、临平区能源大数据中心正式揭牌。

是日 临平区企业浙江立镖机器人有限公司的“智能分拣机器人集群应用”入选浙江省“2022年浙江省机器人典型应用场景”名单。

17日 中国创新设计大会杭州峰会暨临平区工程师冲锋号活动在临平艺尚小镇举行。大会聚焦未来智造与创新设计主题，吸引海内外近百名高层次人才及优秀工程师，区内重点金融机构、区内重点企业、高新技术企业以“线上+线下”结合的方式参会。

是日 “2022秘鲁时尚展·杭州”活动在临平艺尚小镇举行。时装展以“自然、传承与时尚”为主题，由秘鲁共和国驻华使馆商务处主办，有11个秘鲁著名服装品牌参展。

18日 临平区“杭州天元宠物用品股份有限公司”（股票简称“天元宠物”，股票代码：301335）在深圳证券交易所创业板上市。为临平区2022年第四家上市企业。

是日 临平中学旧址展览馆试运营开馆。展览馆由临平街道打造，位于东大街116号，建筑占地约500平方米，上下三层，对临平中学旧貌进行还原。

是日 浙江省委常委、常务副省长徐文光到临平区宣讲中共二十大精神并调研重大项目。

19日 余杭高级中学（临平中学）举办七十周年校庆活动。

是日 临平区大运河金秋漫游季系列活动在塘栖镇超丁村千亩示范方启动。

20日 “儿童友好 让杭城更美好”“11·20”世界儿童日杭州主题活动在临平区举行。活动现场，发布杭州市儿童友好成果展示和儿童友好体验线路，与会领导为《童画友好》儿童友好主题创意绘画大赛获奖选手颁奖，临平区儿童友好基金揭牌成立并发布六大慈善项目。

是日 临平区的临平家纺产业设计园（品牌布艺总部基地）入选工业和信息化部公布的纺织服装创意设计示范园区（平台）名单（第二批），为全市唯一。

21日 临平区运河·塘栖古镇历史风情街入选浙江省第二批浙江省旅游休闲街区名单，为全市唯一。

是日 第九届西湖合唱节暨首届中国大运河室内合唱节颁奖音乐会在临平大剧院举行。临平区天长世纪小学世纪之声合唱团、塘栖第二中学星空合唱团获青少年组金奖，实验小学小海豚合唱团获青少年组银奖，星桥幼儿园、星运幼儿园星女子合唱团获成人组银奖，文化馆获优秀组织奖。

22日 临平区与中交第三公路工程局有限公司签订战略合作协议，在城市基础设施建设、河湖综合治理、城市更新、城市管网改造、城市功能品质提升等方面拓宽合作领域。

23日 浙江省委常委、杭州市委书记刘捷到临平区调研，提出要加强遗产保护、水岸互动、文旅融合，把大运河保护好、开发好、利用好。

是日 杭州市委宣讲团到临平区宣讲中共二十大精神。

是日 由全国艺术创新创业联盟、中国美术学院、临平区委区政府主办的“时尚临平杯”第五届全国艺术院校大学生创新创业大赛决赛在艺尚小镇举行。大赛着眼于数字文化、文化旅游、产品智造、美丽乡村、社会美育五大文化创意产业，13个优质项目同台竞技。

24日 临平区塘栖镇河西埭村入选浙江省生态文化基地名单。

26日 临平区运河街道文联成立暨第一次代表大会召开。临平区有8个镇街相继建立文联组织，实现镇街文联全覆盖。

28日 临平区塘栖镇河西埭村文化礼堂“非遗魅影礼盒”入选浙江省农村文化礼堂全省30项“我们的村礼”项目名单。

29日 临平区塘栖枇杷种植系统入选浙江省农业农村厅公布的第一批省级重要农业文化遗产资源名单。

12 月

1日 临平区人民政府与浙江证监局签订战略合作协议。

是日 《临平简史》出版发行会举行。该书通过气候、生态、宗教、文化、经济等多个维度，介绍临平地区五千多年来的自然变迁、人口集聚、产业发展和文明传承。

5日 杭州市文明办公布志愿服务最美典型名单，临平区金小芳入选最美志愿者名单；中共鸭兰村支部旧址文物守望志愿服务队、“运河大姐”志愿服务队入选最美志愿服务组织名单；东湖街道工农社区新时代文明实践站、塘栖镇水北社区新时代文明实践站入选最美新时代文明实践志愿服务基层站（点）名单。

7日 临平区“四好”“五一”新通道助力共富新通途入选浙江省共同富裕第一批试点名单。

8日 临平区在全国纺织产业集群工作会议上，被确定为中国纺织产业特色名城，并被授予“中国家纺名城”称号；临平家纺行业协会获“先进服务机构”称号，杭州市仅1家。

8—9日 第五届全国社区共学养老专题研讨会暨老年教育高质量发展杭州论坛在临平区举行，会议深化社区共学养老的理论与实践研究，扩大临平区“社区共学养老”品牌的影响力，为老年教育高质量发展奠定基础。

9日 “国家宪法周”暨临平区首届何思敬法治文化主题实践活动启动仪式在临平区融媒体中心举行。

是日 临平—柯城山海协作工作联席会召开。会上，临平区与柯城区签订有关补充协议。

11日 临平区入选浙江省农业农村厅深化“千万工程”建设新时代美丽乡村（农村人居环境提升）工作优胜县（市、区）名单。

12日 临平区“亲+清一键达”发布暨清廉民企建设推进会举行。会上，“亲+清一键达”线上平台发布，“亲清有道廉盟”成立，《临平区商会自律准则公约》出台。

14日 临平区党政代表团到衢州市柯城区考察山海协作工作。

15日 临平区北塔漾、西太漾入选浙江省美丽河湖名单。

16日 “中国芯”长三角芯机联动发展暨科技成果转移转化高峰论坛在临平区举行。活动现场，临平区政府与国科大杭高院就杭州光电智能感知产业研究院项目签约；中国软件评测中心、浙江图灵算力研究院、浙江省经信智慧城市规划研究院就共建芯机联动数智服务平台签订战略合作协议；临平新城与知存科技等9个企业项目完成签约；汽车芯片检测认证产业链技术白皮书和GPU芯片技术发展白皮书发布。

20日 临平区临平门户客厅艺尚小镇城市新区风貌样板区入选浙江省第三批城乡风貌样板区名单，临平区海珀未来社区、梅堰未来社区、杭海路未来社区入选浙江省第二批未来社区名单。

21日 临平区乔司街道入选浙江省城乡环境美丽城镇建设省级样板名单。

是日 临平区临平街道获中国曲艺家协会公布的“中国曲艺之乡”称号。

22日 临平区塘超小径乡村产业集聚区入选杭州市首批杭州市“文旅赋能·乡村共富”乡村旅游产业集聚区名单。

是日 临平区13个项目入选浙江省科学技术厅“尖兵”“领雁”研发攻关计划项目名单。立项数创历史新高。

24日 临平区与复旦大学联合举办第二届俞樾文化学术研讨会。

是日 第二届中国长三角网络视听传播高峰论坛暨“俞樾在临平”影视创作研讨会以线上线下相结合的方式在临平区举行。研讨会现场，浙江传媒学院文学院与中共临平区委宣传部举行合作共建“中国·俞樾文化创研基地”签约与揭牌仪式。

26日 临平区临平街道入选浙江文化和旅游厅公布的“浙江省戏曲之乡”名单。

28日 临平区企业浙江铁流离合器股份有限公司、杭州西子智能停车股份有限公司入选工业和信息化部第四批服务型制造示范名单。

是日 临平区滨河公园、世纪公园入选浙江省住房和城乡建设厅浙江省“优质综合公园”名单。

30日 临平区发布“稳岗惠企十条”，做好企业稳工稳产工作，加强对留岗过年省外员工的生活保障，促进企业正常生产经营和有序用工。

（区史志研究室）

（责任编辑　张婷婷）

临平概览

General Introduction of Linping

·自然环境·

【地理位置】 临平区地处浙江省杭州市东北部、杭嘉湖平原西南端。南连上城区、拱墅区、钱塘区，西邻余杭区、濒临京杭大运河，东面与嘉兴市接壤，西北与湖州市毗连，是杭州通往沪、苏的门户，区位条件得天独厚。全域面积286平方千米。区域位于北纬30°19′～30°31′和东经120°6′～120°20′，东西长约22千米，南北宽约23千米。

【地形地貌】 临平区域地势平坦开阔，为京沪运河流域的水网平原。西部、北部、南部地势低平，海拔仅2～3米，地表塘漾棋布；中部零星分布超山、临平山、黄鹤山等几座山脉。受亚热带季风气候影响，临平河流水量丰富、水位季节变化大。因地形差异，形成京杭运河、上塘河两大水系。

【土地概况】 2022年，根据第三次全国国土调查，临平区耕地4894.35公顷，园地2607.42公顷，林地2165.21公顷，草地322.00公顷，湿地0.30公顷，均为内陆滩涂。城镇村及工矿用地12676.06公顷，交通运输用地1943.40公顷，水域及水利设施用地3926.51公顷。

（赵晨芳）

【气候特征】 2022年，临平区总体天气气候特征为气温明显偏高，降水量明显偏少。全区各地年平均气温在17.1℃（塘栖镇超山风景区）至18.7℃（乔司街道五星村）之间，其中临平城区17.9℃，较常年（17.4℃）偏高0.5℃；全区各地年降水量在1037.5毫米（运河街道戚家桥村）至1495.4毫米（星桥街道星桥社区）之间，其中临平城区1442.9毫米，较常年（1491.8毫米）偏少3%；临平城区雨日187天，其中日降水量≥50毫米的暴雨日数6天。

全年临平区主要天气气候事件：春夏季强对流天气频发；梅雨期明显偏短，梅雨量明显偏少；夏季持续高温酷热；9月上中旬台风“轩岚诺”和“梅花”先后影响。

强对流天气 2022年春季和盛夏强对流频发。4月25日下午到傍晚出现入汛以来首次强对流天气，其中运河街道杭南村出现9级（24.2米/秒）大风；6月4日下午到傍晚受强对流云团影响，临平区大部出现短时暴雨，最大崇贤街道向阳村91.2毫米（小时雨强81.4毫米）；7月19日下午出现明显强对流天气，全区面雨量48.0毫米，最大南苑街道长树社区104.7毫米；8月12日傍晚塘栖、崇贤、星桥等镇街出现短时暴雨和雷雨大风，其中塘栖镇莫家桥村出现59.0毫米降水和10级大风（27.2米/秒）。

梅雨 2022年临平区于6月10日入梅（常年6月13日），6月26日出梅（常年7月8日），梅雨日数16天（常年25天）；全区面雨量39毫米，临平城区44.4毫米，仅为常年（277毫米）的16%。梅雨呈现梅雨期明显偏短、梅雨量明显偏少的特征。

高温　2022年临平城区35℃以上高温日数57天，较常年同期（32天）偏多近1倍，居历史第一，其中7月5—17日和7月20日—8月23日出现2次长时间连续高温天气过程；40℃以上高温日数12天，其中7月12—14日连续3天最高气温40℃以上，8月11—16日连续6天最高气温40℃以上，最高41.4℃（8月12日）；10月3日最高气温37.9℃，破10月最高和最晚高温日纪录。

台风　2022年第11号台风"轩岚诺"于9月4—5日以超强台风穿过省以东近海海面，受其影响，临平区9月2—5日出现明显降雨天气，全区面雨量39.0毫米，最大风力南苑街道天万社区14.0米/秒（7级）。第12号台风"梅花"于9月14日以超强台风级在舟山普陀区沈家门登陆（42米/秒，960百帕），受其影响，临平区9月12—15日出现明显风雨天气，全区面雨量51.0毫米，最大为塘栖镇邵家坝村80.7毫米；最大风力南苑街道天万社区14.8米/秒（7级）。

注：根据临平国家气象站和区域气象自动站数据；历史同期数据参考杭州国家气象站。

2022年临平城区气象要素一览表

表1

气温	年平均气温(℃)	17.9
	极端最高气温(℃) 出现日期	41.4 8月12日
	极端最低气温(℃) 出现日期	-3.7 12月18日
	≥35℃高温天数(天)	57
	≤0℃冰冻天数(天)	16
降水	年降水量(毫米)	1442.9
	雨日(天)	187
	雪日(天)	14

续表1

降水	暴雨日数(天)	6
	日最大降水量(毫米) 出现日期	63.6 4月13日
梅雨	入梅	6月10日
	出梅	6月26日
	梅雨期(天)	16
	梅雨量(毫米)	44.4

（毛　宇）

·历史文化·

【建置沿革】　秦时，临平境域大致属会稽郡钱唐县。三国时属吴郡。隋唐或属杭州，或属余杭郡。五代置钱江县，仍属杭州。

北宋太平兴国四年（979），改钱江县为仁和县，临平属之，仍属杭州。端拱元年（988），置临平镇。南宋时期属临安府。

南宋时，杭州城城内设厢坊，郭外设乡里。仁和县郭外分11个乡，辖44里。其中丰平乡（今临平及运河街道一带）辖五杭、博陆、长寿、前庄4里；永和乡（今塘栖镇超山、临平街道小林一带）辖华严、保林、平湖、义和4里；安仁东乡（今乔司街道及南苑街道翁梅一带）辖仁和、望江、芳梅3里；安仁西乡（今星桥街道一带）辖永仁、白石、曲江、常熟4里。

元至元十五年（1278），改临安府为杭州路。杭州为江浙行省治所，仁和属杭州路，临平随之。

明代，杭州府与钱塘、仁和县同城设治。万历时，仁和县郊外设芳林、肇元、大云、丰稔、长乐上、长乐下、永和、安仁东、安仁西、廉德、太平、临江12个乡，辖332里。

清代，宣统二年（1910），仁和县分县城和西镇、五都镇（今塘栖镇等地）、江干（今闸口、望江门外沿江地带）、湖墅（今德胜坝、大关、登云桥、拱宸桥一带)、临平、乔司、皋亭、皋塘、会堡(今清泰门外沿江地带)9个乡。

民国元年(1912)1月22日，仁和县与钱塘县合并为杭县。民国16年(1927)，又将杭县划分为杭州市和杭县。临平属杭县。

中华人民共和国成立后，临平仍属杭县。1953年12月，杭县县治由拱宸桥迁至临平。1958年4月，杭县建制撤销，划为杭州市郊区。1959年3月，杭州市郊区建立半山、拱墅两个联社(县级)，半山联社驻地临平镇。翌年，半山、拱墅联社合并为钱塘联社，驻地仍为临平镇。1961年4月，与原余杭县合为一县，称余杭县。1994年4月，撤销余杭县设立余杭市；2001年3月，撤销余杭市，改置杭州市余杭区。2021年3月11日，从杭州市余杭区中析出临平、东湖、南苑、星桥、乔司、运河、崇贤街道与塘栖镇，组成杭州市临平区。

【名胜古迹】 临平风光秀美，山水如画，钟灵毓秀，自然人文景观极为丰富。有“2011年全国十大考古新发现”的浙江玉架山史前聚落遗址，杭州范围内规模最大、结构最完整的临平段古海塘；有“十里梅花香雪海”之称的江南三大观梅地之一的超山，丘壑妍美临平山，旧时桃源黄鹤、桐扣、佛日山；有世界文化遗产——京杭大运河(临平段)、上塘河，静谧柔美的丁山湖等；有中国共产党杭州市第一个村支部——中共鸭兰村支部旧址［民国16年(1927)6月成立］、著名法学家何思敬纪念馆、传承红色基因和地域历史文化的临平党史馆、中国江南水乡文化博物馆、临平方志馆；还有历史悠久的慧日禅寺、青莲寺、龙兴寺等。

【历代名人】 临平人杰地灵，代有传人。褚无量，唐朝盐官县临平人，擅长辞藻写作，精通经书典籍，曾任左散骑常侍兼国子祭酒，著有《翼善记》《帝王纪录》等百余卷。曹圭，五代吴越国临平人，其父曹信，是钱镠吴越开国的主要将臣。唐朝末年战乱四起，曹圭作为吴越国嘉兴都将与军民奋起抗敌，使嘉兴百姓免遭洗劫。曹仲达，曹圭之子，曾为吴越国两代国王的丞相。曹信与子曹圭、孙曹仲达辅佐吴越王钱氏，功勋卓著，临平百姓为纪念曹氏建造将军殿。钟化民，明朝仁和县博陆(今属运河街道)人，曾任惠安知县、乐平知县，在任期间施行多项有利民生的政策，百姓称他为不要官、不要命、不要钱的“三不要”县令。后升至山西道御史、河南道御史等职，勤于政事，著有《读易钞》《赈豫纪略》等。沈谦，明朝仁和县临平(今属临平街道)人，才学博深，是临平历史上富有成就的诗人，一生著作很多，著有《东江集》《词韵》《南曲谱》等，所辑《临平记》4卷，是临平镇最早的志书。沈近思，清朝仁和县五杭(今属运河街道)人，曾任河南临颍知县，筑堤解决水患，后升任太仆寺卿、礼部侍郎等职，以秉公执法、敢于直谏著名。孙士毅，清朝仁和县临平人，曾任文渊阁大学士兼礼部尚书等要职，著有《百一山房集》12卷、《奏议》等。朱学勤，清朝仁和县塘栖(今属塘栖镇)人，曾任宗人府府丞、大理寺卿等职，从政之余，爱好搜罗古籍善本，家中有“结一庐”藏书近千种，编为《结一庐书目》4卷传世。姚虞琴，杭县亭趾(今属运河街道)人，擅长绘画，尤其精通画兰、竹，与国画大师齐白石有“北齐南姚”之誉。孙晓村，临平人，著名社会活动家，政协全国七届副主席。何思敬，塘栖人，著名法学家、马列主义经典著作翻译家，曾被毛泽东称为“有正义感，有勇气，有学问”的人。王公道，乔司人，在筹集军需物资，保障根据地和敌占区之间的交通运输线，护送干部和进步人士等方面做出积极贡献。张硕甫，乔司人，系20世纪60年代江浙十大名医之一，杭州市中医院的创始人。行医50多年，治疗病患无数，培养一批医学人才。钟履坚，临平人，著名制盐专家，曾为中国制盐、制碱、酿造及化肥业的技术发展做出显著贡献。

（区史志研究室）

·区划人口·

【行政区划】 2021年4月9日，设立临平区，下辖临平、南苑、东湖、星桥、乔司、运河、崇贤7个街道和塘栖镇，区政府驻地临平街道。2022年年末，全区建制村57个，社区139个。

【人口】 2022年年末，临平区户籍人口60.24万人，总户数18.14万户。全年人口出生6336人，出生率10.5‰，人口自然增长率6.2‰，户籍出生婴儿性别比104.39（以女性为100）。

（张丹青）

【交通区位】 临平区交通便利，穿境而过的3号线、9号线地铁网，“两高一普” 铁路网（沪杭高铁、沪昆铁路、宣杭铁路）、2条国道（G104、G320）、4条高速公路（沪杭高速、绕城高速、杭浦高速、申嘉湖杭高速）、2条省道（S304、S101），区内“三路一环”快速路网互通互联、畅达四方。拥有大运河、运河二通道等航运资源，可实现江海河联运。

（张丹青）

·经济建设·

【经济建设概况】 2022年，临平区实现地区生产总值1006.68亿元，按可比价计算，比上年增长0.3%，总量规模首次突破千亿元大关。其中，第一产业增加值16.01亿元，增长2.5%；第二产业增加值532.12亿元，下降0.5%；第三产业增加值458.55亿元，增长1.1%。三次产业增加值结构比重调整为1.6：52.9：45.5。

【经济稳健运行】 2022年，临平区优化产业结构，发展智能制造，全区数字经济核心产业增加值65.6亿元，规模以上工业增加值414.71亿元，战略性新兴产业增加值165.81亿元，生物医药产业增加值39.91亿元。贝达药业获评国家技术创新示范企业。春风动力入选国家智能制造示范工厂和新一代信息技术与制造业融合发展试点示范。临平区入选全省家纺行业中小企业数字化改造区域试点。“服务业30条”“金融18条”“稳经济50条”等一揽子助企纾困政策，兑付各类政策资金16.64亿元。组合式税费支持政策为市场主体减负44.5亿元。产业基金运作出资25.36亿元。地方政府专项债项目发行26个，总金额34.75亿元。“金服宝”综合数字服务平台为6643家企业成功授信223亿元。政策性担保支持力度加大，新增小微企业等贷款担保8.5亿元。“亩均论英雄”改革更新工业用地为有机耕地用地100公顷，盘活清理批而未供、供而未用、低效用地946.67公顷。全年，全区新增上市企业4家，百诚医药、遥望网络等135个重大产业项目集中签约，总投资400多亿元。56个重大项目集中开工，“152”项目开工率100%。

【营商环境优化提升】 2022年，临平区获2022年营商环境考核全市第一名。企业服务中心创新载体，23个部门1240多个涉企事项进驻，推出企业开办、水电气联动报装、企业纳税等23个“企业一件事”，企业政策兑付实现全过程线上申请、线上审批、线上打款。试点开展联合验收“一口受理”、建筑师负责制、“不动产+税收+公证”等改革，涉企审批时长平均压缩50%。推行远程异地多点评标，评标场地点位随机分配，专家随机抽取，并对符合规定的小微企业报价在国家、省基础上按更高的优惠幅度20%给予扣除。便捷企业注销、股权变更、质押注销等审批服务，统筹涉房审批、验收、登记等问题，提高财产处置效率。建立“非诉解纷，法官全域指导”机制，组建法官下沉团队开展全域指导，前移化解关口，把纠纷化解在当地、化解在诉前，诉前指导调解纠纷10565件，调解成功3402件。对于涉企轻微违法行为不予行政处罚，采取批评教育、督促整改等措施，编制13个执法领域113项免罚事项清单。

（郑丽莎）

【投资项目】 2022年，临平区政府投资项目及区国有企业投资项目274个，总投资966.41亿元，年度计划投资246.25亿元。其中，新建项目124个，总投资245.68亿元，年度计划投资66.96亿元。新建项目中属于人大监督重大投资项目28个，总投资193.35亿元，年度计划投资46.99亿元。续建项目150个，总投资720.72亿元，年度计划投资179.29亿元。镇（街道）投资项目109个，总投资82.58亿元，年度计划投资23.48亿元。其中，新建项目55个，总投资18.8亿元，年度计划投资7.73亿元；续建项目54个，总投资63.78亿元，年度计划投资15.75亿元。

（方　程）

·政治建设·

【政治思想教育工作】 2022年，临平区委将政治建设摆在首位，建立学习贯彻习近平总书记对杭州、临平工作重要指示批示精神闭环管理机制。实施“红色根脉强基工程”，开展“争星晋位、全域建强”行动，完成村社规模调整，优化网格微网格设置。健全完善梯队培养、比选交流、激励倒逼、容错免责各项机制，注重在疫情防控、稳进提质、除险保安等重大斗争一线考察识别干部。建立健全“项目化实施+专班化运作”“党建项目化、项目党建化”、年轻干部“周六书记”培养模式等工作机制，分层分类开展系统性、专业化、实战式培训。抓好中央及省委巡视反馈问题和省、市“七张问题清单”整改落实，完成中央巡视办“上下联动”试点任务，推进区委巡察工作规范化建设。深化清廉临平建设，制定“一把手”和领导班子“五张责任清单”，完善交通工程监管仓建设并实现全省推广。在全省率先打造涉企政策全覆盖、公权力监督全闭环的“亲+清”“一键达”数智体系，作风建设和反腐倡廉工作取得新成效。

（李　晶）

【民生实事项目】 2022年，临平区完成区一届人大二次会议第四次全体会议确定的年度民生实事项目。开工安置房73万平方米、竣工206.2万平方米，回迁安置4092户。完成老旧小区综合提升改造31.5万平方米；完成既有住宅加装电梯80台。区急救中心迁址项目基本完工，配置救护车8辆；招录公共卫生专业技术人员24人，举办公共卫生队伍专业能力培训演练14场。开工建设中小学校、幼儿园16所，启用项目19个，新增学位9240个；建成校园智慧安防数字化平台，实现校园视频监控等设备更新升级全覆盖；完成所有公办中小学校2113间普通教室护眼灯光改造，举办心理卫生、视力保护等健康类讲座200场。举办亚运相关主题活动78场；完成110处新型文体空间建设；新增投入使用绿道21.9千米。新增14家示范型居家养老服务照料中心；参加肺部CT体检老年人9.01万人次；搭建智能化养老助餐系统。实施联网路（断头路）建设项目，完工12条，开工6条；推进“四好农村路”建设，完成21千米，新开工37千米；新增、优化公交线路17条；治理交通隐患重点道路20条，实现交通隐患点位动态清零。全面消除村集体经营性收入100万元以下的相对薄弱村；开工建设塘栖丁山湖、运河北片核心圈美丽乡村示范片区；完成128个村民小组美丽乡村提质扩面工程；完成全区农村住房困难户规划布点，落实农村建房困难户用地指标1071户，完成农村危房治理改造396处，实现动态清零。完成无障碍设施改造1.2万平方米；规范提升星级“残疾人之家”4家，创建省级无障碍社区2个；完成58户在册困难家庭个性化帮扶工作，为26名残疾未成年人开展免费康复治疗。为常住备孕育龄夫妇开展免费外周血染色体检查，检查9746人；为在医疗机构系统保健的孕产妇及其分娩的新生儿开展免费产前筛查和新生儿疾病筛查，分别完成9237人、6756人；新建婴幼儿照护服务成长驿站54家，新增托幼一体化托位560个。

（李　晶）

【“信用临平”建设】 2022年，临平区通过归集信用信息、拓展信用信息应用场景、加强严重失信主体治理，推进“信用临平”建设。各部门加强协调联动，建立重点领域个人诚信记录，及时将归集信息推送至市公共信用信息平台。全年，归集信用信息5.8万多条、信用承诺信息1.2万条，开展诚信宣传活动16次。“信易贷”平台注册企业占比上升，达到32.6%；推广信用在积分落户管理、政策兑现、高新技术企业评选等方面应用，上半年用信次数2.2万条。做好信用修复“网上办”“电话办”，调整优化材料报送程序。全年，信用修复办件84件。推进构建以信用为核心的新型监管机制，完善市场主体的信用承诺制度，推进信用分级分类监管，建立健全信用自主申报机制。推进“信用+”应用场景建设，聚焦社会治理、共同富裕、民生福祉等领域，开展“一区一特色”信用品牌工程建设。推进临平“信易工”项目建设，深化劳动用工领域信用治理，促进建立和谐劳资关系。

（王　丹）

·文化建设·

【公共文化服务现代化先行区创建】 2022年，临平区推进浙江省公共文化服务现代化先行区创建工作，在建设人民满意的现代公共文化服务体系上取得新突破。省级民生实事项目“15分钟品质文化生活圈”服务指数居全省第一位，通过浙江省公共文化服务现代化先行区中期督查。创新推出的临享·文化保障卡列入浙江省数字文化系统第四批优秀应用名单。承办第十二届中国曲艺牡丹奖全国曲艺大赛（临平赛区）、第九届西湖合唱节暨首届中国大运河室内合唱节等国家级赛事，小品《抢地盘》获中国曲艺牡丹奖节目奖，举办首届临平艺术节、名人名家进农家、高雅艺术进临平、元宵系列、“藕花洲”系列品牌文化活动等品牌活动。

【公共文化服务现代化先行区建设标准】 2022年7月，临平区人民政府印发《杭州市临平区创建浙江省公共文化服务现代化先行区实施方案》，发布《杭州市临平区公共文化服务现代化先行区建设标准（2021—2023年）》，从服务设施、数字服务、服务供给、服务人员、服务创新57项设定建设标准。

【“临品书坊”“临品艺站”建设】 2022年3月，临平区文化和广电旅游体育局发布《杭州市临平区“临品书坊”建设与服务规范》《杭州市临平区“临品艺站”建设与服务规范》，全年建成15个临品书坊、10个临品艺站。

【“15分钟品质文化生活圈”】 2022年9月，临平区建成58个“15分钟品质文化生活圈”。12月，区文化和广电旅游体育局、区市场监管局联合发布《临平区“15分钟品质文化生活圈”建设与服务规范》，是临平区唯一一个地方技术性规范文件。“浙里文化圈”指数居全省第一位。

【临享·文化保障卡】 2022年8月，临平区创新打造临享·文化保障卡。至年末，注册人数逾31万人，上线打卡场馆逾1100个，群众参与公共文化场馆、活动打卡26万多次，列入浙江省数字文化系统第四批优秀应用名单。

（王雨佳）

·社会建设·

【社保实现扩面提标】 2022年年末，临平区各类养老保险参保人数62.82万人，工伤保险、失业保险参保人数分别达51.58万人、41.65万人。其中，养老保险参保实现新增1.89万人，失业保险参保实现新增1.48万人。全区户籍人员基本养老保险参保率99.87%，其中困难人员城乡居民基本养老保险参保率100%，全民参保登记调查率100%。年末，养老待遇发放规模15.31万人，月发放总额4.59亿元。

【人才引进培育量质齐升】 2022年，临平区办好“浙派工匠”民生实事，壮大各类人才队伍，全区认定高层次人才1890人，培养高技能人才4287人，引进首次来杭就业高校毕业生1.78万人。打造“临聚里”未来智造工程师品牌，首创“金红黄蓝白”、“五钻”工程师评选培育发展体系，开展首届“五钻”工程师评选和表彰奖励工作，评选首批“金钻”工程师5人、“红钻”工程师15人，其余“三钻”工程师1335人。成立产业人才联盟，参与设立“人才服务日”，开展“春风化雨”专项行动，推动人才服务质效提升。

【就业创业体系日趋完善】 2022年，临平区围绕经济稳进提质要求，推进“稳就业惠民生”专项攻坚行动。强化助企纾困政策落实，稳保企业等市场主体，开展针对高校毕业生、登记失业人员等重点群体精准就业帮扶。全区就业形势基本稳定，城镇新增就业1.92万人，失业人员再就业9456人。支持创业带动就业促进居民增收，塘栖镇丁河村、乔司街道葛家车村、东湖街道姚家埭3个村入选省返乡入乡合作创业示范村。举办首届“大运河杯”大学生创业大赛，新增大学生创业企业438家。

【劳动关系基础稳固和谐】 2022年，临平区受经济形势下行影响，劳资纠纷问题多发高发，临平区围绕平安护航中共二十大中心任务，开展“除险保安百日攻坚根治欠薪”专项行动。制定出台《临平区突发群体性欠薪事件处置应急预案》《临平区“无欠薪”源头防范处置专项治理工作方案》《临平区建设工程防范欠薪源头治理专项方案》，构建防范处置欠薪问题长效机制，纵深推进“无欠薪”源头防范、数智治理目标。加强企业用工指导，对全区650家企业出具用工诊断评估报告，对192家企业完成薪酬调查和制造业人工成本监测，完成网签劳动合同34.51万份，完成率超额1.25%。

（胡显光）

·生态文明建设·

【生态文明建设目标责任考核】 2022年，临平区制定出台《杭州市临平区2022年度生态文明（美丽临平）建设目标责任书及考核评分细则》，对8个镇（街道）、34个区级部门下达生态环保年度目标任务并进行考核。塘栖镇等3个镇（街道），区生态环境分局、区农业农村局（林业水利局）等12个部门被评为年度生态文明（美丽临平）建设目标责任制考核优秀单位，另评选区级先进个人52名。

【生态文明创建】 2022年，临平区获评全省深化“千万工程”建设新时代美丽乡村（农村人居环境提升）工作优胜县；临平净水厂获评浙江省生态环境系统共同富裕最佳实践案例。杭州临平超山风景名胜区旅游度假有限公司、鼎缘（杭州）纺织品科技有限公司获评第十三批杭州市生态文明教育基地。全年创建省级森林城镇2个，市级绿色学校10所，区级绿色学校14所。

【生态文明建设规划】 2022年，临平区编制完成《杭州市临平区生态文明建设规划（2022—2030年）》《新时代美丽临平建设实施纲要（2021—2035年）》和《新时代美丽临平建设三年行动计划（2021—2023年）》。发布《杭州市临平区湿地保护“十四五”规划》，将湿地保护纳入国民经济和社会发展规划、国土空间规划。

【生态文明制度执行落实】 2022年，临平区完成生态环保投资1.646亿元，比上年增长15%。磋商办理生态环境损害赔偿案例6件，赔偿总金额391万元；配合区检察院办理完成生态环境损害赔偿公益诉讼案件4个，执收赔偿金40.8万元。杭州市余杭博陆生物化工有限公司火灾事故污染土壤及地下水生态环境损害赔偿案获评浙江省生态环境厅生态环境损害赔偿磋商典型案例。

【自然生态保护】 2022年，临平区出台《临平区自然保护地联合巡查行动方案》，每季度开展自然保护地遥感监测、“绿盾”专项行动和多部门联合检查。完成3个废弃矿山生态修复治理。开展全域土地综合整治和生态修复，规整建设区块面积448.73公顷，拓展产业空间153.33公顷，完成耕地功能恢复66.67公顷、建设用地复垦73.33公顷，形成333.33公顷集中连片都市田园。完成超山生物多样性调查工作，探索开展生物多样性体验地建设。

【无废城市建设】 2022年，临平区发布《临平区深化“无废城市”建设工作方案》《“无废细胞”建设工作和宣传方案》。成功创建省级“无废工厂”1个，省级“无废亚运工厂”1个，省级最佳实践案例1个，市级“无废细胞”6个，区级“无废细胞”53个。

【生态环境保护宣传教育】 2022年，临平区首次通过线上和线下同步方式举办“6·5”世界环境日直播宣传活动，超4万人参与活动。“党旗红铺就共富路，生态绿相伴无废行”暨“浙江生态日”公益健走活动、“国际生物多样性日”科普研学等生态环境重要活动相继举办。全年，临平净水厂和生态环境监测站开展公众开放活动10多次，接待参观群众200多人次。

（马秋丽）

（责任编辑　张婷婷）

2022年6月26日，“党旗红铺就共富路 生态绿相伴无废行”2022年度浙江生态月主题活动在临平山公园举行，现场为“无废细胞”代表颁发铜牌　（市生态环境局临平分局 供稿）

延伸阅读▶▶

杭州临平：生态建设加速度 绘出“只此青绿”新画卷

大运河在临平境内绵延数十公里，抱城而过，是承载临平数千年发展历史的“母亲河”，是最为鲜明的城市标识，也造就了这里的人文荟萃。承载着保护利用大运河的使命，2021年10月，临平区大运河科创城管委会（下称“管委会”）正式成立。生态兴则文明兴，如何实现大运河保护和利用之间的良性互动，成了管委会启航之年的一道必答之题。

一年来，管委会将生态保护摆在突出位置，坚持生态优先、绿色发展，狠抓运河水环境综合治理，加快形成绿色发展方式和生活方式，努力推动生态、经济、社会和文化协同发展。如今，行走在大运河畔，所到之处皆是绿意萌动、花香萦绕，大运河（临平段）绿道如同跳跃的脉搏，正不断地生长延伸，就如一幅“只此青绿”的美丽长轴缓缓打开。

建一条生态廊道 守护好大运河才能谈发展

2021年10月，临平区全面启动大运河国家文化公园（临平段）建设。

自建设启动以来，管委会在征地拆迁、项目建设等“硬件”基础上，对文化遗产保护、文化研究挖掘、生态环境保护等“软件”进行提升。

如今漫步在塘栖贤绿道边，不仅有运河波光粼粼、船舶往来的自然景色，还能欣赏到沿岸农田稻田金浪、果树青翠的田野风情。然而，这片如画美景来之不易，它的背后曾有一段尘土飞扬的往事。

“贯连五方水，衢通千万家。”千百年来，运河水汇聚于临平，为城市发展打通了经济动脉。然而近年来，由于沿线低小散渣土工矿码头较多，农业面源污染影响，污水零直排建设不彻底，以及沿岸农居风格杂乱、滨水绿化粗放等原因，河道及周边环境不容乐观，也与大运河保护、传承背道而驰。

为此，大运河管委会（指挥部）精心部署，联合属地镇、街及相关职能部门开展覆盖29公里运河沿线环境大整治、大提升，推进沿线低效码头、企业征迁工作，希望以此全面提升区域环境品质和群众生活品质。

生态之美，更需共享给当地百姓。记者了解到，管委会积极在运河沿岸进行绿道工程建设，该绿道全长29公里，预计年底前郊野段可基本成型。

据管委会相关负责人介绍，在打造绿道景观时，管委会充分考虑了大运河的历史文化和传统，在郊野段绿道的建设中以田园风光为重点，致力于展现沿岸传统农耕村落的传统习俗，使大运河的河畔景色在整治后，焕发出崭新的活力。

谋一条致富廊道 因地制宜“复活”运河生机

生态的改变，不仅为当地环境增色不少，也带动着农文旅融合发展。“这里晚上夜景挺美的，晚风吹着也比较凉爽，所以大家都会选择到室外吃。”农家乐老板沈莉芬在后厨忙得不可开交，在“美丽经济”带来的红利面前，她的脸上洋溢着笑容。以丁山湖为例，大运河（临平段）正在经历着“蝶变”。

明者因时而变，知者随事而制。大运河管委会（指挥部）正探索以生态优先、绿色发展为导向的发展新路子：深化运河沿线资源的品牌化运作与产业化经营，打造大运河文创园和大运河瓷文化创意基地；以“招商+引智”为支撑，构建产业平台发展动力，着力对接影视文化、科技孵化、研发设计等领域；以蚕茧仓库、同福永酒厂等A、B岛现存工业遗址为基础，谋划带动大伦丝厂、五杭麻纺厂等沿线工业遗存进行整体提升。

在风光旖旎的大运河畔，有一座占地面积约2.8万平方米的大运河1986文创园。走进其间，一系列文创产品映入眼帘，既富有传统特色，又饱含运河风情。“我们通过旧厂房改造，进行了提升和后期运营，希望将这里打造成杭城北部后花园、文创新地标。”园区招商负责人朱世豪说。

作为最早加入的成员之一，“大月文化”在这里打造了一家古风摄影基地——大月府，吸引了不少来自全国各地的古风爱好者、短视频创作者，前来拍摄、打卡。“我们主要服务于短视频拍摄、网红孵化等，来这里创业主要考虑到的是咱们政府对运河文化、文旅融合项目发展的重视。”大月文化传媒负责人高峰说，近在咫尺的运河水、丰富的工业遗存，让他毫不迟疑地选择了这里。

坚持生态优先、以文汇人、以景引人、以城聚人，这里正在努力建设绿色、低碳、智慧生态城，大运河文化创新创造活力城。

筑一条幸福廊道
开启大运河畔闲适新生活

时至傍晚，天边最后一抹晚霞越来越淡，逐渐淹没在深蓝色的夜里。而在运河街道五杭村，热闹才刚刚开始。蜿蜒曲折的沥青道路两侧植被丰茂，暖黄色的灯光投向路面，与三三两两漫步的人群交融在一起，轻悦的虫鸣声伴着流水，为惬意的饭后时光充当背景音乐。

“这里原本都是做小五金加工的厂房，周边环境又脏又乱，变成现在这个模样我们是想也不敢想的。”正在散步的居民孙大伯说。今年年初，北靠京杭大运河、南临塘泾漾垂钓湖泊的五杭运河文化公园建成开放，绿道景观、亭台楼阁一应俱全，有花草怡情、有树木遮阴，原本杂乱无章的沿河环境发生了翻天覆地的大变化。“往东边走的绿道现在也快修好了，村里环境这么好，怕是城里人都要羡慕了。”他打趣说。

孙大伯口中的这处绿道，便是大运河绿道郊野段项目中的重要组成部分——亭五线绿道。建成后的亭五线绿道，从东湖北路特大桥至五杭大桥，共铺设透水混凝土绿道约1500米，两侧种植了一些花草、树木，营造出错落有致的景观氛围，南侧有古稻田，尽享田园风光。

如今，在大运河管委会（指挥部）精心部署下，以杭州塘为主轴，一条全长29公里的绿色生态廊道即将把这些节点一一打通，遍览千年繁华。“我们要保留运河边上原有的状态，比如那些几十年的大树、林道及保护区范围内最小干预。”在大运河国家文化公园临平段项目设计负责人马利看来，大运河绿道建设是一个很有意义的项目，要充分保留原有机理，合理完善绿道体系，同时唤醒商业、生产与文化活力，赋予周边地块更好的人居价值，“还绿于民，也是还健康于民，这才是真正的惠民工程”。

据了解，自去年10月建设启动以来，大运河国家文化公园（临平段）的建设在征地拆迁、项目建设等“硬件”基础上，对文化遗产保护、文化研究挖掘、生态环境保护等“软件”进行提升。流域环境持续改善、区域经济高质量发展，群众幸福感获得感不断增强……美好愿景正伴随着工程机械的轰鸣声日渐清晰。

（中国网2022年10月31日）

（责任编辑　张婷婷）

中共杭州市临平区委员会

Hangzhou Linping District Committee of the Communist Party of China

·综　述·

【"三大攻坚战"年度总结】 2022年1月12日，临平区"三大攻坚战"年度总结暨"大抓落实年"动员大会召开。会议肯定2021年"三大攻坚战"工作成效，强调要围绕2022年目标任务，以更强效度推进项目建设、征迁清零，回迁安置工作，以实施新一轮"三大攻坚战"为起点，掀起"大抓落实年"热潮，迎接中共二十大和省、市党代会胜利召开。

【经济稳进提质高质量发展】 2022年6月17日，临平区经济稳进提质攻坚行动推进会暨高质量发展大会召开。会议深入学习贯彻党中央、国务院和省委、省政府、市委、市政府关于稳住经济大盘的重大决策部署，研究临平区以超常规力度和举措推动经济企稳回升、稳进提质，促进经济高质量发展工作举措。

【学习宣传贯彻中共二十大精神】 2022年，中共临平区委在中共二十大召开后，深入学习宣传贯彻中共二十大精神，先后召开区委常委会会议、全区领导干部大会、区委理论学习中心组专题学习会。落实《中共中央关于认真学习贯彻党的二十大精神的决定》，把全区党员干部群众的思想和行动统一到二十大精神上来。推进领导班子专题学、党员干部示范学、线上和线下全员学、青年群体创新学等，组织开展各类学习研讨活动近1000场。打响"千人千场"宣讲品牌，区领导带头到企业和基层联系点宣讲，示范带动区委理论宣讲团、"好声音"宣讲团等各类力量走村入户、宣传阐释，推动二十大精神"飞入寻常百姓家"。发挥主流媒体引导作用，开设"喜迎二十大 临航新征程"等专题专栏32个，刊发各类报道8000多篇，总阅读量近1亿人次。

（王亚琼）

·区委重要会议·

【中共杭州市临平区委一届四次全体（扩大）会议】 2022年1月4日，中共临平区委一届四次全体（扩大）会议召开，会议以习近平新时代中国特色社会主义思想为指导，回顾总结2021年主要工作，研究部署2022年重点任务。坚持一张蓝图绘到底，围绕"高水平建设'数智临平·品质城区'"总目标，以争创共同富裕示范区样板为牵引，抢抓杭州亚运机遇，提速实施"南融、北创、东靓、西优、中兴"区域发展战略，加快推动城市能级、经济动能、治理效能"三大跃升"，开展大抓落实年活动，动员全区广大党员干部做"两个确立"忠诚拥护者、"两个维护"示范引领者，以优异成绩迎接中共二十大召开。

【中共杭州市临平区委一届五次全体（扩大）会议】 2022年8月1日，中共临平区委一届五次全体（扩大）会议召开。会议学习贯彻省第十五次党代会、市第十三次党代会及省、市委全会精神，动员全区党员干部群众践行“八八战略”、笃行“两个维护”、奋进“两个先行”，在高质量发展中加快建设“数智临平·品质城区”，突出抓好下半年工作，以优异成绩迎接中共二十大召开。

（王亚琼）

·区委重要决策和活动·

【“中国共产党杭州市第一个村支部”正式揭牌】 2022年1月26日，“中国共产党杭州市第一个村支部”揭牌仪式在崇贤街道鸭兰村支部旧址前小广场举行。中共鸭兰村支部被认定为杭州市已知最早成立的中共村支部[民国16年（1927）6月成立]。近百年来，鸭兰村党支部在困境中诞生、在斗争中壮大、在曲折中发展的艰辛历程，是广大人民群众在中国共产党领导下艰苦奋斗、砥砺前行的一个缩影，是临平区宝贵的红色资源和精神财富。该次认定掀开中共鸭兰村支部发展的新篇章，对于临平区保护利用红色资源、传承弘扬红色文化具有里程碑意义。

【“红丰创新带”项目启动建设】 2022年5月25日，临平区启动建设“红丰创新带”项目。该项目位于国家级经济技术开发区，以红丰路为主轴，南起星光街、北至临平大道、西及东湖路、东达新丝路，总面积2.63平方千米。根据“红丰创新带”三年行动（2022—2024年）计划，该项目将通过“空间规划+产业规划”双轮驱动，聚焦产业链中产、学、研一体化的前端环节，发挥区域周边浙大高端装备研究院、工信部服务型制造研究院、浙大基础医学创新研究院等五大创新赋能平台创新支撑作用，形成以创新为核心的产业生态圈。力争三年后，创新空间达到70万平方米、创新型科技企业达到120家、引进各类创新型人才2000名、引进科研机构10家、引培星级运营商10个，建设成为空间更开放、社群更突出、功能更多元、产业链更聚焦的“共同富裕样板地”。

【浙江理工大学临平校区正式启用】 2022年8月29日，浙江理工大学临平校区交接启用仪式举行，临平区与浙江理工大学全面战略合作成果正式落地。该校区于2020年7月开工建设，校区建设贯穿“人本、绿色、智慧、人文、时尚”的设计理念，总用地面积34.47公顷，总建筑面积30.06万平方米，总投资22.48亿元。9月3—4日该校区迎来首批新生，浙江理工大学服装学院、艺术与设计学院、法政学院、史量才新闻与传播学院、国际时装技术学院等迁入新校区，办学规模近万人。

（王亚琼）

·组织工作·

【基层组织】 2022年年末，临平区有基层中共党组织2299个。其中，党委169个、党总支132个、党支部1998个。在基层党委中，镇党委1个、村党委42个、社区党委42个、独立核算的企业党委21个、机关党委34个、独立核算的事业单位党委19个。区委派出的党工委10个，其中机关党工委1个、街道党工委7个及杭州临平新城开发建设党工委和超山风景名胜区党工委。

全区有党员38638名。其中：正式党员38236名，预备党员402名；女党员15145名，占党员总数的39.20%；少数民族党员201名，占党员总数的0.52%。全年，全区发展新党员350名。其中，女党员155名，占44.29%；35岁以下的231名，占66.00%；高中及以上文化程度的341名，占总数的97.43%；工作在一线的251名，占71.71%。

【学习贯彻中共二十大精神】 2022年，临平区委组织部抓好党员干部党性思想淬炼，举办二十大精神专题导学，开展区管领导集中轮训深化“周三夜学”载体，依托“集中研学+自主选学”培训机制，组织全区2299个基层党组织和38638名党员全覆盖学习。开展全区组织系统“学习贯彻二十大·争先示范走在前”十大行动和“破难争先作示范”活动，部委班子带头开展一线蹲点调研，以克难攻坚成果检验学习宣传贯彻中共二十大精神的实际成效。

【干部队伍建设】 2022年，临平区委组织部紧扣区委“大抓落实年”要求，牵头开展经济稳进提质九大攻坚行动专项比拼，通过月晒季评年考，营造比学赶超氛围。开展信访攻坚、全域土地综合整治等专项考察和区管副职大抓落实专题调研，了解掌握干部在服务中心工作中的政治表现、工作实绩，明确“能者上、优者奖、庸者下、劣者汰”用人导向。依托企业服务中心，创优“组团式”助企服务，构建快响高效闭环机制。深化“专题研修+实践破难”模式，举办“成林计划”等主体班，选派132名干部到稳进提质、除险保安一线挂职锻炼，临时抽调620人次参与重点应急工作，以实战实训为干部担当履职夯基赋能。抓好干部队伍正向激励，常态化开展职级晋升、评先推优等工作，出台防疫一线人员关心关爱举措9条，大会表扬“战疫标兵”63名，获评市级“十佳公务员”2名，获评杭州“担当作为好干部”5名。

【干部梯队结构优化】 2022年，临平区委组织部开展全区领导班子和领导干部专题分析研判，掌握区划调整以来区管领导班子运行情况和区管干部具体表现。专题开展全区镇街干部、党外干部、人武专干、法检司法雇员、统计人员等队伍专项分析，夯实干部队伍整体规划基础。开展全区中层干部跨单位综合比选交流，做大做优年轻科级干部基数，队伍结构得到优化。抓好干部队伍源头管理，全年招录公务员32名、选调生7名、紧缺专业高层次人才59名，245名年轻干部纳入“助跑计划”，其中探索“周六书记”培养计划助力年轻干部成长模式获中组部信息刊发推广。

【干部工作体制机制完善】 2022年，临平区推进“大综合一体化”下沉人员“区属镇（街）用共管”改革，优化平台体制机制，构建“大招商”机制，提升大系统大平台运转质效。推进“浙里干部之家”应用贯通落地，开发上线“选调生成长营”“临平区平时考核”等特色场景，在区县（市）干部之家应用建设评星中被

2022年临平区中共党员年龄、文化结构情况表

表2

年龄	人数(人)	占比(%)	学历	人数(人)	占比(%)
35岁及以下	10343	26.77	研究生	2505	6.48
36岁至45岁	9168	23.73	大学本科	14717	38.09
46岁至55岁	5869	15.19	大学专科	7434	19.24
56岁至60岁	3298	8.54	中专	1364	3.53
61岁及以上	9960	25.78	高中、中技	3662	9.48
			初中及以下	8956	23.18

评为五星级单位，参加省委组织部数字组工精彩“1+1”路演，其中公务员考核数智系统获中组部信息刊发推广。

【“争星晋位、全域强村”行动】 2022年，临平区委组织部在全市率先开展村（社区）起底排摸，实行村（社区）自查自评、组团下沉摸底、区镇（街道）两级过堂，完成196个村（社区）逐一过筛，形成“争星晋位”起底报告、“一村一策”分析报告。构建“红黄蓝绿”四色管理机制，建立全域争星图、项目赛马榜、争星比拼榜“一图两榜”亮晒机制，优化完善“评村（社区）、抓镇街、促部门”工作机制，配套交办督导、反向报告、专题协调三项机制，倒逼责任落实。打造“三圈五带”示范集群，49%的村（社区）达到四星级及以上标准，推动8个后进村（社区）整转，形成全域竞跑态势，承办全市争星晋位现场推进会并作先进经验交流发言。加强“一肩挑”后村（社区）干部监督管理，深化构建联审联签、重大事项报告、两委联席会议规范等“1+10”（“1”是加强“一肩挑”后村干部监督管理的若干规定，“10”是配套出台的10项实施细则）制度体系。

【现代社区建设推进】 2022年，临平区构建“1+4+10+48”（1是争星晋位全域建强，4是四大攻坚行动，10是现代社区建设10项突破性抓手，48是48项重点任务）现代社区建设工作体系，形成“区领导挂帅、专项组负责、牵头部门主抓、成员单位配合”工作格局。深化党建统领网格智治，全区网格数增至1127个，培育“红色强基”楼道长5859名。完成12个较大规模社区的优化调整，总结形成新建社区全流程“十步法”获全市推广。开展无物业管理小区清零行动，516个小区实现物业全覆盖。三批次招聘社区工作者501名，每万名城镇常住人口社工配备数由12.2人提升至19.5人。推进党建统领“浙里康养”，新增示范型居家养老服务照料中心14家，每万名老人拥有持证护理员26人，居全市前列，老年教育联盟列入省级试点。推进“浙有善育”，建成婴幼儿成长驿站72家，居全市第一位。推进强村富民集成改革省级试点，年内消除经营性收入100万元以下村，城乡居民收入比缩小至1.55。

【“两新”党组织建设持续深化】 2022年，临平区委组织部深化两新党建赋能发展，创新“未来工厂”党建推动智造产业转型升级，以老板集团为试点构建“五力三指数”数字化考核体系，探索加强产业链供应链创新链党建工作，相关做法在全省两新工委书记会议上作为唯一区县代表发言。推进“两个覆盖”增强整体效力，实地排摸企业525家，推动50人以上有党员企业组织全覆盖，39家专精特新、单项冠军企业应建尽建。推动新就业群体融入治理，出台新就业群体党建八项机制，依托晨会点、物流枢纽站等，组建新就业群体流动党支部6个，纳管流动党员28名。推进党建引领“共富工坊”建设，打造就业共富平台，精准匹配用工需求，推动55个工坊带动就业2367人，杭畔莲子共富工坊、鱼鹰团共富工坊获全省汇编推介。

【机关党建提质增效】 2022年，临平区委组织部以“红临思享会”总品牌为牵引，开展中共二十大精神学习，构建“1+64+N”（1是1个区级总品牌，64是64个机关总组织子品牌，N是N个学习小组）政治理论学习矩阵，开展各类学习活动730多次。探索机关党建数字化改革，打造“双建争先”指数系统，将党建和中心工作指标捆绑考核，得到省直机关工委《表扬函》肯定。聚焦发挥机关党员战疫实效，组建184支“预备队”和10多支“突击队”，发动攻坚行动600多次，构建“平战一体”114体系在全市发文推广。探索机关党组织书记资质认证机制，完善任命前置审查程序。

【党群服务中心主阵地作用】 2022年，临平区委组织部坚持“统管用”一体推进，发挥党群服务中心主阵地作用，全年开展活动和服务6620场次，服务党员群众33万人次，经验做法在省市会议上作典型发言。深化党群研学基地建设，从“研、学、产”3个维度推动日常运维提档升级，设置5类教学课程，组织常态化培训9次，开展十佳党群、最优项目打擂比武。聚焦“一老一小”、青年等关键群体，发布活动服务清单24条，推出“每月活动思维导图”，做实暖心服务。

【党员教育管理加强】 2022年，临平区委组织部稳妥审慎排查整顿农村发展党员违规违纪问题，建立健全联合审查、不合格党员处置等长效机制，提升党员队伍整体素质。实施流动党员“安家”集中攻坚行动，探索建立常态化教育管理新机制，排查6157条流动人口党员信息，纳管流动党员1935名。《阿虎师傅》获中组部十六届全国党员教育电视片观摩交流活动一等奖，推荐产生全国党代表贝达药业质量工程师高娅琴。

【组织工作“制度建构”实施】 2022年，临平区委组织部推动“制度建构”专项行动，结合新精神新要求对组织工作制度体系进行系统性重塑，形成一整套涵盖基层党建“全领域”、干部工作“全周期”、人才工作“全链条”、组工干部管理“全方位”的制度体系，保障组织工作开展。

【“党建项目化、项目党建化”机制推行】 2022年，临平区委组织部坚持“党建项目化”，建立重点党建工作任务项目化清单，形成区镇两级120个重点工作项目化清单，通过开设“赛马场”“争星榜”进行红黄绿亮晒比拼，强化动态调整、实时更新、过程管控，形成工作闭环。坚持“项目党建化”，在亚运场馆建设、疫情防控等中心工作建立临时党支部，探索“党校主体班办在项目上”，分批组织主体班学员到大运河国家文化公园、企业服务中心、老城区改造现场进行一线历练。

【组织部门自身建设】 2022年，临平区委组织部，通过沉浸式研学、实战式练兵、梯队式培养，激活组工干部成长成才的源头活水。制定实施全区组织系统贯彻落实习近平总书记重要指示批示精神闭环管理工作细则，完善理论中心组学习、“临航先锋”组工论坛交流、群策会头脑风暴等制度，定期开展理论大学习、工作大交流、业务大比武，推动一批组工干部独当一面、竞速成长。加大组织工作信息宣传力度，打响“周六书记”“未来工厂”党建、“双建争先”系统、卓越工程师队伍等一批临平党建品牌。信息报送数、录用数均列全市各区（县、市）第一位，被评为全省信息宣传先进单位。

（孔海东）

·宣传工作·

【概况】 2022年，临平区宣传思想文化战线系统，自觉承担起“举旗帜、聚民心、育新人、兴文化、展形象”的使命任务，建设以新时代文化临平为目标的标志性成果、宣传思想文化高地，为高质量建设“数智临平 品质城区”提供思想保证和精神动力。年内，推进中共二十大精神学习宣讲活动，各级党委（党组）中心组集中理论学习实现100%，开展线上线下宣讲活动3000多场，受众超过20万人次。开展迎接中共二十大主题宣传报道，策划推出“聚焦聚力‘两个先行’贯彻落实区委全会精神”“喜迎二十大 发展看变化”栏目及子栏目“共富路上 奋斗有我”等专题系列预热报道200多篇。在中央、省、市级主流媒体刊发中共二十大主题新闻稿件3000多篇，中宣部主导推出的大型政论片《领航》报道临平区医疗保障等改善民生方面的变化成就；中央广播电视总台新闻“党的二十大”特别策划栏目《江河奔腾看中国》等节目报道临平区大运河文化保护传承利用的工作成效。在浙江新闻客户端、杭+新闻客户端分别开设“我的临平+”“喜迎二十大·我们这十年 走在幸福路上”等专题，通过图文、短视频的方式刊发系列报道，总阅读量超过4000万人次。

【新时代文化临平建设工程】 2022年，临平区委宣传部贯彻省、市、区委文化工作会议精神和“三张清单”有关工作要求，推进大运河国家文化公园（临平段）、上塘河宋韵文化带建设，打造塘栖江南运河名镇核心展示园和上塘古韵寻踪核心展示园。大运河文化（临平段）入选首批“浙江文化标识”培育项目。加大上塘河沿线宋韵文化植入，完成上塘河（邱山大街至东湖路段）提升改造、明因寺遗址公园建设，推进南宋班荆馆复建及安隐寺（安平泉）遗址公园项目建设，打造上塘河宋韵文化长廊和景观带。联动黄鹤山、临平山等节点，推进临平山历史文化陈列馆、临平俞樾纪念馆、王蒙艺术馆、王蒙草堂、九曲营步行街区等项目建设。联合中国合唱协会、中国美术家协会、中国旅游景区协会、中国文艺评论家协会等全国性组织，上级宣传、文旅、文联部门，中国美术学院、浙江音乐学院等重点高校，举办第九届西湖合唱节暨首届中国大运河室内合唱节、大运河古镇发展研讨会、“魅力大运河 临平新风景”首届中国大运河摄影、“诗画江南·塘栖有约”大运河诗会、首届大运河1927红旅文化节、首届中国·大运河乡村研学等大运河主题活动，举办“鹤隐临平·艺承王蒙”中国画名家临平写生采风活动、西泠印社举办宋韵临平西泠印社名家邀请展、“宋韵迹忆·风雅临平”系列展、“宋韵临平”文化研讨会等上塘河宋韵主题活动，举办第三届网络文艺评论优选汇之“中国网络文艺评论（杭州）论坛”、首届古海塘文化节等重大活动。打造上塘河“藕花无数”项目，入选杭州宋韵精品研学线路。

【文艺精品培育工程项目】 2022年，临平区委宣传部制定《2022年临平区文艺精品培育工程项目清单》，推进“运河南源·精彩临平”大运河文艺创研、“大师原乡”临平历史文化名人研究弘扬等九大项目，31个具体项目。创作编纂《走向共富的足音》《宋韵临平叙事》《临平简史》《宋韵临平文化绘本》等文史作品，《我的中国红》《小村故事》《秋风吹过的村庄》《风动艺尚》等歌曲，《历史名人在临平》纪录片等。其中：电视剧《问天》获全国第十六届精神文明建设“五个一工程”奖；电视剧《大浪淘沙》《在远方》、歌曲《我的中国红》等4部作品获浙江省第十五届精神文明建设“五个一工程”奖；电影《柳浪闻莺》等5部作品获杭州市第十五届精神文明建设“五个一工程”奖。曲艺小品《抢“地盘”》获第十二届中国曲艺牡丹奖节目奖，杭州摊簧《施昕更》获第十二届中国曲艺牡丹奖提名奖。

【微融媒中心建设创新合作模式】 2022年，临平区委宣传部统筹协调区微融媒中心建设创新合作模式、扩大合作范围，新建20个微融媒体中心（站），建成32个。重点打造“悦临平”客户端，年末用户超15万人。完善全媒体矩阵，聚力打造“临平发布”“天天看临平”“临世面新闻”等重点端口，做优“学习强国”临平供稿中心、中国蓝新闻客户端、浙江新闻临平新闻频道等外宣端口，完善全媒体矩阵。

【城市外宣品牌传播】 2022年，临平区委宣传部深入城市品牌建设与传播，打造外宣品牌。策划“外国友人看临平”国际传播品牌，开展2场国际交流活动，拍摄5个外宣短视频；做好“韵味临平”海外传播品牌，开设临平官方海外社交账号，粉丝量超6万人次。打造“遇见临平 发现美好”外宣品牌，通过视频、美图、美文的方式，展示临平风采，在天目新闻客户端发布话题视频400多条，话题阅读量超800万人次；推送美图日历200多张。在“悦临平”App专栏，实施“文化临平传播工程”，推出300多篇文化临平系列新闻报道。

【重大主题活动报道】 2022年，临平区委宣传部围绕共同富裕、杭州亚运会等重大主题、重大活动，在中央、省、市各级主流媒体刊发新闻报道6000多篇。其中中央级媒体刊发新闻报道1300多篇，总阅读量超过8000万人次。统筹协调区融媒体中心旗下电视、报纸、新媒体等融媒体矩阵同向发声，完成共同富裕、数字化改革、助企纾困等重点报道30多组，8000多篇，总阅读量超过1亿人次。打造舆论监督栏目《重点关注》，开展建设性舆论监督，全年播出53期，整改率95%以上。

【精神文明创建】 2022年，临平区委宣传部深入开展群众性创建活动，夯实文明城市创建基础。开展城市文明程度指数测评迎检，先后完成全国文明城市复牌暗访测评、实地明查、省测评、市每季测评、每季度问卷调查专项测评、节约粮食公筷公勺专项测评等。开展道德典型选树活动，选树“美丽临平人”“美德少年”(新时代好少年)、最美退役军人等200多人，开展临平区首届“大运河育人奖”、抗疫防疫“美丽临平人”专题选树活动，举办“感动临平·共富样板”临平区首届“美丽临平人”发布活动。全年，临平区获评中国好人1人、浙江好人4人、杭州好人8人、杭州市道德模范2人。

【新时代志愿服务体系建设】 2022年，临平区委宣传部重塑县域新时代志愿服务体系，在全省率先成立区县级志愿服务工作协调领导小组、志愿服务联合会、临理志愿服务学院3个组织，出台《关于深化临平区新时代志愿服务体系建设的实施意见》等4个制度性文件。志愿服务工作案例入选“杭州市争当浙江高质量发展建设共同富裕示范区城市范例最佳实践”名单。滚灯艺术团志愿服务队获中宣部全国学雷锋志愿服务“最佳志愿服务组织”称号，入选2022年度杭州市志愿服务最美典型5个。推广“志愿浙江·文明帮帮码”，注册志愿者34.5万人，占常住人口的30.5%；活跃志愿者率78.3%，均列全市第一位。

【文化产业发展】 2022年，临平区文化产业增加值40.1亿元，增长15.3%，增速列全市第一位。印发《临平区“十四五”文化产业发展规划》，高质量实施文化产业引育工程。围绕文化制造、数字内容、设计服务、创意生活四大主导产业，构建与新时代发展格局相适应的现代文化产业体系。采用“文化搭台、经济唱戏”模式，举办首届大运河文化创意设计周，成为实现校地合作、部门联动，推进共同富裕的重要载体典范。设立规模为1亿元的“大美临平”影视文化产业基金。鼓励支持社会力量办文化，成立全区文化创意产业协会，推进朱炳仁大运河美术馆、大运河宋瓷博物馆建设，临平影视文化创意基地列入省广播电视和网络视听产业基地的培育名单。

【网络安全与新闻出版】 2022年，临平区推进“红色引擎”互联网企业党群服务中心建设，在重点互联网行业企业推广“党建导师”制度，以德润网引领正能量传播。提升依法治网能力，护航中共二十大、亚运会等重大会议、活动，开展网络意识形态领域“除险保安”专项行动，依法依规处理网上投诉举报50多起，净化网络空间。做好舆情应急保障。开展“扫黄打非”跨部门专项检查20多次，检查文化市场经营单位1000多家次。年内，崇贤街道获评第六批全省“扫黄打非”进基层示范点；1人获评年度全省“扫黄打非”工作成绩突出个人；2个镇街获评杭州市“扫黄打非”进基层示范点，2人获评杭州市“扫黄打非”先进个人。启动临平区首届“俞樾读书节”，开展临平区首届“俞樾书香”评选，8个村（社区）获评临平区首届“俞樾书香村社”，8个家庭获评“俞樾书香家庭”，6个单位获评“俞樾书香机关”，2个社区获评杭州市年度“书香社区”，2个家庭获评杭州市年度“书香家庭”。

（何喆恺）

·统一战线工作·

【概况】 2022年，临平区委统战部在统战领域创立“同心学院”，按照牵头抓总、整合资源原则，将统战系统主体培训、民营经济人士理想信念教育等涉统对象学习教育通盘考虑，开展学习贯彻中共二十大精神，省第十五次党代会，中央、省、市、区委各类统战工作会议，经济稳进提质会议精神，《中国共产党统一战线工作条例》以及省委实施细则、市委贯彻意见宣贯等系列活动。由部领导及10多名专家组成“同心宣讲团”、16位新生代企业家组成“青蓝宣讲团”，深入学校、社区、企业开展精神解读、惠企宣传、清廉建设等专题讲座77场次；组织全区各民主党派成员，学习中共二十大精神和中央、省、市、区委统战工作会议精神，展开热议活动，收集心得体会120多篇；举办“同心同行”各民主党派负责人、党外中青年骨干读书班，巩固新时代多党合作共同思想基础；承办全省海外“蒲公英”培训班，邀请省内6名专家学者对80多名留学人员进行思想引导，传递浙江好声音；开展“网联商联同心圆”活动，成立区互联网行业商会。全年开展“同心系列”培训和宣讲活动351场次，提振全区发展信心、凝聚发展共识，营造浓厚氛围。

【统一战线助力优化营商环境平台】 2022年，临平区委统战部围绕全区中心大局，开展系列服务活动。发动区各民主党派成员、民营经济人士、无党派人士等围绕经济高质量发展建言献策1035条。推进“六侨十八项”侨助共富项目，纳入全区“共富赛道”，承办全市“百家侨企助百村”“新侨美宿”现场交流暨全市侨助共富现场推进会。开展杭州市海投会——临平区产业资本对接等主题活动，吸引优质企业和海外高层次人才至临平区创新创业。推进杭州市新侨创新创业城市之窗建设，医智汇工场、艺尚小镇被评为市级侨界创新创业基地。支持新乡贤返乡创业，“珐酷酒业”“草莓君”“农创课”等项目相继落地生根。全年组织开展各类政企恳谈会15次，收集民企各类问题建议315个，转交相关部门处理295个。开展“银商携手雪中送炭”行动，聘请金融指导员结对民营企业、基层商会，以商会背书形式授信190亿元。助力优化全区营商环境，牵头完成《探索统一战线助力优化营商环境的基层实践》等年度调研课题报告2篇，其中《有效发挥统一战线在现代社区治理体系重塑过程中的法宝作用——以杭州市临平区创新样板为例》获评2022年度全省统战理论创新成果优秀奖和全市统战理论政策研究二等奖。

【党外干部队伍建设】 2022年，临平区委统战部优化党外干部梯队建设，联合区委组织部拟定《临平区党外干部队伍建设分析研判报告》，按照一定学历和年龄标准，建立党外干部梯队培养名库150多人。实施新生代企业“青蓝接力”培养工程，开展临平区首届“十佳新生代企业家”评选活动，年内，推荐新生代企业家担任“两代表一委员”41人，担任工商联执委及以上职务17人。推进民营企业党委统战部建设，指导10家民营企业建立企业党委统战部，延伸组织阵地、发挥特色优势，服务民营经济和民营经济人士“两个健康”发展。

【宗教中国化和宗教事务治理现代化】 2022年，临平区委统战部推进宗教中国化和宗教事务治理现代化。承办全市民间信仰事务工作现场推进会，“八个有、六个一”管理制度及“多庙合一”的做法获得省、市宗教部门领导高度肯定。挖掘宗教传统文化历史，青莲寺开展“之江问道·泽润临平”系列主题活动，举办第一届大运河佛教文化论坛，“青莲书院”坚持每周开设文化讲堂。编撰出版《临平佛道历代诗词选》，推动青莲寺、菩昙寺按照宋韵风格改造提升。

【品牌打造为发展经济建言献策】 2022年，临平区委统战部以参政议政为切入点，以季刊形式，打造“临听”建言献策品牌，为各民主党派、工商联和无党派人士履职尽责，创造良好条件，刊发4期，均获区主要领导批示肯定。以为民服务为切入点，打造“临动”社会服务品牌，指导7个民主党派统一建立子品牌。与有关单位开展共建活动21次，临平民革创设“同心博爱”子品牌，与区法院、司法局、工商联等合作助企护航社会服务站和“和之舟”调解中心，探索化解社会矛盾有效路径。以民族和谐为切入点，深挖“临里石榴红”民族工作品牌，深化中共鸭兰村支部旧址基地提升，成立“石榴籽”共建联盟，全区培育打造“石榴籽家园”16个，西奥电梯公司“石榴籽家园”获评省级民族团结进步示范基地。以助推家乡发展为切入点，打造新乡贤系列工作品牌。如区侨联与区检察院联合建立“乡村微检察工作室”；运河街道设立千万元规模“乡贤共富基金”；乔司街道发动乡贤参与全域土地综合整治；临平街道成立“晓东工作室”；南苑街道建立“民情诊所”新乡贤工作平台。

【统战阵地建设】 2022年，临平区委统战部建立区委统战工作领导小组，明确工作职责和制度，为构建党委统一领导、统战部门牵头协调、成员单位各负其责的大统战工作格局提供制度保障。指导成立新联会、侨青会等统战团体，加强统战阵地建设，争创市级“精品同心荟”，启动“算力统战之家”“清北临客汇”建设，推动各社团在政策宣讲、双招双引、共富结对、社会服务等方面发挥作用。

【民主党派参政建言机制建设】 2022年，临平区委统战部探索参政队伍核心骨干机制，发挥各民主党派参政建言人才带动效应，全年收到各民主党派成员建言280多篇，多篇信息获领导批示。承办农工党市委会专项民主监督活动。优化除险保安机制，建立由1名区领导领衔、宗教局局长牵头、多名职能部门专业人员动态参与督查的“1+1+N”（1名区领导、1名宗教局局长、N名职能部门人员）工作模式，落实镇街网格化管理，全年督查37次、问题整改59处。深化数字统战工作机制，落实年度数字统战工作，配合省、市委统战部完成“浙统云”“亮晒系统”数字化平台建设任务。

（姚熠波）

·改革工作·

【概况】 2022年4月，临平区贯彻落实省委关于把全面深化改革“1+7+N”(1是“数字化改革”为总抓手；7是经济、民主法制、文化、社会事业、生态文明、党的建设、纪检监察7大领域的重点改革；N是N项牵一发动全身改革)、数字化改革“1512”(“1”即一体化智能化公共数据平台；“5”即党政机关整体智治、数字政府、数字经济、数字社会和数字法治五大领域；“1”即基层治理系统；“2”即数字化改革的理论体系和制度规范体系)、共同富裕示范区重大改革“1+5+N”(“1”是指“扩中提低”重大改革；“5”是指5大改革领域：经济高质量发展、公共服务优质共享、缩小城乡差距、缩小地区差距、文化生态和社会治理；“N”是一系列具有引领示范作用和普遍意义的基层改革探索，如推进“长期护理保险制度”“产业链山海协作机制”“中高职一体化人才培养改革”等)集成为“1612”(“1512”中的五大领域变成党政机关整体智治、数字政府、数字经济、数字社会、数字文化、数字法治六大领域)体系构架的精神，调整区级深化改革专项小组和数字化改革系统跑道设置方案，完成组织体系架构迭代。6月，制定发布《中共杭州市临平区委全面深化改革委员会2022年工作要点》，明确改革目标，谋划“打造综合金融服务示范区”等23项牵一发动全身重大改革。全年相关单位坚持改革引领、数字赋能、多跨协同，在各改革领域取得实战实效。新增2家企业入选“未来工厂”试点，建成省级“未来工厂”4家，总量和增量均居全省第一，临平区入选全省首批中小企业数字化改造试点区县。新增“应急管理全覆盖责任体系”等33项省级及以上改革试点，“入库早知道”等14项市级试点，其中“网格疫管通”应用改革经验获时任省委书记袁家军批示肯定，另有地下管网“一网统管”等多项改革成果获省、市领导肯定批示。5月，区委改革办获评浙江省2021年度改革创新成绩突出集体。

【数字化改革统筹推进机制】 2022年2月，临平区数字化改革办公室(简称临平区数改办)研究印发《临平区数字化改革统筹推进机制(试行)》，在2021年“一图双报三会”工作机制的基础上，迭代建立应用场景梯度推进、整体工作统筹推进、比学赶超争先创优三大机制。创新建立区级攻坚应用库、部门特色应用库和省、市贯通应用库三个项目库进行分级分类管理；区级攻坚应用推进实行区领导领衔制，实行“一个项目、一位领导、一个团队、一套方案、一抓到底”；区级攻坚应用库、部门特色应用库采取实行滚动管理，建立项目升降级制度。在项目管理方面，创新搭建改革协同平台，设置项目管理、重大改革任务、试点管理、特色亮点等模块，实现数字化、智能化管理和考核。年末，开展进度双周报18次、督察评估3次，召开工作例会9次，举办各类培训会12次，培训1258人次。

【重点领域特色改革】 2022年，临平区数改办聚焦省、市、区牵一发动全身重大改革任务，在重点领域形成一批具有临平特色的标志性成果。在现代政府体制改革领域，试点“统计报表最多报一次”改革经验在国家统计局、联合国统计司联合举办的国家统计质量保证框架和通用统计业务流程模型国际培训班会议上作交流发言；创新打造区企业服务平台，改革经验在《浙里改(竞跑者)》刊发。在社会体制改革领域，“残疾预防”应用重塑疑似残疾人初筛、复筛、康复工作流程，被中央广播电视总台《新闻联播》头条报道；地下管网数字化生态系统，形成“城市数字化建设与应用——东湖街道系统性立体化基层社会治理”获评“全国社会治理创新案例（2022）”。在基层智治体制改革领域，完成全区184个村（社区）1127个网格优化，建立“1+3+N”（“1”是指网格长；“3”是指专职网格员、兼职网格员、包联干部；“N”是指基层党员干部、志愿者等）的网格管理体系；推进“大综合一体化”行政执法改革，推进全区8个镇街实施“全域赋权”，执法人员下沉至镇街的比例68%；落实全省基层治理“一件事”集成改革“一本账”要求，违法用地建设查处“一件事”被列为省级试点。

【临平改革经验宣传推广】 2022年，临平区首创“全地埋式净水厂节地模式”入选自然资源部《节地技术和节地模式推荐目录（第三批）》，在全国复制推广。国家级试点“乔司全域土地综合整治与生态修复工程”相关做法在全省土地综合整治工作现场会上做典型发言。“网格疫管通”“时尚E家”“好孕来临”3项经验在省委改革办《数字化改革》刊发。“全民健身”“企业服务平台”等改革经验在省委改革办《浙里改（竞跑者）》刊登。

（冯　攀　谢金霞）

·机构编制·

【概况】 2022年年末，临平区设党委机构11个，政府工作部门22个，市级部门派出机构3个（其中市生态环境局临平分局不计入临平区机构限额），群众团体机关4个，街道办事处7个，镇政府1个，区政府派出机构4个。上级下达各类行政编制1638名；事业单位265家，上级核定事业编制9674名。

【行政执法队伍改革】 2022年，临平区机构编制办以精简高效为目标，建立执法队伍新构架。整合全区12支专业执法队伍，对能源、劳动保障、住建、民政4个领域的执法队伍进行精简，按照“编随责转、人随事走”原则，完成执法人员转隶，在全区层面形成“1+8”执法队伍体系。以权责明晰为目标，推进事项目录清单建设。及时做好省权力事项库（监管库）维护和动态调整，建立区委编办负责厘清部门职能、区司法局负责合法性审查的工作联动体系，推动部门及时认领完善监管事项9902项，认领率100%；督促各部门按时完成3508项行政检查事项检查任务，行政检查覆盖率100%。以重心下沉为目标，打造“一支队伍管执法”。制定区级执法部门人员编制下沉方案，明确“1+8+2”（“1”是区综合行政执法队，“8”是8支专业执法队伍，“2”是两个基层所）下沉人员范围，通过“派驻执法中队、整所下沉、派驻重点镇街辐射周边”的方式，全区锁定下沉执法编制284名，下沉比例70%；执法人员256人，下沉比例68%，充实镇街一线工作力量。会同区委组织部、区委政法委、区财政局，制定行政执法下沉人员“县属乡用”管理制度，赋予镇街对下沉人员的指挥协调权、管理考核权、人事管理权和监督管理权，加强和规范下沉人员日常管理，强化镇街对下沉力量的统筹指挥能力，推动下沉人员与镇街工作力量有机融合。

【编外用工管理】 2022年，临平区机构编制办按照“控制总量、规范招用、分类管理、精简高效”的总原则，会同区财政局、区人力社保局等部门，制定临平区编外用工（人员）管理办法及配套管理文件，明确机关事业单位编外用工实行计划管理、先批后用、公开招聘，健全完善编外人员招录、管理、考核、薪酬等相关规定，压实用人单位主体责任，构建编外人员管理“1+5”政策体系，规范编外人员管理、稳定编外队伍。对镇（街道）编外用工管控数进行动态调整，选择村（社区）数、财政一般公共预算收入、户籍和流动人口等7项指标，通过数据标准化处理，建立测算模型，在编外用工管控数总量内进行优化配置，适应经济社会发展。

【事业单位法人登记管理】 2022年，临平区事业单位法人设立登记73家、变更147家、注销3家、换领证22家；机关群团统一社会信用代码赋码变更27家；事业单位法人年度报告公示177家，完成率100%；按照3%比例，抽取事业单位开展双随机检查，检查事项覆盖率100%。在2021年科教文卫领域事业单位章程制定全面完成的基础上，推进其他领域事业单位章程制定，实现章程制定“全覆盖”。

（包瑞生）

·效能监督综合考评工作·

【概况】 2022年，临平区大督查考评领导小组办公室（下称“区大督查考评办”）围绕区委、区政府中心工作，紧扣“高水平建设‘数智临平·品质城区’”总目标，建立高质量发展的督查检查考核工作体系，开展大抓落实年活动，引导全区上下将工作重心统一到区委区政府决策部署上来，推动临平各项工作全面进步，在浙江奋力推进“两个先行”过程中努力走前列、做表率。

【杭州市年度综合考评工作】 在杭州市2022年度区县（市）综合考评中，临平区获得93.432分，居第3位，并获得“亚运筹办”“民生实事项目”“文化繁荣兴盛”“打造国际一流营商环境”四个单项奖。重要经济指标排名第8位。其中“打造国际一流营商环境”排名第1位，“党建工作考核”“亚运筹办”“民生实事项目”“文化繁荣兴盛”等均排名前3位。

【市级综合考评体系优化】 2022年，临平区委考评办紧扣市级考核目标任务，统筹党建工作、经济指标、平安建设及高质量共富等，优化考核内容、方式和结果运用。树立“考在平时”的理念，“全生命周期”监测分析重要经济指标，动态关注市级重点专项进展情况，撰写专报及各类材料30多期，获区主要领导批示。坚持“多劳多得”及贡献度原则，形成“全区考评命运共同体”。严格执行考核准入制，着力精简考核内容和考核单位。镇街反向考核减至7项，考核内容着重删减“大办法”套“小办法”事项，保留5个“小办法”。考核项目增加遵循“增一减一”原则。实行目标管理和过程绩效，全面取消年终台账检查、集中检查等考核方式，推广“四不两直”等非接触式考评方式。动态跟进市、区两级考核指标（任务）完成情况，主动介入协调指导，推动各项工作逐项落实。开展半年度区级综合考评模测和2次社会评价工作模测，全面摸排短板指标（任务），助推市级综合考评。紧盯市级考核短板指标，通过点对点提醒相关单位，或以绩效整改交办单的形式下发至各责任单位的形式，督促短板问题整改落实，深化督考联动闭环机制。对全区各单位开展“一对一上门”绩效分析，帮助找优势、查短板，提升绩效服务质效。召开市、区综合考评培训会，提升考评人员业务能力和水平。

【社会评价工作】 2022年，临平区坚持人民导向、满意导向，以不断增强人民群众的获得感和幸福指数为目标，强化市、区两级考评工作有效推进，对73个区直单位围绕“服务能力、办事公正、廉洁自律、工作实效和社会影响”等方面，8个镇街围绕“公共文化、创业就业、养老服务、义务教育、医疗服务、污染防治（生态环境）、平安创建、政务公开（依法行政）、从严治党及班子作风”等19个方面开展社会评价。面向“两代表一委员”、基层干部、市场主体、群众代表等发出网上评价邀约短信16728人次；对城乡居民办事服务对象开展随机抽样调查，向老干部代表发放调查表。总体满意度区直单位为93.57%，镇街为96.23%。征集意见建议256条，主要涉及政府治理、城市管理、民生保障、城市建设等方面。

【“年度社会考评”意见整改工作】 2022年，临平区委对2021年度综合考评社会评价中征集到的647条意见纳入年度进行整改，其中市级465条、区级182条（包括区直单位101条、镇街81条），分别选取8条、45条（区直单位27条、镇街18条）作为年度重点整改目标。对整改目标和完成情况予以公示，并进行满意度测评，测评结果计入年度综合考评。

【领导批示交办工作】 2022年，临平区委督查室落实省、市委主要领导批示，区委主要领导批示、交办等“精准分类、规范反馈、重点督办、闭环落实”的工作要求，明确办理事项、责任单位、办理期限等，分类分批做好领导批示、交办事项的跟踪督办和整改反馈。全年下发交办单65份，办理区委主要领导批示1022件，省、市委批示件均按期办结。

【重点工作督查】 2022年，临平区委督查办围绕区委建设“数智临平·品质城区”目标定位，以“七张问题清单”为牵引，以区委“狠抓落实年”为主题，重点对“三大攻坚战（征迁清零）”、迎亚运重点项目、产业投资促进、民生实事等30多项区委区政府重点工作进行督查，一手抓问题发现，一手抓问题整改，推动各项决策部署有效落实。全年开展现场督查410人次，督查点位458个，发现问题492个，问题整改450个，问题整改率91.5%；提出建议、意见194条，被采纳185条，建议采纳率95.4%。编发通报34期、专报10期，区委区政府主要领导批示36次。

【“七张问题清单”实施方案】 2022年，临平区根据省委统一部署，我区系统性推进“七张问题清单工作”。区委成立“七张问题清单”工作领导小组，并健全由区委办牵头、清单主管部门统筹、专职挂职干部为主的“1+7+1”工作专班；制定出台《2022年度“七张问题清单”贯通推进实施方案》，明确“七张问题清单”贯通工作目标、机制和流程，下发任务分解清单，深化问题发现、整改、销号、评估等全流程闭环管理，压紧压实各部门主体责任。

【基层减负考核规范管理】 2022年，临平区按照“督考减负”思路，抓好督查检查考核规范管理，执行准入审批机制，制定《临平区2022年督查检查考核计划》，督考事项从2021年的35项精减为33项。巩固村社负面清单成效，明确13条不属于村（社区）盖章证明的事项；落实村（社区）“3+1+8”挂牌规定，优化整合功能性指示牌33块，取消挂牌27块；开展持续整治形式主义破解“责任转嫁村社”问题专项监督。改善指尖困扰，抓好“浙政钉”2.0平台临平区试点工作，严控浙政钉通信录区级领导小组数量，精简各部门自建的移动互联网App、浙政钉上架应用等。

附：2022年度临平区综合考评结果

一、区直单位综合考评结果

（一）优秀单位28家

1.窗口一组9家。区发改局（金融办、对口支援和区域合作局）、区教育局、区交通运输局、区农业农村局（林水局）、区公安分局、区文化和广电旅游体育局、区卫生健康局（区红十字会）、区财政局（国资办）、区经科局。

2.窗口二组4家。市规划和自然资源局临平分局、国家税务总局杭州市临平区税务局、区统计局（临平区社会经济调查队）、区融媒体中心。

3. 非窗口单位12家。区委组织部（区委直属机关工委、新经济和新社会组织工作委员会、区公务员局）、区委宣传部（区政府新闻办、区文明办、区新闻出版局）、区委政法委、区委统战部（民族宗教事务局、侨务办公室）、区总工会；区委办公室（保密局、机要局、档案局、区委台办，区委改革办）、区政府办公室（外事办、区政府研究室）、区纪委区监委（区委巡察办）、区人大常委会办公室及各工委、区政协办公室及各专委会、区法院、区检察院，以上7家单位综合考评得分参照其他非窗口单位得分，均为优秀单位。

4. 评议单位3家。区交通集团、国网杭州市临平区供电公司、人民银行。

（二）良好单位16家

1. 窗口一组6家。区商务局（粮食和物资储备局、投促局）、区住建局（人防办、民防局）、区综合行政执法局（城管局）、区人力社保局、区信访局、区市场监管局（知识产权局）。

2. 窗口二组3家。市生态环境局临平分局、市医疗保障局临平分局、公积金中心临平分中心。

3. 非窗口单位7家。团区委、区残联、区审计局、区委编办、区工商联、区委老干部局、区妇联。

（三）达标单位26家

1. 窗口一组5家。区司法局（行政复议局）、区民政局、区行政审批服务管理办公室、区数据资源管理局、区应急管理局。

2. 窗口二组4家。区消防救援大队、区退役军人事务局、海关办事处、区气象局。

3. 非窗口单位4家。区文联、市委党校临平区分校、区委党史研究室（区地方志编纂办公室）、区科协。

4. 评议单位13家。区环境（水务）控股集团、杭州市临平开发投资集团有限公司、杭州临平国有资本投资运营有限公司、杭州临平城市建设集团有限公司、杭州华数传媒电视网络有限公司、杭州临平文化传媒集团有限公司、银保监会监管组、中国电信临平分公司、区供销联社、中国邮政集团公司临平区分公司、中国联通杭州市临平区分公司、浙江移动通信临平分公司、区烟草局。

二、平台综合考评结果

1. 优秀单位3家。经济技术开发区、临平新城、大运河科创城。

三、镇街综合考评结果

1. 优秀单位3家。东湖街道、南苑街道、塘栖镇。

2. 良好单位5家。运河街道、星桥街道、乔司街道、临平街道、崇贤街道。

（包小萍）

·信访工作·

【概况】 2022年，临平区受理信访网电671471件（人次）。其中，纸质来信229件，四级走访1177人次，网上信访25741件，来电644324件。临平区信访局获全省中共二十大信访安保工作成绩突出先进集体，年度人民网网上群众工作“民心汇聚单位”，重大信访问题清单指数居全省前列、全市第一位。年内，临平区信访局制定出台赛马比拼、会商议事、闭环管理、源头治理四项新机制，区委常委会、区政府常务会议专题研究部署信访工作7次，区委区政府主要领导、分管领导专题会商协调信访事项86次，批示信访工作50多次。开展区委信访工作联合督导4次，向18家事权单位发出预警、督办单354件。在北京冬（残）奥会、中共二十大等重大活动保障期间，建立领导包案、每日会商等制度，深化前端排查预警、中端应急处置、系统复盘分析、末端吸附化解“四环接力”，完成各项重大活动信访保障任务。

【信访工作源头治理】 2022年，临平区区、镇两级常态化开展信访工作专题研究、值班接访、接听来电等工作，分类实施签订息诉罢访承诺书、依法终结、依法处置等有序退出机制，借助“两代表一委员”、人民调解员、法律工作者等多元力量化解初次信访事项。全年接待群众来访921批2756人次，党政主要领导批阅群众来信量占区级初次来信总量的36.2%，信访事项按期答复率100%，群众满意率98%，初次化解率96%，调处化解矛盾纠纷1926件，分析倒查、责令整改办理差错件196件，提出改进工作、完善政策、给予处分建议18项。

【信访积案化解清零行动】 2022年，临平区成立区委积案化解攻坚清零行动领导小组，搭建“领导包案+专班＋专员＋专业力量”的积案攻坚组织架构，实行信访积案攻坚化解周会商制度，370件信访积案全部清零化解，新增积案率0.33%，比上年下降61.9%。

【重大信访问题清单销号工作】 2022年，临平区围绕省、市重大信访问题清单销号工作梳理风险隐患，限时整改销号省、市、区三级重大信访问题清单16件，争创省、市示范榜2件。针对重点领域风险隐患，研究制定共性问题处理方案，推动整体面上成批解决问题。全年“重大信访问题清单指数”3次居全市第一位。

（翟毅琳）

·史志编研·

【概况】 2022年，临平区史志研究室围绕“存史、资政、育人、宣教、纪事”主责主业，做好史志书籍编纂、资政研究、史志文化宣传等工作。年内，杭州市临平区史志研究室被省地方志办评为全省地方志工作先进集体；“聚焦守好‘红色根脉’助力中共鸭兰村支部旧址提升改造”项目被省地方志办评为全省、市、县地方志成果转化应用优秀案例。3月，中国共产党临平历史馆（杭州市临平区方志馆）获“浙江省巾帼文明岗”称号。

【《临平红色故事》出版】 2022年，临平区史志研究室有序推进《临平红色故事》编纂工作，搜集临平地区在新民主主义革命时期、社会主义革命和建设时期、改革开放和现代化建设时期、中国特色社会主义新时代具有典型性和代表性的红色故事，记录临平人民在党的领导下进行革命、建设、改革的成就和经验。12月，《临平红色故事》出版发行，全书近20万字，收录36个红色故事。

【《临平年鉴》编纂出版】 2022年，临平区史志研究室立足“堪存堪鉴”、精品工程的要求，合理设置框架及撰稿单位分工，有序推进新区首本地方综合年鉴——《临平年鉴（2022）》的编纂工作。3月4日，区史志研究室在市委党校临平区分校召开《临平年鉴（2022）》撰稿培训会。区史志研究室在征集、整理各单位资料的基础上，组建年鉴编纂人员对稿件内容进行统一编纂，修改完善。8月，《临平年鉴（2022）》稿件交付出版社，年底，稿件通过出版社审核，基本完成年鉴编纂出版任务，约80万字。

【《唐风宋韵藕花洲——临平史话》出版】 2022年9月，临平区史志研究室出版发行临平区首本地方历史文化书籍《唐风宋韵藕花洲——临平史话》。该书在引用旧志的基础上，以历史事实为依据，采用具有代表性的叙事故事讲述历史，以史家之才融文人之笔，反映临平真实的地情文化。全书分沧海桑田、山水毓秀、代有才人、名人留迹、风物闲美5个篇章，约25万字。

【中共杭州市第一个村支部认定】 2022年1月，临平区史志研究室根据前期杭州市范围内各区、县（市）最早成立的党组织调查情况，向中共杭州市委党史研究室（市志办）发函论证中共鸭兰村支部为杭州市最早成立的中共村支部，请示获批同意。年内，区史志研究室联合中共杭州市委党史研究室（市志办）组建市、区、镇（街道）和村四级联动队伍，围绕中共鸭兰村支部定位、作用、意义开展专题调研，挖掘鸭兰红色根脉的历史及时代价值。

【临平区史志学会成立】 2022年5月27日，临平区史志学会第一届一次会员大会在区政府会议中心召开。大会听取《临平区史志学会筹备情况报告》，审议通过《临平区史志学会章程（草案）》、临平区史志学会第一次会员大会选举办法（草案），选举成立包括13名理事的临平史志学会第一届理事会。经理事会选举，吴莹岗当选为理事长，吕晓英当选为秘书长。

【《临平史志》首刊发行】 2022年11月，由临平区史志研究室、区史志学会主办的《临平史志》创刊发行。首刊分为学术交流、党史研究、地情介绍、临平风物、往事追忆、史海钩沉、人物春秋、史志动态8个专题，刊登29篇文章约7万字，采用图版36幅，为大众了解临平文化资源提供资料。

【中共临平历史馆工作】 2022年，中共临平历史馆推进展板内容、展厅布局、电子屏、外墙维护等提升改造工作；举办《以史为鉴 开创未来——学习贯彻党的十九届六中全会精神》图文展；开展“清明云缅怀 献花祭先烈”“红七月 迎盛会——党史馆里学党史”“红色临平研学夏令营”等红色主题活动。全年接待参观者5685人次，153批次。清明节期间1645名参观者参与“临平红色地图系统”线上献花留言，收到147个红色主题原创作品；“红七月迎盛会——党史馆里学党史”活动，参与3839人次。“红色临平研学夏令营”活动从7月1日开启到8月24日截止，接待青少年参观者1292人次，团队39批次。

【临平方志馆工作】 2022年，临平方志馆举办“人人讲堂”3期，分别为《宋韵文化的认识维度、内涵例解和精神特质》《浅谈临平周边水系》《运河与塘栖》。全年，接待参观者近1.5万人次。5月，临平方志馆入选浙江省《影像方志》系列节目录制并作为首站进行拍摄。11月，省委常委、杭州市委书记刘捷调研指导临平方志馆。

（区史志研究室）

·党校教育·

【概况】 2022年，中共杭州市委党校临平区分校（杭州市临平区行政学校、杭州市临平区社会主义学校、临平中华文化学院）（下称市委党校临平区分校）推进党的建设和干部培训、理论建设、思想引领、决策咨询各项工作，开展主体班培训26期，委托类班次16期，承办省、市高层次培训及学术研讨交流活动3场，开展“藕花洲大讲堂”“周三夜学课堂”“远程课堂”“流动课堂”等培训、宣讲150多场，保障会议培训719场（期），完成区级以上课题项目22项，课题成果获区级及以上领导批示肯定5件（次），获评2022年度全省党校（行政学院）系统成绩突出集体，获全省党校（行政学院）系统首批三星级绿色学校等区级以上荣誉、奖励30多项（次）。

【县级党校分类建设】 2022年3月22日，临平区委常委会专题研究部署县级党校（行政学校）分类建设工作。7月26日，召开区干部教育培训暨党校分类建设工作联席会议，研究推进县级党校（行政学校）分类建设工作。全年，市委党校临平区分校围绕“7+1”重点指标和11项重点改革创新项目，举全校之力进行集中攻坚，获评2022年度全省党校（行政学院）系统成绩突出集体等区级以上荣誉、奖励41项次。区级层面召开分类建设相关会议4个，印发《关于推进中共杭州市委党校临平区分校（行政学校）分类建设的实施方案》《关于加强办学机制创新推进临平党校（行政学校）高质量发展的若干意见》等制度文件5个，区委班子成员到党校讲课15人次。

【学习宣传中共二十大精神】 2022年，市委党校临平区分校以喜迎中共二十大和深入学习贯彻中共二十大精神为主线，组织开展各类专题学习活动约50场，营造奋进新征程、建功新时代的浓厚氛围。在主体班中开设中共二十大精神教学模块或专题课程，开展专题辅导、分组研讨、论坛交流等形式多样的学习活动，围绕中共二十大提出的党的中心任务、重大决策部署，结合临平实际组织开展重大理论和实践问题研究。做好中共二十大精神宣传阐释工作，选派教师干部参加全省党校系统“百名校长、百名骨干教师、百名支部书记”宣讲团，组建“潮涌临平”宣讲队深入基层宣讲，打响“送课进基层，理论进家门”宣讲品牌，开展“菜单式”宣讲服务110多场。《今日临平》理论版刊发《沿着党的二十大指引的方向奋勇前进》等研究阐释文章。

【干部培训】 2022年，市委党校临平区分校以学制规范为重点，推动习近平新时代中国特色社会主义思想学习，举办区管干部学习贯彻中共十九届六中全会精神轮训班，村社党组织书记现代社区建设履职能力变革提质培训班，机关党组织书记能力素质提升班暨党务干部资质认证培训班，区各民主党派负责人、党外中青年骨干读书班，区工会干部培训班等主体班培训26期，培训2051人次，指导帮助镇街党校等开展教育培训100多场（期）。打造核心课程体系，《全面依法治国的理论与实践》《马克思主义大时代视野下的中美博弈》等课程获评杭州市党校系统精品课精品奖、优秀奖。

【科研咨政】 2022年，市委党校临平区分校紧贴区委、区政府中心工作，围绕大运河科创城创新发展、临平良渚文化遗址群发展定位、数字经济发展、党建引领工程师队伍建设、“未来工厂”党建等课题开展重点研究，相关成果获区级以上领导批示肯定5件次，其中，市主要领导批示1件次，区主要领导批示1件次，多项建议被区委、区政府及相关部门采纳。开展数字平台破解服装小微企业运营难题、“未来工厂”党建路径优化等重点课题研究，相关成果获市级以上课题立项17项，省、市三等奖及以上奖励9项，省级以上刊物公开发表7篇。承办“杭州城市之窗·区县新魅力”全市党校系统案例研讨会、杭州市社会科学界“习近平总书记关于基层党建的重要论述与杭州实践”理论研讨会等重要学术活动。

【“周三夜学课堂”培训活动】 2022年，市委党校临平区分校举办“藕花洲大讲堂”专题培训讲座，开设“周三夜学课堂”培训专场，分专家讲坛和部门“荐学”两个层面开展新知识新能力培训，在党员干部中大兴学习之风。自5月18日全区“周三夜学”活动启动以来，围绕共同富裕、稳经济大盘、中共二十大精神等主题和大抓落实等具体工作开展专题讲座19场，邀请区领导、专家学者以及区财政、审计、人力社保等部门领导授课，增强培训的针对性和实效性。

【中青年干部“育林计划”培训班】 2022年5月17日至6月16日，市委党校临平区分校举办区中青年干部“育林计划”培训班，42名中青年干部参加培训。学员通过专题讲座、案例教学、分组讨论、学员论坛等形式，学习习近平新时代中国特色社会主义思想、中共十九届六中全会精神、马克思主义经典著作导读、区情区史与区域发展战略、年轻干部成长与创新思维等内容，到艺尚小镇、区企业服务中心、中共鸭兰村支部旧址等地开展现场教学，到区企业服务中心、乔司街道全域土地综合整治项目、老旧小区改造项目等现场开展实践破难。

【区管干部进修班】 2022年10月28日至11月16日，市委党校临平区分校举办区管干部习近平新时代中国特色社会主义思想进修班，36名区管干部参加培训。培训分理论教育、党性教育、区情教育、能力提升4个单元进行，学习中共二十大精神、习近平新时代中国特色社会主义思想内涵及伟大实践、马克思主义经典著作导读、区经济社会发展形势分析、党纪党规与清廉临平建设、中国共产党与中国道路百年探索、党建理论与实务、政府危机管理与应急能力建设等内容，到未来科技城、浙江大学紫金科创小镇、中国共产党杭州历史馆、中共鸭兰村支部旧址等地开展现场教学。

【年轻干部培训班】 2022年5月17日开始，市委党校临平区分校举办区管副职干部“成林计划”培训班、年轻干部“芳林计划”培训班、新录用公务员暨事业紧缺人才初任培训班等专题类培训班，加强年轻干部的思想淬炼、政治历练、实践锻炼、专业训练，常态化开展“向实践学习、向身边人学习”创新实践，推动学员加强一线教学、一线实战、一线历练，提升一线思维和处理复杂问题的能力。组建临平区高层次青年人才“芳林”讲师团，开展集体宣讲备课等活动3场，开展稳经济大盘等课题研究和集中交流活动2场，形成调研和宣讲成果50多篇，拓展党政机关清北、海归等高层次青年人才培养锻炼的新途径新机制。

【浙江省“海外蒲公英使者”集训班】 2022年7月4—8日，市委党校临平区分校承办2022年浙江省“海外蒲公英使者”集训班，到宾夕法尼亚大学、伦敦大学、新加坡国立大学等海外名校留学的47名留学生代表参加培训。主要学习“党领导马克思主义中国化理论传播的历程与启示”“文化自信与中华民族伟大复兴”“创新国际传播，讲好中国故事”“百年未有之大变局与当前的国际形势”等课程，开展“讲好中国故事”主题研讨和“大手牵小手”生活体验等活动，到艺尚小镇、江南水乡文化博物馆开展现场教学。

【干部教育培训现场教学基地建设】 2022年，市委党校临平区分校挖掘全区独特的地域条件和生动的发展实践开展案例教学和现场教学，推动现场教学基地相关教学主题和参观线路、讲解词、理论课等环节有效提升。申报“贝达药业—老板电器—艺尚小镇”现场教学基地为省级现场教学基地，老板集团精品现场教学基地为2021—2022年度“追随总书记的脚步”杭州市干部教育培训精品现场教学基地，新宇村现场教学基地为杭州市干部教育培训现场教学基地。培育和认定中共鸭兰村支部旧址、何思敬纪念馆、贝达药业股份有限公司、杭州市临平博物馆（中国江南水乡文化博物馆）、临平区企业服务中心等15个单位为区第一批干部教育培训现场教学基地。

【师资队伍建设】 2022年，市委党校临平区分校实施名师培养工程，在职教师获评杭州市高层次E类人才1人、杭州市党校系统教研名师（区县组）1人、市委党校临平区分校教研名师5人。组建经济、党史党建（政治）、文化、社会、生态等5个学科团队，获评2022年度杭州市党校系统优秀创新团队综合奖、优秀创新团队单项奖（科研咨政类）各1个。选派校骨干研究力量参加市委党校党的建设、社会治理等特色教研团队和担任市委党校共同富裕研究中心兼职研究人员。选聘一批政治素质过硬、实践经验丰富、理论水平较高、善于课堂讲授的领导干部和企业经营管理人员、专家学者、优秀基层干部担任兼职教师，全年兼职教师在主体班授课中占比60%以上。

【省级三星级绿色学校】 2022年9月29日，市委党校临平区分校获浙江省机关事务管理局、中共浙江省委党校（浙江行政学院）评选的浙江省党校（行政学院）系统首批三星级绿色学校称号。年内，市委党校临平区分校把绿色发展理念融入教学、科研、后勤等工作全过程各方面，开设“绿色课程”，打造“绿色实践基地”，推进“绿色科研”，改造校园景观节点。完成水电节能化改造，搭建绿色校园智慧管控平台，实现对水表、电表用能情况实时动态监测和对VRV空调机组、供配电、水泵房水泵等在线监控、管理，提升能源资源管理利用效率。

（王烨也）

·老干部工作·

【概况】 2022年，临平区有离休干部51人，其中本区级38人，杭州市托管5人，垂直管理7人，易地安置1人；退休干部（含行政、事业职工）5227人；离退休人员5278人。在离退休干部中，区（县）级正职领导职务的6人，区（县）级副职领导职务的31人；本区区委管理的正副局级职务的490人。全区离退休支部91个，离退休党员2260名。年内，区委老干部局指导各单位做好向离退休干部通报经济社会发展形势，开展“喜迎二十大 奋进新征程”主题党日活动等。开展“建言二十大”“金点子”助力省党代会专题调研和离退休干部思想动态评估，到部分区直单位、镇街老干部支部开展一把手上党课，引导广大离退休干部拥护“两个确立”，做到“两个维护”。结合机关赋能联村社活动，开展与西大街社区结对共建工作。提高机关公文管理水平，完善临平区委老干部局制度汇编。做好档案收集整理工作，争创省级档案室。推进机关绿色办公，获评临平区无烟党政机关。

【老干部党建】 2022年，临平区委老干部局强化离退休干部党支部规范化建设，制定全区《关于进一步加强和改进离退休干部工作的实施意见》、联合区委组织部出台《关于推进离退休干部党支部规范化建设的指导意见》等规范化文件，出台离退休干部星级党支部评定办法，以“六好”标准开展示范党支部创建工作。省委《共产党员 离退休党建》杂志三月、八月期刊两次介绍区离退休党建工作。举办全区离退休干部党支部书记读书会，组织开展“支书讲堂”，9个离退休干部党支部、19名离退休党员与农村支部、党员进行双结对，在助力基层党建、社会治理、乡村振兴等维度各展所长。推进金秋驿站选培行动，临平街道、南苑街道整街推进金秋驿站工作，实现社区全覆盖。完成建设金秋驿站40个，覆盖社区30%，超额完成市下达的10%任务。推广市级“银领”项目，南苑街道文仪社区“邻客”金秋驿站、乔司街道“夕阳红”金秋驿站作为平台，组织引导老干部利用自身优势和特长发挥作用。

【老干部发挥正能量作用】 2022年，临平区委老干部局构建“8+N”老干部志愿服务队伍网络体系，召开各镇街老干部工作、文体宣传工作负责人座谈会，挖掘基层“银发人才”。发掘资源，分级分类建立“银色人才库”。培育“银临共富工作室”等“银临”志愿服务品牌团队，举办志愿服务团队授旗仪式。全区建立22支志愿者队伍，全年开展志愿服务活动200多场。组织各级老干部围绕经济发展、重大项

2022年9月26日，离休干部重阳节观光活动在艺尚小镇开展

（区老干部局 供稿）

目、乡村振兴、文化生活、基层治理等领域开展“走基层、看变化、促发展”调研活动。

【老干部服务管理】 2022年，临平区委老干部局落实“用心用情，精准服务”工作理念，开展以一名工作人员结对若干名离休干部的“一联N”结对服务工作，收集离休干部反映的问题，及时解决各类诉求20多个。推进离休干部家庭适老化改造，申请户完成率100%。做好离退休干部日常慰问及困难扶助工作，落实离休干部居家养老服务项目工作。组织“喜逢重阳佳节 感受临平发展”观光学习活动，把党和政府对离休干部的关心关爱落到实处。在全区开展为期2个月的“九九重阳 十全十美”喜迎中共二十大系列活动，营造全社会关心、尊重老干部的良好氛围。

【老年大学建设】 2022年，临平区作为全省老年教育资源整合17个试点区（县、市）之一，牵头开展老年教育联盟试点工作，成立区老年教育联盟，建立和完善区老年大学、镇街老年学校、村社老年学堂三级网络体系，打造“银临乐学”“15分钟老年教育圈”。承办杭州老年教育资源整合现场会，开展“乐享学习，康养来临”老年教育联盟访谈直播，举行临平区老年教育共富带头人队伍成立仪式、区三级老年教育机构统一揭牌，吸引2.3万多人次在线观看。分门别类建立老年教育“师资库”“精品课程库”，建立“云上老年大学”平台。提升老年大学办学质量，塘栖分校被认定为省首批优质老年大学分校（教学点）。围绕“疫情防控、喜迎亚运、共同富裕”主题，组织开展书画、诗词、摄影等作品创作，230多位学员上传作品，1000多人次线上交流、点评。围绕“喜迎二十大”，举办《永远跟党走 奋进新时代》专题朗诵会等。

【老干部活动中心建设】 2022年，临平区委老干部局组织召开各老干部协会理事会，制订工作计划和活动方案。临平区老科技工作者协会召开第一次会员大会，选举产生老科协第一届领导班子。组织发动老干部进行征文、书画、诗词、摄影等文艺作品创作，收到作品240多件，在区政府会议中心、区老干部活动中心巡回举办为期60天的“喜迎二十大，助力共同富裕——银临向党·老干部文艺作品展”，老干部花卉协会在一馆三中心举办“喜迎二十大 助力共同富裕”主题花卉展。

（陈争蓉）

·保密工作·

【保密宣传教育】 2022年，临平区委办（对外称区国家保密局）结合保密工作新形势、新任务，通过在新进公务员、高层次紧缺人才、政府高级雇员、军转干部培训班中设置保密相关课程，提高新进公务员和干部队伍的保密观念和保密意识。将保密知识纳入“送业务知识进周三夜学活动”内容，全年开展“周三夜学”送保密课进机关活动9次，培训领导干部和涉密人员500多人次。参与浙江省保密微视频拍摄制作活动，区保密局根据崇贤街道鸭兰村党支部旧址历史整理拍摄的保密微视频《薪火鸭兰》获得省优秀奖。

【保密工作重点环节管控】 2022年，临平区委办（区国家保密局）围绕微信、钉钉等重点失泄密领域，开展泄密专项整顿行动。规范源头采购。落实省、市专用通信局关于加强涉密视频会议保障相关要求，完善涉密视频会议保障制度，提高保障管理能力，完成全年各项会议保障任务。

【保密监督检查落实】 2022年，临平区委办（区国家保密局）做好中共二十大数据安全保障工作，杜绝重大数据安全事件及失泄密事件发生。会同区教育局、区公安分局等单位做好高考、中考保密检查，确保高考、中考保密工作“条件达标、培训到岗、措施到位、责任到人”。开展全区保密自查自评工作，制定工作方案，掌握各单位自查自评工作进度，整改及时、防范在前。开展全区保密工作检查，做好考核和上报工作。

（董　斌）

（责任编辑　罗灵洁）

杭州市临平区人民代表大会

Linping District People's Congress

·综　述·

【概况】 2022年，临平区第一届人民代表大会实有代表291人。其中，工农代表114人，占39.18%；党政干部代表56人，占19.24%；专业技术人员代表76人，占26.12%；军人及其他代表45人，占15.46%。中共党员代表189人，占64.95%；非中共党员代表102人，占35.05%。妇女代表106人，占36.43%。区一届人大二次会议以来，召开常委会会议7次，审议议题54项；主任会议13次，讨论议题110个；任免国家机关工作人员46人次；开展执法检查、视察、评议等活动14次，提出各类意见和建议函16件，完成各项目标任务。

【人大自身队伍建设】 2022年，临平区人大常委会开展"履职能力提升年"活动，加强履职业务学习，开展各类培训8期，参与培训568人次。完善常委会领导联系机制，加强与镇街人大和各级代表的日常联系，指导镇（街道）规范开展镇人民代表大会和街道居民议事会等工作，促进辖区经济发展、民生改善。建立健全制度机制和平台载体，推进开发区人大工作。定期召开人大工作例会，统筹推进基层人大工作提质增效。新建崇贤街道、贝达药业2个基层立法联系点。始终坚持从严治党，落实中央八项规定及其实施细则精神，纠治"四风"，营造风清气正的政治生态。贯彻区委"大抓落实年"活动要求，机关运转高效有序。开展"双联系""九个一"等活动，密切联系基层群众，展现为民务实的良好作风。强化机关干部教育培养和轮岗交流，提升干部队伍的政治素质和履职能力。宣传临平区人大工作成效和代表履职风采，"临平人大"微信公众号发布信息304条，主流媒体宣传报道17篇次，各类信息被省、市人大录用108篇次。

（唐晨雨）

·区人大重要会议·

【临平区一届人大二次会议】 2022年2月11—14日，临平区一届人大二次会议在临平区召开。出席会议应到代表283名，实到代表272名。2月11日下午举行大会预备会议，选举产生由51人组成的大会主席团。区一届人大二次会议举行4次全体会议、5次主席团会议。

会议听取和审查杭州市临平区人民政府工作报告，审查和批准杭州市临平区2021年国民经济和社会发展计划执行情况与2022年国民经济和社会发展计划草案的报告，审查和批准杭州市临平区2021年财政预算执行情况和2022年财政预算草案的报告，听取和审查杭州市临平区人民代表大会常务委员会工作报告，听取和审查杭州市临平区人民法院工作报告，听取和审查杭州市临平区人民检察院工作报告，审议并表决《关于促进和保障高质量发展建设共同富裕示范区样板的决议（草案）》，选举票决杭州市临平区人民政府2022年民生实事项目，2021年杭州市临平区人民政府民生实事项目完成情况满意度测评。

会议选举产生临平区监察委员会主任和临平区出席杭州市第十四届人民代表大会代表，表决通过临平区人大专门委员会组成人员人选名单。叶敏琦当选为杭州市临平区监察委员会主任。马小秋等31名当选为临平区出席杭州市第十四届人民代表大会代表。

会议审查和票决杭州市临平区政府2022年民生实事项目，从13个候选项目中票决出住房保障项目、住房改善项目、公卫应急项目、教育惠民项目、健康空间项目、养老服务项目、交通改善项目、乡村富美项目、助残扶弱项目、优生优育项目等10个项目，列为2022年杭州市临平区人民政府民生实事项目。

会议期间，召开财政预算审查委员会会议，对2022年财政预算（草案）情况进行专题审查。收到代表建议185件，未收到代表议案。会议提交的185件代表建议中，涉及基础设施建设、城建城管、交通、规划和自然资源等方面的75件，占总数的40.5%；涉及文旅、教育、卫生健康、社会保障等方面的48件，占总数的25.9%；涉及发展改革、经济、财政、金融等方面的24件，占总数的13.0%；涉及美丽乡村建设的10件，占总数的5.4%；涉及民主法制、社会稳定、公共安全等方面的17件，占总数的9.2%；涉及生态建设和环境保护等方面的7件，占总数的3.8%；其他方面的4件，占总数的2.2%。代表反映比较集中的建议主要有：加快交通路网建设，促进公共服务优质化均衡，优化城乡居住环境，提升产业发展质效四个方面。

2022年2月11—14日，杭州市临平区第一届人民代表大会第二次会议在临平召开（祝宇恩 供稿）

【临平区第一届人大常委会会议】 2022年1—12月，临平区人大常委会召开7次会议。

1月26日，区人大常委会第六次会议召开，会议听取和审议关于代表资格的审查报告（草案），以电子表决器表决的形式通过该报告。听取和审议关于区一届人大二次会议有关事项的说明，以电子表决器表决的形式通过该事项。听取和审议关于杭州市临平区人民代表大会常务委员会工作报告的说明，以电子表决器表决的形式通过该报告。听取和审议关于2021年国民经济和社会发展计划执行情况及2022年国民经济和社会发展计划（草案）的报告、关于2021年政府重大投资项目计划执行情况与2022年政府重大投资项目计划（草案）的报告、2022年民生实事候选项目形成情况的报告，以及关于2021年政府重大投资项目计划执行情况和2022年政府重大投资项目计划（草案）的初步审查意见。听取和审议关于2021年财政预算执行情况及2022年财政预算（草案）的报告。听取和审议区监委有关辞职事项的说明，以电子表决器表决的形式通过该事项。书面审议2022年度区政府民生实事项目人大代表票决办法（草案）、2021年度区政府民生实事项目满意度测评办法（草案）和2021年度代表建议考核情况的报告。

4月8日，区人大常委会第七次会议召开，会议听取和审议区人大常委会交办各人大街道工委“重点工作清单”（草案），以电子表决器表决的形式通过该清单。听取和审议人大运河街道工委、人大乔司街道工委工作报告，书面审议其他5个人大街道工委工作报告；听取和审议关于对区人大常委会各街道工作委员会工作报告决议（草案）的说明及7个决议（草案），以电子表决器表决的形式通过7个决议。听取和审议有关区人大代表辞职事项的说明，以电子表决器表决的形式通过该事项。

5月26日，区人大常委会第八次会议召开，会议听取和审议关于2021年法治政府建设年度报告，以及关于法治政府建设情况的调查报告。听取和审议关于兴起路公租房等项目增补列入政府重大投资项目计划及开发区共有产权房等项目计划调整情况的报告，以电子表决器表决的形式通过区人大常委会关于调整2022年政府重大投资项目计划的决定（草案）。听取和审议区人大常委会提交的人事任免议案及说明，以电子表决器表决的形式通过该议案。会上，为新任命干部颁发任命书。

8月1日，区人大常委会第九次会议召开，会议听取和审议关于临平区2021年本级决算草案和2022年上半年预算执行情况的报告，以及关于临平区2021年本级财政决算草案和2022年上半年财政预算执行情况的审查报告，以电子表决器表决的形式通过关于批准杭州市临平区2021年区本级财政决算的决议（草案）。听取和审议关于2021年度区本级预算执行和其他财政收支情况的审计工作报告，以及2020年度区本级预算执行和其他财政收支审计工作报告指出问题的纠正情况和处理结果的报告。听取和审议关于2022年上半年国民经济和社会发展计划执行情况的报告，书面审议关于上半年国民经济和社会发展计划执行情况的审查报告。听取和审议关于2022年上半年政府重大投资项目计划执行及部分变更情况的报告，书面审议关于上半年政府重大投资项目计划执行及部分变更情况的审查报告。听取和审议杭州市临平区第一届人民代表大会常务委员会代表资格审查委员会组成人员名单（草案）及说明，以电子表决器表决的形式通过杭州市临平区第一届人民代表大会常务委员会代表资格审查委员会组成人员名单（草案）。听取和审议区人民法院提请的人事任免报告、区检察院提请的人事任职报告，书面审议区人大常委会监察和法制司法工委关于拟提请法律职务人员任职资格审查情况的报告，以电子表决器表决的形式通过“两院”的人事任免事项。书面审议区政府关于《浙江省综合行政执法条例》实施情况的报告和区人大常委会执法检查情况报告。

8月30日，区人大常委会第十次会议召开，会议听取和审议关于《杭州市塘栖历史文化名镇规划（2021—2035）》情况的报告。听取和审议区政府提请的人事任免议案，以无记名投票的形式表决通过相关人事事项。会上，为新任命干部颁发任命书。

9月29日，区人大常委会第十一次会议召开，会议听取和审议关于推进全区“共享法庭”建设情况的报告、区人大常委会监察和法制司法工委关于“共享法庭”建设情况的调查报告，以及3名法官所作的履职情况报告，对区法院“共享法庭”建设工作推进情况及3名法官履职情况进行满意度测评。听取和审议关于实施乡村振兴战略推进生态宜居工作情况的报告，以及关于实施乡村振兴战略推进生态宜居工作情况的调查报告。听取和审议关于检查《中华人民共和国节约能源法》和《浙江省实施〈中华人民共和国节约能源法〉办法》贯彻实施情况的报告，书面审议区政府关于《中华人民共和国节约能源法》和《浙江省实施〈中华人民共和国节约能源法〉办法》贯彻实施情况报告。听取和审议关于检查《中华人民共和国环境保护法》贯彻实施情况的报告，书面审议区政府关于《中华人民共和国环境保护法》贯彻实施情况的报告。听取和审议区政府提请的人事任免议案，以电子表决器表决的形式通过相关人事事项。会上，为5名新任命干部颁发任命书。

12月5日，区人大常委会第十二次会议召开，会议听取和审议关于召开杭州市临平区第一届人民代表大会第三次会议的决定（草案）的说明，以电子表决器表决的形式通过该决定。听取和审议关于办理代表建议、批评和意见工作情况的报告，以及关于代表建议办理情况的调查报告。听取和审议关于强化基层站所公权力运行监督工作情况的报告。听取和审议关于要求部分变更临平区2022年财政预算议案的说明，以电子表决器表决的形式通过《关于部分变更2022年财政预算的决定（草案）》。听取和审议关于2021年度全区行政事业性国有资产管理专项情况报告，以及关于行政事业性国有资产管理情况的调查报告，书面审议区政府关于2021年度全区国有资产管理情况的综合报告。听取和审议关于农村建房解困工作推进情况的报告，以及关于农村建房解困工作推进情况的调查报告。听取和审议关于亚运场馆建设及后续利用工作情况的报告，以及关于亚运场馆建设及后续利用工作情况的调查报告。听取和审议关于应急管理体系和能力建设情况的报告，以及关于应急管理体系和能力建设情况的调查报告。书面审议通过代表资格审查委员会关于个别区人大代表的代表资格终止的报告。听取和审议关于杭州市临平区第一届人民代表大会个别代表辞职事项的说明，以电子表决器表决的形式通过相关代表辞职事项。听取和审议关于临平区第一届人民代表大会部分代表预留名额分配的决定（草案）的说明，以电子表决器表决的形式通过该决定。听取和审议关于补选和选举临平区第一届人民代表大会代表的决定（草案）的说明，以电子表决器表决的形式通过该决定。听取和审议区政府提请的人事任免议案，以无记名投票的形式通过相关人事事项。会上，为任命干部颁发任命书。听取和审议对区法院提请的人事任职事项，以及区人大常委会监察和法制司法工委关于提任法律职务人员任职资格审查情况的报告，以电子表决器表决的形式通过该人事事项。区委书记陈如根参加会议并讲话。

（唐晨雨）

·人大履行职责·

【人大决议决定】 2022年1月26日，临平区第一届人大常委会第六次会议通过《杭州市临平区第一届人民代表大会常务委员会代表资格审查委员会关于代表资格的审查报告》《关于临平区一届人大二次会议有关事项的说明》《杭州市临平区第一届人民代表大会常务委员会工作报告》《关于2022年区政府民生实事候选项目形成情况的报告》《2021年杭州市临平区人民政府民生实事项目完成情况满意度测评办法》《关于2021年度代表建议考核情况的报告》。

4月8日，区第一届人大常委会第七次会议通过《2022年区人大常委会交办各人大街道工委“重点工作清单”》《区人大常委会各街道工委工作报告》《关于对区人大常委会各街道工作委员会工作报告的决议》《关于接受沈建鹏辞去杭州市临平区第一届人民代表大会代表职务的决定》。

5月26日，区第一届人大常委会第八次会议通过《关于兴起路公租房等项目增补列入政府重大投资项目计划及开发区共有产权房等项目计划调整情况的报告》和《关于提请杜轶君等同志职务任免的议案及说明》。

8月1日，区第一届人大常委会第九次会议通过《关于临平区2021年本级财政决算草案和2022年上半年财政预算执行情况的报告》《关于临平区2022年上半年政府重大投资项目计划执行情况及部分变更情况的报告》《关于提请审议杭州市临平区第一届人民代表大会常务委员会代表资格审查委员会组成人员名单的议案及说明》。

8月30日，区第一届人大常委会第十次会议通过《关于提请沈国峰等同志职务任免的议案》。

9月29日，区第一届人大常委会第十一次会议通过《关于提请石磊等同志职务任免的议案》。

12月5日，区第一届人大常委会第十二次会议通过《关于召开杭州市临平区第一届人民代表大会第三次会议的决定及说明》《关于部分变更2022年财政预算的决定》《关于接受个别代表辞去杭州市临平区第一届人民代表大会代表职务的决定》《关于杭州市临平区第一届人民代表大会部分代表预留名额分配的决定》《关于补选和选举杭州市临平区第一届人民代表大会代表的决定》《关于听清任免朱晓云同志职务的议案》《关于提请胡俊同志任职的议案》《关于提请白春辉等同志任职的报告》。

（唐晨雨）

·人大监督·

【经济稳进提质助力攻坚监督】 2022年，临平区人大常委会围绕区委全会和区两会明确的年度目标任务，组织开展监督检查、专题调研、专项视察等活动，助推各项工作落地见效。聚焦经济稳进提质助力攻坚。加强经济社会发展计划、预算执行情况、重大项目推进情况等事项的监督，开展预算草案“三审”制工作，推动提升发展质效。开展国有企业和国有资产管理、大运河国家文化公园建设等监督视察活动，为国有资产保值增值、重大项目推进献计出力。助力稳进提质攻坚行动，开展“企业大走访”，促进中央和省、市、区稳经济一揽子政策落实落地，助力营造良好发展环境。

【城市能级提升监督助推】 2022年，临平区人大常委会聚焦城市能级提升监督助推。听取和审议亚运场馆建设及后续利用情况，开展“护航亚运”专项监督及相关主题活动，助推功能完善、提升城市品质，营造一流赛事环境。听取和审议塘栖历史文化名镇保护规划，推动复兴千年古镇，提高大运河遗产保护利用水平。

【城郊接合部环境综合整治专项视察】 2022年，临平区人大常委会专项视察城郊接合部环境综合整治、乔司全域土地综合整治和生态修复、乡村生态宜居等工作推进情况，开展环境保护法、节约能源“一法一办法”实施情况执法检查，推动美丽临平建设。

【基层治理提效履职尽责】 2022年，临平区人大常委会聚焦基层治理提效履职尽责。听取和审议应急管理体系和能力建设、打击治理电信网络诈骗违法犯罪工作等情况，开展消防安全排查整治专项视察和安全生产法执行情况检查，助力营造安全发展环境。听取和审议法治政府、“共享法庭”建设情况，制定实施关于完善人大监督与检察监督衔接机制的意见，强化基层治理的法治保障。

【“大综合一体化”行政执法检查】 2022年，临平区人大常委会开展《浙江省综合行政执法条例》实施情况执法检查，保障“大综合一体化”行政执法改革顺利推进。听取和审议区监委关于基层站所公权力运行监督工作情况，推动基层站所规范运行。配合上级人大开展立法调研，结合临平区实际提出意见和建议。对区政府报送的58件规范性文件进行备案审查，宪法法律在临平区得到正确、有效实施。

2022年9月30日，临平区人大常委会主任陈晨（左三）带队专项视察城郊接合部环境综合整治工作　（祝宇恩 供稿）

【民生实事项目监督】 2022年，临平区人大常委会坚持把民生实事项目作为人大监督重点，落实《浙江省民生实事项目人大代表票决制规定》，全方位提升工作规范性、实效性。制定实施监督方案，组建8个小组开展专项监督。集中开展“代表监督周”活动，组织发动代表提建议、督进度，提出意见和建议32条。运用“民生实事监督”应用场景，发动代表对项目进度、施工质量等方面进行实时监督，实现全程跟踪问效，助推实事项目按时保质完成。

年内，围绕区委部署要求，区一届人大二次会议做出共富决议，形成具体实施方案，组织各级人大代表深入开展“六访六促”主题活动，发挥人大推动共富样板建设的作用。聚焦乡村振兴，监督推进“强村富农”新政落实，开展乡村振兴“一法一条例”实施情况执法检查，与市人大联动开展“米袋子”粮食安全、“菜篮子”民生保供、“钱袋子”农民增收工作调研，推动乡村各项事业高质量发展。

年内，开展就业促进法贯彻执行情况检查，助推构建共富型就业体系，尽心破解民生难题。聚焦交通治堵、住房改善、教育卫生、养老服务等事关群众切身利益的热点难点工作，开展针对性监督助推活动，推动解决群众急难愁盼问题，工作成效多次得到省、市人大肯定。专题听取交通建设管理情况，提升群众出行满意度。

年内，专题调研全区诊疗中心建设、手术协作等情况，推进完善医疗卫生体系。高度关注“一老一小”工作，推动区政府制定实施相关专项规划，加快构建城乡一体养老托育服务保障体系。

年内，听取和审议农村建房解困工作推进情况，紧盯建房解困三年行动计划，助力破解空间规划、要素保障等难题，改善农村居民住房条件。

年内，围绕“减负和提质并重”目标，强化义务教育“双减”工作落实情况监督，助推“双减”相关政策落地见效。

【数字化改革和“基层单元”建设】 2022年，临平区人大常委会贯彻落实省、市人大部署要求，坚持以数字化改革为牵引，加快推进代表联络站迭代升级，打造全过程人民民主基层单元，推动人大制度优势更好转化为治理效能。高标准建成阵地体系。系统推进代表联络站“建管用融”各项工作，实现硬件提升、机制提升、能力提升。在全市率先建成区级联络总站，打造“基层单元”建设的指挥中心、人大核心业务下沉的推进中心、数字联络站的数据交互中心、践行人民代表大会制度的展示中心、人大工作临平实践的研究中心。优化完善全区联络站布局，形成“1+9+58”三级阵地体系。推进各镇街中心站、开发区联络站提标扩容，提升建设标准，增强功能承载。强化基层站点建设，实现站点覆盖全域化、标准化。临平区“基层单元”建设成效得到省、市人大肯定，全市代表联络站建设现场会在临平区召开。

临平区人大常委会推进“数智人大”建设，推动数字化改革和“基层单元”建设互促共进，为基层人大践行全过程人民民主强化数字赋能。依托区级代表联络总站，高标准建成数智联络总站，统筹指导、服务促进全区“基层单元”建设，整体提升人大工作数字化水平。承接省、市人大应用场景，推动全市首个区级生态环境监督应用场景上线，自主开发“基层履职全景窗”和“民意e网通”特色应用，推动人大工作提质增效。

【人大联络站制度机制优化完善】 2022年，临平区人大常委会出台《关于迭代升级人大代表联络站打造全过程人民民主基层单元的意见》，优化完善联络站制度机制，系统集成日常运行、核心业务下沉、国家机关进站、政策宣传展示等工作制度，打造人大履职行权“综合体”。围绕站点活动规范化、长效化目标，深化“四个有”工作制度，创新实践“三进两融”工作机制，丰富站点活动，扩大各方参与，提升工作实效。突出结果导向，健全完善联络站意见收集、综合分析、交办督办、反馈评价一体贯通的工作闭环机制，提高意见和建议解决率。全区开展各类进站活动716次，参与人员2810人次，接待群众8213人次，收集意见和建议4016条，解决问题3280个。

（唐晨雨）

·人大代表工作·

【人大代表教育管理】 2022年，临平区人大常委会加强代表学习培训，常态化开展法律法规、人大制度和履职业务学习，提升代表综合素质。深化完善“双联系”工作机制，收集民意，建言献策，发挥桥梁纽带作用。强化代表履职管理，健全完善代表履职积分、履职档案管理等机制，开展代表述职评议活动，增强履职意识，提升履职能力。

【代表履职服务优化】 2022年，围绕临平区人大常委会年度工作计划，组织代表开展视察、调研、监督、执法检查等工作，丰富闭会期间人大代表履职活动，助推经济社会各项事业高质量发展。全年组织代表参与各类履职活动139次，参与代表1100多人次。组织代表开展考察交流，开阔视野、拓展思路，学习掌握先进经验。宣传人大代表先进事迹，展现履职风采，激发履职热情。主动关心代表工作生活，密切走访联系，加强履职保障，支持代表更好履职，发挥主体作用。

【代表建议办理】 2022年，临平区人大常委会聚焦发展大局和民生关切，引导代表广泛调研、深入思考，形成有深度、有价值的意见和建议。加强建议办理全流程管理，健全完善分类办理、重点督办、反馈评价等机制，强化建议办理“回头看”，提高建议办理实效。做好建议办理“后半篇文章”，推动各级各部门通过建议办理分析短板不足、完善制度机制、明确思路举措、促进工作落实，放大办理工作成效。区一届人大二次会议185件建议和闭会期间提出的12件建议均在规定时间内办复，代表满意率100%。

（唐晨雨）

（责任编辑　罗灵洁）

杭州市临平区人民政府

Hangzhou Linping District People's Government

·区政府重要会议·

【区政府全体（扩大）会议】 2022年3月2日，临平区政府全体（扩大）会议召开。会议由区委常委、副区长宋斌主持。参加会议的有区长、副区长、区委区政府组成部门、群众团体、金融机构主要负责人，党代表、人大代表、政协委员等119人。会议高举习近平新时代中国特色社会主义思想伟大旗帜，贯彻中共十九大和十九届历次全会精神以及习近平总书记考察浙江、杭州重要讲话精神，落实省、市重要会议、区两会精神，研究部署政府各项工作，动员全区各级各部门提振精神，攻坚克难，大抓落实，确保经济“开门红”。

8月4日，临平区政府全体（扩大）会议召开。会议由区委常委、常务副区长葛建伟主持。参加会议的有区长、副区长、区政府党组成员，区委区政府组成部门、群众团体、金融机构主要负责人，党代表、人大代表、政协委员等120人。会议高举习近平新时代中国特色社会主义思想伟大旗帜，贯彻中共十九大和十九届历次全会精神，落实省委第十五次党代会、省政府全体（扩大）会议、市委十三届二次全会、区委一届五次全会精神，回顾总结上半年政府工作，研究部署下半年政府各项工作，动员各级各部门完成全年各项目标任务。

（方心飞　李　晶）

【区政府常务会议】 2022年，临平区政府召开常务会议21次，讨论和决定的事项54件。

1月19日，区政府第十四次常务会议召开。讨论和决定的事项有：关于临平区2022年财政收支预算安排情况、民生实事候选项目、临平区2021年国民经济和社会发展计划执行情况与2022年国民经济和社会发展计划（草案）报告、临平区2021年政府重大投资项目计划执行情况与2022年政府重大投资项目计划（草案）报告、2022年区政府工作报告、调整区政府班子成员工作分工事宜等问题。

2月10日，区政府第十五次常务会议召开。讨论和决定的事项有：传达学习《关于加强和改进新时代人才工作的意见》精神，市委《关于深刻吸取河南郑州“7·20”特大暴雨灾害教训做好我市极端天气风险防范应对工作的通知》精神，听取临平区极端天气防范工作情况，关于平台、镇街“硬核指标”比拼考核方案等问题。

3月9日，区政府第十六次常务会议召开。讨论和决定的事项有：关于临平区贯彻实施《中华人民共和国土壤污染防治法》审议意见处理情况。

4月8日，区政府第十七次常务会议召开。讨论和决定的事项有：传达学习习近平总书记关于安全生产重要指示精神和国务院关于安全生产的十五条举措，研究临平区安全生产工作问题。

4月28日，区政府第十八次常务会议召开。讨论和决定的事项有：关于临平区人民政府2022年度重大行政决策事项目录问题。

5月6日，区政府第十九次常务会议召开。讨论和决定的事项有：关于临平区2021年度环境状况和生态环境保护目标完成情况的审议意见研究处理事宜，深入推进依法行政全面建设法治政府的实施意见等问题。

5月19日，区政府第二十次常务会议召开。讨论和决定的事项有：关于推进知识产权高质量发展的实施意见，传达“4·29长沙自建房倒塌事故”国家、省、市会议精神、研究临平区危旧房治理工作，关于临平区现代农业投资发展有限公司组建方案等问题。

6月8日，区政府第二十一次常务会议召开。讨论和决定的事项有：关于临平区贯彻落实国务院、浙江省、杭州市扎实稳住经济一揽子政策措施实施方案问题。

6月15日，区政府第二十二次常务会议召开。讨论和决定的事项有：关于1—5月安全生产形势和下一步工作问题。

6月16日，区政府第二十三次常务会议召开。讨论和决定的事项有：关于临平区规范民办义务教育发展专项工作实施方案及工作推进情况。

6月27日，区政府第二十四次常务会议召开。讨论和决定的事项有：传达省纪委关于侵占耕地挖湖造景问题追责问责情况的通报，杭州市人民政府关于卫片执法及违法用地防控工作有关问题的专题会议纪要精神，关于临平区1—5月经济运行情况分析和下阶段对策等问题。

7月21日，区政府第二十五次常务会议召开。讨论和决定的事项有：传达学习习近平总书记对统计工作的重要指示，关于更加有效发挥统计监督职能作用的意见文件精神，研究临平区国家督察反馈问题整改工作，2021年度临平区本级预算执行和其他财政收支的审计工作报告，2020年度临平区本级预算执行和其他财政收支审计工作报告指出问题的纠正情况和处理结果，临平区2021年本级财政决算草案和2022年上半年财政预算执行情况报告，临平区2022年上半年国民经济和社会发展计划执行情况报告，2022年上半年区政府投资重大项目计划执行及部分变更情况报告，临平区2022年政府投资项目中期调整预安排情况等问题。

8月3日，区政府第二十六次常务会议召开。讨论和决定的事项有：传达学习全省安全生产电视电话会议和省、市委常委会会议精神，关于临平区安全生产工作情况，关于临平区上塘河宋韵文化带建设三年行动计划等问题。

9月5日，区政府第二十七次常务会议召开。讨论和决定的事项有：传达学习国家发展和改革委员会关于上半年经济形势和做好下半年经济工作的建议，省防汛防台抗旱指挥部转发国家防总关于深入贯彻落实习近平总书记重要指示精神、全力做好防汛抗旱抢险救灾工作的通知精神，关于上半年信访形势分析，临平区落实国家营商环境创新试点重点改革事项清单事宜等问题。

9月23日，区政府第二十八次常务会议召开。讨论和决定的事项有：关于工业小微企业园分割转让的实施意见，传达学习全国疫情防控电视电话会议精神，研究临平区贯彻落实情况等问题。

10月14日，区政府第二十九次常务会议召开。讨论和决定的事项有：传达学习国务院安委会办公室关于2021年度省级政府安全生产和消防工作考核巡查情况的通报精神，杭州市生产经营单位安全生产主体责任规定精神，袁家军书记近期关于疫情防控工作的批示精神及省纪委相关通报情况，研究临平区疫情防控重点工作，关于将部分临平区部门的行政处罚权交由运河街道等7个街道行使及动态调整塘栖镇综合行政执法事项清单事宜等问题。

10月26日，区政府第三十次常务会议召

开。讨论和决定的事项有：关于临平区前三季度经济运行情况分析问题。

11月15日，区政府第三十一次常务会议召开。讨论和决定的事项有：传达学习中共中央政治局常务委员会会议、省、市、区疫情防控电视电话会议精神及防控措施调整情况，关于临平区2022年财政收支预算调整事宜等问题。

12月2日，区政府第三十二次常务会议召开。讨论和决定的事项有：传达学习习近平总书记关于河南安阳火灾事故批示精神和省、市安委办关于贯彻落实总书记重要指示精神，切实做好年终岁尾安全生产工作的通知精神，县（市、区）委书记工作交流会重点发言事项专项审计调查情况的通报精神，关于进一步加强统计调查工作更加有效发挥统计监督职能作用事宜，传达学习全省土地综合整治工作现场会精神等问题。

12月8日，区政府第三十三次常务会议召开。讨论和决定的事项有：关于贯彻落实食品安全属地管理责任和企业主体责任事宜，进一步加快推进居民小区电动汽车自用充电桩供电配套设施建设的实施办法，杭州市临平区生态文明建设规划（2022—2030年）编制事宜等问题。

12月29日，区政府第三十四次常务会议召开。讨论和决定的事项有：关于2023年政府工作报告，临平区2022年国民经济和社会发展计划执行情况与2023年国民经济和社会发展计划的报告（草案），临平区2022年政府重大投资项目计划执行情况与2023年政府重大投资项目计划（草案）的报告，2023年区政府民生实事候选项目，临平区2023年财政预算安排情况，调整三家国有公司2022年度融资额度事宜，超山—丁山湖综保工程三年行动计划等问题。

·政务公开与政务服务·

【政务公开】 2022年，临平区人民政府围绕区委区政府中心工作，完善政务公开制度，拓展主动公开内容，创新政策解读形式，提升全区政务公开质效，推进政务公开标准化、规范化建设。全年新公开行政规范性文件167件、行政许可82090件、行政处罚149556件、行政强制26241件、行政事业性收费2023.85万元。

2022年杭州市临平区主动公开政府信息情况表

表3　　　　单位：件

第二十条第(一)项			
信息内容	本年制发件数	本年废止件数	现行有效件数
规章	0	0	0
行政规范性文件	167	1	192
第二十条第(五)项			
信息内容	本年处理决定数量		
行政许可	82090		
第二十条第(六)项			
信息内容	本年处理决定数量		
行政处罚	149556		
行政强制	26241		
第二十条第(八)项			
信息内容	本年收费金额(单位:万元)		
行政事业性收费	2023.85		

全年临平区受理政府信息公开申请件1080件，其中1048件按规定在法定期限内予以答复，32件结转下年答复。因政府信息公开引起的行政复议35件、行政诉讼17件。

2022年杭州市临平区收到和处理政府信息公开申请情况表

表4　　　　单位：件

项目			申请人情况						
			自然人	法人或其他组织					总计
				商业企业	科研机构	社会公益组织	法律服务机构	其他	
一、本年新收政府信息公开申请数量			995	60	0	0	5	0	1060
二、上年结转政府信息公开申请数量			20	0	0	0	0	0	20
三、本年度办理结果	(一)予以公开		561	24	0	0	0	0	585
	(二)部分公开(区分处理的，只计这一情形，不计其他情形)		213	4	0	0	2	0	219
	(三)不予公开	1.属于国家秘密	0	0	0	0	0	0	0
		2.其他法律行政法规禁止公开	0	0	0	0	0	0	0
		3.危及“三安全一稳定”	0	0	0	0	0	0	0
		4.保护第三方合法权益	4	0	0	0	0	0	4
		5.属于三类内部事务信息	0	0	0	0	0	0	0
		6.属于四类过程性信息	1	0	0	0	0	0	1
		7.属于行政执法案卷	5	0	0	0	0	0	5
		8.属于行政查询事项	9	0	0	0	0	0	9
	(四)无法提供	1.本机关不掌握相关政府信息	123	19	0	0	3	0	145
		2.没有现成信息需要另行制作	1	0	0	0	0	0	1
		3.补正后申请内容仍不明确	0	1	0	0	0	0	1
	(五)不予处理	1.信访举报投诉类申请	9	0	0	0	0	0	9
		2.重复申请	8	0	0	0	0	0	8
		3.要求提供公开出版物	0	0	0	0	0	0	0
		4.无正当理由大量反复申请	1	0	0	0	0	0	1
		5.要求行政机关确认或重新出具已获取信息	0	0	0	0	0	0	0
	(六)其他处理	1.申请人无正当理由逾期不补正、行政机关不再处理其政府信息公开申请	7	1	0	0	0	0	8
		2.申请人逾期未按收费通知要求缴纳费用、行政机关不再处理其政府信息公开申请	1	0	0	0	0	0	1
		3.其他	44	7	0	0	0	0	51
	(七)总计		987	56	0	0	5	0	1048
四、结转下年度继续办理			28	4	0	0	0	0	32

说明：表中数据的钩稽关系为：第一项加第二项之和，等于第三项加第四项之和

2022年临平区政府信息公开行政复议、行政诉讼情况表

表5　　单位：件

行政复议					行政诉讼									
					未经复议直接起诉					复议后起诉				
结果维持	结果纠正	其他结果	尚未审结	总计	结果维持	结果纠正	其他结果	尚未审结	总计	结果维持	结果纠正	其他结果	尚未审结	总计
2	3	27	3	35	3	0	5	1	9	1	1	4	2	8

（张　铠）

【政务服务】 2022年，临平区人民政府办公室聚焦重大项目推进、政府民生实事、重点项目盯引等工作，开展督查重点事项200多项；聚焦上级政府和区政府重要会议决定事项的执行，跟踪督查主要领导批示事项300多件。细化分解区政府工作报告重点任务，定期通报工作进展情况。下半年对区政府党组上半年度经济形势分析暨重点工作交流会任务、区政府全体（扩大）会议任务进行梳理，形成全区重点工作推进情况汇总表。运用暗访回访、实地体验等督查方式，对建筑工地、货运中转站等重点场所督查整治；联动国务院“互联网+督查”和省、市政府“智慧督查”平台，落实“七张问题清单”中重大督查问题清单整改，推进数字督查建设，全年录入并办结市级库事项55个。做好国务院第九次大督查迎检工作，做好各类问题整改。

【建议提案办理】 2022年3月11日，临平区人大常委会、区政府、区政协联合召开人大代表建议、政协提案交办会议。全年区政府领导领办代表建议8件、政协提案7件。各承办单位领办人大代表建议197件（含闭会期间12件）、政协提案251件，均在规定时间内办复。各单位围绕提高解决率，采纳和吸收代表委员的意见和建议，推动出台有关共同富裕、产业发展、社会治理、民生保障等方面的政策举措。区人大代表对建议办理落实结果满意率100%。提案人对提案办理过程满意率100%，对提案办理结果满意率99.6%。

（徐晗玥　王　磊　李　晶）

·对口支援·

【概况】 2022年，临平区贯彻落实全国东西部协作和中央单位定点帮扶工作推进电视电话会议及省对口工作领导小组第十五次会议精神，围绕加强组织领导、助力巩固拓展脱贫攻坚成果、强化区域协作和促进乡村振兴等重点领域帮扶，做好对口支援工作，协助四川省甘孜州石渠县加快乡村振兴步伐。

【对口支援成果】 2022年，临平区拨付四川省甘孜州石渠县财政帮扶资金5279万元，推进援建项目11个，选派专技人才12人，援建就业帮扶车间1个，助力打造乡村振兴示范点1个，开展乡村振兴干部培训322人次、专技人才培训503人次。组织区内20家企业、3家社会组织与石渠县23个村结对帮扶，区内5所学校、2所医院与石渠县5所学校、2所医院结对帮扶。引导社会力量为石渠县捐赠生活用品、学习用品及资金等总价值630多万元。组织两地100多人次开展交往交流交融活动。

（张泽宜）

2022年8月9日，临平区"护苗行动·彩虹助学"石渠行暨"幸福来临暖心包"捐赠活动在石渠县青少年活动中心举办　　（临平区驻石渠工作队 供稿）

·智慧电子政务建设·

【数据平台建设】 2022年，临平区一体化智能化公共数据平台保障全区18个部门共18个应用253项数据需求，实现省、市、县三级资源组件的统一调度和统筹利用。推进公共数据"全量全要素"归集，区数据回流总量近8亿条，涉及省、市数据交换目录176个，省、市数据接口50个，省、市页面查询目录64个，归集目录93.0%，归集数据总量18632万条。

【物联感知平台建设】 2022年，临平区初步完成临平区物联感知平台搭建和门户建设，推进平台共享能力和性能升级。为基层执法和安全建设打造多场景智能辅助。

【"浙政钉""浙里办""两端"掌上建设】 2022年，临平区强化"浙政钉""浙里办"掌上应用，提升办公智能化水平和企业群众满意度和获得感。临平区浙政钉"临平数字赋能落实'最多交办一次'"案例入编省级优秀案例集，区教育局的"入学入园服务"及区卫健局的"健康临平"被省局列为高频应用名单。

【政府门户网站建设】 2022年，杭州·临平政府门户网站完成各类网上办事系统的IPv6访问支持、通过网站适老化及无障碍改造评测，提升网站运维服务能力，发挥"宣传主阵地"作用。

【政务云平台基本建成】 2022年6月，临平区政务云平台基本建成并正式启用。年末，云平台为44个单位的146个项目开通迁移资源，179个业务完成迁移工作，存量应用迁移完成率100%，响应34个单位的95个业务系统云资源新申请需求。

【数据体系贯通建设】 2022年，临平区实现

"162"体系（"1"指一体化智能化公共数据平台，"6"即党建统领整体智治、数字政府、数字经济、数字社会、数字文化、数字法治六大系统，"2"即数字化改革的理论体系和制度规范体系——形成一体融合的改革工作大格局。）与"141"体系（第一个"1"指县级社会治理中心。"4"指乡镇（街道）基层治理"四个平台"，最后的"1"是指村社网格。）双向数据互通、数据同源、模型同构。梳理完成全省"一本账"在IRS（浙江省一体化数字资源系统）上应贯通的应用110个，按六大系统分类上架"浙政钉"临平工作台，方便基层访问贯通应用，提升贯通指标达标率。

【网络数据安全管理】 2022年，临平区落实区级网络安全、数据安全与云安全等各项工作，强化排查、有力监督、精准落实，构建严密的安全防护体系，做好中共二十大期间数据网络安全保障工作。完成全区70个部门91个系统的全面检查，成功阻断恶意访问IP 905个，发现安全隐患1904起，处置安全事件480起。

【政府投资信息化项目管理】 2022年，临平区谋划制定《临平区政府投资信息化项目建设指南》，规范临平区信息化项目管理。引入多维度、全链路、可闭环式项目绩效评价，提升项目精细化管理水平，相关经验做法入选杭州市典型案例集。临平区申报项目170个，申报金额6.1亿元，经评审后，确定建设项目25个，预算金额1.5亿元，节约财政资金4.6亿元。

（叶　琦）

·应急管理·

【概况】 2022年，临平区上报各类生产安全事故9起、死亡11人，比上年分别下降43.75%、8.33%，全覆盖安全生产责任体系建设获得省应急厅首批"一地创新、全省共享"试点。全市基层应急消防管理站标准化建设现场会在临平区召开，防御"轩岚诺""梅花"台风，保障人民群众生命财产安全；落实防汛防台行政首长负责制，及时调整区防指部指挥、防指部成员，制定发布《临平区应对"五断"等极端情况应急联动指导意见》和《临平区"五停"工作指引》，推进8个镇（街道）完成基层防汛标准化建设工作。整合各方应急救援资源力量，应急救援队212支约8900人。盘活辖区内居家养老服务中心、文化大礼堂、学校、体育馆等资源，完成避灾场所规范化建设15个。

【应急管理责任体系】 2022年，临平区应急管理构建全覆盖责任体系。应急管理区、镇（街道）、村（社区）三级责任链条贯通，建立以定性为主的责任清单、定量为主的履职清单。年内，明确责任人1016名，梳理各级责任人"责任清单""履职清单"11185项。协同发力，强化基层站能力建设。对照职责明确到位、人员落实到位、装备配备到位、后勤保障到位等要求，推进基层应急消防管理站建设，崇贤、星桥、运河建成达标站。在村（社区）层面建立应急消防管理工作组，明确网格员工作职责，融入基层社会治理"一张网"，全区185个村（社区）、762个网格均纳入责任体系。

（姜婷婷）

·消防管理·

【概况】 2022年，临平区发生全口径统计火灾455起，死亡6人，受伤23人，直接财产损失2501万元。火灾数比上年下降0.66%，死亡人数上升600%，受伤人数上升2200%。监督检查单位5782家次，发现并整改隐患3439处，责令改正1944家，行政处罚501家，临时查封63家，责令“三停”78家，处罚金额659.68万元，拘留各类违反消防安全行为73人。

【火灾隐患整治】 2022年，临平区消防安全委员会同区安委会与8个镇（街道）和33个区级部门签订年度目标责任书，实现消防安全责任制全覆盖。紧盯“高低大化”“老幼古标”等传统高风险和新业态风险，以及城市燃气、自建房、“生命通道”、电动自行车等关系民生民安的场所和对象，实行分类化排查、差异化监管、标准化创建、精准化指导。开展消防安全大排查大整治行动，排查整治小微企业园区542个，处罚企业52家，罚款79.9万元，关停清退企业138家，拆除违章建筑2.7万平方米；排查整治冷库634个，仓储物流场所3451家，形成高压打击态势。突出防范重大风险。

【消防救援力量体系建设】 2022年，临平区坚持常态备战，以灭火救援为中心，提升救援站攻坚克难能力。全年临平消防救援大队各救援站严格按照上级要求，有计划、有步骤地对重点单位、一般单位及不放心区域开展熟悉演练和作战信息卡制作工作，做好辖区微型消防站拉动工作与消火栓录入工作。为提升全区应急救援力量协同作战能力，制定《临平区消防救援体系建设专项工作方案》，加快消防救援力量多点布局，强化消防救援站、专职消防队、微型消防站、民间救援队联勤联动。协同区应急管理局完成召开全市基层应急消防管理体系和能力建设现场会，推动建成社区微型消防站181个、区域微型消防站25个。

【消防宣传教育培训】 2022年，临平区多轮次开展消防安全常识知晓率调查，推进消地联合“五进”宣传和重大安保、活动期间专题宣传，常态化开展“敲门入户”。拓展消防宣传阵地，打造全区4个消防救援站、8个镇（街道）集“培训认知、模拟体验、实践演练”于一体的消防安防培训教育基地。开展消防宣传活动200多次，上门培训80多次，发放宣传资料14.3万多份，受教育群众40多万人，扩大宣传普及的覆盖面。在省平安办主办的第四届平安浙江“三微”比赛活动中，临平消防救援大队策划拍摄的《穿越千年 勿忘安全》主题短视频获全省微视频三等奖。

（陈倩宇）

·外　事·

【外籍人才座谈会和外事活动】 2022年1月21日，临平区举办“临聚荟”外籍人才座谈会，杰客（杭州）品牌管理有限公司、杭州橄榄树学校、杭州你创科技创业服务有限公司、杭州老板电器股份有限公司、浙江春风动力股份有限公司、信达生物制药（杭州）有限公司、杭州沃尔夫链条有限公司等企业外籍人才代表参加座谈并交流发言。6月17日，浙江中以产业合作园德诺临平数字医疗器械产业创新中心揭牌仪式在经济技术开发区举行，以色列驻华大使馆公使尤瓦尔（Yuval Waks），以色列驻华大使馆商务专员柯霭晴（Esti Ayalon Kovo），以色列奥尔耶胡达市市长莉亚特·邵哈特（Liat Shochat）以视频方式线上参会。11月19日，中非足球友谊赛暨中非友好合作图片展开幕式在临平区举办，来自津巴布韦、利比里亚等非洲9个国家的高校留学生组成的ZASC非凡之星足球队参加本次足球赛。

【教师因公出国任教】 2022年8月18日，临平区派4名教师因公到迪拜中国学校任教；12月2日，临平区1名教练员随中国残疾人联合会团组到葡萄牙参加盲人门球世界锦标赛。

【涉外管理】 2022年，临平区制定实施《临平区涉外突发事件应急预案》及操作手册。区外事办牵头完成中国驻文莱大使、驻芬兰大使、驻卢旺达大使、驻蒙古国大使、驻日本公使、驻叙利亚大使等中国驻外使领馆官员和几内亚比绍驻华大使、也门驻华公使、文莱驻华大使、吉布提驻华大使等外国驻华使领馆官员30批54人的新冠疫情防控服务。完成临平区企业和人员海外突发事件和人道主义救援工作。

（徐露丹）

·侨　务·

【概况】 2022年，临平区侨办、侨联秉持“同心共富、侨来建功”的初心使命，结合本地侨情和发展底色，围绕中心、服务大局，以侨为本、为侨服务，凝聚侨心、发挥侨力，开创临平侨务工作新局面。组织侨界人士观看中共二十大开幕盛况，表达观看心得体会。开展“凝聚侨青心向党 奋进建功新时代”——侨青会走进谋·立方，交流中共二十大精神学习体会，分享回国创业经验，畅谈新的发展机遇。增强广大侨界群众对中国特色社会主义制度的政治认同、思想认同、情感认同。

【侨情摸底调查】 2022年，临平区开展基本侨情摸底调查工作，涉及人员为华侨、归侨、侨眷。涉及企业为涉侨企业。摸清侨资源底数，分析研究全区侨情分布情况和特点，做好数据归集，为开展侨务工作夯实基础。

【侨联第一届委员会第二次全体会议召开】 2022年1月20日，临平区侨联召开一届二次全委会，与会人员学习临平区委一届四次全体（扩大）会议精神。会议补选侨联委员2名，选举吴有民为区侨联副主席（挂职）。会议回顾自杭州行政区划优化调整以来临平区侨联在各方面取得的成效，重点指出存在的问题与不足，理清工作思路、明确工作要求，推动全年侨务工作开展确定方向。

【留学人员和家属联谊会第一次会员大会】 2022年1月11日，临平区留学人员和家属联谊

2022年1月20日，临平区侨联召开第一届委员会第二次全体会议　　（区委统战部 供稿）

会（简称“区留联会”）第一次会员大会召开。会议听取并审议临平区留学人员和家属联谊会筹备工作报告，选举产生临平区留学人员和家属联谊会第一届理事会理事，临平区侨联委员、浙江宝典手机连锁有限公司董事长毛林伟当选为区留联会第一届会长。

【侨联青年委员会成立】 2022年7月2日，临平区侨联青年委员会（简称“区侨青会”）成立。会议审议通过《杭州市临平区侨联青年委员会章程》《杭州市临平区侨联青年委员会会员大会选举办法》，选举产生临平区侨联青年委员会第一届理事会理事，推选临平区政协常委、区侨联副主席、区侨商会副会长、浙江智傲控股集团有限公司董事长刘漪任临平区侨联青年委员会会长。区侨青会结合特色优势分设项目引领、创投发展、科创服务、社会公益、潮流梦想、青春飞扬6个特色小组，丰富会员的联谊活动，使侨青会真正成为服务于海内外侨界青年的重要园地。

【“侨助共富”列入共同富裕“13+5”重点赛道】 2022年，临平区制定《临平区建设侨助共富实践临平样板实施方案》，推出“六侨十八项”侨助共富系列行动，明确各项目缔结单位、实施主体和目标任务。“侨助共富实践临平样板建设”项目于年初列入区委、区政府共同富裕“13+5”重点赛道，纳入全区共富示范区建设矩阵一体推进。区委常委、统战部部长作为赛道项目领衔领导，侨助共富项目方案完善、推进有序、成效明显。区委统战部获得临平区2022年高质量发展建设共同富裕示范区样板工作成绩突出单位。

2022年5月12日，临平区侨联偕同侨界爱心人士在汀洲学校正式启用“侨爱职训基地”

（区委统战部 供稿）

【汀洲学校侨爱职训基地启用】 2022年，临平区发动区政协侨联界别组委员、侨商会成员以及归国留学创业人员爱心捐赠，金额15万元。5月12日正式启用“侨爱共富——临平区汀洲学校侨爱职训基地”，区侨联与汀洲学校签订《侨助共富协作关爱三年行动》协议，帮助其成为自食其力的社会劳动者、生活参与者和财富创造者，为共富路上“一个都不掉队”奉献侨界力量。

（孙芬华）

·台湾事务·

【概况】 2022年1月25日，在临平区台商、台胞、台属32人在超山梅园，视频连线台湾南投县信义乡民众，共同开展“幸福来临·梅乡结情缘”活动。3月6日，举办“幸福来临·魅力女性”活动，开展女性礼仪暨插花艺术培训，在临平的女性台胞台属12人参加。5月29日，开展“幸福来临·欢度端午”活动，参观临平博物馆（中国江南水乡文化博物馆）、临平体育中心、塘栖村和塘栖古镇，在临平工作、学习的台商台胞台生20人参加。开展“幸福来临·科技夏令营”活动。8月12日，邀请台湾大学天文物理学教授孙维新讲述太空知识，26名台胞台属学生及家长参加。8月14日，组织台胞台属学生参观临平区科技馆。9月2日，组织台胞台属及台商代表36人，开展“幸福来临·中秋联谊”活动，通报上半年全区经济社会发展情况，参观临平街道梅堰社区邻里汇，与台湾南投县信义乡民众20人线上交流，话情谊、展未来。开展“企业大走访”活动，协调解决台企校企对接引人才、员工税收优惠、台企物资运输车辆保通畅、污水处理等问题。为9名台胞子女解决入学入托问题。

【对台工作会议】 2022年8月31日，临平区召开全区对台工作会议，贯彻落实党中央、省委、市委对台工作决策部署。会议由区委常委、统战部部长杨文闯主持，区委副书记谢渐升到会并讲话。全区对台工作领导小组成员单位负责人、各镇（街道）分管负责人51人参加会议。

【台湾青年工作】 2022年5月10日，临平区接待25名参加第五届海峡两岸青年发展论坛的台湾青年参访中国服装科创研究院、南苑街道政协“委员之家”和龙兴未来社区。11月23日，组织20名台湾青年开展“幸福来临·健康共享”活动，健步走临平山，领略临平之美。12月9日，区台办走访浙江理工大学台湾籍学生，邀请4名台湾籍学生参加区政协台联界别组“请你来协商”活动，围绕共同富裕开展协商讨论。

【台胞台属法律服务工作站成立】 2022年9月29日，临平区台胞台属法律服务工作站在南苑街道龙兴社区揭牌，聘请台联理事、台联界别组政协委员2人为法律顾问，为在临平的台胞台属开展法律咨询服务，帮助解决工作、生活、学习中遇到的问题。全年为28名台胞台属及社区居民提供法律服务。

（陈娟芬）

（责任编辑　俞帅帅）

中国人民政治协商会议杭州市临平区委员会

Linping District Committee of the Chinese People's Political Consultative Conference

·综　述·

【区政协组织机构】 2022年年末，中国人民政治协商会议杭州市临平区委员会，有区政协委员280名，区一届政协常务委员会组成人员50名，由主席1名、副主席5名、秘书长1名、常委43名组成。区政协设6个专门委员会，分别是提案委员会、经济科技委员会、城建和人口资源环境委员会、社会法制和港澳台侨委员会、文史和教文卫体委员会、委员工作委员会。

【政协界别及镇街联络工委】 2022年，政协杭州市临平区委员会规模人数有290名，设置20个界别是中共临平区委、共青团临平区委、临平区总工会、临平区妇女联合会、临平区工商业联合会、临平区归国华侨联合会、临平区台胞台属联谊会、临平区科学技术协会、无党派人士、文化艺术界、科技界、社会科学界、经济界、农林界、教育界、体育和新闻出版界、医药卫生界、社会救济福利团体、少数民族和宗教界、特别邀请人士。20个界别的委员组建18个界别活动组，中共界别、特邀界别委员不单独设置活动组，按委员所在单位职能或委员工作岗位情况安排至相应活动组。

区政协设8个镇街联络工委：运河街道联络工委、乔司街道联络工委、塘栖镇联络工委、崇贤街道联络工委、临平街道联络工委、南苑街道联络工委、星桥街道联络工委、东湖街道联络工委。

（姚　远）

·区政协重要会议·

【区政协一届二次会议】 2022年2月11—13日，临平区政协一届二次会议在临平举行，280名政协委员参加，区委、区人大常委会、区政府等领导出席，在临平的市政协委员等受邀参会、列席人员150多人。会议期间，全体委员通过大会发言、小组讨论、提案撰写、反映社情民意信息等形式，建真言、谋良策、出实招、聚共识。其间，提交发言材料16篇，9名委员做大会发言。

会议听取和讨论区政府工作报告，赞同区人民法院工作报告、区人民检察院工作报告及其他报告。会议审议批准主席张俊杰代表政协第一届杭州市临平区委员会常务委员会所做的工作报告，审议批准副主席韩峻代表政协第一届杭州市临平区委员会常务委员会所做的提案工作情况报告，补选一届政协常委。会议审议通过区政协一届二次会议决议和其他事项，并听取提案初审报告。

【政协其他重要会议】 2022年5月23日，临平区政协举行一届六次常委会会议，传达学习中央有关会议精神，听取区政府有关部门工作情况通报，审议通过人事事项等。8月5日，区政协召开一届七次常委会会议，传达学习2022年全省政协主席暑期读书会暨加强和改进新时代人民政协工作专题研修班精神，听取临平区2022年上半年经济社会发展情况报告，围绕服务业高质量发展开展专题协商等。11月25日，区政协举行一届八次常委会会议，专题学习中共二十大精神，听取区法院、区检察院、区公安分局的工作情况通报，围绕“宋韵文化”开展专题协商议政等。

（姚　远）

·协商议政·

【政协提案办理情况】 2022年，政协杭州市临平区委员会一届二次会议期间，收到以提案形式提出的意见和建议272件，经提案委员会初审和二审，确定立案251件。提案中，关于经济建设的提案60件，占总数的23.90%；关于政治建设的提案18件，占总数的7.17%；关于社会建设的提案125件，占总数的49.80%；关于文化建设的提案36件，占总数的14.34%；关于生态文明建设的提案12件，占总数的4.78%。

区政协一届二次会议以后，区人大常委会、区政府、区政协联合召开交办会议，各承办单位在3个月内完成全部提案的办理答复。其中，提案提出的问题解决或基本解决的（A类）246件，占98.01%；所提问题部分解决或意见被采纳并列入计划逐步解决的（B类）3件，占1.19%；所提问题无法解决或留作参考的（D类）2件，占0.8%。从提案人对提案办理工作的反馈意见看，对办理过程满意的251件，满意率100%；对办理结果满意的250件，基本满意的1件，满意率99.60%。

【政协提案办理清单式管理】 2022年，政协杭州市临平区委员会深化提案办理模式，通过“内容清单、责任清单、评价清单、公开清单、追办清单”五张清单开展提案办理“清单式管理”。将251件提案分为21个“内容清单”，分别由区政协领导牵头督办，相关委办具体负责，召开提案办理集中面商会17场次，委员参加人数220多人次。在原有“四张清单”的基础上新增“追办清单”，对上一年度、需长期跟踪办理的9件提案进行跨年度跟踪追办。提案办理涉及60多个承办单位，其中55%的提案由区住建局、区教育局、区公安分局、区经科局等15%的单位承办，为此强化承办大户督办。连续7周在《今日临平》专版宣传部分典型提案的办理情况，扩大提案社会影响。

2022年11月25日，临平区政协一届八次常委会专题议政性常委会会议现场

（区政协 供稿）

2022年2月10日，临平数智政协平台正式上线 （区政协 供稿）

【政协委员履职平台】 2022年，政协杭州市临平区委员会高质量、高标准完成省政协委员会客厅和市政协委员工作室建设，临平青年企业家委员会客厅入选省级委员会客厅。按照“一室一品”原则，完成11家区政协委员工作室建设，指导开展各类活动90多场。运河街道委员工作室开展“村村都有工程师”乡村振兴人才培训，首创政协委员助力村社干部培训“联帮带”机制，在全区范围推广实施，事迹得到新华社、《人民政协报》《文汇报》等媒体的关注报道。“银企智创”委员工作室邀请知名经济学家围绕宏观经济形势、助企纾困政策解读等开展专题讲座，组织开展“走进农商行”金融服务活动，为委员和银行搭起沟通的桥梁。无党派界别委员工作室突出公益特色，组织“小委员”暑期社会实践“走进政协”系列活动，到四川省石渠县开展“护苗行动·彩虹助学”活动，举行临平滴水十周年志愿服务分享会，助力共同富裕示范区样板建设。

【政协“请你来协商”活动】 2022年，政协杭州市临平区委员会做好“搭台”工作，完善以全体会议为龙头，以专题议政性常委会会议、专题协商会、“请你来协商”、网络议政等为重点的协商议政格局。深化“请你来协商”平台建设，精选协商议题，创新协商形式，涵育协商文化，常态长效开展“6+X”协商活动，平台建设的质效和影响力提升。年内，组织“请你来协商”活动30多场，其中区委、区政府领导参加的协商活动6场，提出意见和建议2300多条。

【政协民生议事堂】 2022年，政协杭州市临平区委员会按照“不建机构建机制”原则，在镇街层面推进“请你来协商·民生议事堂”建设，8个镇街实现“民生议事堂”全覆盖，完成委员工作室（委员之家）、社情民意联系点建设，实现“三位一体”建设覆盖率100%，全区所有村、社区完成“协商驿站”建设。突出协商于民、协商为民主旨，全年开展各类议事活动200多场，以议事“小场景”构建民生“大幸福”，其中运河街道《共富基金助慈善、共富路上携手行》入选省政协精品协商案例，塘栖镇《一颗“黄金果”，奔向共富路》入选市政协精品协商案例。

【数字政协】 2022年，政协杭州市临平区委员会把“数字政协”作为区政协数字化改革的总抓手，打造上接省、市“数字政协”系统、下有临平特色的数字化应用场景，形成“1+6+5+N”（“1”即数字政协驾驶舱；“6”即“协商在线”“提案在线”“同心在线”“社情民意在线”“学习在线”“委员履职在线”六大综合应用；“5”即“云履职”“云管理”“云协商”“云矩阵”的应用系统）整体架构体系。委员们通过“数字政协”平台，开展线上协商，反映民情民意，开展线上协商活动20多场，发表200多条动态信息，收集3500多条意见和建议，“浙政钉”访问量名列全区前茅。

2022年10月21日，“请你来协商”深化“亩均论英雄”改革推进临平区工业用地提质增效活动举行（吴定奇 摄）

全区经济社会发展情况通报。组织市、区两级政协委员集体视察区企业服务中心，实地了解中心运行情况，委员提出要借势借力、精准定位、发挥优势等建议，推动企业服务提档升级。

【城乡主题履职活动】 2022年，政协杭州市临平区委员会围绕“聚力重要节点打造，展示临平新区形象”开展专题协商，委员建议要高起点规划、高质量建设、高标准管理，聚焦重点工程，注重节点细节。开展“乔司全域土地综合整治与生态修复工程”主席会议视察，提出要提前谋划空间布局和产业定位、尽快改善城市环境面貌、提升区域发展综合能级、强化高端优质项目招引等建议，支持项目推进。开展“杭州亚运会亚残运会重大场馆和重点配套工程建设”主席会议视察，提出要提升场馆特色品质、优化场馆运行管理、强化场馆服务保障等建议，为办好亚运盛会贡献智慧和力量。

【政协专题调研】 2022年，政协杭州市临平区委员会以重点课题调研为关键抓手，将调研同专题协商、专题视察、民主监督、提案督办等履职活动有机融合、一体推进，坚持不调研不协商、不思考不建言。由区政协领导领衔，各专委会、界别活动组积极参与，深入实地调研，最终形成《打造山湖合璧、自然美与人文美和谐相处的典范——关于超山（丁山湖）综保工程的思考》等11份调研报告，调研成果得到区委、区政府主要领导批示肯定。

【经济主题履职活动】 2022年，政协杭州市临平区委员会聚焦“深化亩均论英雄改革，推进工业用地提质增效”开展专题协商，区委主要领导和委员一起，聚焦问题短板、共谋发展之道，委员建议要尽快建立亩均数据管理平台、增强评价结果运用、深入推进企业数字化转型。围绕“聚焦制造业和服务业融合，助推服务业高质量发展”开展专题议政性常委会会议协商，与会委员听取

2022年7月10日，临平区政协2022“喜迎二十大 同心反诈骗”系列行动正式启动（金红华 摄）

【民生主题履职活动】 2022年，政协杭州市临平区委员会围绕“健全养老服务体系，高质量建设老年友好环境”开展专题协商，委员建议要加快建设社区嵌入式养老之家、鼓励和规范民营养老机构发展、关注重度失能失智老人养老、加快养老护理员队伍建设，调研成果得到市政府主要领导的批示肯定。围绕深化“三源共治”、提升“全民反诈”意识、推进职业教育高质量发展等主题，开展调研和视察，推动党政决策部署更好落地落实。开展“六送”活动，组织委员发挥专长，开展反诈骗讲座、法律咨询、书画创作、科普、理发、磨剪刀等系列活动，为村（社区）送去各项便民服务，展示新时代的委员风采。

（姚　远）

·民主监督·

【安全生产专项监督】 2022年，政协杭州市临平区委员会聚焦“小微企业园区安全生产工作”开展民主监督，组建多个监督小组，分别由政协领导带队，相关委办负责，发动政协委员广泛参与，深入雷恩国际科技创新园等多个小微企业园区，开展实地监督，监督报告得到区委主要领导批示肯定。围绕提升小微企业园区安全生产水平，开展“请你来协商”活动，委员们提出要推进标准化建设、加快新技术运用、创新安全管理机制等建议，绝大多数意见和建议得到落实采纳。

【城乡建设专项监督】 2022年，政协杭州市临平区委员会围绕“推进城市环境品质优化”“提升垃圾分类处理质量”“开展城郊接合部专项整治”等工作，采取线上和线下结合的方式，组织政协委员开展民主监督，通过实地视察、座谈讨论、征求意见、委员暗访等方式，查找问题症结所在，提出改进意见，助力城乡品质持续优化。

【民生实事专项监督】 2022年，政协杭州市临平区委员会聚焦区政府2022年民生实事项目，组建民主监督小组，定期听取工作汇报、及时掌握项目进度，通过实地视察、专题调研等多种方式，推动民生实事办实办好。对2023年民生实事项目开展建议征询，收到21位委员24条项目提议，涵盖养老、住房、教育、城市管理等生产生活各个方面。

【数字化改革专项监督】 2022年，政协杭州市临平区委员会落实省、市、区委关于深化改革和推进数字化改革部署，对照数字化改革“1612”工作体系，召集相关领域委员，发挥委员专长优势，查找短板不足，深入协商建言，监督助推，建议要加强统筹谋划、突出多跨协同、坚持融合共享，助力数字化改革各项部署落实落地。

（姚　远）

·文史研究·

【“宋韵临平”系列活动】 2022年，政协杭州市临平区委员会组织政协委员考察区内宋韵遗迹，到外地参观学习，举办宋韵文创产品展览，邀请知名专家学者到临平开展读书分享会，举行专题议政性常委会协商，为宋韵文化建设营造氛围、建言献策、凝聚共识。专题视察非遗保护和利用工作，提出要深耕临平非遗品牌、挖掘非遗文化内涵、加大非遗精品创作扶持等建议。

【文史资料征集和编撰】 2022年，政协杭州市临平区委员会征编出版《风蒲猎猎·临平创业史话》（第一辑），讲述临平企业家创业故事，弘扬新时代企业家精神。

【“书香政协”品牌建设】 2022年，政协杭州

2022年10月13日，政协委员们参观“翰墨真情·喜迎党的二十大”书画展览

（邹颖 摄）

市临平区委员会推进委员读书活动制度化和常态化发展，完成“书香政协·临平书院”建设并正式开放。围绕习近平总书记关于加强和改进人民政协工作的重要思想等主题，开展多场学习研讨活动，引导委员多读书、读好书、善读书，在阅读中坚定信念、提振精神，树立文化自信。

【“翰墨真情”书画展览】 2022年，政协杭州市临平区委员会举办“翰墨真情·喜迎党的二十大”书画展，收集书画等各类作品100多幅，有真、草、行、隶、篆等书法佳作，汇聚写意、工笔、铁艺画等绘画精品，展现诗意丹青魅力，营造浓厚艺术氛围。

（姚　远）

（责任编辑　俞帅帅）

中国共产党临平区纪律检查委员会 临平区监察委员会

CPC Linping District Discipline Inspection Committee
Linping District Supervision Committee

·综　述·

【区纪委区监委机构】 2022年，临平区纪委区监委机关设10个内设行政机构和机关党委，设综合派驻（出）机构5个，经区纪委区监委授权，履行党的纪律检查和国家监察两项职责。区纪委区监委下设1个内设事业单位：纪检监察事务服务中心（临平区纪检监察和巡察信息中心），负责做好执纪监督的服务保障工作。

【“两个维护”监督】 2022年，临平区纪委区监委开展对习近平新时代中国特色社会主义思想和习近平总书记考察浙江、杭州重要讲话以及重要指示批示精神贯彻情况的监督检查，督促党员干部把“两个维护”落实在行动上。围绕推动政治监督规范化具体化精准化，在全市率先制定专项监督工作流程，细化监督准备、实施及整改3个大阶段、13个步骤和7项重要环节工作参考模板，督促各地、各部门迅速抓好贯彻执行，及时校准纠偏，确保政令畅通、令行禁止。

【除险保安监督】 2022年，临平区纪委区监委围绕全省“除险保安百日攻坚”行动，在“6·9火灾事故”发生后组织开展全区消防安全大排查大整治行动专项监督，实地抽查小微企业、物流园区、群租房、违章建筑等点位，推动责任单位整改隐患7366处，先后问责24人。

【“一把手”和领导班子监督】 2022年，临平区纪委监委紧盯“关键少数”，协助区委制定全面从严治党责任清单、加强“一把手”和领导班子监督“五张责任清单”，并延伸覆盖至部门、镇（街道）、村（社区）。强化“四责协同”，压实主体责任，以“点名+点题”方式专题听取4个专题12家单位“一把手”履责情况汇报。

【清廉临平建设】 2022年，临平区纪委区监委持续迭代“8+1”清廉单元建设推进体系，牵头建立月度例会、日常督查、定期通报机制，形成班子成员领衔、专班统筹、分层分类、协同推进的工作格局。分层分类开展清廉示范点建设，纳入省、市级清廉单元培育示范点22个，入选清廉杭州创新实践案例8个。

【纪检监察干部队伍建设】 2022年，临平区纪委监委构建委机关“大科室”和全系统“室组地企”一体化工作机制，实行片区联动质效考核评价，以捆绑考核激活片区内部合力。开展“提能大练兵2.0”活动，分层分类推进全员培训。结合护航亚运、共富示范等选树身边先进典型，全年系统内提任、晋升干部15人。开展“以案为鉴严约束、护航‘窗口’铸铁军”警示教育活动，制定《临平区纪检监察干部监督工作办法》和“八小时外”八严禁行为规范，组织开展全系统岗位风险排查、“八小时外”行为规范自查、从业从事经营活动情况自查，提升纪检监察干部监督管理实效。

·区纪委区监委重要会议·

【区纪委一届二次全体会议】 2022年2月16日，临平区第一届纪律检查委员会第三次全体（扩大）会议召开。会议回顾全区2021年纪检监察工作，部署2022年任务。区委主要领导出席会议并讲话。出席会议的区纪委委员21人，列席128人。会议审议通过题为《坚持不懈推动全面从严治党向纵深发展，为高水平建设“数智临平·品质城区”提供坚强保障》的工作报告。

【区纪委常委会会议】 2022年，临平区纪委召开常委会41次，就全面从严治党、党风廉政建设和反腐败工作重大问题进行研究。2022年12月5日，区第一届人大常委会第十二次会议听取和审议《区监察委员会关于强化基层站所公权力运行监督工作的报告》。

·纪检监察体制改革·

【区监委向区人大常委会报告专项工作】 2022年，临平区监察委员会认真落实省、市纪委监委部署要求，制定《临平区监察委员会向区人大常委会报告专项工作的实施方案》，组建专班、分解任务、挂图施工，有序开展监委向本级人大常委会报告专项工作。专项工作报告以“强化基层站所公权力运行监督”为主题。工作专班由委主要负责人牵头，委相关领导和有关科室参加。通过对区市场监管局、区税务局、市生态环境局临平分局、区综合行政执法局、区交通运输局、区公安分局、区卫生健康局等9家单位的基层站所日常管理监督情况的调研分析，撰写报告。

【公权力大数据监督】 2022年，临平区纪委区监委积极承接省、市纪委数字化改革试点任务，按照“一地创新、全省共享”理念，在省纪委监委数字化专班的指导推动和驻省交通运输厅纪检监察组、杭州市纪委监委的“双牵头”下，打造交通工程领域公权力大数据监督应用子场景“交通工程监管仓”。场景聚焦交通工程领域各环节核心业务和行权轨迹，打通区交通项目管理云平台、政府投资项目全生命周期管理系统、临平区小额工程全流程电子监管系统等多个业务系统，实现交通项目相关数据实时共享，形成贯通区发改、交通、财政、审管办等多个职能部门业务系统，130种多跨协同“数据池”，实现交通工程全生命周期监督。交通工程公权力大数据监督应用场景纳管项目354个，涉及资金535.96亿元，构建红色预警模型27个，通过核查现有的110条红色预警，处理处分79人，留置1人，挽回直接经济损失166.24万元。在全省范围内，推动802个农村公路项目、187个省重点项目的数据归集至IRS系统，有17个模型产生红色预警，预警总数1112条，涵盖全省所有地市。子场景实现全省推广，被省纪委纳入十大重点领域，获评省纪委公权力大数据监督应用年度“最佳场景”，相关做法得到时任副省长高兴夫、时任省纪委常务副书记陈擎苍批示肯定。

【镇街纪检监察工作规范化建设】 2022年，临平区纪委区监委深化监察联络站建设星级评定工作，梳理细化村级监察工作联络站履职清单，强化履职指导。整理编印《临平区村社监察工作联络站规范化履职“一本通”》，将省、市对村级纪检监察规范化建设工作要求整合细化为“1张履职导图+10套履职表单+12项履职制度”，嵌入“八必晒”实行线上填报。对照省纪委下发《规范化建设参考标准》，对全区184个村（社区）856名监察信息员队伍进行重整，夯实基层力量配备。选取资金密集、资源富集、资产集聚、村情复杂、问题突出的24个重点村（社区），结合区委巡察、审计工作开展“提级”监督，拓展“提级”监督成效。试点出台《村社工作人员处分（处理）决定执行工作指引（试行）》，将村（社区）人员、编外人员“一揽子纳管”，推动处分执行实现“全覆盖”。

【基层小微权力监督】 2022年，临平区纪委区监委开展村级廉情测评工作，细化统一测评指标，为基联络站履职提供工作载体，规范村级小微权力运行，加强“一肩挑”后村干部监督管理。基于区企业服务平台，开发嵌入涉企监督应用场景。针对廉政风险、效能问题、业务问题，建立“红黄蓝”三色预警，红色预警作为问题线索由对应纪检监察组织处理，效能问题及业务问题转由对应主管部门直接处理。全年，嵌入预警规则38项，产生预警信息2117条，触发红色预警85条。小微公权力平台推广使用，实现高频事项模块村社全覆盖，“监督一点通”模块推广使用，实现覆盖率100%、办结率99%。清廉村居公开“八必晒”，以公开促权力规范运行。

·执纪审查和监察调查·

【概况】 2022年，临平区纪委区监委坚持将“全生命周期管理”理念方式贯穿反腐败斗争全过程，推动“三不腐”同时同向综合发力。全区各级纪检监察组织处置问题线索429件，立案174件182人，处分党员干部177人，采取留置措施7人，移送检察机关6人，通过监督检查和审查调查，为国家和集体挽回直接或间接经济损失1.89亿元。

【反腐败斗争成果】 2022年，临平区各级纪检监察组织使用处置方式801次，其中谈话函询21件次、初步核实401件次、了结200件次、拟立案179件次。运用监督执纪“四种形态”处理372人次。其中第一种形态192人次，占51.61%；第二种形态136人次，占36.56%；第三种形态19人次，占5.11%；第四种形态25人次，占6.72%。紧盯重点领域，严肃查处张国祥、沈建鹏、曹建荣等严重违纪违法案件，协助上级纪委高质量查办“7·21”专案。全年，区监委立案12件20人；派出镇街监察办公室立案4件4人，处分4人；重拳整治基层“微腐败”，查处群众身边腐败问题10起10人；主动向纪检监察机关投案8人。

【专项治理】 2022年，临平区纪委区监委开展酒驾醉驾专项治理工作，与公安机关共同对中共十九大以来酒驾醉驾线索开展大起底，受理中共十九大以来酒驾醉驾线索99件，给予党纪政务处分84人，诫勉问责9人，行政处分1人、批评教育问责1人、取消预备党员资格1人。开展农村发展党员问题专项行动，对中共十八大以来农村发展的2818名党员的情况进行审核，排查问题25人次。

【信访举报】 2022年，临平区纪委区监委畅通信访举报渠道，强化源头治理，全区受理信访116件，其中检举控告类81件。开展信访举报“三清三提升”活动，全区检举控告、存量重复举报件分别下降15.63%、66.67%，初次检举控告实现“零转重”。召开澄清正名专题通报会6场，集中为一批受到失实检举控告的党员干部澄清正名。为塘栖村“两委”班子作集体澄清正名为全市首次，入选市公开澄清正名典型案例。

【以案促改】 2022年，临平区纪委区监委做好案件查办“后半篇文章”，开展案件庭审旁听活动，巩固拒腐防变思想堤坝。指导开辟线上“案说纪法”专栏，加强对相关案件的剖析和纪法政策解读。开展纪检监察建议书专项行动，构建“问题发现、下发建议、方案初审、量化评估、整改评议、不合格二次整改”的全流程闭环管理机制。全区各级纪检监察组织发送纪检监察建议69份，推动整改问题58个、完善制度19项。《高质量运用纪检监察建议书，有力推动“全生命周期管理”》课程入选2022年市纪委区监委精品课程库。

·作风建设·

【概况】 2022年，临平区纪委区监委查处违反中央八项规定精神问题20起21人。深入纠治享乐主义、奢靡之风，从严查处违规收受礼品礼金、违规接受宴请和旅游安排等问题，紧盯酒驾醉驾背后“四风”问题开展专项整治，全年查处公职人员酒驾问题25人，严肃查纠“不担当、不作为、不落实”行为44起85人。

【违规“四风”纠治】 2022年，临平区纪委区监委在春节、五一国际劳动节、端午节等重要时间节点前后，开展违规发放津补贴、公职人员酒驾醉驾及其背后“四风”问题、违规公车私用等专项检查，开展各类明察暗访329次，出动人员300多人次。端午节前集中通报违反中央八项规定及酒驾醉驾典型问题5起，除险保安期间通报除险保安工作履职不力典型问题6起，通报疫情防控工作履职不力问题2起，持续释放严肃执纪信号。

【中央八项规定落实】 2022年，临平区纪委区监委开展区委贯彻执行中央八项规定情况“回头看”，分析存在的问题并提出对策。严禁超标准占有、使用办公用房，会同机关事务服务中心，开展全区办公用房规范使用检查，推动办公室使用面积超标、两处办公用房等问题整改到位。规范领导干部婚丧喜庆事宜报备工作，会同区委组织部落实好领导干部个人有关事项报告制度“三个办法”。

【亲清政商关系构建】 2022年，临平区纪委区监委开展推动构建亲清政商关系持续优化营商环境专项工作，细化领导干部廉洁从政从业行为实施细则、政商交往“三张清单”，开展公职人员违规经商办企业、违规持有非上市公司股份等专项监督，进一步健全“亲”“清”交往制度规定。设立“亲清在临会客厅”，建立纪检机关监督推动的多跨协同服务机制，形成企业疑难诉求闭环解决模式。全年，协调疑难复杂问题12项。实施“清廉民企示范企业倍增”行动，成立“亲清有道廉盟”，营造亲清政商关系浓厚氛围。

·巡察工作·

【概况】 2022年，临平区委巡察机构坚守政治巡察定位，完成3轮常规巡察和1轮专项巡察，发现问题667个，向职能部门抄告共性问题10个，移送问题线索28件，“重大巡视问题清单”指数得分连续多月排名全市第一。

【主动巡视反馈问题整改】 2022年，临平区委巡察机构组织16家牵头单位和53家责任单位有序开展“巡视巡察、审计、督查等反馈问题整改情况‘回头看’”“省委巡视重点内容主动检视”“重大风险问题整改攻坚”和“制度规范主动检视”四大专项行动。对照2018年以来巡视巡察、审计、督查等反馈的213个问题，查摆问题、挂牌整改、重点推进、建章立制完成整改情况“回头看”。

【巡察整改“分级评审”实施办法】 2022年，区委巡察机构制定《区委巡察整改“分级评审”实施办法》，按问题性质分为“一般、重大、疑难”3类，分别明确区纪委、区委组织部、区委宣传部和区委巡察机构的审核责任，实现审核结果巡察办“一窗”分送，审核过程全程“日志”留痕，构建责任明确、运转高效、质量可控的审核体系。

【重大巡视问题清单系统应用】 2022年，临平区委巡察机构推进省委“七张问题清单”之“重大巡视问题清单”系统应用，将22项多跨疑难问题纳入清单，以“清单”推动攻坚破难。通过在线审核整改方案、实时会商整改进度、举一反三提升质效等方式全程跟踪督办、按时办结销号。积极向省、市清单库推送问题、报送案例，其中“亲+清”“一键达”数智体系做法被省委巡视办纳入示范榜案例，获时任省纪委常务副书记陈擎苍批示肯定，《人民日报》《光明日报》等中央和省级媒体多次报道，省《竞跑者》专题刊发推广。

·党风廉政宣传教育·

【概况】 2022年，临平区纪委区监委围绕喜迎中共二十大以及学习贯彻落实中共二十大精神为主题，以展现“临平味、纪检味”为重点，聚焦中心工作，加强舆论宣传，强化法纪教育，注重文化建设，突出展示临平区纵深推进全面从严治党显著成效，守正创新推进对外宣传、廉政教育和廉洁文化等工作，为加快推进清廉临平建设营造良好宣传舆论氛围。

【廉洁文化建设】 2022年，临平区纪委区监委实施“藕花清韵满汀州”品牌核心工程，出台《关于加强新时代廉洁文化建设的实施办法》。超山清廉园、“运河守清·廉韵塘栖”教育专线分别被列入省、市廉洁文化教育基地。“藕花洲杯”第六届中国（浙江）廉洁故事大赛作为全市3个知名廉洁文化活动之一，成功纳入全省“浙里廉风”七大廉洁文化品牌活动，廉洁文化影响力不断扩大。

【新媒体宣传】 2022年，临平区纪委区监委做细微信专栏文章，推出纪法小课、藕花清韵、以案为镜、见证十年变化、“一把手”说廉、“亲清”之约、清廉单元等微信专栏。全年发布推文155期246篇，总阅读量67万多人次，粉丝数近4万人；视频号发布视频5个，转发量近500人次、点爱心量269人次、浏览量超1.2万人次。

【廉政教育】 2022年，临平区纪委区监委制定出台《关于加强干部入职廉政教育实施办法》，浓厚新入职干部廉政教育氛围，发挥廉政教育在惩治和预防腐败体系中的基础性、教育性、震慑性和浸润性作用。常态化组织开展新任领导干部素质提升暨集体廉政谈话，推动新任领导干部守好廉。选取崇贤街道村干部和经济技术开发区综合行政执法队原副队长叶啸违纪违法案例制作警示教育片，用身边人“现身说法”教育身边人。

（曹华杰）

（责任编辑　俞帅帅）

民主党派

Other Political Parties

·综　述·

【民主党派工作概况】 2022年，临平区委就全委会工作报告、工作总结，区政府就政府工作报告、民生实事候选项目以及区人大、区政协人事调整等重大事项，多次组织区各民主党派、工商联、无党派人士召开座谈会，征求意见和建议。全年区各民主党派召开专题议政会议7次。

【参政议政】 2022年，临平区落实民主党派建言直通车机制，擦亮“临听”建言献策品牌，推出以民主党派成员反映问题建议为主的《临听》专刊，报送区主要领导审阅参考。全年以聚焦“共同富裕”“老旧小区改造”“宋韵文化建设”“大运河科创城产业集聚发展”等重点工作，出刊4期，均获区主要领导批示转用，调动各民主党派成员咨政建言热情。全年提交提案议案121件，报送社情民意390多篇，被中央、省、市有关部门录用90多篇次，多篇获领导批示。

【社会服务】 2022年，临平区委统战部发挥各民主党派智力荟萃、人才密集优势，组织“党内党外联动、同心同行服务”活动，深入做好“基层结对共建”“送服务进企业”等社会服务工作，培育“一党派一特色”，打造“临动”社会服务品牌。临平民革与塘栖镇塘栖村结对，打造“同心博爱”品牌；临平民盟与星桥街道汀州学校等特殊学校结对，打造“以盟护萌”品牌；临平民建与南苑街道政协联络工委结对，打造“临里民建”品牌；临平民进以创办开明书画院为契机，打造“开明来临”品牌；临平农工发挥自身医卫资源优势，打造“杏临农工”品牌；临平致公发挥“致荟”阵地优势，打造“致力荟萃”品牌；临平九三发挥科技界别优势，打造“智临九三”品牌。全年，区各民主党派致力于为社区居民带来福音，开展各类“义诊进社区”及医疗咨询活动；为基层群众提供温暖，开展法律援助、农技指导、爱心帮扶；为重点企业解决困难，开展“走亲连心三服务”活动，了解企业现实需求；通过联合及自主开展各类社会服务活动60多次。

（王　洁）

·中国国民党革命委员会临平区基层委员会·

【概况】 2022年年末，中国国民党革命委员会临平区基层委员会（简称“民革临平区基层委”）有党员56人；下设3个支部，其中，一支部20人、二支部21人、三支部15人；市政协委员1人；区人大代表2人、区政协委员11人。全年发展新党员7人。民革临平区基层委被民革省委会评为“2022年度组织工作先进集体”“社会服务工作先进集体”；被民革市委会评为“同心·博爱”社会服务工作先进集体。濮言昶被评为“2022年度民革全省组织工作先进个人”；童昀被评为“2022年度民革全省思想工作先进个人”；谈明毅、高丽娟被评为“民革全省2022年度社会服务工作先进个人”。高丽娟、周旭一、谈明毅、童昀、洪智浩、曹利峰被民革市委会评为“‘同心·博爱’社会服务工作先进个人”；沈忠花被评为“第六届杭州市民间工艺大师”；朱明被评为“2022年杭州市世界遗产金牌文化特使”。

【参政议政】 2022年，民革临平区基层委履职尽责，参政议政。全年提交提案议案12件（其中政协提案10件、人大议案2件），各类社情民意17篇。区政协一届二次大会期间，俞旭霞代表临平民革在政协大会发言《优化企业服务中心建设，跑出营商环境创新试点的加速度》；《关于推进托幼机构健康发展和开办惠民托育机构的建议》和《塑造创新发展新优势，打造生命健康科创高地示范区》被评为优秀提案。参加区委统战部《临听》专刊建言活动，围绕“老旧小区提升改造”“如何推动大运河科创城产业集聚发展”等主题提出意见，均获区主要领导批示肯定。

【社会服务】 2022年，民革临平区基层委开展“同心·博爱”社会服务品牌活动10多次。7月，一支部调研临平职高，探索交流校企合作模式，成立校内实践基地；8月，三支部向鸬鸟镇捐赠爱心图书；10月，临平民革会同区法院、区司法局、区工商联成立“同心·博爱”助企护航社会服务站暨“和之舟”调解中心，成立“和之舟”法律志愿者服务团，为企业在知识产权保护、劳动争议、合同纠纷等方面提供法律帮扶、保驾护航；11月，一支部与南苑商会共建“同心联动助共富”基地，助力共同富裕；11月，二支部到社会服务实践基地塘栖村开展“同心·博爱”进乡村送服务活动，开展法律和医疗服务。

【专题调研】 2022年，民革临平区基层委重视党员理论和业务知识培训学习，通过走出去学习、请进来交流等方式开展集中讨论交流学习会6次。6月，召开“学习中共十九届六中全会精神”专题学习研讨会、省第十五次党代会精神专题学习会；做好服务祖国统一相关工作，9月，临平民革台属台胞党员参加临平区台属台胞中秋联谊活动；11月，到杭州市政协新时代协商民主实践中心开展中共二十大精神专题学习会暨临平民革议政沙龙；11月，到建德千鹤妇女基地及梅城镇开展红色走访活动。

（王　洁）

·中国民主同盟临平区基层委员会·

【概况】 2022年年末，中国民主同盟临平区基层委员会（简称“民盟临平区基层委”）有盟员66人，下设4个支部，一支部19人、二支部16人、三支部16人、离退休支部15人；平均年龄49.82岁；中高级以上职称49人，占比72.2%；省人大代表1人、区人大代表2人、区政协委员16人（常委3人）。年内，民盟临平区基层委获评盟市委先进基层委员会，一、二、三支部均获评盟市委五星级支部。二支部获评盟省委双十佳基层组织，一、二支部获评盟市委示范性基层组织。王巍获市律协个人嘉奖；朱世君获市政府“大综合一体化”改革个人嘉奖；柯诗剑获评“美丽杭州·你我共建”先进典型；兰廷成入选杭州市特殊支持计划培养人选；魏小平入选2022年浙派名师培养对象；钟晓华获评2022年市优秀教育工作者并被提拔为塘栖三中校长；沈慧丽获评区首届名校长；林长春获评区首届名教师；章超获评区师德优秀教师；杨佳获评区五水共治先进个人；于秋娜研发的“文物指纹——基于微痕比对的博物馆藏品管理应用”项目，被公布为浙江省文物局数字化改革“揭榜挂帅”试点项目和“浙江省文物科技保护项目”；陆增友两篇专业论文在核心期刊发表；周明雍分别举办塘栖“超峰古雪”壬寅梅花小品展和“树结宝珍”壬寅年枇杷小品展；陈文锋被评为临平一中第九届“一中好教师”；姜桂芳出版《兰桂齐芳》（诗歌散文选）、《文明传习录》2本书，论文《解码国宝鸟符神徽杭州皇城城市记忆与文化基因》发表在市社科院《杭州蓝皮书——2022年杭州发展报告》，论文《国宝鸟符神徽的文化基因解码研究》被定为2022年重点支助研究课题并获评优秀。

【参政议政】 2022年，民盟临平区基层委围绕中心工作和社会热点难点，参政议政。全年提交提案议案30件（其中政协提案22件、人大议案8件）。区政协一届二次会议期间《对大运河科创城产业发展思路的几点建议》（范松平盟员执笔）做大会口头发言；肖佳撰写的《关于进一步加强全区物业管理的建议》被评为区人大代表优秀建议，杨佳、马锁平撰写的《关于优化临平区红色文化建设的若干建议》被评为区政协优秀提案。杨佳、何思昀、范松平、高隽被评为2022年度区优秀政协委员。

【基层调研】 2022年，民盟临平区基层委撰写调研报告3篇、社情民意194篇、动态信息58篇。章桂娣《关于高龄老人居家养老问题的调研与思考》、成砾莹《探索构建新型养老服务模式的建议》以及高隽《持续深化源头治理，助力创建共同富裕示范区》等3个调研报告提交盟市委。其中，盟省委录用社情民意信息60篇，录用率30.93%；沈国华撰写的《为方便老年慢性病患者配药，建议对药品盒包装药物量设置多种规格》、章桂娣撰写的《关于加强整治老旧小区外挂线路“蜘蛛网”的建议》、兰廷成撰写的《关于推进钱塘江古海塘保护展示与联合申遗的建议》被民盟中央采用，章桂娣撰写的《关于高龄老人居家养老问题的调研与思考》获市长姚高员批示。参加区委统战部《临听》专刊建言活动，围绕“老旧小区提升改造”“如何推动大运河科创城产业集聚发展”等主题提出意见，均获区主要领导批示肯定。

【专题学习】 2022年，民盟临平区基层委开展学习宣传贯彻中共二十大精神系列专题学习活动。组织集中收看开幕式；结合“盟员之家”活动多次组织学习中共二十大报告和决议；到建德开展“寻访建设成果·感悟二十大精神”主题实践活动；民盟临平基层委主委章桂娣、盟市委副主委方爱龙分别宣讲中共二十大精神，两级班子和骨干盟员开展专题学习。通过举办“矢志不渝跟党走·携手奋进新时代”主题教育、“重温杭盟历程·赓续先贤精神”线上主题朗读活动等形式开展思想政治建设，全年，集中学习各类会议、文件、报告活动20多次。举办“薪火相传、携手共进”接力跑活动等，纪念“五一口号”发布74周年，庆祝杭州民盟成立75周年，获评优秀组织奖和优秀公益奖。

【社会服务】 2022年，民盟临平区基层委打造“以盟护萌”社会服务品牌。在汀洲学校举行“以盟护萌社会服务实践基地”揭牌仪式，活动信息被《人民政协报》、人民网、《浙江政协同心苑》《联谊报》等多家主流媒体报道。一支部以学校为基点，郑怡、黄丽英、茅君平、周明勇、于秋娜等盟员发挥本职特长开展教学讲座。二支部深化与新安社区“支部—社区”共建，为辖区内物管会成立提供法律支持，组织盟员参与社区二十大安保巡查等。三支部发挥支部特色，李存勇、董雪霞、沈静芬等盟员在盟市委和区里组织的对口帮扶、帮助贫困学生、治沙造林等活动中纷纷捐款捐物。

【组织建设】 2022年，民盟临平区基层委组织建设规范有序，制定出台《民盟临平区基层委员会宣传工作规范》等一系列特色化制度，修改完善《民盟临平区基层委员会组织发展工作基本程序和要求（试行）》，严格入盟程序和要求，坚持目标导向，突出质量优先。全年发展新盟员5名。

（王　洁）

·中国民主建国会临平区基层委员会·

【概况】 2022年年末，中国民主建国会临平区基层委员会（简称“民建临平区基层委”）有会员96人，发展新会员6名。下设4个支部，一支部22人、二支部22人、三支部26人、四支部26人；区政协委员20人（其中常委3人）。民建临平区基层委员会4个支部连续第二年均获市委会年度考核优秀荣誉称号。

2022年6月，民建临平区基层委与南苑街道结对，在艺尚小镇历史文化街区新建“民建之家”，区政协主席张俊杰，区委常委、统战部部长杨文闯，市委会专职副主委张琳等到现场揭牌。民建临平区基层委涌现一大批优秀会员企业。会员王勇所在企业获评国家级专精特新“小巨人”企业，会员邓华强、李儒月所在企业上榜第四届浙商青云榜；会员郑哲所在企业获评临平区政府建筑业安全生产文明施工十大优秀企业。会员邓华强被评为年度十大“青云浙商”；吴旭东、邓华强等成为浙江省民建企业家协会理事会员；会员王立方、李锦洪、孟镝、李儒月成为浙江省民建企业家协会会员；会员吴旭东参加工业和信息化部组织的“产教融合产业实践教授”的参评；会员陈雪亮获评教授级高级工程师；会员张哲人被评为浙江省优秀青年律师、临平区十佳优秀青年，会员高升被评为临平区首届优秀新生代企业家，会员俞宏、张哲人、闻建明被评为2022年度优秀政协委员；闻建明被杭州市中华职教社评为年度优秀会员；会员陈霄薇、王舒被评为2021年度优秀公务员。

年内，民建临平区基层委在各大媒体上宣传亮点纷呈，塑造临平民建“有正气、有活力、有温度”形象。临平民建助力美化校园活动，被杭＋新闻客户端、杭州电视台、《杭州日报》等多家媒体报道；临平“民建之家”启用，被《杭州日报》报道；临平民建会员邓华强、李儒月参加浙商“青云说LIVE”直播活动，被人民日报客户端报道；为营造良好“迎亚运”氛围，民建会员毛新雨企业被省、市、区级媒体宣传报道。《民建杭州临平区基层委走进四川石渠传递爱心》被民建中央网站及《民讯》刊发、《杭州临平：“基地+”构建民主党派助力共同富裕“新矩阵”》被中新网、浙江新闻网等报道。

【参政议政】 2022年，民建临平区基层委围绕区委中心工作、民生事实建言献策、履职尽责。20名政协委员重点关注产业发展、营商环境提升、物业管理等经济社会民生领域，提交提案25件，俞宏《关于推进临平区小微企业园区安全生产标准化建设的建议》获评区政协年度优秀提案。区政协一届二次会议期间，《“生物经济”助力临平未来产业发展》入选大会书面发言材料。参加区委统战部《临听》专刊建言活动，围绕“老旧小区提升改造”“如何推动大运河科创城产业集聚发展”等主题提出意见，均获区主要领导批示肯定。

【专题调研】 2022年，民建临平区基层委向市委会及区委统战部上报社情民意46篇，内容涉及民生事业、宋韵文化打造等多个领域。其中二支部蒋霄阳《“双减”背景下体育类培训机构存在三方面问题亟待进一步加强监管和引导》、一支部张哲人《进一步完善监察调查与审查起诉相衔接机制，不断健全国家监察体制》被民建中央采用，三支部黄继生等《关于进一步推进工业园区污染防控体系和能力建设的建议》被民建省委会采用；申报杭州市招标课题3项，《关于“东数西算”相关问题研究》作为省委会立项课题。《关于推进共有产权住房建设的若干建议》被市委会录用，获得市委书记批示。《加快民办博物馆发展、助力打造新时代文化高地》经市委会春季招标立项。《关于加快推进我省生物医药产业高质量发展的建议》作为市政协集体提案。

【社会服务】 2022年，民建临平区基层委重点打造“临里民建”社会服务品牌，发挥社会服务职能。举办“临里民建”社会服务品牌发布会，邀请郭清晔主委等市、区领导参加，由临平民建企业家联谊会发起成立“宋韵文化发展中心”，助力临平区“文化共富”。临平民建企联会参与“临里民建”社会服务品牌建设，捐款捐物55万多元，开展帮扶石渠县的三年消费扶贫计划以及接待四川省甘孜藏族自治州石渠县代表团来访活动，密切帮扶联系。会员谢宇罡、方音华、俞翔带上捐赠物资（血氧仪，书包等学习用品）及爱心帮扶资金19.4万元，远到3000千米外海拔4500米的石渠县，对两个村进行帮扶，爱心结对27名起坞乡贫困藏族学生。

（王　洁）

·中国民主促进会临平区基层委员会·

【概况】 2022年年末，中国民主促进会临平区基层委员会（简称“民进临平区基层委”）。有会员57人，下设三个支部，一支部19人、二支部18人、三支部20人；市政协委员1人、区人大代表4人、区政协委员10人（常委3人）。

年内，民进临平区基层委获“庆祝杭州民进成立70周年系列活动特别贡献奖”，被评为“民进杭州市委会年度学习宣传工作先进集体”“民进杭州市委会年度参政议政工作先进集体”。江小洪主笔的《构建职业教育新格局服务临平高质量发展》获得区政协一届二次大会主旨发言。郑超主笔撰写的《践行美好教育 推进“双减”落实》获得区政协一届三次大会书面发言。陈强主笔的《深挖“宋韵文化”，助力临平区共同富裕》被选为区政协优秀提案。陈强获评“庆祝杭州民进成立70周年系列获得特别贡献奖”“民进浙江省委会年度优秀基层组织负责人”“民进浙江省委会2017—2021年度优秀会员”。李君获评“黔西南‘星火计划、科技扶贫’试验区帮扶工作突出贡献奖”。孙芬华获评“民进杭州市委会年度学习宣传工作先进个人”“民进杭州市委会年度参政议政工作先进个人”。马亚琴获评“民进杭州市委会”十佳“基层组织负责人”。涂晓堃获评“民进杭州市委会社会服务工作先进个人”。陈聪获评“杭州民进履职活动品牌征集一等奖”。马亚琴、赵春锋获评年度区政协优秀委员。戴园丽全程组织策划两场文艺赛事（第十二届中国曲艺牡丹奖全国曲艺大赛和临平艺术节）。许晓明代表临平出演小品《施昕更》和《抢地盘》参加全国牡丹奖比赛，用文化作品表现民进人风采。李君继续推进“同心彩虹”西部幼教帮扶，获黔西南“星火计划、科技扶贫”试验区帮扶工作突出贡献奖。金卫东参加由省政协、省传统文化促进会联合举办的喜迎二十大作品展，向黄宾虹艺术馆捐赠作品；应邀参加由省委统战部、省台办、省海外联谊会、黄埔军校同学会等联合举办的浙台交流周十周年庆典活动。李忠根获省书法家协会第三届“赵孟頫杯”全国书法篆刻展入展。戴晓瑛获省针灸学会针推结合专委会年度先进个人。马亚琴获评年度临平区平安建设先进个人。蒋天一到区内上市公司开展“助力本土上市企业 营造一流营商环境”

活动，为上市公司提供供排水延伸服务，赠送饮用水。

【参政议政】 2022年，民进临平区基层委举行学习交流活动4次，召开退休会员座谈会1次，召开信息宣传工作会议2次。邀请市委会调研处、宣传处负责人开展座谈、邀请老会员分享经验，通过听、写、说以及传帮带等多种方式提升会员的履职水平。57名会员中，有“80后”会员17名、“85后”会员7名。年内，拟加入组织的民进之友3名。基层委严格入会程序，严把入会关，吸纳“80后”“85后”的青年入会。

【专题调研】 2022年，民进临平区基层委开展课题调研，全年撰写课题调研文章4篇，结合省委会开展主题为“谱写新时代‘重要窗口’美好教育篇章，助力高质量发展建设共同富裕示范区”的开明教育论坛征文，郑超主笔撰写的《高中阶段区域教育一体化的问题与建议》获省委会开明教育论坛二等奖，周黎霞主笔撰写的《关于义务教育阶段稳妥推进“双减”工作取得的成效与问题建议》获省委会开明教育论坛优秀奖。郑超主笔撰写的《践行美好教育 推进“双减”落实》获区政协一届三次大会书面发言。全年撰写社情民意信息70篇，其中，被民进中央和省委会录用7篇，被市委会或市党委信息录用19篇。参加区委统战部《临听》专刊建言活动，围绕“老旧小区提升改造”“如何推动大运河科创城产业集聚发展”等主题提出意见，均获区主要领导批示肯定。孙芬华撰写的《加强血液制品管理》被民进中央录用。李君撰写的《完善托育服务机构体系建设，打造“浙有善育”金名片》获省委会参政议政优秀成果二等奖。姚瑛撰写的《关于在杭州市实行孕产妇免费心理健康筛查的建议》、庞国莎撰写的《建议宫颈联合筛查（TCT+HPV）常规纳入妇女病普查》等获省委会录用。基层委延伸履职谏言手臂，发挥“资政建言工作室”作用，以老带新、结对帮带，帮助多渠道收集信息，撰写出高质量社情民意。

【社会服务】 2022年，民进临平区基层委员会成立临平民进文化艺术院和临平民进企业家联谊会两个社会服务工作机构，推出具有临平民进特色的“正道杭行·开明来临”社会服务品牌，拓宽社会服务渠道和路径。全国第12届残疾人健身周暨“残健融合、共创共享”迎亚残运盲人健身活动，提供“同心同享 真情传递温暖”爱心车队公益服务。企联会会员涂晓堃、吴亮亮到遂昌开展心理赋能结对帮扶活动，支持“山海协作”帮扶云和送服务进校园活动。

（王　洁）

·中国农工民主党临平区基层委员会·

【概况】 2022年年末，中国农工民主党临平区基层委员会（简称“农工党临平区基层委”）有党员71人。下设3个支部，一支部21人、二支部26人、三支部24人；平均年龄50.3岁；中高级以上职称52人，占比73.2%；医卫系统43人，占比60.5%；市人大代表2人、市政协委员1人、区人大代表3人（常委1人）、区政协委员14人（副主席1人、常委3人）。2022年发展新党员12人。

【参政议政】 2022年，农工党临平区基层委学习贯彻中共二十大、农工党十七大精神，围绕省、市中心工作和高水平建设“数字临平·品质城区”主线，凝聚共识，协商议政，建言献策。全年完成调研报告4篇、社情民意50多篇、动态信息20多篇。参加区委统战部《临听》专刊建言活动，围绕“老旧小区提升改造”“如何推动大运河科创城产业集聚发展”等主题提出意见，均获区主要领导批示肯定。区政协一届二次会议期间提交提案议案18件（其中人大议案3件、政协提案15件），涵盖产业升级、科技创新、营商环境、民生福祉、基层治理、美丽乡村等多个方面，临平农工党与科技界别组作《以数字赋能推动低效工业企业升级增效》的大会发言，作《关于进一步普及体外除颤、心肺复苏急救知识，提升市民急救技能的建议》的书面发言。全年基层委各级人大代表、政协委员积极履职，王朝丽、马洁获市人大代表履职积极分子，易春红获区人大履职积极分子，马洁、孙玉英获区政协优秀政协委员，戴劲获区政协社情民意信息工作优秀个人。市委会年度表彰方面，戚小芬获评宣传工作先进个人，江筠、汤凌、戴劲获评专项民主监督工作先进个人，王朝丽获评社会服务先进个人。

【专题调研】 2022年，农工党临平区基层委配合市委会开展对口临平区“聚焦共富示范高质量打造共享幸福新天堂”专项民主监督，到全区三大平台八个镇（街道）的实地调研，听取临平区聚焦市委行动计划以及市第十三次党代会关于打造共享幸福新天堂相关决策部署落实情况介绍，了解数字赋能传统企业发展、区域发展布局、项目建设、存量建设用地等情况以及在品牌集聚、推动产业提质增效、提高土地利用率等方面存在的困难和不足，形成专项民主监督报告向市委汇报。

【社会服务】 2022年，农工党临平区基层委推进“浙江省民主党派基层建设现场教学基地”“浙江省统战系统廉政文化教育基地”教学活动，打造“讲好杭州故事、讲好廉政故事、讲好统战故事”的临平农工品牌，开展故事写作讲座、水乡故事会、家风故事进社区等系列活动。全年故事团队主要活动有：党员丰国需及其故事团队入驻临平区临平街道桂芳桥老茶馆，成立“上塘宋韵”丰国需故事工作室，让更多的临平人了解自己的历史文化，彰显临平农工“故事团队”品牌；故事团队成员孙惠华和曹燕参与塘栖镇“我们的云上春晚”“藕花洲故事会”、临平街道桂芳桥老茶馆百姓书场故事会、塘栖乘风凉故事会、庙东社区与“粽”不“童”故事会等各类故事活动22场，参与区总工会“红色故事荟”专题系列网络直播活动2场；丰国需、胡繁甫合作的《运河街道风情》《运河街道风物》两书由浙江大学出版社出版，丰国需、黎艳珠完成临平名人故事创作《何思敬》《吴昌硕》，丰国需、孙惠华创作关于盲人门球和美丽乡村的剧本，用于塘栖非遗项目皮影戏的演出。

2022年，农工党临平区基层委通过优化服务方式、丰富服务内容、提升社会服务水平，打造“杏临农工”社会服务品牌，结对服务新城社区、小林社区、运河街道美丽乡村、东湖街道未来社区，将健康服务进社区、进乡村项目从传统的义务诊疗升级到关注饮食健康、心理健康、疾病预防等全方位大健康服务。基层委结合临平区经济发展、社会环境、人口结构等实际发挥党派特色，开拓更多新的社会服务领域，鼓励基层委党员分批次参加各类社会保障服务，配合市委会对口帮扶大方县、临平区对口帮扶石渠县工作，承担大方县党政代表团到杭州考察工作接待、定向向石渠县教育帮扶项目捐赠2万元。

（王　洁）

·中国致公党临平区总支部·

【概况】 2022年年末，中国致公党临平区总支部（简称“致公党临平区总支部”）有党员27人，下设2个支部，一支部14人、二支部13人；平均年龄42.7岁；市政协委员1人、区政协委员8人（副主席1人、常委3人），委员分属归侨、科技、妇联界别，委员数占党员人数近1/3；省级海外人才1人。致公党临平区总支部发展新党员5名、预备党员4名。致公党临平区总支部多名党员新任其他社会职务。如党员刘漪任区侨联副主席及侨青会会长，党员朱建静、卢俊卿任侨青会副会长，党员王珏、预备党员陶柔静及朱奕蓉任侨青会理事。致公党临平区总支部获评省、市多项荣誉，获评年度省委会侨海联络工作优秀集体、市委会组织工作及社会服务工作先进集体；党员杨晓慧获评省委会组织工作先进个人、市委会参政议政工作先进个人；党员王鹄获评首届“杭州致公风采人物”。

【参政议政】 2022年，致公党临平区总支部围绕民生热点、社会实事，履行职责，参政议政。区政协一届二次会议期间，党员委员们就保障和助力亚运会（残运会）建设、加速发展跨境电商、保障改善民生、加强大运河文化保护及宣传等深入协商讨论，提出许多建设性意见和建议。提交提案10件，其中集体提案1件。党员刘漪代表总支作题为《发展直播电商助推临平时尚产业》的发言，得到区政府主要领导肯定；党员杨晓慧、沈琦、俞清、卢俊卿作为委员代表，共同启动“临平数智政协平台”发布仪式；委员卢俊卿、刘漪接受临平融媒体采访，介绍关切问题，表达履职决心，传递委员心声，发出临平致公“好声音”。李萍委员所在妇联界别组获评“年度先进界别组”；沈琦、卢俊卿、朱建静、俞清等委员所在侨联界别获评“年度先进界别组”及“年度社情民意先进单位”，侨联界别集体提案《关于加快推进专精特新企业发展，提升临平区制造业核心竞争力的建议》获评“年度优秀提案”；杨晓慧委员《关于发起成立“京杭大运河名镇联盟”的建议》被评为“年度优秀个人提案”。

【专题调研】 2022年，致公党临平区总支部获市、区级立项调研课题4项。其中统战部立项2项、市级立项1项（《以大运河国家文化公园建设（临平段）为例，文旅融合推进城乡共同富裕》）。

【社会活动】 2022年，致公党临平区总支部围绕“同心同行·共富有我”主题开展“议政日”活动，为楼宇经济再发展出谋划策。区发改局、区财政局、区税务局、区商务局等部门交流临平区楼宇经济发展情况、解读税源经济优惠等政策，临平新城管委会和南苑街道就服务楼宇经济进行发言。与会政协委员结合本职工作从优化发展定位、提升服务管理、强化政策引导等方面协商建言。

参加区委统战部《临听》专刊建言活动。党员陈忠丽、张森伟、董坚等分别围绕“老旧小区提升改造”“如何推动大运河科创城产业集聚发展”等主题提出意见，相关意见和建议均获区主要领导批示肯定。年内，致公党临平区总支部“致荟”基地成功创建省级“致公之家”，有上下两层227平方米建筑面积；致公党临平区总支部推进“书香支部”“书香政协”活动，引导党员多读书、读好书、善读书，固定开展读书党员分享活动，全年有6名党员结合各自擅长领域做读书分享或工作分享。11月以组织观看梁晓声茅盾文学奖作品改编话剧《人世间》、党员捐赠及采购方式，在“致荟”活动中心设立党员图书借阅室，推选总支党员丁煜州作为致公党浙江省委会唯一代表，参加致公党中央召开的“书香机关”读书心得分享会并作交流发言，分享《习近平书信选集》第一卷的读书心得。通过各种渠道扶贫帮困、奉献爱心。总支部副主委张国强、一支部副主委张森伟等多次参与南苑街道河南埭社区活动，如“3·5”学雷锋日等，为社区群众提供法律常识、口腔保健等咨询义诊。总支副主委张国强、二支部主委卢俊卿协同“致善同盟”成员单位共同开展“助力‘留浙过年、共筑亚运’·为亚运场馆建设者加菜”的慈善活动，为200多名响应政府号召留杭过年的亚运场馆建设者送上节日的问候。总支一支部委员沈琦为临平区汀洲学校“侨爱职训基地”捐款4.7万元。

（王　洁）

·九三学社临平区基层委员会·

【概况】 2022年年末，九三学社临平区基层委员会（简称“九三学社临平区基层委”）有社员68人。下设3个支社，一支社24人、二支社22人，三支社22人；平均年龄47.8岁，其中80后占比38.5%，均为高中级知识分子；市人大代表1人、市政协委员2人、区人大代表2人、区政协委员13人。年内，发展新社员5名，九三学社临平区基层委二支社获评社市委四星级支社；一、三支社获评三星级支社。应健获评杭州市名师乡村工作室主持人；常青获评年度区规划和自然资源管理工作先进工作者；单华获评区卫健系统平安建设先进个人；赵哲光企业入选年度浙江省专精特新中小企业名单；左昔清任杭州市中医药协会中医重症专业委员会副主任委员、浙江省中西医结合学会第五届急救医学专业委员会委员；游小文获评巴塘县妇计中心2021年度对口支援先进个人、浙江省驻甘孜工作队“先进专技人才”；吴君平获评临平区区域诊疗中心建设项目学科带头人。

【参政议政】 2022年，九三学社临平区基层委以建设“有影响力”组织为载体，提升参政议政力度。全年提交提案议案23件（其中政协提案20件，人大议案3件）。区政协一届三次大会期间，提案《关于进一步推动临平区工业稳进提质的建议》列入大会发言交流材料，由施旻涛作大会发言；王新龙撰写的《关于进一步加快安置房剩余资产规范处置的建议》、袁见华撰写的《关于进一步提升临平区医疗急救能力的建议》列入优秀提案；施旻涛获评优秀政协委员。

【专题调研】 2022年，九三学社临平区基层委撰写调研报告3篇，社情民意20多篇，动态信息18篇。其中二支社社员罗轶撰写的《构建居家医疗物联网（IoMT），打造数字家庭医生》、一支社社员邵晴盈撰写的《农村建房从“见缝插针”到“无缝可插”亟须引起重视》、一支社社员杨世杭与其他支社合作撰写的《关于优化直播行业税务处理模式的建议》等文章获社省委录用。各支社参与区委统战部《临听》建言活动，包括陈政报送《探索工业存量用地有机更新模式和路径》、谢蕾报送《关于加快推进“临平区老旧小区改造”可持续发展的若干建议》等文章，均获区主要领导批示肯定。

【社会活动】 2022年，九三学社临平区基层委参加社市委及区委统战部各类活动。全年为每位社员发放2～4本书籍，组织线上交流学习心得，提升社员素养；建设“九三之家”2个，分别为党派同心楼九三之家、开发区茧·SPACE园区综合楼活动室。九三学社临平区基层委发挥组织优势，打造“智临九三”社会服务品牌，开展送医疗进社区、送温暖进基层、送服务进企业互动，提升社会服务的能力和水平。九三学社多位企业负责人加入成长导师团，为学生们提供职业规划、面试技巧等服务，设立女大学生就业创业联络站，推进校企共建；开展各类“义诊进社区”活动，如在蓝庭社区、梅堰社区等地开展义诊及医疗咨询活动，扩大九三学社的影响力。

（王　洁）

（责任编辑　俞帅帅）

群众团体
Mass Organizations

·临平区总工会·

【概况】 2022年，临平区镇（街道）、平台总工会10家，局系统工会32家。年末，全区有下属基层工会1287家，其中单建工会1086家、区域（行业）联合工会201家，涵盖单位5798家、职工20多万人。临平区建新业态工会39家（单建工会33家、联合工会5家、工会联合会1家），村社联合工会覆盖新业态企业40家。年内临平区总工会部署开展以“产业工人能级工资”为主要内容的集体协商邀约行动，指导基层工会配合政府围绕援企稳岗举措落实与企业方开展集体协商。其中单建工会签订协议847家，涵盖职工人数99930人，联合工会签订协议175家，涵盖企业3057家，涵盖职工人数27149人。开展法治宣传教育活动，做好《中华人民共和国工会法》《保障农民工工资支付条例》《中华人民共和国民法典》宣传，开展临平工会微信公众号普法宣传13期，提高职工依法维权、企业依法用工意识。发挥基层工会联系职工最直接的优势，助力平安创建等社会治理工作，发挥工会志愿者力量，发放宣传单1.5万张，海报200份，临平工会微信公众号专题推送4期。开展工会劳动法律夏季专项监督行动，参与建设领域欠薪“百日攻坚”专项检查督查行动，运用市总“智慧工会”平台及时处理预警13起，把矛盾纠纷化解在萌芽。区总工会通过工会干部带头讲、专业团队深入讲、劳模工匠现身说、网络媒体在线播等方式，开展宣讲活动80场，参与职工6300多人次。邀请中共二十大代表、全国五一劳动奖章获得者高娅琴宣讲中共二十大报告精神，工会“匠心宣讲团”被列入区第二批基层宣讲联盟特色宣讲团，招募“宣讲在线”宣讲员20多名，开展中共二十大精神宣讲60多场。

【社会公益组织工会成立】 2022年6月10日，临平区红乔公益联合工会委员会在乔司街道成立。这是杭州市首家社会公益组织联合工会，乔司辖区内众多公益组织有一个互通联系的平台，为志愿者们提供一个“遇到困难想得起，表达诉求找得到，解决问题靠得住”的志愿者之家。

【新时代和谐劳动关系三年行动方案出台】 2022年9月19日，临平区召开构建新时代和谐劳动关系推进会，出台《临平区构建新时代和谐劳动关系三年行动方案》，围绕构建新时代和谐劳动关系的主题主线，聚焦临平区新时代产业工人队伍建设改革“五大行动”，实施新时代和谐劳动关系“八大工程”，加快健全政府、社会协同、企业和职工参与、法治保障的工作体制，构建企业与职工的利益共同体、事业共同体、命运共同体。会上，认定20家首批构建新时代和谐劳动关系示范单位。

【大运河杯首届大学生创新创业大赛】 2022年6月10日，“尚青春·创未来”大运河杯首届大学生创新创业大赛总决赛颁奖仪式在临平大运河畔举行。作为2022年临平区科技人才月子活动之一，大赛自5月6日启动后，得到北京、上海、深圳、广州、杭州等多地高校的关注和参与，收到120多个项目，涵盖文创、教育、电子信息、新能源等领域。经过初筛，89组选手进入初赛，创新组和创业组各决出一等奖1名、二等奖2名、三等奖3名。

【职工技能比赛】 2022年6月10日，大运河杯首届大学生创新创业大赛总决赛现场同步启动2022年临平区职工技能争霸赛，开展“1+5+30”场次职工技能争霸赛，即承办市级大赛1场、主办“临平工匠杯”区级精英赛5场、“临平共富杯”群英赛30场。评选出“区技能状元”“区技术能手”，享受区级E、F类人才待遇。

【工匠学院联盟成立】 2022年6月10日，“临航未来”工匠学院联盟成立仪式在杭州市临平区举行。该联盟由临平区总工会联合区人社局、区教育局等16家单位共同成立，围绕装备制造、生物医药、时尚家纺等重点产业集群建设，以培育知识型、创新型、复合型高技能人才为重点，凝聚职工创新活力，引领广大劳动者走技能成才之路。

【“守好红色根脉·班前十分钟”企业活动】 2022年5月，临平区总工会在全区产改试点企业中组织启动“守好红色根脉·班前十分钟”活动，各企业班组和新业态组织结合自身特点，挖掘临平“红色根脉”，讲述劳模工匠小故事、企业文化小故事、职工身边温暖励志小故事。以“党旗飘扬”“榜样力量”“普法课堂”“乐享健康”“建言献策”等为载体，实现55家产改试点企业全覆盖，参与职工7000多人次。

【困难帮扶】 2022年，临平区总工会帮扶困难职工家庭95人（户）次，发放慰问补助款37.75万元。开展“四送四助”活动：冬送温暖活动，筹措资金100多万元，惠及职工1.3万人次；“春送岗位”活动，线上直播间12.25万人次参与收看互动，线下设置企业招聘展位34家，提供工位近500个，达成就业意向265人次，“云招聘”活动发布招聘信息6期，推出岗位850个；“夏送清凉”活动，筹措资金30多万元，惠及职工近3000人次；“金秋助学”活动，惠及职工51人次。开展“小候鸟”暑期关爱活动，举办“小候鸟”暑期爱心班92期。

【在职职工医疗互助保障】 2022年，临平区医疗互助参保单位1155家，参保总人次212333人，参保金额8352492元。截至11月9日，在职住院险种补助2047人次，补助金额1605839元；重大疾病险种补助739人次，补助金额668900元；女职工重大疾病险种补助10人次，补助金额17万元。合计补助2796人次，补助金额2444739元。

【爱心驿家及爱心驿家联盟建设】 2022年，临平区拥有省级“最美工会户外劳动者服务站点”2家，市级“爱心驿家”15家，区级“户外劳动者服务站点”3家，爱心驿家联盟成员单位59家，12月临平街道总工会北大街商圈工建服务站爱心驿家、临平邱山大街电信营业厅“爱心翼站”获评中华全国总工会“最美工会户外劳动者服务站点”。爱心驿家联盟开展主题活动13场，服务职工4600多人次。爱心驿家联盟成员单位服务对象超过8万人次，配备各类物资上万件，投入资金60万元以上。

【群众文体活动】 2022年5月，临平区纪委监委与临平区总工会联合开展“藕花清韵满汀

洲 共富奋进二十大”职工书画摄影比赛，征集职工书画摄影作品928件，评选获奖作品60多件，在临平、塘栖两地进行获奖作品巡展，推出H5微场景和线上VR观展。年内，开展趣味运动会、绿道毅行、象棋围棋等体育活动20多场，参与职工550多人次。组织职工参加全市职工运动会，在街排舞、象棋、趣味跳绳等项目取得佳绩。

【职工文体培训】 2022年，临平区工人文化宫举办“有课来临”系列“五进”活动，通过“职工文化专列”进家庭、进村社、进机关、进企业、进学校5个主题活动，开展书法、烘焙、茶艺、香薰、舞蹈等公益课程85期，参与职工2500多人次。将有课来临部分课程进行拍摄，录制“云上课程”系列视频14期并在微信公众号、群团集市等平台发布，拓宽“有课来临”公益课程辐射面。年内，临平区工人文化宫开展职工学历提升工程，1000多名职工报名参加本、专科学历提升。

【数智工会建设】 2022年，临平区总工会数智工会项目入库浙江省总工会创新项目，成效在《光明日报》等进行报道。“数智群团”发布各类活动信息115篇；“一呼百应”应用场景发布431次志愿活动，21015名志愿者参与；“有缘来临”应用场景活动55场。临平区被确定为杭州市深化市数智群团建设试点单位，“一呼百应”应用场景入选2022年浙江工会数字化改革地方特色创新项目，“有缘来临”应用场景在全市工会数字化改革推进视频会上做演示交流，《临平区有缘来临助力新业态劳动者精神共富》被浙江省数字化改革实践创新案例库收录。

【劳动模范和模范集体表彰】 2022年5月6日，临平区劳动模范和模范集体表彰大会召开。授予50人“临平区劳动模范”称号，15个集体“临平区模范集体”称号。区劳动模范中，一线职工和专业技术人员不低于55%，农业人员不少于10%。

【临平工匠认定】 2022年9月19日，临平区召开“临平工匠”认定发布会，认定2022年“临平工匠”20名。浙江华江科技股份有限公司张斌、杭州老板电器股份有限公司汪寅、杭州西子智能停车股份有限公司马建峰、杭州余杭正新镀膜有限公司孙志刚、杭州市临平职业高级中学周超、杭州市乔司职业高级中学郑美玲、杭州东华链条集团有限公司卢国强7名职工入选2022年“浙江工匠”培训项目名单；铁流离合器谢茂青获评杭州工匠；贝达药业高娅琴获“杭州工匠”提名奖。

【省级关爱职工公益伙伴纽带计划试点】 2022年7月13日，浙江省总工会办公室发布《浙江省总工会关于发布提升职工生活品质省级试点单位名单的通知》，杭州市临平区职工服务中心被浙江省总工会评为浙江省“职工服务中心赋能增效打造服务职工综合体试点”；杭州诺邦无纺股份有限公司被确定为“提升职工生活品质塑造幸福生活环境企业试点”；杭州市临平区老板电器公益慈善基金会、杭州市临平区滴水公益服务中心、浙江省理想国际慈善基金会、杭州市临平区乔心愿公益服务中心、杭州市临平区心向阳社会工作服务中心5家单位被确定为“关爱职工公益伙伴纽带计划试点”；杭州市临平区临平街道总工会、杭州市临平区塘栖镇总工会、杭州市临平区南苑街道总工会被确定为“新就业形态劳动者温暖行动试点”。

【老板电器电商部获全国工人先锋号】 2022年4月28日，中华全国总工会召开大会，杭州老板电器股份有限公司电子商务本部获“2022年全国工人先锋号”荣誉称号。老板电器电商部通过店铺直播，启动社群运营、达人带货、下沉市场等多元渠道。2021年，电商部销售额突破40亿元，比上年增长近30%，成为老板电器业务增长的主心骨。

【全国职工职业道德建设先进单位获评】 2022年12月，中华全国总工会、中共中央宣传部、中央文明办、工业和信息化部、商务部、国务院国资委联合印发《关于表彰第十七届全国职工职业道德建设标兵单位、标兵个人和先进单位、先进个人的决定》，贝达药业股份有限公司获评“全国职工职业道德建设先进单位”，是浙江省生物医药领域唯一受到表彰的单位。

（方凤娣）

·共青团临平区委员会·

【共青团组织建设】 2022年，共青团临平区委员会印发《临平区县域共青团基层组织改革任务清单》，高质量推动县域共青团基层组织改革任务，推进团工作全方位、系统性变革。新建工信部电子五所服务型制造研究院等非公团组织90家，成立艺尚小镇、算力小镇等特色小镇团委，组建临平迎宾路综合体团建联盟，建立余之城枢纽型“青年之家”，服务商圈青年3500多人。推出老板、春风、西奥3家未来工厂“链”上新建团组织25个，凝聚团员青年2000多人。开展城市基层团组织改革，建立南苑街道文仪社区团员青年“双报到”机制。成立社会组织、农创客、交通运输、建筑等重点行业团工委，靶向性联系服务行业青年群体。

【共青团干部队伍建设】 2022年，共青团临平区委以“团建项目化”方式梳理基层团组织项目33个，通过工作晾晒、赛马比拼等机制提升各级团组织组织效能。抓好团干部团员队伍建设，落实团干部“作风建设”三年行动，对36名团（工）委书记开展谈心谈话。完善“三会两制一课”工作机制，鼓励产业平台、行业团工委创新主题团课和学习方式。

【青少年思想道德建设】 2022年，共青团临平区委打造“藕花洲·青年大学习”品牌，深入学习中共二十大、习近平总书记在庆祝中国共产主义青年团成立100周年大会上的重要讲话精神、浙江省第十五次党代会精神等，激活青年学习小组990个，覆盖青少年10万人次，相关做法在《中国共青团》上刊登。举办“沿着总书记的浙江足迹”读书分享会、“贯彻党的二十大精神 争当学习弄潮儿”等区级学习分享活动20多场。成立“新时代临平青年说”宣讲学院和“弘临”少年先锋说宣讲团，挖掘培育“00后”“10后”宣讲新生力量。立足经济技术开发区、临平新城、大运河科创城三大产业平台，组建青企兵、互联网企业“云”宣讲、“乡村CEO”等宣讲队伍，在网络平台、工厂车间、田间地头开展宣讲30多次，覆盖新业态新领域青年3000人次。

【青年就业创业服务】 2022年，共青团临平区委推出区“青春共富”计划，联合农商行发放“杰出青年贷”“青年工匠贷”等贷款678万元。成立杭州全球青年人才中心临平分中心，建成拥有1.93万名临籍学子的信息库，在国内外一线城市布点“七个覆盖”近2000名临籍青年人才的学子工作站。联合区人力社保局新认定实训基地81家，开展“百岗千人”返家乡实践活动，为1700名高校学生提供355个社会实践岗位，服务青年创新创业相关案例在《中国青年报》上刊发，12个单位和个人获共青团省级以上荣誉。成立临平区未来乡村团建联盟，推选2名青年获评省“青牛奖”，引领青年成为乡村振兴“领头雁”。评选临平区第一届“十大杰出青年”“十佳优秀青年”“十大杰出青年企业家”，发挥优秀青年示范引领作用。

【青年志愿服务】 2022年，共青团临平区委投身亚运志愿服务，做好全国空手道锦标赛服务工作，完成全区16个亚运V站建设并做好站点维护管理，开展区级志愿服务活动4次。联合区委宣传部成立杭州市首个区县级志愿服务联合会和临理志愿服务学院，开展新时代文明实践志愿服务项目大赛、“青春社区”志愿服务项目展示等活动。推进共青团助力“双减”常态化托管志愿服务省级试点，组建“青助双减”暑期志愿服务队，202名志愿者参与全区22个点位暑期托管工作。

【阳光青少年美好成长工作】 2022年，共青团临平区委把“深化阳光青少年美好成长行动，推进青年发展型城区建设”写入区委全会报告。突出青少年群体关爱保护，在全市率先以区委办名义印发《临平区阳光青少年美好成长行动实施方案》，以13项品牌重点举措筑牢青少年身心健康防线，建立覆盖镇街、村社的青少年工作专职力量，成为全省首个实现镇街青少年事务专职工作者配备率100%的区县。成立篮球社、足球社、非遗文化等7个团办青年社团，组织开展首届青年篮球邀请赛、“亲青恋·刚好遇见你”青年交友等文体联谊活动8次，覆盖青年1200多人，促进青年城市融入。

【少先队工作】 2022年，共青团临平区委出台全市首个村社少工委工作指引，构建“社区伙伴”成长圈，创新探索社会少先队阵地规范性、制度性标准化体系建设。建立“社区（大队）—小区（中队）—成长小组（小队）”的三级社区少先队组织体系，辖区有中小学的村（社区）100%建立少工委。完善社区少工委数字化服务平台和交流渠道，各社区活跃373个成长小组，报到少先队员6820人。建立区级校外辅导员百名人才库，将校外辅导员培训纳入全区少先队辅导员培训计划，召开社区少先队辅导员培训会两次，提升辅导员队伍专业素养。

（厉硕文）

·临平区妇女联合会·

【概况】 2022年年底，临平区有8个镇（街道）妇联、3个平台妇联（妇工委）、29个区直单位妇联（妇工委）、183个村（社区）妇联、219个“四新”领域妇联。变革型妇联组织建设成效显著，在省妇联十四届七次执委（扩大）会议上做典型发言。年内，临平区妇联指导建立区国投公司妇联、女子跑团妇联、区社会组织妇联，新建新媒体行业、互联网领域妇联2家，楼宇妇联、小镇妇联各1家，扩大妇联组织覆盖面。以数字化思维重塑执委工作模式，指导各级执委运用推广“浙里家·连心桥”平台应用场景，落实“四必访四必应”工作机制，全区1527名各级执委走访联系妇女群众9877次，建立家庭档案2379份，发现并解决问题256个，王晓丹、李婷等5人被认定为浙江省“最美执委”。

【儿童友好城区建设】 2022年，临平区启动儿童友好城区建设，成立以区妇联为办公室的区儿童友好城区建设工作领导小组，出台《临平区儿童友好城区创建实施方案（2022—2024）》，实施儿童友好七大行动，推出24个实施项目，4个项目（丰彩运动公园、杭州跑步中心、临平智慧图书馆、杭州塘栖法根食品有限公司）被纳入市首批儿童友好建设成果，3个基地（草莓君主题乐园、临平智慧图书馆、杭州跑步中心儿童研学基地）、3所学校（新星幼儿园邱山园区、临平区实验小学、临平第一中学）、2个社区（临平街道梅堰社区、东湖街道海珀社区）分别入选市首批儿童友好实践基地、儿童友好学校、儿童友好社区。打造市级“共享品质城·童心爱临平”儿童友好体验路线，把九曲营路建成全区首条“无忧上学路”。承办杭州世界儿童日主题活动，成立临平区儿童友好基金，发布儿童友好六大慈善项目。成功创建省级三星级妇儿驿站1家、市级二星级妇儿驿站5家，认定区级一星级妇儿驿站36家，组建6个儿童友好议事组织，保障儿童的生存权、发展权、受保护权和参与权，儿童友好城区创建工作获市人大常委会主要领导批示肯定。

【妇女思想政治引领】 2022年，临平区妇联以“巾帼心向党”为主题，举办女性代表学习中共二十大精神座谈会等宣讲活动，推出“AI临·家庭说”宣讲品牌，线上和线下开展300多次，受益1.2万人次。全年创建市级巾帼文明岗8个，市级巾帼建功标兵5个，评选表彰区级三八红旗集体10个、三八红旗手20个、巾帼文明岗30个，让各行各业妇女学有榜样、行有标杆。

2022年11月20日，“儿童友好 让杭城更美好”——“11·20”世界儿童日杭州主题活动在临平区举行 （区妇联 供稿）

【巾帼创新创业】 2022年，临平区妇联联合农商银行推出“共富人才·巾帼贷”，为8名创业女性提供贷款500多万元，解决资金难题。制定巾帼创业创新示范基地管理办法，培育10家示范基地，打造9个“巾帼共富工坊”，推进女性家门口就业、增收致富。开展女性职业技能提升培训267场，受益1053人。

与浙江理工大学、杭州电子科技大学、中国计量大学等12所省、市高校妇联联合成立巾帼人才共富联盟，在微策生物、文创大厦建立女大学生实践基地，在浙江理工大学成立“女大学生就业创业联络站”、组建“启梦·成长导师团”，联合老板电器、贝达药业等40家优质企业，举办女大学生招聘专场，提供405个就业岗位及1700多个实训岗位，助力女大学生创业就业。开展企业大走访行动，组建“助企政策巾帼宣讲队”，走访女性企业30多家。举办“助力女企业家企业纾困”沙龙活动，邀请发改、税务、财政等单位入企服务，为50多位女企业家开展金融助企等政策解读。

【巾帼志愿服务】 2022年，临平区妇联发动巾帼党员、妇联执委、妇女组长等3000多人，主动参与助企纾困、文明实践、扶弱帮困等工作。成立“AI临·五心姐姐”巾帼志愿服务队，开展志愿服务1.1万多场，在喜迎亚运、平安建设、五水共治、未来社区（乡村）建设等方面显担当、展作为，“运河大姐”志愿服务队、临平区妇女健身协会分别获评市最美志愿服务组织、最美巾帼志愿服务队。

【家庭家教家风建设工作】 2022年，临平区妇联深化最美家庭、特色家庭创建行

2022年12月12日，“扬藕花清韵 传清廉家风”临平区清廉家风作品展演活动在算力小镇举行 （区妇联 供稿）

动，创评全国五好文明家庭1户，省级最美家庭5户、绿色家庭1户，市级最美家庭1户、绿色家庭15户，区级平安家庭、绿色家庭各100户。选树区级“美丽庭院”示范户100户，助力农村人居环境、美丽乡村建设，获评市级“美丽庭院”示范村2个、“美丽庭院”示范户100户、“美丽阳台”示范户10户。编制发布《临平区家庭教育发展“十四五”规划》，构建以区家庭教育指导中心为核心、镇街家庭教育指导服务分中心和村社家长学校为支撑的家庭教育管理体系，组建由浙江省家庭教育学会副会长侯公林教授等50人组成的家庭教育指导员队伍。开展家庭教育宣传周系列活动，普及家庭教育指导服务应用，举办“天添向上”直播课8场，观看量59万多人次。征集清廉家风作品70个，联合区纪委监委、区委宣传部开展“扬藕花清韵 传清廉家风”展演，举办清廉家风宣讲、好家风故事悦读、家规家训分享等活动30多场。

【妇女儿童权益维护】 2022年，临平区妇联召开全区反家暴工作现场推进会，明确反家暴工作机制，建立家暴案件受理和处置全流程数字管理系统，推进反家暴工作全过程高质高效闭环管理。在东湖街道试点建立“和美家”工作室，推行“五个一”反家暴柔性工作法，降低“民转刑”概率和家暴报警率。联合区司法局、区检察院开展巾帼助矫帮扶行动，结对帮扶女性矫正对象116人，进行一对一家庭纠纷矛盾化解3起，团体辅导2起。发动“巾帼义警”开展反诈宣传系列活动210多场，创作反诈宣传作品1个，举办“撑起反诈半边天——临平反诈‘临零欺’关注女性反诈宣防”专场直播活动，覆盖10万多人次。

【镇街妇联换届工作】 2022年，临平区妇联联合区委组织部印发《关于做好基层妇联组织换届选举工作的实施意见》，推进镇街妇联班子年轻化、知识化、专业化，于5月底完成镇街妇联换届工作。在全省首创镇街妇联配备挂职副主席，从优秀村社女书记、副书记或妇联主席中选拔8个镇街妇联挂职副主席，增强基层工作力量，为村社女干部成长搭建平台，相关做法被全国妇联工作简报刊登，得到全国、省、市妇联肯定及推广。换届后，8个镇街176名妇联执委中本科以上学历139人，占79%，其中硕士及以上学历12人，平均年龄较上届下降2.3岁，班子中至少有一名30岁以下干部，老中青结构更加合理，“95后”“90后”及“85后”各个年龄段的执委按年龄梯次配备，呈现“高学历、重梯队、多元化”的结构特点，实现学历、年龄“一升一降”。

（孙华挺）

·临平区科学技术协会·

【概况】 2022年，临平区科学技术协会按照“四服务”的工作职能，团结动员科技工作者，开展科普宣传、院士专家服务等工作。年内全区有镇（街道）科协8家、平台科协3家、新经济企业科协8家、学校科协1家，科普教育基地14家，各级院士专家工作站（指导站）16家，区科协主管学（协）会4家。年内，科协全体员工参与志愿服务188人次。采用“线上+线下”为公众提供科学防疫指导，利用科普网络宣传平台发布权威部门资讯，营造科学防疫浓厚氛围。

【科普宣传】 2022年，临平区科协探索“党建+科普”的宣传新模式，打造“科普‘临’距离”活动品牌。年内，重点科普立项活动项目30个，举办大型机器人展示活动14场，在“一堂两中心”常态化举办科学实验课，全年开课82场，推出健康养身类、食品安全类等179项科普课程。9月，区科协开展以“喜迎二十大，迈向高水平科技自立自强”2022年杭州市临平区全国科普日暨科技大篷车公益巡展活动浙江站启动仪式。活动现场40多家爱心企业捐赠科普图书，省、市科技馆科普剧和科普实验秀等。“科普宣传周”期间，区科协动员全区各个镇街、社区开展科普活动，有194场科普活动，线上和线下活动参与36.26万人次。

【科普阵地建设】 2022年，临平区科协以临平科技馆为核心，镇街、企业、村社科普场地为延伸，整资源、拓渠道，谋划“善为”路径，集中优质资源下沉，打通科普宣传“最后一公里”。全年区科协在全区新建设科普宣传设施43处，其中社区、企业产业特色科普馆3家、科普e站12处、科普宣传栏17处、户外LED科普宣传屏14个。

【院士智力集聚工程】 2022年，临平区科协继续做好杭州市院士专家工作站、临平区院士专家指导站申报工作，年内，省级院士工作站备案通过2家，申报并通过杭州市级专家工作站2家、杭州市博士创新站4家。推进临平区院士专家指导站建设，年内，区科协联合区委人才办、区财政局共同评审通过临平区院士专家指导站4家。

【“院士专家临平行”活动】 2022年，临平区科协开展常态化“院士专家临平行”活动6次，接待专家、院士30多人，为企业与院士专家搭建合作平台。其中，7月19日，中国科学院院士段树民到临平实地参观企业，随后与微侧企业技术人员进行交流，助力企业提升产品系统的智能化。

【学（协）会建设】 2022年，临平区反邪教协会筹建工作完成。区反邪教协会第一次代表大会于7月22日召开，选举产生临平区反邪教协会第一届理事会。指导区老科技工作者协会、区抗癌协会换届工作，按流程办理原区白蚁学会、原区城乡规划协会的注销手续，完成两家协会的注销。指导区抗癌协会参加社会团体AAAA评估并顺利通过。

【科技馆展教活动】 2022年，临平科技馆接待参观人数10.3万人次。科技馆引进科技前沿项目，新增二楼“人工智能”展区，通过AI克隆、GAN〔生成对抗网络（Generative Adversarial Network，简称GAN）〕算法等板块增强参观者沉浸式体验感。科技馆在微信视频号开设“科技云课堂”栏目，推出29期少年魔法师系列微课，吸引逾2.9万人点击观看。全年引进“中国古代科技展”“小小福尔摩斯侦探展”“影入其中”光影展3场大型展览，设计开发“礼赞二十大·历史建筑模型搭建”等4场展览，开展“穹顶之上·科技之光”等4场主题教育，完成“植物界的隐身术”等科学实验活动47场。助力“双减”走深走实，科技馆开发全新研学活动“科探出发了”，联合区内11所中小学435名学生参加研学活动；优选6类科技课程助力临平6所中小学“1+X”课后服务；常态化开展“流动科技馆”活动，先后进入40家学校与社区。

【反邪教工作】 2022年，临平区科协撰稿《反邪教告家长书》由教育局向临平区中小学进行发放，组织老师动员学生与家长共同学习。9月，组织镇、街道开展反邪教宣传“八进”活动。成功申报星桥街道燕子湖反邪教主题公园为杭州市2022年十佳反邪教警示教育阵（基）地。年内推进反邪教教育进党校，组织2期反邪教有相关知识干部培训，参与指导反邪教工作“一街（镇）一品”活动。反邪教协会指导撰写的稿件中，被薄荷茶社网站稿件录用1篇，被《中国反邪教通讯》录用1篇。

（徐佳晨）

·临平区工商联（总商会）·

【概况】 2022年，临平区工商联发挥联系政府与企业的桥梁纽带作用，助力民营企业攻坚克难，服务民营经济高质量发展。被省工商联评为民营企业调查点工作先进单位，被市工商联评为杭州市服务“两个健康”优秀单位，《亲+清一键达、亲清新生态，助推营商环境再优化》获省工商联四季度服务“两个健康”最佳实践案例。

年内，临平区工商联系统开展以“宣贯二十大 临商跟党走”为主题的中共二十大精神宣传贯彻活动，优化营商环境企业家座谈会。承办第三届“浙江商会周”启动仪式暨中共二十大精神宣讲会，中共二十大代表、贝达药业股份有限公司质量工程师高娅琴作中共二十大精神专题宣讲。发布《临平区民营企业“学习贯彻二十大 争当两个先行生力军”倡议书》。邀请临平党校副校长章秀华作学习中共二十大报告专题讲座。

【“网联商联同心圆”活动】 2022年5月，临平区工商联与区委宣传部、统战部、两新工委、网信办共同开展“网联商联同心圆”活动，成立区互联网行业商会，发出“我在互联网·我画同心圆”共同倡议书，成立区互联网企业“党建导师”团队，向区内重点互联网行业企业择优选派17名“党建导师”。

【银商携手共建活动】 2022年，临平区工商联与区人民银行签署党建引领银商携手共建协议，区内10家商会与30家商业银行成立临平区银行——商会党建联盟，10家自有信贷审批权限的商业银行与10个商会签订战略合作协议，各银行向商会集中授信总额190亿元，实现会员企业平均综合融资成本下降0.5个百分点。建立普建银行——商会金融指导制度，以区总商会名义聘请商会金融指导员20名，各商业银行派遣直接联系民营企业的金融联络员71名，驻点各基层商会、走进会员企业，推动各项金融支持民营企业政策落实落地。

【清廉民企建设】 2022年，临平区工商联实施“清廉民企示范企业倍增”行动，新增10家“清廉民企示范企业”，成立清廉民企示范企业+培育企业联盟。杭州老板集团有限公司、杭州湖田建设有限公司获评杭州市清廉民营企业创建培育试点单位。《老板集团全力推进打造清廉民企》获省、市领导批示肯定，《“廉内核”为“未来工厂”发展添动能》入选杭州市清廉建设优秀实践案例。12月，举办区

2022年12月12日，临平区工商联在商会大厦举办区“亲+清一键达”发布暨清廉民企建设推进会，为清廉民企示范企业授牌　（区工商联 供稿）

“亲+清一键达”发布暨清廉民企建设推进会，发布“亲+清一键达”线上平台，出台《临平区商会自律准则公约》，成立“亲清有道廉盟”，成员单位签订“亲清有道联合承诺书”。

【企业家经营能力提升班】 2022年3月，临平区工商联举办企业家经营能力提升班，参观浙商博物馆，聆听专题讲座。4月，召开区工商联一届一次常委会暨共同富裕临商先行专题宣讲会，参观中国服务型制造展示中心，听取杨轶清教授讲座。8月，组织55名企业负责人到浙江大学开展非公经济人士（企业家人才）理想信念教育培训班暨经营能力提升培训班，组织5名企业家参加“品质杭商”培训班。

【走访企业“三服务”活动】 2022年，临平区工商联走访执委企业100多家，通过“三服务”小管家、数字工商联等系统汇总上报并协调解决企业需求百余条。5月，开展“送课进商会”“送课进企业”活动，举办“民法典、劳动法规和清廉建设”知识讲座。与法律顾问单位浙江杰嘉律师事务所联合开展“菜单式”送法进企活动。组织近百位执委企业家免费体检。与区税务局、区经科局、区商务局、区审管办、区人民银行、区综合行政执法局等部门联合举办“亲清直通车·政企恳谈会”4场，现场解决问题30个，上线省三服务小管家系统问题22个，办结率100%，满意率100%。

【营商环境优化】 2022年，临平区工商联联合区法院出台《关于推进商事纠纷多元化解的实施意见》，联合区检察院出台《助力法治营商环境建设服务保障民营经济健康发展的实施意见》，联合区法院、区检察院、区司法局出台《优化法治营商环境推进清廉民企建设工作协同机制》，联合区综合行政执法指导办公室出台《优化涉企行政执法打造优良法治营商环境协同机制》，适时召开联席会议开展协调工作。

【“商会共享法庭”机制建设】 2022年11月，临平区工商联联合区法院举办临平区商会系统涉企矛盾纠纷调解机制推进会暨服务站授牌仪式，向9个服务站（工作站）、95名调解员授牌、授印、颁聘书，标志着“商会共享法庭”机制在临平推行。临平区共享法庭商会服务站暨和之舟调解中心商会调解工作站，在临平区社会综治中心解纷大楼揭牌。临平区工商联与民革临平区基层委员会共同签署“同心·博爱”助企护航共建协议。

【工商联组织调研活动】 2022年，临平区工商联接待省、市联和兄弟工商联走访调研企业活动，开展区外异地商会会长座谈会，组织全区基层商会负责人到宁波、温州学习四好商会建设先进经验。参加全国工商联民营企业运行状况、杭州市民营企业参与共同富裕建设情况、亲清政商关系和清廉民企建设、2021年度民营企业劳动关系状况监测、2021年度上规模民营企业、2021年度民营企业社会责任、2022年度万家民营企业评营商环境等调研活动，近900家企业参与问卷填报。

【帮扶协作助力共同富裕】 2022年，临平区工商联在四川省甘孜州石渠县举行区工商联会员企业“村企结对”帮扶捐赠仪式，16家会员企业代表逐一与村签订结对帮扶协议。8月，莫家桥村商会41名企业代表到石渠县，与当地学生开展一对一助学行动。10月，区工商联和灵璧县工商联进行友好工商联协议签署仪式。区工商联常委企业杭州杰丰服装有限公司投资项目入驻柯城，开拓临平—柯城产业协作新模式。各基层商会、会员企业先后与石渠县开展定向认购、签订村企结对协议、认领帮扶项目等暖心举措。

【公益慈善活动】 2022年，临平区工商联崇贤商会设“争先励志奖学金”，每年出资10万元，奖励优秀崇中学子。南苑商会开展春节慰问百岁老人、结对帮扶慰问困难户、六一关爱慰问等活动。运河商会联合浙江理工大学直播带货助企纾困。星桥商会开展“抗高温送清凉”活动。临平商会发挥商会志愿服务队作用，走进街道社区提供便民服务。9月，参与区全国科普日暨科技大篷车公益巡展活动浙江站启动仪式，35家执委企业及基层商会会员企业捐赠科普图书万余册。

【企业家精神宣传报道】 2022年，临平区工商联在新华社、人民网、微信公众号、《今日临平》、悦临平等媒体上对企业家精神进行宣传报道。在工商联微信公众号推出“临商同心助共富·企业家风采”专栏，对临平企业家在对口帮扶、助力抗疫、助推共富等方面开展宣传报道，宣传30位临平企业家的创业创新事迹，讲好“临商故事”。

【参政议政】 2022年，临平区工商联组织引导政协工商联界别组委员围绕中心工作，当好党和政府的参谋。参加省政协委员会客厅会议，在区工商联设立临平区政协工商联委员界别

2022年5月12日，临平区工商联在商会大厦与区委宣传部、统战部、“两新”工委、网信办共同开展“网联商联同心圆”活动，图为活动启动仪式现场 （区工商联 供稿）

2022年5月24日，临平区工商联开展“送课进商会”“送课进企业”活动，举办“民法典、劳动法规和清廉建设”知识讲座　（区工商联 供稿）

组工作室。界别组每月定期开展“走进”系列活动，运用政协工作新理念，为企业有序用电、乔司全域整治下民间资本的流向、企业融资难等问题努力发声。两会上区政协工商联界别组被评为优秀界别组，2名政协委员被评为优秀政协委员，4件提案被评为优秀提案。

【基层商会建设】 2022年，临平区工商联下发《2022年度基层商会工作评分暨星级商会、商会优秀个人评选办法》《杭州市临平区商会自律准则公约》《杭州市临平区基层商会专项经费使用管理办法》等通知，指导激励基层商会提升建设。基层商会中创建市级“四好商会”2家、杭州市AAAA级社会组织1家。

（丁庆伟）

（责任编辑　吕晓英）

·临平区文学艺术界联合会·

【概况】 2022年，临平区文学艺术界联合会下属作家协会、书法家协会、美术家协会、戏剧家协会、曲艺家协会、舞蹈家协会、音乐家协会、摄影家协会、影视家协会、民间文艺家协会、良渚文化学会、诗词楹联协会、创意设计师协会13个团体，各协（学）会加入省级及以上一级协会会员128名，会员总数1078名。全年举办各类文艺展览17场，文艺志愿服务100场，完成全区8个镇街文联建设，在杭州市对区、县（市）文联年度工作综合测评中获优秀等次（列杭州市各区、县文联前三位）。

【文艺作品出版】 2022年，临平区文联所属协（学）会会员创作出版的文艺作品5件，分别为汤水根的民间故事集《村落遗韵（第三卷）》（中国文联出版社）、金庆伟的纪实小说《出海记》（浙江人民出版社）、郑可夫的散文《云暮拾遗》（团结出版社）、胡畏的文史作品《马宗汉传》（宁波出版社）、祝明富的新闻纪录片脚本《郎氏中医》（时代出版社）。

年内，临平区文联所属协（学）会及会员创作的作品获市级入展、比赛获奖49项，省级入展、比赛获奖71项，国家级入展奖项27项。其中，区美协12件作品入选省级及以上展览，斯林锋、韩瑜、苟中卿等会员作品入展国家级展览；区书协24件作品入选省级及以上展览，张茂兴、俞燕芬、李忠根等会员作品入展国家级展览；区摄影家协会21件作品入选省级及以上奖项或入展；区民间文艺家协会孙惠华的《老闺蜜的“误会”》获“吴文昶”杯全国故事征文大赛一等奖；区民协黎艳珠和区曲艺家协会许晓明的小品《抢地盘》获中国曲艺牡丹奖节目奖；区作协袁明华长篇报告文学《钱塘江古海塘畅想曲》入选2022年杭州市文艺精品工程扶持项目及2022年省文艺发展基金项目工程。

【文艺题材扶持作品】 2022年，临平区文艺题材创作扶持、招标领导小组明确95件作品为文艺题材创作扶持作品，分别是报告文学《钱塘江古海塘畅想曲》（袁明华），《乡贤何思敬》（胡建伟），《临平滚灯故事》（周锋、张长发、金昱川）；长篇小说《风起栖河镇》（卓介庚），《魔圈》（梁山），《问道之心有大道》（张健），《董家头》（谢黎），《碧海连城》（乐艳）；短篇小说集《槐树上的人影》（曹雨田）；文史集《马宗汉传》（胡畏）；民间文学集《村落遗韵（第三卷）》（汤水根）；散文集《塘栖史上廿五家》（吕伟刚），《静静的上塘河》（彭丽芬），《历历农耕》（庞仁甫），《知遇如斯》（陈明松），《云暮拾遗》（郑可夫）；散文随笔录《临平二十二韵》（冯健）；诗歌集《殷红的芙蓉花》（马铁女），《又梦故乡》（凌明焰），《听，悄悄落下的声音》（徐海鹏），《独家烟村》（吴银江），《绿野仙韵》（谢先耕）；诗歌散文集《兰桂齐芳》（姜桂芳、钱玉兰）；诗歌散文摄影集《岁月回眸》（沈连鑫）；新闻纪录片脚本《郎氏中医》（祝明富）；人物传记《临平四皓传》（庞仁甫、祝明富、姜桂芳、唐立强）；电影文学剧本《有的人》（葛树法）；格律诗词集《玉露居诗词续集》（宋佐民）；诗词楹联集《墨香斋诗词》（徐仁广）；摄影集《水乡船影》（唐永春）；展览+作品集《青年梦 共富情》（临平美协青年创作研究员团队周建东等），《临平风物系列展》（周明雍）；网络大电影《塘栖女人》（杭州燃情岁月影视文化有限公司李东）；视频号《临平城视》（陈彦），《汤茂山的视频号》（汤茂山），《临平视界》（李盛韬）；插画设计《古临平十景》（插画：姚垚、文字：应朝雄）；摄影画册《南公河曾经居住过的家》（徐文金）；油画《弥合之境》（苟中卿），《宋韵非遗：临平滚灯》（林倩），《造境》（吕雨芯），《迎亚运女孩》（孔进友），《午》（刘晓）；水印版画《春水碧于天》（陈烨莹）；国画《临平新城》（冯珍丽），《共同守沪——和平花开》（韩瑜），《轻露拂朱》（蒋正），《喜迎亚运》（刘林娜），《宋人余韵》（吕幼钢），《惠风东来》（钱景茂），《五口之家》（斯林锋），国画《栖溪物华》（谈明毅），《桦之间玉带映清波》（魏晓熙），《牡丹》（姚兴文），《荷花生平》（邹林宏）；绢本国画《邱山秘境》（白云立）；国画系列《藕花无数宋韵情》（王晓文）；电脑绘画《美丽临平》（钱璐敏）；书法《苏东坡书画题跋选》（沈车），书法《顾况临平坞杂题十四首》（李文），《宋韵浙江诗文选录》（俞燕芬），《唐元稹诗一首》（金永强），《藕花无数满汀州》（梁锦波），《潘天寿题画诗》（张茂兴），《水韵浙江赋》（陈星星），《毛泽东诗词十首》（胡炜巍），《践行新使命 护航二十大》（郑升），《渔家傲》（周杰），《临平历代文选集》

2022年8月5日，临平夏韵——浙江美术馆藏当代浙江国画名家作品展在临平区文化艺术交流中心（临平美术馆）展出　（区文联 供稿）

(庄金桂)；器乐曲《竹楼欢歌》(周宏根)；歌曲《老高的院子》(任小伟),《陪伴前行》(翟立成)；舞蹈《为梦想加油》(刘伶、周心婷),《备战》(李沈丹),《临平滚灯》(张月珍),《双减》(陈虹),《桑园春》(董建弘、罗倩萍),《梅堰渔火》(魏银花、罗倩萍),《晓春飞蝶》(贾丽君、尤慧娣)；剪纸《喜迎亚运系列》(沈忠花、梁以欣)；陶艺《潮涌迎亚运》(刘国俊)；雕塑《盲人门球》(仲剑蔚)；雕塑彩绘《广济桥・陈守清》(刘为华),《临平山下・苏轼》(范学刚)；铁艺画《喜迎二十大 永远跟党走 红船精神 永远放光》(厉柏海)；小品《抢地盘》(黎艳珠)；曲艺小品《老谭和小谭》(许晓明)；小戏剧本《修墙》(赵子月)；廉政故事《多个儿子多条路》(詹海洁),《想不到的结局》(崔彼伦),廉政故事《送礼送个空箱子》(孙红梅)；非遗故事《九子粽的来历》(崔凯)；民间故事《"三不要"县令》(刘涛)；故事《移栽》(吴新华)。

【文艺赛事和文艺展览】 2022年，临平区文联及所属协（学）会举办的文艺赛事和文艺展览有："诗画江南・塘栖有约"2022年中国大运河诗会、"魅力大运河・临平新风景"首届大运河摄影节、"藕花洲"第六届中国廉洁故事大赛、2022迎亚运"宋韵临平艺术乡建"绘画小品巡展、"迎亚运宋韵临平"管领春风——纪念金农诞辰335周年暨全国书画名家邀请展、西泠名家亚运主题篆刻展、迎亚运——"花儿向阳"2022临平区首届中小学生绘画书法摄影作品展、"芳菲五月，艺术乡建"——2022临平美术家协会西画作品展、翰墨真情——喜迎党的二十大书画展、承平盛世・喜迎亚运——临平平湖书法联展、临平夏韵——"迎・二十大/亚运会"浙江美术馆藏当代浙江国画名家作品展、薪火相传——中国画邀请展、"石"尚来"临"——太阳部落石渠藏文化主题摄影展、宋韵临平・两宋文人书迹拓片暨西泠印社名家作品展、"临理风华"浙江理工大学125周年校庆主题美术作品展、"青年梦 共富情"临平区首届青年美术作品展、"风起太湖"(杭州站)——新时代颂・长三角一体化中国画名家作品邀请展。

【文艺志愿活动开展】 2022年，临平区文联组织开展各类艺术展览、培训活动及各类文艺惠民活动100场，惠及全区8个镇街，推动文艺惠民不断深入。其中，组织区书协、区美协、区诗协在传统节日开展送福送春联活动10多次，区民协开展故事会讲演20场，其他协会开展"迎亚运 庆新春"新春欢乐送进企业等志愿活动70场，参与群众数万人次；开展微型党课宣讲活动，选送区美协会员刘晓参加2022年杭州市微型党课大赛宣讲比赛获三等奖；紧扣数字化改革任务，通过数智群团平台开展"艺术秋月"系列活动等文艺志愿服务活动20多场，参与群众500多人，包含绘画、书法、摄影等多种形式的文艺志愿服务活动。

【协（学）会会员培育及发展】 2022年，临平区文联所属协（学）会培育国家级会员3人，省级会员3人。其中，俞燕芬、郑自强加入中国书法家协会，谢伟洪加入中国摄影家协会，汤水根、庞仁甫加入浙江省作家协会，李盛韬加入浙江省摄影家协会。引进中国作家协会会员江离、中国美术家协会会员孙宁、韩瑜、吕维超，中国摄影家协会会员张志坤5人，各协（学）会发展吸纳新会员46人。

【镇街文联组织全覆盖】 2022年9月1日，临平区镇街文联组织建设工作会议在临平区政府召开，部署推进全区镇街文联组织建设工作。区文联成立2个工作指导小组，分别深入8个镇街，推动各镇街成立镇街文联筹备组，指导镇街召开镇街文联成立大会。9月25日，临平

2022年7月12日，临平文学讲习所成立暨郎净长篇小说《筑塘而栖》讨论会在临平区文化艺术交流中心举行　（区文联 供稿）

区首个镇街文联组织在星桥街道成立，随后崇贤街道、东湖街道、塘栖镇、临平街道、乔司街道、南苑街道、运河街道相继成立镇街文联组织。11月26日，临平区实现镇街文联组织全覆盖。

【临平文学讲习所成立】 2022年7月12日，临平文学讲习所在临平区文化艺术交流中心成立，是全国范围内第一个成立的区县级文学讲习所。文学讲习所开设多门类文学讲习班，开展丰富多彩的创作学习及交流活动，扶持优秀学员及重点文学作品创作，为作品发表、出版铺设有效途径，为学员成长、各类奖项的推荐申报提供有效服务。召开郎净长篇小说《筑塘而栖》讨论会和区作协理事会学习贯彻中共二十大精神会议，举办杭州市网络作家协会临平创作训练营等活动。

【基层村社特色文化品牌村社创建】 2022年，临平区文联组织下属各协（学）会深入基层，指导基层村社特色文化品牌创建，打造省、市、区三级文艺品牌村社创建模式。5月24日，临平区塘栖镇莫家桥村在区书协的指导下，创建为临平书法村。6月29日，临平区南苑街道文仪社区成功创建为临平书法社区。12月，临平街道在区民协、区曲协、区戏协的指导下，被授予“中国曲艺之乡”荣誉称号。

【文化工作室走进基层】 2022年，临平区文联号召艺术家深入乡村成立工作室，挖掘乡村优秀文化，激发乡村生命力，使“艺术乡建”深入基层。3月27日，为搜集、创作、传播有关上塘河、临平宋韵文化主题的故事，中国民协会员、区民协名誉主席、“故事大王”丰国需及其故事团队正式入驻临平街道桂芳桥老茶馆，成立“上塘宋韵”丰国需故事工作室，挖掘深藏在临平厚重历史文化中的名人故事、民间传说、乡风民俗，每月开展桂芳桥老茶馆·百姓书场故事会演讲活动，让更多的临平人了解自己的历史文化，也让更多人能一代接一代讲好临平故事，传承“宋韵文化”。5月25日，临平区文联、星桥街道、汤家社区、区画院、区美协联合打造的“孙宁绘画工作室”在星桥街道汤家社区成立。

（徐海鹏）

·临平区残疾人联合会·

【概况】 2022年，临平区有持证残疾人11706人。其中，视力残疾1069人、听力残疾2066人、言语残疾124人、肢体残疾5729人、智力残疾1183人、精神残疾1012人、多重残疾523人，二级以上重度残疾人3467人。全年，临平区残疾人联合会新办理残疾人证742本。残疾预防数字化改革工作纳入浙江省促进残疾人共同富裕先行先试项目，被中央广播电视总台《新闻联播》头条报道，残疾预防工作在中残联出版的《中国残疾人》杂志第十一期上刊登；“精准康复服务应用”被列入全省残联数字化改革“揭榜挂帅”中榜项目，打造残疾人全生命周期服务保障体系列入杭州市第二批共富试点项目并在《浙里共富》上刊登，作为共富最佳实践案例参与省级评比；临平区保障国家盲人门球队备战世锦赛、亚残运会获得中残联领导批示肯定；王丹琴在省第十一届残疾人运动会中斩获3枚金牌、1枚银牌，胡阿虎获评杭州市第四届“最美杭州人——十佳残疾人”，全区残疾人事业多项工作走在全省全国前列。

【残疾人社会保障】 2022年，临平区审核残疾人津贴补助11530人，发放资金678万元；残疾人城乡居民医疗保险补助和残疾人职工基本养老医疗保险补助7823人，发放资金1909万元；“一户多残”补助872人，发放资金38.9万元；残疾人家庭子女及残疾学生补助1057人，发放资金191万元；购买残疾人意外伤害保险1.12万人、资金112万元；及时解决7户困难群众遇到的突发性、紧迫性、临时性基本生活困难发放救助资金2.2万元等，全年发放各类补贴资金4000多万元，做到应发尽发、应补尽补。

【残疾人就业】 2022年，临平区残联部门联动打造“党建助残就业联盟”和“1+6+N”助残就业数智平台，科学设计培训项目，组织西点师、盲人推拿、美容美发、咖啡师等各类技能培训408人次。在残联微信公众号开设招聘登记入口，开展线上和线下招聘会3场，提供就业岗位61个，全区661家企业安置残疾人就业1569人。培育就业能手，其中，残疾人制版师周斌被评为杭州市C类人才获得人才购房政府补贴100万元、周桃红获“临平工匠”表彰、王晓珍获第十届国际残疾人职业技能竞赛国内选拔赛美发项目第二名。

【残疾人康复服务】 2022年，临平区残联构建专业机构—社区—家庭三层面、区—镇街—村社三级康复托养服务网络，形成残疾预防康复闭环。创建残疾人示范型“康复之家”1家，创建规范化社区康复站8家，组织开展全区社区医生康复能力培训，提升社区康复服务能力。优化康复扶持政策，实施残疾儿童康复服务补贴213例、残疾人基本型辅助器具适配298例、白内障复明补助500例、髋膝关节置换手术补贴16例等。

【残疾预防数字化】 2022年，临平区残联依托“疑残智防”应用场景和母婴安全智慧防控，深化残疾预防综合干预，实现残疾预防动态管理。全年“疑残智防”残疾预防动态管理应用场景完成筛查85113人，3月全面推广以来，筛查出疑似残疾阳性1502人，筛查效率和准确率明显提升。编制完成《残疾预防数智化残疾筛查技术规范》市级标准。

【“残疾人之家”建设】 2022年，临平区残联在规范提升2家星级“残疾人之家”任务数的基础上，完成星桥、东湖、运河、乔司4个“残疾人之家”星级提升，实现全区四星级以上“残疾人之家”全覆盖，五星级“残疾人之家”50%。

【残疾人无障碍建设】 2022年，临平区残联完成困难残疾人家庭无障碍改造56户，创建区级无障碍社区2个，省级无障碍社区2个，完成重要公共服务场所无障碍改造11个，全方位提升无障碍环境建设水平。区无障碍促进会常态化开展残疾人无障碍设施体验并出具体验报告，年内完成体验项目62个。为规范政府投资项目建设程序，提升项目设计质量，对区内新

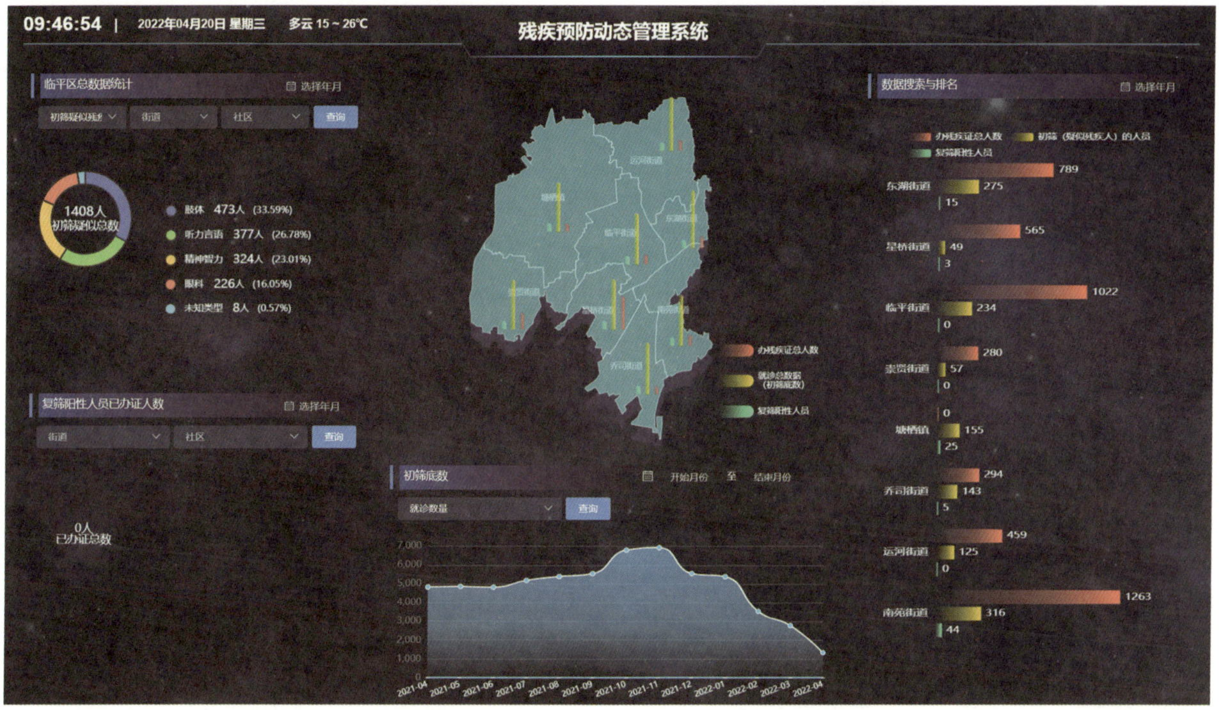

PC端：残疾预防动态管理数据驾驶舱　　（区残联 供稿）

建、改建、扩建的城市道路、公共建筑、公共交通设施、居住建筑、居住区等项目进行无障碍初步设计图纸评审44个。

【亚残运会筹办工作】 2022年，临平区残联成立临时党总支，牵头组建盲人门球运行团队49人实体化办公，编制完成场馆运行、运行团队人员、应急预案、预算资金等计划；组织和参加各类培训26次，召开综合和各类业务会议545次，配合完成省、市及亚组委调研、督查25次。指导盲人门球基地完成3个场馆提升改造，其中2个比赛场馆装配的无障碍静音升降机、无障碍淋浴配套设施等达到业内领先水平，通过亚组委综合性验收，作为无障碍示范场馆推广。针对亚残运会延期，科学合理调整运行计划，处理延期举办期间的各项工作。亚运场馆在线工作推进有序，盲人门球场馆进入全市热门场馆，客流量、订单量等各项指标位列全市前三位。

【残疾人文宣体育】 2022年，临平区残疾人文体活动精彩纷呈，成立区残疾人艺术团，创建文体示范点2个，开展第二届“最美”系列评选、“励志人生·共富说”二十大精神主题宣讲，开展无障碍观影、乒乓球、盲人板铃球、旱地冰壶比赛、柔力球集训等活动，在市第十一届残疾人运动会上获得3金5银1铜佳绩。全国助残日活动之科技助残“无障碍体验”活动、“疑残智防”分别登上“学习强国”省级、市级平台，被国家省、市级媒体报道8次，《胡阿虎》宣传片登上西湖先锋平台。

【残疾人权益维护】 维护残疾人的合法权益，组织《信访工作条例》线上培训，处理残疾人来信来访77件，信访回复率和满意率100%，畅通残疾人法律援助“绿色通道”，做好法律援助服务工作。

（赖　璇）

·临平区红十字会·

【概况】 2022年年末，临平区镇（街道）、村（社区）、医疗卫生单位、学校、企业等建立基层红十字会组织253家。有成人会员12401人，志愿者13289人。184个村（社区）中，成人会员20人以上村（社区）184个，建会率100%。区红十字会被评为年度浙江省红十字会工作先进单位。

【博爱帮困行动】 2022年，临平区红十字会开展“情暖临平·新春博爱送温暖”“‘5·8’红十字送医送药”“情暖临平·中秋博爱行动”“生育关怀”“牵手星星的孩子”“情暖藕花洲”系列博爱救助项目，救助慰问全区困难对象482户，发放救助金、慰问物品56.22万元。区红十字会联合区博爱之家志愿者服务中心、临平区对口支援石渠县工作队、共青团石渠县委共同开展“情暖石渠·点亮梦想”助学活动，为石渠县长须贡玛小学捐款8.7万元。

【救助项目】 2022年，临平区红十字会申报中国红十字基金会“中央专项彩票公益金大病儿童救助项目”（白血病、先天性心脏病）救助患病儿童10人，救助金额30万元。开展器官捐献者家庭子女助学“小桔灯”项目，慰问器官捐献者子女2人，发放助学款0.7万元。区红十字会申报浙江省红十字会“母婴平安”项目救助省外贫困高危孕产妇3人，救助金额4.5万元。落实杭州市红十字会“情暖杭州·红十字博爱送万家”项目，慰问东湖街道困难家庭35户，救助金额4.55万元。

【博爱月活动】 2022年5月8日（世界第75个红十字日），临平区红十字会在临平银泰城开展“救在身边·红十字教你学救护”“我为‘5·8’献热血”暨造血干细胞捐献登记等活动。以“5·8”世界红十字日为契机，围绕“生命教育，人道伴行”主题，区红十字会组织全区各级红十字会开展红十字博爱周（月）活动。5月，区红十字会开展以下活动：“幸福来临·红十字与亚运同行活动”，组织亚运志愿者参加应急救护专题培训，在亚运场馆设置红十字救护站（AED），参与亚运服务保障工作；“我为‘5·8’献热血”活动，鼓励爱心人士参加无偿献血，开展专场造血干细胞志愿登记、采样；“情暖临平·送医送药”活动，走访慰问全区160户困难病残家庭，发放博爱就诊券3200张，慰问金额16万元；“5·8”公益日网络筹资活动，所筹资金用于器官捐献者儿童助学及博爱家园建设。

【世界急救日活动】 2022年9月10日（第23个世界急救日），临平区红十字会在临平银泰城开展救护技能宣传普及活动。开展“红十字会教你学救护”普及宣传，在宣传点现场演示心肺复苏、AED操作、气道异物梗阻、急救常识宣讲等。

【“博爱藕花洲”宣传月活动】 2022年9月，临平区红十字会开展“博爱藕花洲”宣传月系列活动，围绕“博爱藕花洲 红十字在行动”主题，组织基层红十字会开展“情暖临平爱心回访”“世界急救日”“九九公益日网络众筹”“中秋博爱行动”“开学第一课”等宣传活动。走访临平区造血干细胞捐献志愿者，慰问器官遗体（角膜）捐献者家庭，看望无偿献血积极分子代表和优秀红十字志愿者代表。在“中秋博爱行动”中，慰问敬老院老人、麻风病疗养院老人和失独孤寡老人34人。

【应急救护培训】 2022年，临平区红十字会联合区直机关工作委员会制定《临平区区直机关“救在身边·机关先行”专项行动实施方案》，开展“救在身边·机关先行”专项行动，推进救护培训进机关事业单位、党群服务中心，通过周三夜学等固定学习日活动，引导干部参与应急救护培训、救护知识咨询、急救技能操作体验、红十字知识学习。全年举办普及性救护培训272场，培训43035人；救护员培训168场，7476人通过考核获红十字救护员证。

年内，临平区红十字会完成杭州市政府民生实事应急救护项目，新（改）建1个应急救护实训基地、1个应急救护考点、3个应急救护实操体验点，培训5500名持证救护员。

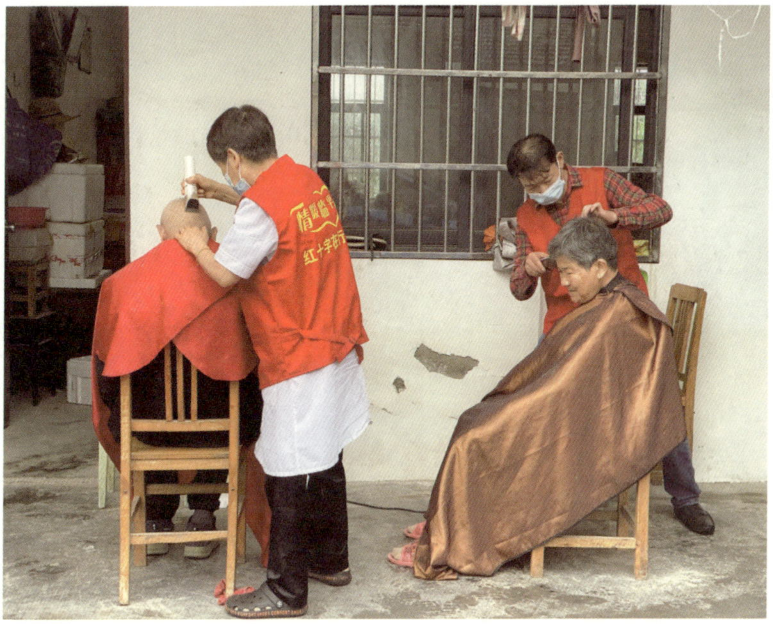

2022年重阳节，临平区红十字会志愿者为老人提供便民服务

（区红十字会 供稿）

【造血干细胞捐献】 2022年，临平区红十字会开展“5·8”红十字日、七一建党节无偿献血暨造血干细胞登记入库动员活动，临平区造血干细胞捐献新增入库登记志愿者171人，入库353人。2人成功捐献造血干细胞，历年捐献30例。

【遗体器官捐献】 2022年，临平区器官、遗体（角膜）捐献者6人。清明节，临平区红十字会开展“遗体器官捐献生命之花永续”主题宣传和网上缅怀活动。中秋节，爱心回访当年器官、遗体（角膜）捐献者家庭，做好慰问服务工作，完成器官捐献者家庭困难孩子助学帮扶项目。

【红十字志愿服务】 2022年，临平区红十字会联合区博爱之家志愿者（会员）服务中心组织开展志愿者（会员）中心参观日、“生命接力有爱相‘髓’”宣传、“‘救’在身边”亲子课堂、红领巾学先锋、救护员培训、“小手大爱”亲子志愿等活动，下属九支志愿服务队开展志愿服务1150场次，参与3650人次，志愿服务时长2355小时。

【宣传信息报道】 2022年，临平区红十字工作信息被“学习强国”、新华社、《中国红十字报》等省级以上宣传媒体录用信息11篇；被市级以上宣传媒介录用信息1篇；在区县级宣传媒介录用3篇。

（王茗敏）

·关心下一代工作·

【概况】 2022年，临平区关工委举办全区“爱党爱国爱临平，喜迎党的二十大”主题教育宣讲活动，打造“银临火炬云讲堂”宣讲品牌，开办暑期假日学校，临平区假日学校信息刊登于中关工委《中国火炬》杂志8月、9月期刊，刊登在《杭州日报》2版要闻版头条。理想巴巴智慧农场获第四批“杭州市关心下一代教育基地”称号，区关工委被评为

2022年9月，“爱党爱国爱临平 喜迎党的二十大”主题教育宣讲活动启动仪式在塘栖中学举行 （区关工委 供稿）

杭州市关心下一代工作先进集体。年内，在临平区工商联机关建立关工委，区关工委与区工商联（区总商会）签订群团共建合作协议。指导基层关工委完善健全组织，8个镇街全部发文调整充实关工委班子。各级关工委开展各类宣讲660多场，受教育青少年2.3万多人次。

【开办假日学校】 2022年，全区开办暑期假日学校170多所，参与青少年5800多名，实现各镇街假日学校全覆盖、各村社假日学校基本全覆盖。“五老”、教师等志愿者2300多人参与，开展清水丝绵非遗体验、传承京剧国粹等活动2140多场次。

【教育基地建设】 临平区关工委认定2批8家基地为临平区关心下一代教育基地，发布“小红军体验之旅”、送绿护绿等23项基地活动，开展青少年校外综合实践。

【基金会建设】 完成临平区关心下一代基金会理事、监事改选，完善和规范基金会章程、帮困助学制度。做好基金会资金两区划分工作，落实财政对关心下一代基金会增资100万元。全年向家境贫困、品学兼优的102名大学生、初高中生、小学生和幼儿园孩子进行资助。

【青少年法治教育】 2022年，临平区、镇街“五老”志愿者结对不良行为青少年，开展关心关爱活动160多次。推出模拟法庭微视频《小小少年进法庭》，在南苑街道建立青少年宪法主题宣传教育基地，开展青少年法治参观和学习活动。

【关爱青少年心理健康】 2022年，临平区关工委心理健康服务中心推出咨询服务、精品课程等五大项专业服务，实行线上和线下预约点单式心理服务。举办心理健康讲座，开通心理咨询室接待厌学、焦虑等学生或其家长进行心理咨询服务，开展突发事件后青少年心理危机干预，深入基层关工委开展现场“会诊”指导工作。

【青少年科学素养提升】 2022年，临平区联合区红十字会、区教育局在吴昌硕实验学校开展应急救护知识科普活动。开展“喜迎二十大 科普向未来”、科学大讲堂进校园等活动，举办人工智能教育之“中国空间站”等主题科普讲座，提升青少年科学素养，培养探索精神。

（王 舒）

（责任编辑 吕晓英）

法 治

Rule of Law

·政法委与综治·

【概况】 2022年，临平区委政法委以平安护航中共二十大为主线，以“除险保安”为牵引，迭代基层治理体系，健全防风险、保安全、护稳定各项工作机制，为中共二十大胜利召开营造良好政治社会环境。牵头开发“网格疫管通”，先后获省、市主要领导批示肯定，在多个区（县）复用，在市数字法治“五阶”管理中被评为金奖。年内，获省打击治理电信网络新型违法犯罪工作成绩突出集体称号。全年，临平区委政法委完成北京冬奥会、各级两会、杭州亚运会测试赛、省第十五次党代会、中共二十大等重大任务，启动维稳安保等级响应8次，发动群防群治力量1.1万多人次参与卡点值班值守、平安巡防，防范各类风险。推进区、镇（街）两级领导包案化解事52件。

【社会治理“共享法庭”建设】 2022年，临平区委政法委立足矛盾纠纷化解，完善“一个区社会治理中心+信访大楼+解纷大楼”的“一体两翼”矛盾纠纷化解机制，创新推进“共享法庭”建设，全区8个镇（街）设立共享法庭193个，覆盖率100%；深化“小脑+手脚”警网协同运行机制，构建形成以街道社会治理综合指挥中心为核心、“基层治理四平台”为枢纽、综合执法力量为基础、“警源治理”为突破口的指挥联动体系，提升基层治理效能。年内全区“110”纠纷类警情12.8万起，重复报警率比上年下降22%，纠纷类警情现场化解率95%。南苑街道作为全区试点，获得全市首批落实“小脑+手脚”警网协同机制推进基层治理工作体系建设示范乡镇（街道）称号。聚焦网格底座，以党建统领网格智治，形成“街道—社区—网格—微网格”四级组织架构以及“1+3+N”网格治理力量，建

2022年7月26日，临平区南苑街道“小脑+手脚”警网协同运行

（周泽楷 摄）

立“快响灵敏、扁平高效”的指挥联动体系，全区184个村社划分网格1127个，微网格6720个。

【平安创建推动】 2022年，临平区委政法委紧盯平安创建工作重点难点，构建“五位一体”平安创建常态化暗访督查体系。督查点位9万多个，发现问题10万多个，全部下发交办。推进市级6个整治村（社区）及区级10个整治村（社区）集中整治，推动城郊接合部社会治安环境大改善。年内全区16个整治村（社区）相关警情、案件受理总量比上年实现“八下降”。以主题月宣传清单形式，每月面向群众开展“八个一”宣传大结合活动，发动各行业职工、网格员、志愿者、群众，参与平安创建，营造良好氛围。

【数字法治系统】 2022年，临平区委政法委贯彻落实省、市关于推进基层智治系统数字化改革部署，牵头开发“基层智治综合应用”等平台。立足“141”体系，横向设置党建统领、经济生态、平安法治、公共服务4条跑道。依托统一地址库，推动社会治理要素归集精细化。

（沈鹏飞　袁晶晶）

·法治政府建设·

【重大行政决策程序落实】 2022年，临平区落实重大行政决策目录化管理，通过事项征集、审核报批、集体审议等程序，制定公布区政府重大行政决策事项3项。各镇部门、镇（街）编制并公布本单位重大行政决策目录22项，重大行政决策事项标准31份。

【行政规范性文件管理】 2022年，临平区推行行政规范性文件立项预审制、发文流程及审查内容清单式管理。开展原余杭区行政规范性文件全面清理，清理原文件837件，停止适用412件，重新发文92件（包括区级和部门文件）。加强行政规范性文件备案审查，完成部门、镇（街）规范性文件的备案审查89件，提出意见和建议150多条，以通报稿形式反馈各部门、镇（街），督促整改。

【行政合法性审查】 2022年，临平区审核区级文件85件，区政府及各平台行政机关合同26份，区政府信息公开申请法治审查31件，重大行政决策及其他事项41件，提出审查意见和建议350多条。出台《临平区关于进一步推进乡镇（街道）合法性审核有效覆盖的实施意见》，实现乡镇（街道）合法性审查“有效”覆盖，全年各镇（街）审核合同、文件及法律事务6016件，提出审查意见5345条，合法性审查数量较2021年增长50%以上。

【“大综合一体化”行政执法改革】 2022年，临平区构建全覆盖的整体政府监管体系和执法体系，打造区级层面“1+8”，镇（街）层面“8+N”的金字塔型执法队伍结构。推进实施“全域赋权”，以“三高三易”为原则，差异化赋权镇（街）行使373项的乡镇（街道）综合行政执法权。下沉执法力量256名，下沉人员比例超68%。创新梳理“一件事”监管场景，形成跨部门、跨领域、跨层级联合执法工作模式。优化“全要素”考评体系，整体提升执法监管效能。

【执法规范化建设】 2022年，临平区落实行政执法“三项制度”和行政处罚裁量权基准制度。加强重点领域执法力度，探索安全生产、消防领域委托镇（街）执法模式。按照行政执法证“应领尽领”“应考尽考”要求，加强执法证申领工作，组织两批120多人参加行政执法考试。全区执法证1300多本，各单位持证率90%以上。

【行政执法监督】 2022年，临平区通过“数字化行政执法监督应用”系统，开展日常执法抽查。开展全区涉亚运会行政执法专项监督、镇（街）综合行政执法专项监督。开展全区行政执法“示范优案”“典型查案”评查活动，抽检31家行政执法单位的154个案卷进行集中评查，反馈案卷大小问题100多个，制发《行政执法监督通知书》5份，落实限期整改。首次开展全区行政执法“公述民评”。建立行政执法监督新闻媒体、企业行业协会监督点6个，畅通和规范群众投诉举报、维权监督通道。

【行政复议应诉质效】 2022年，临平区本级收到复议申请266件，其中立案受理112件；办结复议案件273件，其中调撤结案170件。审行政诉讼立案受理82件，结案80件；其中调撤结案49件，调撤率61.3%，败诉1件，败诉率1.3%。行政复议调撤率、行政诉讼调撤率均位居全市第一，未发生复议后败诉案件，行政诉讼败诉率全市最低。行政机关负责人出庭应诉41件，出庭应诉率100%。

【行政争议化解机制建立】 2022年，临平区建立区领导包案，区司法局、法院、涉案单位主要负责人参与化解的制度，形成“调解在先、复议分流、诉讼断后”的化解格局。紧抓案中全流程调解，动态更新重大行政案件区领导包案化解清单，完善风险预警、约谈机制。依托“共享法庭”建设在全省率先实现全域法官下沉指导，把司法服务送到群众家门口。完善矛盾纠纷化解机制，深化“1+3+28+X”（以镇调委会为统领，“三源”治理工作室为依托，28个村（社区）调委会为基础，整合社会各方力量多元参与的调解体系）多元立体化大调解体系。

【“放管服”改革】 2022年，临平区以“一件事”联办为标准，打造“政务智服”多跨场景，实现“一件事”联办事项75项，“企业开办一件事”全程帮办30分钟办结，“投资审批一件事”申报材料减量80%。全区政务服务事项“一网通办”率98.3%。推进证明事项告知承诺制，全年实行证明事项告知承诺制3366件。加强“互联网+监管”。掌上执法率99.9%，“双随机”抽查事项覆盖率65.86%。

【法治营商环境优化】 2022年，临平区优化全市首个企业服务中心辐射效应，整合涉及23个政府和公共服务部门的1240个事项，建立“一站式”大厅，打造多项服务功能于一体的在线平台。制定《营商环境创新试点重点改革事项清单》，落实创新试点重点改革事项清单。承接国务院和省、市稳经济一揽子政策，制定出台系列政策。实施包容审慎监管，发布涉企轻微违法行为免罚事项清单。通过“集约式、点单式、驻点式、智慧式”法律服务形式，围绕企业重点难点法律问题送法进企业，组建专业服务团队，为重点企业量身定制多维化法律（政策）服务。

（曹 琴）

·公 安·

【概况】 2022年，临平区公安分局有内设机构7个，直属机构20个（含看守所1个、拘留所1个），下辖派出所10个（实际启用8个，其中塘栖派出所和水上派出所合署办公）；民警612人，协警事业职工114人，局聘辅警1090人。全年，临平区公安分局围绕中共二十大安保工作圆心，在防风险、抗疫情、保安全、护稳定、促发展中发挥作用。全年接报有效警情22.69万起，比上年下降3.88%，降幅居全市第一；受理刑事立案2771起，受理治安案件9344起，刑事拘留883人，取保候审1517人，提请逮捕187人，移诉1122人，命案发三破

2022年6月29日，临平区举行“2022忠诚5号”暨夏季攻势启动仪式
（区公安分局 供稿）

三，重大恶性案件破案率100%。以党建为统领，公安队伍持续稳定健康发展，年内获集体二等功1个、集体三等功1个，获评全省优秀基层单位1个、最美浙警·最美警队1个，获评全国“五好家庭”1户、全省优秀人民警察2人、杭州市劳动模范1人，荣立个人二等功2人、个人三等功31人、个人嘉奖120人。分局蝉联全省公安机关执法质量优秀单位。

【打击违法犯罪活动】 2022年，临平区公安分局常态化推进扫黑除恶斗争，打掉恶势力犯罪集团3个（移诉22人）、网络黑恶势力团伙6个。开展打防传统侵财犯罪大会战，刑事打击处置实施盗窃等作案人员276人，全年传统侵财立案数比上年下降44.99%，破案数比上年上升17.3%。侦破杭州任远博康医院涉嫌养老医保诈骗案件，医院负责人任某、医师原某等12名主要团伙成员悉数落网，得到中央打击整治养老诈骗专项行动下层督导组的肯定；侦破涉及“老板”“铁流”“诺贝尔”等临平区知名品牌被制假售假案件，捣毁位于广东佛山市、内蒙古呼和浩特市等地制假窝点6处，挽回经济损失1600多万元；打掉以许某为首的伪造申请材料骗取杭州市人才补贴和住房补贴犯罪团伙，采取刑事强制措施46人，退赃80多万元，维护政府权威与公信。

【打击电信网络新型犯罪】 2022年，临平区公安分局推进“全民反诈”工程，创建“反诈标准化场景”18.6万个，招募反诈义警730名，线下宣教群众110多万人，电信网络新型违法犯罪发案数比上年减少1817起，下降57.3%，发案绝对数从2020年全市第二降至第八，劝阻止损5289万元，“反诈指数”位列全省第一。加大电信网络诈骗打击力度，摧毁电信网络犯罪团伙33个，打击“两卡”（电话卡、银行卡）犯罪团伙11个，抓获涉案犯罪嫌疑人386名，打处实绩位居全市前列。

【重拳打击整治黄赌毒】 2022年，临平区公安分局重拳打击整治黄赌毒等违法犯罪，抓获3人以上团伙43个，抓获10人以上团伙8个，采取刑事强制措施240人，侦破“5·15”开设赌场专案受到公安部贺电表扬。全年涉黄、涉赌警情比上年分别下降58.64%、44.38%。在市局禁毒等部门支撑下，侦破公安部“2022-65”毒品目标专案，到武汉、西安、成都等地收网刑拘贩毒嫌疑人15人，缴获冰毒、麻古等毒品600多克，被公安部列入全国禁毒部门十大经典案例。

【道路交通管理】 2022年，临平区公安分局紧盯“安全、畅通、便民”总目标，探索建立道路隐患镇街“共排共治”模式，开展“治线”“封口”“照明”“清绿”“守门”等道路隐患排查治理，滚动治理隐患7340处。创新工程车事故防控“461”战法，得到市领导批示肯定。牵头开展全区货运车辆综合治理服务等专项行动，货运车辆违停数下降90%，黄牌货车警情数下降37.28%，遏制涉货车交通事故高发态势。打好城区、集镇等周边道路疏堵保畅组合拳，重点路口拥堵指数下降10.5%，重要路口时常“打结”现象得到缓解。全年查处各类交通违法62.48万起，事故警情比上年下降15.06%。交通事故死亡人数35人，交通事故损失额44.65万元。

【社会基层治理管控】 2022年，临平区公安分局推进镇街版“小脑+手脚”警网协同运行机制，以南苑现场会牵引形成党建统领、指挥通畅、处置有序、化解有力、管理闭环的社会基层治理格局，“110”非警务类警情流转镇街占比15.54%，镇（街）重点隐患警情成功化解率85.2%。

年内会同区委政法委建立统一数据池，开展“警格+网格”双采模式，上线“扫楼宝”等平台应用，完善人口底数排摸动态更新机制，流动人口登记率、信息准确率、出租房屋登记率分别达到94.75%、95.75%、100%。东湖派出所“和・美家”幸福工作室在全省反家暴会议上作经验交流。

年内以全区消防安全大排查大整治工作为契机，以一户10间或居住10人以上群租房为重点，清查32.2万多间，整改安全隐患2.3万多处，查处违规出租房东6230名，其中行政拘留房东54名，全区未发生租房亡人火灾事故。

【警务体制机制变革重塑】 2022年，临平区公安分局在体制变革上，推动大警种大部门制改革，成立情指勤舆中心、犯罪打击部，筹建基础管理部，实现警力资源的优化重组。在机制变革上，优化情指行一体化运行机制，坚持以警情主导警务、指挥行动，提升警务运行实战效能，抓获“8・15”跨省持刀抢劫嫌疑人，受到省领导批示肯定。全年受理有效警情22.69万起，比上年下降3.88%，降幅居全市第一位。“执法管理标准化体系”揭榜挂帅项目和交通安全治理“一图一码”市级试点项目入选全省数字法制S3一本账。打造“智慧检查站”“AI反诈智呼”等更具临平公安辨识度的实战场景应用，引领业务工作提升。

2022年6月24日，临平区公安分局举行“警媒临距离　反诈平安行”临平反诈“临零欺”警媒工作室揭牌仪式　　（区公安分局 供稿）

【公安政务服务提档升级】 2022年，临平区公安分局在2020年高质量完成全市公安机关“一窗通办”改革试点任务的基础上，深化“一网通办”改革；1月10日全国第二个警察节当天，区委书记为“临平公安政务服务网办中心”揭牌。通过做大、做强网办中心，打造“智能客服”，融合多警种审批服务职能，126个政务服务事项入驻网办中心，实现从“多窗办理、多警办理”向“一窗通办、一网通办”的提档升级；全年受理各项网办业务及后台审批业务26万多件，日均受理审批量1300多件。年内通过省公安厅两轮试点验收，在全市公安机关政务服务“一窗通办”“一网通办”培训班中作为全省网办中心迭代升级试点单位作经验交流，先后接待温州、金华、湖州、台州等省内同行学习考察12批次。

【基层社会治理】 2022年，临平区公安分局自主开发上线“协同共治”平台，开通纠纷上报、消防排查等多场景应用，智慧化推送任务派单、自查反馈、跟踪问效全流程闭环，在联动压实社会主体责任、实现风险隐患协同共治方面进行有益探索。在寄递物流、小区物业、娱乐场所等15大行业2558多家单位先行应用，发送工作指令4515条，发现并整改安全隐患458起。打造微信AI民警，107万名群众加入“朋友圈”，线上有效解答咨询、受理求助等35万多次，推送证件到期等提醒信息3.6万多条，反诈预警劝阻1557人。

【执法立警】 2022年，临平区公安分局建成执法办案管理中心，提升分局、所队两级执法管理中心对执法要素和效率指标的联动巡查效能。深化“日曝光、周点评、月分析、季总结”机制运行，严重执法问题从上年23个降至4个。加快推进派出所负面清单、执法问题清单“两张清单”实施，压实警种办案主体责任，坚守执法安全“生命线”；提升执法办案、执法监督、智慧法制系统应用“三个能力”，夯实法制根基。自主开发“浙警易网办”，制作远程取证笔录300多份，极大提升办案效率。

【从严治警】 2022年，临平区公安分局压实层级管理责任，紧盯重点问题和环节不放松，全年党纪政务处分2人，作风与效能问责9人，3名民警试岗，10名事业人员轮岗。开展经常性警示教育，开展升旗仪式38次、鸣钟仪式53次，开展谈心谈话4977次，制作警示教育片3本，用身边事教育身边人。推进清廉所队试点建设，星桥派出所下好“多维联防”先手棋，打造清廉警队的做法入选清廉杭州建设优秀实践案例，分局选送的视频《回家》《榆林的故事》分获临平区“扬藕花清韵・传清廉家风”比赛一等奖、二等奖。全年，分局廉政库收到主动上交礼金7.84万元以及礼品若干，形成较好的不敢腐、不能腐、不想腐氛围。

【从优待警】 2022年，临平区公安分局举办首届临平公安警察运动会、警营亲子“嘉年华”等活动，凝聚警心，激发活力；完成或开建崇贤派出所、交警开发区中队等营房项目6个，

2022年3月4日，临平区公安分局举行新型犯罪防范大队揭牌仪式暨新型犯罪防范与共治智库研究中心共建签约仪式 （区公安分局 供稿）

运行咖啡吧、西点房、小炒间，提供理发、制服清洗等服务，为全警购买大额意外保险，提高民警幸福感、归属感。启动战时典型选树机制，表彰在安保执勤工作中表现突出的集体和民警、事业及警辅人员，由局领导送奖到一线。全年获省厅、市局通报表扬43人次，分局发布《局长表扬令》89期表扬425人，310名个人、14个集体立功受奖，区拘留所获评全省优秀基层单位，东湖派出所被省厅荣记集体二等功，涌现出全省优秀人民警察莫建卫、滕垚，叫响“民警就要有民警的样子”的“杭州好人”吴建仁，凌晨三点步数超过4.7万步的临平区首届“十大杰出青年”俞晓波等一批先进典型。

2022年6月28日，临平区公安分局举办首届警察运动会暨开幕式暨环山越野跑活动 （区公安分局 供稿）

（刘艳萍）

·检 察·

【概况】 2022年，临平区检察院（含临平地区检察院）办理各类案件7900多件，办案总量和人均办案数量均位居全省前列，各项检察工作取得新成效，先后获评“平安杭州”创建先进集体和全市“成绩突出基层检察院”等市级以上荣誉37项。

【刑事检察】 2022年，临平区检察院受理提请批准逮捕案件191件276人，审查后批准逮捕137件164人；受理移送审查起诉案件801件1065人，审查后提起公诉480件670人，提前介入重大复杂案件25件。联合区公安分局设立“侦查监督与协作配合办公室”，监督侦查机关立案22人，撤案18人，追加逮捕犯罪嫌疑人和追加起诉被告人13人，其中3人被判处十年以上有期徒刑。强化对刑事裁判的审查监督，依法提出或提请抗诉3件，法院改判1件。强化与区纪委区监委配合协作，受理区监委移送审查起诉职务犯罪案件6件6人。贯彻落实认罪认罚从宽制度，制定《不起诉案件处理和宣布程序指引》获市检察院转发推广。

【民事行政检察】 2022年，临平区检察院审查办理民事检察案件57件、行政检察案件12件，3件民事检察案件被省检察院评为优质案件。依法对6起利用司法拍卖浙A牌照车辆的虚假诉讼案，发出再审检察建议，法院均作出再审裁定。通过调查核实、矛盾调处，促成一起申请执行监督案达成和解，100多万元执行款交付到位。办理胡某某信用惩戒执行监督案，被评为全省检察机关专项监督活动典型案例。1名干警入选全国检察机关民事检察人才库。

【公益诉讼】 2022年，临平区检察院审查办理公益诉讼案件43件，发出诉前检察建议22

份，提起公益诉讼13件，职能部门回函和整改率均为100%。汇聚“检察+”公益同心力量，与区总工会、审计局、税务局等部门分别建立公益诉讼协作机制。通过“微公益”监督，为残疾驾驶人开辟体检绿色通道，推动整改村务公告栏泄露公民个人信息、文化礼堂消防设施不完善等现象。捍卫英烈荣光，对利用网络侵害戍边烈士肖思远荣誉名誉案提起民事公益诉讼，侵害人在国家级媒体上赔礼道歉、消除影响；该案被中央政法委、最高检、共青团中央等官方公众号和《检察日报》头版等报道，获省检察院主要领导批示肯定。

【刑事执行检察】 2022年，临平区检察院维护临平周边监管场所安全稳定，从严从重办理破坏监管秩序、预备脱逃等罪犯又犯罪案件。全年，审查减刑、假释、暂予监外执行监督案件6878件，提出纠正意见698件，发出纠正违法通知书4份，执行机关采纳整改率100%。办理的罪犯财产刑执行监督案，被省检察院评为“引领性、示范性刑事执行检察案件”。开展巡回检察11次，完成最高检对省未成年犯管教所及派驻检察室巡回检察的迎检工作。刑事执行检察工作获省检察院主要领导批示肯定。参与最高检第五检察厅巡回检察和信息化课题研究，获得最高检主要领导批示表扬。

2022年2月23日，杭州市临平区人民检察院和杭州市公安局临平区分局“侦查监督与协作配合办公室”揭牌仪式举行 （区检察院 供稿）

【数字检察】 2022年，临平区检察院推动数字赋能，被评为全市数字检察先行院。协同建设“刑罚执行监督”应用场景，被纳入省委政法委数字法治“一本账S3”和省检察院数字检察“一本账S2”。履职发现多起涉毒、涉未成年人犯罪发生在网约房内，研发运用网约房“数字雷达”大数据模型，进行“四检一体”融合式监督，移送犯罪线索8条，立案监督3人，100多家经营主体被纳入监管，办案指引被省检察院发文推广，类案获评全省检察机关未成年人司法保护精品案例。出台《“三查融合”信息集成流转机制》，研发配套的流转系统，集成监督线索206条，成案50多件，被市检察院转发推广，相关案件获评全省检察机关“三查融合”精品案例。

【未成年人司法保护】 2022年，临平区检察院办理涉未审查逮捕案件21件22人，审查起诉案件42件51人。举行全市首次督促监护的检察不公开听证，向监护职责严重缺位导致未成年人受到侵害的家长发出《督促监护令》。联合区教育局、卫健局、妇联、关工委等部门形成家庭教育合作机制，开展教育指导50多次，帮扶涉案未成年人20多名。未检融合式监督履职的经验介绍获评全省检察优秀微课，未成年人检察部门获评市级“巾帼文明岗”。

【营商环境优化】 2022年，临平区检察院运用“市场检察”举措，优化法治营商环境，会同区工商联出台“服务保障民营经济健康发展”的实施意见，制定助力企业“司法康复”12条举措。开设企业法治课堂授课1000多人次，入企“法治体检”服务40多次。建立“事前合规”“二元责任追究”等创新机制，完成2家涉案企业的合规考察并依法作出不起诉决定，避免“案子办了，企业垮了”。注重企业权益保护，办理职务侵占、挪用资金、侵害知识产权等涉企犯罪22件35人，惩治冒用“老板电器”“铁流”等本地知名企业注册商标犯罪，办案检察官获评浙江省知识产权保护工作成绩突出个人。

2022年5月10日，浙江工商大学法学院、杭州市临平区人民检察院检校合作共建仪式举行 （区检察院 供稿）

【司法为民】 2022年，临平区检察院坚持守护老百姓舌尖上的安全，通过“刑事追责+民事公益赔偿”，惩治售卖“病死甲鱼”侵害食品安全案件，起诉要求惩罚性赔偿300多万元。深挖涉及三省五市的“病死甲鱼”销售产业链，主动与当地检察机关联系，形成跨省全链条打击的司法合力。加大司法救助力度，为28名救助对象发放救助金46.8万元，传递司法温度，让公平正义可感可触。办案发现个别钢管租赁站非法使用废机油造成土地污染，进行生态损害调查，清理修复被污染土壤。开展医保基金国有财产保护专项监督，挽回国有财产290多万元，为群众守住医保基金的“钱袋子”。

【“益心为公·云平台”助力共富建设】 2022年，临平区检察院依托“益心为公·云平台”，联合区委统战部组建“新乡贤公益志愿者”团队，致力耕地红线保护，检察官借助卫星遥感监测，穿梭田间地头，进行粮食生产功能区“非粮化”专项监督，发出检察建议3份，助力还耕土地866.67公顷。围绕大运河国家文化公园建设，推动全国重点文物保护单位广济桥安全监测保护；开展对国家级濒危动植物、古树名木等公益保护，对9棵陷入生存“窘境”的古树名木，通过诉前检察建议推动建立动态养护监测的闭环。

【检察干部队伍建设】 2022年，临平区检察院精心蹲苗育材，深化“青年干警导师制”“青年干警列席检委会”等传帮带制度，铺就青年干警成长快速路，青年干警入选全国和省级人才库17人次。组织“临·云智”数字检察场景建模岗位大练兵，推选“网约房业态监督治理”等类案监督场景获省检察院推广。第六检察部被杭州市妇女联合会评为杭州市“巾帼文明岗”。干警获评全省“七五”普法工作先进个人、浙江省知识产权保护工作成绩突出个人等荣誉。

【人大监督与检察监督衔接机制完善】 2022年9月2日，杭州市临平区人民代表大会常务委员会出台《关于完善人大监督与检察监督衔接机制 打造法治监督共同体的意见》，强化对临平检察监督工作的刚性支持，完善人大监督与检察监督的衔接转化，打造临平法治监督共同体。

【检察院与浙江工商大学法学院共推检校合作高质量发展】 2022年5月10日下午，临平区人民检察院、浙江工商大学法学院进行检校合作共建。双方签署的检校合作共建协议，合作内容包括建立互聘互派机制，共建检察理论研究基地、法学实践教育与检察官培训基地，共同打造公益诉讼研学基地特色品牌等。依托该基地平台，双方将在公益诉讼等检察实证研究新领域方面开展研讨、专家论证等深度合作。

（关巧巧）

·法　院·

【概况】 2022年，临平区法院受理各类案件19065件，办结案件20119件（含旧存），以全省8‰的法官办结全省14‰的案件。一线法官人均结案数441.21件，高出全省平均数62.32%。临平区法院诉前化解涉土地征迁、房屋租赁、劳动争议等各类纠纷486件，助力乔司街道全域土地综合整治。全年，临平区法院审结各类行政案件87件，注重行政争议实质性化解，行政机关负责人诉前参与调解案件50多件，行政诉讼案件调撤率61.25%，居全市首位，行政审判工作获省高院领导批示肯定。落实行政机关负责人出庭应诉制度，出庭应诉率100%。

【法治化营商环境优化】 2022年，临平区法院出台16条举措服务保障中小微企业发展，承担营商环境重点改革事项4项，提升营商环境法治化水平。审结破产案件66件，出清房产48119平方米。加强知识产权司法保护，5月1日取得知识产权案件管辖权，审结案件100件。

【审结各类刑事案件】 2022年，临平区法院审结各类刑事案件478件。严厉打击涉网络犯罪，审结涉网络犯罪案件63件102人，被告人叶某某等利用办理高额信用卡名义实施电信网络诈骗案获评全省八大典型案例。加强未成年人刑事司法保护。

【审结各类民事案件保障民生权益】 2022年，临平区法院审结各类民事案件10452件（含旧存）。建立健全涉房纠纷处置机制，化解纠纷681件。维护弱势群体合法权益，人身安全保护令48小时内签发率100%。打造一流诉讼服务，作为全国唯一法院向中央政法委主要领导展示全国法院诉讼服务智慧建设成果。加大司法救助力度，发放救助金22.3万元。

【案件执行难题破解】 2022年，临平区法院执结各类执行案件9140件（含旧存），执行到位金额10.28亿元。开展“助企纾困保民生”专项行动，精准帮扶被执行中小微企业1163家，执结涉农民工工资案件228件，其中某汽车配件公司执行案为62名员工全额执行到位288万元欠薪款，获评全省法院十大典型案例。创新民事执行、破产与税费征缴“一件事”协作模式，办理协作事项2500多个。加大拒执行打击力度。

【审判执行质效提升】 2022年，临平区法院通过优化审判流程，重要质效指标实现质的提升。同期结案率居全市第二位、全省第六位；平均审理天数下降22.52天；一审判决案件改判发回瑕疵率低于全省平均水平。

【基层社会治理成效好】 2022年，临平区法院深化诉源治理，一审民商事收案数比上年下降

20.29%，全区万人成讼率63.39，均居全市前列。深化“非诉解纷法官全域指导”机制改革，实现共享法庭全区镇（街道）、村（社区）共享法庭全覆盖，获《人民法院报》点赞，3家共享法庭入选省、市示范共享法庭，数量居全市之首。

2022年5月9日，临平法院执行局获授“杭州市模范集体”

（周晓晓 摄）

【数字法院】 2022年，临平区法院探索构建“破产一件事”府院联动平台，入选省高院第一批“育苗造林”项目。做好在线预分案系统应用迭代与集成推广，法官指导机制获批全省数字法治S3项目。推广应用智慧警务2.0，让司法公正再提速。

（杭晓聪）

·司法行政·

【概况】 2022年，临平区司法行政系统聚焦重点工作，守正创新、担当作为，法治临平建设和司法行政工作有序推进，全年获区级以上集体荣誉9项，其中省级以上荣誉4项。临平区依法治区办牵头推进“法助共富、法护平安”等专项任务。深化《习近平法治思想学习纲要》宣传贯彻，组织“八进”活动192场。建立完善法治巡察和区委巡察联动机制，对15个镇街、部门开展法治巡察。组建形成由16名社会各界人士组成的临平区法治监督员队伍，发挥社会各界监督力量在法治建设中的重要作用。建立有辨识度有影响力的法治建设项目库，2个项目入选杭州市“法治政府”最佳实践项目培育名单，2个项目入选杭州市“2022年度有辨识度有影响力法治建设成果”项目。

【公共法律服务】 2022年，临平区司法局以司法部现代公共法律服务体系评价验收为契机，为全区7家公共法律服务站配备公共法律服务自助机，配备率87.5%。全年村（社区）法律顾问接受法律咨询2543人次，上门服务479次，起草、审查法律文书737件。深化“便民利企 法律服务先行”活动，全年实地走访企业5000多家，提供专题讲座210场，梳理法律风险点860个。优化“一站式”公共法律服务窗口，强化兜底保障，全年受理法律援助案件1562件，解答法律咨询23526件。

【法治宣传教育】 2022年，临平区司法局实施公民法治素养提升行动，出台《临平区“法治带头人”“法律明白人”“学法用法示范户”培育工作操作指南》，选育934名“法律明白人”，塘栖村被选定为省、市公民法治素养观测点。创新普法形式，制作反诈、婚姻家庭等普法短视频，其中1期在杭州公交和地铁投放。结合主题日、宣传日开展专项普法宣传活动830多场，辐射11.3万余人。塘栖镇丁河村成功创建全国民主法治示范村，南苑街道龙兴社区等7个村社区成功创建省级民主法治村。

【人民调解】 2022年，临平区司法局深化新时代“枫桥经验”，推进人民调解工作提质增效，临平司法所获评省级“枫桥式”司法所。完善《专职人民调解员管理办法》，制作颁发人民调解员证，做到有名册、有聘书、有职责。培育以橄榄枝为代表的区域调解品牌3家，由律所出资成立的专业调解类社会组织7家。推动区劳动人事、医疗、银行业保险业、房产物业、交通事故等调委会主管部门采取政府购买调解服务的形式化解行业领域矛盾纠纷。1—12月，全区各级调委会化解矛盾纠纷12801件，调解成功率99.8%。

【社区矫正安置帮教】 2022年，临平区司法局强化数字赋能，推动“数字卷宗”系统全省推广。迭代“智慧矫正”信息化项目，集成心理矫治预警系统、“如燕”随行智控系统、智慧矫正“数智驾舱”、自助矫正终端服务。推进集成一体化建设，实现综合指挥调度。全年接收社区矫正对象306人，解除284人，实现社区矫正对象零脱管、零犯罪工作目标。深化安置帮教工作，指导培育集公益活动、技能培训、集中教育等功能的线下实体基地118家，就业基地3家，落实安置在册刑满释放和解除矫正对象，安置帮教率100%。

【法律服务业发展】 2022年年末，临平区有律师事务所34家，执业律师351名，比上年增长26.7%，律师万人比2.9。新成立临平区律工委，下设民商与企业法律顾问、行政与政府法律顾问、公司与金融、刑事诉讼与合规、劳动争议与仲裁、婚姻家事与财富传承、建设工程与房地产、涉外与知识产权8个专业委员会。有公证处1家，公证员9名，办理各类公证8752件。基层法律服务所1家，基层法律服务工作者8名。

（陈嫣红）

（责任编辑　吕晓英）

军　事

Military

·人民武装·

【国防动员】 2022年，临平区人武部聚焦国防动员领域“十四五”规划深挖新兴领域潜力资源，修订完善国防动员预案，开展国防动员潜力调查，协调区职能部门分解任务，精准完成兵员征集任务。结合“一年两征”新常态，紧扣“五率”考评标准，以大学毕业生征集为重点，抓好宣传发动、体检政审、役前训练等环节，提升征兵质效；同步协调区委、区政府制定出台临平区大学生参军入伍工作措施，提升辖区青年参军热情。完成民兵编组任务。贯彻落实《“十四五”时期民兵建设发展计划》，推进民兵调整改革、优化民兵编组结构布局，夯实临平基干民兵队伍建设基础，高标准迎接省军区工作组检查考评。

【练兵备战】 2022年，临平区人武部严格落实战备值班制度，组织军警民联合防卫指挥编组作业演示和国防动员指挥演习，深化军地联动机制；抓实首长机关训练，组织开训动员系列活动，开展军事基础体能、业务技能训练，提升军事职业教育效果；完成年度民兵训练，落实民兵建设“十四五”规划，加强新时代民兵工作，打造现代民兵队伍，突出新质新域力量建设；以年度训练科目为基础，分批次组织专武干部、民兵骨干、民兵教练员、民兵队伍、民兵连长集训，提升专业能力和成建制遂行任务能力。6月上旬参加警备区“担使命、抓备战、强能力”大点验大比武，首长机关组织指挥获得第一名。做好信息服务工作。

【省军区征兵办调研】 2022年3月15日，浙江省征兵办公室、省军区动员局到杭州临平区人武部检查调研。在训练场与预定新兵亲切交谈，了解大家入伍动机、掌握部队知识和一日生活情况，勉励大家到部队当英雄、立军功，查看新兵的食宿条件和内务水平，听取役前教育训练工作的部署计划汇报，对人武部役前教育训练工作表示肯定。

【军警民联合防卫编组作业课目演示】 2022年9月26日，临平区人武部组织《重要目标军警民联合防卫编组作业》课目演示，警备区主要领导、警备区首长机关和各区人武部、驻杭部队业务负责人、各镇（街）专武部部长参加，围绕凝聚重要目标防护合力排兵布阵、演练组织者针对目标可能面临遭袭的情况进行研讨。

【人武部资产规范管理新模式全省试点】 2022年8月16日，省军区资产打码贴签现场观摩会在区人武部召开。省军区、杭州警备区主要领导参加，现场组织系统操作流程实操体验和累积性难题“两年攻坚”行动推进会，此次打码贴签在系统操作、制度标准、建管理念等方面

2022年7月1日，临平区人武部在临平区档案馆开展国防教育

（区人武部 供稿）

创新实践，探索形成具有浙江省军区特色的资产规范管理新模式。

【军事日活动】 2022年12月15日，临平区委、区人大、区政府、区政协四套班子领导到临平区民兵训练基地举行军事日打靶活动。开展军事日活动是党管武装的重要内容，是增强和提高全区各级领导干部国防意识的重要举措。

（张凯东）

·兵役工作·

【概况】 2022年，临平区人武部按照“全年准备，突出重点、补上短板”的工作思路，适应“一年两征”新态势，以“五率考评”为指挥棒，筹划部署征兵工作。年初调整完善征兵领导小组、征兵办公室和高校征兵机构，明确高校征兵领导小组和征兵工作站责任，落实人员、场地和经费保障，宣传、公安、卫生、教育、财政等部门积极配合，密切合作。

【征兵宣传动员】 2022年，临平区人武部重点进行三个波次宣传动员。第一波次是春节前后，各镇街利用大学生返乡的有利时机，召开大学生座谈会，上门入户做好一人一户的思想发动；第二波次是1—2月，结合兵役登记工作，村社区民兵连长挨家挨户宣讲征兵政策；第三波次是6月开始，利用传统媒体（电视、报纸、横幅标语、宣传海报、小册子）与新媒体（微信、电子屏、灯光秀）等相结合。

（张凯东）

·民兵预备役·

【概况】 2022年，临平区落实民兵建设“十四五”规划，加强新时代民兵工作，打造现代民兵队伍，突出新质新域力量建设。以年度训练科目为基础，分批次组织专武干部、民兵骨干、民兵教练员、民兵队伍、民兵连长集训，提升专业能力和成建制遂行任务能力。6月上旬参加警备区“担使命、抓备战、强能力”大点验大比武，民兵比武科目获综合第七名，首长机关组织指挥获得第一名。

【民兵整组】 2022年，临平区组织全体民兵队伍整组点验，高标准落实人员体检、政治考核工作，完成预征预储装备的对接及协议签订。对接卫健、水务、电力、燃气、三大运营商、交通路政等13家企事业单位，做到专业对口、应编尽编，夯实临平基干民兵队伍建设基础，高标准迎接省军区工作组检查考评。

（张凯东）

·拥军优属·

【概况】 2022年，临平区人武部参建共建，组织发动民兵参加地方经济建设，落实退役军人安置、随军家属就业、军人子女入学入托优待等暖心工程，营造尊崇军人、关爱军人的新风尚。年内，贯彻落实中央军委主席习近平“让军人成为全社会尊崇的职业”要求，开展拥军优属活动，落实军地“双清单”制度，开展办实事活动。会同区退役军人事务局等单位举行退役士兵返乡欢迎仪式暨就业推介会，开设专场招聘会2场，组织110多家企业提供就业岗位上千个。协调区政府面向退役军人和随军家属定向招聘专职社工30人，安排随军家属就业、军人子女优待入学。做好退役军人安置工作，依规安置军转干部和转业士官。

【民兵防汛、防台风】 2022年，临平区人武部响应防汛、防台风工作，实行双人坐班制度，集结防汛防台40人，部机关指挥协调，做好抢险救灾准备工作。各街道武装部收拢应急分队民兵。塘栖镇组织民兵备勤，对冲锋舟、橡皮艇、救生绳索等装备物资检查测试；乔司、星桥街道民兵对辖区内地势低洼路段、铁路涵洞、蔬菜大棚、沟渠等排查；临平街道民兵进入部分小区巡查，消除隐患，保障老百姓人身财产安全，崇贤街道民兵前往重点避灾点位协助工地工人进行转移安置。

（张凯东）

·人民防空·

【人防工程审批、维护管理】 2022年，临平区人防办执行人防易地建设费收费规定和标准，应建尽建，强化管理。临平区人防办开展人防工程平时使用和维护管理“双随机”检查，提出整改的建设性意见并及时跟进；开展在建人防工程质量监督，开具整改通知单，落实问题整改。

【人防应急指挥能力提升】 2022年，临平区人防办组织开展“3·1”国际民防日、“5·12”防空防灾和“9·18”防空警报试鸣；组织开展2022年度区人防专业队整组和训练有关工作；组织参与“浙江金盾-22”实战化演习1次；组织实施人防专业队数字化管理系统建设工作；新建设补点防空警报器，实现建成区警报覆盖率92%以上。

【人防知识宣传】 2022年，临平区人防办开展进机关、进企业、进校园、进镇街、进社区的人防宣传“五进”活动，全区发放宣传手册5000多份，悬挂宣传横幅100多条，摆放展板200多块，参加人数6000多人次。

（向林森）

（责任编辑　吕晓英）

城乡建设和治理

Urban and Rural Construction

·城乡规划·

【空间规划编制】 2022年，规划和自然资源局临平分局围绕打造“融沪桥头堡、未来智造城、品质新城区”、建设杭州东部新中心的战略目标，向省、市争取空间增量和永农核减，划定“三区三线”。其中“三区三线”成果获部批复并启用，临平区国土空间规划编制形成中间稿。制定完善本区各年度详细规划编制计划，推进各项详规编制进程，推进《临平区综合交通规划》《临平区总体城市设计》《大运河科创城概念规划》等专项规划研究。

【建设用地规划审批】 2022年，规划和自然资源局临平分局核发划拨建设项目用地预审与选址意见书审批155项，面积470.17万平方米；建设用地规划许可审查52项，面积148.09万平方米，建设用地规划许可（划拨供地）审查109项，面积264.20万平方米；建设工程规划许可审查177项，总建筑面积783.10万平方米；建设项目批后修改审查201项。

【规划监督】 2022年，规划和自然资源局临平分局优化规划竣工核实和土地验收流程。全区完成竣工规划核实项目122个，总建筑面积573.54万平方米，完成土地复核验收项目36个，复核土地面积115.26万平方米，总建筑面积246.82万平方米。

（赵晨芳）

·城区建设·

【“五水共治”专项行动】 2022年，临平区住建局牵头推进全区城乡污水治理及保供水、抓节水等工作，重点抓好治理污水工作。临平第二净水厂完成前设计、审批、招标、开工令办理等前期工作，完成新建、改造污水管网4.18千米；完成高层二次供水改造7个，完成改造26个，达到省、市要求；完成“污水零直排区”生活小区类创建市级任务16个，其中省级任务5个；完成农村生活污水处理设施标准化运维442个，处理设施改造完成5个；履行上塘河河长单位职责，全年巡河924次，处理问题258个，全民护河行动得到广泛参与；做好排水许可，开展城镇污水排入排水管网许可事项全程网办服务，完成排水许可证发放173件，排水竣工备案106件；做好城市节水管理，全年省级节水小区申报成功13个，非居民计划用水1572家。

【重点工程建设】 2022年，临平区住建局牵头推进部分区内重点项目建设。临平亚运会场馆周边环境提升工程、星光街（望梅路—红丰路）整治提升工程、临平老城区部分道路改造提升工程、河南埭路改造提升工程均完成项目建设，临平城区绿道一期工程进入收尾阶段。

【“迎亚运”项目建设】 2022年，临平区住建局牵头推进临平区“迎亚运”基础设施项目建设，包括临平亚运场馆周边环境提升工程、临平亚运场馆周边住宅小区和亚运场馆盲人门球场周边环境整治提升项目（一期、二期）3个环境整治类项目，乔司至东湖连接线二期工程、S304余杭小林至塘栖段改扩建工程2个快速路建设项目，地铁3号线天都路（场环路—星桥大道）、地铁9号线星光街（雨荷路—汀州路）2个地铁道路恢复建设工程，各建设项目均按照要求完成建设任务，其中，乔司至东湖连接线二期工程（临东路—五洲路）、S304余杭小林至塘栖段改扩建工程（五洲路—运溪路）、星光街（雨荷路—汀州路）被亚运市运保指挥部评为“2022年‘迎亚运’城市基础设施建设百日攻坚行动样板示范道路”。

【城市道路建设】 2022年，临平区建成S304余杭小林至塘栖段改扩建工程、乔司至东湖连接线二期工程、崇贤至东湖路连接线二期工程快速路约18千米，“三路一环”快速路体系形成，区内快速路总里程58.5千米，约占全市快速路总里程的11.84%。东湖快速路、留石快速路（世纪大道快速路）、秋石快速路（320国道快速路）、望梅快速路、运溪高架路等5条快速路，构成临平城市路网主骨架，使临平与杭州核心区快速路全面融合。实施8条联网路（断头路），完工5条，包括高铁站支路、九华路、顺意路、汤联街、绿洲路；开工3条，包括汀州路、通盛路、星隆路。

【轨道交通建设】 2022年2月21日，杭州市轨道交通3号线临平段开通运营。11月，杭州市轨道交通四期获得批复，涉及临平区的线路有地铁3号线二期、地铁9号线二期、地铁15号线、地铁18号线。12月，杭州市发展改革委员会召开专题会议，沪乍杭铁路项目进入预可研阶段。

【地下空间及综合管廊开发利用】 2022年，临平区住建局对接市地空办管廊办，落实督促地下空间开发利用项目有序推进，鼎湖社区一期（A1/A2）主楼主体结构完成100%、二期（A3）砌筑完成100%、门窗完成60%、三期（A7）主体结构完成100%、四期（A4和A8）主体结构完成75%、A4砌筑完成100%、A4门窗完成60%、五期（A5-A6、A9-A11）：主体结构完成80%、A5/A6砌筑完成100%。

【地下管线普查和备案】 2022年，临平区住建局开展建成区范围内75平方千米地下管线普查工作，各类管网总长度约7700千米；完成管线开挖交底备案工作318起，上线网上备案流程，督促施工、监理单位落实现场管线保护措施，降低事故发生概率。开展临平区地下管网数字化生态系统建设，完成全区软件建设部署和部分街道硬件安装工作。

【公共停车泊位建设】 2022年，新增省民生标准公共泊位655个，年度新增停车泊位3300个，开工和续建停车泊位3526个。其中，在临平城区居住小区附近建设8个停车场877个停车位，缓解老旧小区的停车难问题。

【公共充电桩建设】 2022年，临平区住建局牵头做好公共充换电基础设施项目的备案管理工作。全年完成项目备案40个，完成充电桩建设并投入运营417个，接入e充平台367个。完成《临平区电动汽车充电设施布点规划》编制，为临平区近期充电桩建设提供规划依据。

【5G基站建设】 2022年，临平区住建局根据2022年完成210个5G基站建设任务要求，牵头

建设完成347个5G基站，排名全市第三位。完成《临平区5G基站及汇聚机房布点规划(2022—2027)》编制工作。

【“海绵城市”建设】 2022年，临平区住建局牵头开展“海绵城市”建设工作，完成临平区系统化全域推进海绵城市建设实施方案，打造海绵城市重点区域3.71平方千米以上，创建星光街（望梅路—红丰路）整治改造工程、新洲路小学及社会停车场工程等海绵示范项目15个，按照杭州市系统化全域推进海绵城市建设项目清单（2021—2023年）要求，完成星光街(望梅路—红丰路）整治改造工程、浙江理工大学时尚学院等12个项目。

【城区绿化建设】 2022年，良渚玉架山考古遗址公园、桥韵公园、年轮公园、九乔绿道一期等公园相继建成并开园，作为市级民生实事的明因寺遗址公园、滨河公园、桑埠路公园等5个小公园提前完成。丰收湖公园获得浙江省建设工程钱江杯（优质工程)，临平山运动休闲公园获得浙江省优秀园林绿化工程金奖。推进全区绿道网建设，建设星光街绿道、禾丰港绿道、九乔绿道、大运河绿道、临平城区绿道工程5条绿道，共21.9千米。临平区住建局响应杭州市城乡建设委员会推行的“揭榜挂帅”“赛马”机制，开展《用“五道”理念建设“别样精彩”道的探索和研究》课题，获评2022年杭州市村镇建设工作“赛马”优秀项目。

【历史建筑】 2022年，临平区住建局按照历史建筑的保护利用原则指导镇街做好全区33处历史建筑（含桥涵、古井）的管理和巡查工作，开展防汛和消防安全检查，完成该33处历史建筑标志牌的挂牌、测绘建档和保护利用导则的编制工作。

【老旧小区改造提升】 2022年，临平区住建局牵头推进老旧小区综合提升改造。全年完成临平街道朝阳西路小区、缸甏弄小区，塘栖镇水乡人家等18个老旧小区综合改造提升，涉及改造面积约31万平方米，房屋约114幢，惠及住户2000多户。

【美丽城镇创建】 2022年，临平区住建局完成《2022年度美丽城镇建设专项扶持政策》编制，推进2022年美丽城镇建设项目，35个年度建设项目全部完工，乔司街道获评商贸特色型省级样板。至此，临平区塘栖镇、运河街道、崇贤街道、乔司街道4个镇街全部获评省级样板，实现美丽城镇首轮三年行动创建“大满贯”。

【未来社区建设】 2022年，临平区住建局牵头开展未来社区建设工作，完成《临平区城镇社区建设专项规划》编制工作。有14个社区被列入省、市级未来社区创建名单。其中，龙兴、海珀、梅堰、杭海路社区通过省、市级验收；鼎湖、崇文、运旺、南兴等10个社区完成实施方案编制。

【城乡风貌整治提升】 2022年，临平区住建局牵头推进临平区城乡风貌整治提升行动，编制完成《临平区城乡风貌整治提升行动方案》，“门户客厅·艺尚小镇”风貌区获评浙江省年度“新时代富春山居图城市样板区”；“未来工厂·小林板块”风貌区获评杭州市城乡风貌样板区；“运河水乡”县域风貌区被纳入2023年省级风貌样板区试点建设名单。

（向林森）

·美丽乡村建设·

【新一轮美丽乡村政策实施】 2022年1月，临平区人民政府印发《杭州市临平区深化“千万工程”高水平实施新时代美丽乡村提质升级行动（2021—2025）》（临平政发〔2022〕1号），正式启动以“一园引领、两核驱动、十村未来、多点精致、全域美丽”为总体布局的新一轮美丽乡村建设行动。

【美丽乡村项目建设】 2022年，临平区塘栖丁山湖、运河北片核心示范片区开工建设。塘栖丁山湖片区重点打造以水乡湿地为主题特色的乡村休闲旅游目的地，运河北片重点打造以生态高效农业为特色的研学文旅集聚区。按照“一村一品牌”要求，实施戚家桥村、西苑村2个市级特色村和崇贤村、超丁村、泰山村等5个区级特色村建设，完成杭南村、丁河村农文旅融合发展示范村项目，村庄运营类项目有序开展。完成100个组的全域环境扩面提升工程，推动美丽乡村向农村毛细血管延伸，打通农村基础设施和公共服务“最后一百米”，实现共同富裕最小单位环境提升。

【美丽乡村优胜县】 2022年，临平区获评全省深化“千万工程”建设新时代美丽乡村工作优胜县，创建省级新时代美丽乡村示范乡镇1个，省级特色精品村3个，达标村7个，实现建制村全覆盖。

【农村基础环境整治提升行动】 2022年，临平区农业农村局按照《临平区“迎亚运”综合环境整治提升工作方案》（临亚城环专班〔2022〕1号）要求，研究制定《临平区“迎亚运”农村人居环境专项治理行动方案》，在全区农村范围内开展暴露垃圾、不雅建筑、环境秩序等环境整治行动，改善区农村人居环境面貌，提升城乡环境治理能力和长效管理水平。

【未来乡村建设】 2022年，临平区塘栖村、双桥村、丁河村、鸭兰村、新宇村5个村成功创建省级未来乡村。未来乡村项目建设以人本化、生态化、数字化为建设方向，以造场景、造邻里、造产业为建设途径，以“一老一小”为重点的服务场景，构建引领数字生活体验、呈现未来元素、彰显江南韵味的乡村新社区。

【农村建房解困】 2022年，临平区落实建房解困“一村一方案”，重点推进解困任务较重村社，试点开展新农村建设模式，统规自建模式，危旧房改造新建模式等建房解困新路径，年内，解决建房解困空间和落地指标1071户。实施困难家庭“厨卫改造”计划45户。住房解困工作获市领导批示肯定并在全市推广。

（沈海明　沈吉娇）

·城乡数字化治理·

【人行道违停非现场执法】 2022年，临平区拓展人行道违停AI非现场执法，完善人行道违停“发现—提醒—复查—处置”的全流程工作闭环，推进违停巡逻“机器换人”。年末，非现场执法覆盖5个镇街100多条道路，巡查发现人行道违停2万辆次，经短信提醒自动驶离1.67万辆次，核实立案3416辆次，自行整改率82.93%。

【无人机执法】 2022年，临平区综合行政执法局探索“无人机”执法，综合行政执法再添利器。无人机航拍为综合执法插上“凌云翅”、装上“千里眼”，各综合行政执法中队因地制宜，开展高空巡查、信息收集、协同作战等工作，打造地空一体的综合执法巡查网。年内，配备无人机5架，巡查3000多千米，发现处置违法行为46件。

【城管人行道违停自助机处理】 2022年，临平区综合行政执法局推出城管人行道违停自助机处理。继“浙里办”移动端处理、城管窗口人工处理之外，第三个违停处理渠道在临平区上

2022年7月，城管队员使用无人机开展巡查（区综合行政执法局 供稿）

线。通过杭州办事综合自助处理机，市民只需携带身份证，知晓车牌和车辆识别代号后6位，无须绑定驾驶证和行驶证，即可处理全市车辆在杭州市行政范围内“人行道违法停车”行为。至年末，临平区内有219个点位设置杭州办事自助处理机，覆盖各社区（村）、街道党群服务中心、派出所等。市民可就近选择点位自行处理违停。

【渣土车审批信息移动端查询】 2022年，临平区综合行政执法局推出执法单兵移动端的渣土车审批信息查询功能。结合工程渣土专项整治行动，在重点路段设卡点位，对过往渣土车辆逐一进行检查，实时在线核查车辆渣土准运证和处置证等有关情况。该功能10月底上线后，查验工程渣土车3086辆次，查到渣土车违规行为31起，均对相关渣土车辆及当事人进行依法依规处理。

（黄宇晖）

·供　电·

【概况】 2022年，杭州13.6%的外来电经临平送入。主网方面，临平区电网规模占原余杭区50%以上，有220千伏5座（崇贤、泉漳、乾元、横岭、望梅，原余杭区9座），容量255万千伏安（占原余杭区56.29%），线路长185.93千米；110千伏22座，容量236万千伏安（占原余杭区48.81%），线路长283.45千米；35千伏5座，容量15.6万千伏安（占原余杭区53.97%），线路长59.26千米，变电总容量511.9万千伏安，输电线路长度528.64千米。500千伏电源主要来自仁和变、位于嘉兴的由拳变、位于下沙的乔司变及位于拱墅区的半山电厂。配网方面，10千伏公用配变5656台；公用线路497条，用户专线66条；供电可靠性99.9963%。

国网杭州市临平区供电公司于2021年12月22日挂牌成立，是国网公司首次破例在新设行政区组建的县级供电企业。临平公司供电范围包括临平、东湖、南苑、星桥、运河、乔司、崇贤7个街道和塘栖1个镇，总面积286平方千米，服务人口117.58万人。组织机构方面，区供电公司设置4个职能部室、1个业务机构，下设3个供电所和2个供电服务站，现有产业单位1家，管理4家分公司。主业总用工人数372人，资产原值41.47亿元。临平公司设立基层党支部9个，党员181名，其中预备党员9名。公司获得区委区政府批示肯定1次，促进区政府出台杭州首个光伏储能政策，成立杭州首家电力负荷管理中心，成功打造杭州首个电力营业厅“小哥驿站”。公司1名员工获得国网重大电网工程建设先进个人称号，2名员工分别获评临平区、杭州市公司劳模，1名员工获评临平工匠，公司1个班组获评杭州市青年文明号，2个班组获评杭州市青年安全生产示范岗。

【安全生产平稳有序】 2022年，临平区供电公司把安全生产摆在首要位置，发布公司年度安全生产重点任务153条。建立公司领导安全值周机制，班子成员分片走访一线班组，常态化开展“四不两直”督查。年内，公司现场稽查9754次，发现违章190次，其中严重违章33次，问题358个。坚持“能用、好用、易用”原则，明确配电房配置标准，做到设备配置不浪费，配置设备有实效。

【电网建设】 2022年，特高压建设有序推进，克服“六难”（工期紧迫“难”、政策处理“难”、遗址文保“难”、停电过渡“难”、跨越复杂“难”、疫情保供“难”），把握“五字工作法”（准、紧、快、细、稳），±800千伏直流输电线路全线贯通，临平段配套送出一期（瓶窑—王店段）23基铁塔全部进场施工；二期（乔司—仁和段）54基铁塔，政策处理开通48基。成立杭州首家电力负荷管理中心，加强“静态+动态”客户分群管理，科学编制精细用电方案。完成塘栖供电所与湖州德清跨区线路联络，解决边远地区单辐射线路网架薄弱问题。落实23回新出线路，9条大分支联络、割接，均衡主配网负载水平。

【供电合规管理强化年】 2022年，临平区供电公司编制“合规管理强化年”实施方案，完成合规承诺书签订。开展违法分包、转包、资质借用挂靠等专项排查，狠抓内外部审计发现问题整改和追责问责，消除风险点。编制公司“小微权力”风险清单，加强政治监督，推进正风肃纪，深化运用“智廉红绿灯”监督成果，重点关注废旧物资管控，推进“阳光业扩”工程，树立合规管理意识。推进数智型“六好”供电所建设。

【营商服务优化】 2022年，临平区供电公司推动电力接入工程费用分担机制落实落细，促请政府出台10千伏用电新增外线土建工程投资出资方案。开展“三进三服务”“助企开门红”活动，编制临平公司百强企业特色服务工作方案，建立“1+N”特色服务团队，实现助企发展，合作共赢。年内，受理高压业扩项目436项，报装容量61.02万千伏安。明确高压业扩配电安装和外线接入流程，杜绝“体外循环”，严查“三指定”。

【绿色转型降碳增效】 2022年，临平区供电公司成立绿色低碳转型发展示范区建设领导小组，由常务副区长担任组长。配合区发改局，完成《绿色低碳转型发展示范区建设三年行动方案（2022—2024）》编制。完成整区光伏加装排查及储能规划，发布《临平区企业储能潜力报告》，联合省综合能源推进用户侧储能项目落地。推动能源大数据中心实体化运作，促请

2022年12月21日，临平区供电公司员工巡查屋顶光伏设备 （谢枫 摄）

非电数据接入系统，实现更全面的用能诊断。

（邢　通）

·供　气·

【燃气安全管理】 2022年，临平区住建局加强燃气行业安全监管，开展燃气场站安全生产评估及隐患风险点整改，根据评估报告整改隐患风险点38个；加强燃气经营企业督查督办，督查165次，整改隐患147项。推进“燃气安全在线”瓶装燃气应用场景及管道燃气场景推广工作，实现数据实时上传，提升燃气场站安全。开展城市燃气老旧管网更新，解决17个小区，400根燃气立管锈蚀问题；加强燃气设施保护，全年燃气管线第三方破坏事故总数减少30%以上；开展城镇燃气隐患大排查大整治、“燃气安全百日攻坚”等专项行动，推进燃气泄漏报警装置安装，安装燃气非居民用户5757家，提升燃气设施本质安全。

【管道天然气建设】 2022年，临平区住建局编制临平区农村天然气管道建设三年行动方案，全区建设完成农村燃气主干管1.7千米，进村中压支线10.4千米，7个试点村社约1116户全部竣工通气，“户户通”试点覆盖率100%。截至年底，全区天然气管线1481千米，全年新增163千米。居民配套用户28.41万户，新增2.35万户，比上年增长9%；工商业用户1279户，新增121户，比上年增长9%；全年管道天然气销售量2.3亿立方米。

（向林森）

·供排水·

【概况】 2022年，杭州余杭环境控股集团有限公司、杭州余杭水务控股集团有限公司〔简称“区环境（水务）控股集团有限公司”〕下属运河水厂、塘栖水厂、宏畔水厂合计制水能力29万吨/日。集团日污水处理能力32万吨/日，其中临平净水厂、塘栖污水厂、崇贤污水厂3座污水厂自有污水处理能力25万立方米/日，乔司南排七格污水厂最大输送能力5万立方米/日，另有一座开发区污水厂作为污水预处理厂，污水处理能力2万吨/日。全年，集团完成污水处理量8119.51万吨，比上年增长2.34%。供水出厂水质合格率和污水厂出水水质合格率均为100%，省、市、区各级监管部门水质抽检合格率保持100%。省、市、区各级监管部门水质抽检合格率保持100%。

2022年11月29日，嘉利花园小区居民住宅二次供水改造新建泵房现场

〔区环境（水务）控股集团 供稿〕

【供排水体制改革】 2022年，临平区环境（水务）控股集团有限公司在巩固供排水体制改革“三水合一、五位一体”的基础上，配合区委区政府推进市、区水务一体化改革。12月9日，市水务集团与临平区人民政府签订战略合作协议，标

志着市、区水务一体化改革迈出扎实一步。优化完善集团化管理制度体系和内控机制，梳理各项工作制度，建立党建风控预警及内控检查、评估常态化机制，从严规范相关业务流程，补齐制度短板，实现各项业务齐头并进、相辅相成、融合发展。

【供排水基础设施建设】 2022年，临平区环境（水务）控股集团有限公司加快推进在建工程建设，临平自来水厂一期工程基本建成，实现通水试运行，提升临平区供水保障能级；临平第二净水厂项目完成前期审批及土建开标工作，稳步推进技术前期，采用“地埋污水厂+上盖物业”建设模式，上盖部分创新建设产业孵化器、众创空间，打造生态环保产业综合体。推进全区供排水主干管网建设，实施随道路建设供水管道项目等。

【高层住宅二次供水改造】 2022年是临平区高层住宅二次供水改造工作的第四年，全年完成13个小区、6300多户高层住宅二次供水改造工作，超额完成市级考核任务。区内高层住宅用户享受“同网、同质、同价”的用水服务，实现从“供上水”到“供好水”的转变。

【“污水零直排”创建】 2022年，临平区环境（水务）控股集团有限公司响应“污水零直排”区创建要求，系统推进“污水零直排”改造，围绕京杭运河断面水质考核要求，加快禾丰港周边市政雨污水管网整改，完成亚运场馆周边6个小区“污水零直排”改造工程，配合区治水办开展临平区EOD项目推进。“三大单元”管网项目委托建设方面，配合镇（街道）、平台做好住宅小区雨污水管网改造项目的委托实施工作，和属地镇（街道）协议明确项目9个。

【农村污水改造】 2022年，临平区环境（水务）控股集团有限公司加快推进农村生活污水治理建设，运用先进技术和理念，开展更加集约化、标准化、智能化的农污设施提升改造。临平区开展10个区级项目建设任务，完成总工程量的45%；开展1个市级“污水零直排”村建设任务，完成施工进度的90%，完成5个市级农污终端改造建设；3个终端改造竣工验收；1个绿色设施评定工作。加强运维管理，标准化运维设施总数442座，开展农污设施排查工作，梳理设施实际情况，全年临平区处理设施出水达标率99.06%。

【供排水服务】 2022年，临平区环境（水务）控股集团有限公司贯彻落实“最多跑一次”改革要求，深化“水务办事零跑跑”服务，以“零跑跑”“零手续”“零接触”模式服务村社和企业，完成临平氧吧健康驿站供排水管线建设任务并移交运营。优化流程办理，主动服务用户，按照企业水电气联合报装“零上门、零审批、零投资、一次办”的要求，助力全区提升营商环境。全年受理业务申请4237件，办理满意度99.92%。

【水务精细化管理】 2022年，临平区环境（水务）控股集团有限公司推进精细化管理工作，启动四大“专项提升年”行动，提质、降本、增效，各重点精细化管理项目取得显著成效。从管网端、用户端两方面着手，夯实基础数据推动技术控漏，强化管网运维考核；推进供排水用户端的系统排查，落实分级分类管理和“标签式网格化”管理，完成“八大员”角色赋能，降低产销差率。深挖内潜提高工作效率，强化生产成本控制，全年污水、自来水三耗成本分别下降18%、15%。强化工程质量安全管理，落实工程质量全面追溯追责机制，打造“三查三考”立体监督体系。加强智慧水务建设，结合全区数字化建设要求，加快“智慧水务”建设，提升企业数字化运行水平。铺开小区一表一码，实现表务全生命周期数字化管理。开展内控体系建设，通过“智慧化管控”系统梳理工作流程，优化内部机构设置，完善管理制度和内控机制，确保各项工作更加规范、高效。

【水务安全生产】 2022年，临平区环境（水务）控股集团有限公司将安全管理作为集团工作的基础来抓，完善安全管理体系，各级负责人切实履行安全工作的“一岗双责”，集团与各子公司签订年度安全生产责任书，开展安全生产月活动和重大节日、重大专项安全检查活动，定期召开集团公司安全生产工作会议，下属子公司开展安全生产标准化创建工作。开展亚运供排水保障工作，做好用水保障以及冬季防冻保暖工作，系统做好水厂、净水厂、泵站的生产调度和管网管理，强化“除险保安”职责，采取工程性措施和管理性措施，保证高峰用水期间用水安全。

（陈虎宏）

（责任编辑　陈建益）

自然资源管理·环境保护

Natural Resource Management and Environmental Protection

·自然资源管理·

【概况】 2022年，临平区规划和自然资源管理工作围绕“高水平建设‘数智临平·品质城区’”的总目标，做好优布局、促发展、保资源、惠民生各方面工作。是年，获评2022年度全市规划资源系统综合考评优秀单位，获得全市农村工作成绩突出集体嘉奖，建立“不动产登记+税收+公证”一件事应用场景，在《自然资源报》《浙江日报》《杭州日报》上刊登报道。

【耕地保护】 2022年，临平区落实耕地保护制度，推进田长制、“耕地智保”等耕地保护创新举措，实施垦造专项行动，推进耕地功能恢复，建立健全各项耕地保护机制。全年完成垦造耕地面积148.07公顷，垦造水田和“旱改水”面积60.33公顷，建设用地复垦面积8.8公顷，全年向村社拨付耕地保护以奖代补资金约619万元。

【生态修复】 2022年，临平区加快推进废弃矿山生态修复，完成中央生态环境保护督察废弃矿山项目的交工验收。实施乔司全域土地综合整治与生态修复，加快推进运河街道双桥村等5村全域项目的整改验收，谋划研究跨乡镇全域土地综合整治，完成133.33公顷“百千万”永久基本农田集中连片整治，完成垦造耕地8公顷、垦造水田和“旱改水”60.2公顷。

【用地保障】 2022年，临平区获得新增建设用地计划指标120.27公顷，全部报批完成。保障临平古海塘遗址文化公园、运溪路保障性住房、临平新城联胜公租房等公共服务和社会民生项目用地。

【节约集约用地】 2022年，临平区深化“亩产论英雄”改革，贯彻落实“增存挂钩”土地利用政策，开展存量“三块地”降存控新行动。全年完成消化批而未供土地302.73公顷，其中消化2009—2018年批而未供104.27公顷，利用供而未用土地481.47公顷，再开发低效用地176.67公顷，盘活低效工业用地98.27公顷。

【土地市场管理】 2022年，临平区推进经营性用地出让，加大工业用地供应，探索混合产业用地供给。全年，临平区成交土地47宗。其中，住宅用地（含商住用地）17宗，商服用地10宗，工业用地15宗，协议出让5宗。

【测绘管理】 2022年，临平区抓好基础测绘工作，对全区286平方千米范围进行全要素更新修测，完成年度1：500地形修测更新面积44.5平方千米。开展实景三维建设，完成240多平方千米区域范围实景三维数据采集和建模，提供社会治理三维底图。

【不动产登记】 2022年，临平区不动产登记中心启用“交房即交证”服务，探索“不动产登记+税收+公证”一件事改革和“带押过户”交易新模式。全年完成各类不动产登记10万多本。

（赵晨芳）

·生态环境保护·

【生态环境状况】 2022年，临平区环境空气优良率76.8%，可吸入颗粒物（PM_{10}）浓度 61.6微克/立方米。国控断面塘栖大桥、五杭运河大桥和省控断面大麻渡口水质均为3类，市控及以上6个监测断面优良比例100%，喜庵港备用水源地水质达标率100%，跨行政区域河流交接断面考核结果为良好。城市区域环境噪声53.1分贝，达到2类区标准60分贝要求；道路交通噪声64.2分贝，达到4类区标准70分贝控制要求。全区污染地块安全利用率100%。

【生态环境保护督察问题整改】 2022年，浙江省委专项督察7件信访件全部完成整改销号；2021年省委专项督察反馈的1项个性化任务和长江经济带生态环境问题完成整改。全年，临平区受理环境信访674件，比2021年下降42.44%。

【“污水零直排”建设】 2022年，临平区完成工业企业类“污水零直排”整治项目64个，生活小区类整治项目16个，“六小行业”类整治项目106个。新建改造农村生活污水处理设施5个，实现全区442个农村生活污水设施标准化运维全覆盖，东湖街道李家桥村“污水零直排”村项目入选《全国村镇污水治理优秀案例》。

【水污染防治】 2022年，临平区制定实施《京杭运河流域断面水质提升攻坚行动方案》和“一点一策”治理方案，开展省控大麻渡口断面水质走航排查。启动临平第二净水厂项目建设，完成城镇污水配套管网建设4.18千米。开展区域联合协同治水，与德清、海宁、余杭区等区县联合开展流域共治活动8次。创建2条省级、1条市级、3条区级美丽河湖。完成全区130条乡镇级及以上河道河湖自然岸线调查。

【农业面源污染防治】 2022年，临平区建成农田氮磷生态拦截沟渠3条，覆盖粮食功能区约133.33公顷；全区规模水产养殖主体基本实现养殖尾水零直排；规模主体养殖尾水处理治理率100%；建成部、省级健康养殖示范场13家；全年增殖放流水生物1100万尾。

【大气污染防治】 2022年，临平区完成10家重点企业VOCs（挥发性有机物）源头替代、37家企业VOCs治理低效设施升级改造、1家医药企业LDAR（泄漏检测与修复）治理、12家铸造行业深度治理；完成20家企业强制性清洁生产审核；完成38台非道路移动机械新能源替代等。实施PM_{10}专项治理行动，建立“日常巡查、每周督查、每月‘回头看’”工作机制，实现PM_{10}浓度比上年下降。开展机动车维修行业、VOCs行业企业、混凝土搅拌行业、建筑（装修）垃圾破碎行业、非道路移动机械、国控点周边道路运行保障“六大专项”攻坚行动。启动加油站油气回收“线上+线下”监管模式。全年完成产业链供应链韧性与稳定国际论坛、乌镇互联网峰会环境质量保障工作。建立与海宁市大气污染防治联防联控机制，加强大气联合监测和执法力度。

【土壤污染防治】 2022年，临平区推进土壤污染防治，规范开展建设用地开发利用前土壤调查62宗；完成受污染耕地“源解析”项目；完成原临平电镀地块治理修复工程和立佳环境地下水环境状况调查。

【固体废物监管】 2022年，临平区开展危废领域"除险保安"专项行动；完成27家年产危废100吨以上重点企业视频监控和智能计量设备安装并联网。统筹调度全区集中隔离点、封控区内涉疫垃圾及镇街暂存点核酸采样废弃物收运处置工作，全年收运处置涉疫垃圾2100多吨。

【辐射安全和声环境管理】 2022年，临平区完成133家单位放射性同位素与射线装置安全和防护状况年度评估；开展临平区"迎亚运"辐射安全执法检查及监督性监测工作；完成临平区亚运前"放射性废物（源）清零"工作。全年办结各类辐射许可事项108件。

【碳达峰碳中和行动】 2022年，临平区被列入全省整区屋顶分布式光伏开发试点，完成新增分布式光伏并网容量70兆瓦。临平街道梅堰社区、运河街道新宇村、崇贤街道鸭兰村等4个村社入选浙江省第二批低（零）碳村社试点。临平国家级经济技术开发区通过省级循环化改造试园区终期验收并获评优秀等级。杭州西奥电梯有限公司、浙江铁流离合器股份有限公司获评国家级绿色工厂；华临绿建科技股份有限公司和杭州东华链条集团有限公司获评省级绿色低碳工厂；10家企业获评市级绿色低碳工厂。"临平区新能源纯电动混凝土搅拌车试点应用"入选杭州市十大低碳应用场景。启动"贝达药业股份有限公司—杭州临平新奥能源发展有限公司"全市首个企业间有机废气协同治理项目试点。

【污染物减排】 2022年，临平区完成年度减排任务，全年减排化学需氧量128.33吨、氨氮18.46吨、氮氧化物170吨、挥发性有机物62.24吨。制定出台《临平区排污权调剂利用管理实施意见》，支持企业开展闲置总量回购交易。完成杭州伯乐针织制衣有限公司等6家企业排污权回购，全年支付回购金额58.85万元，释放总量资源48.93吨。

【环保行政许可】 2022年，临平区办理建设项目环境影响评价报告书、报告表许可类18项，报告表降级登记表备案64项，登记表项目备案233项。零土地技改备案1项。完成排污许可证发放148家，排污许可登记130家。

【环境监管执法】 2022年，临平区开展"绿剑2022"生态环境专项执法行动和混凝土行业、排污许可证、涉水行业等专项检查。全年出动执法人员8896人次，检查企业4373家次，行

2022年8月31日至9月2日，杭州市生态环境局临平分局参加杭州市生态环境执法集训暨"迎亚运 练精兵 展新风"执法大练兵实战比武活动，获得团体一等奖

（市生态环境局临平分局 供稿）

政处罚立案79件，罚款金额907.71万元。环境执法实战比武获全省个人二等奖、全市团体一等奖。

【生态环境安全保障与应急管理】 2022年，临平区开展“迎亚运”环境污染问题和风险隐患排查整治行动，对区内环境风险源、危化品、危险废物、辐射安全等单位进行全面排查整治。完成首批24家涉污水罐（池）、脱硫脱硝设施、挥发性有机物回收设施、RTO（蓄热式焚烧炉）焚烧炉、粉尘治理、危险废物贮存和处置设施6类环保设施企业安全风险评估和隐患整改。完成突发环境事件应急预案修编。组织开展或参加市、区两级环境应急演练3场。

【环境监测能力建设和数字化改革】 2022年，开发建设临平“生态智卫”（智慧治水+数智环保）和一般固废“数智哨兵”应用场景项目。建设临平区生态环境应急指挥中心。全年完成6个声环境功能区噪声自动站，1个市控断面水质自动站和3个流域共治水质自动站建设安装。

【环保服务】 2022年，临平区实现8个镇街常驻式“环保管家”全覆盖，完成全区685家重点企业全生命周期、全要素“环保体检”服务，全年发现环境问题隐患2950项，闭环整改率80%，帮助企业削减环保违法成本超3600万元。全年对主动消除环境污染的39家企业予以从轻处罚，涉及金额201.85万元；批准17家经济困难企业实施分期缴纳罚款，涉及金额213.5万元；完成12家违法企业信用修复。

（马秋丽）

（责任编辑　陈建益）

交通运输·邮政·电信

Transportation, Post & Telecommunications

·交通基础设施建设·

【概况】 2022年，临平区交通集团围绕“品质城区”目标，致力区域开发，推进大运河国家文化公园（临平段）、城市快速路网、基础配套设施等建设。其中，望梅高架路二期、东湖高架路二期、320国道快速路二期3条快速路建成通车，实现临平快速路网的迭代升级，推动形成“一环六射”新格局，张家墩路一期、崇超路以东配套道路、崇贤横十一路一期、公共自行车项目、文苑路南延等多个项目竣工并投入使用。

【S304余杭小林至塘栖段改扩建工程完工】 2022年6月，S304余杭小林至塘栖段改扩建工程完工。项目南起五洲路，北至运溪路，全长5.88千米，其中高架段长4.3千米，采用高架加地面的快速通道形式，主线（五洲路至小白线）高架标准段宽25.5米，地面道路标准段宽39米，标准断面均为双向6车道。项目总用地28.4公顷，建设内容包括高架桥梁、地面道路、综合管网及沿线交通工程、照明工程、景观工程等。项目概算总投资18.6亿元，2020年9月开工。

【乔司至东湖连接线二期工程完工】 2022年6月，乔司至东湖连接线二期工程完工。项目南起世纪大道与临东路交叉口，顺接东湖高架桥，沿现状临东路与新丝路布置，终点位于新丝路与五洲路交叉口，道路全长5.4千米。全线分地面道路和高架道路工程，高架主线跨320国道后预留跳水平台并在两侧设置6对平行匝道（人民路、星光街、320国道两侧）。地面道路标准段宽50米，高架标准段宽25.25米，标准断面均为双向六车道。主要建设内容包括道路、桥涵、高架桥梁工程、交通工程、景观绿化及沿线配套设施工程等。项目概算总投资34.85亿元，2020年9月开工。

【崇贤至东湖路连接线二期工程完工】 2022年10月，崇贤至东湖路连接线二期工程完工。项目西起临平大道与星河路交叉口西侧，沿现状临平大道布设，东至临平大道与新纺路交叉口东侧，地面道路顺接运河二通道320国道大桥工程，高架与规划硖许公路高架顺接，全长约7千米。全线采用高架+地面道路形式，沿线设置平行匝道7对，枢纽互通1处。地面道路标准段宽43米，高架标准段宽25.5米。主要建设内容包括道路工程、桥梁工程、交通工程、景观绿化及配套管线等相关附属工程等。项目概算总投资约51亿元，2020年12月开工。

【张家墩路一期完工】 2022年9月，张家墩路一期完工。项目位于临平区塘栖镇，项目总用地面积5.03万平方米。道路西起红义桥段，东至圆满路，全长1728米，红线宽28米。主要建设内容包括道路、桥梁、综合管道、照明、交通设施、景观绿化等道路附属工程。项目概算约2.62亿元，2021年2月开工。

【崇贤新城崇超路以东配套道路完工】 2022年8月，崇贤新城崇超路以东配套道路完工。项目位于崇贤街道，总用地面积2.1万平方米。项目包括横九路和崇锦路，其中横九路呈东西走向，西起设计横九路，东至规划横十一路，全长约630米，标准段红线宽20米；崇锦路呈南北走向，南起现状崇锦路，北至杭州绕城高速南侧，全长约420米，标准段红线宽20米。主要建设内容包括道路工程、桥梁工程、管线工程、绿化工程、照明工程、绿化工程、交通设施及其他附属工程等。项目概算约9500万元，2021年9月开工。

【崇贤街道环境品质提升二期工程完工】 2022年10月，崇贤街道环境品质提升二期工程完工。项目主要包括拱康路（余杭区界—崇杭街）提升改造、崇杭街跨卧龙浜桥整修、前村港与崇超路两侧景观绿化节点提升、后洋浜景观绿化整治提升、四维绕城以北区块气门站周边整治提升、星海南路下穿雨水泵房改造、路灯变增容、崇贤街道办事处综合整治及周边道路两侧立面整治等。主要建设内容为道路提升改造、桥梁提升改造、周边景观绿化提升改造、建筑外立面提升改造等其他附属工程。项目总投资估算8600万元，2022年3月开工。

【崇贤新城横十一路（崇超路—绕城高速）一期工程完工】 2022年7月，崇贤新城横十一路（崇超路—绕城高速）一期工程完工。项目位于临平区崇贤街道。项目总用地面积1.7万平方米。项目全长约340米，标准段红线宽38米。主要建设内容包括道路工程、管线工程、绿化工程、照明工程、交通设施及其他附属工程等。项目概算约5300万元，2022年1月开工。

【崇贤街道老鸦桥上山道路提升改造工程完工】 2022年11月，崇贤街道老鸦桥上山道路提升改造工程完工。项目主要提升改造进场道路（320国道至镜子山资源中心），长约700米，宽8～10.5米。主要建设内容包括道路、管线、截洪沟、绿化、游步道、交通安全设施、智能化设施及其他附属设施。项目概算约4200万元，2022年6月开工。

【公共自行车项目完工】 2022年9月，公共自行车项目完工。项目涉及临平区临平、东湖、南苑、星桥、乔司、崇贤街道和塘栖镇。主要建设内容包括建设公共自行车租借系统、更新增设公共自行车、租借点停棚等，完成新建公共自行车服务点29个。项目总投资约1150万元，2022年5月开工。

【三中地下空间停车场等工程完工】 2022年8月，三中地下空间停车场工程完工。项目位于临平区临平三中东侧，项目总建筑面积约5700平方米，规划设计170个停车位。主要建设内容包括新建地下车库工程、车库附属设施及其他配套工程等。项目总投资约4500万元，2020年12月开工。2022年，另有赵家弄停车场、新大地停车场、马家弄西侧停车场、邱山菜场西侧停车场陆续完工。

【文苑路南延项目完工】 2022年10月，文苑路南延项目完工。项目位于临平区塘栖镇，总用地面积约8300平方米。道路南起规划新城路，北至马三线，全长约234米，红线宽32米。主要建设内容包括道路、管线、交通、绿化、路灯及道路相关附属工程。项目概算约1400万元，2022年6月开工。

【崇贤街道益海嘉里厂区周边道路提升整治工程完工】 2022年12月，崇贤街道益海嘉里厂区周边道路提升整治工程完工。项目主要提升改造三条（三段）道路：宋家路外街，长464米，宽17米；夏家玮街，长576米，宽11米；安然路，长305米，宽12.5米。主要建设内容包括道路、人行道、管线、交通安全设施、路灯等提升整治。项目概算1300万元，2022年9月开工。

【道路标志标线智慧年度项目完工】 2022年12月，道路标志标线智慧年度项目完工。项目涉及临平区南苑街道、临平街道、塘栖镇、崇贤街道、乔司街道、星桥街道、临平新城、东湖街道、运河街道。建设内容主要为道路标志标线拆除及新增，二三级引导牌建设、路侧泊位新增与改造升级约2600个，停车场改造升级约24个，以及场地内监控设备安装调试等。项目总投资约1000万元，2022年4月开工。

【大运河国家文化公园建设（临平段）—东湖运河段工程】 大运河国家文化公园建设（临平段）—东湖运河段工程项目涉及东湖街道、运河街道。东湖街道段西起李家桥，东至古纤道，全长4.6千米，沿河20～100米范围内进行整治提升，涉及总整治面积16.5万平方米。运河街道段主要包含以下三个区块：运河南侧五杭至博陆段绿道及绿化整治提升，涉及整治面积约30万平方米；博陆运河大桥以北以及千亩荷塘边绿道整治提升，涉及整治面积8.9万平方米；运河博陆段卫康码头到中海油区域进行整治提升，涉及整治面积9.8万平方米。总整治面积48.7万平方米。项目主要建设内容包括道路、景观绿化、立面、照明、河道、桥梁等提升整治工程等。完成工程量的60%。2022年完成形象投资额11.2亿元。

【大运河国家文化公园建设（临平段）—崇贤塘栖段工程】 大运河国家文化公园建设（临平段）—崇贤塘栖段工程崇贤街道段北起鸭兰村，南至绕城高速，长5.5千米，主要包含以下四个区块：崇贤疏港工业园区北侧公园及沿河绿化整治工程，整治面积11.13万平方米；崇贤鸭兰村环境整治工程，整治面积3.95万平方米；崇贤三家村环境整治工程，整治面积13.75万平方米；疏港公路以南绿地，衔接东西向快速路周边三角地块，整治面积3.52万平方米。工程塘栖镇段主要包含以下四个区块：现状塘栖镇运河郊野段绿道进行整治，北起京杭矿粉，南至恒强码头，长3.55千米，横向衔接周边慢行系统，整治面积9.95万平方米；运河大桥以南区域，南起运河大桥，北至京杭矿粉，西起运河侧，东至规划道路，长0.55千米，整治面积10.65万平方米；六堡村区块内沿运河680米范围内，整治面积4.08万平方米；金利丝业厂区以及周边区块，长3.3千米，整治面积8.6万平方米。项目主要建设内容包括道路、景观绿化、立面、照明、河道、桥梁等提升整治工程等，总整治面积65.63万平方米。完成工程量的55%。2022年完成形象投资额9.5亿元。

【塘栖路道路整治项目一期】 塘栖路道路整治项目一期位于临平区塘栖镇。工程涉及整治范围包括塘栖路（南起运溪路，北至里仁北路，长约2193米）两侧24.5～30米内。主要建设内容包括道路两侧建筑立面、道路、桥梁、综合管线、交通设施、景观绿化等整治提升工程。完成工程量的60%。2022年完成形象投资额约6200万元。

【昌达路延伸段（小白线—超梅路）工程】 昌达路延伸段（小白线—超梅路）项目位于临平区东湖街道，总用地面积1.3万平方米。道路东起小白线，西至超梅路，全长488米，红线宽24米。主要建设内容包括道路、桥梁、管线、绿化及其他交通设施等。完成总工程量的50%，2022年完成形象投资额4000万元。

【凌寒街延伸段（莲花港—小白线）工程】 凌寒街延伸段（莲花港—小白线）项目位于临平区东湖街道，总用地面积1.2万平方米。道路东起莲花港东侧，西至小白线，全长约430米，红线宽度20米。主要建设内容包括道路、桥梁、排水、交通、路灯、绿化及公共配套设施等。完成总工程量的50%，2022年完成形象投资额4000万元。

（李吉莹）

【320国道杭州博陆至仁和段工程（临平段）项目建设】 320国道杭州博陆至仁和段工程（临平段）路线全长17.34千米，起点位于临平区与桐乡市交界处，顺接320国道桐乡凤鸣至大麻段改建工程，终于东西大道运河大桥改造工程顺接。建设内容为高架桥、地面道路以及沿线荷禹路、望梅路和秋石北路等3处互通。2022年1月，项目建议书由省发展改革委（浙发改项字〔2022〕2号）受理。9月，获得项目建设用地预审意见。

【104国道杭州至绍兴公路（余杭良渚至崇贤）改建工程临平段项目建设】 104国道杭州至绍兴公路（余杭良渚至崇贤）改建工程临平段路线全长15.4千米。年末，104国道杭州至绍兴公路（余杭良渚至崇贤）改建工程，路基完成87.5%，路面完成79.0%，桥涵完成72.0%，交安预埋完成76.2%；完成总工程量的74.2%，年度完成投资2.64亿元。

【104国道崇贤至海宁界段改建工程（永玄快速路）研究】 项目起点顺接秋石高架沿山互通，以隧道形式穿越皋亭山，采用高架+地面路形式（局部采用地面快速路结合地面道路）沿现状永玄路走廊，至东湖南路交叉口。路线全长16.65千米，其中改建段长11.13千米，利用段长5.52千米。年内，项目研究在深化阶段。

【沪杭高速乔司段改建工程研究启动】 沪杭高速乔司段改建工程北起杭浦高速，南至绕城高速。对现有高速公路进行改建，高架路幅35米，总长度3.4千米，年内，项目进入方案设计阶段。

（杨国贤）

2022年9月19日，临平区丰稔桥通车　　（区交通运输局 供稿）

【京杭运河航道桥梁提升工程（一期）】 2022年，临平区完成总工程量的90%，完成投资1.0亿元。至年末，丰稔桥建成验收通车；东湖北路桥主桥挂篮施工完成第17节段（共19节段），路基施工完成91%。完成总工程量的87%，年度完成投资0.85亿元。预计2023年1月底建成通车。

【塘康公路二期改扩建工程启动建设】 2022年，塘康公路二期改扩建工程项目北起东西大道，南至崇贤互通，全长约7千米，标准段红线宽51米，主要建设内容包括道路、桥梁、管线（含管线迁改）、交安及智能化设施、路灯、绿化工程等。至年末，该项目完成招投标工作，正陆续安排进场施工。

·公路养护管理·

【国省道养护工程建设完成】 2022年，临平区完成普通国省道养护大中修工程0.763千米、县道养护大中修16.864千米，危桥加固1座。加强养护工程现场管理工作，项目于4月中旬开工，于10月底完成。

【国省县道公路养护管理】 2022年，临平区加强干线公路的日常养护，成立考核小组，完善考核监督体制，加强考核管理制度，确保养护质量，道路安全畅通。及时修复国省县道路面，对桥梁、涵洞、排水沟进行清理疏通，修复国省县道路面1623平方米；加强路面保洁力度，提高保洁频次，特别是工地建设路段，加大巡查力度，清理垃圾1829吨；强化绿化护管，及时修剪、补植绿化，修剪绿化1203万平方米，补植绿化11.2万平方米，拔草面积4420万平方米；加强桥梁日常巡查、经常性检查、定期检查，掌握桥涵动态，干线公路桥梁运营安全，全年完成桥梁定检40座。维修、加固各类公路附属设施，路容路貌养护质量明显提高。

（杨国贤　潘　伟　李　鹏）

【“四好农村路”建设】 2022年，临平区推进各级民生实事道路交通项目，区级民生实事项目完成率和开工率分别为136.75%和186.24%；省级民生实事项目完成率135.8%。落实全省高质量建设“四好农村路”2.0体系的具体要求，资金保障、融合发展的管理模式、迭代升级的运输服务、普惠百姓等举措，获评省交通运输厅交通服务共同富裕试点，被纳入杭州市交通运输局共同富裕有关试点工作。年末，“四好农村路”建设涉及全区6个镇街，实施道路83条77.167千米，其中2021年续建42条39.92千米全部完工，2022年新建41条37.256千米，总进度60%。

（徐　峰　冯毅丰）

【交通建管云平台上线】 2022年4月，临平区交通运输局推出交通建管云平台，6月上线“浙里办”App。年底，上线模块14个，功能143个，纳管工程项目341个，涉及项目资金500亿。其中，交通项目全寿命周期数字档案管理场景获评年度浙江省交通数字化改革基层和社会“最佳实践”。

【公路养护数智平台建立】 2022年，临平区建设完成“一张图”、数字路产、智慧养护、应急指挥、绩效评价为主5个应用场景，其中智慧养护包含公路路面管养、桥梁管养、绿化管养、高架管养、路灯管养、水泵房管养、“四好农村路”监管等7个平台模块。探索建设桥梁动态健康监测系统，通过前段物联网数据采集，对桥梁状态进行实时监测，建立三级报警体系，实现桥梁预防性养护，延长桥梁的安全使用寿命。

（宫霄倩　韩　亮　潘　伟　李　鹏）

【交通专项规划编制】 2022年，临平区以《临平区“十四五”综合交通发展规划》为抓手，分解细化区内综合交通项目建设，编制完成《临平区公路网规划》《临平港区分区控制性规划》两个专项规划，规划期限至2035年。同步开展《临平区重大交通项目规划研究》《临平区综合交通枢纽规划研究》《临平区交通运输服务规划研究》《临平区交通对外衔接规划研究》4个专项规划研究，实化各项战略阶段性目标和具体任务安排。

（杨国贤）

·交通道路运输管理·

【概况】 2022年，临平区新增公交线路11条，优化调整7条。建设理工大临平校区公交首末站1个。全区有客运企业2家，客运车辆89辆；公交企业1家，公交车1488辆；客运从业人员126人，公交从业人员3211人。年内，出租汽车企业7家，出租汽车511辆，在岗从业人员665人；道路普通货物运输企业和业户421家，营运货车2676辆；危货道路运输企业6家，危货车辆140辆，从业人员319人。临平区拥有正常经营机动车维修企业387家，其中一类维修企业17家、二类维修企业82家、快修108家、三类专项业户及摩托车维修180家，维修从业人员4000多人，完成年度产值8亿元；全区拥有机动车驾驶员培训机构9家，其中二级机构6家、三级机构3家，教练车361辆，教练员415人，全年培训驾驶员1.14万人。全年，临平区交通运输局开展道路运输执法检查6180次，出动执法车辆4011辆次，出动执法人员1.42万人次，罚款580.96万元。其中依法查处网络预约出租汽车非法营运行为1起。开展驾培行业专项整治行动，加强货运监督管理，查处超限超载车辆1079次，抛洒污染等违法行为24次，查处未按规定实施安全生产管理制度等经营不规范行为3起。推行阳光执法，推行柔性执法，落实轻微违法首错免罚。根据新修订的《浙江省交通运输行政处罚裁量基准》，对公路用地占道经营、未携带从业资格证等违法行为落实轻微违法行为告知承诺制，将法律的教育功能和惩罚功能相结合起来，保障当事人合法权益的同时也让当事人知错能改避免重犯。全年，执法队对20起轻微违法行为实行首错免罚，强化宣传引导，在履行好执法职能的基础上，更好地服务群众，让执法更贴心、更人性化。在驾培行业组织以“党员先锋岗”和“党员示范车”为载体的“双争”活动。推动机动车维修行业绿色发展。全年，36家维修企业完成水性漆的推广应用。巩固“无废4S店”品质，保持临平区正常经营机动车维修企业汽车电子健康档案注册率、对接率、上传率3个100%良好态势。根据《浙江省档案局关于开展全省数字档案室建设测评的通知》（浙档发〔2015〕18号）要求，经各级档案主管部门检查审核、省档案局审定，临平区交通运输局综合档案室获评2022年全省“示范数字档案室”。

（阮樱樱 张 立 姚顺飞 汤 佳）

【交通运输系统除险保安行动】 2022年，临平区交通运输系统制定并实施《临平区交通运输系统除险保安百日攻坚整治工作实施方案》，成立临平区交通运输局除险保安百日攻坚领导小组，小组下设道路运输、危货运输、在建工程等重点行业重点领域的8个专项整治组，对“两客一危”、城乡公交、在建交通工程等重点领域、重点场所的安全防范工作进行督查；开展临平区城乡站立式公交车安全风险管控治理推进行动，督促企业落实道路客货运以及租赁汽车“三个实名制”管理要求；强化货车超限超载装载源头治理，推进称重数据和监控视频100%接入超限运输治理监管平台，督促“四类企业”“四类场站”等重点货运单位落实源头装载管理措施，安全生产大检查活动期间，系统各单位每日检查企业（点位）不少于5家（个），行动期间发现和消除重大问题隐患数量30多个，办理或移送安全生产违法行为案件10件。

【运输车辆跨区域联合执法】 2022年9月29—30日，为“护航二十大”，临平—海宁—德清三地开展跨市域联合执法行动。出动执法人员

116人次，检查车辆281辆，查扣违章车辆38辆，涉及违章86条。

【普货车辆专项整治】 2022年，临平区交通运输局完善部门联动机制，建立健全数据比对推送机制，推送企业交通违法情况，以普货车辆底数为重点，加强车辆技术等级评定和道路运输证年审即将逾期企业提醒，夯实运输证年审逾期处理、车辆技术等级评定、负责人持证情况等管理数据基础；根据电子证照推广事宜进行辅导，推进危货运输企业及重点货运企业存量“人、车、户”证照电子化普及应用。

2022年8月24日开通的421M路公交车（浙江理工大学临平校区配套公交）即将驶过浙江理工大学临平校区 （区交通运输局 供稿）

【货运行业助企纾困】 2022年，临平区交通运输局根据《杭州市公路水路运输企业防疫补助政策实施细则的通知》要求及上级部门对道路运输企业纾困解难相关文件精神，对辖区204家符合补贴标准的货运企业进行逐一审核。发放补贴124万元。

【交通运输部门“爱心助考”活动】 2022年中考、高考期间，临平区第二届出租车爱心助考活动开展。此次活动首次将中考考生列为“爱心助考”的送考对象，也是首次将网约车群体纳入助考志愿者范围。区内7家出租车公司和多个网约车平台的30辆出租车（网约车）组成“爱心助考”志愿服务车队，为全区支援抗疫一线的医务工作者子女、低保家庭、家庭经济困难、住所与考场之间交通不便、身体残疾、患病而行动不便的中高考考生提供免费接送服务。在中高考期间，考生遇到贴有“爱心助考”LOGO的出租车或网约车，都可以凭准考证或学生证免费乘坐。

【浙江理工大学临平校区配套公交车】 2022年，临平区交通运输局结合浙江理工大学临平校区和运河街道卫生服务中心投入使用，合理设置理工大临平校区周边公交线路。在客运、高铁和地铁出行需求的基础上，配套理工大临平校区开学开通421M路、2693路、假日线及理工大临平校区至钱塘校区专线。

【公交线网布局优化完善】 2022年度，临平区交通运输局根据临平区市民出行需求，结合道路通行状况，地铁3号线的通车，浙江理工大学临平校区和运河街道新卫生服务中心建成启用及“四好农村路”建设等，临平区新增、优化调整公交线路18条（另停驶7条），其中新增11条、优化调整7条。完成市级政府实事8条地铁接驳线、5条城乡公交线的任务，完成区级政府实事新增优化10条公交线路的任务。

【车辆维修人才队伍建设】 2022年度，临平区交通运输局促进维修企业与职技院校在人才培养、难点攻关、资源共享等方面加强交流与合作，通过举办机动车维修技能大赛，加强高技能人才的选拔培养。在2022年杭州市“926工匠杯”汽车修理工职业技能竞赛中，赵海冬代表临平区参赛并获得一等奖。

【汽修行业推出车辆救援服务】 2022年，临平区交通运输局打造“雨露工程”和“雨燕”车辆救援联盟品牌。通过综合评选服务优、技能强的14家4S店和维修厂，作为定点维修服务点，为人才日常用车保养提供优质的一站式服务，推出人才购车和日常保养维修优惠政策；成立“雨燕”车辆救援联盟，挑选区内经营实力强、维修质量好的汽车维修企业组建车辆救援联盟，提供快捷维修服务，实现就近快速施救。

【运输行业人员安全考核与证书管理】 2022年度，临平区交通运输局规范临平区“两类”人员考核点考务工作，“两类”人员考核点增设人脸识别系统，新增不低于200万像素的监控设施；调整考场设置，设置防疫检查专区，在考场外设置违规举报信箱。指定中心安全科、行业管理科人员，对“两类”人员考核现场进行巡查和视频监控抽查，督促正规考场纪律。结合临平区行业企业实际，制定并下发《关于规范临平区道路运输行业“两类”人员安全考核与证书管理工作的通知》。2021年安排安全“两类”人员考核121场次，2606人参加考核，1381人通过考核取得安全员证。专项整治行动期间，出动58人次进行上门检查和集中审查，完成存在“两类”人员配置问题的9个企业限期整改。

【交通道路治堵工作】 2022年度，临平区交通运输局开发“十大任务”在线填报系统，保障每月进度。辖区高峰拥堵指数环比下降3.5%。推进政府单位、学校泊位错时对外开放2068个，公共停车场优惠开放泊位2462个，新增停车泊位500多个。整改26个路口的右转控制和斑马线提速。获杭州市人民政府颁发的“年度综合交通治理与公共交通优先发展工作成绩突出集体”称号。

（李浩正　许斌　张立　王伟杰　汤佳　张清琪）

·交通建设·

【清廉交通建设工程专项整治】 2022年12月，临平区交通运输局组织开展年度清廉交通建设工程专项整治行动，督查项目基本建设程序、合同履约、民工工资发放、机械设备台账等情况，压实工程建设领域的主体责任落实。

组织开展系统岗位风险大排查活动，排查发现风险数676个。开展专业技术人员职业资格“挂证”等违法违规行为自查自纠工作。《“制管+治管+智管”构建清廉交通建设新模式》成功入选清廉杭州建设优秀实践案例。1月13日，在杭州市交通运输局开展的2021年度交通领域清廉建设“十大专项整治”成果打擂比武活动中，临平区交通运输局获2021年市交通领域清廉建设“十大专项整治”年度最佳成果奖。

（胡芳萍）

【《保障农民工工资支付条例》制度】 2022年6月13日，临平区交通运输局围绕《保障农民工工资支付条例》，结合《2022年全省交通运输领域突出问题专项整治工作方案》，组织开展全区交通在建项目农民工工资专项培训，重点分析农民工工资存在的突出问题，讲解工资保证金、市民制管理、按月足额支付、工资委托代发、维权信息公示等六个方面制度。

【工程建设领域三大举措】 2022年，临平区交通运输局以“大抓落实年”行动为载体，工程

2022年10月12日，运河港航执法大队开展“清网”专项行动

（区交通运输局 供稿）

建设质量安全双控为目标，开展“利剑”行动、“除险保安”行动以及扬尘攻坚百日整治行动三大举措。全年受理监督项目29个，总投资逾60亿元。全年，出动监督检查500多人次，发现各类质量问题641个，下发抽查意见书29份，发现安全风险隐患57处，责令返工挡墙360多米、水稳6200平方米、沥青路面近2000平方米、结构物1座。

（杨国贤　王　明）

·交通环保·

【船舶与港口防污染】 2022年，临平区做好船舶与港口防污染工作实现“五水共治”工作目标。辖区港口企业均配备船舶生活垃圾分类接收桶、生活污水接收设施、船舶含油污水应急接收桶等船舶污染物接收设施。在码头前沿设置船舶污染物接收告知牌，港口企业与环卫部门签订垃圾清运协议，生活污水纳管排放办理排污许可或签订清运协议定期清运，确保船舶污染物上岸后转运、处置闭环管理。临平区塘北村流量观测站设有1处船舶含油污水公共接收点。年末，辖区开展船舶生活垃圾接收10073艘次，垃圾上岸22.06吨，船舶生活污水接收5053艘次，污水上岸1189.63立方米，船舶含油污水接收132艘次，油污水上岸29.96立方米。

【船舶水污染物上岸实现电子化联单管理】 2022年，临平区辖区港口企业和本港籍船舶全部完成“船E行”App或小程序注册。船户可通过系统或小程序对污染物上岸的种类、数量等进行申报，由码头方对申报进行确认。优化系统内转运处置电子化环节，各港口企业均上传清运协议，从上岸到转运处置均实现电子化联单管理。在日常管理中发现部分码头在接收确认环节出现数据异常把关不严等问题要求责令整改、予以码头诚信扣分。

【京杭运河临平段（含杭申线）水面保洁】 2022年，临平区根据京杭运河临平段（含杭申线）水面保洁工作考核检查反馈情况，运河临平段全线水面基本控制大面积水生漂浮物，特别是控制季节性水生植物大面积爆发，在一定程度上提升运河水质，保证运河航段的正常通行。

（韩亮　陈立强　张　立　胡芳萍　杨国贤）

·航道管理·

【京杭运河开展碍航捕鱼专项整治行动】 2022年10月12日，杭州市交通运输行政执法队运河港航执法大队联合余杭区农业行政执法队、临平区农业行政执法队、公安水上派出所、运河保洁公司等单位，在京杭运河主线航道运河大队辖区开展整治碍航捕鱼、防止渔商船碰撞、严查“三无”涉渔船舶的“清网”专项行动。“清网”专项整治行动当天，运河行政执法队、农业行政执法队、水上派出所等部门出动人员20人，清理渔网、地笼85具，劝离并批评教育正在水上捕鱼的附近村民2名，保障辖区水域船舶通航安全。

【杭嘉湖交界联动执法】 2022年6月20日，杭嘉湖区域联动执法“利剑”行动在杭州武林码头启动。“利剑”行动为期5天，整治范围涉及杭州市临平区、余杭区，湖州市德清县，嘉兴市桐乡市交界区域的通航水域水上运输行业。

【运河大队防御台风“梅花”】 2022年9月14日，临平区防御台风“梅花”。运河大队出动执法艇7艘次，执法人员34人次，检查航道57千米，水上施工项目2家，码头22家次，检查锚地、临时停泊区7处。

【运河大队践行“沉浸式”管理危险货物港口企业】 2022年9月29日至10月25日，临平区运河大队驻点杭州宇杭石油储运有限公司和杭州梁运储运有限公司，践行“沉浸式”管理，将执法场景置身于危险货物港口企业运行的各个环节之中，零距离服务企业，实行网格化管理，为企业办实事解难题。

（谢康敏　方　媛　陈　琪）

·邮政　快递·

【概况】 2022年，邮政临平区分公司推进三大项目（一会一节一改革），即配合区政府做好亚运会（亚残运会）各项工作、推进塘栖枇杷节、投递网改造各项工作，取得较好成效，全年完成业务收入9568万元，完成全年目标的136%，被评为2022年中国邮政集团有限公司杭州市分公司先进集体。余长友被评为杭州市第二届“最美快递员”。年内，助推塘栖枇杷新鲜进城，公司设立枇杷项目工作组，成立党员突击队开展帮扶，开通杭州市主城区内的朝收夕至线路，临平区内也开通同城运送，保证果品新鲜送达。通过线上邮乐网平台帮助果农进行枇杷的销售，线下组织员工内购等方式宣传推介塘栖枇杷，组织塘栖枇杷进机关单位食堂现场销售。通过邮乐网极速鲜平台和线下大客户销售等方式销售塘栖枇杷逾万斤，通过在塘栖设置10个收寄点现场帮助农户进行枇杷包装和寄递4676多件，近1.15万千克，设计出“临平十碗”风味同城配项目，推广临平区范围内特色风味食品。

【邮政快递网络优化】 2022年，邮政临平区分公司优化网络，加快投递网改革，完成6个综合揽投部和8个特快揽投部负责人竞聘上岗，实现特快网、综合网分网独立运作，加快科技赋能，临平、乔司、塘栖综合揽投部智能分拣机投入运行。年末，临平区中邮驿站增加至60个，增加7个，社会驿站增加至223个，增加35个。配合区政府做好亚运会（亚残运会）各项工作，作为杭州亚运会（亚残运会）临平区筹备组工作专班成员，派驻的“集中办公+联络员”团队做好2022年全国空手道锦标赛系列赛物流配送工作。推进快递包装的绿色化、减量化、可循环。

（徐茂红）

·通信服务·

【中国电信股份有限公司杭州临平区分公司】 2022年，临平区电信分公司成立一周年，电信主营业务收入比上年增长14.3%，员工收入比上年增长12.3%，渠道门店增至110家，服务全区用户超65万户，5G用户超过35万户，千兆宽带用户超30%，居全省同类公司前列。

临平电信加强新型基础设施建设，建成925个5G基站，实现全域覆盖；室分覆盖227个小区，保证地下室、电梯信号通畅；完成837个小区X-GPON设备更新，千兆能力覆盖16万用户；纤芯能力稳步提高至35万芯/千米，城域网出口带宽880G。融入政府“1612”数字化改革，发挥5G、物联网、大数据能力，参与临平区数改五大综合应用支撑服务、“基层治理四平台”、未来社区区级平台以及地下管网数字化生态系统、平安校园等重大项目，打造临平供电、第一人民医院等5G定制网，运维治安监控点位超过1万个，为多家企事业单位降本增效。提升优质服务能力，全年开展500场便民服务活动，收到表扬信、锦旗等超150次，涌现刘玉金“抱抱侠”温暖全国服务事迹，全网点赞量超500万次。社会责任履行深入，安装智能防疫设备数万个，投入4000多人次，7×24小时为居家办公、校园网课、医院诊疗等各行各业提供稳定网络；爱心翼站全天候上线13项服务，为超6000人次户外劳动者提供便利；年度扶贫捐赠及购买金额6.7万元；加强反诈治理，全年收到涉诈案件数量下降74.4%。助力智能亚运，夯实亚运保障团队体系建设，率先做好场馆机房、AGIS网络和Wi-Fi网的建设和纳管工作，完成亚组委演练和测试赛保障。

2022年，临平区电信分公司获省电信区县跨越奖，获市电信优秀经营单位等称号，临平营业厅获全国总工会“最美工会户外劳动者服务站点”称号。

（沈敏琦）

2022年4月6日，临平电信亚运保障网络工程师专班

（中国电信临平分公司 供稿）

【中国移动临平分公司】 2022年，中国移动通信集团浙江有限公司临平分公司（简称“临平移动公司”）下设4个职能部门、6个生产单位，自有员工140人。全年通信服务收入10.43亿元，通话用户92.3万个。

临平移动公司全区5G基站总数1644座，城域网出口带宽1.48T，IPv6覆盖率100%，百兆光纤行政村覆盖率100%，支撑百万级的有线宽带用户以及无线通话用户。

2022年，临平移动公司加快新型基础设施建设，助力打造“数字临平·品质城区”。5G四期一阶段宏站项目85个，开通率100%，居城区第一位；5G四期一阶段室分项目38个，开通率100%，居城区第二位；700M项目234个，开通率100%，居主城区第三位。针对浙商产业园、临平经济开发区、超山风景区等重点区域进行5G覆盖补强补盲，全区5G网络覆盖率98.96%，5G分流比58.41%，全市排名第一位。临平移动公司结合政府规划，夯实基础网络能力，打造精品千兆网络。全年完成11个汇聚机房选址，投入使用9个，机房等配套投资1500万元以上，5G建设投入1.90亿元。

首批6个数字乡村中临平移动中标4个；

临平移动公司与中国服装科创研究院合力打造5G+中国数字时尚产业创新平台，摄于2022年6月29日　　（中国移动临平分公司 供稿）

流量等大话务环境中的5G用户感知和体验。完成10类场景压力测试，采集有效数据2000多条，用实践检验5G网络的高性能支持能力。

保障区政府应急指挥和视联网值班工作。实施7×24小时视频会议保障驻点值班工作制，带领政企部党员、群众保障视联网维护270多天，实现零故障、零时延。

“邻里治—数字社工”促进村社高效能治理。联合本地科技企业元声象素，面向全区184个村（社区），开展“邻里治”数字社工服务，在业务接待、通知传达、信息采集、数据呈现等方面为一线社工减负增效，“邻里治”平台自动拨打防疫电话10多万个，平均接通率超过80%，发送防疫短信16万多条。

临平移动公司为群众办实事，携手区妇联发起“娘家人的温暖爱心帮扶”主题活动，上门送油送米及宽带优惠礼包1000多份，帮扶外

参与崇贤鸭兰村数字乡村部分建设，首次将移动云PAAS产品“数据可视化DataInsight服务”应用于数字乡村驾驶舱搭建。

与中国服装科创研究院合作的5G+中国数字时尚产业创新平台项目获工信部第五届绽放杯全国总决赛优秀奖；实现全市首个区县制造业企业深度评估项目，为临平区26家未来工厂培育企业做诊断服务，为后期数字工厂项目拓展奠定基础；依托5G、云计算等能力，签约意丰歌、杰克缝纫、铁流、杭州手表等多家数字工厂。

落地全省首个公安枪支物联项目，为全省该类项目拓展奠定基础；建设全市第一个区级油烟监测平台，复制推广到3个街道级应用；拓展残亚会视频监控、街道立体监控、智慧安防小区等，助力平安临平建设。

检验开展亚运会场馆5G网络的最大承载能力测试，测试期间投入前后台人员100多人、5G测试终端220部，模拟在场馆人流高密度、高

杭州移动为亚运会持续护航，完成首次亚运场馆5G网络压力测试，摄于2022年4月12日　　（中国移动临平分公司 供稿）

2022年8月11日，临平移动公司在社区进行反诈知识科普活动

（中国移动临平分公司 供稿）

来务工困难妇女，做“实”服务内容；与平安办、公安机关合作开展防诈宣传300多次，通过志愿服务、发放反诈单页等形式，宣传“浙江反骗码”小程序、杭州防诈骗公众号、“机伶”手机管理平台等反诈工具，增强辖区市民的反诈防诈意识，提高自我防范能力。

临平移动公司与23家街道、社区等单位党组织以签约形式建立“党员i家”联盟关系，开展社区服务进驻，提供手机贴膜、业务讲解、宽带服务、银铃科普等便民服务，全年开展1000多场；紧抓校园用户服务需求，提供“党员i校”品牌服务，开展5G知识科普、新生入学服务日等活动，依托“和教育”平台服务31所学校1.53万名学生，为家校联动及学生安全保驾护航。

（朱　秉）

【中国联通杭州市临平区分公司】 2022年，中国联合网络通信有限公司杭州市临平区分公司（下称“临平联通分公司”）运用5G、大数据、物联网、云计算和人工智能等信息技术，融入数智临平建设，服务和助力高质量发展建设共同富裕示范区，与临平区人民政府签订“十四五”战略合作协议。

打造新一代数字基础设施网络，配合政府完成小城镇整治等政府工程，完成临平亚运场管5G宏站和室分建设，完善数字新基建信息基础设施建设，推进5G多网合一室内信号分布系统建设。全年，新增建设完成5G基站111个，4G基站151个，助推临平千兆城市建设，提升千兆智联服务质量，提高宽带用户满意度。

深化数字技术应用融合，发挥联通云等能力优势，参与临平区数字政府、智慧城市建设。承建临平区政务云平台，为区政府提供云计算、大数据、安全、网络、迁移等保测评六大类、20多项服务，为临平区一体化智能化公共数据平台提供稳定、可靠、优质的云资源平台和服务。搭建交通项目建管仓以及政府投资项目全生命周期管理系统，建立全领域、全业务、全流程的规范化、模块化、数字化事件执行链，助力政府部门实现高效管理与监督。与临平区社区学院达成战略合作，通过5G技术的嵌入，为职业教育各类创新创业人才的培育增速，为“智慧助老”、社区市民数字化学习等提供强大支持，为教育现代化建设做出新的贡献。与临平区工业制造企业开展信息化合作，助力企业降本增效，提升企业的数字化能力和智能化水平等。

助力数智品质示范区发展，与临平区东湖街道朱家角社区委员会、中共杭州梦想汇科技园联合支部、中共联融数字经济产业园联合支部签订党建共建协议，邀请本地企业参观公司“未来数字空间”及智慧党建室等数字化改革成果。参与“春风行动”“全民爱心日”等爱心捐赠活动，彰显党员的先锋模范作用，增强党员同志的服务群众意识，密切党群关系，提升联通在当地政府的责任担当，以及在当地百姓中的影响力。

（姜美玲）

·广播电视网络传播·

【概况】 2022年，杭州华数传媒电视网络有限公司〔简称“杭州华数（临平）公司”〕主要承担区域数字电视运营、广播电视网络建设维护管理、广播电视节目传输、数据专网运营、雪亮工程建设、智慧社区、社会治理“四平台”、智慧城市运营、广电5G、智家物联、杭州市区互联网数据运营等职能。

【千兆光网建设】 2022年，杭州华数（临平）公司加速推进光纤网络升级改造工作，扩大城镇及农村地区千兆光网家庭覆盖数。开展“好服务在身边，华数百场服务进小区”专项活动，通过进村（社区）现场便民服务、电话营销、走村入户等服务模式，制定团购村、低保户、残疾人、退役军人优惠办理光纤宽带升级业务政策等，做好光纤新开、普宽老用户光纤整转工作。夯实宽带网络质量，提升老百姓的上网体验和生活幸福感。年末，千兆光纤网络覆盖15万户家庭。

【广电5G网络服务】 2022年，杭州华数（临平）公司步入“有线+5G”融合发展的新阶段。以固移融合为主体，集众融合为特色，结合电视、宽带、智家，打造差异化广电5G融合业务。实现5G赋能有线、5G赋能家庭，使广大用户提升智慧广电、信息服务、数字生活的获得感和幸福感。深耕细分市场，为高校学生、球迷以及政府机关、企事业单位定制专属套餐服务。

【未来社区数字化建设】 2022年，杭州华数（临平）公司打造的海珀未来社区数字化项目，是以海珀、小林社区、映荷社区开创性打造“三社联创”工作模式，以省级未来社区创建为契机，以服务民生为根本、以提升社区数字化管理水平为抓手，以党群服务中心、邻里中心为依托，聚力打造9个场景建设落地。

【数字乡村新突破】 2022年，鸭兰村数字乡村建设内容围绕基建、产业、治理、服务、生活5个场景进行设计，通过集成信息化软件和现代化的智能应用设备，提升乡村管理的智能化水平。针对鸭兰村数字乡村项目建设的数字基建、数字产业、数字治理、数字服务、数字生活五大场景配套软件管理平台，开发针对鸭兰村实际情况的鸭兰（红管家）六务数治平台、鸭兰（红村富）众创共富平台、鸭兰（红摇篮）智慧研学平台，实现数字化管理和服务，增强乡村生活的丰富程度，打造数字化、现代化的乡村。

【临平区文物安全智慧监管系统研发上线】 2022年，临平区文广旅体局工作部署构建多维度的智慧型文物安全技术防范体系，杭州华数（临平）公司承担建设临平区文物安全智慧监管平台。构建临平横向成网、纵向到省的立体化数字文物保护体系，贯彻“保护为主、抢救第一、合理利用、加强管理”的工作方针。整合文物保护数据，形成电子化的文保台账，借助物联网、AI手段提升隐患发现率，采用协同工作流技术实现隐患事件自动派单，提高文保工作效率，监测安保责任落实情况，精准管理，提升文保工作落实处置率。提升民众对临平文化遗产的认知度和保护意识。

【教育网网络安全升级】 2022年，杭州华数（临平）公司推动临平区教育系统网络安全可量化、可评估，筑牢数字化改革网络安全防线，10月起杭州华数（临平）公司对区教育系统整体网络进行安全升级工作，完成出口安全改造、核心网络升级、安全防护建设等工作，提升教育城域网网络的稳定性、安全性，为教育信息化建设工作奠定网络基础。

【新闻高清频道上线】 2022年4月8日，杭州华数（临平）公司完成余杭区、临平区两区本地高清节目在华数数字电视网络中入网传输。余杭电视台、临平新闻台、余杭未来台、余杭影视台4套高清节目上线后使居民群众享受本地节目高清画质的体验。

【余杭临平两区网络分割】 2022年，余杭临平在两区行政区划分离后，杭州华数（临平）公司对前端信源进行割接优化调整，针对余杭区、临平区生成两路独立的传输网络信号源，调整两区节目传输中零频道节目对应两区本地主频道节目。

【中共二十大安全播出保障工作】 2022年，杭州华数（临平）公司对照广电总局安全播出相关文件精神，落实工作要求，责任到人，完成中共二十大安全播出保障工作。召开安播保障推进会议、开展安全播出联合演练，规范机房管理，确保机房设备运行稳定，加强临平区骨干网络的巡检工作，优化环网传输结构，保证临平区广播电视及相关业务的播出安全、网络安全和数据安全。

【广电5G物联梧桐树平台研发升级】 2022年，杭州华数（临平）公司华数物联以华数集团设立在临平的华数物联网创新基地为依托，融合华数智慧家庭业务平台，联合升级“华数物联梧桐树平台”。聚焦“数字家庭、数字社区、数字园区、数字乡村、数字治理”五大方向，建立“云平台+场景+感知终端”三位一体的智慧物联服务模式。在浙江省内60个华数分子公司上线使用，设备连接数近30万个。研发“防疫卫士、银龄康养、消防哨兵、智能烟感、智能门锁”等10多项云应用平台，服务于全省各地，取得良好的社会与经济效益。

【低保户有线数字电视减免政策】 2022年，杭州华数（临平）公司根据上级政府和文广部门工作部署，实施“广电低保”惠民工程，对临平区1756户低保户家庭的有线数字电视的安装费用及基本收视费进行减免。

（陈逸杨）

（责任编辑　陈建益）

产业平台

Industrial Platform

·临平区国家级经济技术开发区·

【概况】 2022年，临平区国家级经济技术开发区应对复杂多变的宏观发展环境，统筹经济社会发展，总体保持稳进提质的发展态势。实现规模以上工业总产值1141.32亿元，比上年增长1.0%；实现工业增加值317.88亿元，增长0.1%；完成制造业投资75.42亿元，增长40.2%；完成地方财政收入36.99亿元，增长20.09%；实现规模高新技术产业增加值281.10亿元，增长0.1%；实现有效投资166.73亿元，增长7.1%，其中制造业投资75.42亿元，增长40.2%，创历年新高；实现财政总收入91.82亿元，比上年增长37.8%；实现地方财政收入48.20亿元，比上年增长37.0%。引进固定资产总投资亿元以上制造业项目17个，其中10亿元以上项目5个。

【产业发展】 2022年，临平区国家级经济技术开发区实施“四大计划”，125家亿元企业产值贡献率92%，50家亿元企业增幅超过10%；杭州微策生物技术股份有限公司、杭州福斯达深冷装备股份有限公司、杭州民生健康药业股份有限公司、杭州安杰思医学科技股份有限公司等4家企业上市过会；新增杭州慧翔电液技术开发有限公司、万通智控科技股份有限公司等8家工信部专精特新“小巨人”，汉尔姆建筑科技有限公司、浙江迪谱诊断技术有限公司等26家省级专精特新中小企业。浙江求是半导体设备有限公司（含中为光电）认定为浙江省隐形冠军；完成浙江永创机械有限公司、杭州微光电子股份有限公司等8个项目扎根，供地32.2公顷。数智变革强赋能，浙江运达风电股份有限公司入选2022年省“未来工厂”试点；新增杭州西奥电梯有限公司、浙江铁流离合器股份有限公司2家国家级绿色工厂；浙江运达风电股份有限公司、江潮电机科技股份有限公司获国家级绿色设计产品；杭州东华链条集团有限公司、杭州自强链传动有限公司获评浙江省第一批智能工厂（数字化车间）；杭州诺邦无纺股份有限公司、杭州西子智能停车股份有限公司和浙江运达风电股份有限公司获评浙江省第二批智能工厂（数字化车间）；杭州西奥电梯有限公司被认定为杭州市链主工厂；浙江铁流离合器股份有限公司被认定为杭州市智能工厂；浙江春风动力股份有限公司入选全国首批“数字领航”企业榜单，揭榜工信部2022年度智能制造示范工厂；浙大高端装备研究院、服务型制造研究院、联运环境、铁流离合器入选省级工业互联网平台创建；杭州西子智能停车股份有限公司、杭州全盛机电科技有限公司、汉尔姆建筑科技有限公司、浙江迪谱诊断技术有限公司、中翰盛泰生物技术股份有限公司5家企业入选“浙江制造精品”；临平家纺行业获全省首批中小企业数字化改造试点县（市、区）；杭州西子智能停车股份有限公司、杭州蕙勒智能科技有限公司获评省首台套装备名单；规模以上工业企业实现百分百上云、数字化应用全覆盖，重点企业数字化管理普及率100%、数控化率90%以上。项目推进提速，重点推进晶盛研发中心、德诺电生理总部、徐工杭研院等项目。杭州小林高科发展有限公司、浙江永创机械有限公司、杭州倍特生物医药有限公司等“152”项目全部开工，项目推进跑出“加速度”，新供浙江嘉熙科技股份有限公司、杭州科汀光学技术有限公司、杭州微光电子股份有限公司等9宗40.27公顷工业用地，供地总量和速度比上年明显提升；实现嘉熙科技拿地到开工18天，创下临平区制造业项目拿地到开工新纪录。

2022年11月23日，开发区与奥蜜尔家私、银江孵化器就创享+奥蜜尔生物医学创新加速产业园项目正式签署共建“浙江先进碳材料产业创新服务综合体”合作协议，图为签约仪式现场

（杭州余杭经济开发区管委会 供稿）

【招商引资】 2022年，临平区国家级经济技术开发区实施“一号工程”，新引进外资总额1.62亿美元，完成率124.6%，占全区引进外资总额比重77.4%。引进固投亿元以上制造业项目17个，占全区引进总数77.3%，其中10亿元以上项目5个，占全区引进总数71.4%。集中签约项目51个，落地率超过80%。引入晶盛研发中心，优化开发区半导体上下游全产业链布局；引进德诺电生理总部项目以及中以数字医疗器械产业创新中心，助力高端医疗器械产业集聚；引入徐工杭研院，将实现高端核心零部件及系统自主可控和技术引领，对产业发展和海内外高端人才集聚具有重要意义。

【创业创新】 2022年，临平区国家级经济技术开发区推进“红丰创新带”建设，出台大孵化器建设（早鸟计划）三年行动方案，成功申报省级孵化载体1家，市级孵化载体3家，“早鸟计划”培育企业105家，合作共建浙江省高端装备产业专利导航服务基地获正式批准（全省仅4家）。激活企业创新主体，杭州东华链条集团有限公司获中国专利优秀奖，杭州科汀光学技术有限公司、杭州汽轮机动力集团股份有限公司、杭州胡庆余堂药业有限公司等7家企业获浙江省科学技术进步奖和浙江省技术发明奖，150家企业完成国家高新技术企业申报。制定实施未来智造领雁工程，成立全省首个工程师协同创新中心“临里汇”，新增F类及以上特色人才667名，柔性引进顶尖人才4名、国家级领军人才12名，成功培育国家级海外高层次人才3名。

【城市配套建设】 2022年，临平区国家级经济技术开发区完成双林单元详细规划杭州市规划和自然资源局审查，等待杭州市规划委员会审查。根据杭州市新划分控规单元，推进东湖新城单元、东湖新城北单元、兴旺单元、兴旺北单元、山北单元控规编制，深度参与“三区三线”划定，新增规划用地空间近400公顷。城市建设有序推进，实施好64个政府投资和国有产业建设项目，浙江理工大学临平校区、城西第一初级中学等教育项目相继建成交付，完成振兴西路、塘宁路、年轮公园等有机更新提升工程，改善城市风貌。

（翁　晔）

·临平新城·

【概况】 2022年，临平新城118个政府项目和17个社会项目完成有效投资164.26亿元、比上年增长15.8%。全年全域净增市场主体1458家、突破3万家，集中签约重大项目61个，实现营收1745亿元。新认定重点楼宇14幢、星级楼宇25幢，占临平区总量的82%和95%。实现财政总收入94.25亿元、地方财政收入61.2亿元。

年内，临平新城艺尚小镇通过中纺联“世界级时尚小镇试点”复核，获评2022年度“新时代富春山居图城市样板区”，建成艺尚潮流街区、伊芙丽总部，引进ABC户外、ZUEE等20个时尚总部。

年内，临平新城加快推进全域整治，腾出产业用地77.33公顷、创新空间197万平方米，启动土地复垦233.33多公顷。通车沪杭高速（临平段）、星都大道东段，提升改造藕花洲大街，开工临平山西侧绿道。开工全省首个共有产权房、联胜公租房等3个33万平方米工程，竣工吴家安置房（东风嘉苑）、民乐安置房二期（铁铺埭家苑二区）等7个95万平方米工程。交付新城第一幼儿园项目等5所学校，开工星灿九年一贯制学校等5所学校。

【艺树集2022秋冬联合订货会】 2022年5月27日，以“看见新生”为主题的艺树集2022秋冬联合订货会在临平新城艺尚小镇国际秀场举行。订货会吸引50多家有品牌、有渠道的服装企业参展，定向邀请来自全国各地1500组买手客商前来观展，展商和买手客商达成面对面的交易。

【杭州市首个共有产权房项目在临平新城开工】 2022年5月27日，杭州市首个共有产权房项目在临平新城开工。项目位于东湖高架路西侧，杭州绕城高速路以南，西临友爱路，南侧毗邻规划道路月牙二路，处于道路交叉口。项目总投资约3亿元，总用地面积2.13公顷，总建筑面积约6万平方米，规划建设7幢13～14层住宅楼及部分配套公建。

【第三届中国工业互联网大赛闭幕】 2022年7月8日，第三届中国工业互联网大赛在临平新城闭幕。大赛以“融合创新 数字赋能”为主题，聚焦数字化转型的核心需求和关键场景，以工业互联网解决方案的应用价值牵引工业互联网快速发展。

【第五届CCFW中国国际儿童时尚周启幕】 2022年7月27日，第五届CCFW中国国际儿童时尚周在临平新城艺尚小镇启幕。时尚周以“数字未来·拥抱童心元宇宙”为主题，致力于引导童装品牌利用CG、VR、AR等技术，线上和线下全景展示最IN潮品，透过虚拟与现实的交互体验，了解品牌内核，助力实现数字技术对童装实体产业的赋能。

【沪杭高速临平段全线通车】 2022年8月10日，沪杭高速公路临平段改建工程全线通车。项目改建内容包括沪杭高速抬升为高架，临平互通改建，增加东湖路互通，同步实施主线高架桥下双向六车道地面道路（浦运路）及2条南北向被交路（迎宾路、南大街）。实现杭州主城区与临平、上海与临平互通的四向通行。

【西大门产业园项目开工建设】 2022年8月，西大门产业园项目开工建设。项目位于宣杭铁路以南、博旺街以北、印花坞路以西、汤家路以东。项目用地面积15.69公顷，总建筑面积56.7万平方米。建成后将辐射带动周边，吸引服装、集成电路、医疗器械、智能终端等优质制造业企业落地。

【中国服装科技大会开幕】 2022年8月25日，2022年中国服装科技大会在临平新城艺尚小镇开幕。大会以“新技术·新产品 科技驱动新发展”为主题，旨在搭建开放多元的交流平台，为服装企业的科技创新指引方向、集聚资源，提高行业产品供给能力，照亮科技创新发展之路。

【乔司商城二期开工建设】 2022年9月，乔司商城二期项目开工建设，总用地面积6.67公顷，总建筑面积约26万平方米。项目主要建设内容为部分土建及安装工程复建、外立面改造、室内精装修、室外景观绿化工程等。

【中国创新设计大会杭州峰会暨临平区工程师冲锋号活动举行】 2022年11月17日，中国创新设计大会杭州峰会暨临平区工程师冲锋号活动在临平新城艺尚小镇举行。大会聚焦未来智造与创新设计，依托杭州国交大会窗口能级，搭建起国际人才交流和项目合作的桥梁，集中展示临平工程师风采和制造业风貌。

【文化设施综合体开工建设】 2022年12月，文化设施综合体项目开工建设。项目位于乔司街道，良熟路以东，汀雨路以西，东仁街以南，文正街以北。建设内容包括图书馆、科技馆、展览馆、青少年活动中心和商务办公楼等。项目建成后，将与高铁临平南站、临平文化艺术中心共同构成“临平第一城市印象”。

（孙卯宁）

·大运河科创城·

【概况】 2022年，大运河文化（临平段）入选全省首批“浙江文化标识建设创新项目”和文化基因解码“优秀解码项目”名单。年内，临平大运河科创城建设管理委员会（简称“临平大运河科创城管委会”）规划编制印发《临平区大运河文化保护传承利用暨国家文化公园建设方案》《杭州市临平区大运河保护传承利用暨国家文化公园建设三年行动计划（2021—2023）》，编制完成《大运河国家文化公园（临平段）核心区城市设计及概念设计方案》《大运河科创城战略规划》《大运河科创城产业发展战略研究及规划》《崇贤街道陆家桥工业区块提升改造规划》《杭州市塘栖北单元（LP13）控制性详细规划（修编）》等，明晰大运河“一园一城”建设路线图。

【大运河沿线环境整治】 2022年，临平大运河科创城管委会会同综合执法、交通运输、交警等部门，以开展大运河沿线环境秩序专项整治行动，检查车辆5000多辆，查处违法案件1200多起。会同属地镇街，推进29千米运河主航道及周边沿线低散乱码头、企业、农户征迁，腾空低效产业用地，全年完成码头签约28家、腾空25家，完成企业签约35家、腾空31家，农（居）户签约腾空153户，区域环境品质提升。

【大运河文化公园项目建设】 2022年，临平大运河科创城管委会以“运河古镇、湿地田园、航运古道、数智运河”为特色优势，加快推进大运河国家文化公园（临平段）郊野段建设。年末，大运河国家文化公园（临平段）29千米郊野段生态绿道实现基本贯通，沿线塘泾漾公园完成建设，三家村公园、鸭兰村公园、鱼羊美食文化公园等有序推进。

2022年12月1日，塘栖古镇，雪落大运河 (高宇轩 摄)

【中国大运河古镇发展研讨会】 2022年，临平大运河科创城管委会举办中国大运河古镇发展研讨会，邀请单霁翔、赵世瑜、朱炳仁等近20名专家学者、79名运河沿线城市代表、23家文旅企业研讨交流。牵头联合张家湾、杨柳青、瓜洲、南阳、南浔、崇福、乌镇等8大运河古镇，发起成立“中国大运河古镇发展联盟”，有41家古镇参与，推动临平与省内外大运河沿线城市在古镇保护、文化挖掘、产业合作等方面实现深度互动与协作。

【大运河科创城产业招引】 2022年，临平大运河科创城管委会重点招引专精特新、数字文化、文化创意、大美丽产业、科创孵化、设计研发等产业优质项目；盘活存量、做优增量，整合优化崇贤人才配套用房、四维公园、超山文创园等存量空间，推进浙江泰昌实业有限公司、浙江益海嘉里食品工业有限公司等科创城工业园区存量厂房提升改造，保障招引项目发展空间。全年，完成招引注册企业150家，区重大项目、人才项目集中签约20个。

【大运河科创城人才招引】 2022年，临平大运河科创城管委会举办“尚青春·创未来”大运河杯首届大学生创新创业大赛、“振兴共富”大运河科创城专场线上招聘会、“礼遇临才”人才沙龙等活动，建立人才企业管家服务机制，成立“浙江省青年企业家会客厅”“大运河科创城人才之家”等服务平台。全年，完成杭州市A~E类高层次人才认定251人，区级B~G类353人，40岁以下大学文化人才19384人，区高层次人才项目评审6个。

【大运河主题系列文化活动】 2022年，临平大运河科创城管委会以大运河为主题，开展“魅力大运河 临平新风景”首届中国大运河摄影节暨摄影作品联展、“诗画江南·塘栖有约”2022中国大运河诗会、“丰收运河畔 金秋我来野”大运河金秋漫游季等系列主题活动。编制《临平大运河文化遗产地图》，展现大运河（临平段）丰富文化内涵。

【“爱上大运河 千年古镇行”宣传推广】 2022年，临平大运河科创城管委会成立大运河科创城微融媒体中心，联合北京、天津、山东、江苏等省、市融媒体开展“爱上大运河 千年古镇行”大型融媒体行动，沿途各站推出非遗文化主题市集、幸福照相馆等体验活动。在浙江新闻客户端开设《爱上大运河 千年古镇行》专栏，阅读量近50万人次；在抖音平台上线“#爱运河in临平”活动话题，话题总播放量5490.6万次。

（汤雨婷）

（责任编辑 陈建益）

数 字 经 济

Digital Economy

·综 述·

【概况】 2022年，临平区紧扣“全省智能制造中心”目标定位，实施数字经济“一号工程”升级版，为数字经济发展集聚高端人才、创新资源，激发高质量发展新动能，推动数字经济发展，示范区建设工作取得明显成效，入选全省首批中小企业数字化改造区域试点及首批企业数据管理国家标准贯标工作区域试点。

临平区以新智造为主攻方向，以制造业与互联网融合为主要路径，推进制造业数字化转型与高质量发展，完成对纺织服装、装备制造等主要行业数字化转型问诊与智能化技术改造，行业数字化水平明显提升。工业互联网、跨境电商等产业加快发展，集聚浙江华为通信技术有限公司、秒优大数据科技（杭州）有限公司、杭州金浪机电有限公司、杭州蕙勒智能科技股份有限公司等优质数字化转型服务商，新增省级工业互联网平台创建单位7家、认定单位3家，新增数量居全省前列。推进网络基础设施升级换代，梳理阿里巴巴浙江云计算数据中心开发区项目、阿里巴巴浙江云计算数据中心临平新城项目进展，年末，建成5G基站2255个，实现对国家级经济技术开发区、临平新城5G网络基本覆盖。

【省级工业互联网平台创建名单】 2022年9月9日，浙江省经信厅公布2022年度省级工业互联网平台创建名单，临平区7家平台入围，包括橙织服装工业互联网平台、工业生产安全治理视频算法平台2家行业级平台，工业互联网公共服务平台、EPIVG产业“虚拟集团”生态平台2家区域级平台，工业设计引擎工业互联网平台1家特定环节平台，资源回收工业互联网平台、铁流离合器工业互联网平台2家企业级平台，入围数居全省各区县第一位。

（王莉莉　徐琳玺　沈　遨　毛晓洁）

·智能制造业·

【概况】 2022年，临平区加快智能制造头部企业“未来工厂”体系化培育，推动制造业数字化由“点上标杆”向“区域优势”演进，推动制造业高质量发展。全年新增省级“未来工厂”试点企业2家，新增量居全省各区县首位；新增省级智能工厂（数字化车间）5家、市级“未来工厂”认定企业7家。

引导杭州老板电器股份有限公司、浙江春风动力股份有限公司等冠军型“链主工厂”从企业级工业互联网平台向产业链级升级，争取省部级项目，实现产业链资源精准对接、要素优化配置、运转高效协同，浙江春风动力股份有限公司被列入国家级智能制造示范工厂，杭州老板电器股份有限公司、杭州西奥电梯有限公司作为智能制造典型案例多次被中央广播电视总台报道。会同浙江省技术创新服务中心面向全区180家重点规模以上企业开展腰部企业走访调研，20多家重点企业开展线下深度评估工作，分行业组织专家开展一对一服务，给予中长期智能制造规划、数字化应用难题攻关等需求的实效性解决方案。其中，浙江益海嘉里食品工业有限公司、浙江运达风电股份有限公司经专业辅导后，被列入2022年度省级“未来工厂”试点。以“订单驱动”推动中小制造业企业“应用上云”，通过SaaS化轻量级服务，助力中小企业数字化转型。会同浙江省智能智造专家委员会重点面向家纺行业开展中小企业智改工作，成立临平派驻专家组，完成30多家重点家纺行业的数字化调研工作，入选全省首批中小企业数字化改造试点。

【省级“未来工厂”居全省前列】 2022年2月，浙江省经信厅公布第二批省“未来工厂”名单，杭州西奥电梯有限公司入选。全区有省级“未来工厂”4家，居全省各区县第一位。

【企业入选市级智能工厂】 2022年9月，临平区杭州东华链条集团有限公司、杭州自强链传动有限公司入选年度第一批智能工厂（数字化车间）。

（王莉莉　徐琳玺　沈　遂　毛晓洁）

·数字化零售业·

【网络零售概况】 2022年，临平区实现网络零售额849.8亿元，比上年增长3.8%；实现跨境电商出口额90.9亿元，比上年增长31.8%，年均增长超20%，规模排名全市第三位。新招引直播电商企业50家，跨境电商企业40家。

【跨境电商企业】 2022年，临平区强化数智赋能，深化首批省级纺织服装产业集群跨境电商发展试点建设，联合阿里全球速卖通平台建设线上“阿里巴巴临平品牌专区”，推动传统外贸企业转型跨境电商。加强企业培育，11月11日，临平区跨境电商企业子不语集团在香港证券交易所挂牌上市，是全国首家上市的纯跨境电商企业。

【直播电商】 2022年，临平区加速直播电商迭代，打造遥望×27主题公园，云尚工园、飞鹊、云宝贝仓直播基地等产业空间总面积超过50万平方米。引入构美（浙江）信息科技有限公司、杭州鸭梨互动网络科技有限公司、浙江博观瑞思科技有限公司等3家抖音电商钻石级服务商，杭州锦溪文化传播有限公司、杭州谋事文化传媒有限公司等头部MCN机构，大喜自制、梅子熟了等新消费品牌，各类电商商户超过万家，其中直播电商及直播服务企业超过1500家。

（陈英）

·数字化应用服务·

【概况】 2022年，临平区聚焦“企业综合服务”“产业现代化”“数智金融”等赛道，推动区级数字化应用建设，“时尚E家”应用列入全省优秀地方特色应用并在全省数字经济系统大会做典型发言，“塘栖枇杷全产业链数智通”入选浙江省农业农村厅第一批“先行先试”多跨应用场景，“金服宝”应用纳入“数智浙银”金融服务特色重大应用。

【服装产业】 2022年，临平区聚焦服装产业，以市场侧为主体搭建综合服务平台。以政府引导、市场主导为路径，发挥市场化机制作用，创新推出“时尚E家”应用，以数据流引领物资流、人才流、技术流、资金流，推动服装产业系统性重塑，形成产业链上下游和跨行业融合的数字化生态体系，在全省数字经济系统建设工作推进大会上，该应用受到省领导的肯定。

【“枇杷产业”综合服务平台】 2022年，临平区加速产业现代化，建设“枇杷产业”综合服务平台。围绕解决塘栖枇杷产业“三产协同管理难”“市场竞争引导难”“技术标准执行难”等痛点难点问题，通过数字化赋能促进产业健康发展。通过应用的建设推广，提升枇杷各环节智能化水平，推动数字技术与枇杷产业深度融合，助力塘栖镇加快实现乡村振兴。

【金融服务示范】 2022年，临平区构建金融服务示范，上线“金服宝”应用。以临平综合金融服务示范区建设为契机，通过“政府搭台+金融助力+企业受益”的创新服务模式，围绕中小微企业生产、经营、管理、金融等多维度需求场景，构建面向政府、中小微企业员工、企业服务商、金融机构等“科技+产业+生态”的一站式综合服务体系。

【“时尚E家”入选浙江省共同富裕最佳实践】 2022年5月，浙江省社会建设委员会公布全省共同富裕最佳实践评选结果，临平区《搭建“时尚E家”平台、助力服装中小企业蝶变》入选经济高质量发展先行示范，为该领域全省唯一区县案例。

（王莉莉　徐琳玺　沈　遨　毛晓洁）

·算力小镇·

【概况】 2022年，位于临平区的中国（杭州）算力小镇引进RISC-V联盟浙江中心，带动落地易连科技、中电远为、六和桥等32个核心项目，新增科技企业534家，新引培国高90家，市、区雏鹰企业40家，成功创建省级工业互联网平台3家。盘活提升艺尚魔方、乔司商城等存量空间，落地中国蓝直播电商综合体、遥望数字化服装采销产业基地。

【“芯算力赋能高质量发展”集成电路产业发展高峰论坛】 2022年7月21日，“芯算力赋能高质量发展”集成电路产业发展高峰论坛暨中国RISC-V联盟浙江中心揭牌仪式在算力小镇举行。论坛旨在贯彻国家、省、市发展集成电路产业的战略部署，构建以数字经济为核心的高质量经济发展体系。中国RISC-V联盟浙江中心旨在促进RISC-V相关技术和产品应用推广，完善国内RISC-V生态，为集成电路产业发展提供专业的芯算力服务支撑。

【科创未来论坛举行】 2022年9月9日，2022科创未来论坛在中国（杭州）算力小镇举行。国内多家知名高校、科研机构、政府、科技企业、园区运营商等100多位专家学者及嘉宾代表参加论坛，共同探讨未来园区建设和未来产业培育，为促进区域经济高质量发展建言献策。

【“中国芯”长三角芯机联动发展暨科技成果转移转化高峰论坛举行】 2022年12月16日，“中国芯”长三角芯机联动发展暨科技成果转移转化高峰论坛在中国（杭州）算力小镇举行。各级领导、集成电路领域专家、学者、企业代表以及投资人等参加，探讨芯机联动与科技成果转移转化的新趋势、新应用、新举措。

（孙卯宁）

（责任编辑　高云娇）

延伸阅读▶▶

小平台催生大变革
杭州临平探索企业服务数字化转型

实体政府向数字政府演进变迁，如何将互联网运用得当，达到“一网解千愁”的目的？杭州市临平区进行了积极探索。

“去年公司搬迁到临平新城的时候，政府承诺的一系列政策，在一个月内就兑现了，这对我们来说，真是一场及时雨！”谈及刚搬迁来时的情景，构美（浙江）信息科技有限公司总裁办齐建勇长舒了一口气。

构美是一家以技术为驱动的新流量服务商，目前主营业务涵盖电商营销、全案策划、美妆品牌孵化等。2016年，构美诞生于嘉兴市，主打女装线上销售。随着企业产能规模不断扩大，对经营场地、电商人才的渴求越来越高。得知这一情况，临平区提前谋划，为企业在临平新城寻觅场地，并打开人才招揽通道，解了企业的燃眉之急。

30天，是临平区为构美承诺兑现的时间节点。然而，一个项目从招商引资到建成投产，所涉及的跨部门审批事项千头万绪，临平区是如何做到井井有条的呢？

自临平设区以来，优化营商环境是区委区政府持续推进的一项重要工作。该区提出，营商环境应该体现法治化、国际化和便利化，力求达到“整体智治”的理念。

为此，2021年10月，临平区成立企业服务中心，并上线“临平区企业服务平台”。通过线上服务平台与线下实体大厅的双向融合、涉企审批的高度集成、部门数据的深度集聚，推进了涉企服务的一体化、数字化、透明化水平，不断提升为企服务的能力。

平台上线后，临平区电子商务协会秘书长助理霍婧雯就感受到实实在在的变化，“以前申报走线下的，有些政策企业不太清楚，我们每年都要举办好多场线下的政策解读会。现在企服中心上线了平台，每一条政策的全量信息都是白纸黑字，不用再开政策解读会了”。

杭州启迪电子商务有限公司是临平区“全球速卖通电子商务园”的运营公司，主要服务于园区内的150家中小电商企业。公司总经理李惠芳说：“惠企政策的全流程网办打破了时间、空间上的限制，园区内的企业不必跑部门送材料，只需要在办公室上网填报，对应上传所需材料。整个审核兑付过程速度快，还能实时查询进度，高效又透明。”

临平@互联网将其于政务服务有机结合，破译了流量的摩斯密码。不难看出，“@互联网+政务服务”能促进原有政务服务的提质增效和转型升级，形成了一个全新的智能化政务服务体系。

“@互联网+政务服务”引入互联网技术、思维、资源，并利用社会公众与政务服务的互动倒逼行政体制改革，加速推进现代化政府建设。对于新兴事物的运用，临平区早在平台搭建之初就已“兵马未动、粮草先行”，从而避免出现“摸着石头过河”的窘境。

如果把企业服务平台比作一站式服务的中央厨房，那么临平区在做好线上订单的同时，也积极做好线下“配送”服务，企服“跑小二”的设置就是让这一整套企业服务工作变得更加完善，并且做到流程闭环处理。

临平区住建局行政审批科的张一宁就是千名企服“跑小二”之一，调研企业、收集问题、反馈问题成为她日常工作最重要的部分之一。在日常走访过程中，张一宁了解到，杭州飞仕得科技有限公司即将搬迁至临平，需要在区内新建厂房基地，但项目负责人对项目建设的审批流程不太熟悉。

了解到上述需求后，张一宁及时联系企业提前介入，对该项目的前期准备基础、必备材料等因素进行分析，为项目前期审批提供专业指导，协助企业尽快开工。

在“跑小二”的服务下，贝达天广实、微策生物等14家工业企业都获得感满满，在拿地开工、施工过程、竣工投产中遇到的实际问题得到了有效解决。

线上线下服务相结合，临平区在以互联网思维服务企业的观念中，注入的全新理念。“政府数字化转型，特别是对企工作，没有标准答案，但有具体的方法和路径可循，只有对业务形成深刻的理解，才能更好地打磨出贴近需求的解决方案。”临平区审管办综合科科长王旻华说，企业服务平台汇集多种服务于一身，目的就是打造“企业之家”。

目前，线上平台涵盖惠企政策“一键兑付”，在线许可“一键审批”、企业诉求“一键直达”在内的多项功能。企业端集成企业开办、准入准营、投资审批、不动产登记、企业注销等9项功能模块，贯穿企业开办、变更、注销全生命周期。线下大厅共有23个政府和公共服务部门1240个事项集中进驻，同时，实行“前台综合受理，后台分类审批，窗口统一出件”的“一站式”服务2.0模式。

“比如在惠企政策兑付流程方面，传统审核方式需要经历12个环节，现在已经压缩到目前的6个环节，压缩率达50%。”王旻华说，平台已实现最低程度打扰企业、最快速度审核审批、最大限度降低企业成本。

截至目前，临平区企业服务中心累计兑付财政资金14亿元，受理企业诉求23040条，办结23008条，办结率达99.86%；组织走访企业6970家次，受（办）理各类审批业务12万多项。

临平深知，企业是创业创新的主体，是区域高质量发展的核心动能。加强和改善企业服务，推动产业经济持续健康发展，对营造稳定公开透明、可预期的营商环境，高水平打造“数智临平·品质城区”，展现“重要窗口”的临平风采具有重要战略意义。

互联网思维的核心就是以用户为中心，其实质就是新时代的群众路线，是以人民为中心的发展思想的坚持和践行。推进数字政府改革建设，就要重视用户感受，把人民群众的需要作为开展一切工作的出发点和落脚点，让群众和企业切身感受到信息化带来的便利。

（光明日报客户端　2022年8月8日　陆健　金钟耀　唐莹）

工 业

Industry

·综 述·

【概况】 2022年，临平区紧扣稳进提质总基调，按照“数智临平·品质城区”定位目标，以制造业为基础，以数字化改革和科技创新为引擎，推进全省制造业高质量发展示范区（县、市）建设，加快构建以高端装备制造、生命健康、时尚产业集群为核心，覆盖工业互联网产业集群和未来产业集群的“3+1+X”现代产业体系。

临平区实现规模工业增加值414.71亿元，完成制造业投资93.04亿元，比上年增长17%。

临平区探索符合自身特色的产业数字化转型之路，做大做强国家级经济技术开发区、临平新城、大运河科创城三大产业平台，加快推进“415X”产业集群建设，实现企业质效、创新能级、数智品牌的“三提升”。全年全区实现生产总值1006.68亿元，按可比价计算，比上年增长0.3%，总量规模首次突破千亿元大关。

截至年底，临平区拥有规模以上工业企业696家，其中营收100亿元以上企业3家，10亿元以上企业27家，亿元以上企业226家，上市先进制造业企业18家。培育制造业单项冠军示范企业4家、国家级专精特新“小巨人”15家、省级隐形冠军企业9家、省级专精特新中小企业68家，形成一支百亿级龙头企业带动强、十亿级中型企业竞争强、亿元及以下级小微企业活力强的“雁阵式”企业梯队。

【“上海科创+临平智造”产业转化】 2022年，临平区在“接沪融杭”发展过程中打造平台矩阵，临平在上海松江建设长三角G60浙江（临平）科创基地，打造“上海科创+临平智造”产业转化模式，在区内集聚工信部服务型制造研究院、中国工业互联网研究院浙江分院、中国服装科创研究院、浙江大学高端装备研究院等创新载体，加快发展艺尚小镇、算力小镇、工业互联网小镇等三大特色小镇。以创新平台为依托，全区有国家高新技术企业1142家，国家级孵化器3家、省级孵化器1家；拥有国家科技进步奖3项，省科技领军企业5家，省级制造业创新中心1家。

【制造业扩大智能制造】 2022年，临平区以制造业为基、以数字化为翼，扩大在智能制造、先进制造业等领域的优势。年内，认定省级未来工厂4家，数量居全省第一位；认定省级“云上”制造业企业10家，数量居全省第二位；成立全国首个未来智造工程师联盟，集聚高水平工程师、高技能人才超过10万名；成功打造浙江省首个智能制造示范基地、首批省级两化深度融合国家综合性示范区，拥有国家级服务型制造示范企业（项目）4家、省级服务型制造示范企业15家。

（王莉莉　徐琳玺　沈　邀　毛晓洁）

·高端装备制造产业·

【概况】 2022年，临平区规模以上装备制造企业实现工业增加值248.19亿元，占规模工业增加值的60.8%；高端装备制造业实现规模以上工业增加值103.24亿元。区内形成以临平国家级经济技术开发区为核心，星桥、塘栖、崇贤为重点的装备制造业基地，涉及通用设备、专用设备、交通运输、电气机械及器材、电子及通信设备制造等行业，拥有浙江运达风电股份有限公司、杭州老板电器有限公司、杭州西奥电梯有限公司、浙江春风动力股份有限公司、银都餐饮设备股份有限公司等龙头企业。

【产业质量发展】 2022年4月19日，全省制造业高质量发展大会在杭州召开，临平区18家企业入选2021年度全省制造业高质量发展先进单位名单。杭州西奥电梯有限公司入选浙江省“未来工厂”名单，浙江运达风电股份有限公司入选绿色工厂名单，杭州本松新材料技术股份有限公司、杭州麦乐克科技股份有限公司入选专精特新“小巨人”企业名单，万通智控科技股份有限公司入选浙江省“隐形冠军”企业名单，杭州西子智能停车股份有限公司、杭州蕙勒智能科技股份有限公司入选浙江省制造业首台（套）企业名单，杭州老板电器股份有限公司、杭州西奥电梯有限公司入选制造业重点行业亩均效益领跑企业名单，临平区国家级开发区—杭州临平经济技术开发区入选开发区亩均效益领跑者名单，余杭生物医药高新技术产业园区、余杭高新技术产业园区入选高新区亩均效益领跑者名单，启迪万华科技园、杭州余杭高新园区创业中心、中国节能杭州能源与环境产业园入选小微企业园亩均效益领跑者名单。

【杭州西奥电梯有限公司】 杭州西奥电梯有限公司（以下简称西奥电梯）成立于2004年，是一家行业领先的集电梯研发、设计、生产、销售、安装及售后维保于一体的现代化综合型电梯制造服务商。西奥电梯在全球2000家电梯企业中，国内排名第4位，全球排名前十，是唯一一家跻身行业前十的民族品牌。2022年，实现营业收入87.32亿元，出口产值1.15亿元，产品远销以色列、俄罗斯、巴基斯坦、缅甸、泰国等十余个欧洲、亚洲国家，全年纳税4.68亿元。2022年，西奥电梯入选浙江省经信厅公布的第二批省“未来工厂”名单。

（王莉莉　徐琳玺　沈　遨　毛晓洁）

·绿色能源产业·

【概况】 2022年，临平区绿色能源产业生态圈规模以上企业61家，实现规模以上工业增加值129.32亿元。其中，年营业收入百亿级企业2家（浙江运达风电股份有限公司、杭州老板电器有限公司），年营业收入10亿元以上企业5家（杭州南都动力科技、杭州汽轮机股份有限公司、福斯达深冷装备股份有限公司、浙江元通线缆有限公司、银都餐饮设备股份有限公司），年营业收入亿元以上企业26家。

【工信部单项冠军企业】 2022年，临平区拥有工信部单项冠军企业4家（杭州东华链条集团有限公司、浙江春风动力股份有限公司、杭州微光电子股份有限公司、杭州汽轮机股份有限公司），国家级绿色工厂4家，专精特新“小巨人”14家，省级雄鹰企业2家（杭州老板电器有限公司、杭州汽轮机股份有限公司）。

【浙江运达风电股份有限公司】 浙江运达风电股份有限公司（SZ.300772）是浙江省机电集团控股的大型省属国有上市公司，2001年在浙江省机电设计研究院风电研究所的基础上组建成立，是国内最早从事风电技术研究与产品开发的新能源企业，也是浙江省最大的新能源装备制造和全国风电整机领军企业。运达股份以创新技术引领行业发展，以创新性风电整体解决方案服务全球，先后获国家高新技术企业、国家绿色工厂，国家创新型试点企业、省级科技领军企业、省级创新型示范企业、省级服务型制造示范企业、省级工业行业龙头骨干企业，拥有国家企业技术中心、博士后科研工作站、院士专家工作站、省级重点企业研究院、省级重点实验室等一系列高能级科技创新平台。公司从单一的产品销售模式转变为全生命周期的服务模式，在国产品牌中享有盛誉，为我国新能源的发展做出贡献。

（王莉莉　徐琳玺　沈　遨　毛晓洁）

·时尚产业·

【概况】 2022年，临平区时尚产业实现规模以上增加值38.09亿元。全区规模以上家纺服装企业157家，涉及成品服装、围巾、窗帘、抱枕、沙发、软体家居用品等多个门类，形成众望布艺、米居梦家纺、纪优希、伊芙丽、JAC、INXX等知名品牌，有杭州意丰歌服饰有限公司、众望布艺股份有限公司、杭州奥坦斯布艺有限公司、杭州杰丰服装有限公司、浙江米居梦家纺股份有限公司、杭州润娴服饰有限公司、杭州嘉溢制衣有限公司、浙江纳雅服饰有限公司、杭州琪瑶纺织有限公司、杭州润之雅纺织品有限公司、浙江菲摩斯纺织有限公司、杭州安泊家居有限公司等营收超亿元优秀企业。全区家纺年产销售约500亿元，主要销往美国、欧洲、中东等国家与地区，其中中高档装饰布（沙发布、窗帘布）销售占全球的30%以上。区内艺尚小镇、中国服装科创研究院、家纺产业综合体等一批省级创新平台，引进国内外顶尖设计师。

【临平区被授予“中国家纺名城”称号】 2022年12月8日，全国纺织产业集群工作会议在北京召开，中国纺织工业联合会对2022年全国纺织产业集群试点地区复查结果、新增集群名单、集群优质服务竞赛名单等进行通报，确定临平区为中国纺织产业特色名城，授予“中国家纺名城”称号；临平家纺行业协会获先进服务机构称号。

【临平区家纺产业设计园获批国家级】 2022年12月，工业和信息化部印发服装创意涉及示范园区（平台）名单（第二批），全国仅7家上榜，临平家纺产业设计园（品牌布艺总部基地）入选。

（王莉莉　徐琳玺　沈　遨　毛晓洁）

·生物医药与健康产业·

【概况】 2022年，生物医药产业实现规模以上工业增加值39.91亿元，比上年增长4.8%。临平区拥有省内唯一省级生物医药高新技术产业园，聚集生物医药产业链企业652家，基本实现从生物工程到药品制造和医疗服务的全产业链覆盖。

【生物医药产业公司】 2022年，生物医药产业拥有贝达股份有限公司、杭州豪悦护理用品股份有限公司、杭州民生药业股份有限公司、杭州微策生物技术股份有限公司、中翰盛泰生物技术股份有限公司5家产值10亿元以上企业。

【健康药业产业公司】 2022年，健康药业拥有杭州民生健康药业有限公司、杭州胡庆余堂药业有限公司、杭州诺邦无纺股份有限公司、杭州贝因美母婴营养品有限公司、浙江健拓医疗仪器科技有限公司、杭州宝晶生物股份有限公司、杭州安杰思医学科技股份有限公司、杭州中达医药包装有限公司等优秀企业。全区在小分子创新药、慢性病管理、体外诊断等行业细分领域构建起国内较为领先的创新实力和行业影响力。

【杭州百诚医药科技股份有限公司】 杭州百诚医药科技股份有限公司是一家以药学研究为核心的综合性医药技术研发企业，主要为各类生物制药企业及医药研发投资企业提供药物研发服务及研发技术成果转化。2021年12月20日，在深圳交易所创业板A股上市（股票代码：301096）。2022年，杭州百诚医药科技股份有限公司在中国医药研发领域排名位居全国前四、全省第一位；入选杭州市科学技术局2020-2022年度杭州市高新技术企业技术交易“十强”；入选浙江省发展和改革委员会科技服务业2022年度浙江省服务业重点行业规上企业“亩产效益”领跑者的唯一医药研发企业。2022年12月，被浙江省科学技术厅认定为首批“浙江省科技小巨人企业”。

（王莉莉　徐琳玺　沈　邀　毛晓洁）

·智能物联产业·

【概况】 2022年，临平区智能制造水平及服务能力全省领先，入驻阿里云supET和华为FusionPlant 2家国家级双跨工业互联网平台，打造4家省级未来工厂，数量居全省第一位。形成工信部服务型制造研究院、工业互联网研究院浙江分院、中国（杭州）工业互联网小镇等重点平台。拥有杭州微光电子股份有限公司、万通智控科技股份有限公司、浙江求是半导体设备有限公司、杭州芯耘光电科技有限公司、奥趋光电技术（杭州）有限公司等行业领先企业，在泛半导体产业、算力产业、工业互联网等领域具有一定的优势。

【第三届中国工业互联网大赛决赛在临平举办】 2022年7月8日，由工业和信息化部、国务院国有资产监督管理委员会、浙江省人民政府等主办，国家工业信息安全发展研究中心、浙江省经济和信息化厅、杭州市人民政府等在杭州临平承办第三届中国工业互联网大赛。

（王莉莉　徐琳玺　沈　邀　毛晓洁）

·新材料产业·

【概况】 2022年，欧文斯科宁复合材料（中国）有限公司、杭州本松新材料技术股份有限公司、杭州超探新材料科技有限公司、浙江尚越新能源开发有限公司、浙江华江科技股份有限公司等知名企业在膜材料、新能源材料、碳材料等领域达到国内国际先进水平。杭州本松新材料技术股份有限公司、杭州科汀光学技术有限公司、欣和智达能源科技发展（浙江）有限公司等5家创新企业获得2022年全省首批次新材料认定。成功创建云墨智谷产业创新服务综合体，拥有浙江省先进碳材料研究中心、浙江省材料检测研究院、创新材料军民融合产业化基地、省级先进碳材料产业创新服务综合体、云墨中试产业化共享平台等产业创新平台。

【省、市级科技企业孵化器及众创空间】 2022年12月，浙江省科技厅公布2022年浙江省级科技企业孵化器认定结果，临平区亨石孵化器入选。8月，市科技局公布2022年杭州市级科技企业孵化器认定结果，东部科创园·中心园区、东部科创园·五洲园区、杭州海辰生物医药产业园、联融数字经济产业园、已来科创园、清研孵化器6家孵化器入选。12月，市科技局公布2022年杭州市备案众创空间名单（第二批），临平区零一众创空间、永客众创空间入选。

（王莉莉　徐琳玺　沈　邀　毛晓洁）

（责任编辑　高云娇）

建筑业·房地产业

Construction & Real Estate Industry

·建 筑 业·

【建筑企业资质及施工图图审管理】 2022年，临平区住建局加强建筑业企业资质管理，强调资质标准，督促整改落实，对不达标企业依法取消资质。年末，全区有土建、市政等各类资质企业405家。其中，一级总承包企业16家，占比4%；二级总承包企业53家，占比13.1%。落实实名制管理，强化劳务用工管理，加强拖欠工程款和拖欠农民工工资日常巡查监管；深化诚信体系建设和市场巡查机制，对企业日常经营、工程建设过程中的行为进行信用管理，完善建筑市场定期巡查机制，落实在建项目抽检制度，全年对施工、监理单位信用主体扣分86分；查处转包、违法分包、违法发包、竣工未备案7起，罚款74.9万元。

临平区住建局全年分别完成房屋建筑工程项目施工图图审网上摇号及审查备案294个、105个。

【建设工程招投标管理】 2022年，临平区住建局加强招投标监管，对5名评标专家予以记录信用处理，查处围标串标案件2起，罚款26.8万元。全年完成直接发包项目审查备案126个，合同金额123.60亿元，完成招标项目266个，中标金额154.66亿元。其中，工程总承包招标项目4个，中标金额10.02亿元；全过程工程咨询项目7个，中标金额6107.68万元。

【建设工程质量与安全】 2022年，临平区住建局加强工程质量、安全生产、文明施工的监督管理，开展“安全护航”集中攻坚整治行动、“除风险、保平安，护航二十大”专项整治行动、安全生产月大检查、质量月大检查、国庆期间安全生产专项整治、建设工程领域突出问题专项整治等专项检查。全年开展安全生产、工程质量等各类专项检查和整治23次，检查项目3480多个次，出动4250多人次，办理建设工程质量、安全监督注册手续161项（其中，土建127项，建筑面积765.25万平方米，市政34项，总造价6.15亿元），出具工程质量监督报告141份，工程安全评估报告164份，开具责令整改通知书1242份，停工单272份。

【工程质量检测管理】 2022年，临平区住建局委托浙江省建设工程质量检验站有限公司完成房建工程检测部分的结构实体检测、住宅工程分户验收、空气检测和原材料抽检工作。其中：结构实体检测部分约70个工程；住宅工程分户验收部分完成33个工程；空气检测完成10个工程；材料抽检部分，结构实体混凝土强度抽检1648组、钢筋保护层厚度抽检711组、楼板厚度抽检717组。市政工程中，混凝土抗压强度抽检148组、钢筋保护层厚度抽检123组、土压实度抽检338点位、路基路面回弹弯沉抽检1.10万点位、雨污水管道抽检9327.8米、集料含泥量抽检163组。

【建筑工地标准化建设】 2022年，临平区住建局结合“平安工地”“标化工地”等创优评优活动，以点带面提升全区建设工程安全生产文明施工管理水平。全年42个项目获评临平区标准化样板工地（其中15个项目获评杭州市标准化样板工地）。

【建筑工地起重机械安全监管】 2022年，临平区住建局起重设备完成产权登记1621台（塔式起重机348台，施工升降机49台，物料提升机9台，高空吊篮1215台），办理安装告知911台（塔式起重机367台，物料提升161台，施工升降机383台）。年末，全区在使用塔式起重机382台，施工升降机348台，物料提升机89台。

【建筑工业化】 2022年，临平区住建局推动建筑工业化发展，加强建筑业创新驱动和绿色发展，全年超额完成目标任务。工业化建筑面积完成138%，其中住宅装配式完成232%，装配式钢结构住宅完成120%。

【工程建设项目审批制度改革】 2022年，临平区住建局政务服务权力库事项149项，除因场地硬件限制无法搬迁的部分事项外，全部进驻行政服务中心。建立无差别全科受理、多部门专科支持的工作机制。完成《临平区住建“大审批”事项综合受理指导手册》，指导手册将为无差别全科受理提供基础支撑。在企业服务中心试行前台综合受理、后台分类审批、窗口统一进出的“受审分离”工作模式。试点联合验收“一口受理”，进行现场验收服务10多个项目，从原来“统一组织、集中验收”的联合验收模式优化为“一窗预审、提前服务、按责同步、限时办结、统一督办、评价反馈”的验收“一件事”新型服务模式，提升实际可操作性和可管控性。试点推行建筑师负责制，选取临平政储出〔2021〕11号建设项目作为试点项目，通过提供全过程指导协调，项目于10月14日完成施工许可证办理。

【城建档案管理】 2022年，临平区住建局接收全区建筑工程、市政工程（含地下管线工程）2022年档案及城市建设业务档案140份。提供城建档案查询利用服务1364人次。开展城建档案数字化归档83万多卷。

【消防项目管理】 2022年，临平区住建局受理消防项目399个，其中，设计审查类项目114个、竣工验收类项目62个、验收备案类项目223个（其中抽中50个）。完成现场竣工验收类（含抽中）项目112个。参加项目方案评审70多个。

（向林森）

·房地产业·

【房地产市场监管】 2022年，临平区住建局在全区房地产市场监管工作中落实长效管理调控机制，建立房地产项目日常巡查机制，加强商品房预售资金监管，防范化解房地产市场风险。全年检查房地产开发企业121次（约谈109家），检查房地产中介企业76次（约谈21家），指导企业开展商品房公证摇号公开销售67次，平均中签率61.5%。加强商品房预售资金监管，全区新建商品房预售资金监管项目48个，涉及资金监管银行29家。全年检查租赁企业60家，完成零家高风险住房租赁企业整改。与属地镇街、公安、市场监管部门联合完成区内新设立（变更）租赁企业联审业务129件。

【房产交易管理】 2022年，临平区住建局办理楼盘表确认438件，确认面积1115.39万平方米，购房落户369份，购房合同网签备案1.65万份，自行交易存量房网签1959份，租赁备案1.25万份，出具限购查档证明1.22万份。

【老旧小区住宅加装电梯】 2022年，临平区住建局牵头推进老旧小区住宅加装电梯工作。全年完成电梯加装80台，提前、超额完成市、区两级年度加梯任务，惠及19个小区的1000多户居民。

【物业行业监管】 2022年，临平区住建局完善“区、镇（街道）、村（社区）”三级物业管理体制，指导镇街整合资源，配强力量，推动住宅小区物业管理规范化，推行住宅小区物业服务的分类管理和规范化管理，规范业主委员会运行，完善和推广镇（街道）、村（社区）、业委会、房企及物企“五位一体”物业纠纷调解机制。年末，全区516个住宅小区物业管理实现全覆盖，全区物业企业141家，业委会（物管会）成立516个，业委会（物管会）党员比例65.44%。全年预留物业用房项目24个，建筑面积207.63万平方米；物业用房竣工项目31个，面积226.24万平方米；归集物业维修资金61件，缴交金额2.43亿元，完成物业维修资金使用63件，使用金额1607.25万元；缴交物业保修金25件，缴交金额1.10亿元，完成物业保修金使用3件，使用金额390.70万元；正常开展物业保修金退还工作，办理小区物业保修金退还22个，退还金额（本息）4859.59万元。

【城乡危旧房屋治理改造】 2022年，临平区住建局牵头推进全区城乡危旧房屋排查、鉴定和治理改造。利用“两查”工作契机，坚持横向到边、纵向到底，对每幢房屋开展一次“体检”、一次信息筛查，确保“一房一档”全覆盖，做到“发现一处、登记一处、整治一处、销号一处”；依托老旧小区改造、美丽乡村建设等专项工作，推动危房排查鉴定与整治提升同步走，危房“应改尽改”；制定“一楼（户）一档一人一预案”机制，构建属地镇街、专业机构、区危改办“三位一体”的危旧房隐患防控体系。开展历年危房“回头看”整治工作，全区危旧房594处，通过“腾、拆、修”等方式全部完成治理改造。开展自建房排查整治工作，全区自建房8.55万处，其中排查出经营性自建房1.83万处，存在安全隐患房屋498处，全部完成鉴定工作并同步上传系统，鉴定出123处C、D级危房（其中C级64处，D级59处），通过“腾、拆、修”等方式全部落实解危措施。

【白蚁防治】 2022年，临平区住建局加强白蚁防治业务、科研、宣传工作。全年签订新建房屋白蚁预防工程合同120份；完成预防施工面积562万平方米；发放预防证明126张；完成预防质量监督施工交底87个，现场检查113个，基础验收97个；完成白蚁治理项目493个，回访复查项目537个，建筑面积1479万平方米。

（向林森）

（责任编辑　高云娇）

农 业

Agriculture

·综 述·

【农林牧渔业产值24.65亿元】 2022年，临平区农业农村局推进生态农业、高效农业、特色农业发展，种植业、渔业实现较快增长。全区农林牧渔总产值24.65亿元，比上年增长3.4%；农林牧渔增加值16.8亿元，增幅2.7%。年度杭州市实施乡村振兴战略实绩考核优秀。

【粮食生产再创佳绩】 2022年，全区粮食作物播种面积0.27公顷，比上年增长4.6%，粮食总产量1.56吨，比上年增长1%；新引进水稻优质高产品种16个；创新稻渔综合种养新模式，创建浙江省稻渔综合种养示范基地1家、省级首批渔业共富主体2家。完成“非粮化”整治优化面积999.27公顷，占任务总数103.2%。全区生猪存栏0.51万头，比上年增加138.06%，出栏0.87万头，比上年增加21.36%；家禽总存栏13.25万羽，比上年减少25.80%，家禽总出栏26.79万羽，比上年减少2.55%；羊存栏1.07万只，比上年增加15.00%，羊出栏0.97万只，比上年增加38.96%。杭州三合屠宰场2022年定点屠宰生猪2.12万头，比上年增加35.03%，是全区唯一一家生猪定点屠宰点。

（范海芬）

·种植业·

【概况】 2022年，临平区农业农村局完成2021年度杭州市“菜篮子”基地建设项目（蔬菜类）项目1个，提升改造面积33.07公顷，投入资金198.08万元。年内，区农业农村局鼓励种菜大户规范种植，提升产业水平，提高土地产出率，出台《关于印发〈临平区支持产业高质量发展政策的实施意见〉的通知》（临平政发〔2021〕40号）文件，全区5家市、区两级“菜篮子”基地享受直补面积78.05公顷，直补资金23.41万元。4月，临平区杭州佳田农业开发有限公司育成的“小林黄姜1号”经浙江省农业村厅公告（2022年第8号）通过浙江省农作物品种认定委员会认定。

【粮食播种面积创历史新高】 2022年，临平区实际粮食作物播种面积约3546.67公顷，超计划任务36%。其中小麦1020多公顷，早稻80公顷、晚稻1780多公顷，旱杂粮666.67公顷；粮食总产量2.1万吨以上。通过“三位一体”农技推广体系发挥作用，提高主导品种、主推技术到位应用率，全年，全区粮油作物主导品种和主推技术到位率96%。优质晚粳稻、籼粳杂交稻品种稳产，“两壮两高”技术推广面积666.67公顷，精准播种机插技术应用666.67公顷。

【优质稻新品种试验试种】 2022年，临平区农业农村局开展晚稻新品种试验示范工作，推动优质稻品牌化生产。与中国水稻研究所合作，在运河街道新宇村试验试种优质稻晚稻新品种10个，在塘栖镇宏畔村引进晚稻新品种试验示范5个。通过开展优质稻绿色高效栽培技术试验示范，推广适合优质稻米品种试种，提高粮食生产效益。

【塘栖枇杷获浙江省农业之最枇杷擂台赛一等奖】 2022年5月24—25日，在塘栖、东湖等塘栖枇杷主产区域开展浙江省农业之最枇杷擂台赛塘栖枇杷参赛样品的选样送样工作，对所选树种定人定方案，确保参赛样品品质优良。塘栖枇杷专业合作社获白沙枇杷和红沙枇杷可溶性固形物双料一等奖，白沙综合品质一等奖及最佳人气奖；塘北鲜果获白沙枇杷可溶性固形物二等奖，红沙综合品质和可溶性固形物三等奖。

【超山杨梅获杭州市首届优质杨梅评比活动金奖】 2022年6月15日，杭州市农业科学研究院、杭州市园艺学会在桐庐举办杭州市首届优质杨梅评比活动。临平区超山杨梅专业合作社选送的荸荠种获金奖。

（何　娟）

·畜牧业·

【概况】 2022年，临平区农业农村局“两化”试点创建促畜禽健康养殖按照浙江省畜牧业兽用抗菌药减量化和饲料环保化（“两化”）试点创建要求，促进畜禽养殖兽药、饲料规范使用，全区3家生猪规模养殖场均建立兽药、饲料使用等管理制度，完善兽药饲料采购、出入库、使用等线上和线下台账登记，全部成功通过省、市“两化”试点评估验收。产业政策助推畜牧产业。年内，各级农业产业扶持政策激发畜牧业高质量发展内生动力和活力，推动生猪规模养殖场等投资700多万元开展机械化、数字化、智能化提升改造，引进安装自动喂料系统、生物发酵罐、自动刮粪机等现代化设施设备，采用生物除臭、智能环境控制等先进技术，提升畜牧产业现代化水平。

【畜牧业面源污染综合防治】 2022年，临平区农业农村局推进畜牧业面源污染综合防治，巩固壮大沼液异地配送服务主体1家，更新专用运输槽罐车1辆，与5家规模种植基地签订配送服务协议，新建种植基地沼液储存池654立方米及配套水泵、管网等。全区配备沼液异地配送消纳专用车辆2辆，建成种植业基地沼液暂存池1700多立方米，田间沼液灌溉管网3000多米。全年配送利用畜禽养殖场沼液2万多吨，畜禽粪污综合利用率95%以上。

（俞黎晓）

·水产业·

【概况】 2022年，临平区农业农村局水产品总产量2.86万吨，比上年下降7.15%，渔业产值8.56亿元，比上年下降4.63%。其中鱼类产量15818.5吨，比上年下降9.26%；虾蟹类668.1吨，比上年下降8.23%；贝类产量1324吨，比上年下降5.63%；其他类10846.4吨，比上年下降4.57%。涉渔流通和服务业产出3850万元。年内，渔业资源增殖放流，全区沿运河、上塘河流域增殖放流夏花苗种1000多万尾，冬片鱼种2.8万千克，投入资金40万元。全区范围内开展病死甲鱼无害化处置、福寿螺防治工作。全年投入资金约180万元。养殖业高质量发展建设，实施养殖业高质量发展项目3个。市级“菜篮子”水产基地建设项目2个。

【稻渔综合种养】 2022年，临平区农业农村局研究制定《临平区新型稻渔综合种养行动方案（2022—2025年）》（临平农发〔2022〕166号），以项目支持新型稻渔综合种养产业发展。杭州星临生态农业发展有限公司等8家主体被列入杭州市新型稻渔综合种养示范基地建设名单。

（王桂学）

·林　业·

【概况】 2022年，临平区森林面积4074.27公顷，森林覆盖率14.25%。森林蓄积量194337立方米，年增长率4.89%。全年，完成新增国土绿化面积40.47公顷，超额完成省、市下达任务，完成率202%。开展省级森林系列创建工作，临平街道、东湖街道成功创建省级森林城镇，塘栖镇河西埭村成功创建省级生态文化基地。经省林业局、杭州亚组委办公室审核，星桥街道学堂港被列入“2022年第19届杭州亚运会碳中和林”建设名单。通过“区级统筹+镇街自主”模式，开展“我为亚运种棵树 助力亚运碳中和”义务植树活动，首次面向全省推出“我和绿树有个约定”林木云认养活动，倡导人人爱绿植绿护绿的文明风尚。全年营建迎春林、亚运林、青年林、巾帼林、协作林、公益林等义务植树基地20个，新增绿化面积约6.67公顷。

【自然保护地管理】 2022年，临平区农业农村局完成南山林场部分林地（50公顷）被纳入杭州半山国家森林公园规划范围工作，完成《超山风景名胜区详细规划》修编审批。多措并举开展自然保护地生物多样性保护工作，开展系列主题科普活动25场，参与人数1500多人次。

【森林火灾防控】 2022年，临平区农业农村局印发《关于重点时段做好森林防火工作的通知》，开展国庆、冬至、元旦、春节、元宵等节假日森林防灭火工作检查20多次，出动170人次，举办区级防火演练1期，实战演练14次，平安度过第34个防火期，未发生森林火灾。

【林业有害生物防控】 2022年，临平区农业农村局启动秋季松材线虫病疫情普查工作，监测覆盖率100%，普查未发现松材线虫病。开展产地检疫、调运检疫及全区木材经营加工企业的调查工作，打击违法采伐、运输、加工、经营和使用疫木及其制品行为。启动古树名木保险工作，通过政企联手，借助保险杠杆作用，加强全区88株古树名木风险管理。

【野生动物保护】 2022年，临平区野生动物联动救助136起。其中，涉及CITES(《濒危野生动植物种国际贸易公约》)附录Ⅰ保护动物3起，国家二级/CITES附录Ⅱ保护动物16只，省重点保护动物4起，外来物种3起，其余为省一般保护动物。

（沈伟娣　朱　斐）

·农业产业化经营·

【概况】 2022年，临平区农业农村局有省、市、区农业龙头企业37家。其中省级4家、市级25家、区级8家。年内，开展“互联网+”农产品出村进城工程试点区县相关工作、结合临平区“数智消费·共富临平”促消费活动，举办农家乐主题周、丰收节促销周、省农博展销周、年货节畅购月等农产品促销活动，发放临平区农产品消费券100万元。网上农博临平馆内全年销售额804万元，销售商品16.26万件；全区农产品电商销售额9亿元，比上年增长28%。

【农事节庆活动】 2022年5月20日，临平区农业农村局举办2022年中国杭州塘栖枇杷节，接待游客67.08万人次，实现营业总收入2.00亿元，其中枇杷采摘和现场销售收入5434万元、枇杷电商销售收入7620万元，快递发单量15.47万单。11月4日，举办第十三届大运河鱼羊美食节，挖掘运河沿岸民间风情和美食文化精髓，结合“大运河共富集市”、数字人民币消费券发放等活动，以红烧羊肉、生态甲鱼等16道美食为特色，推动区美食产业和农文旅融合发展。全年，全区休闲农业接待游客总量87万人次，营业总收入7933万元。

【农业园区与数字化产业基地】 2022年，临平区农业农村局区级现代农业园区11个，总面积367.90公顷。完成莲谊果莲、塘北鲜果和康成等现代农业园区提升发展项目3个，投资额895万元。启动嘉润牧鱼、本牌、莲谊、嘉佑4个区级数字农业工厂建设，投资额1318万元。邻城农场被认定为杭州市特色提升型未来农场，东湖智慧田园综合体被认定为杭州市综合示范型未来农场，塘栖枇杷全产业链数智通被认定为杭州市产业大脑。

（孟　进）

·农业机械化·

【概况】 2022年年末，临平区拥有各类农业机械0.84万台（套），农机总动力4.53万千瓦。其中，耕作机械149台（套）、1678千瓦，收获机械8台（套）、551瓦，植保机械25台（套）、45千瓦，排灌机械5746台（套）、18160千瓦，农产品初加工机械117台（套）、711千瓦。全年完成机耕作业面积5733.33公顷，粮食机械收获面积3113.33公顷，水稻机械化播种1106.67公顷，机械收获油菜486.67公顷。

【农机购置农机作业环节补贴】 2022年，临平区使用各级农机购置补贴资金76.17万元，其中中央补贴40.11万元、省级补贴2.56万元、区级配套及区级补贴32.44万元、市级补贴1.06万元，补贴机具35台（套），受益农户13户。全年审核确认水稻机械化插秧面积631.32公顷、水稻精量穴直播面积44.47公顷、油菜机收面积43.2公顷，补贴资金101.96万元。

【农机北斗智慧监管】 2022年，临平区农业农村局利用北斗农机精细化管理系统开展重点补贴机具核查与作业补助审核，安装北斗农机28台，水稻机械栽植全部实现北斗智慧监管。

【农机免费实地检验】 2022年，临平区农业农村局组织开展农业机械免费实地检验工作，对危及人身安全的四大类农业机械进行检查检验。检验农机31台（其中农田拖拉机9台、插秧机12台、烘干机10台），提高农业机械安全技术状态，确保农业机械生产作业安全。

【农机质量安全监理】 2022年，临平区农业农村局开展农机安全生产月、农机产品质量安全调查、春运期间农机安全生产专项检查等活动。排查检查监管对象25家，消除隐患点17个；办理农田拖拉机及联合收割机业务注册16件，办理拖拉机驾驶证申领13件。完成8个镇（街道）农机作业人员的培训工作，培训人员100人，发放培训资料200多份。检验过程中向农田拖拉机、收割机、烘干机、插秧机作业户发放告知书50多份。

（闻人秋群　沈文泉　章　妍）

·农村经济管理·

【概况】 2022年，临平区农业农村局被评为浙江省新时代乡村集成改革工作先进集体、浙江省推动农民农村共同富裕成绩突出集体；强村富民集成改革、集体经济工作获省、市领导批示并在省、市推广。塘栖镇、运河街道新宇村、崇贤街道鸭兰村入选浙江省乡村振兴示范镇村创建名单。运河街道新宇村、塘栖镇塘栖村、塘栖镇丁河村，丁山湖水韵风情共富带，塘栖未来乡村共富体被列入杭州市第一批共富村、共富带、共富联合体。全区农村居民可支配收入51384元，比上年增长5.5%，城乡居民收入比缩小至1.55，位于全省最优行列。全区村集体经济总收入9.41亿元，比上年增长8.41%，其中经营性收入7.34亿元，比上年增长8.26%，经营性收入村均616.8万元，消除经营性收入100万元以下相对薄弱村。

【农村集体规范“三资”制度体系】 2022年，临平区农业农村局出台“三资”管理制度8个，建立联动协作制度，印发《临平区村（社区）货物和服务采购管理办法（试行）》《临平区农村集体资产产权交易管理实施办法（试行）》，明确村级货物和服务采购标准、招标要求，强化集体资产网上竞拍、租金收缴等重要环节和流程。对于3万元以下村级项目，创新建立根据不同工种进行的“一工一单”派工制度，组建用工人员名库，规范用工人员和务工费发放程序。完善“一肩挑”后村级资金支出审批、联审联签制度。临平区务工派工制度列入《浙江省清廉村居小微权力监管制度清单S0》。

【农村集体经济审计】 2022年，临平区农业农村局创新开展“系统审、专题审、延伸审”“三审”结合机制。按照“每年必审、村干部离任必审、村民信访必审”工作要求，全年完成119个村社、24个下属企业的审计任务，涉及审计金额39.05亿元，发现各类问题439条，提出审计意见和建议445条。确保每年不少于1/3的组级集体经济收支审计，当年开展500多个组级财务“三年轮审”工作。

【村级资产资源“图码”动态管控构建】 2022年，临平区农业农村局结合浙江省农村集体经济数字管理系统，将村级集体资产、资源信息统一“图码”登记，实现“一资一码”，在室内外固定资产及建筑上张贴“资产资源二维码”，村民随时“扫码”查看资产、资源信息，接受监督，实现村级资产、资源数字化动态管理。该做法被省农业厅列为“浙农经管”全省试点。全年盘查村社实物资产2.3万项，张贴“资产资源二维码”1.7万张，完成全区资产“一图一码一档案”1.9万多个。

【经济合作社运行问题专项治理】 2022年，临平区农业农村局梳理全区119个股份经济合作社的资产资源租赁合同2011个，租金总额5.58亿元/年，整治低价、不规范合同25个。发现5年以上长期合同218个（已在镇街备案）；5年以上租金无递增合同33个（已写明历史原因或签订补充条款）；发现到期合同61个（已续签或重新招租，收回应收款837万元）。

【清廉村居建设】 2022年，临平区农业农村局开展清廉村居评优评先工作，推动清廉单元标准化建设，塘栖村、新宇村、鸭兰村被认定为杭州市清廉村居特色样板村，塘栖村被认定为浙江省示范清廉村居。各镇街总结工作成效，形成可复制可推广的成功经验。如以村级务工派工单为“小切口”，梳理绘制规范模板“一张图”，避免虚列发放务工费，被省农业厅作为典型模板录用。

（袁　政　许伊白）

·水　利·

【概况】 2022年，临平区农业农村局推进水旱灾害防御、水利工程建设、河道引配水、农业水价综合改革、水利工程管理“三化”改革、涉河督查以及水资源水土保持管理等工作，完成年度各项工作任务。年内，编制完成《杭州市临平区水域保护规划》《杭州市临平区水资源节约保护和利用总体规划》《杭州市临平区河湖水系及水利设施布局规划》等水利规划，对水域保护、水资源节约保护利用和水利设施布局等进行科学规划。

【水旱灾害防御】 2022年汛前，临平区农业农村局开展汛前水利工程大检查，对全区水利工程、临平城区城防、配水闸站、水闸、河道、在建工程、防汛储备物资进行汛前检查。进入主汛期，应对入梅后集中强降雨和运河连续高水位，掌握水情、雨情变化，及时进行预排预泄、降低上塘河等河道水位。全年汛期发出调度指令55份，排涝801万立方米，全区未发生内涝。

【水利工程建设】 2022年，临平区农业农村局推进全区水利工程建设，提升全区防洪排涝能力。完成临平城市防洪及引配水设施标化提升工程、临平城市防洪及引配水设施整治更新工程，提升完善临平城防设施体系。完成运河街道新宇村北庄河闸站拆建工程、塘栖镇白河头水闸拆建工程、崇贤街道曹家墩闸站拆建工程以及崇贤街道跳家浜闸站拆建工程等泵闸设施改造提升，提升泵闸设施工程效益。完成内排港综合整治、塘栖镇塘栖村河道综合整治、崇贤街道沾桥港水环境提升工程等河道整治，提升河道水环境及水安全保障能力。

【河道引配水】 2022年，临平区农业农村局开展河道引配水调度管理工作，保障河道日常水体流动和水生态需求。年发配水调度指令82份，开机、开闸配水4.988亿立方米，其中横山一、二级开机配水3.2亿立方米。

【农业水价综合改革】 2022年，临平区农业农村局根据省、市部署，完成年度农业水价综合改革各项工作。溪家里泵站、盛家河泵站、老虎口机埠、盛家河灌片、星桥街道汤家社区灌片、塘栖镇西河村农民用水管理小组、运河街道戚家桥村等7个案例获评年度省级农业水价综合改革优秀典型案例。

【水利工程管理“三化”改革】 2022年，临平区农业农村局推进水利工程管理“三化”改革工作，年内，临平城市防洪配水工程、塘栖防洪一期工程等重要水利工程均实行区级集中物业化管理，全区8个镇街水利工程物业化管理率100%。实施临平区水利工程监测体系完善项目，按照“先行先试”的原则对全区34座重点泵站、水闸从监测感知、数字资源、应用支撑、新技术应用等多维度进行建设，实现水利工程数字化运行管理。

【河湖清“四乱”】 2022年，临平区农业农村局将河湖“清四乱”和长江经济带侵占岸线和围湖建坝专项排查纳入区“五水共治”《找短板寻盲区查漏洞挖死角专项行动方案》，组织开展全区河湖“清四乱”大排查，完成核查水域变化图斑83处，推进河湖“清四乱”常态化、规范化、制度化，实现新问题动态清零。

【水资源水土保持管理】 2022年，临平区农业农村局推进取用水管理专项整治行动和用水统计调查，实施取水许可和水资源有偿使用制度，推进取用水管理标准化建设。开展全区水土保持措施落实“回头看”和重点建设项目水土保持督查检查，全年检查项目226个。

（韦余广　陈俊辉　罗金标）

（责任编辑　高云娇）

商贸服务业

Commercial Service Industry

·综　述·

【概况】 2022年，临平区实现社会消费品零售总额373.6亿元，比上年增长5.7%，超出全省平均增速1.4个百分点，全市排名第6位、全省排名第21位。年内，临平区围绕“平安护航二十大”、安全生产大排查大整治工作部署和“安全生产月”系列活动部署，开展各类教育培训5场次，150多人次参加；组织指导70多家次商贸企业开展应急处理突发事件、消防疏散等演习，2000多人次参加。全区20家大型商场超市和51座加油站通过专业第三方的地毯式排查，发现和整改安全隐患261条；区商贸专委会成员单位出动、联合检查96人次，发现和整改隐患55条。

【批发和零售业】 2022年，临平区限额以上批发和零售业单位499家，实现零售额188.79亿元，增长10.1%。新增10家零售额亿元以上单位，全区51家零售额亿元以上单位实现零售额153.98亿元，增长12.3%，限额以上单位零售额比重81.56%。

【餐饮和服务业】 2022年，临平区限额以上住宿餐饮业单位49家，实现零售额5.10亿元，增长1.6%。其间联动属地举办“寻味运河·乐享生活”运河鱼羊美食节，按照共富理念，挖掘大运河美食文化。

【城市综合体建设促消费活动】 2022年，临平区综合体建设持续推进，有8家商业综合体、3家大型商场、2家商业集聚区。围绕“数智消费·共富临平”主题，落实“1+3+N”系列活动安排，参与、指导区内18家大型商场、超市、综合体，全年打造落实主题促消费活动20场以上，浓厚消费氛围、重塑消费信心。

（陈　英）

·粮油供应·

【概况】 2022年，临平区委、区政府高度重视粮食安全，以“建立完备的粮食安全体系”为目标，围绕粮食安全责任制考核，党政同责推进粮食安全工作。在粮油储备规模方面，完成省、市核定的39900吨粮食（含7210吨成品米）和720吨食用油储备规模任务，其中储备粳稻谷23932吨（含成品米折算），占总储备的59.98%，超过40%的要求比例；在应急体系建设方面，按照每3万人保障一个应急网点的新要求，在全区8个镇（街道）落实40个粮食应急供应网点。落实粮食应急加工点2个、应急保障中心（含应急加工、应急储运、应急配送等）1家，大米日加工能力220吨。

【粮食专业队伍建立】 2022年12月30日，经国资办批复同意，杭州临平区粮食收储有限公司正式注册成立。公司成立初期有职工4名，均为公开招聘的具有丰富粮食工作经验的专业人才，其中技师3人，中级职称1人、初级职称2人。通过人才招引、委托培养、建章立制，真正建设一支政治素质高、专业能力强、年轻化有活力的粮食收储队伍。

【粮食体系制度建立完善】 2022年，临平区通过建章立制，逐步建立和完善区粮食制度体系。年内，先后出台粮食类政策、细则等10多个，部分政策根据代收代储要求采取余杭、临平两区一致原则。

【推动“双循环”】 2022年，临平区进口规模增长明显，实现进出口总额392.65亿元，比上年增长10.92%。加强主体培育，全区出口实绩企业1293家，增加96家。出口商品结构优化，年内，高新机电出口占比45.96%，比去年增加3.6个百分点，保持全区出口产业第一领跑位置。引导国际市场多元布局，全年临平区对“一带一路”等新兴市场的出口占比为33.08%，呈逐年上升态势。

年内，实现服务贸易进出口总额7.05亿美元（其中出口总额6.69亿美元，增长8.2%）；离岸外包执行额6.11亿美元，增长14.64%；新增入库企业21家。境外投资稳步发展，全年新增境外投资额1.35亿美元，涉及24个境外投资项目。

年内，推动内外贸一体化建设成效显著，全省内外贸一体化“领跑者”及产业试点名单中，临平区2家单位入选。作为全省贸易调整援助试点地区之一，全年组织11家企业进行申报，并获得补贴。

（陈　英）

2022年10月10—16日，临平区商务局赴社区、市民之家食堂等地开展粮食安全宣传周活动　（华凌飞　摄）

·烟草专卖·

【概况】 2022年，余杭区烟草专卖局（分公司）（区划调整未更名，下同）统筹推进企业管理和卷烟经营，总体经济运行平稳有序。年末，余杭区和临平区持证零售户8342户，其中电子烟零售户83户。建成35家多功能“香溢红色驿站”，以此为便民服务站点，开展“香溢”志愿服务120多人次，服务350小时。

【卷烟打假】 2022年，余杭区和临平区烟草专卖局突出协同作战，完善执法生态圈，市场监管有力有效。全年查获案件1092起，比上年增长31%；私假烟案件数868起，比上年增长71%。总查获量10.59万条，比上年增长40%；私假烟量4.33万条，比上年增长131%。查获专车运假案件5起，卷烟1.2万条。在办网络案4起，刑拘42人，创历史新高。

【烟草专卖行政许可】 2022年，余杭区和临平区烟草专

2022年1月21日，执法人员在稽查中队办公室清点查获的异常流动卷烟
（劳冬 摄）

卖局优化许可服务，为办证群众提供各类咨询，为特殊群体提供上门服务，烟草办证窗口被评为年度区“优秀窗口”。全年办理行政许可4004件，其中新办1374件、准予许可606件，网上申请率99.97%，移动端申请率85.2%。

（数据为临平区、新余杭区合计数据）

（肖霏霏）

·供销合作·

【概况】 2022年，临平区供销联社社有资产70931万元，比上年增长16.39%；所有者权益45917万元，比上年增长10.83%；收入11903万元，比上年增长14.06%，获杭州市供销系统综合业绩考核优秀单位称号，下属临平、崇贤、乔司三个基层供销社均被评为浙江省百强基层社。

【共同富裕联盟示范点打造】 2022年，临平区供销联社依托前期与运河街道双桥村村社共建基础，深化产业合作，与飞翔水产合作社共同打造“稻虾共养”项目，在探索农旅结合发展新路子的同时带动周边养殖户转型。在完成流转运河二通道两侧49.93公顷土地基础上，推广“党建引领服务创新，村社融合共治共享”做法，与二通道沿线13个村社成立共富联盟，谋划共同出资合作建设临平区农产品冷链物流项目，以固定收益派息形式带动村社共同富裕。区供销联社（供销集团）也与崇贤街道签订战略合作协议，崇贤供销社与鸭兰村签订“党建带社建、村社共建”协议，共同谋划在高标准农田建设、土地流转、土地整改、农产品销售、农业产业投资、供应链优化等多方面开展合作，力争实现优势互补，形成共富共赢的良好局面。

【农民合作经济组织联合会体系】 2022年6月23日，临平区农民合作经济联合会成立暨第一届会员大会召开。全年临平区农合联指导4个镇（街道）完成农合联换届，提升改造为农服务中心1个，新成立蔬菜粮食产业农合联1个，健全区、镇（街道）两级农合联为农服务中心体系。

【现代农业发展有限公司成立】 2022年，临平区供销联社围绕承担全区农、林、牧、渔等项目的对外招商引资和投资开发建设这一核心目标，整合供销系统内5家涉农类全资子公司，11月正式组建成立杭州临平现代农业发展有限公司，推进临平区现代农业园区公共服务中心、东湖智慧生态田园产业综合体（阿里数字乡村现代农业产业园）等项目建设。

2022年6月23日，杭州市临平区农民合作经济组织联合会成立暨第一届会员大会召开　（区供销联社 供稿）

【现代绿色农业新生态构建】 2022年，临平区供销联社坚持以产业项目为牵引，招引农业龙头企业，构建现代绿色农业新生态。当年引进阿里巴巴（中国）软件有限公司、杭州牧鱼农业科技有限公司等行业领军企业，共同投资7000万元开发占地面积20公顷的临平东湖智慧生态田园综合体（阿里数字乡村现代农业产业园）项目。通过合力打造华东地区最大的数智生态鱼菜共生项目，做强临平数字农业产业，助力乡村振兴。

【农资及防汛物资储备】 2022年，临平区供销联社落实农资淡季储备任务，完成储备化肥5类2280吨、农药16类64吨，保障全区农资市场稳定有序。完成区级防汛物资储备任务，储备草包5万条、麻袋6.5万条、铁锹1000把、橡皮艇10只、救生圈20只、救生衣100件。

【农业废弃物回收】 2022年，临平区供销联社无害化处置农药废弃包装物（瓶、袋）211.1万只，涉及金额64.9万元，助力农业绿色可持续发展。

【农贸市场建管】 2022年，临平区供销联社下属9家农贸市场和1家食品批发市场供应米、面、粮油约3万吨、蔬菜3.3万吨、鲜肉约1万吨，服务消费者约1200万人次，辐射临平区全域及周边海宁、德清等地区。下属荷花塘农贸市场继续创建为浙江省三星级农贸市场和浙江省放心市场，邱山农贸市场成功创建杭州市健

2022年11月，杭州临平现代农业发展有限公司成立，图为2023年2月21日，举行揭牌仪式　（区供销联社 供稿）

康市场，中山、庙东农贸市场被评为杭州市市场流通领域无疫单元，庙东农贸市场获评临平区无废市场。

2022年3月15日，临平区中山农贸市场 （区供销联社 供稿）

【土地托管】 2022年，临平区供销联社做好征而未用土地的托管工作，按照“统一设计、分类管理、农景结合”原则，对托管土地提供整理布局、测图配方、作物播种等农业社会化服务工作，初步改善农村零散土地抛荒、征迁土地“脏乱差”等痛点难题，降低政府管理成本。全年新增托管面积166.67多公顷，总托管面积733.33公顷。

2022年9月22日，临平区供销联社下属公司临平农业开发公司种植的粉黛乱子草花海 （区供销联社 供稿）

【土地集中流转】 2022年，临平区供销联社承接全区土地功能恢复后集中流转工作，对“非农化”“非粮化”整治土地实行动态管理，编制崇贤、东湖、南苑、塘栖、运河5个镇街33个村（社区）1005.53公顷土地“一镇（街）一图”调查。集中流转运河二通道两侧49.93公顷土地，流转东湖街道129.8公顷；达成协议流转土地面积664.8公顷，其中南苑街道8.47公顷、运河街道64公顷、崇贤街道199公顷、塘栖镇393.33公顷。

【垃圾资源化处置】 2022年，临平区供销联社践行绿色发展理念，做好垃圾资源化处置。下属杭州嘉润绿腾环保科技有限公司及杭州嘉润绿恒环保科技有限公司提升厂区安全生产设施，改进生产工艺，建筑垃圾和装修垃圾年处置能力分别达35万吨、10万吨。全年处置建筑垃圾29.8万吨，处置装修垃圾1.7万吨。

（孙　芳）

（责任编辑　徐　丹）

旅游业

Tourism

·综　述·

【概况】 2022年，临平区接待国内外游客400.5万人次，比上年增长19.1%；实现旅游总收入63.0亿元，比上年增长7.2%。

【旅游资源】 2022年，全区A级景区5家，其中AAAA级以上景区2家；星级饭店4家，均为四星级以上；银宿民宿1家；星级旅行社6家；省级旅游风情小镇1个；省级景区镇3个，其中AAAA级以上景区镇2个；省级景区村庄36个，其中AAA级以上景区村10个；省级旅游休闲街区1个，省级工业旅游示范基地1个，省AAA级采摘旅游体验基地1处；市级中小学生研学基地1处。

（王雨佳）

·旅游规划·

【省文旅产业融合试验区验收优秀等次】 2022年12月，临平区获浙江省文化和旅游厅省文旅产业融合试验区建设总体验收优秀等次。临平区依托江南水乡资源禀赋，挖掘江南水乡文化内涵，打造“史前江南—历史江南—当代江南”“学术江南—实景江南—云端江南”全时空、多维度江南产品体系，塑造临平“江南水乡”文化旅游形象。

【浙江文化和旅游总评榜十周年文旅发展县】 2022年2月14日，浙江省文化和旅游厅、浙江省旅游协会、浙江日报报业集团指导，《浙江日报》、《钱江晚报》、浙江在线、天目新闻客户端共同主办的2021浙江文化和旅游总评榜正式启动，于6月28日举办颁奖典礼，临平区获评2021浙江文化和旅游总评榜十周年文旅发展县（市、区）。

【旅游业“微改造、精提升”行动】 2022年，临平区围绕《浙江省旅游业“微改造、精提升”五年行动计划（2021—2025年）》，对照文旅高质量发展的要求，推进A级旅游景区、文博场馆等旅游核心吸引物，景区镇、景区村、文旅产融基地等旅游目的地，星级酒店等旅游接待场所的“微改造、精提升”专项行动。全年入库项目187个，竣工150个，其中22个项目上榜杭州市“微改精提”示范点。

（王雨佳）

·旅游市场开发·

【省工业旅游示范基地创建】 2022年12月，浙江省文化和旅游厅、浙江省经济和信息文化厅联合发文认定杭州老板电器股份有限公司为浙江省工业旅游示范基地。老板电器工业旅游以中国厨房创新产业园、数字化智能制造基地、智能制造科创园三大基地为依托，推出厨源探

旅游业“微改造、精提升”行动——塘栖村，拍摄于2022年5月

（区文广旅体局 供稿）

索之旅、未来工厂研学之旅、烹饪体验之旅、党建红色之旅等特色线路和主题活动，让参访者走进企业，沉浸式感受产品生产的全过程。

【省级采摘旅游体验基地创建】 2022年11月，浙江省旅游协会、浙江省文化和旅游标准化技术委员会联合发文认定浙江绿鹰农业科技有限公司（草莓君农场）为年度浙江省AAA级采摘旅游体验基地。绿鹰草莓君农场位于运河·五杭景区内，以科学种植、亲子采摘、科普研学、共享厨房、田间学校、双创空间、共建农场、农夫市集等为载体，主打“农文旅”融合的休闲观光农业。

【“百县千碗·临平GO味道”活动】 2022年8月4日，“百县千碗·临平GO味道”2022临平文旅消费季暨“镇里趣玩”艺尚夏夜派对启动仪式在艺尚小镇举行，以“百县千碗·临平GO味道”为引导，开启文旅消费季活动，推出系列促消费的惠民政策，也是一次旅游美食点亮夜间经济的创新探索。活动现场进行2021年度百县千碗特色美食体验店和杭州美食工匠、美食达人的授牌仪式。

【双桥甲鱼IP】 2022年，临平区双桥村通过对特色农产品生态甲鱼的创意升级，设计形成以“甲等之鱼”为品牌的IP系列，各类文旅IP产品亮相杭州文博会、上海文旅推介会均广受好评。经申报评审，双桥甲鱼IP于2022年12月入围杭州市文化和旅游IP第二批培育名单。

【旅游商品、民宿伴手礼获市级荣誉】 2022年，在“韵味杭州·游礼相伴”2022杭州市伴手礼创意设计大赛中，临平区4件旅游商品获

2022年8月4日，“百县千碗·临平GO味道”2022临平文旅消费季暨“镇里趣玩”艺尚夏夜派对启动仪式在艺尚小镇举行

（区文广旅体局 供稿）

奖，其中塘栖好礼·文房四宝和梅是梅酒超山联名款被评为杭州地域文化主题铜奖，稻香软米伴手礼袋被评为最受市场欢迎的健康生活伴手礼，竹莲碧荷系列包包被评为DREAM亚运特色伴手礼。在“最忆杭州·一宿一品”年度杭州市优质民宿伴手礼大赛中，水墨蓉庄出品的“圆梦源临”获得设计奖，塘栖人家客栈出品的枇杷花茶获得共富奖。

【文旅静态展示推介活动】 2022年11月11—12日，临平文旅静态展示推介活动在上海南京路步行街举行。活动通过塘栖古镇、广济桥、超山梅花等造景、“悦悦、临临、平平”IP形象、“临享·文化保障卡”优惠举措以及“丰收运河畔，金秋我来‘野’”等特色活动吸引上海市民来临平旅游。临平区参加昆明国际旅游交易会、浙江省成都旅游交易会、第四届大运河博览会、杭州旅游秋季促销、宁波国际旅游展等省、市活动，推广旅游产品、节庆活动。

【假日旅游市场】 2022年春节假期，临平区接待游客20.16万人次，营业收入537.36万元；十一黄金周，全区接待游客25.69万人次，实现营业收入665.78万元。

2022年，实行面向临平籍市民的景区（超山风景名胜区、运河塘栖谷仓博物馆）免费开放门禁项目，全年刷卡2161人次。

（王雨佳）

·旅游行业管理与服务·

【概况】 2022年2月，在杭州市第七届金牌导游大赛中，临平区杭州逸途旅行社有限公司被评定为三星级旅行社；杭州余杭国际旅行社有限公司单娜获金牌导游称号；区文广旅体局获大赛“最佳组织单位奖”。在杭州市世界遗产文化特使大赛中，杭州假日国际旅游有限公司朱明、杭州余杭国际旅行社有限公司单娜，入围金牌文化大使。浙江省水利厅、省经济和信息化厅、省教育厅、省建设厅、省文化和旅游厅、省机关事务局、省节水办组织开展年度重点用水领域节水标杆引领行动，富邦控股发展集团有限公司杭州丽佳国际大酒店被评为浙江省节水标杆单位。杭州宝鼎开元名都大酒店有限公司、杭州临平大酒店有限公司天地人大酒店创建区级无烟宾馆。杭州假日国际旅游有限公司、杭州西湖假期国际旅行社有限公司、杭州临平中青国际旅行社有限公司、杭州天顺国际旅行社有限公司、杭州余杭国际旅行社有限公司、浙江深广国际旅行社有限公司、杭州逸途旅游有限公司获评区优秀旅行社。杭州假日国际旅游有限公司、杭州天顺国际旅行社有限公司、杭州西湖假期国

2022年5月21日，杭州假日国际旅游有限公司朱明、杭州余杭国际旅行社有限公司单娜在杭州市世界遗产文化特使大赛入围金牌文化大使。图为单娜获奖照

际旅行社有限公司、杭州余杭国际旅行社有限公司获2022杭州“文旅优质服务计划”优质旅行社奖项认定。杭州假日国际旅游有限公司陈新、杭州天顺国际旅行社有限公司凌春华、杭州西湖假期国际旅行社有限公司蔡冷妍、杭州余杭国际旅行社有限公司孙亮获评旅行社优秀经营者。浙江深广国际旅行社有限公司获行业推广优秀奖、2022杭州“文旅优质服务计划”市场活力奖。

【人才旅游券】 2022年，临平区文化和广电旅游体育局配合区委组织部（人才办）负责“旅游券”的制作、使用、回收、结算工作，落实相关景区、酒店、剧院、民宿、健身场馆等的管理与服务保障。全年兑现临平区高层人才“旅游券”资金94.10万元。

【旅游行业人才队伍建设】 2022年，临平区文化和广电旅游体育局开展旅游行业人才分类定向培养，重点培养行业拔尖、突出人员，举办旅游饭店、旅行社、景区各岗位从业人员技能培训10场，参培人员500多人次。艺尚雷迪森酒店的陈洪娇、唐磊获2022年全国烹饪技能锦标赛金奖，塘栖古镇景区韩秋、临平科技馆陈丽、超山景区何宝成分获临平区第一届景区（景点）讲解员大赛前三名。

（王雨佳）

·旅游景区·

【运河·塘栖古镇历史风情街获评浙江省旅游休闲街区】 2022年11月，浙江省文化和旅游厅、浙江省发展和改革委员会发文公布第二批“浙江省旅游休闲街区”，全省仅6家单位上榜，运河·塘栖古镇历史风情街名列其中。

【宋韵梅艺馆入选宋韵杭式生活体验点】 2022年，宋韵梅艺馆依托“宋梅有约”杭州超山梅花节、汉服游园会主题活动等大型节庆活动，开展宋代点茶、宋代制香、古法香膏、宋代插花、宋式拓印、汉服游园、汉服剧本杀、赏梅花等体验服务。该馆入选杭州市第二批宋韵杭式生活体验点名单。

（王雨佳）

·旅游节庆活动·

【第十四届超山梅花节】 2022年1月21日，第十四届超山梅花节正式开幕。梅花节以“宋梅有约”为主题，以超山独有的宋梅为切入点，融合宋韵风雅与梅花志趣，以“宋梅有约”向杭州市民发出邀约。

【第二十四届塘栖枇杷节】 2022年5月20日，第二十四届杭州塘栖枇杷节开幕。该届枇杷节以“品千年滋味 筑共富未来”为主题，推出26个枇杷采摘点、37家农家乐、10家民宿以及多条塘栖特色文旅精品路线，将枇杷经济与节庆文化融合发展，带给市民一个甜美的塘栖枇杷节。

【首届中国·大运河乡村研学节】 2022年5月14日，“丰起大运河 乡村绘共富”首届中国·大运河乡村研学节在杭州临平区运河街道双桥村正式启动。启动仪式上，“研学共富产业带”正式发布。未来将以大运河以北双桥村、新宇村、戚家桥村、杭信村四村为主体，成立“乡村四千红盟”，引进优势资源，做好教育、文化、旅游的结合，加强校地多维合作，推动“多方共赢”“共同富裕”。

【第十三届大运河鱼羊美食节】 2022年11月4—6日，首届大运河文化创意设计周暨第十三

2022年1月21日，第十四届超山梅花节开幕

届大运河鱼羊美食节在“1986文创园”举办。活动现场聚集区域内美食、农副产品、非遗、文创等特色商家60多家，打造“大运河共富集市”，营业收入超过120万元，吸引客流3万人次，获《人民日报》《光明日报》等20多家主流媒体，抖音、小红书等新媒体聚焦报道，在线阅读量超过300万人次。

（王雨佳）

·旅游资源文化运营·

【超山梅花节推出“宋韵十雅”系列活动】2022年，第十四届超山梅花节以“宋梅有约”为主题，来源于吴昌硕先生名作《宋梅图》的超山梅花IP“宋小梅”，在开幕式上首次发布，以俏皮可爱的形象成为梅花节的文旅向导。梅花节推出“宋韵十雅”系列活动，包括“梅艺讲堂”常设宋代点茶、宋式插花、梅花香道、宋式拓印课程，“梅里游园”“梅园戏梦”等互动活动；本届超山梅花节打通塘栖、超山、临平百联奥特莱斯广场这三大文商旅IP，将“赏宋梅、逛塘栖、购奥莱”串珠成链。梅花节期间接待游客26.9万人次，实现旅游收入248.07万元。

【皮影促共富】2022年，临平区塘栖古镇景区与塘栖镇河西埭村卫家班皮影剧团签订共富合作协议，使皮影戏演出成为景区常驻表演项目。设立皮影体验馆，开展皮影研学活动，打造“古镇+文化+非遗+研学”多元旅游发展新模式。

【以节庆活动促旅游】2022年，临平区塘栖古镇景区举办“人间好时节，甜蜜在塘栖”等主题活动9次，枇杷节期间的古风巡游演出、端午的“嗨玩塘栖·甜蜜FUN粽”、七夕节的“大运河非遗文化周”与“栖游共七夕”等活动都成为吸睛亮点，吸引游客前来，提升景区人气。

【运河·塘栖古镇历史风情街】2022年，临平区运河·塘栖古镇历史风情街从全省17家培育对象中脱颖而出，获评第二批浙江省旅游休闲街区，成为杭州市本次唯一一家获评单位。塘栖古镇景区主干街近1000米，吸引100多家商户入驻，年客流量超过200万人次，年旅游收入1亿元，吸引中央媒体多次报道、全国各地讲解接待团近1000批次到访。

（李吉莹）

·超山风景名胜区·

【概况】2022年，超山风景名胜区入园人数50万人次，其中第十四届梅花节期间接待游客量26.9万人次。景区经营收入2450万元。北园旅游驿站被评为浙江省文化和旅游厅“三级旅游驿站”，《香雪海》被评为“全国十大优秀风景名胜区（景区）主题歌曲”。景区被评为杭州市生态文明教育基地、“杭州市临平区弘临思政学院教育实践基地”，宋韵梅艺馆获评“宋韵杭式生活体验点”，超山绿萼梅花茶获“浙西文旅特色伴手礼”称号，超山“青梅酒”获“2022杭州市伴手礼创意设计大赛”铜奖。

【超山生物多样性科普主题研学活动】 2022年，超山风景名胜区于1—3月与超山小林小学开展“梅花小导游”，2月开展“超山梅花香雪海，信达小孺写梅格”写生活动。与临平区科技局开展“科探出发了”活动，6—7月开展超山生物多样性科普课堂之“夏日物语”活动、超山生物多样性科普课堂之“神奇仲夏夜”活动、超山夜观昆虫活动；8月开展“爱探险的小超人”研学活动，以及国学研学“秋季开蒙礼”；9月开展“昆虫旅馆建筑师”活动；11月开展“超山科考巡林”活动，联合信达小学开展“超山寻秋·探秘自然”主题研学活动。

【清廉文化资源开发】 2022年，超山风景名胜区精心打造“一线”：“藕花清气满乾坤”党建清风线路；提升“一站”：党员志愿服务工作站；跨界联动“一片”：整合超山片区农文商旅党员力量，联动超山村支部、地方乡贤、青年人才等共同擦亮超山红色文化金名片。打造并推出“藕花清韵满汀州”超山清廉文化主题线路，制作“梅寓缶翁 勤廉一生”清廉家风文化宣传片。挖掘超山景区清廉文化资源，开展超山廉政基地申报，超山清廉园入围浙江省百个精品廉洁文化教育基地，吴昌硕墓获“临平区爱国主义教育基地”称号。

【涉景建设规划】 2022年，超山风景名胜区贯彻省、市、区自然保护地体系建设工作精神，推进自然保护地整合优化相关部署，依法依规做好涉景建设项目审批。建成景区完成投资近2800万元，实施超山景区三公馆维修工程、超山书院维修工程、超山书院室内装修工程、超峰题刻周边地质隐患整治工程、超山四季农园环境整治工程等。

【景区资源保护】 2022年，超山风景名胜区深入开展生态文明和安全生产宣传教育，组织举办“护航二十大”安全隐患大排查大整治专项行动、“安全生产月”等系列活动。常态化做好林业资源、文物古迹、古树名木、野生动植物、重要景观的保护，开展统计摸排，强化巡护管理；做好超峰题刻周边地质灾害整治；成功创建杭州市生态文明教育基地；组建超山风景名胜区消防救援队伍，组织开展常态化训练、巡逻，购置森林消防物资设备，完成超山景区、超山山体、龟山、掌山等区域消防水桶布置，纳入日常管理。9月23日，超山风景名胜区森林消防队参与临平区森林防灭火比武并获第四名。

【超山梅花节“宋小梅”首次发布】 2022年1月21日，第十四届杭州超山梅花节在超山风景名胜区开幕。超山梅花节以“宋梅有约”为主题，开幕式上脱胎于杭州西泠印社首任社长吴昌硕先生名作《宋梅图》的超山梅花IP“宋小梅”首次发布。新华社、新华网、《人民日报》《光明日报》等媒体全方位报道梅花节，“抖音”相关话题播放量超过100万人次。推出中英双语专题节目《超山，今冬与你“宋梅有约”》，通过江苏国际频道、中国黄河电视台在全球播出；推出“宋韵十雅”系列、“梅里游园”“梅园戏梦”等宋韵十足的互动活动。

（张哲学　李炫辰）

（责任编辑　徐　丹）

金融·保险业

Finance and Insurance

·金融业·

【概况】 2022年，临平区金融总量快速增长，银行机构年末本外币贷款余额2768.62亿元，较年初新增295.27亿元，增幅11.94%。运用央行支小再贷款向3946户小微企业发放低息贷款61亿元，通过银行间市场新增发行债务融资工具35亿元。

【中国人民银行余杭支行信贷服务】 2022年，中国人民银行余杭支行（区划调整未更名，下同）聚焦重点领域融资保障，用好用足央行政策性开发性金融工具、设备更新改造再贷款，指导金融机构加速项目贷款发放，全区2个基础设施建设项目获政策性开发性金融工具基金支持6.76亿元，配套融资授信5亿元；12个设备更新改造项目完成授信审批，涉及金额5.09亿元。全区基础设施、制造业贷款分别新增165.07亿元、30亿元，分别比上年增长28.7%、11.9%。其中制造业信用贷款余额占比16.3%，增长33.5%，接近制造业贷款增速的3倍。完善数字化手段，推广“贷款码”，全区7428户企业通过扫码线上申请贷款，发放贷款金额113.02亿元，分别新增小微企业、个体工商户首贷户1228户、738户，新增发放首贷资金39.47亿元、11.71亿元，拓展跨境人民币业务首办户425户。畅通贷款市场报价利率（LPR）下调对企业贷款利率下行的传导，强化存款利率监管，稳定银行负债成本，推动融资成本下降。全年新发放企业贷款利率4.59%、小微企业贷款利率4.77%，比上年分别下降35个和41个基点；企业债务融资工具发行利率3.17%。

【普惠金融】 2022年，中国人民银行余杭支行运用普惠小微贷款支持工具激励比例上调至2%政策，撬动地方法人银行新增普惠小微贷款64.29亿元，推动全区小微企业贷款保持23%的增速水平。深化三服务工作机制，全区银行机构相关负责人走访民营和小微企业3112次，为民营和小微企业解决融资金额250.5亿元。

【科技金融和绿色金融发展】 2022年，中国人民银行余杭支行联系区财政、科技、经信等部门，研究制定科技金融融合发展服务方案，形成全区科技企业名录库。运用央行科技创新再贷款，撬动全区科技企业贷款总量较年初新增16.35亿元，科技创新专项再贷款名录企业中47户获得贷款支持10亿元，科技企业信用贷款余额占比22%。

【房地产融资工作】 2022年，中国人民银行余杭支行引导住房贷款利息下行，支持房地产开发企业合理的融资需求，保障购房者合法权益。年末，全区住房开发贷款余额260.73亿元，较年初新增73.84亿元，增长39.5%。指导上海银行临平支行、余杭农村商业银行创新发放车位使用权质押贷款5000万元和2亿元，为房地产开发项目正常续建提供及时有力的信贷支持。

【金融生态维护】 2022年，中国人民银行余杭支行运用企业开户码、个人开户码、预警码等三项风险识别功能，强化特殊群体开户审核，加大存量账户排查力度，推进非柜面额度治理。全年柜面劝阻电信网络诈骗34起，挽回群众损失224.39万元。全区银行机构移送公安涉诈可疑线索34条，协助公安破获案件4起，抓获嫌疑人4人，直接避免资金损失93万元。

【外汇管理服务】 2022年，中国人民银行余杭支行重点推进汇率避险服务，动员各外汇指定银行组织开展线上、线下政策宣讲40多次，筛选并建立全区市场主体清单，一对一落实开户行摸排小微企业汇率避险需求。全年164家企业办理套期保值业务。

【数字人民币】 2022年，中国人民银行余杭支行出台全区数字人民币推广方案，建立重点项目工作协调机制和重大风险事项报告制度，强化运营机构指导与监督。9月5日，临平市政停车实现数字人民币支付停车费用，成为杭州地区首个数字人民币市政停车场景。10月，临平区第一人民医院数字人民币场景落地，实现数字人民币缴纳医疗费用。

（戴闻乐）

·保险业监管·

【概况】 2022年，中国银保监会浙江监管局余杭监管组强化监管引领，搭建银企对接平台，引导银行机构加强与重点产业平台和产业项目合作。以科技金融和产业金融为核心，推动科技信息贷、人才贷、人才险、首台（套）产品保险等业务覆盖面提升。推广“农户家庭资产负债表融资模式”、普惠型商业补充医疗保险“西湖益联保”，加大新市民金融服务供给和创新。“双保”助力贷、“连续贷+灵活贷”等机制在临平区内有效落地实施，督促银行机构落实好延期还本付息政策。推进政策性农业保险模式、制度和品种创新，区内开办政策性农业险种28个。

【金融改革创新完善智慧监管体系】 2022年，中国银保监会浙江监管局余杭监管组（区划调整未更名）推进金融改革创新，完善智慧监管体系，深化浙江省金融综合服务平台应用，推动“电子证照、电子签章”改革试点落地。年末，临平区银行业金融机构33家，各项存款2919.52亿元；各项贷款2762.89亿元；保费收入22.90亿元；赔付支出8.71亿元。

（胡琼月）

·银行业·

【中国农业发展银行杭州市余杭支行】 2022年，中国农业发展银行杭州市余杭支行（区划调整未更名）坚持服务稳经济大盘、运用政策性金融工具支持临平区重大项目建设，投放农发基础设施基金6.76亿元分别助力塘栖产业园建设、小林高科产业园及基础设施配套项目建设。年末，审批贷款53.19亿元，发放18.49亿元，其中城乡一体化贷款（项目）9亿元、改善农村人居环境贷款7亿元、城乡一体化贷款（流贷）2.2亿元、农业小企业贷款（流贷）0.29亿元。

（吕汉宗）

·国有商业银行·

【中国工商银行股份有限公司杭州临平支行】 2022年，中国工商银行股份有限公司杭州临平支行做好临平区信贷保障、金融服务的主力军。年末，支行本外币各项存款时点余额241亿元，其中储蓄存款95亿元、对公存款146亿元；各项存款日均余额228亿元，比上年增长3亿元。各项贷款时点余额171亿元，较年初增加33亿元。服务对公结算客户6964户，个人结算客户62万户，公司信贷客户260户，个人信贷客户7108户。

年内，支持重大项目11个，提供授信超160亿元，投放超60亿元，重点支持新区两大战略性工程乔司全域整治及大运河文化公园项目，协助申报地方政府专项债，申报金额超7亿元，保障重大民生项目建设。

支行聚焦重大招商引资及“腾笼换鸟”项目，全年上报制造业项目9个，审批金额27亿元。支行响应政府助企纾困一揽子政策，通过双保应急融资、税务贷等产品为科技型企业提供信用贷款支持，为受疫情影响的小微企业提供续贷服务，全年普惠、民营企业和涉农贷款投放超过25亿元，获区委、区政府“支持经济发展优秀服务机构”表彰。支行成功落地辖内国家级开发区下属国有企业债转股业务，实现省内首笔同类业务创新。支行发挥技术优势，加速推动数字人民币场景落地，助力政府数字化改革，实现数字人民币支付学校拓展费，开通20多家机关企事业单位数字人民币缴纳党团工会费功能，以及市政停车、非税缴费、智慧食堂、奥特莱斯银泰城等大型商场数币场景收单。

【中国建设银行临平支行】 2022年年末，中国建设银行临平支行人民银行口径本外币一般性存款日均余额184.6亿元，较年初新增27.8亿元；本外币各项贷款余额176.8亿元，较年初新增20.3亿元；不良贷款余额3218万元，比年初下降593万元。

年内，支行落实党中央房住不炒的理念，创新形成农村安置房集散式保障性租赁住房受托运营模式，成功打造CCB建融家园胡桥社区。胡桥社区项目是建设银行临平支行立足总行住房租赁战略先发优势，融合当地政府、银行、企业、村委、村民五方力量，以村集体作为住房供应主体实行统一收储、统一装修并统一运营的保障性租赁住房新样板。项目落成临平经济技术开发区，总建筑面积2.39万平方米，396套房源，单套面积60平方米，户型为两室一厨一卫，可满足个人合租及家庭整租需求，周边生活、教育设施配套较齐全，交通便利，帮助解决基层治理难题，实现外来人口安居乐业。

支行聚焦小微企业困境，推进“双保”贷款落地，创新并精准服务外贸小微企业。践行普惠金融，与塘栖镇签约整镇授信合作，与运河街道签订整镇合作金融服务协议，纾解农户融资难、融资贵问题，助力乡村振兴与当地经济发展。完成区内首笔“带押过户”登记业务。

支行依托晓勤公益之家开展志愿活动34次，参与志愿者250人，受益8914人次，深耕县域市场，助力乡村振兴。推进塘栖镇枇杷合作社与建设银行临平支行开展“爱心助农”活动，解决农户疫情销售难题。推动数字人民币生态建设。打造“塘栖古镇数币一条街”、余之城数币商圈，创办“鱼羊节”活动，以打通区机关事务服务中心智慧后勤场景、区第一人民医院缴费渠道等模式，助力数字人民币推广和消费市场加速回暖。

（朱婕怡）

【中国银行股份有限公司杭州市临平支行】 2022年，支行本外币存款时点余额201亿元，较年初新增25.01亿元。本外币贷款时点余额143.63亿元，较年初新增14.01亿元。跨境人民币结算量19.20亿元，增长153.77%。国际贸易结算量19.53亿美元，增长29.61%。全行本外币贷款不良率0.06%。全年实现营业收入42520万元，增长6.20%。实现非息收入6531万元，增长4.29%。实现拨备前利润35407万元，增长10.74%。实现净利润28792万元，比上年增长10.00%。

推进数字人民币业务落地，投放临平、余杭两区首笔企业数字人民币流动贷款5000万元。民营企业贷款较年初新增4.48亿元，科技金融贷款较年初新增3.07亿元，个体工商户贷款较年初新增3.26亿元。普惠贷款较年初新增5.73亿元。

（沈晓春）

【中国农业银行股份有限公司杭州临平支行】2022年，中国农业银行股份有限公司杭州临平支行服务经济大局，信贷结构加快新优化。年末，各项贷款余额172.12亿元，比年初增加18.88亿元，增幅12.32%。其中新增对公贷款18.3亿元，对公贷款余额在年中首次突破100亿元。全行不良贷款1144万元（其中贷款876万元、银行卡268万元），不良率0.07%，控制在市分行下达的任务内。服务实体经济，支行全年制造业贷款、涉农贷款、普惠小微贷款分别增加3.59亿元、12.99亿元、1.04亿元。支持乡村振兴，以“信用村”创建、“信用户”评定为契机，通过对临平辖区乡村开展“整村授信”模式，由乡村振兴带头人助力本村惠农贷款业务。全年惠农贷款比年初增加1.64亿元，完成年度计划，位列同序列考核第二名；惠农户数比年初增加111户，完成率居城区行前列。

全年参与招投标28个项目，中标19个项目，中标率67.86%，10个项目以第一名成绩实现中标。以较大优势先后成功中标临平区财政专户、临平区财政资金定期存款项目等重要账户（项目）招投标。成功开立多年以来首个政府专项债专户，为市分行及辖内2022年承接金额最大的专项债账户。成为区城建集团、交通集团、开发区、区国投等核心平台公司的战略合作银行。与铁流股份、银都餐饮、东华链条、春风动力等新老上市拟上市公司、规模以上企业加强合作。

做好个人新开账户提升和个人客户扩户，新开个人借记卡增量居分行第一位。个人贵宾客户新增1736户，较上年多增646户；私行客户新增22户，较上年多增23户。做大分期规模，年内与浙江春风动力有限公司合作上线摩托车分期业务。加强与车商合作，全年分期交易额3.34亿元，其中汽车分期交易额2.14亿元，比同期增加0.65亿元。

加强营销队伍建设。做好全行专业人才大培养补充入库工作和支行三支队伍库竞岗活动，全年6名员工从柜面经理转为客户经理，组建按揭和分期团队，营销力量优化。

年末，全行本外币各项存款余额244.45亿元，比年初增加45.28亿元，增幅22.73%。其中对公存款时点增量和日均增量分别达34.62亿元和12.35亿元，超额完成市分行力争任务和日均增量任务。个人存款余额82.12亿元，较年初增加10.65亿元，年度增量创历史新高；个人日均金融资产、个人日均存款占比比上年提升，分别比年初增长0.14、0.09个百分点。

（李　玲）

【交通银行杭州临平支行】 2022年，交通银行杭州临平支行人民币各项存款时点余额55.8亿元，比年初增加7.2亿元，增长14.8%。人民币各项日均存款余额51.8亿元，比年初增加8.2亿元，增长18.8%。资产结构稳中有进。年末，贷款余额58.2亿元，较年初增加3.8亿元，增长7%。贷款日均余额57.2亿元，较年初增加7.5亿元，增长15.08%。财富管理特色彰显。全年支行实现保险销量4861万元，私银信托销量3.8亿元。风险管控总体稳定可控。年末，支行不良资产余额1880.23万元，不良率占比0.32%，无实质性风险。经营损益超预期。全年完成经济利润9040万元，实现净经营收入2.36亿元。

降低机构分立后对负债业务的影响。支行加强对接政府，成立专班工作小组对接政府及各平台，与政府签订500亿元战略合作协议，协助实施“靓城行动”“融资畅通工程”。

（包敏燕）

【中信银行股份有限公司杭州临平支行】 2022年年末，中信银行股份有限公司杭州临平支行各项存款余额121.57亿元，比年初新增5.05亿元，增长4.3%。其中，对公一般性存款余额99.2亿元，比年初减少2.59亿元，市场占有率6.05%；个人存款余额22.37亿元，新增7.64亿元，增长51.9%，个人存款余额在区股份制银行中列第3位。年末，支行一般性贷款余额146亿元，比年初新增38.2亿元，增长35.5%。其中，对公一般性贷款余额116.48亿元，新增30.6亿元，增长35.6%。零售贷款余额29.52亿元，新增7.63亿元，增长34.9%。年末，对公表外、表表外资产余额177.97亿元（含发债140.73亿元）。实体客户拓展实现较大突破，全年获批新实体企业24个，授信金额35.72亿元，临平区上市公司建立合作联系13家，覆盖率65%。资产质量保持优良，年末支行贷款不良率为0.08%，低于分行平均不良率和当地金融机构平均不良率。盈利能力增强，全年实现营业净收入2.89亿元，增长7.72%；实现经济利润1.32亿元，增长67%；实现净利润1.85亿元；风险资本回报率22.03%。

（金云霄）

【浙江杭州余杭农村商业银行股份有限公司】 2022年，农村商业银行拓展金融服务广度和深度，助力“数智临平·品质城区”建设。在浙江省万家民企评银行活动中获评“民企最满意银行”；下辖塘栖支行营业部获评一星级全国青年文明号；“和润”服务品牌案例获评全国农村金融品牌创新年度案例。年末，全行总资产1920.63亿元，比年初增加309.95元，增长19.24%；各项存款余额1623.58亿元，比年初增加228.63亿元，增长16.39%；各项贷款余额1122.44亿元，比年初增加200.35亿元，增长21.73%。贷款总户数12.74万户，比年初增加6992户，其中小微企业贷款户数1.97万户，比年初增加3280户。不良贷款率0.87%，控制在预期水平。拨备覆盖率412.28%，比年初上升0.72个百分点。实现各项收入77.29亿元，实现拨备前利润30.05亿元。主要定量监管指标符合“好银行”标准。

2022年11月29日，余杭农商银行临平支行、临平街道“企退学苑·农商银行站”成立仪式举行　（金金芬　摄）

支持“强村计划”、村级留用地和联合飞地开发等项目建设。年末，全行涉农贷款余额较年初增加40.73亿元，村级集体经济贷款较年初增加3.69亿元。加强与区农业农村局对接，推进农创客培育工程，落实“1+3”金融服务机制，加大对农村新业态支持力度。年末，支持临平区农创客39户、贷款余额5000万元。推出“共富惠民贷”系列产品，满足种粮大户、劳模工匠等人群的金融需求。向临平区发放共富惠民贷3400户、金额18亿元。延伸临平—柯城山海协作内涵，与柯城农商银行建立金融山海协作关系，推动落地七大共建机制，打造金融“山海合力”，助力柯城乡村振兴发展。

2022年7月28日，兴业银行临平支行员工于建德新安江进行爱国主义主题团建　（何方平 供稿）

支持小微企业、实体经济。年末，普惠型小微企业贷款户数16342户、余额290亿元。拓宽民生服务渠道。深化与人社、医保部门的合作，增设业务办理种类和经办网点数量，打造“15分钟民生服务圈”。年内，临平区52家网点可提供社保业务68项、医保业务14项。推进放心消费工程，助力促消费稳经济。年末，为350户放心消费单位发放贷款30亿元。融入未来社区建设，举办邻里活动、开设“普惠大讲堂”、投身志愿服务等。与临平区内5家未来社区签署战略合作协议。

（胡　奕）

【兴业银行股份有限公司杭州临平支行】 2022年年末，临平支行本外币一般性存款余额85.76亿元（比年初增长22.44亿元），其中本外币公司存款余额70.73亿元（比年初增长18.67亿元），本外币储蓄存款余额14.28亿元（比年初新增3.47亿元）；本外币存款日均余额69.87亿元，其中本外币公司存款日均余额79.96亿元，储蓄存款日均余额11.55亿元。2022年度支行预计考核利润2.3亿元。

12月底，支行各项贷款余额99.74亿元，表内贷款较年初新增18.84亿元，增幅23.29%。其中，公司贷款余额57.87亿元，较年初新增16.26亿元；个人贷款余额41.88亿元，较年初新增3741万元。各项贷款日均91.92亿元，较年初新增17.73亿元。年末，不良贷款率为零。

临平支行柜员成功阻截一起电信诈骗，为客户挽回损失40万元，该成功案例报送人民银行余杭支行和杭州市公安局临平分局。

兴业银行临平支行贯彻政府对于支持小微企业的税收优惠政策方针，仅上半年就手工为小微企业返还借款合同印花税52037元，下半年转为自动返还，全年为企业返还印花税额逾11万元。

兴业银行临平支行被扶贫结对子的稻城县委授予“情系稻城，无私捐助”牌匾；被兴业银行杭州分行管理部评为“2022年度经营机构综合考评奖第一名”和“2022年度企业金融业务优胜奖第一名”；被兴业银行杭州分行授予“百日攻坚战综合型支行存款规模特别贡献奖”。

（何方平）

【招商银行股份有限公司杭州临平支行】 2022年，招商银行股份有限公司杭州临平支行下设办公室、运营部、零售银行部、临平公司金融客户部、零售信贷临平分部。围绕践行“以客户为中心，为客户创造价值”的核心价值观，总行“轻型银行”战略方向，贯彻“一体两翼”战略定位，提升客户经营服务能力，聚焦“大财富管理”，促进全行经营模式转型。

年末，储蓄存款全口径时点余额人民币13.96亿元，时点较年初增加5.67亿元；全口径年日均10.14亿元，较年初增加2.41亿元。其中核心存款时点13.95亿元，时点规模较年初增加5.66亿元，较上年增长68.35%，系统内排名居第9位，核心存款年日均8.9亿元，较基数正增长，年日均储蓄存款规模较上年新增加2.4亿元。临平支行当年储蓄存款全口径时点首次突破10亿。人民币对公时点存款余额21.82亿元，较年初减少3.44亿元；日均17.86亿元，较年初减少15.38亿元。余额日均双降的原因为分区账户迁移以及原财政招投标存款到期。对公贷款余额17.24亿元，较年初增长8.06亿元，增长88%。比上年多增加4.16亿元（上年增加3.9亿元）。年内，新增对公贷款主要为中长期贷款，投放8.42亿元，占比88%，全部投向政府类业务，如碳减排、安置房、污水处理、供排水等重点领域。年末，绿色贷款余额2.42亿元，较年初增长0.41亿元。实现区内首笔碳减排贷款落地，投放1.9亿元，带动碳减排量4106吨。区内政府类公司融资余额14.51亿元，全部为表内贷款，较年初增长8.38亿元，增幅137%。普惠小微企业贷款余额0.68亿元，较年初增长0.17亿元，普惠企业贷款加权利率3.74%。全年投放首贷户4户，全部为小微企业，投放金额489万元。制造业贷款余额0.6亿元，较年初增长0.13亿元。

零售贷款余额51.19亿元，较上年增加11.9亿元。其中，房贷余额39.37亿元，较年初增加8.1亿元；经营贷余额10.2亿元，较上年增加3.4亿元。当年新增经营性贷款中主要投向小微贷款领域，为减轻实体经济融资成本，当年执行利率3.2%～4.3%。零售客群中，零售当年净增金卡1839户，任务完成率99.89%；当年净增金葵花卡172户，任务完成率56.77%。钻石客户完成9.6户，任务完成率30%，当年新增超高端客户1户。新增零售有效户9917户，任务完成率100.63%。MAU（招商银行手机App月活跃用户）完成数9914户，任务完成率65.11%，高于分行平均25个百分点。场景支付活跃客户数月平均1865户。代发业务方面，零售当年双新代发实际完成1878户（不含对公条线新增），存量代发实际完成3544户，代发任务完成5422户，全年代发任务完成率36.54%。代发留存率15.5%，比上年提升4个百分点。

支行不良贷款余额179万元，全部为个人贷款，不良贷款率0.03%，较年初下降0.07%；关注类贷款1112万元，主要集中在个人房贷客户，关注贷款占比0.16%，较年初增长0.01%。

（沈金华）

·保险业·

【中国太平洋财产保险股份有限公司杭州市余杭支公司】 2022年，中国太平洋财产保险股份有限公司杭州市余杭支公司（区划调整未更名）固品质、抓突破、提能力，车险、非车、农险经营稳步拓展。

签发杭州2022年亚运会首个镇街级疫情防控（团体特定传染病保险）专项保险项目；积极推进区内多个项目落地工作，如纾困、知识产权、共同富裕、新市民等主题涉保项目。

与区南苑街道党工委开展党建联盟，与省级数字生活特色镇街星桥街道签订战略合作，携手商会、社区、街道等部门共同推动后期服务民生、科技创新、人才创业、新市民等项目创新发展。

（甘芬芳）

（责任编辑　施虹霞）

2022年1月10日，中国太平洋财产保险股份有限公司杭州市余杭支公司签发杭州2022年亚运会首个镇街级疫情防控专项保险项目　（余杭支公司 供稿）

财政·税务

Fiscal and Taxation

·财 政·

【概况】 2022年，临平区财政总收入229.93亿元，比上年下降6.9%。其中，一般公共预算收入135.57亿元，下降10.4%。全区一般公共预算支出完成196.88亿元，增长7.7%。全年财政收支平衡，预算执行情况良好。

【财政收入】 2022年，临平区提升财政收入质量，全区一般公共预算收入占地区生产总值比重13.5%，一般公共预算收入占财政总收入比重59.0%。全区税收收入占一般公共预算收入比重90.4%。把涵养优质税源放在首位，关注财政运行态势，做好收入分析、预测和监控。壮大税源基础，建立常态化沟通机制，协调解决遇到的问题，增强招引税源能力。强化非税收入征管。坚持非税收入依法征管和应收尽收，完成非税收入249.91亿元，其中按规定纳入一般公共预算管理的非税收入13.07亿元。

【财政保障】 2022年，临平区推动教育事业发展，安排教育支出43.67亿元，支持全学段教育质量提升，规范民办义务教育办学，加大教育对外合作力度；开展“名师名校长名班主任”工程，培育引进名优教师300多人；强化提升教育基础设施建设，支持浙江理工大学时尚学院等建设项目。推进城区环境改善。安排城乡社区支出41.29亿元，保障提升生态环境各项资金；支持未来社区、垃圾分类、市容环境改善等城市管理项目建设，提升城市综合管理成效。提升公共卫生服务水平。安排卫生健康支出24.42亿元，保障疫苗接种、物资储备等资金；保障“健康临平”战略实施，构建“居民15分钟医疗服务圈”；支持医共体建设，提升区内医疗服务水平。支持就业和社会保障，安排社会保障和就业支出18.05亿元，支持推进社保扩面提标，提升“一老一小”照护服务水平，落实残疾人救助和帮扶、创业就业等民生政策。

【财政助力经济稳进提质】 2022年，临平区支持产业高质量发展。加强对产业培育和产业发展的资金要素保障，助力构建现代产业新体系，全年一般公共预算支出中产业发展专项资金支出25.05亿元，惠及企业超过7000家次。快速兑现各类优惠减免政策，完成留抵退税35.98亿元，减免各类税费优惠16.87亿元，兑现产业扶持资金16.64亿元。加强财政政策扶持。结合省、市政策，配合出台临平区稳住经济一揽子50条政策，其中涉及财政29条。争取专项债券资金。完善专项债券项目遴选和储备机制，加强指导培训，做好项目申报，获批并发行专项债券项目26个，总金额34.75亿元，数量和金额列杭州市、区、县第一位。建立专项债券资金支出进度通报晾晒和预警机制，督促加快项目建设进度。降低企业融资成本。强化政策性担保支持，年末，政策性担保余额8.04亿元。设立应急周转基金，降低小微企业转贷风险和成本，使用转贷资金101.46亿元，服务小微企业及经营户1850家，为企业降低转贷成本880万元。创新财政支农方式，纾解“三农”融资难题，创建浙江省基层政策性农信担保服务创新工作区。放大产业基金效能。聚焦主导产业培育，推进生物医药行业主导产业基金及项目落地。发挥重点基金优势，在医疗健康、科技、消费服务等领域挖掘、投资优质项目。年末，对接跟进项目90多个，申请规模超过100亿元。

【财政改革】 2022年，临平区探索财政共富改革。推进浙江省财政厅“钱随人走”改革试点工作，通过调整教育管理体制、整合小散专项资金、重塑生均公用经费体系，促进实现全区教育领域“钱随人走”改革目标。该工作获评浙江省财政系统高质量发展建设共同富裕“小切口”改革优秀实践案例。推进预算一体化改革。根据省财政厅部署，推进预算管理一体化业务规范实施，上线预算一体化系统，预算单位覆盖率100%，完成2023年预算编制培训。上线“浙里报账”平台，做好系统培训和操作指导，走访重点单位解决难点，促进实现财务无纸化报销。全区159家行政事业单位（含学校）发生业务报销7829笔。加强政府投资项目数字化管理。打造政府投资项目全生命周期管理平台，开发项目年度预算安排、事前绩效评估、结算评审、财务决算审核等九大模块，实现“一网监管”。该系统获杭州财政系统数字化改革创新应用选拔赛优胜奖。

【财政监管】 2022年，临平区落实政府过“紧日子”。硬化预算刚性约束，严控一般性支出。非必要、非刚性、非重点项目原则不得新增安排支出，新建项目执行省委、省政府关于政府投资项目“三个不得立项”的要求。组织财政监督检查。围绕镇街财政建设管理、行政事业单位公款存放、代理记账等内容开展财政监督检查26次，发现问题150个，督促责任单位整改到位。加强财政审核管理。制定工作推进方案，出台《政府投资项目竣工财务决算问题处置指导意见》《临平区基本建设项目竣工财务决算管理办法》等文件，加快推进政府投资项目竣工财务决算审核工作，完成竣工财务决算项目审核任务242个。防范化解隐债风险。制定“一债一策”化解方案，加强库款调度，优先保障化债资金，稳妥化解存量隐性债务，实现隐性债务清零目标。

（戚梦蝶　蒋钦滢）

·税　务·

【概况】 2022年，临平区税务局组织各项税费收入561.0亿元，比上年增长54.5%。其中税收收入221.9亿元，减少8.2%；非税收入242.6亿元，增长459.9%；社会保险费收入95.9亿元，增长23.6%；其他收入6179万元，增长12.1%。办理出口退税（不含免抵调）33.12亿元，增长11.1%。年内，深化5G监督管理体系。围绕留抵退税等关键环节、关键岗位进行专项监督，深化“青廉工程”，开展新入职干部廉政教育活动，向青年干部寄送97份“青廉家书”；组织新入职公务员参加职务犯罪庭审旁听、参观廉政基地。组建8个属地党建联盟，与国家盲人门球基地共建“守护微光 筑梦同行”助残服务站。

全年，临平区税务局获省部级荣誉2项、省级荣誉1项、市级荣誉8项、区县级荣誉15项，创建全国节约型机关、浙江省能耗双控成绩突出集体。

【减税降费政策】 2022年，临平区税务局落实组合式税费支持政策优惠。推出留抵退税“一审三筛”“六税两费”、自然人退税“三步工作法”、减税降费“多税种联动分析法”等机制，确保新增减税降费及退税缓税缓费“快准稳好”落实。围绕雄鹰、鲲鹏、隐形冠军、单项冠军、“小巨人”培育计划，落实研发费用加计扣除71.25亿元，高新企业所得税优惠8.61亿元，软件企业即征即退2.31亿元。

【税收征管创新】 2022年，临平区税务局推进“税检协作”，成为杭州市税务系统首个与检察院签订《关于建立协作配合机制的意见》的单位，在信息共享、执法联动等方面实现常态化合作互动。夯实房土两税征管信息质量，联合区发改局、区住建局、镇街平台，联动开展工业厂房、园区楼宇专项排摸。推进用地企业股权变更联动管理，构建税务、市场监管、镇街平台信息共享机制，完成合规辅导28户次。落实社保费缓缴工作，配合人力社保局做好政策宣传、操作辅导、到期提醒，缓缴医保1.42亿元，养老金5871.4万元，失业保险203.5万元，工伤保险152.94万元，缓解缴费人资金压力。推进非税征管职责划转，推进森林植被恢复费顺畅划转。

【税收风险防控】 2022年，临平区税务局依托税收大数据加强风险监管，创新小规模纳税人虚开电子普票、劳务类发票虚开等风控模型，完成应对任务788户次。落实“一户式”、增值税发票风险全链条快速反应机制。推进发票电子化企业所得税税前扣除凭证风险管理。开展出口退税高风险企业预警评估，及时发现买单配票骗取出口退税等案件疑点移送稽查，区税务局相关案例获评浙江省出口退税风险管理优秀案例二等奖。以塘栖税务所为创建基地，创建浙江省新时代“枫桥式”税务分局。化解涉税争议矛盾，探索税务行政和解调解制度，入驻区矛盾调解中心，全年未发生行政复议和行政诉讼案件。实施柔性执法措施，分类采用欠税提醒、法人约谈、制定清缴计划等非强制举措清缴欠税，在不放弃税收强制权前提下签订债权让与协议。创新“一审三筛”机制、“1+3+N”纪检监督工作法，跨系统集成数据，精准防范留抵退税风险。

【营商环境优化】 2022年，临平区税务局与工商联联合开展“亲清直通车 政企恳谈会”，开展“青年税干连百企 服务青商促发展”系列活动，落地135条便民办税措施。上线AI智能语音客服、税小蜜、座席直连屏对屏等功能，满足“7×24”小时咨询需求。建立“精准推送—智能提醒—语音外呼”推送机制，线上推送政策信息23.81万条。打造“税小灵”云端课堂，开展10期线上直播，覆盖纳税人3.1万户次。推进高频民生事项“网上”“掌上”快办易办，重点业务“掌办”率78.4%，比2021年提升27%。推广不动产“交房云办证”，完成杭州市首单二手房网办业务。推进市民之家办税点功能区整合、前后台融合，运用RPA“数智员工”办理税费业务4.3万多笔。推进业务异地通办，与钱塘区税务局、海宁市税务局推进杭海一体化智慧税务合作，推进9类、70项税费高频事项异地协作。深化纳税信用应用，拓展“银税互动”受惠范围，为5710户市场主体授信35.29亿元。

（汪　远）

（责任编辑　施虹霞）

经济管理
Economic Management

·综合经济管理·

【概况】 2022年，临平区实现生产总值1006.68亿元，按可比价计算，比上年增长0.3%，总量规模首次突破千亿大关。其中，第一产业增加值16.01亿元，增长2.5%；第二产业增加值532.12亿元，下降0.5%；第三产业增加值458.55亿元，增长1.1%。三次产业增加值结构比重调整为1.6∶52.9∶45.5。

【区级投资项目】 2022年，临平区安排区政府投资项目及区国有企业投资项目274个，总投资966.41亿元，年度计划投资246.25亿元。其中，新建项目124个，总投资245.68亿元，年度计划投资66.96亿元。新建项目中属于人大监督重大投资项目28个，总投资193.35亿元，年度计划投资46.99亿元。续建项目150个，总投资720.72亿元，年度计划投资179.29亿元。

【镇（街道）投资项目】 2022年，临平区安排镇（街道）投资项目109个，总投资82.58亿元，年度计划投资23.48亿元。其中，新建项目55个，总投资18.8亿元，年度计划投资7.73亿元；续建项目54个，总投资63.78亿元，年度计划投资15.75亿元。

（方　程）

·国有资产监督管理·

【概况】 2022年12月31日，临平区国资办出资的国有及国有控股企业86家〔不含环境（水务）集团〕，其中区直属国有企业5家，分别是杭州临平国有资本投资运营有限公司、杭州临平交通集团有限公司、杭州临平开发投资集团有限公司（与开发区管委会共同监管）、杭州临平城市建设集团有限公司（与新城管委会共同监管）、杭州临平文化传媒集团有限公司。全区国企人员1359名。

【数字化平台构建】 2022年，临平区利用云计算、大数据等信息化技术完成临平区国有资产综合管理系统建设并通过验收，在全区国有企业内推广使用。系统从国资监管业务实际出发，优化调整系统流程，开发40多项业务模块、50多张表单，主要在人员招聘、产权及资产交易、财务监管和工资考核方面进行完善。临平区国有资产综合管理系统获杭州市国企房产大数据监督场景试点工作第二名。

【国有企业薪酬监管】 2022年，临平区完成国企人员招录。年末，组织国有企业开展两轮招聘，招录国企人员193名。完善薪酬管理制度。制订出台新一轮国有企业负责人薪酬考核管理办法和企业工资总额形成机制。根据新的工作目标，调整国有企业负责人考核办法。全区国有公司资产负债率均控制在70%以内，到期债务均无延期支付或违约等情况，国有企业债务风险得到较好的管理。

【国资国企处置低效无效资产】 2022年，临平区推进国资国企低效无效资产处置工作，加强与区住建局、各镇街、国企沟通协调。建立工作机制。成立专项行动工作组，由工作组负责统筹协调、指导推进资产处置专项工作。要求各处置主体建立健全工作机制，明确分管领导，落实牵头部门，指定专人负责。加强制度规范。制定《临平区国有企业资产及重大事项监管办法》等，加强企业国有资产管理，规范房产出租行为。配合区住建局制定《临平区多高层公寓剩余房源处置办法》，推动剩余安置房的盘活处置。推进资产处置。两次会同区住建局下发通知，要求各镇街、各出资企业上报剩余安置房处置方案。组织推进低效无效资产处置工作，督促各单位按月上报处置进度，及时掌握处置进程，协调解决处置存在的困难。

（戚梦蝶　蒋钦滢）

2022年6月30日，全市审管系统政务服务窗口迎“七·一”主题宣讲举行，临平区获杭州市审管系统“最佳创新争先奖”　（区审管办 供稿）

·行政审批服务·

【概况】 2022年，临平区加快建设企业服务、政务服务和公共资源交易三大平台，破解改革堵点、难点，提高群众、企业满意度和获得感。区企业服务中心服务企业2.22万家次，兑付惠企资金7.49亿元，受（办）企业诉求4.29万条；区行政服务中心受（办）各类事项220多万项；区公共资源交易中心成交项目926个，成交金额256.29亿元。获杭州市政务服务最佳创新争先奖、“文明窗口”“双优窗口”等多项荣誉，入选浙江省县乡法治政府“最佳实践”复评项目、杭州市清廉建设优秀实践案例、杭州市有辨识度有影响力法治建设成果，经省《浙里改》《竞跑者》栏目刊发推广，《人民日报》等中央、省、市媒体宣传报道。

【一站集成式企业服务中心】 2022年，临平区坚持“只进一扇门、办成所有事”，集中进驻23个部门、1240个涉企事项，接洽企业2.02万家次，受（办）各类审批业务25.48万项。打通一体化数字资源系统数据接口82个，汇集4亿多条涉企数据，形成12类企业主题库、16类惠企政策库、20类行业产业数据库。归集发布审计、法务等120多个服务资源，采用“随机抽选、随机派单”的方式确定受托鉴证机构，开展37次双随机选择，为262家次企业开展鉴证。实现政策兑付全过程线上办理，涉企审批时长平均压缩50%。推出“政策智搜”和“政策智推”功能，智能推送9条惠企政策，自动匹配出755家可能符合条件的企业，实际申报率超过40%。

【企业诉求闭环处理机制构建】 2022年，临平区线上整合“企业码”“亲清D小二”“三服务小管家”等载体，设置诉求录入、分类交办、限期处理、跟踪回访、反馈评价5个闭环流程，建立问题处理“135”及分级协调机制，开发“绿、黄、红”三色预警功能，全程在线挂号督办。线下开展组团式“企业大走访”活动，选派821名助企服务员，结对全区1837家企业，以领导包干、动态管理、办结销号等方式，加强对企业急难愁盼问题的研判分析、会商定策，协调解决历史疑难诉求118件。

【“一件事”联办改革】 2022年，临平区创新服务场景，深化企业开办、水电气联动报装、“不动产登记+税收+公证”等23个“一件事”服务场景。聚焦“好差评”结果，推进主动评价率和满意率双提升，建立好差评全流程闭环处理机制，临平区好评率99.52%，主动评价率72.83%，收到表扬信65封、锦旗21面，市审管系统“流动红旗”5面，提升群众办事体验感和满意度。

【政务服务“就近办”体系】 2022年，临平区“向上”发展构建线上和线下协同服务体系，推广网办、掌办，全年全区“一网通办”率提升到97.84%。推动“办事早预约”功能在浙里办、微信同源发布。推动综合自助服务机接入政务2.0平台，在全市率先推出“人行道违停业务”自助办理。“向下”拓展形成基层平台上下贯通业务体系，在下延245个事项基础上，梳理明确第二批114个下延事项。实现人社、医保业务下延到村社，以龙兴社区为试点，以网办形式下延23项高频业务，落实社区网办专员开展基层服务。

【“阳光招投标”数字平台搭建】 2022年，临平区综合运用招标信息、企业信用等数据，探索建立“事前有洞察、事中有监控、事后可追溯”的“阳光招投标”数字平台。推进产权项目电子化交易，全年开展网络产权交易项目392个，交易金额1.61亿元，提升国有资产配置效率。开展交易现场管理，全年巡查项目732个（其中小额工程100个），完成临平区综合评标专家库专家增补工作，新增专家700多名。推行远程异地评标“1+1”“1+N”模式，实施远程异地评标项目31个。解决部分类别专家数量少、到场评标路途远、成本高等共性问题，节约大量交通时间和成本。

【小额公共资源交易监管】 2022年，临平区出台并落实临平区小额工程施工、监理、招标代理诚信管理制度，完善数字驾驶舱、诚信监管分析、电子化暗标等全流程电子监管功能，通过系统累计监管项目3700多个、企业1986家，发布诚信分公示公告12期，其中312家企业被加、扣诚信分，占比15.7%。联合区农业农村局制定《临平区村（社区）货物和服务采购管理办法》，搭建“临平村采云”平台，规范村（社区）货物服务采购。

【窗口作风效能建设】 2022年，临平区坚持群众满意价值取向，落实一次性告知、首问负责、服务承诺、限时办结等制度规范，通过群众评价、回访、解决、反馈闭环管理，做到实时监管、实时考核，促进政务服务效能持续提升。全年评比产生27个季度“示范窗口”，148名季度“服务之星”，企业服务中心、市民卡窗口和不动产窗口负责人沈晔分别获得杭州市“优秀办事窗口”和“优秀办事员”称号。开展“十点钟讲坛”宣讲，将中共二十大精神和便民政策传导到广大市民和企业群体，全年开展116期，惠及群众7000多人。

（王　鉴）

·市场监督管理·

【市场监管队伍建设】 至2022年年底，临平区市场监管局有在编干部170名，内设机构13个、直属机构4个、市场监管所5个、事业单位3个，以及市场监管行政执法队1个，实行“局队合一”体制。打造“铸魂1210”党建品牌和“红临市监”学习品牌，巩固拓展党史学习教育成果。开展党委理论学习中心组学习20次，召开24次集中周三夜学；组建红临市监理论宣讲团进支部、进社区、进企业、进协会、进村社，做好中共十九届六中全会精神、共同富裕、省第十五次党代会精神、中共二十大精神等理论宣讲活动，开展宣讲活动100多次，覆盖干部群众2000多人。组队参加“喜迎党的二十大 争做学习弄潮儿”2022年度杭州市“学习强国”知识竞赛临平赛区选拔赛，获优胜奖；组织党员参加2022年临平区微型党课大赛暨“共同富裕·青年说”宣讲大赛，袁敏获优秀宣讲员称号，组织青年干部开展“践行‘八八战略’投身‘两个先行’”学习宣讲比赛暨“沿着总书记的浙江足迹”读书分享会。李昉祺参加河南埭社区组织的“讲好红色故事，赓续红色血脉”宣讲比赛，获二等奖。高质量做好党员发展工作，完成预备党员转正4人，发展预备党员2人，入党积极分子2人，新递交入党申请书2人，落实党务清查整治工作。深入开展志愿服务，局系统在职党员干部完成志愿服务300多人次；“结对帮扶”走访慰问困难户41户，送上慰问金4.92万元。构建三大重点体系，明确四张清单控风险，创建五大清廉板块，制定《杭州市临平区市场监督管理局深入开展廉政风险排查防控工作实施方案》，梳理市场监管运行中存在的失范风险与廉政风险，以“风险清单+工作流程图+防范措施”三位一体为支撑，搭建起“预警于前、防患未然”的风险防控管理体系，其中局本级查找廉政风险点53个，其中高风险12个，中风险25个，低风险16个，制定防控措施142条，聚焦风险点，推动“靶向监督、关口前移”。

2022年8月10日，临平区审管办代表队成员在“喜迎党的二十大 争做学习弄潮儿”2022年度杭州市“学习强国”知识竞赛临平赛区选拔赛中获优胜奖 （区审管办 供稿）

【亚运会服务保障】 2022年，临平区市场监管局做好亚运会服务保障。组建餐饮服务保障团队进驻临平体育馆，制定全套服务保障方案。以“保供应、保安全、保满意”为目标，建立工作例会、信息报送、工作联动、督查整改等制度，统筹协调临平区亚运食品安全监管保障工作。4月8—10日，完成“韵味杭州”2022年全国空手道锦标系列赛（亚运测试赛）的餐饮服务保障任务。开展“护航亚运”食品安全保障“六大攻坚”行动，运用“浙食链”系统加强亚运供货单位食品安全监管，指导帮助亚运会集体用餐配送商和食材集中监管仓所在地——益嘉丰厨（杭州）食品有限公司规范健康发展。4月20日，省政府领导到益嘉丰厨调研亚运会食品安全保障工作，给予肯定。围绕临平体育馆、塘栖盲人门球馆、艺尚雷迪森、临平大酒店4个亚运核心单位，制定亚运会、亚残运会特种设备安全保障方案，开展亚运会重点区、核心区特种设备使用单位全覆盖检查。

2022年6月30日，临平区市场监督管理局通过广场宣传，开展食品安全周宣传活动　（区市场监督管理局 供稿）

【市场主体提升发展】　2022年，临平区市场监管局贯彻落实《市场主体登记管理条例》，提升登记注册工作的规范性、统一性、高效性。全区实有市场主体128881家，新设市场主体23015家。助力打造杭州市营商环境创新试点城市建设，推进“数智临平・品质城区”建设，优化完善企业开办“一日办结”，实现“照、章、税、金、保、医”事项同步办理1日办结。全区办理开办企业自选式套餐9619件，企业开办一日办结率100%。放宽市场准入，落实“宽进”“严管”相结合，强化企业主体责任，以“一纸承诺”代替“住所证明”、推行诚信申报，促进市场交易有序化、效率化、诚信化，助力大众创业、万众创新，全年受理住所申报承诺359件。做好“证照分离”各项举措的落地工作，做好告知承诺事项改革执行，做到应告知承诺尽告知承诺。引导涉及 “一件事”许可事项的市场主体通过“准入准营”申报路径进行申请，推动准入准营“一件事”登记增量提质，真正便利办事群众和企业。全年告知承诺应用率82.82%，涉及准入准营一件事办件量136件。推进“一网通”系统线上和线下应用，统筹推进“证照分离”和“多证合一”改革，实现注册登记、食品许可、药化械许可等事项“全程网办”。

【小微企业成长】　2022年，临平区市场监管局发挥区小微办作用，协同推进“小微企业三年成长计划”。全年新增小微企业7874家，八大万亿产业小微企业2625家，县级培育小微企业累计数5373家，分别完成市局年度任务数的206.12%、276.31%、111.94%。推进小微主体信用融资破难工作，全区有省局下发的白名单市场主体49872家，与临平区10家银行合作，向银行100%推送，2221家市场主体获得授信。开展“优化计量、提质增效”企业帮扶行动，帮扶企业113家，在强制检定免费的前提下，额外纾困减免计量检验检测费，涉及小微企业28家，减轻企业负担。

【“浙江制造”品字标培育】　2022年，临平区市场监管局制定质量发展提升摸底表，向各镇街、平台征集优秀企业，建立政府质量奖和“浙江制造”品字标培育名单库，为省局建立“千企创牌”培育奠定坚实基础，全区57家企业申报进入“千企创牌”培育库。全年18家企业的22个产品获得“浙江制造”品字标认证证书，新建2处产品质量安全伤害信息监测点，分别是江南家具、苏宁易购迎宾路店，在护航中共二十大期间，4个监测点发挥产品质量“前沿哨点”作用。推进首席质量官制度建设，选取家纺和生物医药两大产业开展两期首席质量官线上培训，106家企业参加，培训194人，经过考核获得“CQO”证书148人。家纺和服装、碳材料、生物医药3个质量基础设施“一站式”服务平台对标DB33/T 2428—2022《质量基础设施“一站式”服务平台建设与管理规范》和省局《质量基础设施“一站式”服务平台验收评价细则》，开展软件管理升级和硬件改造，经平台自查、市县局初审、第三方评估、综合评价，家纺与服装产业质量基础设施“一站式”服务平台入选全省首批30个示范点，“临平区先进碳材料产业质量基础设施一站式服务平台”和“临平区高新生物医药产业质量基础设施一站式服务平台”通过验收。

【政府质量奖培育】 2022年，临平区市场监管局强化政府质量奖培育，全年28家企业参加区政府质量奖申报培训，19家企业申报，15家企业进入现场评审。杭州东华链条集团有限公司、杭州西子智能停车股份有限公司、浙江元通线缆制造有限公司、浙江华临建设集团有限公司4家单位申报市政府质量奖评选，浙江元通线缆制造有限公司获杭州市人民政府质量管理优胜奖。

【商业秘密保护】 2022年，临平区市场监管局多措并举，为企业商业秘密保驾护航。区市场监管局借助新闻媒体、产业园区等宣传载体，常态化开展普法宣传活动，通过培训会、法条解读、案例宣讲、发放宣传册等线上线下相结合的形式，全方位宣传商业秘密保护的重要性。常态化开展商业秘密保护座谈沙龙、宣传培训，宣传贯彻《商业秘密保护工作指引》等政策文件。在钉钉直播群里为170多家企业代表举办一场保护知识产权的专题讲座，组织辖区相关企业开展“企业商业秘密构成及其保护策略”线上培训会，帮助企业提高知识产权保护能力，破解商业秘密保护难题，做好风险规避。引入第三方服务机构，与“商业秘密网”开展战略合作，共享商业秘密网专家库、媒体资源库、线上培训等资源，为辖区内的公司进行商业秘密风险体检，发现管理中存在的问题，提出整改方案指导解决问题。以杭州临平经济技术开发区为主阵地，导入相关资源，聘请商业秘密保护专家，按照“工作基础扎实、组织架构完整、工作保障到位、制度健全完善、典型示范突出、措施运行有效”的建设要求，开展“省级商业秘密保护示范区”创建工作，为加快推进开发区商业秘密保护工作发挥示范引领作用。杭州临平经济技术开发区通过省局考核组验收通过，于12月9日正式发文公布成为临平区首个商业秘密省级保护示范区。

【企业标准化战略】 2022年，临平区新增主导制定国家标准1项、行业标准6项、浙江制造标准7项、其他团体标准140多项。组织临平区内企业参加四区联合举办的世界标准日宣传活动，老板电器企业作为企业代表进行经验分享，2家企业撰写的标准化工作的文章在《中国标准化》期刊发表，扩大临平区企业标准工作的知名度。

【市场监管执法维权】 2022年，临平区市场监管局多措并举，加大执法力度，规范市场秩序。开展食品安全“守底线、查隐患、保安全”、民生领域案件查办“铁拳”行动、“亮剑

2022”保障民生安全综合执法行动等专项执法行动，查办案件862件，罚没款838.92万元，其中大要案203件，移送公安追究刑事责任案件7起。牵头建立临平区重大政策措施公平竞争审查会审制度，在临平区电子公文平台上线公平性审查功能。成立临平区网商协会，建立新业态直播等企业风险预警制度，提高直播行业合法经营自律性，共同抵制网络欺诈、网络售假、不正当竞争等违法失信行为。开展“低散乱”整治工作，整治“低散乱”点位686家，通过整治拆除违法建筑11.84万平方米，腾出可用空间15.1万平方米。

【传销打击专项行动】 2022年，临平区市场监管局部署专项行动，组织打击传销工作联席会议办公室各成员单位根据工作职责全面实施。组织查处涉及区域广、参与人员多、社会影响恶劣的传销大案、要案，对重大传销案件进行督办。出动执法人员75人次，检查相关企业门店35家次，接受处理群众举报线索2条，完成上级交办线索1条，移送公安机关线索1条。督促各镇（街道）、各部门按时报告打击传销工作贯彻落实和工作进展情况，协调成员单位之间的工作，促进协作与配合。在细化打击传销方案和健全工作机制的基础上，指导开展宣传工作。通过电视台、报纸、微信、公共场所广告屏等多渠道开展打传宣传。编订宣传资料，各市场监管所多次组织广场宣传活动和走村入户反传销宣传活动，印制和张贴反传销宣传海报300多份，发放反传销宣传手册500份。

【“双随机、一公开”监管】 2022年，临平区市场监管局牵头推进全区部门联合双随机监管落地。完成省行政执法平台临平区31个部门账号建立、人员账号调整，指导部门清理监管对象库。编制年度临平区部门联合“双随机、一公开”监管事项清单和计划，征集联合计划44个，联合抽查计划部门覆盖率81%。年末，全区通过省行政执法平台开展各类“双随机”抽查任务380个，其中跨部门联合“双随机”任务占比22.36%。推动触发式监管和信用承诺管理机制，强化市场主体诚信意识、责任意识，完成基层综治事件核查9件、风险预警核查382件、告知承诺核查1917家，核查率均为100%。深化信用风险分类管理，推动企业信用风险模型“双随机、一公开”监管和重点监管中的应用，应用信用规则率93.9%。

【企业诚信体系建设】 2022年，临平区市场监管局宣传企业诚信管理体系，引导企业将信用管理融入企业发展战略，提升企业信用管理水平。根据省、市两级申报条件，做好对申报企业的指导、推荐和培育，年内，推荐省级信用管理示范企业2家均成功获评，推荐市级信用管理示范企业6家。强化市场主体守法经营意识，会同执法办案机构、法制机构、相关业务部门按照职责分工依法开展信用修复管理工作，引导企业主动纠正失信行为、消除不良影响、重塑良好信用。年内，移出经营异常名录（标注异常）市场主体10564条、移出严重违法失信名单企业11家（23条）、修复行政处罚信息31条。

【知识产权保护】 2022年，临平区有效发明累计量3158件，比上年增长29.9%；PCT（专利合作协定）申请量91件，比上年增长5.8%；新增发明授权量807件，比上年增长37.01%。年内，全区专利、商标质押总额14.751亿元，其中专利质押8.6亿元。朗快科技、晟视科技等临平区企业被许可次数55件。浙江元通线缆制造有限公司获评国家知识产权优势企业；贝达药业股份有限公司、杭州东华链条集团有限公司、杭州本松新材料技术股份有限公司、杭州自强链传动有限公司、杭州安杰思医学科技股份有限公司获评浙江省知识产权示范企业。由市局推荐贝达药业股份有限公司等6家企业，院士推荐杭州科汀光学技术有限公司，相

2022年5月12日下午，浙江省市场监管局知识产权运用促进处，到临平区调研指导浙江省高端装备产业专利导航服务基地建设工作

（区市场监督管理局 供稿）

关省（部）属单位分别推荐浙江元通线缆制造有限公司、浙江运达风电股份有限公司，全区9家企业获得参评首届浙江省知识产权奖资格。“浙江省医药器械产业知识产权联盟”成功入选2022年第一批省级产业知识产权联盟；经济技术开发区联合杭州市知识产权保护中心申报的省级高端装备制造专利导航基地获省局批复；杭州市算力产业知识产权联盟启动，稳步运行。

【网络直播营销市场监管】 2022年，临平区市场监管局开展网络市场监管专项行动，打造安全放心、风清气正的网络市场环境。5月联合网信办、商务局、税务局、文广旅体局等7部门发布《临平区网络直播营销违法行为专项治理实施方案》；6月，发布《临平区网络直播营销活动合规指引》；7月，发布《网络直播营销活动违禁词规避指南》；8月底，成立临平网商协会，以协会为抓手对区内直播电商行业开展合规指导，提高直播行业合法经营自律性，共同抵制网络欺诈、网络售假、不正当竞争等违法失信行为；9月，制定并发布《商品交易市场网络直播行为主体职责规范》；协助省局省网商协会举办“首期全国互联网直播营销合规培训”，9月底召开“第一届理事大会”；10月在“双十一”前发布《临平区网络直播营销主体促销行为规范》，一系列的指引文件通过市场监管公众号、融媒体中心、省局、市局专刊等权威宣传途径向社会面发布，对直播电商行业从业者起到提醒和预警。深入企业人手一册做好宣传贯彻。网商协会在临平市场监管局的指导下，联合区商务局、税务部门开展“双十一”大促前的合规指引培训，助力企业了解相关政策申报流程，推动行业自律与治理，促进新业态规范向好发展。

【计量合格评定】 2022年，临平区市场监管局做好法定计量技术机构能力提升，建立41项标准考核，基本完成县级法定计量检定机构能力清单全覆盖，达到A级县级法定计量检定机构的能力建设要求。实现强制检定原始记录电子化以及电子证书在线查询，全年完成计量器具强制检定9.3万台件，受理计量仲裁检定64件，实施并完成省局民用水表、燃气表“二检合一”试点改革7个批次7万台（件）的抽样及检定工作。

【消费维权工作】 2022年，临平区市场监管局投诉举报（信访）处置效能提升，接收登记各类投诉举报咨询26194件，投诉按时初查率99.91%，按时办结率99.99%，均高于全国平均水平，调解成功率44.96%，比上年增幅明显。组织开展放心消费“三服务”活动，举办“共

促消费公平 携手喜迎亚运”“3・15”线上直播活动，成立“临平区网络消费普法教育中心”，公布临平区首批“消费教育基地”，发布消费维权工作吉祥物“平平”。6月29日上午，杭州市临平区消费者权益保护委员会成立大会暨第一届委员会一次会议在临平区政府召开，完善消保委运行机制。开展“消费维权进校园”系列活动和老年人消费、火锅暗访体察、银行业消费调查活动。联合法院设立临平区首家消费者权益保护“共享法庭”，打造基层治理共同体。

【食品安全社会共治】 2022年，临平区市场监管局推进星级食安办建设。省食药安办公布年度浙江省乡镇（街道）食安办分类管理评价结果，临平区星桥街道食安办、乔司街道食安办获评“四星级食安办”，南苑街道食安办、东湖街道食安办获评省级“五星级食安办”，成为临平区首批省级“五星级食安办”。年内，临平区建设五星级食安办2家、四星级食安办4家、三星级食安办2家，完成基层食安办星级建设100%全覆盖。发动社会各界力量参与食品安全工作，成立2个镇街食品安全工作站，招募50多名社会监督员，履行隐患排查、信息报告、协助执法和宣传教育“四个社会监督”职责，提升基层食品安全协管能力。

【食品生产领域安全监管】 2022年，临平区市场监管局推进食品生产企业高质量发展，食品生产规模以上企业全部建立HACCP（危害分析和关键控制点）或ISO 22000质量管理体系。所有食品生产企业实现“阳光工厂”，开展“浙食链”食品安全质量追溯。肉制品、桶装水、特殊食品等重点品种实现“阳光工厂2.0”。生产领域开展全覆盖抽检，监督抽检474批次，合格461批次，合格率97.3%。

【食品流通领域安全监管】 2022年，临平区开展风险隐患排查、桶装饮用水、进口冷链、放心示范小蔬菜门店、放心超市承诺、农村假冒伪劣食品整治、粮食安全保障、“一打三整治”和长江禁捕等10多个专项整治。牵头做好流通环节监督抽检，监督抽检2082批次，经检验发现不合格样品41批次，抽检不合格率1.97%；做好食品销售风险分级管理。加强食品安全监管，准确掌握食品经营企业食品安全风险状况，强化食品经营风险管理，科学有效地实施监管。年内，临平区持有食品经营许可证的销售者风险分级评定7913家。

2022年4月2日，驻亚筹办工作交流餐饮组对供餐单位益嘉丰厨作相关业务培训（区市场监督管理局 供稿）

【餐饮服务领域安全监管】 2022年，临平区市场监管局多措并举，确保群众“舌尖上的安全”。推进浙江外卖在线应用，年内，临平区有网络餐饮单位2143家，安装“阳光厨房”1956家，覆盖率91.27%，视频在线率日均保持在85%以上，推广使用应用端，要求“阳光厨房”商户同步激活并常态化使用“浙江外卖在线”商户端，每月保持活跃度80%以上，综合集成“外卖封签”、“限塑”、反浪费、人员健康、索证索票、餐具消毒等商家日常管理信息。做实“防疫餐饮在线”应用。提高学校整体智治水平，清理学校食堂名册，完善信息收集，全区216家学校食堂全部安装智能“阳光厨房”并接入省协同系统。推进农村家宴转型升级，培育新建农村家宴中心3家（星桥1家、临平2家），信息收集并录入系统，3家单位均动工建设。推进阳光街区建设，以烜赫广场作为全区特色街区的试点，建设“阳光餐饮街区”工作，11月30日通过验收。

【药品安全监管】 2022年，临平区药品监管将质量安全突出问题专项治理、民生项目建设、数字化改革等作为工作重点。收集上报药品不良反应（ADR）报告1106例（生产企业除外），超额完成药品监督抽样128批次，合格率100%。完成12家药品生产企业、35家药品批发企业、380家零售药店全覆盖检查，对32家药品互联网经营平台开展监督检查。设计建立临平区零售药店精密智控平台“药临通”，实现临平区零售药店全流程线上监管，设计开发“药导购”系统，通过微信小程序为群众提供寻药购药服务。梳理建立药械库存预警机制，帮助辖区零售企业获得体温计、强力枇杷露等重要防疫药械的采购渠道。为拟上市企业做券商访谈，为民生药业一致性评价申请省政府补贴，联合区经科局、区发改局对临平区药械企业进行相关项目的评审、奖补确认等工作。

【医疗器械安全监管】 2022年，临平区市场监管局收集上报医疗器械不良事件（MDR）报告409例。完成医疗器械监督抽检43批次，合格率100%。完成二类三类医疗器械生产企业、三类医疗器械经营企业全覆盖检查，完成医疗机构、二类医疗器械经营企业、一类医疗器械生产企业的双随机检查。开展医疗器械督查、医美药械整治、第一类冷敷贴类液体敷料类备案清理、防疫药械质量排查。对医用口罩、电子体温计、一次性使用病毒采样管等进行全覆盖专项检查。督促医疗器械生产企业、经营企业完成全覆盖自查工作。开展义齿生产企业年度工作会议，不良反应监测工作会议，医疗器械经营企业培训等。省、市、区局三级联合帮助抗原检测试剂生产企业进行质量体系管理指导。

【化妆品安全监管】 2022年，临平区市场监管局收集上报化妆品不良反应报告120例，完成国家、省、市三级监督抽检74批次。录制“3·15”化妆品放心消费宣传视频，开展525爱肤日系列宣传活动。组织化妆品注册人、备案人进行法规测试，按照测试成绩进行分类监管。组织开展婴幼儿化妆品专项、美容美发行业化妆品安全专项整治，一般程序立案8件，责令改正12件。

【特种设备安全监察】 2022年年末，根据“浙江特种设备在线”系统查询，临平区有特种设备使用单位3847家，在用设备27803台（不包括压力管道）。其中，电梯18271台、锅炉92台、固定式压力容器3035台、起重机械3486台、场（厂）内专用机动车辆2915台、大型游乐设施5台。全年检查特种设备生产、使用、维保单位704家，发现隐患155条，立案57起，罚没款133.7万元，临平区未发生特种设备安全责任事故或有负面影响的特种设备安全事件，全区特种设备安全形势总体平稳。通过“互联网+监管”平台和手机执法终端完成54家重点监督检查单位、237家一般单位双随机的特种设备安全检查；完成全区5

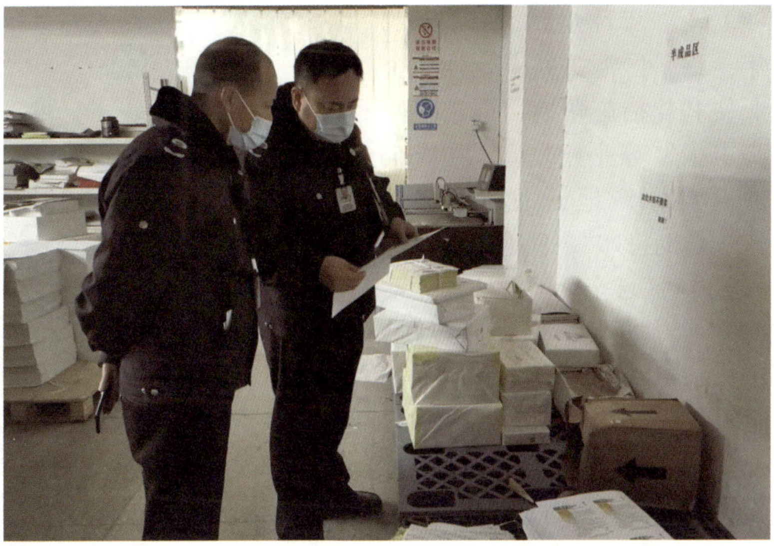

2022年1月14日，临平区文化市场行政执法队开展印刷企业专项执法检查
（区文广旅体局 供稿）

家气瓶充装单位年度监督检查和7家制造单位许可证后监督检查。应用“浙江特种设备在线”处置超期未检和检验不合格隐患808条，开展特种设备作业人员扫码上岗作业，电梯规范扫码维保率95%，锅炉扫码作业率95%，叉车扫码上岗作业率95%，开展起重机械双限位整治，实现桥式、门式起重机双限位加装率100%，完成电梯物联感知接入5506台。在省、市局的统一部署下，推进快开门式压力容器、观光车、“除险保安”“护航二十大”等各项特种设备安全隐患排查治理工作。

（陈加才）

·文化市场监督管理·

【概况】 2022年，临平区文化市场行政执法队出动执法人员（含联合执法）12250人次，检查各类经营单位6125家次，发现并纠正消防、防疫及违法违规问题等200多个，立案处罚26件，罚款17.6万元，没收非法所得2925元，没收违法物品912个。

【旅游执法领域的新突破】 2022年，根据群众举报线索，临平区文化市场行政执法队查办一起未经许可经营旅行社业务案并处以罚款1万元。该案件是临平区自文旅融合以来在旅游市场领域执法办案的首次尝试和探索。

【“扫黄打非”工作】 2022年，临平区文化市场行政执法队获杭州市“扫黄打非”先进集体。区文化市场行政执法队落实“扫黄打非”专项行动，以出版物销售单位、印刷企业为检查重点，严查各类政治性、宗教类非法出版物和非法书报刊，全年立案查处出版物、印刷类案件10起。通过到基层一线指导“扫黄打非”进基层工作，指导规范工作台账，开展网格员业务培训等，强化基层站点职责落实和作用发挥。

（王雨佳）

·海关监管·

【概况】 2022年，临平区海关办事处紧扣区委、区政府决策部署和区外向型经济实际，促进外贸保稳提质，守牢安全生产底线。全年，临平区进出口总值389.2亿元，比上年增长11.3%，其中，出口362.5亿元，增长10.8%，进口26.7亿元，增长18.7%。审核进出口报关单9484份，比上年增长15.28%；受理法检进出口报检27499份，比上年增长7.8%。加工贸易备案金额3.59亿美元，比上年增加59.6%；现场查检进出口货物2226批（包括危包使用鉴定），比上年增加97.9%。出具检验检疫证书5252份，签发原产地证书7018份。

2022年9月11日，海关关员在辖区全地形车生产企业开展调研

（赵瑾 摄）

【口岸营商环境优化】 2022年，临平区海关办事处推动企业便利化措施落地，推进“两步申报”等业务改革，指导企业开展原产地证书“网上审核、自助打印”，助力企业了解RCEP（区域全面经济伙伴关系协定）等自贸协定降税规则。全年，16家企业申请RCEP证书513份，金额1676.97万美元。巩固压缩通关时间成效，出口整体通关时间0.49小时（2021年为0.67小时），进口整体通关时间14.42小时（2021年为28.62小时）。推动出口新业态发展。专人负责对接跨境电商企业，为企业办理海外仓备案、跨境贸易报关业务等提供指导和帮扶。临平区跨境电商出口总额8411.9万元，比上年增长371%，有跨境电商出口业务企业27家，企业数量比上年增长450%。提升新冠检测试剂核放速度。对申请电子底账的出口新冠检测试剂，指定专人验核、即核即放。优化工作流程，对紧急货物特事特办、随到随查。

【“十地百团助千企”服务】 2022年，临平区海关办事处创建服务团队，开展专题帮扶。开展“十地百团助千企”服务，重点围绕白名单企业、头部企业、专精特新、进出口降幅较大等企业开展调研70多次，掌握行业状况和企业需求，收集各类业务问题30个，全部解决或报送上级海关。杭州海关、钱江海关领导5次带队在辖区开展专题调研帮扶。聚焦急难愁盼，为企业解难题、办实事。为英妃化妆品有限公司、杭州六通园艺、天元宠物用品股份有限公司、信达生物制药等企业解决实际困难。聚焦发展所需，精准施策开展帮扶。定制“一企一策”培育方案，联合AEO（经认证的经营者）专班对春风动力股份有限公司等企业开展材料审核及现场指导工作18次，成功获高级认证。

【数智赋能强化智慧监管】 2022年，临平区海关办事处“执法+普法”结合，引导合规经营。对首次出口的20多家企业开展政策辅导，引导企业规范经营。推行属地查检业务与定期管理类核查业务“一次上门，集约办理”作业模式，减少多次外勤执法给企业带来的负担。创新查检模式，提升通关效率。在省内率先试点开展远程视频查检工作，强化技术支撑，规范作业流程，加快货物通关速度。全年实施远程视频查检119票，查检作业时间缩短至45分钟以内，较传统模式压缩60%以上。全方位畅通关企沟通渠道。利用关企服务平台、“关企直通车”等多种方式，实现线上政策培训、线下定制辅导、全天候双向互动的关企互动机制，在线平台惠及企业500多家，日均答复各类咨询20多次。

【海关风险防控，维护国门安全】 2022年，临平区海关办事处开展行业风险分析。对辖区进出境动植物产品、特殊物品、危化品、食品等分行业进行专题研究，形成日常监管“关注清单”。强化安全生产工作。加强出口危化品企业安全生产管理，组织危化品政策宣传贯彻会，督促出口高毒易燃高风险品企业落实安全生产主体责任。对较高风险的出口农药产品企业进行排查，分析风险节点，实施跟踪管理。加强重点敏感进出口商品监管。全年进口查检异常转综合处置52批次，比上年提高62.5%，出口查检检出不合格25批次（其中危包不合格19批次）。

（庄泽南）

·审　计·

【概况】 2022年，临平区审计局完成审计项目8个，查出主要问题金额11.81亿元，其中违规金额477万元、管理不规范金额11.76亿元。移送司法机关、纪检监察机关和有关部门处理事项9件，移送处理人员4人，移送处理金额178万元。出具审计报告和专项审计调查报告12篇，被批示、采用2篇；审计提出建议186条，被采纳186条；推动被审计单位制定整改措施128项；推动被审计单位制定、完善规章制度8项；提交审计信息87篇，被批示、采用74篇。向社会公布审计结果5篇。获评省级国家审计优秀项目1个，市级国家审计优秀项目2个，内审论文、案例获省级奖项7篇。区审计局获评2022年度省级、市级优秀基层审计机关。

【财政审计】 2022年，临平区审计局聚焦预算法落实和财政资金绩效，对区本级预算执行和决算草案进行审计。同级审项目中开展预算项目库建设、楼堂馆所建设、招商引资发展情况等同步专题审计，发现的相关问题分别被省、市审计工作报告采用。

【民生审计】 2022年，临平区审计局聚焦民生资金使用“最后一公里”问题，加大对涉农资金补贴、高标农田建设、生态环境保护等领域的审计力度，揭示中央农业生产发展资金、耕地地力保护补贴等发放不规范、助农政策实施效果欠佳等问题，提出针对性整改意见和建议，推动民生资金高效使用。紧盯政府民生实事，重点关注工程招投标、施工质量、造价控制和综合效益等内容，查处工程腐败问题。发挥审计职能优势，持续关注综合环境整治、农户征迁安置等民生热点。

【投资审计】 2022年，临平区审计局承担临平区政府投资跟踪审计项目46个，开展临时围墙、建设项目安全生产等专题跟审。对全区在2021年5月至12月期间完成结算审计的2095个项目（审结金额45.21亿元）进行抽查，核查项目103个，核查金额5.37亿元。

【经济责任审计】 2022年，临平区审计局实施经济责任审计项目5个（其中市局委托实施项目1个），涉及领导干部10人（其中镇街2个、区直单位2个、开发区1个）。出具经济责任审计报告4个，发现建设项目、公共资产资源、民生事业、环境整治、财政资金管理等方面95个问题，问题金额8.81亿元，其中违规金额155万元、管理不规范金额8.79亿元；非金额计量问题71个，提出各类审计意见、建议96条。推动被审计单位完善出台制度23项，上报镇街经责容错免责案例2篇。

【政策跟踪审计】 2022年，临平区审计局对区重点研发机构扶持政策落实情况进行专项审计调查，厘清现有政策体系及机构招引情况，重点审计招引协议条款履行、实绩考核实施、扶持政策兑现、财政资金拨付等情况，反馈政策执行中履职不充分、程序不规范、监督不到位等问题。

【审计整改】 2022年，临平区审计局根据中央两办《关于建立健全审计查出问题整改长效机制的意见》，草拟临平区实施办法并上报区委审计委员会后发文施行。对审计发现问题建立“销号”机制。定期会同区大督查考评办对整改情况开展专项督查，通报整改进度。围绕重大审计问题整改工作落实，建立健全问题上报审批、入库问题指导、复杂问题督办、异地问题研判等四大机制，构建“点上整改—面上查纠—举一反三—建章立制”整改闭环机制。主动上报市级重大审计问题7个，实施异议问题举一反三工作6件；配合区委办开展联合督查2次，推动责任单位完善管控制度8项；上报市级层面典型案例3个，入围市级审计示范榜案例1个、完成示范榜路演2个。

【协同联动监督机制】 2022年，临平区审计局与巡察办建立“面对面”沟通交流机制，确定1—2个共同实施项目，采用“同时进点、同步实施、协作配合、专题报告、共促整改”模式。与区纪委实行季度会商研判。联合区人大常委会办公室印发《关于健全完善协同联动监督机制深化审计成果有效运用的实施意见》，强化计划安排、成果运用、整改推进、监督实施“四协同”，配套完善沟通联系、专项监督、情况报告、整改联动等工作机制。

（朱小芳）

·统　计·

【统计主要指标监测预警】 2022年，临平区统计局优化监测分析，精准研判经济运行态势。结合“十四五”规划与中心工作，围绕全市“赛马”激励活动及稳进提质攻坚行动目标任务、“15+7”重要经济指标、高质量发展指标体系、共同富裕考核指标等，关注统计指标动态监测、位次变化、横纵向对比，强化监测分析预警，服务中心决策与经济社会发展。全年完成监测分析报告42篇次，发挥统计预警预测、分析评价和信息咨询作用。

【统计重点领域调查研究】 2022年，临平区统计局深化重点领域调查研究，提升统计服务精准度。加强对全区经济社会的焦点、热点、难点情况以及企业生产经营、民情民意等情况调研，把企业建议、社会期盼、群众智慧充分吸收到政府方针政策中来。针对重点领域开展经济运行监测，完成《临平区数字经济核心产业发展现状分析》《关于临平区扎实稳住经济一揽子政策措施反响和实施效果》等调研报告。高质量完成城市体检社会满意度调查、新业态新就业群体党建情况调研、农村老年居民生活状况调研、创新创业环境满意度调查等社情民意调查17个，涉及社会群众样本2381个。成立区五经普筹备领导小组及办公室，开展村级边界更新维护，做好“五经普”课题研究2篇，为2023年第五次全国经济普查打下基础。

【专业领域统计调查】 2022年，临平区统计局完成工业、服务业、批零住餐、建筑业、房地产等“四上”单位统计报表填报审核验收工作。年末，全区“四上”企业1823家，其中规模以上工业699家、规模以上服务业183家、限上批零住餐业536家、资质建筑业302家、房地产开发企业124家。按季完成规模以下工业、规模以下服务业、限额以下贸易在库企业等行业抽样调查，以及低收入、人口抽样、企业复工复产、快递服务行业、企业纾困、留抵退税样本企业问卷调查、小微跟踪调查等61项调查。

【国家调查项目实施】 2022年，临平区统计局承接临平辖区范围内国家调查项目，与国家统计局余杭调查队顺利交接。针对新承接的国家调查项目，理顺工作流程、建立工作机制，开展业务培训，夯实粮食监测、居民消费价格调查、月度劳动力等“新生”业务基础，依期开展各项调查。样本轮换工作有序推进，住户调查大样本轮换按照国家、省、市方案要求及工作部署，落实代表临平区的350户常规调查样本，12月正式启用。农作物对地抽样调查样本轮换稳步推进，落实20个样本村的调查样方。

【数字化改革】 2022年，临平区统计局基于全省统计单位全生命周期管理应用，聚焦入库纳统、在企业画像等核心业务，以“大场景、小切口”为目标，推动打造临平统计“入库早知道”数字化应用场景。企业扫码申报入库，入库告知率、申报达标率均为100%，办理时间缩短2～3个工作日，得到省、市统计局高度认可，并纳入市统计局“杭数统”准规模单位跟踪试点。在实践基础上梳理总结“入库早知道”项目开发及其他数字化改革工作成功经验，《杭州市临平区“入库早知道”改革试点的实践与思考》入选由省统计局编发的《2022年新时代统计制度方法改革课题论文选编》，相关信息被国家、省、市专报等刊发，项目试点工作获市政府领导批示肯定。做好“统计大脑”十大应用推广，落实“一盘棋”统筹、“一条链”落实、“一张网”覆盖、“一站式”服务的“四个一”举措，以点带面推动全省重大应用推广在临平落地见效，提升临平区统计整体智治水平。优化提升“产业大数据平台”，更新完善产业平台数据采集模板及模板对应关系，推动平台板块及月报电子书功能优化。实现“数字员工”全专业覆盖，专业报表催报、数据审核、测算、分析等四项需求场景由AI+RPA机器人自动化替代执行优化统计人力配置，提升统计服务能级。

【统计监督管理】 2022年，临平区统计局加强对部门、镇街（平台）统计工作的监督管理。4—5月围绕省统计局“入退库”专项执法检查，成立迎检工作领导小组，制定迎检方案，对抽中的30家企业围绕重点指标进行实地数据核查。结合统计中期督查中发现的线索开展专项执法检查，与住建局、市场监管局开展联合执法检查，全年对81家企业开展执法检查，行政约谈11家，行政处罚6家，其中一般程序2家，警告4家。加大对重点企业、重点领域、重点指标的数据核查力度，严防数据失真风险，开展企业数据核查1340家。抓好国家统计督察反馈问题整改，制定《临平区落实国家统计督察反馈问题整改方案》和《区统计局落实国家统计督察反馈问题整改方案》，成立工作专班，召开全区落实国家统计督察反馈问题整改工作布置会议进行专题部署，在区委常委会和区政府常务会议进行专题汇报，对照工作清单明确整改措施和完成时限，采取动态管理、台账推进、挂账销号的办法实施整改，完成一项、销号一项，整改工作完成。

【“四上”企业入库管理】 2022年，临平区统计局完善升规纳统联动机制。强化组织领导，加强与行业主管部门的协调联动，深入排摸，实地核查，紧盯阿里系、绿地系、滴滴系、杭锅集团下属企业等拟纳统重点企业和区外划转企业，做好入库跟踪工作。年内，全区新增“四上”企业302家，其中工业87家、批零住餐88家、服务业48家、建筑业57家、房地产22家，其中年度入库192家、工业82家、服务业37家，批零住餐73家。

【部门统计会商机制】 2022年，临平区统计局深化部门协同，坚持重心前移，变事后统计为事前联动，变封闭统计为开放统计，建立健全发改、经科、商务、住建、农业、文广旅体等部门会商机制，加强部门工作对接，全年参与部门会商会议150多次。协助主管部门解决项目入库、企业纳统、行业界定、产业监测等问题；强化对部门统计的综合协调、业务指导、分析评估、数据管理、工作导向作用，构建“资源互补、信息共享、协同配合”的大统计格局。

【统计普法宣传】 2022年，临平区统计局加强干部普法宣传工作。在区、局、镇街三个层面组织开展专题学习，学习落实《关于更加有效发挥统计监督职能作用的意见》等文件的精神，利用镇街统计工作会议等宣传载体，领导干部带头学；利用临统讲堂·周三夜学的机会，统计干部扎实学；利用业务培训、新媒体宣传等载体，线上和线下广泛学。开展统计法治培训14次，培训2283人次。

【统计基层基础建设】 2022年，临平区统计局与区委组织部联合下发《关于加强基层统计队伍建设的通知》，强化对镇街（平台）统计队伍的管理，强化对街道、社区和企业等统计人员的业务培训，提升基层统计员业务能力，完成320多名新任统计员培训工作，对镇街（平台）分管领导和科室负责人开展统计业务专题培训。创新培训方式，运用网络课堂、在线直播、小班化培训等形式，开展培训，提升培训效果。开展各类业务培训91次，培训7675人次。

【统计网格建设】 2022年，临平区统计局将全区“四上”单位划分为73个网格，设立8个网格驿站，纳入网格管理的“四上”单位1633家。层层推进统计网格智治管理，全省“统计e家”平台的企业注册率100%。各镇街以网格为单位进行培训、交流、咨询、指导等活动，开展统计数据自查自纠工作，促进网格内成员企业统计数据质量提升。

【统计信用建设】 2022年，临平区统计局制定并印发统计信用建设年度计划，对全区年度统计信用建设工作作出部署，分专业开展统计信用建设业务培训、实地检查指导和评价，推进村（社区）、“四上”单位统计信用建设。14家企业被评为市级统计诚信单位，评定区级统计诚信单位190家，其中诚信企业152家、诚信村社38家。

（陈丹娜）

·安全生产监督管理·

【安全生产监管】 2022年，临平区收官三年行动，组建并运行专班，建立集中办公、工作例会、风险研判、监督检查、暗访督查、挂牌督办、工作报告、约谈问责八项工作机制，提前完成3个专题和11个行业领域专项整治方案（“3+11”）的各项任务。印发《关于组织开展“除风险、保平安，护航二十大”专项行动的通知》，倒排时间、明确责任、整改销号，确保专项行动取得实效。全区出动检查人员1.5万多人次，检查企业（场所）1.35万个次，发现隐患1.3万多个。

【安全生产执法改革】 2022年，临平区破题执法改革。梳理31项安全生产执法事项，推行镇街委托执法，开展护航中共二十大百日执法攻坚行动，落实“行刑衔接”，完善部门协作机制，打击违法行为，提升执法效能。完成安全生产行政处罚案件立案215件，处罚金额668.7万元，承办安全生产行刑衔接案件7件。

（姜婷婷）

（责任编辑　施虹霞）

教 育

Education

·综 述·

【"五育"实施意见出台】 2022年，临平区教育局深化"五育"融合，连续出台美育、体育、劳动教育、研学实施意见，鼎新打造"食全食美"食育品牌，举办区首届中小学生艺术节、承办省第十五届中学生篮球联赛等赛事，组织参加省、市各类体育、科技、艺术比赛，斩获省、市级及以上荣誉350多项。区教育局获评浙江省中小学生艺术节优秀组织奖、杭州市校园足球文化特色单位。

【师德师风机制建设】 2022年，临平区教育局完善6项师德师风建设长效机制，健全师德师风多元监督评价体系。开展师德师风专项整治月活动，组织"四有"好教师大讨论和教师"良言禁语"评选活动，树立师德师风好榜样。完善教育高层次人才相关政策和评审机制，面向全国公开选聘名优教师近100人，其中省特级教师10人、省教坛新秀等9人，新招聘应届毕业生346人，其中全国双一流大学和重点师范大学优秀毕业生117人，硕士及以上学历117人。出台"三名工作室"管理与考核办法，组建"三名工作室"62个，遴选首轮"三名工程"培养对象230名、学员525名。选派24名教师到青海、四川、迪拜等地支教援教。选派26名校园长到省内外名校开展跟岗研修。举办校长素养提升班，组织年轻干部综合比选，选拔7名90后年轻副校级干部。

【教育民生实事项目落地】 2022年，临平区教育局抓好安全、质量、实用等关键环节，确保省、市、区教育民生实事项目及时落地。开工横塘小学等16个项目，竣工投用沾桥中学等19个项目，新增学位9240个，杭高临平校区顺利开工。开展入园入学"五个一行动"，加大招生政策宣传，及时发布招生预警，做好"面对面"沟通，"点对点"家访。出台《关于进一步做好临平区重点企业核心员工子女入园、入学保障工作的实施办法》，开辟该类人员子女入学网络报名通道，实现从"窗口办"到"云端办"，招收人才子女948人。

华东师范大学基础教育改革与发展研究所合作成立"杭州中心"，开展教育改革研究。优化课后服务，开设五大类拓展课程4000多门，3所学校"双减"案例获评省"双减"优秀实践案例。学科类校外培训机构实现清零，压减率100%。牵头组织多部门、镇街开展全区校外培训机构检查10686家次，查处违规学科培训机构95家次，消除安全隐患224处。制定出台规范民办义务教育发展工作实施方案，成立"1+1+8"工作专班并实体化运作，优化"一校一策"治理方案，合理压减民办学校学生占比。推进政府购买学位工作，完成14286名学生政府购买学位资金清算工作，投入资

2022年2月，由临平区委宣传部与区教育局联合打造的临平区“弘临”思政学院成立仪式在区融媒体中心举行（区教育局 摄）

金4102.6万元。完成全国学前教育普及普惠区创建省级评估。在浙江省教育现代化发展水平监测中，临平区列全省第七位，塘栖中学等9所学校获评省现代化学校。

2022年，全区国家财政性教育经费456276万元，其中教育事业费410694万元、教育费附加26031万元。教育经费总支出551808万元（含民办学校支出）。年内，安排学校项目建设66个，其中新建18个、续建30个、竣工项目18个，新增建筑面积34.7万平方米，新增班级240个。

【临平区“弘临”思政学院正式成立】 2022年2月，临平区委宣传部与区教育局联合打造的弘临思政学院成立仪式在区融媒体中心举行，推出“弘临线上研习室”，下设“党员微党课”“团员青年说”“弘临少年先锋说”“弘临家家说”4个栏目，推送微视频30多个；《“弘临”思政学院：追寻红色足迹，思政铸魂提能》案例获杭州市教育系统党建工作“十佳案例”；相关做法得到省委宣传部常务副部长来颖杰批示肯定，入选教育部大中小思政课一体化共同体建设单位。

【教育现代化发展水平监测跻身全省第七位】 2022年，临平区经省教育现代化发展水平监测84.48分，列全省第七位。该项监测围绕优先发展、育人为本、促进公平、教育质量、社会认可等指标进行综合考评。

【浙江省现代化学校创建】 2022年，临平区城北中心学校、杭州市塘栖中学、杭州市乔司职业高级中学、临平区运河中学、临平区临平第二中学、临平区博陆小学、临平区乔司小学乔司校区、临平区塘栖第一小学、临平区运河第二幼儿园五杭园区等9所学校成功创建浙江省现代化学校。

【学校实践案例获省级优秀】 2022年，临平区塘栖第三小学《水乡古韵：基于桑梓情怀的课后服务特色课程设计与实施》、临平区星桥第二小学《星呗赋能：基于儿童立场的学生综合素养评价新样式》、临平区育才实验小学教育集团《“整体设计 分组PK”：研教评一体化教研》案例分别获浙江省第二批、第六批、第九批“双减”典型实践案例。

【教育系统“三名”工程启动仪式】 2022年5月17日，名师、名校长、名班主任“三名”工程启动仪式暨首批“三名”工作室授牌活动举行。

【中国少年先锋队杭州市临平区第一次代表大会】 2022年6月15日，中国少年先锋队杭州市临平区第一次代表大会在实验小学嘉文校区胜利召开。大会审议并通过《中国少年先锋队杭州市临平区第一次代表大会关于工作报告的决议》，选举产生中国少年先锋队临平区第一届少工委委员、主任、常务副主任、专职副主任。

【中小学生田径运动会】 2022年11月5—6日，临平区第二届中小学生田径运动会在塘栖中学举行。全区59所中小学、876名运动员参加比赛。运动会设有短跑、长跑、跳高、跳远、铅球、铁饼、标枪、接力等项目。

2022年5月17日，临平区教育系统“三名”工程启动仪式暨首批“三名”工作室授牌活动在区教育发展研究学院举行 （区教育局 摄）

【首届中小学生艺术节】 2022年5月，“一起·向未来”临平区第一届中小学生艺术节举行，分音乐类、美术类14个项目，评出一等奖200个、二等奖240个、三等奖360个，优秀指导教师168名，团体奖18个。优秀作品选送参加省、市级比赛获一等奖21个，区教育局获评省、市两级中小学生艺术节优秀组织奖。

【生态环境教育成效显著】 2022年3月起，临平区教育系统推进生态文明教育，组织开展形式多样的生态文明教育活动，推进各级绿色学校、无废学校创评工作。全年，杭州市乔司职业高级中学获生态环境部“百世无废公众教育试点学校”，19所学校完成市、区级无废学校创建，提升师生践行创新、协调、绿色、开放、共享的新发展理念。

【杭高临平校区项目开工】 2022年9月，杭高临平校区项目开工。该项目总用地约9公顷，总建筑面积9.1万平方米，其中地上建筑面积6.7万平方米，地下建筑面积2.4万平方米，概算总投资约6亿元，是一所拥有48个班、2400人的寄宿制普通高级中学。

（陈胜莹）

·学前教育·

【概况】 2022年，临平区有幼儿园62所，比上年新增1所，有1317个班。全年招生11499人，在园幼儿3.73万人，比上年增加1498人，3～5周岁幼儿入园率99.8%。幼儿园专任教师2947人，比上年增加158人。幼儿园占地面积68.17万平方米，比上年增加5.40万平方米，生均占地面积18.30平方米。校舍建筑面积5.77万平方米，比上年增加6.29万平方米，生均校舍建筑面积15.49平方米。

启动学前教育“双品”建设工程。临平区新增省一级幼儿园6所、省二级幼儿园11所。全区幼儿园省一级26家、省二级100家。3～5周岁幼儿入园率和等级幼儿园在园幼儿覆盖率分别保持在99.8%与100%以上，公办园在园幼儿数占比79.74%，优质学前教育覆盖率98.6%，居全市前三。

【幼儿园获评省一级幼儿园】 2022年，临平第一幼儿园南歌园区、星光幼儿园映荷园区、乔司第三幼儿园杭海路园区、星运幼儿园星运园区、崇贤第二幼儿园崇杭园区、塘栖第一幼儿园西苑园区6所幼儿园获评浙江省一级幼儿园。该荣誉根据《浙江省幼儿园等级评定实施办法》和《浙江省幼儿园等级评定标准》，从园舍空间与设施、人员配备与待遇、安全与卫生保健等方面考核评定，分为一级、二级和三级。

【幼儿园(区)建成投入使用】 2022年9月，临平第三幼儿园朝阳园区、南禾幼儿园悦禾园区、东湖幼儿园临悦园区、乔司第二幼儿园锦良园区、乔司第三幼儿园丰收湖园区、星光幼儿园星光园区（扩建）、星光幼儿园星河园区、星桥幼儿园星源园区、玉架山幼儿园玉荷园区、崇贤第二幼儿园向阳园区、崇贤第三幼儿园晨暖园区、塘栖第二幼儿园超山园区等12个园区建成投入使用。

【学前教育“双品”建设工程启动仪式暨名师工作室授牌活动】 2022年5月，临平区学前教育“双品”建设工程启动仪式暨名师工作室授牌活动顺利举行。区教育局班子成员、局机关科室负责人、各中心学校领导、公办幼儿园园长及工作室特聘导师参加会议。会议解读《临平区学前教育第一轮三年行动计划》及学前教育“双品”建设情况。

（陈胜莹）

·义务教育·

【概况】 2022年，临平区有小学28所。招生13540人，比上年增加299人；在校学生73140人，比上年增加4185人；小学适龄儿童入学率100%，女童入学率100%；小学巩固率100%，女童巩固率100%；小学专任教师3699人，比上年增加175人；专任教师学历高标率99.95%。

临平区初中（含九年一贯制学校）19所。招生9595人，比上年增加929人；在校学生26372人，比上年增加2423人；初中阶段入学率100%，初中巩固率100%，初中毕业生升学率99.97%；初中专任教师2010人，比上年增加154人；专任教师学历高标率99.15%。

小学、初中办学条件进一步改善。临平区小学占地面积114.45万平方米，比上年增加10.80万平方米，生均占地面积15.65平方米；校舍建筑面积78.03万平方米，比上年增加5.77万平方米，生均校舍建筑面积10.67平方米。全区初中学校占地面积94.51万平方米，比上年增加1.24万平方米，生均占地面积35.84平方米；校舍建筑面积62.63万平方米，比上年增加2.38万平方米，生均校舍建筑面积23.75平方米。数字终端拥有量，小学1.20万台、初中8368台。

深化城乡教育共同体建设，促进教育公共服务优质共享，加快推进教育现代化，促进城乡义务教育优质均衡发展，全年区域内教共体实现全覆盖。临平第一小学等5所学校与温州泰顺县5校结对，形成跨地区教共体。

有序实施义务教育“公民同招”政策，6所民办中小学采用市级统一平台计划招生2858人，实际招生2560人，平均招录率89.6%。

实施公办初中提质强校专项行动，召开初中提质强校会议，出台《临平区初中提质强校三年行动实施方案》。

继续做好帮困助学工作，资助困难学生24414人次，比上年增加872人次，增幅3.57%；金额2257.11万元，比上年增加101.89万元，增长4.51%。

【小学“双创”育人中心创建工作启动】 2022年10月，临平区启动小学“学校创特色、区域创品牌”育人中心创建工作，通过听取汇报、审阅材料、质询讨论、专家点评，形成10个重点项目、8个发展项目、8个培育项目。

【华东师范大学基础教育改革与发展研究所“杭州中心”成立】 2022年10月，华东师范大学基础教育改革与发展研究所“杭州中心”在临平区成立。该中心聚焦临平基础教育，通过高质量理论研究、政策研究、实践探索，建成浙江教育改革创新智慧集成中心，助力临平加快建设教育现代化区。

【数智时代教共体学校同步教研获浙江省教共体优秀案例】 2022年，临平区临平第一小学的《三联“云”众筹：数智时代教共体学校同步教研新范式探索》获浙江省教共体优秀案例。根据“五定四要”集体备课模式，发挥临平区优势教育辐射作用，引领区域内教共体工作，为全省教共体工作提供可复制可推广的教育共富模板。

【暑期托管优化升级】 2022年7—8月，临平区实现暑期托管区域覆盖面扩容，即各镇街由1个暑托服务点增至2个及以上。全区布点暑托学校23所，参与学生3785名，参与管理教师、志愿者、工作人员590多名，开设特色课程690节，惠及全区3500多户家庭。

【中小学篮球比赛】 2022年11月24日，临平区第二届中小学篮球比赛在乔司中学举行。小学、初中、高中6个组别63支队伍、745名运动员参加比赛，决出小学、初中男子、女子组前八强32支队伍，高中男子、女子组前五强10支队伍。

（陈胜莹）

·高中教育·

【概况】 2022年，临平区有普通高中（含十二年一贯制学校）7所。全年招生3420人，较上年增加23人；在校学生9940人，比上年增加426人；普通高中专任教师915人，比上年增加51人；普通高中占地面积54.21万平方米，比上年增加2.50万平方米，生均占地面积54.53平方米；校舍建筑面积49.43万平方米，比上年增加1.62万平方米，生均建筑面积49.73平方米；数字终端拥有量4388台。

临平区有职业高中4所。2022年招生2995人，比上年增加309人；在校学生8492人，较上年增加497人，毕业2657人；职业高中专任教师615人，比上年增加9人；全区职业高中（班）占地面积23.58万平方米，生均占地面积29.49平方米；校舍建筑面积15.92万平方米，生均建筑面积18.75平方米；数字终端拥有量4319台。

普通高中启动高质量发展三年攻坚计划。高考成绩连创新高，全区普通高考特殊类型招生控制线上线1068人，超过省平均18.09个百分点；全省前100名3人，人数位列全市第二。余高（临平中学）C9高校录取147人。全区职高本科上线234人，临平职高本科上线199人，列浙江省第一位，连续9年杭州市排名第一位。各中职学校师生获国家级奖项6项。

【全国中学生生物学奥林匹克竞赛获奖】 2022年8月，杭州市余杭高级中学（临平中学）在第31届全国中学生生物学奥林匹克竞赛中获4枚金牌、2枚银牌，刘童杭、李昂城、汪君宪分别以全国第3、29、32名成绩入选国家集训队，其中刘童杭将代表中国冲击国际金牌。杭州市余杭高级中学（临平中学）所获金牌和入选国集人数均为浙江省第一。

【“中职高职企业”一体化订单式人才培养新模式】 2022年8月31日，临平区“中职高职企业”一体化订单式人才培养新模式获浙江省副省长批示肯定。该培养模式以装备制造、生命健康、时尚产业等优势产业需求为导向，构建“中职高职企业”一体化订单式人才培养新模式。

【全国职业院校技能大赛获奖】 2022年8月，杭州市临平职业高级中学（杭州市临平技工学校）学生王士杰、周辰楷在全国职业院校技能大赛获一等奖，指导教师徐凯、邵泽城获全国“优秀指导教师”称号。该比赛由教育部发起并牵头，联合国务院有关部门及相关行业、人民团体、学术团体和地方共同举办的公益性、全国性职业院校学生综合技能竞赛活动。

2022年6月，杭州市塘栖中学教师为高三学子考前加油助威

（杭州市塘栖中学 摄）

【临平职高职业能力大赛获金牌数位列第一】 2022年11月4—19日，临平区在杭州市师生职业能力大赛中获金牌50枚、银牌58枚、铜牌82枚，总奖牌数190枚，金牌数列全市第一位，总奖牌数位列全市第二。临平职高以金牌27枚、奖牌82枚成绩连续四年蝉联杭州市“双冠王”，乔司职高、商贸职高金牌位列全市前十。该比赛历时16天，设现代制造技术等23个专业、92个类别比赛项目（职业工种）。

（陈胜莹）

·成人教育·

【概况】 2022年，临平区城北中心学校（社区教育中心）、城南中心学校（社区教育中心）、城西中心学校（社区教育中心）全年培训人员26.02万人次，其中社区教育培训25.13万人次，职工教育培训6528人次，新型职业农民培训1032人次，进城务工人员培训1655人次。

社区教育服务文化礼堂（家园）122个，参与居民26850人次。完成老年人智能技术日常应用培训263场次，培训老年学员13513人次。成人高中“双证制”毕业838人。

【全国社区共学养老暨老年教育发展杭州论坛】 2022年12月8—9日，第五届全国社区共学养老专题研讨会暨老年教育高质量发展杭州论坛在临平举行。会议通过专题报告、学术交流，就老年教育发展新形势新任务、“社区共学养老”新样态、多样化社区学习共同体等深入探讨，为老年教育高质量发展提供新思路。

【“智慧助老”项目获评教育部优质课程】 2022年4月、11月，《“玩转手机”智慧助老系列微课》《智慧助老智享未来——老年人智能手机使用读本》项目先后入选教育部“智慧助老”优质课程资源推介名单。在2022年杭州市“智慧助老”优质工作案例、课程资源征集评选中，临平区获一等奖2个、二等奖1个、三等奖5个。

【海珀社区未来社区获教育场景优秀案例】 2022年11月，指导东湖街道海珀社区未来社区教育场景建设，《“互联网+在地化”路径下未来社区泛在学习空间的构建——基于杭州市临平区海珀社区未来社区教育场景的实践探索》获评浙江省2022年未来社区（乡村）教育场景优秀案例。

【临平区评选首批示范性老年学校（学堂）】2022年11月，临平区首批示范性老年学校（学堂）评选启动，评选出镇街级示范性老年学堂6所、村社级示范性老年学堂12所。通过试点先行、以评促建、示范引领、稳步推进，最终实现全区镇街、社区（村）优质老年教育资源全覆盖。

（陈胜莹）

·教育改革·

【概况】　2022年，临平区教育通过创新课后服务、作业管理、教学教研等方式，提升学校育人水平，校内减负提质受到普遍认可，校外培训市场野蛮生长现象得到有效遏制。推进人工智能教育、智慧校园建设，教育智治走在前列。

优化提升课后服务课程，开展文艺、体育、劳动、阅读兴趣小组及社团活动，拓展学生学习空间，满足学生不同学习需求。学科类校外培训机构实现清零，推进防止隐形变异和非学科类培训机构治理工作。加强作业改革，推广临平A4纸作业模式，开展“五定四要”集体备课，推动课堂教学质量稳步提升。

打造“智安校园”数字化管理2.0版，形成部门协同、上下联动网络平台管理体系，实现部门协作一张网、智能安防一条线、隐患整改一闭环、师生健康一本账，建立健全智慧管理运用场景；进入课后服务“数智化”阶段，启用“浙里”课后服务云平台，实现报名、缴费、考勤一体化管理。

【小学课后服务现场推进会】　2022年3月29日，临平区小学课后服务现场推进会在文正小学召开。区教育局及全区小学校长参加会议。省教科院基教所所长林莉、《浙江日报》文化新闻部教育记者纪驭亚围绕“双减”深化工作开展专题讲座。

【“五定四要”集体备课规范】　2021年11月，临平区教育局出台《临平区中小学“五定四要”集体备课规范》，加快推进临平区中小学学科发展，加强教研组建设。3月，临平区临平第一中学等学校以“五定四要”为基础，制定“五备七定五研”集备模式，通过备课程标准、备教材、备教法、备学生、备设计，定时间、定地点、定主题、定主讲人、定要点、定程序、定蹲组领导，研究重点、研究难点、研究教法、研究学法、研究作业设计，提升教学质量。

【“智安校园”数字化平台】　2022年11月，临平区“智安校园”数字化平台投入使用，实现重点部位可视化管理、进校人员和车辆信息核验监管、校园隐患治理督办闭环管理、校园风险预警管理、健康监测五大功能。延伸全区学校安全防范数据一键通查、校园安全五色预警动态管理、护校安园（一件事）群防群治、校门口突发事件应急指挥等多项功能，达到校园安全工作一网统管和一网共治目的。

（陈胜莹）

（责任编辑　施虹霞）

人力资源·科学技术

Human resources & Science and Technology

·综　述·

【研究与开发】 2022年，临平区R&D（“研究与开发”）经费投入35.63亿元，比上年增长28%，增幅居全市第一位；R&D经费投入占GDP比重3.79%，增速居全市第二位。

【高新技术企业】 新增国家重点支持领域高新技术企业301家，省科技型中小企业587家，增长率均居全市前列，全区国家重点支持领域高新技术企业1120家，省科技型中小企业1419家。新认定省科技领军企业2家，省科技“小巨人”企业2家，全年高新技术产业增加值占规模以上工业增加值比重80.7%，增加0.7个百分点。新产品产值率55.6%，高于全市平均14.4个百分点，位居全市第一位。新增省级新型研发机构1家，省级重点企业研究院4家，省级企业研究院10家，省级企业研发中心16家，市级企业研发中心19家，市级创新联合体1家，市级概念验证中心1家，全区认定省级新型研发机构2家，省级重点实验室3家，省级重点企业研究院8家，省级企业研究院74家，省级企业研发中心173家，市级企业研发中心261家，市级创新联合体4家，市级概念验证中心1家。新增孵化载体27个、物理空间123.75万平方米；新增省级小微企业园4家，市级孵化器6家，市级众创空间2家。创建市级以上众创空间4家，各级孵化器19个（国家级3个），有孵化物理空间面积502.17万平方米，拥有省级小微企业园32家，省级中小企业公共服务示范平台1家。推荐并列入市级及以上海内外高层次人才引才计划人选10人，省“海外工程师”3人，杭州市“115”引智计划8项。

·人才人事·

【招才引智】 2022年，临平区人力社保局坚持“人才是第一资源”理念，贯彻落实人才强省强区战略，引进高校毕业生1.78万名，认定市级E类以上人才763人，培养高技能人才4187人。成立产业人才联盟，参与设立“人才服务日”，深入开展“春风化雨”专项行动，推动人才服务质效全面提升。新增国家级海外高层次人才3名，国家级领军人才实现零的突破。临平区招才引智管理服务平台“云上智聘”同步上线。此次人才招聘周聚焦“未来智造工程师”，吸引1000家以上临平区高端装备制造、生物医药、时尚产业等重点企业、科研机构和平台参加，面向高层次、高技能、高学历及应届高校毕业生等提供招聘岗位1万个以上。其中，工程师岗位占全部岗位数的80%以上。

【企业育才】 2022年，临平区人力社保局构建市场化引才育才机制，发挥企业主体作用。鼓励和指导企业开展技能人才自主培训和鉴定，全区新备案技能等级认定企业13家，企业自主培养评价认定技能人才494人，获证391人。办好“浙派工匠”省政府民生实事项目，完成职业技能培训2.77万人次，新增技能人才8126人。

【人事工作】 2022年，临平区人力社保局开展镇街下属事业单位管理岗位等级晋升工作，摸清全区镇街下属24个事业单位309个管理岗位情况，制定工作方案，平稳开展等级晋升工作，实施晋升166人。加大全区事业单位公开招聘力度，做好优秀村社书记、高层次人才的招聘录用工作，指导和协助卫生、教育招聘工作，全年招录聘用事业人员788名。组织各类职业资格等人事考试8场，涉及考生2.1万人，组织编外统一考试1场，涉及1312人。落实职称评定管理，全区4365人取得职称，其中初级职称1617人、中级职称2283人、副高级职称446人、正高级职称19人。

（胡显光）

·人才结构·

【高技能人才引培】 2022年，临平区拓宽技能人才培养认定途径，承办市、区级技能大赛，以赛促培，营造技能比拼氛围，举办各类技能大赛11场，吸引1790名职工参与，发证1199人。开展“浙江工匠”“临平工匠”评选认定，20人获评“临平工匠”，1人获评“浙江杰出工匠”，7人获评“浙江工匠”，5人获评“浙江青年工匠”。开展技能大师工作室认定，认定区级技能大师工作室12家，2家获评市级技能工作室，1家获评省级技能工作室。全年完成技能培训2.77万人次，培养高技能人才4187名，发放高技能人才奖励2267人次，奖金357.9万元。

【专业技术人才培育】 2022年，临平区制定《杭州市临平区人才分类认定操作办法》，完善人才评价机制。建立“临聚里”未来智造工程师品牌，首创“金红黄蓝白”五钻工程师评选培育发展体系，评选“五钻”工程师1355人，实现专技人才梯队培养。全年申请认定人才总数1890名，其中市级E类以上763人，含D类以上84名；区级F级以上665人，区级企业核心人才、实用人才462名。组织开展高层次人才特殊支持计划培养类人才遴选，通过申报和评审，从全区120多名优秀中青年专业技术人才中选出53人，参加杭州市选拔。新增博士后工作站3家，新进站博士后16人。

【大学生就业创业】 2022年，临平区开展落实离校未就业毕业生“131”精准帮扶，打响“月月进校园”招引品牌，举办2022年度大学生专场招聘会，到浙江大学、浙江理工大学、丽水学院等省内高校开展校园招聘，举办线上和线下校园招聘活动23场，定向送岗2万多个。举办首届“大运河杯”大学生创业大赛，新增大学生创业企业438家，发放大学生创业无偿资助280万元，惠及企业40家，发放经营场地补贴175万元，惠及企业56家。

（胡显光）

·人才政策·

【人才工作体制机制优化】 2022年，临平区在产业平台成立人才办，在镇街成立“双招双引办”，研究制定责任清单，细化年度目标任务和专项考核指标，确保人才工作单位明责任、清路径、有思路，压实“管行业管人才、管产业管人才”主体责任。统筹人才工作有生力量，建立人才服务“双专员”队伍，构建“1+1+40+N”人才工作体系，绘制双招双引流程图，提升招才引智综合水平，组织开展线上和线下“人才政策直通车”宣讲20多场、覆盖1万多人次，推动招才招商深度融合，促进双招双引协同发力。

【工程师队伍加快培育】 2022年，临平区委组织部深化未来智造工程师协同创新中心省级试点，制定“时尚工程师”认证临平标准，发布“临航工程师”“临航博士团”专项政策，创新打造“五钻”工程师培育发展体系，认定首批“五钻”工程师1355名。举办全国未来智造卓越工程师计划等大赛大会，组织开展工程师“集结号”“出征号”“冲锋号”系列活动，与中国机械工程学会等紧密联动，联合举办“临航工程师”活动20多场，集聚高水平工程师、高技能人才超10万名，打响“临聚里”未来智造工程师品牌，《党建引领工程师队伍建设的实践探索研究》获杭州市组织工作优秀调研成果二等奖，相关做法在中组部《组工信息》上刊登。

5月25日，中国（杭州）·“红丰创新带”创新产业社区启动暨2022年临平区工程师出征号、工程师协同创新中心“临里汇”启用活动现场，临平区政府分别与杭州电子科技大学、浙江工商大学等8所院校签署战略合作协议，与浙江省国家大学科技园、科发资本等签约，发布十大优秀人才工作案例和线上人才服务平台“临云”系统，对临平区“金钻工程师”、优秀科研院所、优秀引才单位、十佳新生代企业家进行表彰，为人才服务专员先锋队授旗。

【招才引智雁阵格局构建】 2022年，临平区实施进高校、进平台、进市场的“三进”行动，开展高层次人才项目对接，创新人才项目评审机制，评审通过90个优质人才项目，新增国家级海外高层次人才3名、比上年增长50%，国家级领军人才1名，首次实现零的突破。高校落地浙江理工大学“临平研究院”，认定大学生实训基地124家，举办“千企万岗·来临启航”等系列招聘活动，全年新增首次来杭大学生1.78万名，实现临平区大学生招引逆势上扬、再攀新高。

【人才生态环境持续优化】 2022年，临平区以打造最优人才服务为靶向，建成投用“临里汇”、国际人才港、大运河人才之家等人才服务综合体，成立三大产业人才联盟，建成启用“临云人才生态系统”，上线政策计算器、招才地图、一键呼叫等创新应用，使用突破1万次，初步建成网格化服务矩阵。紧盯人才住房安居、子女就学、交通出行、家政服务等人才发展“关键小事”，开展“春风化雨”人才服务专项行动，率先专门设立“人才服务日”，组织开展线上和线下“人才政策直通车”宣讲20多场、覆盖1万多人次，为5600多名人才提供“一对一”精准服务。

（孔海东）

·科技管理·

【科技人才月活动】 2022年5月至6月底，举办“红丰创新带”创新产业社区启动暨2022年临平区工程师出征号、工程师协同创新中心“临里汇”启用仪式等“1+18”系列活动，吸引高端人才集聚、优质项目落地，为临平高质量发展提供坚强智力支撑。

【国高企认定专家辅导和预审培训会】 2022年6月15—17日，临平区经科局举办临平区2021年国高企申报专家现场预审会，邀请电子信息、生物医药、新材料等领域的59位专家对全区500多家拟申报企业进行“一对一”辅导，为企业提供针对性指导，提升认定通过率。

【专精特新培育企业上门问诊活动】 2022年6月21日，临平区经科局邀请省经信厅中小企业与民营经济发展处处长应云进为30多家有计划申报国家级专精特新“小巨人”的区内企业进行专题辅导。重点对“小巨人”申报策略及建议进行专业性辅导，整场培训思路清晰、环节紧凑、内容丰富、重难点突出。

【政府与国科大杭高院签订战略合作协议】2022年12月16日，临平区人民政府与国科大杭州高等研究院签订战略合作协议。双方本着资源共享、合作双赢的原则，发挥双方优势和特色，推进区院多元互动，形成长期、稳定、紧密的合作关系，双方在人才培养、创新创业、成果转移转化等领域展开全方位、多层次的互利合作，助力临平区提升科技创新能力和产业技术竞争力，赋能经济社会高质量发展。

（王莉莉　徐琳玺　沈　遨　毛晓洁）

·科技成果·

【企业高新技术研究开发中心】 2022年8月11日，杭州市科技局公布《关于认定2022年杭州市企业高新技术研究开发中心的通知》，临平区“杭州市构美直播大数据分析平台企业高新技术研究开发中心”等19家企业上榜。

【新型研发机构】 2023年1月13日，浙江省科技厅发布《关于公布2022年度省级新型研发机构名单的通知》，服务型制造研究院（杭州）有限公司入选省级新型研发机构。

【企业研发机构】 2023年1月12日，浙江省科技厅发布《关于公布2022年新认定省级企业研发机构名单的通知》，浙江省特种机车重点企业研究院、浙江省数智电梯重点企业研究院、浙江省智能传感互联网重点企业研究院、浙江省汽车传动系统重点企业研究院入选省级重点企业研究院，新增数位列全省第一；浙江省慧翔半导体设备企业研究院等10家研究院入选省级企业研究院；浙江省全盛精密导电滑环高新技术企业研究开发中心等16家入选省高新技术企业研究开发中心。

【企业创新联合体】 2022年10月10日，杭州市科技局发布《杭州市科学技术局关于2022年杭州市企业创新联合体备案的通知》，杭州市体外诊断试剂关键原材料国产化以及产业化应用企业创新联合体（依托企业：杭州微策生物技术股份有限公司）备案2022年杭州市企业创新联合体。

【科研攻关项目】 2022年12月22日，省科技厅公布《浙江省科学技术厅关于下达2023年度“尖兵”“领雁”研发攻关计划项目的通知》，临平区杭州蕙勒智能科技股份有限公司“无毛坯精准成形五轴增减材复合制造机床及关键技术研发”等13个项目获批。

【科学技术奖】 2022年6月15日，2021年度浙江省科学技术奖励大会在省人民大会堂举行。临平区7项成果获得浙江省科学技术奖，其中一等奖2项、二等奖4项、三等奖1项。临平区杭州科汀光学技术有限公司作为主要完成单位的“微型高效增强现实近眼显示技术及应用”项目获2021年度浙江省科学技术奖一等奖。

【科技领军企业科技“小巨人”企业】 2023年1月13日，浙江省科技厅公布《浙江省科学技术厅关于公布2022年度浙江省科技领军企业、科技“小巨人”企业名单的通知》，临平区浙江春风动力股份有限公司、贝达药业股份有限公司被认定为2022年度浙江省科技领军企业，杭州百诚医药科技股份有限公司、杭州福斯达深冷装备股份有限公司被认定为2022年度科技“小巨人”企业。

【机电系统概念验证中心】 2022年11月30日，杭州市科技创新大会暨科技成果转移转化首选地推进会举行，临平区浙江大学高端装备研究院“浙大高研院机电系统概念验证中心”被列入全市首批概念验证中心。

（王莉莉　徐琳玺　沈　遨　毛晓洁）

（责任编辑　施虹霞）

文化·传媒

Culture & Media

·大运河文化·

【概况】 2022年，大运河文化（临平段）入选全省首批“浙江文化标识建设创新项目”和文化基因解码“优秀解码项目”名单。年内，正式印发《临平区大运河文化保护传承利用暨国家文化公园建设方案》《杭州市临平区大运河保护传承利用暨国家文化公园建设三年行动计划（2021—2023）》，编制完成《大运河国家文化公园（临平段）核心区城市设计及概念设计方案》《大运河科创城战略规划》《大运河科创城产业发展战略研究及规划》《崇贤街道陆家桥工业区块提升改造规划》《杭州市塘栖北单元（LP13）控制性详细规划（修编）》等，明晰大运河“一园一城”建设路线图。会同综合执法、交通运输、交警等部门，开展大运河沿线环境秩序专项整治行动，检查车辆5000多辆，查处违法案件1200多起。会同属地镇街，推进29千米运河主航道及周边沿线低散乱码头、企业、农户征迁，腾空低效产业用地。全年完成码头签约28家、腾空25家，完成企业签约35家、腾空31家，农（居）户签约腾空153户，区域环境品质显著提升。

【大运河文化项目建设】 2022年，大运河文化项目以“运河古镇、湿地田园、航运古道、数智运河”为特色优势，加快推进大运河国家文化公园（临平段）郊野段建设。年末，大运河国家文化公园（临平段）29千米郊野段生态绿道实现基本贯通，沿线塘泾漾公园完成建设，三家村公园、鸭兰村公园、鱼羊美食文化公园等有序推进中。

【大运河产业招引】 2022年，大运河产业重点招引专精特新、数字文化、文化创意、大美丽产业、科创孵化、设计研发等方面的优质项目。盘活存量、做优增量，整合优化崇贤人才配套用房、四维公园、超山文创园等存量空间，推进浙江泰昌实业有限公司、浙江益海嘉里食品工业有限公司等科创城工业园区存量厂房提升改造，保障招引项目发展空间。全年完成招引注册企业150家，区重大项目、人才项目集中签约20个。

【大运河人才招引】 2022年，大运河科创城举办“尚青春·创未来”大运河杯首届大学生创新创业大赛、“振兴共富”大运河科创城专场线上招聘会、“礼遇临才”人才沙龙等活动，建立人才企业管家服务机制，成立“浙江省青年企业家会客厅”“大运河科创城人才之家”等服务平台。全年完成杭州市A—E类高层次人才认定251人，区级B—G类353人，40岁以下大学文化人才19384人，区高层次人才项目评审6个。

【大运河主题系列活动】 2022年，以大运河为主题，大运河科创城开展“魅力大运河 临平新风景”首届中国大运河摄影节暨摄影作品联展、“诗画江南·塘栖有约”2022中国大运河诗会、“丰收运河畔 金秋我来野”大运河金秋漫游季等系列主题活动。编制《临平大运河文化遗产地图》，展现大运河（临平段）丰富文化内涵。

【大运河文化宣传推广】 2022年，大运河科创城微融媒体中心成立，联合北京、天津、山东、江苏等省、市融媒体开展“爱上大运河 千年古镇行”大型融媒体行动，沿途各站推出非遗文化主题市集、幸福照相馆等体验活动；在浙江新闻客户端开设《爱上大运河 千年古镇行》专栏，阅读量近50万人次；在抖音平台上线“#爱运河in临平”活动话题，话题总播放量5490.6万次。

（汤雨婷）

·群众文化·

【首届临平艺术节】 2022年6月30日，首届临平艺术节开幕式在临平区体育中心体育馆举行。艺术节持续至12月，包含15项文化赛事、50多场活动，线上和线下参与人数300多万人次。11月15日，首届临平艺术节闭幕式在临平大剧院举行，现场颁发最美文化工作者、十佳故事大王、十佳阅读达人以及艺术节各项比赛荣誉。

【“宋韵满城 幸福来临”元宵节系列活动】 2022年1月29日至2月5日，临平区图书馆、文化馆、各镇街综合文化站、杭州书房、文化礼堂开展形式多样的元宵系列文化活动。开展线上和线下活动72场。其中，临平区文化馆开展3场线下活动、1场线上活动；临平区图书馆开展4场线下活动、2场线上活动；临平区各镇街道开展51场线下活动、11场线上活动。

【“藕花洲”系列品牌文化活动】 2022年，临平区委宣传部和区文广旅体局联合主办“藕花洲”系列文化活动，先后引进杭州歌剧舞剧院、杭州越剧传习院、杭州杂技总团演艺有限公司等市级文艺团队，组织临平区优秀文艺团队、协会演出。其中，开展“藕花洲”大舞台文化活动50场，“藕花洲”故事会15场，“藕花洲”周末剧场文化活动35场，相约周末·文化夜市160多场，“藕花洲”文艺轻骑兵下基层60场，“藕花洲”万册图书进万家送书10万多册。

【文艺星火赋美工程】 2022年11月，临平区文艺星火赋美工程正式启动，发动100多名志愿者参与16个点位的演出，联合两新组织党建联建形成“红心聚力·艺路同行”文艺星火活动品牌。

（王雨佳）

·专业文艺·

【第十二届中国曲艺牡丹奖全国曲艺大赛（临平赛区）】 2022年6月10—14日，由中国文学艺术界联合会、中国曲艺家协会、浙江省文学艺术界联合会、杭州市临平区人民政府主办，浙江省曲艺家协会、杭州市临平区委宣传部、杭州市临平区文化和广电旅游体育局承办的第十二届中国曲艺牡丹奖全国曲艺大赛（临平赛区）在临平区举办，全国400多件作品参评，评出节目奖、表演奖、文学奖、新人奖24个。临平赛区为鼓曲、唱曲、南方小品赛区，内地各省、香港、澳门等15个省、市的50个节目参赛。比赛采用线上比赛+线下专家评审的形式，著名表演艺术家巩汉林、盛小云、范军、翁仁康等10多位名人名家担任评委。临平区原创曲艺小品《抢“地盘”》获牡丹奖节目奖。

【第九届西湖合唱节暨首届中国大运河室内合唱节】 2022年9月26日至11月21日，第九届西湖合唱节暨首届中国大运河室内合唱节在临平区举办，16个省、40个地区的87支团队参与比赛，经过线上比赛、专家组评选，临平世纪之声合唱团、塘栖二中星空合唱团获青少年组金奖，小海豚合唱团获青少年组银奖，星女子合唱团获成年组银奖，临平区文化馆获优秀组织奖。合唱节开展5场线上比赛、4场下基层展演、2场合唱大师工作坊和1场颁奖音乐会。

（王雨佳）

·文艺创作·

【概况】 2022年，临平区文化馆获得国家级、省级、市级各类奖项52件。其中，国家级3件次、省级14件次、市级35件次。2月，歌曲《山水引》《秋风吹过的村庄》均获第二届浙江省旅游歌曲大赛金奖，群舞《滚灯人》获浙江省三团三社总决赛表演金奖；5月，歌曲《风动艺尚》获得第十二届全国村歌大赛金奖；9月，歌曲《好人歌》获浙江省第二十一届群众音乐大赛铜奖；10月，杭摊《施昕更》获第十二届中国曲艺牡丹奖节目奖提名奖，小品《抢“地盘”》获第十二届曲艺牡丹奖节目奖；11月，小品《夜行者》获“喜庆二十大 同走共富路”浙江省第三十三届群众戏剧小品大赛金奖。

【书法摄影美术创作】 2022年5月，临平区文化馆组织选送书法作品《苏轼题跋归去来词》入展浙江省群星女书法家作品展并编入大展画册。6月，组织选送的24件作品获杭州市文化广电旅游局、杭州市委主办的“魅力亚运·展望未来”2022杭州市少儿书画摄影大赛等级奖，区文化馆获优秀组织奖。7月，组织选送的3件美术作品获浙江省文化馆主办的“喜迎亚运·童绘精彩”浙江省首届群星少年儿童美术大赛银、铜奖。8月，组织选送的5件作品全部入展浙江省文化馆主办的浙江省第四届群星书法小品展并编入大展画册。9月，组织选送的4件作品入展获“与亚运同行 意境天成”杭州市民间美术作品展最佳展出奖，编入大展作品集，区文化馆获优秀组织奖，何亮良获组织工作先进个人称号。

2022年9月16日，在江苏宿迁举行第十二届中国曲艺牡丹奖颁奖仪式暨惠民演出，左二为临平区代表上台领奖 （区文广旅体局 供稿）

【歌曲作品获奖】 2022年7月，临平区文化馆辅导歌曲《春天的芭蕾》获第三届杭州市青少年艺术大赛（音乐专场）暨2022浙江省青少年艺术大赛（音乐专场）——“追梦之声”浙江省青少年声乐和器乐选拔赛初中组一等奖，器乐《十面埋伏》获第三届杭州市青少年艺术大赛（音乐专场）暨2022浙江省青少年艺术大赛（音乐专场）——“追梦之声”浙江省青少年声乐和

2022年6月6日，“塘栖百匠”非遗工坊入选省级非遗工坊创建名单

（区文广旅体局 供稿）

器乐选拔赛民乐组二等奖。8月，独唱《雪域阿佳》获市第三届少年儿童音乐大赛（声乐）二等奖。9月，辅导故事《小邋遢的故事》《奶茶故事》分别斩获杭州市少儿故事大赛金奖和银奖。

（王雨佳）

·非物质文化遗产·

【概况】 2022年1月22日，临平区“非遗未来空间”培育工程暨非遗过大年活动在余之城非遗未来空间举行，开展线下非遗互动体验、年货展销活动，发布“非遗TIME×粼粼的运河”概念店展第一季，参与市民1.5万多人次。区文化和广电旅游体育局获2022浙江非遗年俗短视频优秀组织奖。4月，浙江省文化和旅游厅公布浙江非遗年俗视频大赛获奖名单，临平区选送的《非遗过大年》获得二等奖，《剪窗花，写春联，娃娃把年迎回家》获得优秀奖，临平区文化和广电旅游体育局获得优秀组织奖，临平区获2021年度浙江省非遗保护发展指数评估指标县（市、区）全省第八名。6月，浙江省文化和旅游厅发布2022年度浙江省非物质文化遗产保护发展指数排名，临平区列全省第八位。“塘栖百匠”非遗工坊和“三家村藕粉”非遗工坊被列入浙江省非遗工坊创建名单。

【第二届“临平非遗季”活动】 2022年7月4日，“文化和自然遗产日”暨第二届临平非遗季活动在临平体育中心启动，开展“非遗美育工程”“丝之生息”主题展览、非遗美育课外实践课堂、青衿手艺课堂、非遗购物节等50多场活动，参与2万人次。

【非遗代表性项目名录入选名单】 2022年9月9日，杭州市政府公布第七批市级非遗代表性项目名录，铁艺画、王元兴特色菜点烹饪技艺、亭趾月饼制作技艺、崇贤蹄髈烹饪技艺、旗袍制作技艺、杭州摊簧入选。8月4日，杭州市文化广电旅游局公布第二批市级非遗体验点名单，杭缎非遗创意体验点入选。11月18日，杭州市文化广电旅游局公布首批市级非遗特色民宿名单，水墨蓉庄艺术主题民宿入选。12月14日，浙江省非物质文化遗产保护中心公布2022年我最爱的非遗美食商铺评选榜单，王元兴酒店、踏步档饭店、法根糕点上榜。

（王雨佳）

·文物保护·

【文物保护体制机制建设】 2022年，临平区制定《临平区加强文物保护利用改革实施方案

（2021—2025年）》。区政府与区级9个部门签订文物保护管理责任书，落实部门监管职责；与镇（街道）、村（社区）逐级签订文物保护管理责任书，将文物保护管理列入镇（街道）综合考评内容。区文物局执行《临平区不可移动文物巡查制度》与《临平区施工工地地下文物保护制度》，完善文物保护长效机制。

【文物保护修缮利用】 2022年，临平区文物局完成42处各级文物保护单位（点）及国有博物馆进行文物安全检查评估并制定相关整改工作计划，评估内容主要包括日常管理、本体病害、消防火灾、盗挖盗掘、自然灾害、违法行为等，完成塘栖镇万松桥、东湖街道广福桥和回龙桥等5处不可移动文物修缮整治工程，均纳入市政府民生实事项目中。

【中国江南水乡文化博物馆重新对外开放】 2022年5月15日，杭州市临平博物馆（中国江南水乡文化博物馆）完成改扩建项目，重新对外开放。博物馆建筑面积2.1万平方米，推出“春风又绿——江南水乡文化陈列”和“此地自古繁华——地方历史文化陈列”两个基本陈列，展览设计突破传统模式，以地域特色为版块，历史脉络为暗线，通过科技手段，展示江南水乡文化和临平历史变迁，让观众在体验水乡记忆的同时感受到当地深厚的历史文化底蕴。博物馆建有“水乡工坊”未成年人体验区、江南文献研究中心、文物修复室等设施，引进“晓风书屋”文化共建空间。

【“5·18”国际博物馆日系列活动】 2022年5月15日，浙江省及杭州市“5·18”国际博物馆日主场活动暨杭州市临平博物馆开馆暨“诗画浙江宝藏游”系列活动在杭州市临平博物馆举行。活动由浙江省文物局主办，杭州市园林文物局、杭州市临平区人民政府承办，杭州市临平区文化和广电旅游体育局执行承办。省、市博物馆代表、首批乡村博物馆代表等出席活动。活动当天，网上观看直播121万人次，中央省、市媒体对活动进行各类宣传报道40多次，浏览量380万人次。

【良渚文化玉架山遗址考古公园（博物馆）建设】 2022年12月，良渚文化玉架山遗址考古公园（博物馆）一期考古遗址公园建成并对外开放。一期遗址公园占地10.76公顷，以考古遗址为核心，以良渚文化为底蕴，以保护展示为脉络，打造兼具文物保护、教育科普、公共考古、市民休闲的城市文化公园。二期玉架山考古博物馆完成展陈文本、土建招标，12月开工建设。

【乡村博物馆】 2022年5月11日，临平区江楠糕版艺术馆作为杭州地区第一批认定的4家乡村博物馆之一，通过省文物局正式验收认定，

2022年5月15日，临平博物馆重新对外开放　（区文广旅体局 供稿）

于5月15日在全省博物馆主场活动上接受授牌。被纳入2022年省政府民生实事项目。

【临平博物馆临时展览】 2022年，临平博物馆举办《繁简之间——宝鸡出土青铜器纹饰艺术展》《永远的长安——陕西唐代文物精品展》《韵·动——两宋文体生活体验展》《临平记忆——口述史里的临平》等4项专题展览。馆藏良渚文化文物先后到内蒙古博物院、浙江博物馆、陕西历史博物馆展出，馆藏宋代文物到四川博物院展出。

【文物典藏】 2022年，临平博物馆开展省文物局数字化改革试点项目“文物指纹——基于文物微痕比对的博物馆藏品管理应用”工作。完成25010件馆藏文物清点工作，开展新增2055件文物等级鉴定，新增二级文物1件、三级文物80件，征集水乡地区地契文献、书法作品68件。

【文物学术活动】 2022年3月，临平博物馆编辑出版《繁简之间——宝鸡出土青铜器纹饰艺术展》图录。5月，联合浙江省博物馆学会举办“博物馆的力量”主旨报告会。7月，举办“浙里鉴宝”民间收藏公益鉴定——临平站活动。8月，举办“揭开星空的神秘面纱——从韦伯望远镜的宇宙图像谈起”“探寻人类文明的智慧之光——考古学是什么”讲座。11月，承办全国博物馆展陈设计艺术研修班。同月完成江南文献研究中心建设，录入古旧文献资料5万多张，口述史文字35万字。

【浙江省第二届少儿沙画大赛】 2022年5月21日，临平博物馆举办“童梦水乡”杯浙江省第二届少儿沙画大赛决赛活动，22名选手入围决赛，儿童组和少年组各评出1名金奖、2名银奖和3名铜奖以及若干名优秀作品和指导老师奖，活动直播吸引26万多人在线观看。

【全省博物馆十佳新媒体短视频推介活动】 2022年11月，临平博物馆举办年度“全省博物馆十佳新媒体短视频推介活动”终评会暨“新媒体时代博物馆的打开方式”主旨报告会。经初评、入围公示和终评，活动产生博物馆组“十佳新媒体短视频”10个，“优秀新媒体短视频”10个。临平博物馆选送的短视频《换羽归来》获“十佳新媒体短视频”奖。

【“一星级全国青年文明号”临平博物馆社会服务部】 2022年9月，共青团中央联合22家全国创建青年文明号活动组委会成员单位开展往届全国青年文明号星级认定工作，临平博物馆社会服务部（宣教部）被认定为“一星级全国青年文明号”。

【大运河遗产保护管理】 2022年4月，广济桥结构安全监测小程序上线，开始进行实时监测，在现有监测系统的基础上，增设监测管理平台及承载力评估分析等，达到24小时实时监测、监测数据多终端实时共享、随时采集与调用，增加预警研究，为后续管护提供数据支撑。广济桥、桂芳桥结构安全监测实现常态化。

【文物考古】 2022年3月，临平区文物局制定印发《临平区考古前置工作告知书》，介绍土地出让考古前置相关制度和工作流程。全年审核考古前置地块242宗，完成16宗勘探工作，总面积约176万平方米，出具143宗无须考古勘探的意见书。牛角村古海塘遗址考古发掘取得重要成果，发现六道古海塘遗存，是历年考古发现中规模最大、整体结构保存最完整、发现塘型结构最齐全的古海塘遗址。5月，古海塘（局部）保护迁移工程进场实施。

（王雨佳）

·公共图书馆·

【概况】 2022年，临平区图书馆采购编目图书15万多册，订购报刊988种，可供免费使用的电子资源（含试用）增至24种。全年接待到馆读者90.1万人次，图书借还79.6万多册次，开展读者活动1180多场次，参与读者102万多人次。全区13个24小时自助图书馆年接待读者18万多人次，图书借还14.8万多册次。完成全区村社公共文化场地154个Wi-Fi点位建设运维。

【图书馆完成第七次全国公共图书馆评估定级】 2022年5月，临平区图书馆迎来第七次全国公共图书馆评估定级。经过近半年的材料梳理，完成填报评估所涉及的64个指标数据，130多条分项说明，提供2018—2021年翔实有效的证明材料、自评估总结及汇报材料。

【古籍数字化】 2022年3—6月，临平区图书馆开展并完成对馆藏两部国家珍贵古籍《渊鉴类函》《周礼补亡》共141册的数字化加工工作。

【“临品悦读”地域特色阅读推广品牌】 2022年，“临品悦读”活动从“阅读”这条主线出发，多角度、多渠道、多形式地开展推广活动，下设“读书二四会”“阅读延时课”“零借阅图书的自白”“阅读街采”“幼儿绘本阅读故事会”“临品悦读”大讲堂6项子品牌活动，服务群体覆盖从幼到老全生命周期读者。全年开展100多场活动，参与50多万人次，将创新创造、读者参与、文化体验、阅读分享结合起来，给予读者多种多样的阅读服务与阅读选择，让读者感受到文化的生命感。

【“4·23”世界读书日系列活动】 2022年，临平区图书馆联合镇街图书分馆开展主题为“书香临平 阅向未来”的世界读书日系列活动100多场，参与市民3万多人次。其中，“藕花洲”故事会于4月16日启动，全新推出名家讲故事专场，邀请故事名家丰国需主讲。

【“书香临平 阅向未来”领读者计划暨暑期阅读节】 2022年7月9日，临平区图书馆“领读者计划”暨暑期阅读节活动启幕。活动特邀嘉宾作家、出版人袁敏与现场读者共同探讨其最新纪实文学力作《巴大叔和他的孩子们——一位科学老师的2049计划》，揭开暑期阅读节活动序幕。阅读节持续整个暑假，包括首届临平艺术节“十佳故事大王”选拔赛及各类读书分享会、手作体验、教育讲座、少儿培训等活动100多场。此外，启动仪式现场进行首届临平区“十佳阅读达人”颁奖仪式。

【“藕花洲”万册图书进万家文化惠民活动】 2022年9月30日，“藕花洲”万册图书进万家

2022年9月30日，在临平区庙东社区庙街拾铺举办“藕花洲”万册图书进万家文化惠民活动 （王燕 摄）

文化惠民活动正式启动，临平区图书馆将3万多册新书送至全区57个村级农家书屋及8个镇街扶持点位。

【汽车图书馆流动服务】 2022年，临平区汽车图书馆驶进乡村、社区、企业、工厂、学校、景区等，全年出车250多辆次，接待读者9.5万多人次，借还图书2.8万多册次。

【图书馆打造新型阅读空间】 2022年，临平区贯彻落实《关于高质量建设公共文化服务现代化先行区的实施意见》精神，推动文化硬件、软件“双提升”，高质量推进全民阅读，建设书香临平，加快促进人民群众精神富有，区图书馆指导创建运旺社区、数字港产业园、理想湾社区、临平区委党校等14家“临品书坊”。其中，余杭高级中学、余杭第二高级中学“临品书坊”选用集装箱造型，是首批校地合作建设项目。

【图书馆总分馆建设】 2022年，临平区图书馆深化图书馆总分馆体系建设，建立工作联络、业务考核机制，提升总分馆协作能力，每月组织一场以上镇街派驻分馆馆长业务培训，提升分馆馆长业务水平、服务能力和综合素质。全年各镇街道分馆及图书室自行采购来馆加工编目图书4万多册，各镇街分馆接待读者52万多人次，借阅量58万多册次，开展各类读者活动642场次，参与读者11万多人次。

【临平智慧图书馆获评“最美公共阅读空间”】 2022年，在浙江省文化和旅游厅与浙江日报传媒有限公司联合举办的“首届浙江省最美公共文化空间”评选中，临平智慧图书馆（临平区图书分馆）从全省入围的262个公共文化空间中脱颖而出，获评“最美公共阅读空间”。

（王雨佳）

·档案工作·

【概况】 2022年，临平区档案馆馆藏档案199个全宗，68多万卷（件），照片5100多幅。全年接待查档利用者5561人次，提供案卷6241卷（件）次，复印21940页。年内，档案工作首次纳入区实绩考核指标，临平区档案馆全年面向一级立档单位、基层村社、区内国企和民营企业开展各类服务指导200多次，完成全区20%立档单位档案室通过业务建设评价和5家单位成功创建省规范化数字档案室的任务目标。落实重大社会事件档案管理规范，研究制发《临平区重要会议、重大活动、突发事件档案管理办法》，开展疫情防控档案和脱贫攻坚档案归集，做好亚运会筹备档案、党史学习教育、共同富裕示范区、数字化改革和实施碳达峰碳中和行动等重要档案建档指导。

【档案接收】 2022年，临平区档案馆实施开展一级立档单位到期进馆档案的依法接收工作。完成45个一级立档单位的进馆档案目录审核以及24个单位的配套材料终审工作，开展14个单位的配套材料初审与复审；接收进馆18个全宗档案，132988卷（件），其中民生档案41200卷；抽检项目档案1420卷、39950条；接收并挂接数字档案条目214172条，原文214050件，978.46GB。

【档案征集】 2022年，临平区档案馆实施重点档案定向征集，建立融媒体中心与档案馆阶段性移交工作机制，定期接收重要新闻照片、视频档案，接收新闻照片档案85张、新闻视频档案1.2TB。加大社会散存珍贵档案征集，在“临平档案”微信公众号开辟“印象临平”照片征集通道，征集照片197张；与民间收藏爱好人士对接，征集实物档案13件，将馆藏最早档案时间从清代往前推至宋朝。

【档案利用】 2022年，临平区档案馆通过现场查档、电话查档、浙里办“临平掌上查档”系统、民生档案“异地查档、便民服务”系统，增强档案服务民生能力，满足人民群众档案查阅利用需求。其中，现场查档接待2096人，涉及档案5376卷（件），复印21940页；电话查档2472人；跨馆查阅及掌上查档993人，涉及档案865卷（件）。

【档案数字资源建设】 2022年，临平区档案馆开展红色档案资源数据库建设，梳理形成何思敬红色专题档案269件，发挥红色档案资源在“四史”宣传教育和“红色根脉强基工程”中的重要作用。申报省级重点档案保护专项经费，探索应用图像识别、文字识别技术建立馆藏包产到户、乡镇企业红色档案全文数据库，加快推动档案数据化。

【档案文化建设】 2022年，临平区档案馆通过研究、整理馆藏历史档案，发掘临平历史文化资源，出版《临平历史档案选辑》，编报上塘河与临平、大运河与塘栖、博陆等档案史料特辑，用好《跟着档案去旅行》《跟着大运河去旅行》等大型文化专题片宣传载体，讲好档案背后的临平人文精神和历史故事。联合市档案馆、市城建档案馆，对馆内珍藏的杭县民国都图地图档案联合申报浙江省档案文献遗产名录。与高校、企业的合作课题《基于公共物质全生命周期管理中档案数据定义与数据赋能研究》，获浙江省档案科技项目立项。

【档案宣传活动】 2022年，临平区档案馆承办“百年恰是风华正茂”主题档案文献展临平区巡展，为临平区党员群众打造一个独特的党史教育、党性教育课堂。抓住中共二十大召开契机，与临平区文化和广电旅游体育局、临平博物馆、临平方志馆和临平史志学会共同主办《临平记忆——口述历史里的临平》主题展。创建“临平区青少年教育基地”，强化档案馆爱国主义教育基地功能，采取请进来、带出去的形式，开展“档案之旅——寻迹塘栖”暑期第二课堂活动。开展新修订档案法学习宣传贯彻活动，将档案法融入领导干部任前考试，营造党政领导干部学习档案法的浓厚氛围。

【档案数字化改革】 2022年，临平区档案馆上线政务电子归档公共组件，对接区政府投资信息化项目全流程管理系统，实现全区电子政务建设项目电子归档。将电子归档技术规范写入《临平区政府投资信息化项目建设指南》，推动

2022年10月25日，“百年恰是风华正茂”主题档案文献展

（区档案馆 供稿）

电子归档纳入全区党政机关各项核心业务数字化运行的流程闭环，推动电子文件归档和电子档案单套管理。

【档案教育培训】 2022年，临平区档案馆为规范档案中介服务企业工作标准，首次开展面向档案中介服务企业业务培训，8家企业的50多人参与培训。深化档案管理培训，与省干培中心对接，全区70家单位的59名档案员参加上岗培训并通过考试，实现档案管理人员100%持证上岗。召开全区档案工作会议，面向全区200多名档案部门工作人员开展针对性在线业务培训，明确档案工作标准，提高档案工作队伍业务能力，提升基层档案工作水平。

（张　燕）

·现代传媒·

【概况】 2022年，临平区融媒体中心旗下电视、报纸、新媒体等融媒体矩阵坚持同向发声，在多个领域均取得明显成效。中心播出自办电视节目270小时，报纸出刊252期，围绕共同富裕、数字化改革、助企纾困及区委区政府中心工作，推出重大主题报道30多组、2000多篇。承办各类活动136场，拍摄制作各类短视频及宣传片1224多条，完成专题节目37期；舆论监督栏目《重点关注》围绕消防安全、工地管理等领域的短板，开展建设性舆论监督，打通群众的向上沟通渠道。全年播出69期，整改率95%以上。中心加大对外宣传力度，“临平故事”多次出现在央级、省、市媒体平台上。年内，70多条报道被中央媒体录用，在浙江卫视、中国蓝新闻、浙江新闻客户端等省级媒体推送900多条，其中在浙江卫视播出电视新闻398条，增强临平区的知名度和美誉度。学习强国临平供稿中心向全国、省、市三级平台推送稿件2348篇，其中全国平台录用360篇，浙江省平台录用377篇，杭州平台录用1481条；向韵味杭州客户端推送稿件6545条，录用1531条；临平区设在脸书平台的海外社交账号Linping，Hangzhou，年内，向海外网友常态化推送反映临平区经济社会新发展新气象的图文视频英文报道，全年公共主页覆盖量314861人次，粉丝数超过5万人次，推文多次被杭州外宣官方社交账号和杭州亚运官方社交账号转载，阅读量超过80万人次，互动量超4万次。“临平发布”微信号粉丝数突破18万次，重点发布平台融合指数和传播影响力保持全市前列；“天天看临平”微信号粉丝数10.5万人次，头条日常阅读量1.5万次，粉丝数和活跃度均位列全市前列。实现全年安全播出零事故。

2022年，临平区融媒体中心获全省广播电视新闻协作县级一等奖、全省广电新媒体新闻协作县级一等奖、浙江省县（市、区）传媒集体单项奖20强。2022年中心创优作品取得历史性突破，获浙江省新闻奖一等奖1件、二等奖1件、三等奖4件，其中年度浙江省新闻一等奖作品《260分钟奋战体现“中国速度”沪昆铁路临平段完成改线拨接为京杭运河二通道让路》推荐参评中国新闻奖；获杭州市新闻奖二等奖3件、三等奖8件，最佳摄像奖1件。

【全媒体矩阵建设】 2022年，临平区融媒体中心完善全媒体矩阵建设，打造“临平发布”“天天看临平”“临世面新闻”等重点端口，完善跨屏融合、破圈传播的全媒体矩阵。5月上线“临世面新闻”抖音号，粉丝量11.8万人，发布短视频1513条，打造爆款36条，其中最高作品浏览量908.9万次，获赞24.2万个。

【政务服务拓展】 2022年，临平区融媒体中心做好政务类大型活动的服务保障工作，完成“建军95年暨双拥共建展演活动”“美丽临平人褒奖典礼”“临平区首届巾帼风采展示活动”

等136场融媒活动，拍摄制作各类短视频及宣传片1224条，其中医师节期间推出致敬医务工作者短视频《如是一生》，创新使用第一人称拍摄，讲述一名医生的成长故事。短视频《一件冬衣》分别以临平和石渠的小学生视角，引出临平区支援石渠县学生冬衣的主题，突出两地友好协作和定点帮扶工作。打造融媒体品牌活动，启动“加油吧！少年”融媒体直播探校活动，采取主持人与学校负责人共同“探校”的形式，讲述学校在教育质量、双减工作等方面取得的新亮点，展现近年来临平教育改革发展取得的成就，受到关注和认可。

【《重点关注》栏目】 2022年，临平区融媒体中心推出的首档舆论监督类栏目《重点关注》，采用“一事一曝光”形式，与多部门联合曝光安全生产、工地管理、公共环境等领域的短板，助推区委区政府中心工作。全年播发节目69期，全媒体浏览量超过100万次。为解决群众急难愁盼问题，开通24小时新闻热线、电子邮箱、微信等渠道，受理群众来电来访500多件，督促责任单位解决群众问题100多件，跟踪采访处理难度较大问题44个，解决率95%以上；及时开展监督“回头看”，加强典型案例通报，督促责任单位进行彻底整改，整改率95%以上，其中38期获区委书记批示，为临平区高质量发展提供舆论支持。

【临平区委一届五次全会宣传报道】 2022年8月1日，临平区委一届五次全会召开，临平区融媒体中心融合发力，整合采编力量资源和播出平台矩阵，推进区委全会宣传报道工作。会议结束后，中心组织记者深入基层采写报道市民群众的反响，刊发《区委一届五次全会在临平区干部群众中引起热烈反响》等报道。推出“聚焦聚力‘两个先行’贯彻落实区委全会精神”专栏，做好各部门各单位学习贯彻会议精神的消息报道，第一时间全方位展现各地各部门贯彻落实的生动实践，在《今日临平》《临平新闻》刊播20多篇报道，同步在临平发布公众微信号、悦临平客户端等平台上推送。启动“喜迎二十大 记者走基层蹲点行动”，推出“解锁网红村的共富密码”“共富路上 奋斗有我”等系列报道，讲好临平高质量发展中的共富故事，展现临平打造共同富裕乡村振兴样本的生动实践。

【中国共产党第二十次全国代表大会主题宣传】 2022年10月，中国共产党第二十次全国代表大会胜利召开。临平区融媒体中心报纸、电视、新媒体各平台，在重要版面、时段、页面，准确刊播中共二十大重要议程和重要活动，做好临平区广大党员干部群众和社会各界人士对中共二十大报告热议反响报道，扩大主流宣传影响力，以实战实效庆祝中共二十大胜利召开。派出近30位记者到全区各地各部门采访报道全区广大党员和干部群众收听收看二十大开幕会盛况。中共二十大召开期间，临平新闻频道精心编排，准确转播中央广播电视总台综合频道中共二十大开幕会、“党代表通道”等内容。《今日临平》在重要版面上开辟“党的二十大特别报道”专刊，平均每天约4个版面的规模转载中央主要新闻媒体重要报道和解读文章，做好中共二十大召开期间的相关报道。临平发布严格按照新闻宣传要求，紧跟中央、省、市媒体节奏，围绕大会宣传发声，发布《振奋人心！临平区党员干部群众收看党的二十大开幕会》等13篇稿件。“悦临平”App和临平新闻网站加强值班值守人员力量，按照网信办要求，做到全天候及时执行网信指令，及时准确发布信息。

【“悦临平”App建设】 2022年1月，“悦临平”App正式上线。作为一款具有临平本地特色的“新闻+政务+服务”的一站式移动端融媒体平台，开设头条新闻、校园、专题、直播、视频、报纸等9个版块；引入战疫求助平台、校园投稿、智慧食堂、阳光少年、场馆预约等30多个服务应用；开辟微融媒阵地，为8个镇街和2个平台开设矩阵服务号，成为镇街平台发声的重要窗口，有用户20多万人。9月，“悦临平”App积分商城正式上线，会员日秒杀活动相继推出，用户103881人，月活跃用户数57659人。

【微融媒体中心（站）建设】 2022年8月1日，临平区作为共建单位，临平区融媒体中心推进微融媒体中心（站）建设。年内，临平区建设32个微融媒体中心（站），实现镇街平台微融媒体中心全覆盖。6月，在杭州市微融媒体中心优秀案例评选暨展演活动中，运河街道微融媒体中心获第五名；7月，在“共富美好”微融媒体中心采风演练活动中，乔司街道微融媒体中心作品《我从畲乡来》获三等奖。

（张振涛）

（责任编辑　何晓菲）

卫生健康

Hygiene and Health

·医疗卫生·

【概况】 2022年年末，临平区有各类医疗卫生机构501家，其中区属医院4家、社区卫生服务中心8家、社区卫生服务站78家。全区8家社区中心全部获全国“优质服务基层行”，成为全市首个国家级推荐标准单位全覆盖区。全区医疗机构核定床位4600张，其中区属医院2050张。卫生技术人员6875人，其中执业（助理）医师2827人，注册护士4048人。全年医疗机构完成诊疗人数1005万人次，县域就诊率94.81%。新增婴幼儿照护服务托位1505个，可提供托位4186个，实现每千名常住人口拥有婴幼儿照护服务托位数3.78个。完成家庭医生签约28.3万人。全年招引医疗卫生人才247名，其中选聘高层次医疗卫生人才74名，新增市级E类及以上人才166名。全年获省、市级科研项目立项116项，获批新型专利92项，发表论文218篇（其中78篇被SCI收录）。辖区内孕产妇死亡率为零，5岁以下儿童死亡率1.4‰，人均期望寿命83.82岁（2021年）。

【健康浙江建设先进区】 2022年，临平区接受“2018—2020年健康浙江建设先进区”授牌表彰，11月通过国家健康区复评省级验收。探索“将健康融入所有政策”机制，出台《临平区公共政策健康影响评价专家库暂行管理办法》，组建跨领域区级专家库。增补健康讲师团讲师成员8名，启动健康讲师百场巡讲活动，全年开展健康讲座710多场，创建区级健康单位56家，区级健康家庭2000户，区级无烟单位84家。构建全方位全生命周期的健康保障体系，全年投入全区医疗卫生机构基础建设、医疗设施设备添置等健康建设资金15.09亿元；新建公共健身场所140多个、绿道21.9千米，新增体育场地5.1万余平方米，全年举办各级体育赛事、亚运健康活动800多场。

【卫生监督执法】 2022年，临平区受理投诉举报案件169起，立案处罚231起，罚没款195.15万元。检查各类医疗机构、公共场所等9757家次。抽取双随机任务326家，执行率100%，掌上录入率100%。受理非法行医相关投诉举报60起，开展打非联合专项整治3次，查处非法行医（含非法医疗美容）29起，罚没款63.85万元。推进卫生健康领域“放管服”改革，加强窗口服务建设，巩固和扩大“一网通办、只跑一次”改革成效，适当拓展“当场办结”事项和“全程网办”事项，全年办结各类许可5654件。

【疾病预防与保健】 2022年，临平区报告传染病15种，27848例，发病率2323.15/10万。无甲类传染病报告；乙类传染病11种2046例，发病率170.68/10万；丙类传染病4种25802例，发病率2152.47/10万。报告法定传染病死亡3例，死亡率0.25/10万，比上年（0.34/10万）下降26.41%。乙类传染病发病数居前十位的病种为淋病、新型冠状病毒肺炎、梅毒、肺结核、痢疾、肝炎、百日咳、艾滋病、猩红热、布病；丙类传染病发病数居前三位的病种为流行性感冒、手足口病、其他感染性腹泻。

【医疗服务】 2022年，临平区深化以区第一人民医院、区中医院、区中西医结合医院为牵头单位的三家医共体建设，实现县域就诊率94.81%。依托医共体牵头医院的帮扶和指导，提升基层医务人员常见病诊治和急救能力。在各中心开设名医工作室37个、医共体“全科-专科”联合门诊21个，开展医共体内临床科室垂直管理数48个，推进医共体内管理和医疗质量同质化。区第一人民医院在全国2508家三级综合性医院中排名第368名、获B++等次，区中医院在全国532家三级公立中医医院中排名第138名、获B+等次，区妇幼保健院在三级妇产专科医院中排名第45名、获B等次。全年区属医院手术例数38346例，其中三、四级手术8083例；选拔150人入选名医培养对象。全年，临平区公立医院医疗机构门急诊803.54万人次，入院11.53万人次，出院11.46万人次，住院病人手术7.12万人次；民营医疗机构门急诊146.65万人次，入院1.32万人次，出院1.28万人次。

【基层卫生】 2022年，临平区家庭医生签约27.79万人，其中重点人群24.9万人次，重点人群签约覆盖率88.1%。落实签约居民就医便捷措施，为慢性病患者提供慢病长处方31.13万张，建立家庭病床860张，经由双向转诊平台在区内医院转诊59140人次。推进“两慢病”分级诊疗改革，从“融专科”到“融医防”，铺开慢病一体化门诊建设，借助AI慢病管理系统，精准描绘健康画像，从多个维度构建医共体“两慢病”绩效评价体系，实现从侧重考核管理结果到侧重考核全周期管理过程的转变。年末，慢病一体化门诊覆盖率100%，纳管患者66864人，“两慢病”规范化管理率、控制率较改革前分别提升10.2个、4.5个百分点。将60岁及以上户籍老年人肺部CT免费筛查列入老年人健康体检项目，完成体检9.1万人，筛查发现疑似肺癌818例，年底确诊184例，完成手术139例，60岁以上老年人肺部疾病发现的病例较上年提升140.5%，其中疑似肺癌发现病例提升163.7%。开展“优质服务基层行”创建，全年，运河街道、塘栖镇、临平街道社区卫生服务中心全部通过国家服务能力推荐标准验收，星桥街道社区卫生服务中心通过社区医院创建。全区国家推荐标准覆盖率100%。

【中医中药】 2022年，临平区发挥区域中医院功能，区中医院、区中西医结合医院顺利完成“中医处方一件事”改革，以数字赋能中医药传承创新。区中医院通过等级医院复评，区中西医结合医院开展等级医院评审筹备工作。临平区中医院中医妇科，区中西医结合医院治未病科、脾胃病科通过杭州市首批基层医疗机构中医特色专科（专病）建设项目验收。推荐12名医师参加2022年杭州市中医骨干跟师项目培养对象遴选，强化社区卫生服务站“网底”功能，全区78个社区卫生服务站100%开展传统中医药适宜技术诊疗服务。推进中医药健康管理服务项目，包括老年人中医体质辨识和中医药保健指导，以及0～36个月儿童穴位按摩及饮食喂养指导。

【医教科研医师培训】 2022年，临平区开展住院医师规范化培训，培训2020级31人。定向培养：在校培养54人，其中2018届14人、

2020届16人、2021届16人、2022届8人。继续培训：全年举办国家级继续教育3项，培训412人，省级和省中医药继教班19项，培训1617人次；市级继续医学教育班54项，培训6156人次；举办临床实践教学活动178次，参训7186人次；开展医疗卫生实践技能培训293场，参加37811人次；开展各层面学术活动101场，培训25139人次。全年新获省、市级科研项目立项171项，其中省医药卫生科研项目18项、省中医药科研项目14项、市卫生健康科技计划项目59项、其他80项；全年完成科研项目验收24项，获批新型专利85项，发表论文236篇（其中89篇收录在美国科学信息研究所出版的引文数据库，Ⅰ级杂志论文21篇、Ⅱ级杂志论文121篇、其他5篇）。

【卫生医疗工程建设】 2022年，临平区政府投资卫生类项目8个，新建项目3个，续建项目5个。项目总投资13.58亿元，完成投资5.43亿元，总投资率40%，本年度完成投资2.01亿元。投入使用3个。其中：区中西医结合医院医疗环境提升改造工程11月25日竣工并投用；公共卫生大楼维修改造项目11月22日竣工并投用；市急救中心临平分中心迁址项目为区民生实事项目，年底项目基本完工；区第五人民医院改扩建项目7月28日主体结构结顶；运河街道社区卫生服务中心项目8月13日投用；完成星桥街道等5家社区卫生服务中心9个房屋修缮项目。

【妇幼健康信息化建设】 2022年，临平区推进妇幼健康全流程全周期数字化管理，“数智好孕”项目被纳入区数字化改革八大攻坚项目、入选省卫健委基层创新储备项目，工作经验在省委改革办《数字化改革》第45期刊发，成功入选2022年健康浙江行动示范样板和优秀案例目录。“健康临平”成功上线浙里办。至年末，日均访问10234人次，位居杭州市、区、县应用第一。依托AI慢病管理系统，在国内率先启用“医防融合指数”，实现医生诊间、居民服务、基层综合管理等基层卫生数字能力提升。基于临平区政务云平台，完成8个拆分复用项目、2个区域项目建设。完成区域卫生专网提升工程，实现单线向双线的提升，开放社会办医机构接入。

【爱国卫生运动】 2022年，临平区列入年度复审的9个省级卫生村全部通过复审；塘栖镇丁河村陈家门自然村被省爱卫办认定为浙江省除四害样板村。全年组织病媒生物防制督查行动70多次，发出抄告单66张，发现问题1500多个，全部落实整改。开展第三方病媒密度监测，实现全区病媒生物密度控制在国家C级及以上标准。开展亚（残）运会病媒生物防制“三圈三级”保障行动，启动亚（残）运会场馆第一圈A级标准和场馆周边500米B级标准建设，完成体育中心测试赛期间病媒生物防制应急保障任务。

【妇幼保健】 2022年，临平区户籍产妇4226人，活产数4294人，系统管理率98.21%，住院分娩率100%。孕产妇死亡率为零。各监测医院出生8803人，出生缺陷发生率20.79‰。全区3岁以下儿童17393人，系统管理率98.69%。7岁以下儿童51880人，保健覆盖率99.30%。5岁以下儿童死亡率1.4‰，其中婴儿死亡率0.93‰。前移出生缺陷预防端口，在全省率先开展免费孕前外周血核酸检测项目，全年完成外周血染色体检测10334人，发现对生育影响较大的染色体结构异常145例，发现率1.4%。全区可提供婴幼儿照护服务托位4186个，每千名常住人口拥有托位数3.78个；建有婴幼儿照护服务社区成长驿站72家，每千名常住儿童拥有成长驿站2.3家；落实《临平区婴幼儿照护服务资金补助实施办法》，下达补助资金357万元，助力婴幼儿照护服务持续、健康发展。建成并投入使用母婴室43个，评定三星级25个，四星级15个，五星级3个。开发建设“好孕来临”应用项目，全流程全周期数字化管理，促进母婴安全和健康，2022年度上线以来访问量32万多人次，成功入选2022年健康浙江行动示范样板和优秀案例目录。

【计划生育协会】 2022年，临平区为3.36万户独生子女家庭、748名计生特殊家庭人员购买计生系列保险，投保金额52.64万元，赔付率107.01%。开展计生特殊家庭“暖心行动”，全年投入92.6万元，走访慰问1772人次。指导全区187个村（社区）完成村规民约清理修订工作，清理计生陈旧宣传阵地207处。区内2家青春健康教育基地顺利通过市级复评。塘栖镇、运河街道暖心家园项目通过中国计划生育协会和杭州市计划生育协会验收，塘栖镇丁河村人口家庭协会获全国计生协先进村社称号。

【老龄工作】 2022年，临平区为全区12.3万户籍老年人购买意外伤害保险，投保369.04万元。组织“敬老月”系列主题活动，开展各类活动近100场。开展敬老爱老助老“最美”系列选树活动，9家单位、家庭和个人入选市级“最美”典型。开展“老年友好型社区”创建活动，4个社区入选市级老年友好型社区，其中东湖街道蓝庭社区获评全国示范性老年友好型社区。启动第一届临平区“敬老文明号”创建活动，25家单位申报参与创建，推荐7家单位参与市级“敬老文明号”、1家单位参与省级“敬老文明号”创建。开展老年友善医疗机构创建工作，全区80%以上为老年人提供医疗服务的医疗机构成为老年友善医疗机构。

（余丽君）

·新冠肺炎疫情防控·

【新冠肺炎疫情处置】 2022年，临平区建立完善区新冠肺炎疫情防控“平战一体”、医疗救治等指挥体系，制定平战转换机制和战时指挥机制，阐明常态化疫情防控下的主要工作内容和环节，明确战时状态下的分级响应条件和对应工作机制。

【群防群控】 2022年，临平区创新研发并迭代升级“网格疫管通”应用，全量监测预警。成立暖心健康服务小分队，带动党员、志愿者、机关干部、楼道（楼栋、片区）长深度参与防控工作，联系走访服务群众。重点场所“一点一策”。上线24小时“战疫求助平台”，排查处置涉疫不实信息。普及防疫知识、讲好“防疫”故事，刊播疫情防控相关信息。

【医疗救治】 2022年，临平区建强以公立医疗机构为主体的三级医疗卫生服务网络，总院每天下沉专家指导分级分类救治，开展上门诊疗。安排社区责任医生报名加入网格，建立专档，开展主动随访，线上解答各类咨询。年内，成立区新冠医疗救治专家组，组建涉及13个专业学科的会诊专家团队，指导新冠疫情规范化诊疗。通过外招内培、上挂下派等形式充实队伍，医护人员通过培训考核达到重症救治资质。制定全区医疗资源统筹管理六大机制，投入医疗救治设备，新（改）建急救站（点），增购负压救护车；增配重症床位的设施设备。面向全区区属医院发热门诊和社区卫生服务中心、服务站投放解热镇痛药、止咳药、小分子抗病毒药，确保群众就医用药需求。

（王潇洁　余丽君）

（责任编辑　何晓菲）

体　育
Sports

·综　述·

【体育场所建设】 2022年，临平区亚运场馆改建项目——临平体育中心、塘栖盲人门球训练基地完成“八大系统”整改，完成空手道、排球（坐式排球）、足球项目验收，临平体育中心获评优秀运维场馆。全区完成省、市级多功能运动场、百姓健身房、体育小康村提升工程等基层体育设施建设22处，新建健身点、篮球场等区级全民健身工程64个。年末，全区有各类健身苑（点）950个、篮球场386个、足球场107块、健身步道330条、百姓健身房22个，村（社区）体育健身设施覆盖率100%，体育场地总面积328万平方米，人均2.97平方米，“15分钟健身圈”基本形成。2022年临平区文广旅体局被评为浙江省公共体育场馆服务大提升优秀单位，杭州跑步中心（徒步）项目被评为浙江省运动休闲旅游优秀项目，嵌入式体育场地设施入选杭州市共富范例赛马优秀名单。

【体育活动】 2022年，临平区举办“闹元宵迎亚运”万米精英赛暨亚运场地测试赛、全国空手道锦标系列赛（第一站）、临平区首届国民体质大赛等亚运主题活动78场，组织全民健身赛事活动和科学健身指导进社区（村）646场，组织送体育专项课进校园行动840堂，全区参加体育锻炼的人数（含学生）比例44.7%。全年培训、认定三级社会体育指导员436人，累计3606人。临平区国民体质监测完成监测样本4000例，合格率95.1%。

（王雨佳）

·亚运会筹办·

【亚运场馆建设】 2022年，临平区体育中心根据亚组委整改要求，完成“八大系统”整改，于3月完成空手道项目验收，5月完成排球项目、坐式排球项目验收，6月完成足球项目验收，在日常的运维中获评优秀运维场馆。塘栖盲人门球训练基地根据亚组委整改要求，推进“八大系统”整改，完成盲人门球项目验收。2月，19个业务领域联络员、7名亚组委选派的排球和空手道项目工作人员进驻临平体育中心场馆集中办公，场馆运行团队初步组建。3月，完成新一轮的杭州亚运会、亚残运会临平赛区指挥层和主任层架构的编制，指挥层和主任层全部到岗就位，场馆运行团队正式组建完成。4月，完成经亚组委人力资源部审定的场馆运行团队人员计划（闭环办赛）2.0版本的编制。12月，完成“常态化办赛”人员计划3.0版本的编制，推进人员点位图、岗位卡的设计和制作。

【“韵味杭州”全国空手道锦标系列赛（第一站）】 2022年4月6—11日，临平区体育中心举办“韵味杭州”全国空手道锦标系列赛（第一站）。来自全国各地的15支代表队、261名运动员、54名裁判技术官员参加。比赛组织志愿者240人、接待媒体20家，对场馆设施、配套设备、功能用房、赛事器材等进行检验，对场馆运行、安全保障、舆论宣传、智慧亚运等进行全要素测试，优化赛事运行体系，提升后续测试赛、正式赛的办赛水平。

【亚运场馆惠民开放】 2022年6月25日，根据《关于做好杭州2022年第19届亚运会、第4届亚残运会延期举办相关应对工作的指导意见》的要求，临平体育中心以公益抵免为原则，分区域、分时段对市民游客开放，接入“亚运场馆在线”，实现场馆查询、预订、核销、培训、参观等一站式便捷服务。至年末，接待健身群众20万人次。年内，临平体育中心推进场馆综合利用，举办临平区首届艺术节开幕式、第二届临平区非遗季等40多场文体活动和展览，参与人数10万人次。

（王雨佳）

【嵌入式体育场地实施方案】 2022年，临平区入选杭州市共富范例嵌入式体育场地设施赛马优秀名单。临平区成立嵌入式体育场地设施领导小组，牵头编制《临平区嵌入式体育场地专项行动规划》与《临平区嵌入式体育场地三年实施方案》，谋划“两带串联、多核引领”，即以大运河、运河二通道为“两带”，以杭州跑步中心、水美公园、临平山西运动公园、望梅立交桥下多功能运动场等12个标志性嵌入式体育场地为“多核”引领，构建“全域均衡、全龄友好、全民共享”嵌入式体育场地体系，搭建嵌入式体育场地数字管理平台，建设“一舱两平台”（驾驶舱、管理端、客户端），方便市民随时查询周边嵌入式体育场地设施并进行咨询、预约等操作。全年完成新建嵌入式体育场地（三大球、三小球、门球）建设93个，新增的嵌入式体育场地面积5.1万多平方米，新建标志性项目5个：水美公园、望梅桥下、丰彩运动公园、引水入城一期、皇国山市民公园。其中，望梅桥下、丰彩运动公园项目被列入杭州市嵌入式体育场地设施建设标志性成果名单。

·群众体育·

【基层体育设施建设】 2022年，临平区完成省、市级体育类民生实事建设项目22处，完成区级体育类民生实事建设86处，完成免费、低收费场地对外开放846片，其中完成共富赛道农村体育设施补短板体育设施建设28处。结合《浙江省居民住宅区公共文化设施建设标准》要求，开展新建小区体育配套评审15次，小区体育配套验收6个。

2022年10月底，临平区丰彩运动公园正式亮相

（区文广旅体局 供稿）

【体育社会组织】 2022年12月23日，临平区召开体育总会成立大会，宣布临平区体育总会成立，确定会长、副会长、秘书长、副秘书长、理事等人选。临平区体育单项协会杭州市临平区门球运动协会和杭州市临平区体育舞蹈协会在2022年杭州市社会组织等级评定中，分别获AAAA和AAA等级。

（王雨佳）

·竞技体育·

【临平运动员参赛浙江省第十七届运动会】 2022年，浙江省第十七届运动会在金华市开赛，本届省运会设置34个大项、62个项次、910个小项，产生金牌1076枚。42名临平籍运动员被选入杭州市代表队，参加第十七届省运会射击、射箭、摔跤、拳击、柔道、体操、排球、沙滩排球、篮球等项目，获金牌20枚、银牌12枚、铜牌8枚。

【体育竞赛获奖】 2022年，临平区星桥一小桥牌队代表临平区参加杭州市中小学生阳光体育桥牌比赛，获得小学甲组迷你桥牌男子团体第一名、女子团体第三名。星桥一小射箭队代表临平区参加杭州市中小学生阳光体育射箭锦标赛，获得射箭团体总分第一名。

（王雨佳）

·体育产业·

【跑步中心入选浙江省运动休闲旅游优秀项目】 2022年，杭州市跑步中心（徒步项目）代表临平区参加由浙江省体育局与浙江省文化和旅游厅联合开展的年度浙江省运动休闲旅游示范基地、精品线路和优秀项目评定。该项目获评“浙江省运动休闲旅游优秀项目”。

【“动动看”App获省首届体育科技创新大赛优秀奖】 2022年，在由浙江省体育局、浙江省科学技术厅主办的中国体育彩票浙江省首届体育科技创新大赛上，临平区“动动看”App（体育多跨场景应用平台）进入决赛，获优秀奖。

【体育单位获省扶持体育发展专项资金】 2022年，杭州跑步中心通过省体育局审核，获省扶持体育发展专项资金；杭州蓝盾健身管理有限公司、浙江健朗体育发展有限公司、杭州杭菁壹号健身管理有限公司、杭州丁盛体育服务有限公司4家体育单位获省扶持体育发展专项资金。

（王雨佳）

（责任编辑　何晓菲）

社 会 生 活

Social Life

·人口监测和家庭发展·

【人口监测与计划生育】 2022年，临平区上报户籍出生人口4124人，比上年减少1.60%。其中，一孩出生2383人，比上年增长11.10%；二孩出生1624人，比上年减少16.42%；三孩、多孩出生117人，比上年增长13.59%。全区人口出生率6.95‰，比上年下降0.44个千分点；人口自然增长率2.08‰，比上年下降0.2个千分点。全年总出生人口7852人，其中男孩4048人、女孩3804人，总出生人口性别比106.41，户籍出生人口性别比102.16。落实优化生育政策配套支持措施，出台《临平区生育补助实施办法》，全年完成4286例生育补助对象的审核，发放金额514.32万元。

【人口政策宣传强化】 2022年，全区187个村社完成村规民约清理修订工作，清理计生陈旧宣传阵地207处。推广生育登记网上办理、掌上办理，全年审批办理生育登记5955件。

（余丽君）

·劳动就业·

【就业惠民生专项行动】 2022年，临平区人力社保局根据经济稳进提质要求，牵头开展“稳就业惠民生”专项攻坚行动，全区实现新增就业3.06万人，其中城镇新增就业1.92万人，失业人员再就业9456人。举办各类线上和线下招聘会53场，发布用工岗位5.89万个。通过落实“返、补、降、缓”一揽子政策助企纾困稳就业，针对企业返还稳岗补贴1.26亿元，发放留

2022年9月7日，临平区“千企万岗 来临启航”云聘会启动，通过开展视频面试、企业直播带岗等系列活动吸引广大青年博士、大学生来临就业

（区人力社保局 供稿）

工培训补助、扩岗补助等1.5亿元，减征失业、工伤两险2.62亿元，社保费缓缴6227.88万元。

【重点群体就业帮扶】 2022年，临平区人力社保局深化打造“岗位宅急送”精准就业帮扶品牌，促进居民家门口就业。联合平台、镇街打造“开运共富联盟”，建立“平台+属地+企业”的就业帮扶新模式。实施重点群体“131”精准就业援助1.5万人次，帮扶率92.02%，促进失业人员再就业9456人、就业困难人员再就业2943人。全年发放失业保险金1.19亿元，兑现就业创业优惠性政策补贴1.03亿元，鼓励创业带动就业，发放创业担保贷款9198.8万元。

【劳动关系和谐构建】 2022年，临平区人力社保局开展“除险保安百日攻坚根治欠薪”专项行动，消除劳动关系领域重大矛盾纠纷，夯实和谐劳动关系基层基础。组建劳动保障督导员、劳动保障专员、劳动关系协调员“三支队伍”，重点培养基层劳动关系协调员，培训977人次，总人数500人。开展建设工程等重点领域专项整治，制定出台《临平区建设工程防范欠薪源头治理专项方案》，开展“大排查大起底大整治”专项检查8次，检查全部在建项目工地和用人单位350个。开展“安薪在临”维权宣传月活动，加大普法宣传力度，全年发放宣传资料1.44万份，服务群众2.06万人次。线上打造“临平欠薪投诉码”，畅通本地网上欠薪维权举报投诉渠道，线下开展欠薪投诉集中接访活动，在区综治中心和镇街分别设置欠薪投诉接待专窗，畅通线下举报投诉渠道。

【劳动纠纷化解】 2022年，临平区人力社保局受理立案各类劳动监察投诉举报案件1192件，涉及劳动者2245人，金额2828.75万元；受理国务院欠薪线索反映平台线索件3926件，受理“临平欠薪投诉码”网上件147件。加强基层调解组织建设和仲裁化解力量，构建五级矛盾纠纷调解机制，乔司街道劳动人事争议调解中心被评为全国首批“百家金牌劳动人事争议调解组织”。加强仲裁案前调解，与律所、司法局“橄榄枝”调解中心合作，借力“人民调解”，确保整体调解率85.52%；开展“互联网+调解仲裁”，提升网办率至47.3%，建立“共享法庭”，提升诉源治理成效。全年受理劳动人事争议案件1838件，涉及劳动者2086人，金额1.43亿元。

（胡显光）

·居民生活·

【概况】 2022年，据住户抽样调查资料显示，临平区（原余杭区口径）城乡居民人均可支配

2022年临平区城乡居民四大类收入及增长情况表

表6

收入结构	全体居民人均可支配收入		城镇居民人均可支配收入		农村居民人均可支配收入	
	绝对值(元)	增长率(%)	绝对值(元)	增长率(%)	绝对值(元)	增长率(%)
可支配收入	70394	3.9	79422	2.9	51384	5.5
一、工资性收入	46050	3.0	52144	1.9	33219	5.1
二、经营净收入	9711	3.8	10014	3.0	9074	5.6
三、财产净收入	7047	6.8	8379	6.3	4241	6.1
四、转移净收入	7586	6.7	8885	5.8	4850	7.7

收入70394元，比上年增长3.9%。其中：城镇居民人均可支配收入79422元，增长2.9%；农村居民人均可支配收入51384元，增长5.5%。城乡居民收入之比为1.55：1，居全省最低行列。

【城乡居民四大类收入及增长情况】 2022年，临平区全体居民在各类经济单位劳动得到的人均工资性收入46050元，增长3.0%。其中，城镇居民人均工资性收入52144元，增长1.9%；农村居民人均工资性收入33219元，增长5.1%。全区全体居民人均经营净收入9711元，增长3.8%。其中，城镇居民人均家庭经营净收入10014元，增长3.0%；农村居民人均家庭经营净收入9074元，增长5.6%。全区全体居民人均财产净收入7047元，增长6.8%。其中，城镇居民人均财产净收入8379元，增长6.3%；农村居民人均财产净收入4241元，增长6.1%。全区全体居民人均转移净收入7586元，增长6.7%。其中，城镇居民人均转移净收入8885元，增长5.8%；农村居民人均转移净收入4850元，增长7.7%。（详见表6）

（沈利萍）

·民政事业·

【养老服务设施】 2022年，临平区新配建养老服务用房2.1万平方米，实现配置率100%。建成首家智慧养老院，新增康养联合体2家、示范型居家养老服务照料中心14家、认知障碍照护专区床位100张、家庭养老床位150张，全区9家镇街级居家养老服务中心实现智能服务终端配置全覆盖，助餐“一卡通”项目上线。年末，有居家养老服务场所137个，其中居家养老服务中心8家、居家养老服务照料中心129家；助餐场所142家（个），其中集中配送餐中心13家、老年食堂25家、助餐服务点104个，90%以上实现社会力量运营；养老机构8家，其中民办4家、公建民营4家，床位1427张。

【政府购买养老服务】 2022年，临平区享受政府购买居家养老服务老年人1.5万人，享受时间标准为每人每月4～56小时，发放资金1683.45万元。出台《杭州市临平区养老服务电子津贴工作职责和考核管理办法》。完成困难老年人家庭适老化改造207户，改造标准1.2万元/户。完成全区11.7万名老年人能力综合评估工作。

【老年人高龄津贴、生活补贴和节日慰问】 2022年，临平区对80～89周岁享受区城乡居民基本养老保险待遇的临平户籍老年人，按每人每月50元的标准发放高龄津贴，90～99周岁按每人每月100元的标准发放，100周岁以上按每人每月300元的标准发放，全年发放1124.635万元。对年满60周岁及以上享受临平区城乡居民基本养老保险待遇的临平户籍老年人发放节日慰问金，其中春节慰问金1000元/人，端午节、中秋节慰问金600元/人。发放春节慰问金1610.9万元，端午节慰问金972.96万元，中秋节慰问金972.06万元。

【养老队伍建设】 2022年，临平区完成养老护理员取证150人，实现每万名老年人拥有持证养老护理员26人。全区养老护理员773人（含护理院医护人员），其中持证养老护理员315人，持证率41%；高级养老护理员51人，占持证养老护理员总数的16.2%。

【社会救助】 2022年，临平区新增低保137户202人、低边60户190人、特困2户2人，退出低保241户423人、低边90户254人、特困6户6人。年末，全区低保对象1571户1933人，低保标准为每人每月1216元；低保边缘对象176

户529人，低边定期生活补助标准每人每月74元；特困人员40户40人，特困人员基本生活标准每人每月2027元。全年发放各类救助金5945.43万元，其中低保资金2473.17万元。

【慈善救助】 2022年，临平区有慈善分会9个，慈善工作室184个，区慈善总会会员总数269个，其中个人会员7名、单位会员262家。慈善总会全年募集善款4973.26万元，发放救助金1752.13万元，救助弱势群体17473人次。"慈善一日捐"募集资金719.21万元，"共富基金"募集资金2162万元。新增慈善信托备案5单100万元。开展品牌慈善项目20个，涉及资金890.6万元。孵化培育慈善组织1家。对口帮扶石渠投入283.71万元，对口帮扶衢州投入68.8万元，对口帮扶建德投入50万元。

【困境儿童帮扶】 2022年，临平区新增杭州市儿童友好社区2个、杭州市未成年人保护样板工作站1个。布点基础型儿童之家113个，新增区级示范型儿童之家48个、市级基础型示范儿童之家2个、市级示范型儿童之家2个、省级示范型儿童之家1家。年末，在册困境儿童473人，发放基本生活补贴423万多元，为520多名困境儿童提供免费健康体检。农村留守儿童2名。儿童督导员8名，儿童主任184名。

【流浪乞讨人员救助】 2022年，临平区加强流浪乞讨人员救助管理，做好特殊灾害性天气街面巡查工作，开展"寒冬送温暖""夏日送清凉"等专项救助行动。全年劝导、救助351人次，协助18名长期滞留受助人员落户。

【基层社会治理】 2022年，临平区新增社区12个，完成12个社区规模优化调整，建立"十步法"全流程工作体系。新增社区服务综合体10个，新增社区社会工作室12家，镇街级社会工作站覆盖率100%。实施"微自治3.0"项目15个。年末，全区有城市社区139个（含撤村建居社区55个）、农村社区57个。

【社会工作人才】 2022年，临平区新增省级领军人才2人、市级最美社工4人、市级社工督导助理1人、区级领军人才10人、区级最美社工100人。年末，全区有在岗社工1632人，城市社区持证社工1048人，占比64.22%；农村社区持证社工102人。开展三批专职社工招聘，招录501人，每万名城镇常住人口拥有专职社区工作者19.5人。

【社会组织】 2022年，临平区新增AAAA级及以上社会组织13家，新增省品牌组织2家、领军人才2人；新增市品牌组织2家、领军人才2人、品牌项目2个。年末，全区有注册登记社会组织765家（社会团体163家，民办非企业588家，基金会14家），备案类社会组织3035家，其中AAAA级及以上社会组织32家，镇街社会组织服务中心AAA级及以上占比100%，社区发展基金会覆盖率112.5%。

【殡葬服务】 2022年，临平区经营性公墓4家、公益性公墓6处、村级骨灰存放室38处、镇街级骨灰存放室4处，生态葬法覆盖率100%。办理生态葬7人，奖励生态葬补贴7万元。清明、冬至期间接待扫墓群众约22万人（经营性公墓）。

【地名管理】 2022年，临平区命名（更名）居住区（建筑物）19处、道路（桥梁）16条，办理门牌证6498本。建设数字门牌4468块，开展树牌立碑试点3处，提升省地名地址数据库43万多条，提升国家地名信息库2800多条，更换照片600多张，更新商业地图数据1300多条。

【婚姻登记服务】 2022年，临平区办理结婚登记4807对，离婚登记934对，离婚申请1227

对，补领结婚证16726对，补领离婚证190件，收养登记14人次。查询档案1.5万多人次，接待4.8万多人次。开展婚姻家庭辅导服务4215件，其中新婚辅导3166件、离婚辅导1008件、婚姻关系辅导24件、家庭关系辅导17件、辅导调解后暂缓离婚或不离的810件，劝和率81%，群众满意率100%。成立婚姻家庭调解社会工作站。

（陈建婷）

·医疗保障·

【概况】 2022年，杭州市医疗保障局临平分局优化医保定点覆盖，年末，临平区有签约开通协议定点医药机构656家，其中医疗机构276家、零售药店380家，定点机构覆盖全区。促进定点医疗机构和定点零售药店管理的规范化。

【参保率提升】 2022年，医疗保障局临平分局在全民参保库的基数上，做好新增扩面资源的维护，参保率99.95%。每月通过浙江省大救助系统排查新增持证人员，年末，排查新增困难人员120人。做好西湖益联保参保工作，西湖益联保理赔临平区参保人员6022人，赔付金额4112.99万元。

【医保“五进”宣传活动】 2022年11月2日，医疗保障局临平分局在南苑街道龙兴未来社区举行“五进”宣传活动启动仪式。临平分局在临平区各街道、村、社区、企业、定点医疗机构、公共场所开展现场咨询服务，通过发放医保政策宣传手册、播放医保政策视频及面对面答疑解惑等方式，围绕群众关注度较高的各类医保报销、异地就医结算管理、规定病种、医保目录管理、定点医药机构协议管理以及西湖益联保参续保流程等政策进行宣传和讲解。年末，临平区医保政策“五进”宣传活动在全区26个活动点位推进“五进”宣传，发放三折页2.5万份，咨询群众8000多人。

【助推“智慧医保”上线】 2022年，医疗保障局临平分局根据“智慧医保”上线的要求，前期重点督促指导定点医药机构做好药品、耗材、项目等15项医疗保障信息业务编码贯标工作，深入定点医疗机构和药店开展现场测试、验收。2月15日，浙江省“智慧医保”平台上线。

2022年11月2日，杭州市医保系统医保政策“五进”宣传活动在龙兴未来社区启动

（徐千云 供稿）

【医保网办业务优化】 2022年，医疗保障局临平分局要求定点医疗机构开通跨省异地就医结算。年底，临平区有89家机构开通，完成率43.63%。8月，临平区开通“医保小智”平台。全年，区“医保小智”电话AI接听4528人次，人工接听4247人次。

【"一地创新、全省共享"应用项目申报】2022年，临平区未来社区——龙兴社区，集"医保小智"视频办、医保自助、智能零报、远程问诊、就近购药、西湖益联保办理和困难相商及政策咨询于一体的7个建设子场景为邻里医保服务驿站，为社区和周边群众提供医保医药医疗三联动服务。临平区被列入省"浙里医保"重大场景应用"一地创新，全省共享"名库。

【市级医保服务示范点】 2022年，临平区贯彻落实浙江省医疗保障局关于省级医疗保障服务示范点建设实施方案，加快完善杭州市医保经办服务体系建设，提高医保服务标准化规范化水平。临平区南苑街道医保服务示范点、安乐社区医保服务示范点、临平区中西医结合医院医保服务示范点、余杭农商银行东湖支行医银合作医保服务示范点入选年度市级医疗保障服务示范点。

【医银合作深化】 2022年，临平区将银行网点纳入"15分钟医保服务圈"范围，推动临平区医保业务和农商行党建融合业务新发展。全区有19个银行网点开设医保服务业务，协同余杭农商行推进参保人员参保信息查询、职工参保登记等14项业务在银行网点落地。

【医保党建服务品牌建设】 2022年，临平区夯实党建服务基础，深化"医心服务 药事相商"党建服务品牌，开展"千名干部进千企"企业服务、医保"五进"政策咨询服务等服务活动，覆盖服务群众8000多人次。组织开展党员干部服务基层活动，利用"三服务""办实事、解难题、减负担""民呼我为"等活动，指导党员干部服务基层，倾听群众、企业、基层组织"呼声"，开展走访140多人次，走访各类企业70多家次、村（社）10多个，认领并解决疑难问题11个。在全局各业务科室开展医保"四比四看"服务提质工作，确保业务经办人员熟练掌握各项政策，提升医保服务质量和水平。

【医保专项检查行动】 2022年，临平区对区内600多家机构在2021年5月至2022年4月规范使用医保基金的情况开展自查自纠，涉及违规费用67.91万元。突出重点以专项整治为主线，在有序推进日常全覆盖巡查任务的基础上，开展民营医疗机构医用氧专项审计、历年账户突击消费等专项检查。在市局的统一指导下，对区内相关机构开展杭州市飞行检查；联合区市场监管局、区卫健局对10家社会办定点医药机构、1家区级医疗机构开展"双随机、一公开"监督检查。联合区卫健局对18家社区卫生服务机构进行专项检查。委托第三方数据信息公司对年度医疗费用支出排名靠前的5家门诊部进行数据分析，利用大数据进行监管。组织16名市、区级医疗专家参与病历核查，助力稽核案件的查处。

【医保支付方式改革】 2022年，临平区与市医保局同步完成2021年总额预算管理下的按病组、按床日、按项目等多元复合式医保支付方式下的费用清算工作，各类奖励金额2705.44万多元；对区内23家医院2627个病组情况梳理分析，排查出39个病组疑似存在高套点数、不符合住院指征住院等违规行为，对3家区级医疗机构分管领导和医保负责人进行警示约谈，对高套点数的1家医疗机构责令退回医保费用31.91万元；完善不设差异系数病组和床日付费政策，在2021年50个不设差异系数病组的基础上新增30个病组目录，确保医疗机构得到合理补偿，引导医疗机构合理诊疗。

【动态调整医药服务相关政策】 2022年，临平区督促定点医疗机构国家医保谈判药品的保障供应，要求4家区级公立医疗机构做到国家医保谈判药品"应配尽配"。落实省、市医保局关于支持中医药传承创新发展的实施意见，加强对定点机构的政策指导和监督。根据省、市医保局关于药品、诊疗目录动态调整内容，及时通知定点机构进行下载维护，保障参保群众利益。

【药品耗材集采工作】 2022年年末，临平区在临床执行的带量采购药品有国家六批、省二批、市一批。临平区涉及中选药品品种221个，部分批次药品超额完成采购任务量。

（谢　燕）

·住房保障·

【住房保障审批】 2022年，临平区住建局做好住房保障有关工作。发放高层次人才购房补贴、租房补贴、杭州市新引进应届大学生租房补贴、新就业大学毕业生和创业人员公共租赁住房补贴、城镇中等偏下收入住房困难家庭公租房补贴、廉租房补贴合计3.05亿元。

【保障房和人才房建设】 2022年，临平区住建局推动保障性住房（公租房、保障性租赁住房、共有产权房）筹建进度。年内，全区公租房实物房源199套，保障性租赁住房房源1.74万套（间）。在建的项目中，集中建设公租房项目9个，房源7709套；逐宗配建公租房项目26个，房源2780套；有产权房项目2个，房源约1000套。

【征迁清零】 2022年，临平区住建局完善和出台全区征迁、回迁配套政策9个。协调指导完成2535户农居户和114家企业的征迁工作，征地283.41公顷；征迁企业钉子户12家、农居户钉子户22户。

【安置房建设】 2022年，临平区安置房新开工6个项目，建设面积68.75万平方米，建设套数3744套。竣工备案16个项目，建筑面积190.25万平方米，1.04万套。

【住房回迁安置】 2022年，市级民生实事工程计划回迁安置1600户。临平区确定区级民生实事回迁安置3000户，实际完成3794户，超额完成任务。

（向林森）

·社会保障·

【社会保险扩面工作】 2022年，临平区各类养老保险参保人数62.82万人，实现新增参保1.89万人，工伤保险、失业保险参保人数分别达51.58万人、41.65万人，区内户籍人员基本养老保险参保率99.87%，推进区内户籍的1082名困难人员参保扩面，应保尽保，贫困人员参加城乡居民养老保险率100%。社保系统实现全国统筹，65家企业建立年金制度。

【社会保险基金风险排查整改】 2022年，临平区人力社保局开展“社会保险基金安全警示教育月”“社保基金管理提升年”活动，制定《临平区社会保险基金对账制度》，开展全区养老保险基金管理风险排查和问题整改。开展服刑人员待遇领取清查、异地重复参保清查等专项检查，追回违规待遇发放40多人，金额110万元。

【社银合作承接人社政务服务】 2022年，临平区人力社保局推进“社银合作承接人社政务服务”（简称“社银通”）试点，通过提供预约办、上门办、定制办等个性化服务，扫除老年人、残疾人等特殊群体智能化办理上的阻碍，在全区创建52个省标社银合作网点，将68个公共服务事项纳入“社银通”经办清单，全年完成社银业务办理8220件。优化营商环境，聚力助企服务，19个涉企事项全部进驻区企业服务中心；优化窗口设置，设立“工伤综合专窗”，做到工伤认定、劳动能力鉴定、工伤待遇支付等15分钟内无差别“一窗”快受理。优化提升老年教育，建设8个企退镇街学苑，形成“1+8”模式覆盖全区13万名企退人员教学体系，实现老年教学点全覆盖区。

【社会保险数字化改革】 2022年，临平区人力社保局推进“护薪保”“浙里就业创业”“数智就业驾驶舱”等省、市级信息化项目推广应用。打造数智“临”办系统，实现“工伤预警、智能分析、联网结算、安全培训”一体全过程管理，全年完成工伤认定网上申请309件，开通联网快结算定点医院3家。推出社保待遇资格“无感认证”，一次性完成全区10.6万名企退人员、工伤定期待遇人员社保待遇资格的无感认证，认证率85%，实现“零跑腿、零感知”办结资格认证。

【人力社保局首次获省绩效考核优秀】 2022年，临平区人力社保局开展“对标对表、创优争先”活动，以项目化管理手段，制定17个重点工作项目，以“人社我帮您”党建品牌为引领，开展“百千助千企”“联村结社”等服务企业、基层、群众等活动，推进中共二十大精神宣讲与人社法律法规、惠企惠民政策宣传相结合。全年走访服务企业等基层组织410家次，服务群众6000多人次，获评全省2022年人力社保系统绩效优秀。

（胡显光）

·公积金管理·

【概况】 2022年，临平区公积金新开户职工45671人，净增建缴职工1.20万人，月均实缴人数17.27万人。全区缴存额32.95亿元，支持住房消费51.28亿元，其中提取额23.28亿元；发放个人住房贷款4808户，贷款额28亿元。全区业务收入3.56亿元，业务支出2.43亿元，实现增值收益1.13亿元。“关于公积金扩面和加强矛盾调解的建议”被浙江省信访局评为2021年度优秀“人民建议”，“小金灵”数智公积金服务平台获临平区“民呼我为”优秀案例，获评2021年度临平区直机关先进基层党组织、2021年度临平区无烟单位、2021年度优秀窗口等。1月，新增平安银行合作开展住房公积金还贷提取按月转账业务，该业务受理银行22家。5月17日，杭州住房公积金管理中心临平分中心在塘栖市民之家增设公积金窗口，正式对外服务。

【高层次人才住房公积金贷款政策】 2022年2月9日，临平区执行高层次人才住房公积金贷款有关政策口径。高层次人才在杭州市首次购买自住普通商品住房申请公积金贷款的，可享受高层次人才公积金贷款优惠政策，申请贷款时应连续缴存6个月（含）以上，贷款额度可按家庭申请贷款时计算的可贷额度合计上浮50%确定。

【公积金行业共享法庭】 2022年3月2日，浙江省省内公积金行业共享法庭在杭州住房公积金管理中心临平分中心成立。共享法庭（公积金服务站）是杭州市临平区人民法院与杭州住房公积金管理中心临平分中心建立工作联动机制后，创新公积金纠纷化解模式，在杭州住房公积金管理中心政策法规处指导下，按照示范标准将“微法庭”迭代升级的特设共享法庭。通过“非诉解纷法官全域指导”在公积金的试点，发挥共享法庭（公积金服务站）的“调解指导”“普法宣传”“基层治理”等功能，推动矛盾纠纷化解在源头，以“共建、共治、共享、共富”探索社会治理新格局。共享法庭（公积金服务站）配备1名庭务主任、2名联系法官、2名调解员、1名代办员。7月5日，“以共享法庭（公积金服务站）为依托深化公积金多元矛盾纠纷化解机制”被杭州市建设法治政府（依法行政）工作联席会议办公室确定为浙江省县乡法治政府建设“最佳实践”项目培育对象。

2022年11月3日，在临平区汤家社区文化礼堂开展公积金小金灵课堂进社区活动
（杭州公积金中心临平分中心 供稿）

【住房公积金阶段性支持政策】 2022年6月2日起，临平区实施住房公积金阶段性支持政策。受新冠肺炎疫情影响的企业，缴存住房公积金确有困难的，在与职工充分协商的前提下，经职工代表大会或工会讨论通过并提交决议书，可申请缓缴住房公积金，到期后进行补缴。在此期间，缴存职工正常提取和申请住房公积金贷款，缴存时间连续计算，不受缓缴影响。受疫情影响的缴存人，在5月20日至12月31日不能正常偿还住房公积金贷款的，可申请不作逾期处理，不作为逾期记录报送征信部门。加大住房公积金支持租房提取力度，缴存人可按月提取住房公积金账户余额，提取限额按现有标准上浮25%确定，即1500元/月。上述支持政策实施时限暂定至12月31日。

【住房公积金优惠政策】 2022年6月10日起，临平区提高无房职工家庭住房公积金贷款额度。职工家庭名下无房，且无住房贷款记录，在首次购买普通自住住房时申请住房公积金贷款的，家庭最高贷款限额标准上浮20%。其中职工单人缴存住房公积金的最高额度从50万元提高到60万元，夫妻双方缴存住房公积金的最高额度从100万元提高到120万元。其他贷款额度优惠政策与本贷款额度上浮政策不叠加使用。

自8月1日起，实施三孩家庭住房公积金优惠政策。三孩家庭购买首套普通自住住房且首次申请住房公积金贷款的，贷款额度可按家庭当期最高贷款限额上浮20%确定。三孩家庭无房租赁住房提取住房公积金的，提取限额按规定额度标准上浮50%确定，即1800元/月。本额度上浮政策与其他住房公积金贷款及提取额度上浮政策不叠加使用。

【住房公积金贷款政策调整】 2022年，临平区自11月28日起，调整住房公积金贷款政策。职工家庭名下无住房，无住房贷款记录或有商业性住房贷款记录且相应贷款已结清，为改善居住条件申请住房公积金贷款购买普通自住住房的，执行首套房政策，贷款首付款比例不低于30%。职工家庭名下拥有1套住房，或无住房但有住房公积金贷款记录且相应贷款已结清，再次申请住房公积金贷款购买普通自住住房的，执行二套房政策，贷款首付款比例不低于40%。

【“鑫”动力共享家党建联盟】 2022年6月30日，杭州住房公积金管理中心临平分中心举办“帆扬提质‘鑫’动力 助企惠民结同心”委贷银行授牌暨党建联盟启动仪式。“鑫”动力共享家党建联盟由杭州住房公积金管理中心临平分中心、星桥街道汤家社区以及17家金融机构

2022年6月30日，杭州住房公积金管理中心临平分中心委贷银行授牌暨党建联盟启动仪式在临平区商会大厦C座党群服务中心举行

（杭州住房公积金管理中心临平分中心 供稿）

组成，以政治理论联学、优势资源联享、宣讲活动联办、党员队伍联建、中心工作联促、作风纪律联抓为主要内容，联合打造区域化、跨行业、组团式的党建工作新方式。10月，“党建引领共享家 助企惠民结同心”入选长三角地区公积金领域党建创新案例集。

【住房公积金调整缴存基数】 2022年7月1日起，杭州住房公积金管理中心临平分中心开展2022年度住房公积金调整工作。住房公积金缴存基数上限按杭州市2021年全市非私营单位就业人员月平均工资的3倍确定，缴存基数上限36675元；缴存基数下限为政府公布执行的当地月最低工资标准，杭州市临平区下限2280元。

【个人住房公积金贷款利率调整】 2022年10月1日起，杭州住房公积金管理中心临平分中心根据中国人民银行有关决定，下调首套个人住房公积金贷款利率0.15个百分点，5年以下（含5年）和5年以上利率分别调整为2.6%和3.1%。第二套个人住房公积金贷款利率政策保持不变，即5年以下（含5年）和5年以上利率分别不低于3.025%和3.575%。

【公积金小金灵课堂进村社活动】 2022年10月25日下午，杭州住房公积金管理中心临平分中心以“贯彻党的二十大精神 争当学习弄潮儿”为主题，联合临平区融媒体中心举办“学习强国”知识竞赛公积金临平分中心“小金灵课堂”专场活动。相关做法获“学习强国”杭州学习平台及杭州市委组织部“西湖先锋”平台报道。

11月3日、11月10日晚上，杭州住房公积金管理中心临平分中心分别走进星桥街道汤家社区、塘栖镇河西埭村举办“贯彻党的二十大精神 扎实推进共同富裕”公积金小金灵课堂进村社活动，以歌舞、快板、小品、知识问答等形式宣传中共二十大精神，并普及反诈骗、消防安全、公积金政策等知识。

【公积金支持共有产权房购买】 2022年12月1日起，杭州住房公积金管理中心临平分中心实施住房公积金支持购买共有产权保障住房政策。职工家庭购买共有产权保障住房（包括家庭产权份额和政府产权份额），可按规定提取住房公积金和申请住房公积金贷款。

（沈美娣）

·退役军人事务·

【退役军人服务保障体系】 2022年，临平区重视打造全省全市最强退役军人基层服务保障体系。镇街级服务站1家、村社级服务站13家获评省级“新时代枫桥式退役军人服务站”，年内，全区有36家获评省级“新时代枫桥式退役军人服务站”。

【退役军人就业安置】 2022年，临平区安置2021年度随军家属，解决军人子女入托、入学的问题。完成年度军队转业干部、军休干部、符合政府安排工作退役士兵的接收安置工作；以“一站式”服务做好退役士兵接收报到工作；围绕自主就业退役军人充分稳定就业，举办欢迎仪式和专场招聘会，定向退役军人和临平区现役部队随军家属招录社工；组织退役士兵参加就业和学历培训。举办“运河学院”——临平区退役军人技能人才培训学院授牌仪式暨“开班第一课”，为退役军人就业创业拓宽新渠道。

【退役军人数据中心建设】 2022年，临平区建设退役军人数据中心对接20多个部委办局的接口数据，方便工作人员检索退役军人的全生命周期数据；打造智能预警平台，通过系统主动发现需要帮扶的退役军人进行精准服务；对接临平中西结合医院，签订共建协议并挂牌“崇军医院”，实现退役军人无感优先就诊，对接华数公司，推出退役军人专享优惠套餐和充值福利，享受一系列的优先优待；梳理辖区内退役军人电子档案，老兵码申领率71.8%，崇军商家及企业单位录入数量增长至1102家。

【抚恤优待】 2022年，临平区开展帮扶解困工作，向困难退役军人发放“一站式”医疗补助和临时困难医疗救助，各类优抚对象抚恤补助金和60周岁以上农村籍退役军人老年生活补助准时发放。推进优待证申领和建档立卡工作，年末，落实全区退役军人及其他优抚对象优待证发放。做好拥军支前和服务保障任务。设立老年大学军休所教学点，与老干部书画协会联谊，加入区关工委讲师团，丰富老干部的晚年生活。全区退役军人群体保持持续稳定。

【双拥共建】 2022年，临平区四套班子带队走访驻杭、驻临部队和消防救援大队。三级服务站联动，对功臣模范、边海防现役军人家庭和参战参试等9类优抚对象进行上门慰问。选树“最美退役军人”“最美拥军人物”，举办“喜迎二十大 奋进共富路”庆祝建军95周年暨双拥共建展演活动。

【退役军人志愿服务队】 2022年，临平区深化“钱潮老兵”志愿服务品牌，各镇街、村社成立近200支退役军人志愿服务队。临平区选送的“退伍不褪色 老兵公益日”便民服务项目获杭州市首届退役军人志愿服务项目大赛银奖。

（沈　蕾）

2022年2月23日，临平区退役军人事务局全体党员干部参观上城区小营巷红色教育基地　（区退役军人事务局 供稿）

·民族与宗教事务·

【民族宗教界中共二十大精神学习】 2022年，临平区组织民族宗教界人士观看中共二十大开幕会盛况，表达心得体会。组织中共二十大精神学习，交流学习体会，坚定民族宗教人士对伟大祖国、中华民族、中华文化、中国共产党、中国特色社会主义的高度认同，推进中华民族共同体和宗教中国化方向建设。

【除险保安百日攻坚行动】 2022年，根据《临平区“除险保安百日攻坚行动”实施方案》，区委统战部（民宗局）牵头多部门制定《除险保安百日攻坚打击非法宗教渗透和反邪教斗争专项行动的实施方案》，做好宗教领域安全排查整治工作。

【宗教推进平安创建】 2022年，临平区组织落实每月浙江省“掌上宗教”App3.0版平安巡查和“浙里民宗快响”工作任务，开展每月19日固定消防日活动。10月10日，对全区教职人员进行培训，重点对平安创建、消防安全知识等内容进行培训，在南山讲寺进行消防安全演练。通过培训，增强全区教职人员的法律法规及安全意识。各宗教活动场所负责人及宗教教职人员等80多人参加会议。临平区超山青莲寺被省民宗委评为2021年度省级平安宗教活动场所，临平区运河街道禹皇寺被省民宗委和省消防救援总队评为浙江省宗教活动场所消防安全标准化管理“百优争创”活动优秀单位。

【宗教团体从严治教行动】 2022年7月8日，临平区召开全区宗教团体工作会议，重点传达浙江省第十五次党代会报告和全国性宗教团体《关于崇俭戒奢的共同倡议》，指导临平区宗教团体要坚持从严治教，要以高度负责的担当精神，遏制宗教领域贪大求奢、铺张浪费等不良风气，塑造良好教风。9月19日，临平区基督教两会培训基地成立启动仪式暨全区基督教教职人员培训班在乔司教堂举行。

【宗教中国化场所建设】 2022年，临平区贯彻全国、全省和全市宗教工作会议精神，宗教中国化方向，围绕“151”创建指标体系，区委统战部（民宗局）指导各场所开展宗教中国化场所建设，推进临平区宗教中国化实践走深走实，助力打造杭州宗教中国化和宗教事务治理现代化城市之窗。临平区乔司基督教堂和临平区超山青莲寺分别被杭州市民宗局评为“杭州市宗教中国化场所”。

【宗教界普法工程】 2022年，临平区加强宪法等法律法规的学习宣传，提升全省宗教界的法律意识和法律素质，根据上级有关通知要求，区委统战部（民宗局）指导全区宗教领域开展以宪法为主题的“十百千万”普法工程。推进习近平法治思想进宗教活动场所，引导广大信教群众走爱党爱国爱社会主义、遵纪守法的道路，营造宗教界学法守法用法的良好氛围。临平区星桥基督教堂被浙江省民族宗教事务委员会评为省级宗教法治宣传教育基地。

【宗教界文化研究】 2022年6月开始，临平区委统战部（民宗局）联合临平区历史文化研究会，对全区宗教活动场所和民间信仰活动场所宗教历史文化进行调研，开展“之江问道·泽润临平”系列活动。11月11日，临平区第一届大运河佛教文化论坛在超山青莲寺举办，论坛旨在深入探讨中华传统文化对于建设新时代中国梦的意义、价值和动力所在。来自国内的知名专家学者围绕临平大运河文化、佛教文化、宋韵文化等研究方向展开学术研讨，为临平区打造宗教中国化临平实践样板提供丰富理论支撑和文化内涵。

【佛教场所规划调整】 2022年，临平区委统战部（民宗局）指导菩昙寺和青莲寺重点场所建设工作，根据临平区超山—丁山湖综合保护工程规划，区委统战部（民宗局）牵头协调以超山青莲寺为代表的佛教场所规划调整及提质增效等工作。

【民间信仰事务管理】 2022年7月5日，杭州市民间信仰事务管理工作现场推进会在临平区召开。现场举行《民间信仰与乡风传承》首发暨赠书仪式，临平区、拱墅区、余杭区、萧山区、富阳区就全区民间信仰事务管理工作进行经验交流。临平区落实省民族宗教委“控量提质”总体目标，加强民间信仰治理体系和治理能力建设，探索民间信仰工作的有效途径和方法，制定《临平区民间信仰活动场所管理工作操作手册》，在民间信仰工作制度化、规范化建设中取得新进展，促进民间信仰活动场所的和谐稳定。

【基督教两会第一届第二次全体委员会】 2022年10月3日，临平区基督教两会第一届第二次全体委员会会议在临平区基督教培训基地（乔司耶稣堂内）召开。会议通过听取和审议临平区基督教两会常务委员会工作报告、听取和审议临平区基督教两会财务汇报、通过临平区基督教第一届第二次全体委员会会议决议、听取常委会对近期的两会工作安排等议程，提出区基督教两会下步“四个要”工作计划。

（刘林敏）

（责任编辑　何晓菲）

街道·镇

Communities and Towns

·临平街道·

【概况】 2022年，临平街道下辖15个社区(13个城市社区、2个撤村建居社区)，其中托管东湖街道7个社区，分别为梅堰、庙东、罗庄、庙前、丁塘、桂芳桥、新颜。此外，钱江、武林2个城市社区系与省二监、四监实行“双重管理”的监狱社区。被东湖街道托管23个社区，分别是小林、汀州、理想湾、结网、屯里、乾元、禾丰、龙安、石坝、万陈、上环桥、陈家木桥、星火苑、蓝庭、茅山、顺达、映荷、海珀、星河、北沙、商贸、星启、新洲。年末总户数17182户，总人口47530人。区域面积35.22平方千米。

全年，临平街道实现财政总收入6.04亿元，比上年增长4.59%；实现地方财政收入3.02亿元，比上年增长3.31%。

临平街道成功创建“中国曲艺之乡”“浙江省戏曲之乡”和“浙江省森林城镇”，获评杭州市创建“文明城市”工作突出贡献集体和“美丽杭州迎亚运”城市品质提升第三期“赛马”活动优秀等次，临平智慧图书馆获评首届浙江省最美公共文化空间。

临平街道优化营商环境，推动经济发展。招引新入驻企业55家，同时在辖区企业中挖掘出科技型企业5家，积极协助5家企业申报国家高新技术企业，引进“小而美”企业4家。开展中小企业集中服务、年度纳税50万元以上企业走访服务，及时兑现惠企政策，全力构建“亲清”新型政商关系，走访各类企业258家，收集问题及意见和建议132条并逐一落实办理。

临平街道加快有机更新，优化人居环境。坚持“综合改一次，一次改彻底”的原则，完成7个区块31.3万平方米的老旧小区改造工作。开工实施28.17万平方米老旧小区改造项目。拆除老旧储藏室1500多间，拆除保笼7.4万平方米、雨棚1.27万米、花架1.67万米，成功创建梅堰省级未来社区。完成赵家弄5号遗留建筑征迁拆除工作。完成运河二通道项目丁塘社区14户征迁农户摇号分房和老城区有机更新征迁13个项目、8个社区、672户居民安置房摇号分房工作。实施丁塘社区特色精品村建设项目，积极推进“‘迎亚运’城市环境大整治、城市面貌大提升”专项行动。街道城市建设与管理工作被杭州市政府集体嘉奖、获评杭州市创建“文明城市”工作突出贡献集体，成功创建“浙江省森林城镇”。

临平街道推进“除险保安”，提高治理水平。落实“县乡一体，条抓块统”和“一支队伍管执法”改革工作，建强基层执法队伍，完善执法体系和基层治理模式，“基层治理四平台”收集并办理事件47491起。推进消防安全大排查大整治行动，攻坚辖区新大地市场、临平新城等安全生产隐患及消防安全难点、痛点问题，发现并整改各类隐患14147个，整改率

2022年临平街道各社区基本情况表

表7

社区	面积（平方千米）	户数（户）	人口数（人）	集体经济总收入（万元）	集体经济总费用（万元）	总资产（万元）
西大街社区	0.19	1156	3253	—	—	—
工农新村社区	0.12	1539	4207	—	—	—
星火社区	0.58	1074	2872	—	—	—
荷花塘社区	0.58	2159	5962	—	—	—
邱山社区	0.29	1539	4110	—	—	—
钱江社区	0.31	391	1074	—	—	—
武林社区	0.08	504	1298	—	—	—
丁山社区	1.65	350	1563	—	—	—
庙东社区	0.21	1186	3146	—	—	—
梅堰社区	0.26	1955	5315	—	—	—
罗庄社区	0.15	938	2523	—	—	—
庙前社区	0.18	1289	3344	—	—	—
桂芳桥社区	0.22	1558	4079	—	—	—
丁塘社区	1.14	313	1465	—	—	—
新颜社区	0.32	1231	3319	—	—	—

100%。深化“大数据+治理”管理服务模式，创新“街区码”管理措施，开发街区、商铺、小区三个治理板块，构建序化管理、停车引导、店铺治理、消防安全、数字物业、便民服务6个应用场景，完成39个智慧安防小区建设，实现智慧治理全覆盖。

临平街道打造“幸福临街”，增进民生福祉。街道社区卫生服务中心于2022年2月正式运营并谋划二期建设。完成梅堰、邱山、钱江、丁山等社区邻里中心建设。建设立体停车场5处，在老城区新增停车位400多个。聚焦“一老一小”服务，建设儿童友好型社区，完成省三星级妇女儿童驿站建设，设立全区首条“无忧上学路”。完成缸甏弄历史建筑的收回工作，改造为临平俞樾纪念馆。打造“15分钟品质文化生活圈”，成功创建“中国曲艺之乡”和“浙江省戏曲之乡”。

临平街道坚持“红色领航”，深化城市基层党建。优化设置网格75个、微网格1060个，出台“红色强基”楼道长队伍建设标准，选优配强楼道长1384名、组建楼道党小组148个，守好小区“小门”。推进79个小区公约建设全覆盖，以“草根宪法”的形式，打造党建引领、多方参与、民主协商的基层自治新格局。提升干部综合能力，抽调148名街道、社区干部参与老旧小区改造工作，发动14名“银雁”干部负责旧改民情热线工作，在推进急难险重工作中锻炼干部队伍，磨炼干部意志。

【“庙街拾铺”打造成为省级文化驿站】 2022年6月30日，临平街道“庙街拾铺”便民服务一条街成功创建为省级文化驿站。“庙街拾铺”位于庙东农贸市场对面，占地面积600多平方米，原先是废弃闲置的二层商铺，后被改建成志愿服务特色文化驿站。为集成拓展党群服务中心养老服务功能，满足老年群体急盼需求，“庙街拾铺”以“为、学、医、养、乐”为目标推出十大服务功能，即爱满庙街、食全食美、杏林春暖、庙东集市（共富窗口）、匠心守艺、五音雅乐、宋香问茶、社区情缘、翰墨书香、北庙流韵（民风民俗）。开街以来，举办60多场公益活动，服务3000多人次。整合共富资源、医养服务资源、爱心公益资源，组建村社共富党建联盟、医养康护党建联盟、微孝公益党建联盟、爱心助老党建联盟，形成“四联四合”康养党建联盟矩阵，招募各类志愿者498名，为“庙街拾铺”提供强大的资源、人员、事项支撑，辐射惠及街道群众1.2万人。深化“时间银行”做法，创新推出“公益金—爱心卡—公益日”的循环造血模式，招募公益咖啡、公益卖场等10多家公益商家售卖特色商品，将部分盈利、各类义卖所得款项等投入公益金，用于日常运营管理开支、采购爱心卡积分兑换商品和服务，探索实现自我需求、自我服务、自我管理的新路径。

【“红色强基”楼道长队伍建设】 2022年7月22日，临平街道举行“红色强基”楼道长队伍建设矩阵发布仪式，对上半年优秀“临里”楼道长进行表彰。临平街道以楼道为小区治理基本单元，打造一支“平时服务治理、战时快速响应”的楼道长队伍，出台“红色强基”楼道长队伍建设标准，选优配强楼道长1384名、组建楼道党小组148个，守好小区“小门”。

2022年7月22日，临平街道举行“红色强基”楼道长队伍建设矩阵发布仪式（临平街道 供稿）

【“无忧上学路”设立】 2022年9月1日，临平街道正式启用全区首条“无忧上学路”。针对临平二幼、临平二小及临平三中三所相邻学校上下学期间车流量大、停车不规范、道路拥堵等突出问题，街道以建设友好型社区、探索城市管理温度为出发点，创新融合儿童友好理念与未来社区教育场景，通过规范交通流线、升级安防技术、志愿者护学等多维安保措施，在全区建设首条“无忧上学路”，守护沿途3400多名学生平安上学。打造四方教育共同体。通过“家、校、社区、街道”四方联动，建立由10名交警及城管队、60名社区志愿者、62名家长组成的4支护学志愿者服务队，科学规划志愿者点位，保障“上学无忧”。以“儿童议事会”为阵地，收集相关需求和声音，完善体制机制建设。坚持“延、专、显、安、协”五字护学方针，实施放学点线性延伸、设置儿童专属护学通道、地面增加儿童友好显眼标识和图样、沿线安防技术升级和多方协同保障通学安全等5项具体举措，使上下学期间家长平均通行时间缩短至少50%，成为街道建设共富基层样板的生动实践。

【智慧图书馆获评首届浙江省最美公共文化空间】 2022年9月14日，临平智慧图书馆从全省入围的262个公共文化空间中脱颖而出，上榜最美公共阅读空间。临平智慧图书馆面积约2800平方米，馆藏图书8万册，有阅读座席200多个，以智慧为特色、知识为核心，为读者提供“阅读、活动、展示、休闲”等智慧化全场景服务。融入互联网、大数据、云计算、物联网、AI人脸识别、VR、区块链、3D全息投影等新技术，拓展多样化阅读场景，丰富读者的阅读体验。

【梅堰社区创建省级未来社区】 2022年，临平街道梅堰社区成功创建为省级未来社区。梅堰未来社区以“梅好生活，乐居新堰”为特色定位，围绕“全龄安康—数字治理”的创建愿景，构建“五瓣梅”综合党委，形成“一领、二智、三优、四全、九景”的“12349 五瓣梅”工作经验，落实“全龄安康、全链服务、全数字平台、全电梯加装”，打造“邻里睦、教育优、健康全、服务活、治理顺、就业稳、旧改新、交通畅、生态绿”九大场景。2800平方米梅堰邻里中心为居民提供全年龄段活动、学习、休闲、交流场地，设有老年人助餐配餐中心、居家养老日间照料中心、社会工作发展中心、儿童之家、青少年之家、梅堰社区卫生服务站、婴幼儿成长驿站、社会工作站，植入智慧化养老服务平台、梅堰记忆展厅、自助休闲服务等，打造15分钟“暖心、贴心、舒心”的居家生活服务圈。

【省首家镇街级“中国曲艺之乡”创建】 2022年12月21日，临平街道作为全省首家镇街级单位被授予“中国曲艺之乡”荣誉称号。临平街道前身为千年历史文化名镇临平镇，历来经贸发达、文化兴盛，群文活动丰富，为曲艺发展提供坚实的基础，街道多措并举推动曲艺发展。成立创建领导小组，安排专项资金，制定保障政策文件，建立曲艺团队13支、队员186人，夯实曲艺发展群众根基。推进曲艺人才培养，开展曲艺之星评选等活动，建立由冯小娟、许晓明、黎艳珠等本地曲艺名家组成的曲艺名人工作室。加强宣传，相关工作受到《人民日报》《光明日报》等主流媒体报道30多次。打造以1800平方米的戏曲曲艺交流中心为核心，藕花洲剧院、社区、学校曲艺传承基地为补充的“15分钟曲艺文化圈”。依托“曲苑讲坛”“与您相约·周末剧场”等专场栏目，提升曲艺传播力。藕花洲剧院五年间连续举办第八届、第九届、第十届中国曲艺“牡丹奖”全国曲艺大赛鼓曲唱曲（南方片）分赛区比赛和颁奖晚会。打造“临里”文化品牌和“曲苑讲坛”“庙街书场”“桂芳桥老茶馆”等曲艺和戏曲品牌，成立浙江省曲艺创作表演实践基地，与本地的曲艺名人工作室、丰国需故事工作室、临平街道曲艺（杭摊）传承基地等形成“曲艺传承联盟”，在学用结合中增进曲艺技艺传承。小戏《燕归来》、杭摊《西湖春秋》《青凤收徒》《美丽的眼睛》等，先后获得“全国群

2022年，临平区梅堰社区创建为省级未来社区 （临平街道 供稿）

星奖”“中国曲艺牡丹奖”等国家级大奖，擦亮临平曲艺文化的“金名片”。

【“浙江省森林城镇”创建】 2022年12月26日，临平街道以“领导挂帅+组建专班”的模式、“方案拟制+挂图作战”的机制、“专项资金+自筹经费”的方式全方位保障“浙江省森林城镇”创建各项工作。新建“党建林”“工会林”“巾帼林”“青年林”等纪念林5片，义务植树尽责率90%。2022年度“新增百万亩国土绿化行动”计划任务1.47公顷，实际完成3.13公顷，是原计划的2.14倍。推进绿色工程建设，完成马家弄11号、九曲营路1～3幢、知青宿舍、油车弄26号等征迁工作，拆除建筑5586平方米，建设完成临平山运动公园，总面积6.15公顷，新建绿化面积5.65公顷。完成道路平整度修复14676平方米，绿化提升整改12425平方米。围绕“一心两带、三片四脉、七廊多点”总体布局，以核心公园建设工程为主线，以主要道路改造工程为重点，以河道景观提升工程为根本，以村庄绿化建设工程为依托，推动创建工作取得实效。居民对创建知晓率、支持率95%，建成区绿化覆盖率46.44%，人均公园绿地36.93平方米，主要道路、河道宜林地段绿化率97.12%。

【“浙江省戏曲之乡”创建】 2022年12月27日，临平街道获“浙江省戏曲之乡”称号，系全区首个获得该项荣誉的街道。临平街道以越剧为重点，通过搭好“戏台子”、唱好“拿手戏”、定好“惠民调”，加强戏曲文化传承的机制、阵地、人才等建设，创作表演许多“叫好又叫座、入眼又入心”的戏曲作品，先后涌现出陈菊花、俞金明、余晓青、俞浩荣等全国、省、市、区级名票。依托临平戏迷俱乐部、艺馨艺术团两个民间越剧团，近三年演出超百场，惠及群众10万多人次；通过“一社一品”戏曲繁荣计划，15个社区、10多支戏曲团队，汇集超百名戏曲文艺骨干，充实戏曲传承的民间文艺力量。设立“临平街道戏曲传承基地”，将越剧纳入学校特色课程，吸引青少年加入越剧的学唱、传承队伍中，实施“百临（灵）”戏曲人才储备计划，与浙江艺术职业学院戏曲学院开展校地合作，成立校外实训基地。定期送教下乡、送戏下乡，打造“临里”文化艺术节、“戏迷大舞台”等街道文化活动品牌，浓厚街道戏曲文化氛围。街道邀请浙江省小百花、嵊州越剧艺术中心等专业越剧团来演出，以惠民的票价，让居民可享高品质戏曲大餐，推动“文艺轻骑兵”演出走村入社。

（许栋梁）

·南苑街道·

【概况】 南苑街道下辖31个社区，其中城市社区16个、撤村建居社区15个。实有人口近30万人，其中常住人口10.3万人、流动人口15万人、人户分离近5万人。区域面积28.03平方千米。

2022年，完成财政总收入19.75亿元，比上年增长2.1%，总量列全区第一位；地方财政收入9.79亿元，比上年增长2.4%；完成规模工业增加值7.83亿元，增长4.2%，排名全区第一位；规模以下样本工业营收增速51%，排名全区第二位；单位工业增加值能耗下降率11.9%，排名全区第四位；规模以上服务业总营收340.97亿元，增长5.1%，排名全区第三位；营利性服务业营收86.79亿元，比上年增长19.3%，排名全区第四位；实现楼宇税收14.86亿元，比上年增长30.8%，税收达亿元楼宇3幢、千万元楼宇23幢；社会消费品零售总额63.89亿元，增幅8.9%，排名全区第一位；进出口总额55.6亿元，比上年增长17.95%，排名第三位。

加速数字化改造。申报市级数字化车间1个、市级数字化攻关项目2个、工厂物联网改造及工业互联网应用项目3个、工业机器人44个、节能减碳技术改造项目1个，实现规模以上工业数字化全覆盖。加大科技创建力度，街道国高企72家、省科小97家、市级研发中心2家、区级研发中心30家、市级雏鹰计划企业13家，实现高价值发明专利拥有量58个。浙江子不语电子商务有限公司在香港联合交易所主板挂牌上市，杭州元声象素科技有限公司成功入选杭州市重点建设人工智能应用场景项目，清研孵化器入选市级孵化器名单，工业互联网发展研究院入选省级中小企业公共服务示范平台名单。

坚持亩均论英雄。“云尚工园”入驻企业282家，全年纳税1.71亿元，亩均税收234.4万元，获市共富示范最佳实践案例。

做强做优楼宇经济。新认定五星级楼宇4栋，楼宇经济发展空间不断壮大，重点楼宇91栋，商务办公空间164万平方米。全年，楼宇税收14.86亿元，比上年增长30.8%。税收达亿元楼宇3幢、千万元楼宇23幢。优化营商环境，依托组团联楼机制和楼宇服务驿站载体，走访企业5.5万家次，帮助企业解决问题1077。举办培训类、人才交流类等活动38场。加快推动“房土两税”整治，完成工业企业综合评价，整治高耗低效企业1家，低散乱企业110家。

聚焦重点项目服务保障。截至年底，开工区级重点建设项目16个，投资4.42亿元，超额15.7%完成年度计划。推进东湖路以西区块做地项目征迁工作，高效完成136户农户全员签约。完成临平新城高级中学等项目征地工作，确保一批省、市、区重大项目落地。

组建街道双招双引办。通过以商引商、走访服务、培育扶持等多种方式，办理区外迁址和新注册事宜企业70家，完成企业注册52家，实现税收1265万元。关注科创类项目，对接优质项目19个，完成区级集中签约项目2个。通过以商引商、走访服务、培育扶持等方式，招引近两年新引进或迁入且实际投入100万元以上的“小而美”项目11个。

聚焦钱塘等6个农村社区，推进城郊接合部整治，坚持“缺什么，补什么”，制定“一社一方案”，突出杭州亚（残）运会保障道路沿线、运河二通道桥梁两边、社区居委会所在区域、社区主入口、主要道路两侧、公共基础设施配套项目节点周边和消防安全隐患突出区域等，全面启动农村社区环境整治。年底，先行区块钱塘社区拆除不雅建筑521户，2.45万平方米。

完成二轮12个老旧小区改造任务；完成亚运场馆周边5个小区改造，涉及房屋2107套，总建筑面积48.6万平方米，惠及群众1万多人。爱民小区入选“全市老旧小区改造最佳案例”。聚焦亚运场馆核心区块，完成国际化标识标牌改造工作、无障碍设施提升改造，整治违法建筑50多处。

2022年10月，云尚工园——杭州市争当浙江高质量发展建设共同富裕示范区城市范例最佳实践

（南苑街道 供稿）

完成省级民生实事项目凤仪家园“邻里中心”无障碍设施建设及“四好农村路”、儿童之家等一批街道民生实事项目；完成第三批“省级社区治理和服务创新实验区”创建验收，新建3个邻里中心、市民客厅、居民驿站，艺尚工作室获第三批省级示范慈善工作站称号，加快天万、长树、苏家等家宴中心建设。攻坚安置房项目建设进度，完成联胜社区291户拆迁户回迁安置分房摇号。

引进专业化服务机构，新建社区示范型居家养老照料中心2个、老年助餐点1个，推广居家养老、“智慧养老”服务，完成老年人健康体检11798人。

加快东湖和新丰等幼儿园、新城高中、联胜九年一贯制学校等重点教育项目推进速度，新增备案托育机构3家，创建杭州市示范性婴幼儿成长驿站5个。开展非法办学、超范围办学等专项整治，检查各类培训机构420多家次，整改完成问题隐患57个。

成立南苑少儿艺术剧场，新建省级多功能运动场1个、市级智能健身路径2条、区农村百姓健身房3个，“临品艺站”1个、“临品书坊”2个，举办迎亚运亲子运动会、宋韵文化精品课等各类文化活动800多场次，构建“15分钟品质文化生活圈”。加强精神文明建设，打造“苑·同行”南苑志愿服务品牌，实施“品质新南苑，志愿新征程”十项“苑”行动，启动全国“扫黄打非”进基层示范点创建，开展新时代文明实践志愿活动，提升城市文明水平。

顺利实现信访积案动态清零，电信网络诈骗发案数比上年下降60.37%、涉案金额比上年下降58.20%。推进消防安全大排查大整治，检查复查企业及社会单位5996家次，整改5670条，整改率98%。处罚（移送）62件。开展城郊接合部专项整治，开展集中清查整治行动12场。街道农村社区黄赌毒举报警情比上年下降61.96%；受理传统侵财案件数比上年下降44.52%；交通事故案件数比上年下降34.87%。

依托“邻里治”平台，“AI数字社工”平台、“云上板凳”“智慧楼宇”等应用场景做实社区应用端。通过开设43个居民互动参与模块，做实服务端，提升群众参与度和满意度。投入1077万元，完成农村片“全球眼”升级补盲、外来人口密集区域监控等数字平安民生实事项目建设。

推进现代化社区建设，启动“争星晋位、全域建强”行动，加强网格智治，划分网格204个，专属网格12个、微网格1174个。调整优化社区规模，新建怡景、临云2个社区，招录社区工作者72人，充实社区工作力量。加强制度建设，完善组团联社、公务用车、政府采购等规章制度12个，抓实政治巡察整改，规范“三重一大”事项决策程序。创新建立机关“134”工作机制，打造“小木鱼常敲——南雁·十二廉”服务品牌。打响“南雁行动”干部培养品牌，完成街道中层干部选聘，精心组织街道、社区开展中共二十大精神、省党代会精神等学习活动。

【龙兴未来社区入选浙江省首批未来社区暨共同富裕现代化基本单元名单】 自开展创建未来社区工作以来，南苑街道龙兴未来社区坚持“1139”顶层理念，依托原有的“熟人文化”优势，发挥民主议事协商机制，推动邻里、教育、健康等九大场景落地见效。社区于创建之初成立党建综合体，针对居民集中反映的停车、养老、公共服务等问题，联合周边5个社区、8家共建单位和行业系统成立社区“邻里汇”党建联盟，通过推出邻里守望互助、“时间银行”养老服务等，解决居民需求痛点。5月27日，浙江省召开共同富裕现代化基本单元建设工作推进会，龙兴社区列入省首批未来社区暨共同富裕现代化基本单元名单。

南苑街道各社区基本情况表

表 8

社区	面积（平方千米）	户数（户）	人口数（人）	集体经济总收入（万元）	集体经济总费用（万元）	总资产（万元）
河南埭社区	0.65	2215	3959	—	—	—
新丰社区	1.06	1290	14270	1512	638	15889
保障桥社区	0.41	4723	10200	—	—	—
东安社区	0.5	3090	6180	677	117	4802
新城社区	1.19	3363	10487	—	—	—
联盟社区	0.78	3739	5263	1817	402	41721
翁梅社区	2.06	4409	13020	1273	131	13423
红联社区	0.71	3893	11843	1404	329	16746
西安社区	0.44	717	3421	2278	883	40595
高地社区	2.6	664	3185	631	358	14140
联胜社区	1.82	564	5018	1201	471	29984
天万社区	1.8	672	10640	336	81	23451
万常社区	2.02	793	7938	926	111	7159
新安社区	0.45	2673	8952	945	418	11416
长树社区	1.1	600	2658	1186	338	9872
东湖社区	1.6	676	2977	881	1187	27350
苏家社区	1	2914	5600	253	79	5554
钱塘社区	2.2	887	16112	423	59	2514
时代社区	1	2760	6922	—	—	—
文仪社区	1.2	2262	6231	—	—	—
水景社区	0.35	5162	8550	—	—	—
龙兴社区	0.46	3721	7742	—	—	—
新梅社区	0.2	2020	8328	—	—	—
康城社区	0.5	2749	9010	—	—	—
临城社区	0.15	2440	8481	—	—	—
洋头坝社区	0.58	4447	13000	—	—	—
艺尚社区	1.15	1762	5450	—	—	—
汀城社区	0.4	2523	4885	—	—	—
叠华社区	0.36	3003	8069	—	—	—
怡景社区	0.26	3000	7356	—	—	—
临云社区	0.46	1336	2241	—	—	—

【南苑街道食安办获评浙江省五星级乡镇（街道）食安办】 南苑街道推进辖区食品安全管理工作，未发生食品安全事故，维护街道食品安全良好环境。年内，辖区有食品安全网格52个，至12月，有各类食品生产经营单位1375家，其中食品零售单位646家、餐饮服务单位729家。南苑街道食品药品安全委员会办公室获评2022年浙江省五星级乡镇（街道）食品药品安全委员会办公室。

【省级五星级残疾人之家】 2022年，南苑街道残疾人之家由南苑街道办事处主建运营，位于迎宾路555-13号，建筑面积660平方米，投入资金170多万元，按照五星级残疾人之家标准建造。内设辅助性作业室、数字作业室、培训室、康复室、多功能室、休息室、室外运动场等硬件设施。有庇护服务对象20人，管理人员4人，兼职精防医生1人。依托互联网小镇的优势，拓展辅助性就业渠道，挖掘庇护学员潜能，经过一对一培训帮带，“数字赋能、网络就业”——动漫上色项目在南苑残疾人之家落地生根、开花，有效打破传统型残疾人就业模式，提高收入的同时，增加庇护学员的幸福感、获得感、成就感。南苑街道残疾人之家荣登2022年浙江省五星级残疾人之家光荣榜。

（陈　青）

·东湖街道·

【概况】 东湖街道下辖48个村、社区（其中托管临平街道23个社区、运河街道6个社区、塘栖镇3个村及6个社区）。2022年年末，常住人口33.71万人，户籍人口13.19万人，流动人口20.52万人。区域总面积74.92平方千米。

全年，东湖街道完成财政总收入91.82亿元，其中地方财政收入36.99亿元，分别比上年增长37.8%和5%。规模以上工业总产值1141.32亿元，增长1%。实现社会有效投资166.73亿元，增长17.1%。村级集体经济经营性收入1.74亿元，增长12.3%。依托开发区与街道一体化特色优势，搭建第三方数字化就业平台，实行线上和线下相结合模式，开展再培训再就业再创业活动，推出300多家企业3600个岗位，“千企万岗—来临启航”招聘直播吸引10.09万人在线收看，帮助企业解决招工难问题，推动当地百姓就业增加收入。设立10个“社区工坊”，盘活灵活人力资源，增加群众收入。聚焦产业迭代，利用安置房资源打造600多套“人才公寓”项目，提升租赁品质，增强人才吸引力，增加百姓租赁收入。创新特色农业发展，试点“企业轻生产，农户轻资产”小林黄姜新型生产责任制模式，实现每公顷平均增产约2.25吨，管理成本减少9.0万元/公顷，农户收入增加12.0万元/公顷。

推进美丽东湖建设，全年完成道路修复21万平方米、人行道1.5万平方米；清理雨水管道31.7千米、污水管道19.2千米；检查井安全网查漏补缺1200多处；提升优化14条道路694盏路灯；高标准完成302万平方米的绿地养护、702万平方米的道路保洁，以及厕所维养等一体化保洁工作，发现并整改各类问题5514个，完成率100%。完成“污水零直排”三年攻坚和河湖水质全面消劣攻坚任务，辖区河道水质稳中有升。辖区群众环境质量满意度88.4%，比上年上升2.8%。以迎亚运为契机，完成主干道路及交通要点降绿任务，覆绿美化已征未用土地66.67公顷。优化公共交通运行，围绕地铁9号线、理工大等新增公交线路9条，新增公共自行车点位11处。

建立村社“1+1+N”应急管理组织架构机制，创建区域性消防微站6个，村（社）微站41个，2个避灾点通过验收，应急消防体验馆接待宣教单位104家2512人。提升60多处路段、190多处农村道口水泥隔离墩、机非隔离护栏等交安设施。按照“两关一拆”要求开展专项整治，检查排查单位1.41万家次；排查隐患1.22万个，整改完成1.21万个；拆除违法建筑13.07万平方米，拆除涉及高架沿线73户屋顶葫芦状装饰物；关停违规单位91家，查处（移交）案件140起。

完善居家养老服务体系，实现80周岁以上老年人全覆盖。完成2220平方米街道级居家养老服务中心建设和运营，新增社区级示范型居家养老服务照料中心6家，新增老年人集中配（送）餐中心3家，设置社区老年食堂5家，开设社区助餐点24个，“15分钟养老服务圈”初步形成。创建婴幼儿成长驿站13家，社区普惠托育点3个，注册民营托育机构15家。对接平台加大教育资源投入，新开工学校8所，建成投入使用6所。完成龙船坞社区卫生服务站和李家桥村卫生服务站提升改造，创建完成三星级智慧化卫生服务站3家、四星级智慧化卫生服务站2家。创建呼吸系统慢性病管理国家示范基地。优化公共交通运行。

东湖街道成功创建为省级四星残疾人之家，蓝庭社区获评全国示范型老年友好型社区。五星级食品药品安全委员会办公室创建完成省级评审验收。

2022年东湖街道各社区（行政村）基本情况表

表9

社区（行政村）	面积（平方千米）	户数（户）	人口数（人）	集体经济总收入（万元）	集体经济总费用（万元）	总资产（万元）
胡桥社区	1.00	399	1654	—	—	—
工农社区	2.57	762	3123	—	—	—
新塘社区	0.87	353	1695	—	—	—
双林社区	1.76	1882	1404	—	—	—
红旗社区	0.95	1950	2018	—	—	—
塘湾社区	0.96	415	1921	—	—	—
星光社区	0.75	1261	3163	—	—	—
红丰社区	1.23	1876	3922	—	—	—
横塘社区	1.04	650	2588	—	—	—
小林社区	0.30	4990	408	—	—	—
屯里社区	4.63	810	3799	—	—	—
乾元社区	1.29	745	3852	—	—	—
禾丰社区	1.68	654	333	—	—	—
龙安社区	2.61	318	1451	—	—	—
石坝社区	2.64	612	2848	—	—	—
万陈社区	2.33	549	2480	—	—	—
上环桥社区	2.50	958	3767	—	—	—
陈家木桥社区	3.44	5103	4746	—	—	—

续表9

社区（行政村）	面积（平方千米）	户数（户）	人口数（人）	集体经济总收入（万元）	集体经济总费用（万元）	总资产（万元）
星火苑社区	0.76	233	1036	—	—	—
蓝庭社区	0.43	3508	3439	—	—	—
茅山社区	0.38	4170	4023	—	—	—
顺达社区	0.56	460	2200	—	—	—
映荷社区	0.39	3917	5661	—	—	—
海珀社区	0.42	3700	4853	—	—	—
星河社区	0.55	1047	4633	—	—	—
北沙社区	0.45	1365	3190	—	—	—
章家河社区	1.26	481	1804	—	—	—
道墩坝社区	1.59	527	2087	—	—	—
圣塘河社区	1.08	1083	1270	—	—	—
长虹社区	1.97	573	2549	—	—	—
滩里社区	1.71	664	2260	—	—	—
南横港社区	0.83	256	1008	—	—	—
结网社区	2.68	535	2399	—	—	—
朱家角社区	5.42	3898	2522	—	—	—
望梅社区	0.47	1438	3596	—	—	—
龙船坞社区	3.30	9508	0	—	—	—
红湖社区	0.25	20	68	—	—	—
康达社区	0.55	1350	5560	—	—	—
汀洲社区	0.34	877	3863	—	—	—
理想湾社区	0.54	3192	3909	—	—	—
康庭社区	2.46	2502	3354	—	—	—
星启社区	0.14	2194	2834	—	—	—
新洲社区	0.32	1492	2177	—	—	—
康盛社区	2.54	3119	2094	—	—	—
商贸社区	1.44	718	1703	—	—	—
李家桥村	2.38	628	2750	1503.18	251.26	7928.05
姚家埭村	4.97	1133	4822	668.57	426.39	9587.17
泉漳村	2.68	657	3009	676.13	162.6	4035.49

【“城市数字化建设与应用”入选“全国社会治理创新案例”】 2022年9月14日，由中国社会治理研究会指导，浙江大学社会治理研究院主办的“全国社会治理创新案例（2022）”征集活动正式发布入选名单，“城市数字化建设与应用——东湖街道系统性立体化基层社会治理”项目入选。项目依托社区治理智能化支撑服务平台、地下管网数字化生态系统和街道综合信息化系统建设，为基层赋能减负，为群众切实解决一些“老大难”的民生问题，进一步提升基层治理能力和服务智能化水平。

【东湖就业共富平台上线】 2022年8月27日，东湖街道共富平台正式上线。平台立足民生、关注民情，通过党建统领，搭建集岗位供需采集、精准就业分析匹配推荐、职业技能培训、社区工坊运作等于一体的“共富工坊”，推动充分就业和高质量就业。打通“便民便企路径”3条，盘活“作坊模式”4种，建成来料“作坊式”8家、“厂房式”1家、“田园式”1家、“居家式”5家，实现居民创收，助力共同富裕。龙船坞工坊成立功能性党支部，引领党员成为“工坊骨干”，“工坊骨干”培育成党员的“双培养”机制。

【入选“全国第一批生活垃圾分类示范教育基地”】 2022年11月30日，中国城市环境卫生协会公布“全国第一批生活垃圾分类示范教育基地名单”，由东湖街道联运环境打造的无人化全数字生活垃圾分类示范教育基地成功入选。该示范教育基地配备智能设施设备、信息化平台、宣传大屏，在该基地可以体验垃圾分类处理全过程、观看宣教视频、了解信息化平台为生活垃圾智能化分类提供强有力技术支撑等。

【东湖街道文联正式成立】 2022年10月27日，东湖街道文联成立暨第一次代表大会召开。大会审议并通过东湖街道文学艺术界联合会章程、东湖街道文学艺术界联合会第一届委员会委员选举办法等。选举产生东湖街道文学艺术界联合会第一届委员会委员9名，其中东湖街道文联主席1名、副主席2名、秘书长1名。东湖街道文联为广大文艺工作者搭好平台，在挖掘街道文化品牌、培育文艺人才、推动东湖文艺繁荣发展方面发挥积极作用。

（陈奕充）

·星桥街道·

【概况】 2022年，星桥街道下辖17个社区。年末总户数1.75万户，年末户籍人口5.05万人、外来人口8.87万人。区域面积18.26平方千米。

全年，星桥街道财政总收入8.39亿元，比上年增长33.3%；地方一般公共预算收入4.33亿元，增长30.8%；规模以上工业总产值75.53亿元，下降14.9%；规模以上工业增加值总量15.72亿元，下降12.9%；高新技术产业增加值10.98亿元，下降11.3%；社会消费品零售总额40.90亿元，增长18.7%；规模以上营利性服务业企业营业收入3.07亿元，增长66.6%；批发零售业销售总额78.46亿元，增长15.7%；进出口37.86亿元，下降5.4%。

培育国高新22家、省科小37家、新增小升规入库18家。沿星桥北路、远展街等科学布局孵化园区楼宇，新增空间引进企业420多家、研发团队1个，落地浙江理工大学校地合作项目1个。完成联融产业园、星创中心等5幢重点楼宇的认定工作，新增市级孵化器2家。保障阿里巴巴浙江云计算数据中心、菜鸟IOT数智化转运中心、西大门产业园、凡诺电子、理想歆盛等产业项目建设。坚持项目引才，新增高层次人才4名、高技能人才184名，达成意向引入临平博士团1个。

临平区星桥街道全景图　　（应召平 摄）

推进“迎亚运”城市环境品质提升行动，“靓城指数”排名位于全区前列，处置问题19.6万个、解决率100%。以非农化、非粮化整治为契机，“见缝插绿”扮靓环境，节省资金1500多万元、绿化提升闲置“边角地”16万平方米，获市级“城市环境大整治、城市面貌大提升”专项行动集体嘉奖。推进“无废城市”建设，完成8个省级、市级示范创建小区验收工作。打造“未来社区”样板，建设七彩小镇党群服务中心一窗集成式“邻里中心”，星桥、汤家社区列入第六批省级“未来社区”培育名单。巩固无违建创建成果，处置违法建筑1.61万平方米，超额7.1%完成全年任务。推进杭州市首批低碳试点镇街创建工作，开展碳家底摸排，完成15家企业10兆瓦光伏安装工作，评创市级绿色低碳工厂1家。推进省级森林城镇创建工作。

开展除险保安百日攻坚和“积案清零、清单销号和源头治理攻坚年”行动。在全区率先启用智慧信访2.0系统。深化“无疫单元”创建，探索企业封闭式生产管理模式，在全区率先实现对1600多名货车司机全面起底、分类管理、有效管控；纵深推进“大综合一体化”行政执法改革，街道综合行政执法队挂牌运作，构建“一支综合队伍+八支专业队伍”行政执法体系，28名“四平台”人员统一集中办公。健全“社区—网格—微网格”架构，由原有88个网格调整为121个网格，划分微网格657个，明确网格职责48条、微网格职责8条、专职网格员工作标准20条。开展楼道长选聘工作，成立全市首个街道级“楼道长学院”。

实施“回迁提速”攻坚行动，完成星源南星湾、桐鹤名苑三区、杠山嘉苑二区、民乐铁铺埭家苑二区等4个小区、7个社区、887户农户的回迁安置工作，保障8个安置房项目建设。5个票选确定的民生实事项目均按照计划完成建设。发挥地方政府专项债拉动作用，推动星灿街社会公共服务综合楼（立体停车场）项目开工，拟增设311个机动车位。加快星桥四幼、四小续建、星桥中学改扩建、临平区第一人民医院星桥分院改扩建等项目建设。开展天然气管道农村全覆盖三年行动计划，完成万乐、民乐社区试点工程。

2022年星桥街道各社区基本情况表

表10

序号	行政村（社区）	户数（户）	人口数（人）	集体经济总收入（万元）	集体经济总费用（万元）	总资产（万元）
1	南星社区	507	7254	1110.88	765.42	22647.03
2	汤家社区	727	9621	1594.78	189.95	20667.42
3	杠山社区	284	2902	846.37	587.77	20975.87
4	星桥社区	1198	14005	1181.67	223.49	22506.4
5	贾家社区	630	6183	741.21	131.14	12992.56
6	太平社区	922	7328	900.01	433.84	21684.38
7	安乐社区	1176	10561	1582.52	500	13278.21
8	万乐社区	233	3737	142.81	117.02	2990.33
9	周杨社区	705	5233	156.75	49.87	3607.17
10	民乐社区	296	4695	223.12	126.42	3615.47
11	星都社区	1473	9530	—	—	—
12	香榭社区	1499	8569	—	—	—
13	班荆社区	1595	10594	—	—	—
14	五云社区	1760	10278	—	—	—
15	隆昌社区	2058	13525	—	—	—
16	星仪社区	1179	8296	—	—	—
17	黄鹤山社区	1286	6894	—	—	—

【星桥街道助力经济稳进提质】 2022年，星桥街道招引三马客新零售产业园、中数智科区级签约项目等8个产业项目，引入浙安数智环境等“小而美”项目10个，新增市场主体780家，数量排名全区前列。杰西亚海外子公司税源回流星桥建立华味亨电商大楼。落实“房土”两税征收工作，入库税收2688万元，比上年增长40.4%。推动“稳经济一揽子政策50条”集成落地，协助企业申报补助资金393万元。

【杭州天元宠物用品股份有限公司上市】 2022年11月18日，杭州天元宠物用品股份有限公司在深圳证券交易所创业板上市，股票简称“天元宠物”，股票代码为“301335”。该公司成为星桥街道第2家上市企业（第1家为银都餐饮设备股份有限公司），至此临平区上市企业达24家。

【星桥街道成功创建浙江省数字生活新服务特色镇】 2022年8月，星桥街道获评浙江省数字生活新服务特色镇。升级“红临E家”至2.0版，丰富临雁回归、疫苗接种等10多项功能应用，得到省委组织部、市委组织部领导现场调研肯定。建设“数字社区”模块，7个社区信息流转。完善“星动力”先锋积分评价机制，实现与“红临E家”2.0版免登联结。建立“智慧城市”新模式，开发排水管网资产数智化管理、桥涵隧道内涝积水预警、污水偷排主动感知等6大应用场景；在临丁路安装超限超载车辆智能管控系统，对货车超重等违规行为形成制约；市级数字化改革“揭榜挂帅”项目在街道试点。开发“星桥E治理”“安居守护”“AI社工”等应用；加快“数字智慧园区”建设，导入7000多家企业信息。数字化改革做法在区级会议上作典型发言。

【星桥街道完成村集体经济发展3年行动计划】 2020年至2022年，星桥街道实现14.52公顷村级留用地额度开发利用，完成村集体经济发展3年行动计划。加快推进南星综合体等项目建设及招商工作。发挥上市公司平台优势，与杭州天元宠物用品股份有限公司联合开发贾家、星桥、汤家、南星4个社区3.36公顷村留地项目。全年村集体经营性收入7934.41万元，比上年增长16.9%。

【星桥街道应急消防管理站顺利通过市级验收】 2022年，星桥街道深化应急体系能力建设，建立应急消防管理“1+2+X”体系，通过细分行业领域，将原有的7个安全生产专委会增加至13个。组建街道、社区两级应急救援队。两个区域性微型消防站实行统一管理、协同运作，确保24小时随时启用，实时响应应急突发事件。整合应急救援、防汛抗台、森林防火等应急物资，统一管理、综合运用。星桥街道应急消防管理站顺利通过市级验收。2022年5月11日，构建全覆盖安全生产责任体系暨全市应急消防管理站规范化建设现场会在临平区星桥街道召开。

临平区星桥街道应急消防管理站

（星桥街道 供稿 韩意 摄）

【星桥街道开展“争星晋位、全域建强”行动】 2022年，星桥街道汤家社区被列为市级现代社区现场会参观点位，得到市委主要领导现场调研肯定。围绕基层治理、环境品质提升，开展融合型大社区大单元破难、城郊接合部、后进社区整转等重点社区治理工作。卓越华庭小区成功通过市级验收摘帽，班荆社区整转效果显著。实现51个物业小区业委会（物管会）全覆盖，党员比例55.7%。深化“三考两评”工作，苏荷苑、铁铺埭嘉苑小区获评市级“美好家园”住宅示范小区。全市首个跨区“临上兰星”党建联建，相关做法“毗邻一盘棋 治理不留白”入选省委组织部和省委两新工委党建引领“共富工坊”建设案例。

2022年5月25日，省委组织部领导带队到星桥街道汤家社区，调研流动党员工作

（星桥街道 供稿 许敏捷 摄）

【星桥街道文联成立】 2022年9月25日，星桥街道文学艺术界联合会成立暨第一次代表大会召开。会议审议通过《星桥街道文学艺术界联合会章程》和《星桥街道文学艺术界联合

会第一次会员大会选举办法》，选举产生星桥街道文联第一届委员会10名委员。打通文艺服务群众“最后一公里”，推动街道文艺事业发展。

（王　月）

2022年9月25日，临平区星桥街道文学艺术界联合会成立暨第一次代表大会召开

（星桥街道 供稿　张晨涛 摄）

·乔司街道·

【概况】 2022年，乔司街道下辖11个村、8个社区。年末常住人口6.2万多人，流动人口登记在册14.8万人。区域面积30.12平方千米。

全年，乔司街道财政总收入10.77亿元、地方财政收入5.28亿元；社会消费品零售总额60.71亿元，比上年增长2.1%；规模以上营利性服务业营业收入5.1亿元，比上年增长62.9%；规模以上工业产值11.22亿元；企业所得税1.88亿元，比上年增长17.34%。开通绿色通道审核，协助招商企业办理落户手续18家，积极对接招引思必驰华东总部落户乔司。完善人才服务专员联企制，全年走访服务企业850多家次，解决生产经营困难问题100多个。成立乔司青年人才俱乐部，加快人才租赁房等项目建设，排摸推荐“五钻工程师”158名，引进各类高层次人才96人。承办市制版师大赛启动仪式，举办人才服务系列活动30多场，培养高技能人才1286人。新成立市场主体140家，培育家庭农场30家，创建电子商务村9个。探索“多条腿走路”的村留地开发模式，创新组建联合公司抱团开发乔司职高改扩建项目，加快仙家桥幼儿园、方桥商办用房项目进度，完成三角村0.9公顷留用地置换底商，全年实现村集体经营性收入1.77亿元。

集中攻坚全域土地综合整治与生态修复项目，完成5个村2204户农户签约腾空及拆除；建设老年人过渡房千余套；完成企业签约57宗、腾空22宗；第一期征收和流转土地365.33公顷，方桥村约26.67公顷复耕稻田迎来首轮播种和收割，平均亩产400千克。明确安置人员补偿办法，发放补偿款13.6亿元。创建省级美丽城镇样板、省级生活垃圾分类示范片区，杭海路社区成功创建为省级未来社区。完成和睦桥村美丽乡村扩面提升，永和、葛家车、五星村创建省级善治示范村。完成5条“四好农村路”建设总长4.37千米，5个小区二次供水工程有序推进，良熟村完成管道燃气“村村通”试点建设，集中安装电动车充电桩40套480个接口，老街有机更新项目顺利开工。深化违建长效管理，拆除整治违法建筑403宗30万平方米。推进“迎亚运”城市环境品质提升行动，排查整治环境问题3.25万个，碳中和、空气优良率等指标位列全区第一位。深化“智慧城管”工作平台应用，数字城管案件处置率99%。

推进三角村、吴家村回迁安置，完成三角村672户摇号分房。启用幼儿园3所，新增学位720个。聚焦“一老一小”，解决社区养老用房缺口2000多平方米，新增示范型居家养老服务照料中心2家、老年人助餐点2处；新建婴幼儿照护服务成长驿站4家、儿童之家4家，新增托位数337个。落实全民参保，户籍人口基本养老保险、基本医疗保险参保率均99.9%以上。开展就业技能培训，就业帮扶2504人。新建良熟新苑居民驿站，创建浙江省五星级“残疾人之家”。举办首届古海塘文化节，创作乔司主题歌《勇立潮头》，潮文化客厅竣工投用。成立乔司街道文联，6个“15分钟品质文化生活圈”投入运行，实施红乔根脉、临品驿站、临品书坊等文化惠民项目，开展“相约周末·文化夜市”、藕花洲大舞台、文化走亲等文化惠民活动300多场。完成3个市级体育小康村提升工程，建成7处新型文体空间，新增嵌入式体育场地1个。高质量推进统战阵地打造，获评市级“侨胞之家”称号。开展各类主题理论宣讲活动400多场，受众超过5万人次，“乔司好声音”工作室成功入选首批浙江省理论宣讲名师工作室，《阿虎师傅》获全国党员教育电视片一等奖。

开展除险保安专项行动，火警火灾数、交通事故数、电信网络诈骗发案数等下降明显。推进现代社区建设，新增住宅小区物业管理覆盖率100%，筹建瑞华、月牙河两个新社区，优化调整连城等融合型大社区规模，抓好朝阳村城郊接合部环境整治。共享法庭被评为全省第二批示范“共享法庭”，创建市级加强版示范镇（街），全区完成积案清零。

推进五星村、杭海路社区基层党建示范点创建，以红色根脉研学、征迁转型治理、现代社区建设三条主线，开展“争星晋位、全域建强”行动。开展全域整治群英榜考赛和专项考察，形成5村分析研判报告，本级上榜86名，向上级推荐10名。完成街道便民服务大厅提升改造，新增出入境、机动车、户籍管理大厅等功能，承接245项可办事项，窗口日均办件200件以上，办结率和满意度100%。

2022年乔司街道各行政村（社区）基本情况表

表11

行政村（社区）	面积（平方千米）	户数（户）	人口数（人）	集体经济总收入（万元）	集体经济总费用（万元）	总资产（万元）
胜稼村	1.52	791	13741	2059.94	857.26	27040.28
三角村	2	1144	16284	1125.83	894.53	46309.42
吴家村	1.2	658	4442	846.04	752.95	10123.55
永和村	1.7	992	9918	921.9	943.73	15207.71
朝阳村	1.5	1147	10234	1449.09	781.24	10791.36
葛家车村	2.87	1269	26390	2406.74	1596.53	12608.33
五星村	2.58	1329	30221	5927.88	2821.2	28799.15
和睦桥村	2.1	1140	29698	2072.59	866.35	12120.12
永西村	3.8	1409	8742	1044.46	734.32	23172.17
良熟村	2.3	850	9308	843.17	1419.46	29345.52
方桥村	2.1	851	4205	356.03	620.83	23149.76
新街社区	1.2	923	11253	—	—	—
乔司社区	1.2	466	10812	—	—	—
连城社区	0.39	2102	14907	—	—	—
良熟新苑社区	0.25	118	5562	—	—	—
汀兰社区	0.15	2028	11409	—	—	—
杭海路社区	1.1	1202	6146	—	—	—
月牙河社区	0.48	548	3903	—	—	—
瑞华社区	0.68	1332	7088	—	—	—

【临平区首届古海塘文化节在乔司开幕】 9月13日，临平区首届古海塘文化节开幕，区委书记出席活动并讲话。开幕式上，古海塘遗址所在地乔司街道发布全新形象标识，5名“守望古海塘”志愿服务队代表发出守护古海塘倡议。

【乔网智治“云上”中心正式启动】 2022年2月25日，临平区乔司街道乔网智治“云上”中心正式启用。“云上”中心集党建、治理、经济、城管、公共服务为一体的五大“数字驾驶舱”体系，囊括红乔先锋、共富关怀、警源管理、欠薪预警、智慧城管等9个特色应用场景。

（吴佳梅）

·运河街道·

【概况】 2022年，运河街道下辖14个建制村、2个农村社区、3个居民社区。年末总户数1.24万户，年末总人口9.15万人（其中户籍人口4.52万人，流动人口4.64万人）。区域面积32.15平方千米。

全年，财政总收入2.16亿元；农业增加值3.34亿元，比上年下降10%；规模以上工业增加值6.03亿元，比上年下降7.4%；固定资产投资3.81亿元，比上年增长31.2%；社会消费品零售总额6.14亿元，比上年增长4.4%；自营出口同比增长16.6%。

制定《运河街道党建统领共同富裕示范街道建设系统架构图》，构建“1+7+N”重点工作体系，19个村（社区）联动推进118个共富子项目，《研学产业带动新时代农村高质量发展案例》入选杭州市共同富裕城市范例（机制创新类）试点。成立运河街道“共富基金”，首期募集资金1018万元，设立慈善帮扶专项20个。

杭州戴乐无纺布有限公司、杭州翰斯通无纺布有限公司等8家小微企业规范升级为规模以上企业；通过国家高新技术企业认证28家；完成市级数字化攻关项目入库3家，市级数字化车间培育入库1家，区级工厂物联网及工业互联网应用项目1个，工业机器人推广应用项目4个。

完成粮食功能区优化整治316.67公顷，土地流转实现100%。小麦测产平均亩产542.1千克，创全区历史新高。举办首届大运河乡村研学节，引入袁隆平院士“爷爷的水稻田”、田园综合体、“共富小院”等20多个项目，与浙江大学等7所院校共同打造大学生游学矩阵，接待游客超过12万人次，16个省“头雁班”3000多人前来取经，实现研学产值600多万元。

运河街道第三幼儿园竣工并开园，完成幼小中街道“教育综合圈”打造。投资1.8亿元，全市最高标准建设的卫生服务新中心投入使用。创建省级健康村14个，市级健康单位8家。开办12所快乐假日学校，举办暑期爱心志愿服务195场次，惠及青少年7320人次。新建示范型照料中心3家，13家居家养老服务照料中心为1534名老人提供居家养老服务；有1家集中配送餐中心、5家村（社区）老年人食堂、13个助餐点，基本实现助餐全覆盖，日均为600多名老年人提供助餐服务。建成“四好农村路”6.3千米，婴幼儿成长驿站7家，新增幼儿托位60个。打造全省首批“15分钟品质文化圈”6个，完成体育民生实事项目10个，杭州书房高分通过验收。

获评杭州市洁美镇（街）。南横港泵站贯通解决城市内涝问题，消除V类水体8条，完成年度污水零直排改造任务。垃圾分类排名全区第一位，拆除违章违法建筑10万多平方米，建设口袋公园（艺术小品）44处，增加绿化面积5万多平方米，道路“白改黑”16公里，建设亲水栈道游步道21公里，获评市级绿道建设最佳配合镇（街）。创建浙江省低碳乡村1个、浙江省AAA级景区村1个、浙江省低碳农场1个。

以同拆统建、异地新建+原址改造、零星布点三种模式推进全域住房解困。至年末完成解困669户，其中唐公村竣工22户，启动建设276户；博陆村集中开工178户；其余村社以零星布点方式解困193户；完成危房修葺108户。

完善“1+2+X”应急管理体系，建设街道文化型应急消防管理站，实现区域微站+村社站点+重点单位消防队伍全覆盖，全区首个与区消防大队开展结对共建，130多名微型消防站队员接受培训，打造“15分钟应急消防救援圈”。创新应用联防联控数字化平台，为基层治理队伍配备“4G单兵”，提高综合治理能级。

落实杭嘉湖区域相邻共治，与桐乡大麻镇、德清禹越镇签订纠纷调解、纪律互查、汛台共防机制。全区首推智慧信访系统，提升信访办理质效。深入开展老年人反诈行动，制定“5-15-25”工作机制，连续3年60岁以上人员被诈骗案件数零发生。

2022年运河街道行政村（社区）基本情况表

表12

行政村（社区）	村民小组数(个)	户籍户数(户)	户籍人口数(人)	农村经济总收入(万元)	成员人均收入(元)	村级可支配收入(万元)	其中:经营性收入(万元)	耕地面积(公顷)
亭趾村	9	697	2767	88335	52954	235.01	161.75	116.07
费庄村	11	570	2221	71797	51274	276.36	117.35	31.6
明智村	9	745	2954	98396	51291	244.59	163.45	124.87
褚家坝	7	592	2000	24151	54176	484.41	483.63	0
南栅口	4	312	1107	42993	51276	229.49	213.59	20.41
兴旺村	11	690	2711	50520	50016	279.87	200.44	17.87
博陆村	14	741	2621	44643	48794	187.22	114.36	50.2
东新村	17	1056	4085	151569	51713	344.68	253.35	90.27
新宇村	14	689	2702	67138	48845	554.55	171.73	112.87
戚家桥	12	683	2676	45019	46793	180.16	122.09	146.67
双桥村	9	779	3134	40093	52534	243.68	157.60	131.47
螺蛳桥村	5	429	1686	15015	53243	185.63	109.88	41.6
五杭村	7	465	1796	146068	46290	239.99	166.86	54.69
杭南村	13	580	2453	54445	53325	507.46	453.33	113
唐公村	13	774	3011	121146	51671	251.67	196.69	104.87
杭信村	13	573	2307	56812	52372	304.87	162.84	103.78
亭趾社区	7	830	2137	—	—	—	—	—
博杭社区	6	490	1080	—	—	—	—	—
运旺社区	8	691	1728	—	—	—	—	—
合计	189	12386	45176	1118140	51005	4748.64	3249.94	1260.22

说明：耕地面积仅指可用于种植的水田、旱地、因土地流转改变地貌，用于养殖、园地等的原耕地面积除外。

【杭畔莲子·共富工坊入选省共富工坊优秀案例】 杭畔莲子·共富工坊位于临平区运河街道新宇村，主要从事果莲育种、种植、鲜莲保鲜加工等业务，现有种植面积80多公顷。杭州莲谊农业开发有限公司与新宇村党总支合作，以“杭畔”西湖果莲品牌为牵引，规范采莲、剥粒、检验、包装等工序，吸纳160多名老年人就业，做大“共富”蛋糕，相关经验做法被中央广播电视总台专题报道、微博话题热搜超6300万条次。

【“开运共富联盟”成立】 2022年7月1日，余杭经济技术开发区与运河街道共同成立“开运共富联盟”，发布共同富裕高质量就业行动。结合两地资源优势，探索“平台+属地+企业”就业模式，在就业创业、技能培训、人才输送等方面实施重点定向帮扶，为劳动者和用工企业提供暖心服务，促进更加充分更高质量就业。

【杭州市首条跨市级绿道建成】 2022年，临平街道按照“以水为脉，以绿为魂，以乡村为主体”的规划理念，结合大运河文化带建设、乡村低碳旅游发展等持续性开展绿道建设工作，成功建成杭州市首条跨市级绿道（新宇村绿道）。年内建成绿道9条，计16.25千米，平均每万人拥有绿道长度3.87千米，实现“村村有绿道，人人走绿道”目标。7月26日，运河街道获评2021年度杭州市绿道建设“最佳配合镇街”。

【运河街道社区卫生服务中心新院区启用】 2022年8月25日，运河街道社区卫生服务中心、临平区第一人民医院运河分院新院区正式启用。中心位于兴旺大道与东湖北路交叉口，占地面积1万多平方米，以二级乙等社区医院标准规划建造，设置床位120张，引进进口32排西门子螺旋CT机、电子胃肠镜、进口DR（数字化X射线摄影）、进口彩超、全自动生化分析仪、免疫分析仪、血球仪等高档医疗设备，配备自动发药机以及标准化层流手术室3间。全院包含门诊、急诊、公共卫生中心、医技、住院区、手术区、体检区、发热诊室、慢病一体化门诊、内镜分中心和“120”急救站点等功能区域，设置全科医疗、中医、口腔、检验、医学影像、预防接种、儿童及妇女保健等多个科室。

【跨运河大桥丰稔桥通车】 2022年9月19日，跨京杭大运河丰稔桥正式通车。该桥是连接临平、德清、桐乡的主要桥梁之一，起点位于东新线，上跨京杭运河杭州段航道，终点与东杨线相接，全长410米，跨运河110米，由于受京杭运河内通航条件限制，采用难度较大的“先拱后梁”的施工工艺。项目按三级公路标准建设，设计时速30千米，桥梁标准宽度14米，保留双向两车道，设置专门的非机动车道及人行道。

临平区运河街道新宇村奶奶工坊，拍摄于2022年7月26日（运河街道 供稿）

【首届大运河文化创意设计周暨第十三届大运河鱼羊美食节】 2022年11月4—6日，首届大运河文化创意设计周暨第十三届大运河鱼羊美食节在大运河1986文创园举行。2022年大运河（杭州段）文化产业带重点项目之一的大运河1986文创园开园；运河街道与中国建设银行、“饿了么”三方签约共富合作协议推广数字人民币消费券100万元，与11个地市美食旅游推广云签约。活动3天吸引客流3万人次，总营收超过120万元，活动在线阅读量超过300万人次。

【运河街道文学艺术界联合会成立】 2022年11月26日，运河街道召开文学艺术界联合会成立暨第一次代表大会。表决通过《临平区运河街道文学艺术界联合会章程》，选举产生运河街道文联第一届委员会委员11名，其中运河街道文联主席1名、副主席2名、秘书长1名。

【博陆村危旧房改造项目（新建区域）开建】 2022年12月12日，运河街道博陆村危旧房改造项目（新建区域）开建。该项目是全区首个农民建房试点项目，位于东湖北路东西两侧，征地6.67公顷，新建房屋178户，配套停车场、公园和景观节点等设施，项目以“组团联合自建”模式进行，实施后可解决困扰博陆村数十年的住房难问题。

（朱少华　马晓玲）

2022年11月4日，第十三届大运河鱼羊美食节举行　（运河街道 供稿）

·崇贤街道·

【概况】 2022年，崇贤街道下辖11个村，7个社区。年末户籍人口6.73万人，流动人口18.79万人。区域面积38.62平方千米。

全年，崇贤街道完成财政总收入9.53亿元，经常性财政收入5.02亿元；实现规模工业销售产值137亿元，工业增加值20亿元；社会消费品零售总额7.15亿元，比上年增长18.3%。

完成工业投资2.7亿元，推进在建工业投资项目26个，浙江益海嘉里食品工业有限公司智能化配送中心项目建成、央厨项目正式运营；完善工业厂房出租管理办法，梳理产业准入目录、负面清单，实行房东承诺制，坚持亩均评价导向，倒逼24家D类企业升档，有效推进企业规范化管理。依托大运河科创城平台，梳理辖区优质空间、楼宇等存量空间，招引长住控股集团有限公司等4个优质项目落地，发挥“崇贤老板”人才资源优势，排摸崇贤老板62名、“创二代”23名，开展“崇贤老板”在外创业项目走访，促进项目回归、人才回流。制定企业走访问题反馈机制，梳理“一对一”服务企业名单，走访服务企业93家、收集办理诉求34条。全程服务浙江益海嘉里食品工业有限公司央厨项目，在项目运营、云上企业培育等方面跟踪指导，打造以主食加工为核心的生态体系。帮助对接杭州甘其食食品科技有限公司等4家食品企业入驻央厨、模块化嵌入、集群化发展。

临平区崇贤花海，拍摄于2022年7月4日　　　　（崇贤街道 供稿）

联动推进全域基础环境综合整治、工业企业综合整治、农业大棚整治、仓储物流整治、违法用地整治，拆除违法建筑13.14万平方米，整改取缔“低散乱”90处，整治高耗低效企业15家、物流企业13家。整治违法用地49宗，覆土复耕面积9.41公顷。完成东西向快速通道项目、中强区块做地项目、老鸦桥上山道路提升改造工程征迁任务，塘康公路拓宽项目实现一天内19户农户全部签约。攻坚大运河国家文化公园项目征迁，签约农居户51户、企业6家、移交码头4家；铺开陆家桥工业园区提升改造，签约企业13家。持续优化交通路网，实施崇超线、石塘线提升改造，推进17条“四好农村路”建设，其中8条完工；攻坚“五水共治”，加速推进治污项目，新增纳管农户450多户，完成10家工业企业污水零直排改造；扩大城市管养范围，实现绿化扩面8500平方米，完成崇贤新城范围内盲道改造；推进美丽乡村、未来乡村、美丽农业公园等项目建设，崇贤街道成功创建2022年度浙江省美丽乡村示范乡镇，鸭兰村成功创建2022年度浙江省美丽乡村特色精品村。立足鸭兰红色革命老区特色，着力打造宜居宜业宜游的省级未来乡村。完成村级留用地置换房产3.8万平方米，每年预计增加村集体收入1469.25万元；创立“湾里塘”“红色鸭兰”“小苗儿”等共富工坊，以“小工坊”撬动“大共富”，村级集体经济进一步做强。举办临平区首届1927大运河红旅文化节，以红色研学、水乡韵味、非遗特色、农耕体验为亮点，推出“七个一”研学套餐、5条农文旅主题路线，以红赋能农文旅发展取得新突破。

探索基层治理数字化改革，依托基层治理综合信息平台，搭建“街道‘一网智治’、村社‘数智治理中心’、网格‘移动单兵’”三级智治格局，赋能“大综合一体化”执法，开展多领域“综合查一次”，形成“1+4+X”非警务事件联合执法勤务模式，推进“警网协同”，有效警情数比上年下降8.21%。开展信访问题排摸，建立领导包案机制，妥善处置光合映、星合映、绿地宸瀚里房产类防化项目，有效化解信访积案3起，调处各类矛盾纠纷483件，常态化开展平安宣传、消防演练、平安巡防、志愿服务、隐患排查等活动。建立“1+2+X”应急消防管理体系，强化应急消防管理基础设施建设和应急队伍建设，建成杭州市首批达标应急消防管理站。以关停拆整强势推进消防安全大排查大整治，发现并整改隐患9134条，行政处罚违法行为141起，关停企业76家，腾出空间6.10万平方米，开展安全生产重点岗位人员培训班26期，开展消防演练90多次。

推进民生实事项目，沾桥中学、石前幼儿园项目正式投用，其余4所幼、小学校在建，社区卫生服务中心扩建项目主体竣工。新增居家养老照料中心、老年食堂等养老服务点7处，开办临平企退·崇贤学苑，建成婴幼儿成长驿站7家，落实婴幼儿照护用房1684平方米，为“老有所养、幼有所护”提供更优质保障。完成农户住房解困、农村道路建设、便民服务中心建设、应急消防站建设等年度五大民生实事项目。落实慈善救助行动，建设崇贤街道助联体服务站，推出“崇助邻里·尚德善行”品牌，构建“物质+服务”多维救助模式，发布“携老扶弱”共富项目9个，落地慈善项目15个，募集公益基金362万元，发放救助、慰问金360多万元。街道“物质+服务”多维救助模式获评2022年度杭州市社会救助创新实践优秀案例。新建石前、龙腾社区，新招专职社区工作者50名，新增注册类社会组织9家。全域37个小区实现无物业管理小区清零，23个小区完成业委会（物管委）组建，崇文社区亲朋家社会工作室、杨家浜社区和风社会工作室获评全市首批百强社区特色社会工作室，杨家浜社区服务综合体获评浙江省三星级社区服务综合体。加强街道公共法律服务站规范化建设，为群众面对面提供“一站式”法律服务450人次。深耕网格力量，压实村社调委会责任，发挥网格化管理和警调衔接工作机制，全方位开展三源治理工作。加强“共享法庭”建设，依托平台机制化解涉诉民商事纠纷514件，从源头降低诉讼量，有效维护辖区稳定。依托卧龙浜宪法主题公园等普法阵地，围绕“法护平安、法助共富”等内容开展“八进”普法宣传。

2022年崇贤街道各行政村（社区）基本情况表

表13

行政村（社区）	面积（平方千米）	常住户数（户）	常住人口数（人）	户籍总户数（户）	户籍总人口（人）	农村经济总收入（万元）	村级经济可分配总收入（万元）	农民人均年收入（元）
向阳村	1.1	1563	13652	1058	4541	172566	1145	52041
陆家桥村	0.7	1626	5444	488	2031	71538	1244	52183
崇贤村	3.39	7485	14980	1204	5017	214010	670	52559
大安村	3.37	7146	14183	1059	4413	211191	440	53304
沿山村	3.8	7028	13748	1263	4971	215620	675	52185
沾桥村	1.8	3208	8523	677	2847	82484	462	52467
四维村	3.54	4599	18017	1268	5576	93381	1235	52311
三家村	2.9	2050	6035	954	4069	55674	280	50162
鸭兰村	3.6	1778	6206	1061	4505	74527	297	51181
龙旋村	3.03	4325	10854	976	4060	114668	358	52343
北庄村	4.22	4585	11376	1260	5515	88357	302	51610
前村社区	0.9	3337	8002	945	2481	—	—	—
崇杭社区	0.6	4072	12360	2988	6983	—	—	—
崇文社区	0.21	3844	12350	1519	3759	—	—	—
杨家浜社区	0.49	3528	9376	1237	2974	—	—	—
曹家浜社区	0.61	3790	11370	1489	3513	—	—	—
石前社区	0.8	1368	3050	—	—	—	—	—
龙腾社区	0.81	3167	8350	—	—	—	—	—

说明：表格中数据为调查数

【“鸭兰薪火”精神提炼】 2022年，崇贤街道提炼“鸭兰薪火”精神，发挥街道红色宣讲团作用，以中共鸭兰村支部旧址为阵地，通过“讲、演、听、唱”等多元方式传播红色故事、传递红色精神、塑造红色文化品牌。围绕“迎亚运”等主题，举办“我们的云村晚”“庆元宵 迎亚运”、扫黄打非等主题宣传活动，不断满足群众精神文化需求。鸭兰村文化礼堂“鸭兰薪火代代传”品牌活动入选杭州市赋能计划项目，崇贤街道获评浙江省“扫黄打非”进基层示范点。

【志愿服务体系建设】 2022年，崇贤街道实施新时代文明实践站升级工程，依托新时代文明实践所、村社新时代文明实践站，开展志愿服务活动。建设特色志愿服务队伍，弘扬志愿服务精神，推动村社志愿服务活动优化升级，打造新时代文明实践志愿服务品牌。鸭兰村新时代文明实践站获评区级“最美新时代文明实践志愿服务基层站”，中共鸭兰村支部旧址文化守望志愿服务队获评区级“最美新时代文明实践志愿服务组织”。

【清廉崇贤建设】 2022年，崇贤街道开展党风廉政警示教育活动，学习典型案件问题的通报2次，组织街道和村社党员干部参加村干部职务犯罪案件庭审旁听，开展廉政警示教育。挖掘廉洁元素，围绕“清廉薪火”主题，打造清廉乡村新样板。鸭兰村获杭州市第二批清廉村居特色样板村。紧扣重点工作、中心任务，开展重点工作督查，发放督查交办单38份，通报10期。实施谈话提醒制度，结合重要节假日、重点环节、重点领域，在街道机关、村社开展全员廉政谈话623人次，推动作风建设常态化、长效化。

【美丽乡村示范乡镇创建】 2022年，崇贤街道突出乡村特色亮点，以农村人居环境整治为基础，全域建设美丽乡村，逐步形成一核引领（鸭兰村未来乡村）、一园示范（崇贤村美丽农业公园）、两片带动（大安村、崇贤村市级特色村）、全域提升（美丽乡村扩面提升）的发展态势。年内，8个行政村完成区级精品村创建，三家村成功创建市级精品村，沾桥村完成区美丽乡村“1510”示范村项目，鸭兰村完成中共鸭兰村支部旧址提升改造工程，美丽乡村扩面提升项目全域推进。12月，崇贤街道被浙江省“千村示范、万村整治”工作协调小组办公室认定为年度浙江省美丽乡村示范乡镇。

【“扫黄打非”进基层示范点】 2022年，崇贤街道强化“扫黄打非”进基层工作的问题导向、任务导向和效果导向，利用红色文化、德文化等资源优势，将“扫黄打非”工作有效融入基层党建、乡村振兴等工作，打通“扫黄打非”进基层“最后一公里”。坚持党建引领，组建志愿团队，利用主题党日、“双报到”等契机，带动群众共同参与线索排摸、宣传引导等“扫黄打非”活动，形成群防群治合力。坚持联合整治，通过开展网格队伍日常巡查、非法地卫全域排查、印刷企业联合整治等行动，净化辖区文化环境。聚焦数智赋能，将“扫黄打非”模块有效融入基层治理四平台，强化执法保障、完善工作闭环。9月，崇贤街道被浙江省“扫黄打非”工作领导小组办公室评定为浙江省“扫黄打非”进基层示范点。

【“一村万树”示范村创建】 2022年，崇贤街道开展“一村万树”行动，提升乡村绿化水平，优化农村生态环境，促进人与自然和谐相处。推进绿化节点打造，新增入村口、公园绿地、通道林带、滨水文化长廊等0.07公顷以上的成片景观林；结合“美丽乡村”建设，对沾桥村小城镇区域、沾桥村北部片区进行生态绿化建设，打造沾桥村庭院示范带，建设生态停车场，凝聚党群合力，共建乡村绿化美化升级版。12月，沾桥村被浙江省林业局评为年度浙江省“一村万树”示范村。

临平区崇贤街道鸭兰村千亩墩，拍摄于2022年7月25日（崇贤街道 供稿）

【美丽乡村特色精品村创建】 2022年，崇贤街道鸭兰村坚持因地制宜、合理开发、文化传承的发展思路，挖掘和利用丰富的红色文化资源和运河水乡资源，打造宜居宜业宜游的美丽乡村。创新“以红育人”，组建红色主题特色宣讲团，开展形式多样的民风教育演出活动，提振村民创造美好生活的“精气神”。推进“以红兴业”，制定鸭兰村农文旅发展总体规划，明确“大运河红旅第一村”的村庄发展定位。注重“以红富民”，强化乡村文旅配套服务和消费体系建设，提升强村富民的内驱力。12月，鸭兰村被浙江省“千村示范、万村整治”工作协调小组办公室认定为年度浙江省美丽乡村特色精品村。

【鸭兰村获评省级“民主法治村”】 2022年，崇贤街道鸭兰村强化“红色根脉”强基工程落实，以“红色文化”为引擎，以“法治鸭兰”为保障，打造红色法治地标。坚持党建统领，增强党组织的凝聚力、向心力、战斗力，提升治理效能；坚持“自治”联动，引导基层组织、社会组织和公民个人有序参与社会事务，创新治理理念；坚持“法治”保障，常态化开展普法宣传活动，筑牢平安防线；坚持“德治”为本，建立矛盾纠纷信息网络、“一村一法律顾问”制度，涵养和美民风；坚持“智治”支持，实施省级“未来乡村”项目、市级“数字乡村”项目，推进数字化改革。12月，崇贤街道鸭兰村被浙江省司法厅、浙江省民政厅、浙江省普法办公室命名为浙江省年度省级“民主法治村”。

（崇贤街道党政综合办　王传湖）

延伸阅读▶▶

杭州临平崇贤新乡贤解锁“共富密码”

在杭州临平崇贤街道康成农业的数字化育苗工厂大棚，降温水帘正在运作，多台负压风机同时作业，数字大屏上显示着实时温度、湿度、光照等相关数据，技术人员轻点手机，开启自动浇水模式，喷灌系统随即跑动起来……置身这个占地310亩的“共富农场”，高科技应用随处可见。

康成农业作为全省第一批农业“机器换

人”高质量发展先行单位，在数字化育苗上优势显著。“现在园区内每个生产技术员可以负责1至2个大棚，整个园区只需要3名生产技术员就可以实现正常运作。”临平区知联会成员、崇贤新乡贤、康成农业联合创始人江建珍介绍，她曾经从事贸易行业，在2011年选择了农业赛道进行创业，2015年江建珍跟随家人一同来到崇贤。

从此，江建珍便扎根在了“第二故乡”——崇贤，并在此开办“共富农场”，也正是在她的带动下，一幅共富图景徐徐展开。

现年72岁的姚彩仙是第一批“元老级”嫁接工，已在这里工作了7年。“阿拉在家也停不落，在这里和村里老姐妹们港港话，味道毛好了！”别看姚奶奶年纪大，手上的嫁接功夫一点也不含糊，就在说话间又完成了数件嫁接幼苗，一株株长势喜人的幼苗映衬着奶奶的笑脸，“共富农场”已然成为大家奔向甜蜜生活的“加速器”。

现在，崇贤街道龙旋村有50多位村民在“共富农场”找到了工作，且这些村民大都在60～70岁，平均年龄65岁，以计件形式结算工资，熟练的嫁接工每月能创收7000元左右，普通的工人也能创收4000元左右。

为何选择奶奶辈的工人，江建珍给出了答案：嫁接苗等工作需要很大的耐心，现在年轻人大都坐不住，老太太们比较有耐心，且龙旋村及周边的农业劳动力以老年人为主。

一株株幼苗将村民的殷切期盼与企业沉甸甸的责任串联起来，迈出共同富裕新路子。据统计，目前康成农业技术应用面积达40多万亩，推广瓜菜嫁接苗种植面积10万多亩，年产果蔬种苗1500万株，产值超1200万元。

“我作为崇贤街道的新乡贤，看到当村民们在我们的帮助下实现增产增效，在‘家门口’实现了就业，日子也越过越有盼头，我也感到非常开心。”江建珍笑着说，“一人富不是富，大家富才是富！我们‘共富农场’还在扩招人员，为销售旺季做准备。”

新乡贤助力农村产业增收是崇贤街道助力共同富裕的一个缩影。相关负责人表示，接下来，崇贤街道将继续坚持将人才振兴与产业振兴结合，吸纳引进新乡贤，助力农业发展，以科技力量增加农民收入，为共同富裕增添新“丰”景。

（人民网 2022-09-19 作者：莫骁琦 顾晓燕）

·塘栖镇·

【概况】 2022年，塘栖镇辖18个建制村、11个社区。年末户籍人口8.36万人，常住人口14.38万人。区域面积62平方千米。

全年，塘栖镇完成财政总收入6.61亿元，其中经常性地方财政收入3.55亿元，规模以上工业总产值106.52亿元，规模以上工业增加值20.30亿元，规模高新技术产业增加值16.48亿元，完成固定资产投资16.35亿元，限额以上社会消费品零售总额3.29亿元，农村经济总收入204.40亿元，农民人均收入57362元。

推动企业设备更新和技术改造，29家企业实施技改项目，技改投资4.09亿元。3家企业顺利申报市级数字化培育车间。加大科创园培育力度，已来科创园一期被认定为市级孵化器，打造零碳科创园暨已来二期，引进智能制造、数字经济等产业项目47个，实现总产值5亿元。全年新增国家级专精特新“小巨人”企业2家、国家高新技术企业39家、省科小企业59家、省企业研究院1家、省高新技术企业研究开发中心3家、市级科技企业孵化器1个。

推进美丽乡村建设，开工建设丁山湖美丽乡村示范片区，完成丁河村农文旅融合示范村、西苑村市级美丽乡村特色村项目，塘栖村、丁河村上榜浙江省第二批未来乡村，河西埭村被评为省级生态文化基地，三星村获评AAA级景区村庄，建成3.6公里的北塔漾绿道。推动农文旅融合，举办第24届塘栖枇杷节，枇杷节期间接待游客67.08万人次，总营业收入超过2亿元。推进基本农田连片整治，完成384.67公顷耕地功能恢复、70.93公顷高标准农田建设和596.84公顷粮食功能区整治优化，获评市级全域土地综合整治和自然资源要素保障工作行政奖励集体。

开展“迎亚运”环境长效管理，统筹执法部门及村社力量，推进两路两侧“三化一平”“亚运场馆”最后一公里、农村人居环境等专项整治，整改问题2.1万多件。加强对占道经营、“牛皮癣”等治理，完成入城口、滨河公园等绿化改造，修复市政道路3.4万平方米。推进垃圾减量工作，完成易腐处置中心预处理项目建设，日处置量44吨，生活垃圾资源化、无害化利用率实现100%。全年提升垃圾分类点位12处，创建省级高标准分类示范小区2个，省级分类精品村1个。

平稳征迁农居户186户、企业25家，服务保障大运河国家文化公园和科创城项目建设，完成9家码头企业及练杭高速以西12家企业的腾空移交。推进老旧小区改造，完成老旧小区改造15.58万平方米，加装电梯10部。

开展消防安全挂牌整治行动，会同相关部门查处涉安全生产、消防安全行政处罚案件63起，拘留3人，整改各类问题7285项。推进低小散差整治，推动马高仓库、泰山村南扒山等区块的专项整治，关停取缔低小散差企业125家，拆除存在安全隐患的违建点位125宗3.78万平方米。完善“固定信访日”、信访代办等机制，推进“全民反诈”工程，全年办理信访事项2495件，刑事警情下降70.47%、治安警情下降42.21%，纠纷警情下降0.8%。电信网络诈骗发案数、案损额分别下降56.7%、

临平区塘栖镇街俯瞰图，拍摄于2022年10月10日　　（塘栖镇 供稿）

37.37%，劝阻止损600多万元。推进“大综合一体化”行政执法改革，结合基层治理实际需求，动态优化调整行政执法事项，执法事项优化调整至368项。

开展“争星晋位、全域建强”行动，塘栖村获评全国“一村一品”示范村。创新城乡社区治理，新建锦兰社区，调整广济路社区规模，西小河社区入选省级未来社区创建名单，指导莫家桥村实施“微自治”项目，申报第五批省级引领型农村社区，指导枇杷湾社区申报三星级社区服务综合体，西苑村成功创建杭州市田园社区示范点。

启动共富邻里中心建设，全年建成“临品艺站”2个，打造“15分钟品质文化圈”14个。出版《我们宏畔人》《古韵塘栖》《乡贤何思敬》等书籍，做好运河船民习俗等2个省级非遗项目的复评，举办首届何思敬法治文化主题实践活动。培育基层志愿力量，建立志愿服务工作站5个，成立“栖迎亚运”十支专项服务队，开展各类志愿服务600多场次。深挖“名镇名山名湖名吃”优势资源，塘栖古镇入选省级旅游休闲街区。

建设婴幼儿成长驿站8个，普惠托育机构2家，新增居家养老服务场所1家，助餐点1个，为2874位老年人提供养老服务电子津贴，对5户老年人家庭进行适老化改造评估。推进张家墩九年一贯制学校、7号地块配套幼儿园等新建改扩建重点项目4个，完成省级卫生村复评6个。做好残疾人工作，塘栖残疾人之家获评省“五星残疾人之家”，南苑社区成功创建省级无障碍社区。推进“益满塘栖”21个公益创投项目，开展喜迎亚运等各类专题活动50多场，发放各类救助资金779.8万元。

成立“共同富裕发展基金”，收到商会会员企业各类善款575万元。因地制宜推进“共富工坊”建设，打造“鱼鹰团”等共富工坊15个，带动1000多户村民增收致富，塘栖镇农村经济总收入310.74亿元，比上年增长10%，塘栖村、丁河村、丁山湖水韵风情共富带、塘栖未来乡村共富体入选杭州市首批共富村、共富带、共富联合体名单。

塘栖镇“共享法庭”成功创建杭州市示范“共享法庭”，塘栖镇团委获评杭州市五四红旗团委，塘栖镇妇联获评浙江省示范乡镇（街道）妇联，塘栖镇综合行政执法队获评2021年度巩固深化“强基础、转作风、树形象”专项行动表现突出单位。丁河村创建第九批全国民主法治示范村，塘栖村创建浙江省清廉村居建设示范单位，河西埭村“打通法治促乡村振兴‘最后一纳米’”项目入选省乡镇（街道）法治化综合改革试点“最佳实践案例”。被评为“杭州市担当作为好支书”1名，被评为“杭州市新时代好党员”2名。

2022年塘栖镇各社区（行政村）基本情况表

表14

行政村（社区）	面积（平方千米）	户数（户）	人口数（人）	集体经济总收入（万元）	集体经济总费用（万元）	总资产（万元）
塘北村	5.8	1367	5715	698.65	571.41	14636.50
邵家坝村	1.33	312	1352	423.81	192.20	5306.59
超山村	4.435	570	2494	583.96	333.75	8247.63
超丁村	3.9	1092	4638	104	75	16000
泰山村	4.58	886	3922	988.55	259.88	12106.47

续表14

行政村（社区）	面积（平方千米）	户数（户）	人口数（人）	集体经济总收入（万元）	集体经济总费用（万元）	总资产（万元）
柴家坞村	4.2	1168	4910	680.10	338.78	12471.44
三星村	2.7	832	3678	538.48	486.02	9750.32
西河村	2.35	603	2644	690.22	307.26	7157.72
莫家桥村	4.32	1122	4758	1087	385	12040
唐家埭村	0	250	1135	660.04	151	4308
河西埭村	1.5	450	2100	1157	334	4309
宏磻村	1.55	868	3608	490.92	333.69	8700.28
西苑村	1.5	630	2512	866	296	2696
丁河村	2.69	823	3050	686.28	327.36	6018.28
塘栖村	4	1020	4279	799.12	336.13	20632.53
西界河村	1	261	1129	686.26	197.04	6960.36
三文村	0.33	130	623	499.96	146.75	2968.38
丁山河村	2.5	1172	4658	692.98	491.92	14055.68
酒店埭社区	2	154	803	457	40	7200
南苑社区	0.14	1962	5104	—	—	—
东小河社区	0.37	957	2505	—	—	—
广济路社区	0.8	1516	3940	—	—	—
乐苑社区	0.5	1782	4882	—	—	—
西小河社区	0.21	1136	3056	—	—	—
水北社区	1.4	410	1026	—	—	—
华城社区	0.52	1011	2526	—	—	—
莲花社区	0.4	2016	6203	—	—	—
枇杷湾社区	0.4	181	379	—	—	—
锦兰社区	0.4	82	169	—	—	—

说明：表格中的数据为调查数

【塘栖镇获评省级小城市培育试点年度考核优秀单位】 2022年11月7日，浙江省发展改革委员会公布2021年度省级小城市培育试点单位考核结果，临平区塘栖镇获优秀等次，成为全省30个考核“优秀”镇之一，“古镇新城——塘栖模式”作为小城市培育8种典型模式之一在全省推广。培育经济增长新动能，打造年产值超2.5亿元的枇杷全产业链，研发出枇杷花茶等10多种衍生产品，创建中国枇杷蜜之乡，已来科创园一期被认定为市级孵化器。构建全域美丽新格局，北塔漾绿道、水乡风韵线等相继建成，水乡风韵线一期项目获评省级美丽乡村风景线，塘栖村、丁山河村创建省级第二批未来乡村，年底，创AAA级景区村6个。丁山湖、京杭大运河（塘栖段）创建省级美丽河湖，塘栖村等5个村获评市级“水美乡村”。开创共同富裕新篇章，完善“一老一小”服务，建成婴幼儿成长驿站8个，新增普惠托育机构

2家，年底，全镇有居家养老服务场所19处、老年食堂4家、助餐点19个。整合公共服务阵地资源，构筑覆盖全域的4类80多处公共服务阵地，建立志愿服务站点100多个。

【塘栖镇团委获评杭州市五四红旗团委】 2022年5月27日，塘栖镇团委被评为2021年度杭州市五四红旗团委。塘栖镇团委现有团组织92个，团员1259人，注册志愿者18887人，全年组织开展各类志愿服务400多场次。作为临平团区委“青春社区”试点镇街之一，塘栖镇团委平均每月开展各类青少年、志愿者活动3场以上，挖掘培育“中国好人”叶阳辉等优秀团员代表。拓展青少年校外教育阵地，新申请“红领巾1013”阵地3个，区级青少年校外教育基地6个，开展各类青少年主题教育实践活动10多场。

【塘栖镇“共享法庭”入选全市首批示范“共享法庭”名单】 2022年10月31日，塘栖镇“共享法庭”入选全市首批示范“共享法庭”名单。塘栖镇将“共享法庭”建设列为塘栖镇法治化综合改革试点工作的重要内容，推动镇、村（社区）两级“共享法庭”全覆盖、人员全到位，依托“共享法庭”“浙江解纷码”等平台，实现远程调解、网上签字，让群众办事“一次不用跑”。年末，利用“共享法庭”接受诉前调解863件，化解312起，调解成功率35.7%，通过“浙江解纷码”网上申请37件，调解成功28件，调解成功率75.7%，全年万人成诉率比上年下降19.6%，村社“共享法庭”化解矛盾纠纷469起。

【塘栖镇残疾人之家获评五星残疾人之家】 2022年4月5日，塘栖镇残疾人之家获评五星残疾人之家。塘栖镇残疾人之家位于塘栖镇工业园区塘旺街2号，于2016年12月28日正式投入使用，配备专职站长1名、精防医生1名，每年为残疾人进行一次免费体检。设立社会能力实践基地，通过爱心企业提供的简单手工制作产品，开展“工疗”活动；通过室外农疗基地，提供菜地种植、养护、采摘等劳动，开展“农疗”活动；通过配置精防医生，建立《残疾人日间照料及服药信息记录手册》，如实反映并更有针对性地进行用药指导，开展“药疗”活动；通过家属座谈会、精防卫生知识座谈会、邀请浙江省心理健康促进会定期帮助残疾人进行集体心理辅导和沙盘游戏等方式，了解、疏导残疾人内心情绪，定期开展“思想教育”活动。镇残联每周至少2次到残疾人之家进行指导，与工作人员及残疾人进行沟通交流，及时帮助解决塘栖镇残疾人之家在日常管理中出现的问题。

临平区推进婴幼儿成长驿站建设。图为超丁村婴幼儿成长驿站，拍摄于2022年11月15日 （姚晨亮 摄）

【社工人才学院、“栖愿汇”志愿服务学院成立】 2022年6月6日，塘栖镇社工人才学院、“栖愿汇”志愿服务学院揭牌亮相，并与浙江理工大学开展校地合作，开展社工培训12期，志愿者培训8期，开展节日庆典专题活动9场、喜迎亚运专题活动7场、平台培育专题活动8场、志愿服务专题活动12场。

【临平区乡村共富研学中心落地】 2022年7月1日，临平区乡村共富研学中心正式成立，5名省级兴村治社名师、7名乡村共富顾问作为智库成员入驻，开设“农家乐民宿经营管理”等24场人才帮富课程。自落地以来，中心培训职业技术经理人、新职业农民等37批次，接待考察研学7000多人次。

【塘栖古镇入选杭州对外交流人文体验点】 2022年8月，塘栖古镇成为第二批对外交流人文体验点之一。古镇内分布着塘栖乾隆御碑与水利通判厅遗址、塘栖水北明清一条街、塘栖八字桥檐廊、何思敬纪念馆、塘栖枇杷产业博览馆、临平方志馆等人文景点，辖区内现存各类不可移动文物、历史建筑近百处；非物质文化遗产项目33个（国家级1个、省级5个、市级8个、区级19个）。

【已来科创园成为塘栖首家市级科技企业孵化器】 2022年7月12日，杭州市科技局公布《关于2022年度拟认定为市级科技企业孵化器名单》，已来科创园成为塘栖第一家市级科技企业孵化器。已来科创园孵化器是以智能制造、医疗器械和数字经济为主导产业的园区。项目总占地面积6667平方米，总建筑面积1.29万平方米。项目以已来科创园南侧办公楼内孵化、北侧楼房加速、塘栖工业园产业化为发展模式。园区作为企业科创孵化器，面积4485平方米，其中2—5楼设有企业孵化空间，1楼和地下1楼设有公共会议室、路演厅、展厅、党群驿站、食堂、休闲活动区等功能模块，搭建包含创新创业、知识分享、资源共享投融资服务、政策服务等服务平台，配套提供包含工商注册、财务服务、人力资源、法务、知识产权、政策申报、投融资市场资源对接等全方位服务，为入驻企业、项目提供多方位全生命周期服务，助力企业发展。年内，为浙江聚宏德储能科技集团有限公司、杭州陶飞仑新材料有限公司等多家企业提供场地支持，专利申请指导，专业培训辅导等多项服务。

【枇杷种植系统入选首批省级重要农业文化遗产资源】 2022年12月，浙江省农业农村厅公布37个第一批省级重要农业文化遗产资源名单，临平区塘栖枇杷种植系统成功入选。塘栖枇杷至今有1400多年的历史，现保存本地优良品种有软条白沙、硬条白沙、宝珠、夹脚种、大叶杨墩等19个，获国家地理标志证明商标、中国枇杷之乡、中国驰名商标、农产品地理标志保护产品、中国枇杷蜜之乡等称号。整合水乡旅游优势资源，结合塘栖古镇游，打造塘栖枇杷生态观光旅游带，形成一批以塘栖枇杷产业为基础的现代休闲旅游、农家乐、民俗文化体验等项目。自1999年开始，连续举办24届中国杭州塘栖枇杷节，每年吸引海内外游客、嘉宾及客商来塘栖观光并进行商贸洽谈活动。浙江省农业之最枇杷擂台赛上，白沙枇杷和红沙枇杷获可溶性固形物双料一等奖、白沙综合品质一等奖、最佳人气奖等。

（刘　鸿）

（责任编辑　高云娇）

全区组织机构及负责人名录

Organizational Structures and People in charge of these Organizations of the Linping District

（2022年1—12月）

·中国共产党临平区第一届委员会·

书　　记：陈如根

副 书 记：施华森（2023年3月，接受浙江省纪委监委纪律审查和监察调查）

谢浙升

常　　委：陈如根

施华森（2023年3月，接受浙江省纪委监委纪律审查和监察调查）

谢浙升　祝振伟（至4月）

张启成（至1月）　葛建伟

宋　斌　叶敏琦（1月始）

沈　威　杨　霞（女）

杨文闯　沈潮建（6月始）

王艳勤（女，8月始）

委　　员：（按姓氏笔画为序）

王　栋　王艳勤（女）

王耀平　计子法

厉息安　卢君飞（女）

叶敏琦（1月始）　冯德伟

仲　昕（女）　华　东

刘　波　孙　琦

李　瑛（女）　杨　霞（女）

杨士宏　杨文闯

何军芳（女）　应世明

沈　威　沈国峰

沈建立　宋　斌

宋建勇　张启成（至1月）

张俊杰　陈　勇

陈　晨　陈如根

於　忠　赵杏文（女）

赵琪峰　胡乃女（女）

施华森（2023年3月，接受浙江省纪委监委纪律审查和监察调查）

洪　潮　祝振伟（至4月）

柴燕萍（女）　高　翔

葛建伟　谢浙升

候补委员：叶　敏（女）　朱丁伟

孙立英（女）　杨　晨

郑志锋　胡一来

唐国标　曹永佳

区委工作机关

区纪律检查委员会（区监察委员会）

书　记（主　任）：张启成（至1月）

叶敏琦（1月始）

副书记（副主任）：胡乃女（女）　胡建设

纪委常委：张启成（至1月）

叶敏琦（1月始）　胡乃女（女）

胡建设　张　雷

李亮亮（12月始）

潘　颖（女，至12月）

张迎丽（女）　金　涛

监委委员：张　雷　金　涛

佘纯洁　徐胜良

区委办公室
主　　任：沈国峰（至9月）
　　　　　华　东（9月始）
全面深化改革委员会办公室
主　　任：周敏娟（女）
区委组织部
部　　长：杨　霞（女）
区委宣传部
部　　长：沈　威
区委统战部
部　　长：杨文闯
区委政法委
书　　记：谢渐升
区社会治理综合服务中心（区社会矛盾纠纷调处化解中心）[9月更名为区社会治理中心（区综合信息指挥中心）]
主　　任：黎宪威（至9月）
　　　　　金晓勇（9月始）
区委编办
主　　任：徐礼强（至12月）
　　　　　王　栋（12月始）
区委巡察工作领导小组(办公室、巡察组)办公室
主　　任：张　雷（12月始）
　　　　　潘　颖（女，至12月）
组　　长：章伟胜
　　　　　诸葛小平
　　　　　何　靖（至12月）
　　　　　宋　刚（12月始）
区信访局
局　　长：盛胜峰（至4月）
　　　　　方春明（4月始）
区委老干部局
局　　长：沈超乔（女）
市委党校临平区分校
校　　长：杨　霞（女）
区委党史研究室（地方志办公室）
主　　任：胡晓秋（女，至12月）
　　　　　陈　霞（女，12月始）
档案馆
馆　　长：董　静（女）

·临平区第一届人民代表大会常务委员会·

主　　任：陈　晨
副 主 任：何　伟　　戴桂香（女）
　　　　　杨金水　　沈世杰
　　　　　徐红岗　　黄　伟
委　　员：（按姓氏笔画为序）
　　　　　马劲询（女）　王序华（女）
　　　　　王剑飞　　王康权
　　　　　尤金福　　方忠伟
　　　　　厉息安　　朱　礼（女）
　　　　　仲　昕（女）　任建华
　　　　　刘　嵬　　吴燕萍（女）
　　　　　邹　华　　应世明
　　　　　沈文洪　　沈有松
　　　　　陈　坚　　林加忠
　　　　　周俊良　　於　忠
　　　　　施志杰　　钱　军
　　　　　钱晓韵（女）　高国华
　　　　　葛云莲（女）　韩云燕（女）
　　　　　舒贤龙　　蔡海涛
党组书记：陈　晨
党组副书记：何　伟

·临平区第一届人民代表大会专门委员会·

监察和法制司法委员会
主任委员：黄　伟
财政经济委员会
主任委员：何　伟
社会建设委员会
主任委员：杨金水

·临平区第一届人民代表大会常务委员会各工作机构和工作委员会·

区人大常委会办公室
主　　任：林加忠

代表工作委员会
主　　任：王序华（女）

监察和法制司法工作委员会
主　　任：沈文洪

财政经济工作委员会
主　　任：沈有松

城建环保工作委员会
主　　任：钱　军

教育科技文化卫生（民族宗教侨务）工作委员会
主　　任：朱　礼（女）

农业和农村工作委员会
主　　任：葛云莲（女）

社会建设工作委员会
主　　任：舒贤龙

·临平区人民政府·

区　　长：施华森（2023年3月，接受浙江省纪委监委纪律审查和监察调查）
副 区 长：葛建伟
宋　斌
王艳勤（女，至8月）
计子法　　洪　潮
孙　琦　　张　敏
沈国峰（7月始）
胡　俊（11月始）
朱晓云（挂职，至11月）
党组书记：施华森（2023年3月，接受浙江省纪委监委纪律审查和监察调查）

·区政府工作部门·

区政府办公室
党组书记、主任：冯德伟

区发改局
党委书记、局长：华　东（至9月）
石　磊（9月始）

区委社会建设委员会办公室
主　　任：谢渐升

区经科局
党委书记、局长：何军芳（至9月）
王永刚（9月始）

区教育局
党委书记、局长：赵琪峰

区公安分局
党委书记、局长：孙　琦

区民政局
党委书记、局长：蒋伟琦（至12月）
姜　伟（12月始）

区司法局
党委书记：朱丁伟
局　　长：陈国良

区财政局
党委书记、局长：卢君飞（女）

区人力资源和社会保障局
党委书记、局长：陈　勇

区住建局
党委书记、局长：王　栋（至12月）
郑志锋（12月始）

区交通运输局
党委书记、局长：叶　茂

区商务局
党委书记、局长：赵杏文（女）

区农业农村局
党委书记、局长：孙立英（女）

区文广旅体局

党委书记、局长：徐　静（女）

区卫生健康局

党委书记、局长：张　静（女）

区审计局

党组书记、局长：陈建荣

区统计局

党组书记：王永刚（至9月）　张剑峰（9月始）
局　　长：王永刚（至9月）　王新龙（9月始）

区市场监管局

党委书记、局长：胡　昕（至12月）
　　　　　　　　徐礼强（12月始）

区综合行政执法局

党委书记、局长：徐义峰

区应急管理局

党委书记、局长：宋　刚（至12月）
　　　　　　　　周立峰（12月始）

区退役军人事务局

党组书记、局长：房　军

区数据资源管理局

党组书记、局长：石　磊（至9月）
　　　　　　　　黎宪威（9月始）

市规划和自然资源临平分局

党委书记、局长：宋建勇

市医疗保障局临平分局

党组书记：张剑峰（至9月）
　　　　　何军芳（女，9月始）
局　　长：江　筠（女，至9月）
　　　　　何军芳（女，9月始）

市生态环境局临平分局

党委书记、局长：朱宏强

·中国人民政治协商会议第一届杭州市临平区委员会·

主　　席：张俊杰
副 主 席：沈国祥　　韩　峻
　　　　　吴电荣　　章桂娣（女）
　　　　　江　筠（女）
常务委员：（按姓氏笔画为序）
　　　　　马亚琴（女）　王　翔
　　　　　王　巍　　　　王晓乐（女）
　　　　　王朝丽（女）　王新龙
　　　　　冯啸涛　　　　吕璨任
　　　　　朱　彩（女）　华丙如
　　　　　刘　漪　　　　李卫东
　　　　　杨晓慧（女）　杨满珠（女）
　　　　　吴敏华（女）　应　健（女）
　　　　　沈卫东　　　　陈立强
　　　　　陈国良　　　　范海荣
　　　　　林　峰　　　　罗昌武
　　　　　周旭一　　　　郑念华
　　　　　郑特科　　　　赵　兵
　　　　　胡旭洪　　　　胡晓秋（女）
　　　　　俞旭霞（女）　俞建锋
　　　　　洪向涛　　　　姚杭平
　　　　　徐林娟（女）　郭　羽
　　　　　陶峥嵘（女）　黄韶毅
　　　　　常秀兰（女）　释礼敬
　　　　　戴　劲　　　　戴园丽（女）
秘 书 长：张晓军
党组书记：张俊杰
党组副书记：沈国祥　杨文闯（兼）

区政协工作部门

区政协办公室

主　　任：张晓军

区政协提案委员会

主　　任：吴敏华（女）

区政协经济科技委员会

主　　任：姚杭平

区政协城建和人口资源环境委员会

主　　任：赵　兵

区政协社会法制和港澳台侨委员会

主　　任：郑特科（至4月）　罗昌武（4月始）

区政协文史和教文卫体委员会

主　　任：罗昌武（至4月）　蒋伟琦（12月始）

区政协委员工作委员会
主　　任：胡晓秋（女，至4月）
　　　　　郑特科（4月始）

区人民法院
党组书记、院长：刘　波
区人民检察院
党组书记、检察长：高　翔

·区民主党派和工商联·

中国国民党革命委员会杭州市临平区基层委员会
主　　委：俞旭霞（女）
中国民主同盟杭州市临平区基层委员会
主　　委：章桂娣（女）
中国民主建国会杭州市临平区基层委员会
主　　委：冯啸涛
中国民主促进会杭州市临平区基层委员会
主　　委：楼秀华（至1月）　陈　强（1月始）
中国农工民主党杭州市临平区基层委员会
主　　委：江　筠（女）
中国致公党杭州市临平区总支部委员会
主　　委：韩　峻
九三学社杭州市临平区基层委员会
主　　委：王新龙

·部分群众团体·

区总工会
主　　席：徐红岗
党组书记：李　瑛（女）
共青团临平区委
书　　记：方从予（女）
区妇女联合会
党组书记、主席：仲　昕（女）
区科学技术协会
党组书记、主席：李卫东
归国华侨联合会
主　　席：沈洪亮
区工商业联合会
党组书记、主席：马劲询（女）
区文学艺术界联合会
党组书记、主席：杭建卫
区残疾人联合会
党组书记、理事长：范海荣
区红十字会
党组书记、会长：王艳勤（女）
社会科学界联合会
主　　席：沈晓峰（至12月）　钟　山（12月始）

·其他机构·

经济技术开发区
党工委书记、管委会主任：祝振伟（至4月）
　　　　　　　　　　　　葛建伟（4月始）
党工委委员、管委会副主任：
　蒋叶华（女，至12月）　卞吉坤
　宋　宇　　沈建立　　郑　颖
党工委委员、派驻纪检监察组组长：沈亚平（女）
党工委委员：吴来恩
经济技术开发区内设机构
党政办公室
主　　任：叶立新（至12月）
党群工作部
部　　长：杜秀芬（女）
产业发展局
局　　长：王永忠
产业招商局
局　　长：郑　晖（女）
规划建设局
局　　长：赵建锋
创业创新局
局　　长：（空　缺）

产业监督管理局
局　　长：潘贤军
财政局
局　　长：王新龙（至9月）
综合行政执法队
队　　长：（空　缺）
综合服务中心
主　　任：（空　缺）
临平新城开发建设
党工委书记：沈世杰
管委会主任：王耀平
超山风景名胜区（大运河国家文化公园建设、大运河科创城建设）
党工委书记：李敏华（至9月）　沈国峰（9月始）
管委会主任：叶　诚（4月始，至12月）
　　　　　　张振东（12月始）
区融媒体中心
党委书记、主任：戚金海
临平文化传媒集团有限公司
党委书记、董事长：戚金海
机关事务服务中心
主　　任：（空　缺）
行政审批服务管理办公室
党组书记：葛建伟
主　　任：钱祖华
供销合作社联合社
党委书记、主任：高卫中
临平供销控股集团有限公司
党委书记、董事长：高卫中
住房公积金管理分中心
主　任：张红雨（女）
临平交通集团（旅游集团）有限公司
书记、董事长：黄洪奎
杭州临平国有资本投资运营有限公司
党委书记、董事长：蒋　敏
杭州临平城市建设集团有限公司
党委书记、董事长：贺　平
杭州临平开发投资集团有限公司
党委书记、董事长：王毅平

·镇、街道·

运河街道
党工委书记：陈　杭
办事处主任：郎佳宁（至12月）
　　　　　　韩俊铭（12月始）
人大工委主任：王康权
乔司街道
党工委书记：曹永佳
办事处主任：钟　奇
人大工委主任：蔡海涛
塘栖镇
党委书记：於　忠
镇　　长：胡卫建
人大主席：仲瑞妙
崇贤街道
党工委书记：叶　敏
办事处主任：杨文杰
人大工委主任：方忠伟
临平街道
党工委书记：郑志锋（至12月）
　　　　　　潘　颖（12月始）
办事处主任：杨　政
人大工委主任：尤金福
东湖街道
党工委书记：沈建立
办事处主任：姚建华
人大工委主任：高国华
南苑街道
党工委书记：应世明
办事处主任：林洪疆
人大工委主任：李万民
星桥街道
党工委书记：胡一来
办事处主任：吴熠东
人大工委主任：韩云燕

（区委组织部干部科）

人物·先进集体

People and Advanced Units

·先进人物·

【全国“五好家庭”】

丰晓莹，女，1980年10月出生，中共党员，2003年8月参加公安工作，现为临平区公安分局出入境管理（户政）大队教导员，从警19年，先后被评为全国“公安抗疫巾帼先锋”“全国三八红旗手”等。她的丈夫是一名工程师，工作也非常忙，经常出差，但丈夫只要有空就把全部精力都投入在家庭和孩子身上，特别是对两个孩子的教育和陪伴。在教育孩子这件事情上，丰晓莹总是说自己做得不如丈夫好，把孩子们交给爸爸她很放心。疫情期间勤务特殊，丰晓莹最长执勤达两个月没有回家。聚少离多，没有让丰晓莹与丈夫产生隔阂。丈夫反而更加体恤丰晓莹的工作。对于丰晓莹长时间的封闭勤务，他也从不抱怨。

丰晓莹的坚强后盾还有她的父母。丰晓莹的父母都是有着30多年党龄的老党员，父亲还是一名有着40年警龄的退休民警。对于父亲的崇拜，使丰晓莹同样穿上警察蓝，护卫一方平安。父亲母亲总是教育她做一个正直、热心的人，并且不遗余力支持女儿的工作。在丰晓莹夫妻二人无法看顾孩子的时候，老两口承担起教育孩子的责任，让女儿和女婿毫无后顾之忧。无论是丰晓莹夫妇，还是丰晓莹的父母，都热心公益。丰晓莹本人无偿献血近20次，获得无偿献血奉献奖。她和家人会经常带着孩子们参加贫困地区儿童捐赠活动及临平山清理垃圾等公益活动。

（区公安分局）

【全省优秀人民警察一】

莫建伟，男，1976年10月出生，中共党员，1999年8月参加公安工作，现为临平派出所所长。曾获评全省最美浙警、全市优秀人民警察、杭州市十佳交警。莫建伟2021年到临平区公安分局机关党委工作，完成分局上下48个党组织架构的搭建和党支部班子成员的选举任务，确保“业务到哪儿、支部建到哪儿”，充分发挥党支部的战斗堡垒。2022年2月22日，他被抽调至分局安保专班工作，负责全局亚运安保的日常协调工作，后又牵头分局“夏季攻势百日行动”专班工作，内外协调、上下对接，补齐行动短板。

【全省优秀人民警察二】

滕垚，男，1977年10月出生，中共党员，2008年12月参加公安工作，现为星桥派出所民警。扎根基层，在星桥派出所担任社区民警时，摸索出一套“135X基础工作法”，即“一个微信、三心管理、五字口诀、X种可能”。探索新型社区警务服务管理方法，用好一个企业微信，添加1.8万多名“居民好友”，接收咨询求助人员3000多人，在群众中获取预警信息50多条，解决群众问题200多个，成为百姓的“身边人”。他提升辖区特业场所管理，总结出矛盾纠纷排查化解“听说读写思”

五字口诀，使辖区矛盾纠纷报警量比上年大幅下降，赢得众多群众好评。他搭建辖区企业“E起做”平台雏形，将155家重点场所，1500多名企业负责人纳入群防群治力量，提升辖区群防群治和自管能力。

（区公安分局）

【浙江省特级教师】

沈琪，男，1975年12月出生，杭州市临平职业高级中学（杭州市临平技工学校）党委委员、副校长。

（区教育局）

【浙江省“春蚕奖”】

李发顺，男，1975年11月出生，杭州市余杭第二高级中学（临平第二高级中学）教师。

丁伟勇，男，1981年12月出生，杭州市临平区临平第五中学校长、书记。

王洪良，男，1975年8月出生，杭州市临平区育才实验小学教育集团党委书记、总校长，兼任杭州市临平区育才实验小学教育集团荷花小学党总支、校长。

肖　俊，男，1979年9月出生，杭州市临平区运河中学教师。

（区教育局）

【杭州市担当作为好支书】

盛祖华，男，临平区南苑街道文仪社区党委书记、居委会主任。

吴　萍，女，临平区崇贤街道崇文社区党支部书记、居委会主任。

沈　锋，男，临平区运河街道双桥村党委书记、村委会主任、经合社社长。

沈伟敏，男，临平区塘栖镇莫家桥村党委书记、村委会主任、经合社社长。

赵伟兴，男，临平区崇贤街道鸭兰村党委书记、村委会主任、经合社社长。

王晓丹，女，临平区临平街道星火社区党委书记、居委会主任。

马小敏，女，临平区质量计量监测中心党支部书记、主任。

龚国建，男，临平区临平第一小学党委书记、校长。

王泽军，男，临平区中西医结合医院党委书记。

马勇斌，男，贝达药业股份有限公司党委书记、副总裁。

陆超翔，男，杭州西奥电梯有限公司党总支书记、执行副总裁。

刘　伟，男，中翰盛泰生物技术股份有限公司党委书记、液相芯片高等研究院院长。

（区委组织部）

【杭州市新时代好党员】

张剑成，男，临平区星桥街道汤家社区党委书记、居委会主任。

俞春富，男，临平区东湖街道星河社区党委书记、居委会主任。

卫方奇，男，临平区塘栖镇宏磻村党委书记、村委会主任、经合社社长。

张海燕，女，临平区南苑街道洋头坝社区党总支副书记、网格长。

高水娣，女，临平区塘栖镇二级调研员。

胡敬河，男，临平区乔司街道党建办主任。

蒋秀娟，女，临平区临平街道妇联主席。

张　岚，女，临平区星桥街道区域发展办主任、妇联主席。

卢　阳，男，临平区委宣传部理论科（意识形态工作督查科）副科长。

诸　敏，男，临平区府办调研科科长。

王旻华，女，临平区审管办综合科科长。

戴国富，男，临平区发改局办公室（组织人事科）主任。

李良邑，女，临平区经科局机关党委专职副书记、办公室（组织人事科）主任。

钱　军，男，临平区财政局社保科科长。

赵政渊，男，临平区交通运输局（行政执法队）开发区中队中队长。

沈鹏飞，男，临平区委政法委办公室主任。

秦小明，男，临平区运河中学副校长。

方杭燕，女，临平区疾病预防控制中心卫生科科长。

华生祥，男，市公安局临平区分局交警大队开发区中队协警。

章国华，男，杭州临平新农村建设有限公司党支部书记、董事长、总经理。

吴晓勤，男，杭州临平大数据经营有限公司总经理。

张秀梅，女，临平区育芽团公益服务中心团长。

张银锋，男，杭州老板电器股份有限公司研发第二党支部书记、创新研究院副院长。

田建华，男，临平区蓝临救援队队长。

贾方亮，男，浙江春风动力股份有限公司党委副书记、文宣主管。

顾晓明，男，浙江绿鹰农业科技有限公司董事长。

戴崧楠，男，杭州谋事文化传媒有限公司党支部书记、杭州修然互联网科技有限公司监事。

江　勇，男，杭州天地数码科技股份有限公司党支部书记。

钟惠英，女，临平区临平街道庙东社区庙东小区楼道长。

应　龙，男，临平区南苑街道文仪社区保元泽第小区志愿者队伍负责人。

（区委组织部）

【2022年临平区劳动模范(排名不分先后)】

蔡　斌，杭州市临平区南苑街道办事处平安建设办公室工作人员。

宋泉华，杭州市临平区乔司街道区域发展与治理中心八级职员。

林夏立，杭州临平开发投资集团有限公司工作人员。

金丹阳(女)，杭州市临平区临平街道党群服务中心管理七级职员。

王春燕(女)，杭州市临平区委宣传部二级主任科员。

周　超，杭州市临平职业高级中学全国装备制造一类大赛裁判员和监督员。

陈旭东，杭州市临平区社会体育指导中心（杭州市临平区少年儿童业余体校）摔跤教练。

杨明源，浙江省塘栖盲人门球训练基地运动员。

施振海，深川控股集团有限公司施工人员。

周林荣，联通（浙江）产业互联网有限公司部门经理。

於　丹(女)，杭州市临平区滴水公益服务中心宣传部长。

贺晓帆，杭州老板电器股份有限公司洗碗机总工程师。

张权峰，杭州微策生物技术股份有限公司研发主管。

胡林军，欧文斯科宁复合材料（中国）有限公司技术员。

何应能，杭州本松新材料技术股份有限公司职员。

何国庆，杭州市临平区东湖街道办事处综合信息指挥室工作人员。

陈　建，杭州川空通用设备有限公司班组长。

徐陈华，杭州晶志康电子科技有限公司车间主任。

俞　健，杭州码全信息科技有限公司技术部主任。

张满全，杭州市临平区乔司街道平安巡防大队工作人员。

王　华，宝鼎科技股份有限公司车工。

郑小军，杭州金杭包装印业有限公司车间主任。

朱敬洪，杭州手表有限公司车间主任。

高旭皓，浙江元通线缆制造有限公司质检部经理。

姜　平，杭州市临平区临平街道梅堰社区党委委员、公共服务站长。

戚霄岚(女)，杭州市临平区临平街道办事处党政综合办公室工作人员。

梁哲斌，杭州余杭电缆有限公司技术人员。

张亮亮，银都餐饮设备股份有限公司技术部副部长。

章雅娣(女)，杭州市临平区工人文化宫管理七级职员。

黄卫庭，杭州西子智能停车股份有限公司职员。

杨　悦，杭州市公安局临平区分局党委委员、副局长。

徐　黎(女)，杭州市临平区市场监管局食品生产流通监管科科长。

吴　菲(女)，杭州市临平区融媒体中心《今日临平》编辑部主任。

杜东青，国网杭州市临平区供电公司南苑供电所所长。

吴　军，杭州市临平区临平街道荷花塘社区党委书记、居委会主任。

孙段冰，杭州天地数码科技股份有限公司研发经理。

姚文娣(女)，众望布艺股份有限公司供应链总监、工会主席。

金航飞，浙江贝利建设集团有限公司工程管理中心主任。

范　莼，浙江泰昌实业有限公司副总经理。

熊卓亚(女)，耀华建设管理有限公司副总经理。

黄洪奎，杭州临平交通集团有限公司党委书记、董事长。

潘　丽(女)，浙江杭州余杭农村商业银行股份有限公司行长。

宣　成，杭州东华链条集团有限公司董事长、总经理。

周明海，浙江华江科技股份有限公司总经理。

沈建飞，中国电信股份有限公司杭州临平区分公司党委书记、总经理。

徐建荣，杭州佳田农业开发有限公司技术人员。

沈祥林，杭州飞翔水产专业合作社理事长。

吴琴琴(女)，浙江绿鹰农业科技有限公司技术人员。

陆培佩，杭州塘栖硕梅家庭农场农场主。

姚金海，杭州临平区塘栖镇姚氏家庭农场农场主。

(区委、区政府)

【临平区二等功功臣模范人员】

吴永辉，塘栖镇华城社区，二等功，现役军人。

(区退役军人事务局)

【2022年“临平工匠”】

庄晓东，杭州川空通用设备有限公司。

陈荣枝，浙江华江科技股份有限公司。

姜述琴(女)，万通智控科技股份有限公司。

邵卫锋，杭州西奥电梯有限公司。

李春阁，杭州勇电照明有限公司。

王　英(女)，众望布艺股份有限公司。

韩　梅(女)，杭州安杰思医学科技股份有限公司。

梁宝龙，杭州海得龙塑胶新材料有限公司。

朱建锋，杭州妮可璐璐服饰有限公司。

马建峰，杭州西子智能停车股份有限公司。

刘小军，杭州希涵时装有限公司。

韩　政，杭州艺尚雷迪森广场酒店。

周桃红(女)，杭州临平区东湖清风苑理发店。

唐洪良，国网杭州市临平区供电公司。

朱嫣红(女)，杭州朱炳仁文化艺术有限公司。

郝　佳(女)，杭州泊然服饰有限公司。

张国顺，杭州临平国顺家庭农场。

顾晓明，浙江绿鹰农业科技有限公司。

胡国民，天阳建设管理有限公司。

杜宏亮，杭州临平区保障房建设有限公司。

(区总工会)

·先进集体·

2022年临平区获得的省级及以上荣誉一览表

表15

荣誉名称	表彰主体	主要内容	确认依据	相关单位
临平区获“一星平安金鼎”优秀区县	浙江省委、省政府	临平区被中共浙江省委、浙江省人民政府授予2020—2021年度“一星平安金鼎”优秀区县荣誉	2022年3月29日，中共浙江省委、浙江省政府关于表彰2021年度平安市、县(市、区)及2020—2021年度平安浙江建设先进集体、先进个人的通报	区委政法委
获评2021年度“科技创新鼎”优秀单位	浙江省人民政府	省委、省政府召开浙江省科技创新大会，原余杭区被中共浙江省委、浙江省人民政府评为“科技创新鼎”优秀单位	1. 新闻报道https://mp.weixin.qq.com/s/OVc76Xf70GOG1ygWQaW5FA 中共浙江省委浙江省人民政府关于授予杭州市等市县“科技创新鼎”和2021年年度市县党政领导科技进步目标责任制考核优秀单位的通报(2022年6月22日) 2. 新闻报道https://mp.weixin.qq.com/s/o7Npf8WMhVJVR-lHzz8jjg 3. 涉密文件在余杭区	区经科局
获评2021年度全省人才工作综合考评优秀等次	浙江省人民政府	省委、省政府召开浙江省科技创新大会，原余杭区被中共浙江省委、浙江省人民政府评为“全省人才工作综合考评”优秀等次	—	区委组织部
获评2021年度市县党政领导科技进步目标责任制考核优秀单位	浙江省委、浙江省政府	省委、省政府召开浙江省科技创新大会，原余杭区获评“市县党政领导科技进步目标责任制考核优秀单位”	—	区委组织部
临平区获评2019—2021年全省无偿献血先进区县	浙江省委、浙江省政府	浙江省人民政府关于表彰2019—2021年全省无偿献血先进集体和先进个人的决定	浙政发〔2022〕28号，2022年10月31日	—

2022年度区直单位获得的荣誉（表彰）一览表

表16

单位	创新创优名称	表彰或推广主体
区委办公室（保密局、机要局、档案局、区委台办、区委改革办）	2021年度浙江省全面深化改革考评获优秀等次	省委改革委
	临平区委改革办获2021年度浙江省改革创新成绩突出集体	省委 省政府
	浙江省党政系统机要密码工作先进集体	省委办
区人大办公室及各工委	2022年度浙江省人大信息工作成绩突出单位	省人大办
区政府办公室（外事办、区政府研究室）	浙江省土地综合整治工作现场会	省政府办公厅
区委组织部（区委直属机关工委、新经济和新社会组织工作委员会、区公务员局）	获中组部十六届全国党员教育电视片观摩交流活动一等奖《阿虎师傅》	中组部
	获评浙江省2021年度市县人才工作述职评议考核优秀单位	省委人才工作领导小组办公室
	获评2021年度浙江省市县党政领导科技进步目标责任制考核优秀单位	省直机关工作委员会
区委宣传部（区政府新闻办、区文明办、区新闻出版局）	“临平大运河文化”入选浙江省首批文化标识建设创新项目	省文化和旅游厅
区委统战部（民族宗教事务局、侨务办公室）	临平区承办第一届大运河佛教文化论坛	省民宗委
区委政法委	临平区获浙江省委浙江省政府颁发的一星平安金鼎荣誉	省委省政府
区信访局	临平区信访局获中共二十大信访安保工作成绩突出先进集体	省信访联席办
区委老干部局	杭州市临平区被确定为浙江省老年教育资源整合试点单位	省委老干部局
区委党史研究室（区地方志编纂办公室）	杭州市临平区地方志编纂研究室被评为浙江省地方志工作先进集体	省人民政府地方志办公室
市委党校临平区分校	市委党校临平区分校被授予“浙江省绿色学校”称号	省机关事务管理局、省委党校（浙江行政学院）
	市委党校临平区分校获评2022年度浙江省党校（行政学院）系统成绩突出集体	省委党校（浙江行政学院）
区融媒体中心	临平区融媒体中心获浙江省广播电视新闻融合传播协作先进集体二等奖（新媒体）	浙江广播电视集团
	临平区融媒体中心获浙江省广播电视新闻融合传播协作先进集体三等奖（电视）	浙江广播电视集团

续表16

单位	创新创优名称	表彰或推广主体
区经科局	第五届中国服务型制造大会在临平区举办	工信部
	区经科局代表临平区在2022年浙江省经信工作会上作典型发言	省经信厅
	临平区《数字化改革数字经济系统典型做法》在浙江省级会议上发言	省数字经济系统建设专班办公室
	临平区家纺业列入浙江省首批中小企业数字化改造试点区县	省经信厅
	临平区列入浙江省首批企业数据管理国家标准贯标工作试点区县	省经信厅
	在"三品"全国行浙江省十链百场万企系列对接活动之现代产业链专场上发言	省经信厅
区教育局	参加教育部举办的校园安全专项整顿和"双减"工作视频调度会	教育部
	临平区创建国家学前教育普及普惠县	教育部
	浙江省深化新时代教育评价改革试点项目名单	省委教育工作领导小组秘书组
市公安局临平分局	临平公安分局协破全国首起第三方环境监测机构弄虚作假案获公安部贺电表彰	公安部七局
	临平公安分局成功侦破5.15开设赌场案件(公安部督办),获公安部贺电表彰	公安部三局
	市公安局临平区分局获平安护航建党100周年成绩突出集体	省委省政府
区民政局	临平区民政局获评5A级婚姻登记机关	省民政厅
区司法局(行政复议局)	临平区获评2021年度法治浙江(法治政府)建设优秀单位	省委全面依法治省委员会
	临平区司法局成功创建部级"智慧矫正中心"	省司法厅
区财政局(国资办)	临平区获2021年度浙江省行政事业性国有资产报告和国有企业财务会计决算工作成绩突出单位	省财政厅
区人力社保局	临平区人社局获2021年浙江省劳动人事争议案件处理工作成绩突出集体	省人力资源和社会保障厅
	临平"社银合作承接人社政务服务"(简称"社银通")项目被纳入人社部基本公共服务标准化试点	省人力资源和社会保障厅
	杭州市临平区人力资源和社会保障局获2022年度浙江省人社系统绩效考核优秀单位	省人力资源和社会保障厅

续表16

单位	创新创优名称	表彰或推广主体
区住建局（人防办、民防局）	在全国物业党建工作交流视频会议上做经验交流	住房和城乡建设部房地产市场监管司
	临平区获得浙江省城乡风貌工作年度考核优秀等次	省住房和城乡建设厅、浙江省农业农村厅、浙江省城乡风貌整治提升工作专班
区交通运输局	临平区交通运输局获2022年“四好农村路”全国示范县创建单位	交通运输部办公厅
	临平区交通运输局纳入浙江省“清廉交通示范标杆”培育单位	省交通运输厅
	临平区交通运输局获2020—2021年度全国交通运输行业精神文明建设先进集体	交通运输部
区农业农村局（林业水利局）	临平区农业农村局获浙江省新时代乡村集成改革工作成绩突出集体	省农业农村厅
	临平区获2022年度浙江省深化“千万工程”建设新时代美丽乡村（农村人居环境提升）工作优胜县	省“千村示范、万村整治”工作协调小组办公室
区商务局（粮食和物资储备局、投促局）	浙江省“浙里来消费·嗨购金兔年”2023年货节	省商务厅
区文化和广电旅游体育局	临平区文化和广电旅游体育局获2021年度浙江省体育民生实事建设突出贡献奖	省体育局
	临平区列入浙江省体育现代化县（市、区）创建单位	省体育局
	浙江省第一批公共文化服务现代化先行县创建对象	省文化和旅游厅
	2021年度浙江省公共文化服务现代化发展指数评估	省文化和旅游厅
	“临平大运河文化”入选浙江省首批文化标识建设创新项目	省文化和旅游厅
	临平区入选“浙江省文化传承生态保护区”	省文化和旅游厅
	临平区通过浙江省文旅产业融合试验区验收优秀等次	省文化和旅游厅
	临平区文化和广电旅游体育局获评浙江省公共体育场馆服务大提升优秀单位	省体育局
区卫生健康局（区红十字会）	浙江省获2021年度国家基本公共卫生服务项目绩效评价排名第一，临平区代表参与	国家卫生健康委
	临平区获浙江省无偿献血先进集体	省政府
	2018—2020年健康浙江建设先进县（市、区）	省委省政府
区审计局	临平区审计局实施的审计项目获浙江省优秀项目三等奖	省审计厅
	临平区审计局报送的大数据审计案例浙江省优秀大数据审计二等奖	省审计厅

续表16

单位	创新创优名称	表彰或推广主体
区市场监管局(知识产权局)	临平区市场监管局质量基础设施“一站式”服务平台获评2022年首批浙江省年度示范点	省市场监管局
	获2022年浙江省小微企业质量管理体系认证提升行动优秀	省市场监管局
国家税务总局杭州市临平区税务局	杭州市临平区税务局获得2021年浙江省能耗双控工作成绩突出集体	省政府办公厅
区法院	临平法院“非诉解纷法官全域指导”列入浙江省基层法院唯一试点	省高级人民法院
	行政争议实质化解工作做法获全市推广	省高院、市委依法治市办
区妇联	临平区妇联获浙江省县(市、区)妇联“平安家庭建设优秀单位”荣誉称号	省妇联、省平安办
	杭州市临平区妇联在省妇联十四届七次执委(扩大)会议参加交流发言	省妇联
区科协	获全国科普日活动表彰	中国科协办公厅
区工商联	临平区工商联被浙江省工商联评为2022年民营企业调查点工作先进单位	省工商联
市规划和自然资源局临平分局	临平区全地埋式净水厂节地工作	自然资源部
	临平区在浙江省土地综合整治工作现场会上作典型发言	省政府办公厅

2022年度镇（街道）获得荣誉（表彰）一览表

表17

单位	创新创优名称	表彰或被推广对象
南苑街道	南苑街道探索“青年优家社区”营造新机制列入第三批浙江省级试验区并验收获优秀等次	省民政厅
运河街道	运河街道创建国家卫生镇	全国爱卫办
运河街道	运河街道被评为浙江省第二轮“疫情防控执行力指数评价优秀镇(街)	省委组织部 省疫情防控工作领导小组办公室
运河街道	运河街道入选浙江省级县域风貌样板区试点	省住房和城乡建设厅浙江省城乡风貌整治提升工作专班办公室
运河街道	运河街道被评为平安护航中共二十大成绩突出集体	浙江省委建设平安浙江领导小组

续表17

单位	创新创优名称	表彰或被推广对象
运河街道	运河街道被评为浙江省级乡村旅游重点村镇	省文广旅体厅 省发展和改革委员会
乔司街道	临平区乔司街道共享法庭入选浙江省第二批示范“共享法庭”名单	省高级人民法院办公室
乔司街道	乔司街道获2022年美丽城镇浙江省级样板称号	省城乡环境整治工作领导小组
乔司街道	乔司街道被评为浙江省生活垃圾分类示范片区	省生活垃圾分类工作领导小组办公室
乔司街道	临平区在浙江省土地综合整治工作现场会上作典型发言	省政府办公厅
塘栖镇	塘栖镇被评为浙江省级小城市培育试点2021年度考核优秀单位	省中心镇发展改革和小城市培育试点领导小组办公室（浙江省发展和改革委员会代章）
塘栖镇	塘栖镇获浙江省数字生活新服务特色镇称号	省数字生活新服务工作联席会议办公室
塘栖镇	塘栖镇入选浙江省级县域风貌样板区试点	省住房和城乡建设厅浙江省城乡风貌整治提升工作专班办公室
塘栖镇	塘栖镇被评为浙江省乡村振兴示范乡镇创建单位	省农业农村厅 省乡村振兴局
塘栖镇	塘栖镇获浙江省级乡村旅游重点村镇称号	省文广旅体厅 省发展和改革委员会
崇贤街道	崇贤街道获浙江省级“扫黄打非”进基层示范点称号	省“扫黄打非”工作领导小组办公室
崇贤街道	崇贤街道获浙江省美丽乡村示范乡镇称号	省“千村示范、万村整治”工作协调小组办公室 省农业农村厅
崇贤街道	崇贤街道入选2023年度省级县域风貌样板区试点	浙江省住房和城乡建设厅浙江省城乡风貌整治提升工作专班办公室
临平街道	临平街道总工会北大街商圈工建服务站爱心驿站获最美工会户外劳动者服务站点	中华全国总工会办公厅
临平街道	临平街道获浙江省第一轮“疫情防控执行力指数评价优秀镇（街）称号	省委组织部
临平街道	临平街道入选第三批浙江省戏曲之乡名单	省文旅厅
临平街道	临平街道获评省级森林城镇称号	浙江省关注森林组织委员会
星桥街道	星桥街道在平安建设工作会议作经验介绍	省委办公厅
星桥街道	入选杭州2022年第19届亚运会碳中和林建设名单	浙江省绿化与自然保护地委员会办公室、亚组委办公室

2022年度平台获得的荣誉（表彰）一览表

表18

单位	创新创优名称	表彰或推广主体
杭州临平经济技术开发区管委会	开发区的智能制造产业链被评为“链长制”示范试点、试点单位	浙江省商务厅
杭州临平经济技术开发区管委会	第五届中国服务型制造大会	浙江省人民政府
杭州临平经济技术开发区管委会	开发区获2021年浙江省开发区亩均效益领跑者荣誉称号	浙江省深化“亩均论英雄”改革工作领导小组办公室（省经信厅代章）
临平新城开发建设管委会（乔司国际商贸城）	临平新城艺尚小镇作为2022年产业链供应链韧性与稳定国际论坛现场参观点	国际论坛杭州市筹备领导小组办公室
临平新城开发建设管委会（乔司国际商贸城）	艺尚小镇获浙江省2022年度第三批城乡风貌样板区称号	浙江省城乡风貌整治提升工作专班
大运河科创城建设管委会	临平区大运河文化获评浙江省首批文化标识建设创新项目	浙江省文化和旅游厅
大运河科创城建设管委会	召开中国大运河古镇发展会议，成立古镇联盟	浙江省文化和旅游厅

【全省优秀公安基层单位】

临平区拘留所实现连续20年安全无事故，连续11年被公安部评为全国一级拘留所，连续5年被评标兵拘留所（全国仅31家）。深化“枫桥式监所”创建，成功化解矛盾纠纷810起，避免可能“民转刑”案件3起。

（区公安分局）

【2022年临平区模范集体（排名不分先后）】

杭州市临平区疾病预防控制中心

杭州港华燃气有限公司

杭州宝晶生物股份有限公司

杭州市临平区运河街道双桥村村民委员会

杭州市临平区婚姻登记中心

杭州市临平区区长公开电话受理中心

杭州市临平区第一人民医院感染科

杭州市临平区乔司街道精密智控专班

杭州华源前线能源设备有限公司焊接一组

杭州市临平区崇贤街道崇文社区居民委员会

杭州杰丰服装有限公司业务部

杭州微光电子股份有限公司ECM装一车间

中翰盛泰生物技术股份有限公司生产系统新冠专班组

浙江图灵算力研究院产业投资部

杭州市临平区机关事务服务中心

（区总工会）

（责任编辑　董双双）

附　录

Appendixes

·文件辑录·

中共杭州市临平区委
杭州市临平区人民政府
关于全面加强新时代中小学
劳动教育的实施意见

临平区委〔2022〕3号

（2022年1月14日）

根据《中共中央国务院关于全面加强新时代大中小学劳动教育的意见》、《中共浙江省委浙江省人民政府关于全面加强新时代大中小学劳动教育的实施意见》（浙委发〔2021〕30号）等文件要求，为引导青少年树立劳动意识、增强劳动观念、养成劳动习惯，打响“学在临平”美好教育品牌，为争创高质量发展建设共同富裕示范区样板、打造“数智临平·品质城区”提供强有力的智力支撑和人才保障，现就我区全面加强新时代中小学劳动教育提出如下意见。

一、总体要求

（一）指导思想

以习近平新时代中国特色社会主义思想为指导，围绕培养担当民族复兴大任的时代新人，全面贯彻党的教育方针，坚持立德树人，坚持培育和践行社会主义核心价值观，结合区“十四五”教育事业发展规划，把劳动教育纳入人才培养全过程，与“德、智、体、美”相融合，探索基于临平底蕴、具有临平特色的劳动教育新模式，促进学生全面发展、个性发展和终身发展。

（二）目标与原则

1. 对我区劳动教育进行整体规划，统筹资源，推动建立课程完善、师资达标、场地丰富、模式多样的新时代劳动教育体系。结合不同阶段学生的劳动教育重点内容提供中小学生劳动教育清单。

2. 通过劳动教育，为学生终身发展奠定基础。

——小学教育注重劳动习惯和观念养成。低年级学会日常生活自理，感知劳动乐趣；中高年级通过鼓励和指导学生分担家务劳动，适当参加校内外公益劳动，培养一定的劳动能力，学会与他人合作，树立劳动光荣的观念。

——初中教育注重简单劳动技能学习和职业启蒙教育。通过劳动学科和劳动技能课程学习、劳动实践和职业体验，帮助学生初步掌握力所能及的日常生活劳动、生产劳动和服务性劳动所需基本技能，培养职业兴趣和爱劳动的习惯；引导学生遵守劳动安全的规则，形成认真负责和吃苦耐劳的品质。

——高中教育注重提高劳动实践能力和丰富职业体验。深化学校劳动学科和劳动技能课程改革，创新和丰富校内外劳动实践、公益劳动、职业训练和体验，帮助和指导学生熟练掌握一定的劳动技能和解决实际问题的创新实践能力，增强生涯规划的意识和能力，初步养成精益求精的工匠精神和爱岗敬业、主动服务他人与社会的责任感。

3. 找准劳动育人方向，遵循学生发展规律。中小学劳动教育既要让学生通过身边的家务、班务，学习必要的劳动知识和技能，更要通过劳动帮助学生形成健全人格和良好的思想道德品质。劳动教育开展要坚守防疫底线、坚持安全第一的原则，符合学生年龄特点，选择合适的劳动实践项目和内容，安排适度的劳动实践时间和强度，增强劳动感受，体会劳动艰辛，分享劳动喜悦，掌握劳动技能，养成劳动习惯。

4. 体现时代特征，强化综合实施。适应科技发展和产业变革，针对劳动新形态，注重新兴技术支撑和社会服务新变化。深化产教融合，改进劳动教育方式。加强政府统筹，拓宽劳动教育途径，整合家庭、学校、社会各方面力量。

二、教育形式

（一）劳动教育制度化

1. 建立健全家庭、学校、社会联合行动的劳动教育工作机制，整合各类资源，形成劳动育人合力。各学校要成立劳动教育领导小组，校长是第一责任人，明确校内各部门职责，加强校内外统筹协调，细化任务分工，落实好劳动教育相关课程和实践活动，加强安全教育，确保劳动教育各项工作落地见效。

2. 建立健全劳动教育师资建设长效机制，明确组织的工作脉络与要求，结合临平区“名师、名班主任、名校长”培养计划，提倡教师共同研究、共同成长，要把劳动教育成绩纳入“三名”工程考核中。以各个学校为圆点，围绕三个中心学校为半径，全面辐射分步开展劳动教育特色学校的争创工作，建立学校劳动教育联盟，结成团队伙伴，促进学校新发展。

（二）劳动教育规范化

1. 开齐开足课程课时。中小学校要统筹课时安排，保障学生每周劳动教育不少于1课时。职业高中以实习实训课为主要载体开展劳动教育，其中劳模精神、劳动精神、工匠精神的专题必修课不少于16学时。

2. 在学科中有机渗透劳动教育。除使用好义务教育劳动课程教材、普通高中通用技术课程教材外，中小学道德与法治（思想政治）等学科要有重点地纳入马克思主义劳动观，加强对学生辛勤劳动、诚实劳动、合法劳动等方面的教育；数学、科学等学科要注重培养学生劳动的科学态度、规范意识、效率观念和创新精神。

3. 学校充分结合当地资源，开发开设家政、烹饪、手工、园艺等劳动实践类拓展课程，深入推进STEAM教育、创客教育。有条件的学校要积极开设创客空间，鼓励学生基于兴趣，以项目学习的方式，在研究真实问题、技术制作和艺术创作过程中，进行创意制造实践。

（三）劳动教育多样化

1. 开展校内劳动。学校日常运行中要渗透劳动教育，组织学生参与清洁环境、美化校园活动。凡是学生力所能及的劳动任务由学生自主完成，学校楼道、教室、寝室卫生等要合理安排到班级，由班级负责卫生打扫和清理。要结合“双减”工作要求，依托课后托管服务开展劳动实践社团活动，进行手工制作、室内装饰等活动。

2. 鼓励家务劳动。学校要密切家校联系，加强家校共育，转变家长对孩子参与劳动的观念，共同引领孩子开展劳动教育和指导其劳动技能，培养孩子自理能力。教育孩子自己事情自己做，家里事情一起做，弘扬优良家风。创新制作家庭劳动评价手册或月度记录，由家长记录孩子“家庭劳动清单”落实情况。

3. 参与社会公益劳动。充分利用社会各方面资源，为劳动教育提供必要保障。政府各部门要积极协调和引导企业公司、工厂农场等组织履行社会责任，开放实践场所，支持学校组织学生参加力所能及的生产劳动、参与新型服务性劳动，使学生与普通劳动者一起经历劳动过程。高新企业为学生体验现代科技条件下劳动实践新形态、新方式提供支持。工青团妇等群团组织以及各类公益组织要组织动员相关力量、搭建活动平台，共同支持学生参加志愿服务，开展公益劳动，参与社区治理。

4. 在主题活动中深化劳动教育。学生的主题活动包括考察探究、社会服务、设计制作、职业体验、科技创新体验与实践、团队教育活动、博物馆参观等。教师在主题活动中要重在激励、启迪、点拨、引导，不能对学生的活动过程包办代替。

5. 在实践活动中推进劳动教育。劳动实践场所包括校内外劳动教育实践基地，劳动实践场所的劳动内容包括：学农、学工、自我服务类劳动课程等。通过安全、专业、浸入式的劳动实践，帮助学生提升实际运用知识、解决问题等能力。

6. 办好中小学劳动周。将每年五月第二周设立为全区“中小学生劳动周”，开展中小学“劳动创造美好生活”系列活动，通过组织校内劳动能手评选、劳动发明比赛、劳动微作品创作等活动，让学生能设计、会动手、爱劳动。

（四）劳动教育特色化

1. 广泛组织以劳动教育为主题的班团队会，提高学生劳动意识。立足中国传统文化、临平地域文化，将劳动实践教育活动与人生智慧、历史发展、城市命脉相结合，提升劳动实践教育的德育意义。

2. 深耕临平基因，深挖大运河、超山、玉架山等地域文脉，深剖各校校史和办学特色，加强校园文化顶层设计理念的凝练，弥新学校劳动文化氛围，突出育人目标与学风建设，组织开展多样校园劳动教育活动。

3. 以创建浙江省教育现代化区为契机，以助力打造“数智临平·品质城区”为目标，强化广形式、多渠道、无纸化的宣传评价体系，助推劳动教育成果可视化、影响持续化。

四、保障机制

（一）加强部门协同

全面加强新时代中小学劳动教育是打响“学在临平”美好教育品牌的一项重大举措，需要加强部门协同，形成全社会共同保障、共同参与的劳动教育环境。

各镇街要切实帮助属地学校解决劳动教育实施过程中的难题；区农业农村局、区文广旅体局等部门要推动本系统企事业单位劳动实践场所的建设和服务；区妇联等部门要宣传和倡导家庭开展好劳动教育；区民政局、区总工会、团区委等部门和单位以及各类社会组织要共同支持学生开展志愿服务、公益劳动，参与社区治理；其他部门要结合自身职能和政策要求，树立责任担当意识，为劳动教育提供支撑保障；区教育局要明确负责劳动教育工作的内设机构，并加强人员配备，确保劳动教育的组织开展；各中小学要充分发挥主体作用，积极探索、主动作为，促进形成学校、家庭、社会等劳动教育的合力，推动劳动教育高质量发展。

（二）推进师资建设

区教育局要加大劳动教育教研训工作力度，配强中小学劳动教育教研员，加大对各中小学劳动教育研究的指导力度。加强对劳动教育教师的专业培训，组织经常性的教研活动，开展教学评比活动；各中小学校要积极探索建立专兼职结合的劳动教育教师队伍，把综合实践活动教师作为劳动教育教师的重要力量和后备人才培养来源，聘请社会专业技术人员、非遗传承人、劳动模范、临平工匠、有技术专长的志愿者等能工巧匠担任兼职教师。在绩效考核、职称评聘、评优选先、骨干教师培养等方面，劳动教育教师等同于与其他学科教师。

（三）拓展实践场地

多渠道加强实践场所建设，满足各校多样化劳动实践需求。建立健全开放共享机制，充分利用现有综合实践基地、青少年校外活动场所、职业高中劳动实践场所，创建中小学劳动教育基地；分类公布一批农场、企事业单位和社会机构，作为学生参加劳动的实践基地。到2025年，建设1所区政府统筹的综合性中小学劳动教育基地，认定区级劳动实践基地10所。自2022年开始，全区新建学校要在设计之初规划校内学农基地，建好配齐劳动实践教室（实训场地）。现有学校要想尽办法开辟区域，建好配齐劳动实践场室以及设施、工具，引入先进的教育装备，为学生劳动实践创设空间。

（四）健全经费投入机制

各镇街要把支持学校劳动教育摆上重要议事日程，统筹各类经费，支持辖区内学校校内劳动教育场所和社会劳动教育实践基地的建设；区财政局要逐步提高中小学生均公用经费拨款标准；区教育局要督促各镇街规划和配置劳动教育实践资源，加强学校劳动教育设施标准化建设的指导，满足学校多样化劳动实践需要；学校要按照规定统筹安排公用经费等资金开展劳动教育，采取政府购买服务方式吸引社会力量提供劳动教育服务。

（五）加强安全保障

建立政府负责、社会协同、有关部门共同参与的中小学劳动安全管控机制。学校要强化劳动风险意识，制定安全守则，依据学生身心特点适度安排劳动，科学评估劳动实践活动安全风险，认真排查、清除安全隐患，规范安全事故处理流程，落实安全措施；教师要加强对学生的劳动安全教育，提升学生安全防范能力；委托开展的校外劳动教育活动，要选择有资质、信誉好的企业，制定风险防控预案，购买相关保险，备足备齐劳动工具和安全防护用品，明确学生校外劳动安全责任，完善应急与事故处理机制。

（六）强化督导评价

积极开展劳动教育督导评价，督导结果作为对被督导部门和学校及其主要负责人考核奖惩的依据；学校要建立学生劳动实践评价制度，建议各校可利用大数据、云平台等现代信息技术手段，开展劳动教育过程监测与纪实评价，发挥评价的育人导向和反馈改进功能。

（七）注重总结宣传

各校要认真梳理劳动教育工作中存在的困难、问题，及时与相关部门协调沟通解决；区教育局要及时总结劳动教育中可持续、可示范、可引领、可辐射、可推广的先进经验和典型做法，通过媒体进行宣传，树立师生荣誉感，努力营造良好社会氛围。

中共杭州市临平区委
杭州市临平区人民政府
转发《中共杭州市临平区委宣传部、杭州市临平区司法局关于在全区开展法治宣传教育的第八个五年规划（2021—2025年）》的通知

临平区委〔2022〕8号

各镇党委、政府，街道党工委、办事处，区直各单位：

现将《中共杭州市临平区委宣传部、杭州市临平区司法局关于在全区开展法治宣传教育的第八个五年规划（2021—2025年）》转发给你们，请结合实际认真贯彻落实。

中共杭州市临平区委

杭州市临平区人民政府

2022年3月15日

关于在全区开展法治宣传教育的第八个五年规划（2021—2025年）

2021年至2025年，是我国全面建成小康社会、实现第一个百年奋斗目标之后，乘势而上开启全面建设社会主义现代化国家新征程、向第二个百年奋斗目标进军的第一个五年，也是临平区站在新的历史起点上，开启全面建设社会主义现代化新征程的第一个五年规划。根据省、市统一部署，开展第八个五年法治宣传教育工作，对提升全民法治素养，推进法治临平建设，具有十分重要意义。结合我区实际，制定本规划。

一、总体要求

（一）指导思想

坚持以马克思列宁主义、毛泽东思想、邓小平理论、“三个代表”重要思想、科学发展观、习近平新时代中国特色社会主义思想为指导，深入贯彻习近平法治思想，增强“四个意识”、坚定“四个自信”、做到“两个维护”，全面贯彻中共十九大和十九届历次全会精神以及省、市、区委全会精神，围绕高水平建设“数智临平·品质城区”战略定位，深入开展法治宣传教育，全面提升法治素养，为推动临平高质量发展营造良好的法治环境。

（二）主要目标

到2025年，全民尊法学法守法用法的自觉性和主动性切实增强，公民法治意识和法治素养进一步提升，全社会办事依法、遇事找法、解决问题用法、化解矛盾靠法的法治环境逐步形成。“法治带头人”“法律明白人”“遵纪守法示范户”实现100%全覆盖，其中，新增培育“法律明白人”1000人以上。争创1家国家级民主法治示范村（社区），市级以上民主法治示范村（社区）占比达到90%以上。镇街、村社法治文化阵地实现100%覆盖。进一步优化营商环境，深入企业开展系统普法宣传活动，普法讲座100场以上，受训人数10000人以上。

（三）工作原则

——坚持党的全面领导。牢牢把握党的领导是社会主义法治最根本的保证，把党的领导贯彻到法治宣传教育全过程各方面。

——坚持以人民为中心。牢固树立以人民为中心的工作导向，尊重人民群众在法治宣传教育中的主体地位，围绕人民群众生产生活实际开展法治宣传教育，不断增强人民群众的法治获得感、幸福感、安全感。

——坚持服务中心大局。围绕区委区政府中心工作，充分发挥法治宣传教育的基础性和先导性作用，为高质量发展建设共同富裕示范区样板提供法治保障。

——坚持统筹推进。坚持全民普法与严格执法、公正司法一体推进，坚持普法责任制和社会大普法格局协同共进，强化数字化赋能，不断提高法治宣传教育的供给率、覆盖率和参与率。

——坚持数字化驱动。运用数字化思维、数字化技术对法治宣传教育的制度机制、工作内容、方式手段进行整体重塑，探索创新法治宣传教育新理念、新方式、新形态，不断提升工作成效。

二、重点宣传内容

（一）深入学习宣传习近平法治思想。习近平法治思想是顺应实现中华民族伟大复兴时代要求应运而生的重大理论成果。应加强学习宣传习近平法治思想的重大意义、丰富内涵、精神实质和实践要求。把习近平法治思想纳入党委（党组）理论学习中心组、基层党组织学习以及党校、领导干部学法的重要内容，推动全区党员干部带头学习、模范践行。把习近平法治思想融入学习教育，纳入中小学道德与法治课程，积极引导青少年坚定不移的走中国特色社会主义法治道路。统筹运用各类媒体平台，发挥各级宣传阵地作用，深入宣传习近平总书记在浙江期间关于法治建设的重要论述，推进习近平法治思想走进群众、深入人心。

（二）深入学习宣传宪法。在全社会持续开展尊崇宪法、学习宪法、遵守宪法、维护宪法、运用宪法宣传教育活动，普及宪法知识，增强宪法意识，弘扬宪法精神。全面落实宪法宣誓制度，国家机关工作人员在就职时应当进行宪法宣誓。全面开展宪法进学校、进机关、进企业、进村社、进园区、进家庭等活动，推动宪法宣传全覆盖。以崇贤宪法主题文化园为基础，推进全区宪法法律文化阵地建设提质扩面。在“12.4”国家宪法日、“宪法活动周”、“宪法与浙江”主题宣传月开展集中宣传活动。加强青少年宪法意识培养，在全区中小学开展“学宪法·讲宪法”、宪法宣讲等活动，在青少年成人仪式和学生毕业仪式等活动设置礼敬宪法环节。

（三）深入学习宣传民法典。以“美好生活·民法典相伴”主题宣传活动为契机，深入宣传民法典的重大意义、鲜明特色和主要内容，推动全区党委和国家机关带头学习宣传民法典，加强对青少年民法典教育；广泛开展民法典以案释法工作，解读好民法典关于主体平等、保护财产权利、便利交易流转、维护人格尊严、促进家庭和谐等基本精神和基本规定。加强新媒体、新技术宣传作用，创新民法典宣传形式，充分发挥动漫、短视频的传播优势，扩大民法典宣传覆盖面和实效。鼓励有条件的镇街、村社建设民法典主题公园，在各类法治文化阵地设立民法典宣传区域、板块、栏目，让民法典走到群众身边、走进群众心里。

（四）深入学习宣传党内法规。大力宣传《中国共产党章程》《中国共产党廉洁自律准则》《中国共产党纪律处分条例》《中国共产党机构编制工作条例》等党内法规。注重将党内法规宣传与国家法律宣传有机结合，突出学习宣传党章，教育广大党员以党章为根本遵循，坚决维护党章权威，尊崇党章、遵守党章、贯彻党章、维护党章。把学习掌握党内法规作为合格党员的基本要求，列入党组织“三会一课”内容，在考核党员干部时将党内法规学习情况作为考核内容，促使党内法规学习常态化、制度化。

（五）深入学习宣传与临平建设共同富裕区示范区样板有关的法律法规。结合我区“十四五”规划，围绕区委建设“数智临平·品质城区”的目标，重点宣传与党委政府中心工作相关法律法规。加强对《浙江省大运河世界文化遗产保护条例》的宣传，依法保护和管理大运河。积极组织疫病防治、野生动物保护、公共卫生安全等方面法律法规和相关知识的宣传教育活动。围绕生态环境保护、食品药品安全、劳动就业、教育医疗、节约粮食、扫黑除恶等群众关心的问题，开展经常性法治宣传教育。适应以畅通国民经济内循环为主体、国际国内双循环相互促进的新发展格局的需要，大力宣传有关平等保护、公平竞争、激发市场主体活力、知识产权保护、科技成果转化的法律法规。

专栏1　常态化开展普法宣传活动

1.以崇贤宪法主题文化园为基础，推进全区宪法法律文化阵地建设提质扩面；进一步提升塘栖何思敬纪念馆的宣传力度，以及在全区宪法宣传中的作用；

2.创作民法典短视频、动漫等普法产品，开展青少年民法典主题活动，扩大民法典宣传覆盖面和实效；

3.发布临平普法标识，成立普法宣讲团，在全区开展法治宣传活动。

三、实施公民法治素养提升活动

（一）加强法治宣传教育引导

1. 有效落实公民终身法治教育制度。按照公民终身法治教育制度要求，把法治教育纳入干部教育体系、国民教育体系、社会教育体系。以国家工作人员、青少年、企业经营管理人员、基层群众为重点，分层分类有序开展公民法治素养提升活动，引导公众增强法治理念、树立法治思维、坚定法治信仰，使法治成为社会共识和基本准则。

2. 注重培养公民养成良好法治习惯。将提升公民法治素养与法治临平建设有机融合，贯穿到执法、司法、守法各环节，让法治成为全社会的共同信仰。把提升公民法治素养的基本要求融入到村规民约、学生守则、行业规章、团体章程等社会规范中，从遵守交通规则、培养垃圾分类习惯、制止餐饮浪费等日常生活小事抓起，坚持德治与法治相结合，促进社会公众树立规则意识和责任意识。让公民在实践活动中养成尊法学法用法的良好习惯。

3. 制度保障公民尊法守法行动自觉。坚持德治与法治相结合，加强对守法行为的正向激励和对违法行为的惩戒力度，把公民的日常守法行为纳入公民个人信用记录，提高违法成本，以法治力量引导公民崇法向善。大力宣传道德模范和先进典型，倡导助人为乐、见义勇为、诚实守信、敬业奉献、敬老爱老等美德善行，以法治体现道德理念，以道德滋养法治精神。

（二）坚持分类实行法治教育

1.加强国家工作人员法治教育。健全党委（党组）理论中心组学法、政府常务会议学法等制度，不断提高各级领导干部运用法治思维和法治方式深化改革、推动发展、化解矛盾、维护稳定、应对风险的能力。全面落实国家工作人员学法用法、旁听庭审等制度，制定应知应会法律法规清单，创新学法方式，落实市管领导和全区公务员学法用法考试和领导干部任前法律考试，区级领导干部和区级部门、镇（街道）班子成员每年法治专题学习不少于4次。组织开展以案释法、旁听庭审、警示教育等活动，5年内实现全区机关干部通过现场、网络旁听庭审全覆盖。严格落实党政主要负责人履行法治建设第一责任人职责，全面开展党政主要负责人述职述法工作，把法治素养和依法履职情况纳入考核评价干部的重要内容，让尊法学法守法用法成为领导干部自觉行为和必备素质。

2. 重点做好青少年法治教育。全面落实《青少年法治教育大纲》和中小学法治课课时要求，5年内对所有道德与法治课程教师普遍进行一次法治教育培训，着力提升青少年法治教育的质量和水平。加快构建司法机关、教育部门、团委、妇联、关工委、学校、家庭、社会共同参与的立体式青少年法治宣传教育格局，成立8090普法志愿宣讲团，通过“点单送课”模式为青少年开展普法讲座，增强青少年规则意识和法治观念。加强青少年法治教育实践基地建设，聘请法官、检察官、警察、律师为法治教育课程兼职教师，通过开展模拟法庭、法律知识竞赛、法律情景剧展演、辩论赛等沉浸式、体验式、互动式的法治教育，做好校园欺凌、性侵、猥亵、电信网络诈骗、非法传销等方面的法治宣传。

3. 分类实施法治教育。加强对村（社区）“两委”班子成员和党员的法治教育，切实提高基层党组织和党员干部依法办事能力。加强对企业经营管理人员的法治教育，将法治教育纳入企业管理人员培训规划，制定企业管理人员学法用法清单，提升企业管理人员的法治素养，促使企业能够依法合规经营。加强基层行政执法人员法治培训，提高基层行政执法人员素质，规范行政执法行为。加强对外来务工人员和本地居民开展法治宣传教育，养成自觉守法、遇事找法、解决问题靠法等思维模式。广泛宣传法律援助法重点内容，学会正确运用法律援助，维护自身合法权益。

专栏2　实施公民法治素养提升活动

1. 抓好领导干部“关键少数”，制定应知应会法律法规清单，组织区管领导干部任前法律考试；

2. 充分发挥8090普法志愿宣讲团作用，通过“点单送课”模式为各镇（街道）、村（社）青少年开展普法讲座；

3.开展“送法进企（园区）”普法沙龙活动，提升企业管理人员和员工的法治素养。

四、加强社会主义法治文化建设

（一）深入挖掘临平特色的法治文化资源。进一步挖掘具有临平特色的法治文化资源，将卫家班皮影戏、亭趾高跷、滚灯等非遗文化与法治文化相结合，在融合发展中传播法治文化精神。依托塘栖镇何思敬纪念馆、崇贤街道鸭兰村党支部等红色教育基地，深入发掘临平红色文化资源，传承红色基因，将红色文化与法治文化深度融合，建设一批以红色法治文化为主题的高质量法治宣传教育基地。

（二）大力加强法治文化阵地建设。以省级民主法治村为基础,结合主题法治文化公园、法治文化特色村社，制作临平区法治文化阵地手绘图，让群众在日常生活中，切实感受法治就在我们身边。到2025年，实现镇街、村社法治文化阵地100%覆盖，“法治带头人”“法律明白人”“学法用法示范户”实现全覆盖。

（三）加大培育法治文化产品。把法治文化纳入公共文化服务体系，鼓励支持各类文创企业、文艺团体、群众文化团体和个人开展法治文化创作，推出一批群众喜闻乐见的法治文化作品。创设临平普法IP形象，并衍生系列动漫、微视频、表情包、文创产品等，以趣味性更强、传播性更快、覆盖面更广的普法方式，吸纳更多的人群参与学法，扩大普法宣传影响力，打造具有临平辨识度的普法品牌。

专栏3　打造“临平法治文化”品牌

1. 加强法治文化阵地建设，到2025年，实现镇街、村社法治文化阵地100%覆盖；

2. 以红色法学家何思敬为代表，深挖临平红色法治资源，到2025年，至少建设1家以红色文化为主题的法治宣传教育基地；

3. 推出临平普法IP形象，并衍生系列动漫、微视频、表情包、文创产品等，打造具有临平辨识度的普法品牌。

五、创新法治宣传举措

（一）构建社会大普法格局。建立普法责任清单制度,严格落实国家机关“谁执法谁普法”和“谁主管谁负责”普法责任,结合自身特点和特定群体需求,开展法治宣传教育。组成专业化精品化普法宣讲团和大众化分众化普法宣讲团，开展菜单式普及式法治宣传。健全媒体公益普法制度,广播电视、报纸、互联网和手机媒体等大众传媒要自觉履行普法责任,在重要版面、重要时段制作刊播普法公益广告,开设法治讲堂,针对社会热点和典型案(事)例开展及时权威的法律解读,积极引导社会法治风尚。

（二）开展实践式普法。把普法融入公共政策制定过程。区政府、部门、镇街依法制定的规范性文件正式公布时，应当同步进行解读，加强对涉法问题的宣传普及。把普法融入执法、司法过程。把向行政相对人、案件当事人和社会公众的普法融入执法、司法办案程序中，实现执法办案的全员普法、全程普法。在落实行政执法公示、执法全过程记录、重大执法决定法制审核制度中，加强普法宣传。在行政复议工作中，利用受理、审理、决定等各环节实时普法，引导教育申请人依法维权、表达诉求。充分运用公开开庭、巡回审判、庭审现场直播、生效法律文书统一上网和公开查询等生动直观的形式宣讲法律，释法说理。把普法融入法律服务过程，法律服务工作者在为当事人提供法律服务、调处矛盾纠纷、参与涉法涉诉信访案件处理时，加强释法析理，引导当事人和社会公众依法理性维权。

（三）探索数字化普法平台建设。围绕数字化改革，推动普法在内容、形式、载体等方面转型升级。加强普法产品供给端建设，结合微信、抖音、浙政钉等应用程序开展数字化普法，积极构建线上线下并行联动的“需求-研判-反馈-供给”普法服务供给新模式，为普法受众量身定做普法产品。推动融“报、网、端、微、屏”于一体的全媒体法治传播体系建设，增强全社会的参与感、体验感、获得感。走好全媒体时代群众路线，每年安排一定的资金用于激励新媒体普法精品内容。健全数字化具有法律咨询、法律服务、场景应用、交流互动、宣传资料上传下载等功能的平台建设，满足各层次各群体法治需求。

专栏4　探索建设数字化普法平台

1. 探索建立“云直播讲座”“视频号普法视频”等数字普法新模式;

2. 开发新媒体普法产品，提升普法的趣味性和精准性。

六、推进普法与依法治理有机融合

（一）加强基层依法治理。围绕高质量发展建设共同富裕示范区要求，坚持和发展新时代“枫桥经验”，推进社会治理先行示范。健全党建引领的自治、法治、德治、智治“四治融合”的城乡基层治理体系，深化国家级、省级、市级“民主法治村（社区）”创建工作，到2025年市级以上民主法治村（社区）占比90%以上。

（二）深化行业依法治理。引导和支持各行业依法制定规约、章程，发挥行业自律和专业服务功能，实现行业自我约束、自我管理，依法维护成员合法权益。深化企业依法治理，依托“企业大走访”、民营企业法治体检，开展惠企便民法律服务，加强企业依法治理。推进学校依法治理，以创建“零犯罪学校”为契机，深化学校及周边环境依法治理，依法打击扰乱校园正常秩序的违法行为。加强网络依法治理，加大对网络企业管理和从业人员的法治教育力度，推动网络企业主自觉履行主体责任，做到依法依规经营。

（三）开展专项依法治理。加强社会应急状态下专项依法治理，开展生物安全、公共卫生安全、传染病防治、防灾减灾救灾、突发事件应急管理等方面法治宣传教育，促进全社会在应急状态下依法行动、依法办事、依法维护社会秩序。加强防范电信网络诈骗专项法治宣传活动，依托村（社区）法律顾问开展反电信诈骗宣传，进一步增强群众防诈骗意识。

专栏5　提升依法治理成效

1. 2025年市级以上民主法治村（社区）占比90%以上，“法治带头人”“法律明白人”“学法用法示范户”实现全覆盖;

2. 完善“一村（社区）一法律顾问”制度，实现全区村(社区)法律顾问实现全覆盖，进一步提升质效;

3. 持续开展民营企业“法治体检”公益法律服务活动。

七、组织实施和保障

（一）加强组织领导。党委政府加强对法治宣传教育工作的领导，把法治宣传教育纳入当地国民经济和社会发展规划和法治建设总体部署。各镇街、各部门要科学制定本地、本系统五年规划，把普法工作纳入法治临平建设、综合绩效考核等考核评价内容。全面落实党政主要负责人履行推进法治建设第一责任人职责，加强领导、统一部署、统筹协调，确保第八个法治宣传教育五年规划各项任务落到实处。

（二）健全工作机制。进一步健全完善党委领导、政府主导、人大监督、政协支持、部门各负其责、社会参与、人民群众为主体的法治宣传教育体制。各镇（街道）要按照上级的部署和要求，加强基层法治宣传教育工作，指导、支持村（居）民委员会开展法治宣传教育。

（三）加强经费保障。落实法治宣传教育经费保障，纳入本级财政预算和政府购买服务指导性目录，建立动态调整机制。各部门、各单位将法治宣传教育所需经费列入年度预算。鼓励社会团体、企事业单位对法治宣传教育的公益性投入，积极利用社会资金开展法治宣传教育。

（四）加强考核评估。健全完善普法工作评估指标体系，加强日常监督和指导，对重视不够、措施不力、履行普法责任制不到位的，依照有关规定，发出改进建议书。区人大应加强对全民普法工作的监督和专项检查。认真开展“八五”普法规划中期检查，及时发现问题，推动解决问题。做好“八五”普法规划终期检查和总结验收，加强检查结果运用。

八、明确工作步骤

第八个法治宣传教育五年规划从2021年开始实施，到2025年结束，共分三个阶段：

（一）宣传发动阶段（2021年全年）。各镇（街道）、各部门要全面准确贯彻落实本规划精神和要求，结合实际情况制定本镇（街道）、本部门第八个法治宣传教育五年规划或实施方案，做好普法宣传发动工作，并及时上报区普法办备案。

（二）组织实施阶段（2022年1月至2025年6月）。各镇（街道）、各部门依据本规划确定的目标任务，结合实际情况，制定年度法治宣传计划并组织实施，开展年度考核和专项督查。2023年开展中期督查，确保第八个法治宣传教育规划有序推进、全面落实。

（三）检查验收阶段（2025年6月至12月）。在区委、区政府的统一领导下，成立区第八个法治宣传教育五年规划检查验收组，对各镇（街道）、各部门贯彻落实第八个法治宣传教育五年规划情况进行总结验收，做好迎接省、市检查组的验收工作。

关于加强新时代廉洁文化建设的实施办法

临平区委〔2022〕34号

（2022年11月30日）

为贯彻全面从严治党战略方针，强化党员、干部廉洁自律意识，增强党员领导干部廉洁从政、廉洁用权、廉洁修身、廉洁齐家的思想自觉，根据中共中央办公厅印发的《关于加强新时代廉洁文化建设的意见》和中共浙江省委办公厅印发的《中共浙江省委关于加强新时代廉洁文化建设的实施意见》精神，结合临平实际，现提出如下实施意见。

一、总体要求

以习近平新时代中国特色社会主义思想为指导，全面贯彻中共十九大、二十大及十九届历次全会精神，增强“四个意识”、坚定“四个自信”、做到“两个维护”，不忘初心、牢记使命，坚持思想建党和制度治党同向发力，坚持依法治国和以德治国相结合，以理想信念强基固本，以先进文化启智润心，以高尚道德砥砺品格，惩治震慑、制度约束、提高觉悟一体发力，把廉洁文化建设融入到经济社会发展各方面全过程，将具有鲜明时代特征和临平特色的廉洁文化作为贯穿清廉临平建设的内生动力，充分发挥廉洁文化的教育、激励、凝聚、导向和约束作用，推动廉洁文化建设实起来、强起来，着力助推干部清正、政府清廉、政治清明、社会清朗，为我区“高水平建设‘数智临平·品质城区’，争当高质量发展建设共同富裕示范区样板”提供坚强保障。

二、主要目标

以“清廉临平”建设为总牵引，擦亮“藕花清韵满汀洲”廉洁文化品牌，抓实政治统领、家风建设、廉洁教育，推出一批标识突出、内涵丰富的拳头产品、精品力作、特色项目、示范阵地，廉洁文化的引领力、教育力、传播力、凝聚力持续提升，影响广泛的廉洁文化高地初步形成，广大党员、干部不想腐的意识明显增强，全社会共同参与廉洁文化建设的生动局面逐步形成，为高质量发展奋力推进中国特色社会主义共同富裕先行和省域现代化先行提供坚强保障。

三、基本原则

1. 廉洁文化与文化传承创新趋势深度契合。把握新时代廉洁文化建设的新形势新任务新要求，弘扬党的清正廉洁优良传统，汲取临平优秀历史文化、红色革命文化、社会主义先进文化中的廉洁养分，借鉴吸收优秀廉洁文化建设经验做法，积极利用数字化改革的手段方法，着眼于服务当代、面向未来，赋予新的时代内涵和表达方式，推动廉洁文化建设守正创新、蓬勃发展。

2. 廉洁文化与一体推进不敢腐、不能腐充分融合。推动廉洁文化建设与理想信念教育、纪法教育、警示教育有机衔接，充分发挥教育治本功能，涵养“不想腐”的内在自觉，把“三不腐”一体推进理念贯穿廉洁文化建设始终，持续放大标本兼治的叠加效应。

3. 廉洁文化与厚植廉洁执政群众基础密切结合。把不断增强人民群众的获得感、幸福感、安全感作为清廉临平建设的出发点和落脚点，把廉洁文化建设融入到清廉临平建设各单元。以党政机关和党员领导干部为重点，面向社区居民、企业员工、青少年学生、农村群众等不同群体，采取分众化、对象化、互动化方式，潜移默化推动廉洁文化深入人心。

四、重点任务

（一）强化政治统领，夯实廉洁价值理念

1. 强化理论武装。把学习贯彻习近平新时代中国特色社会主义思想作为重大政治任务，推进“第一议题”制度和教育培训计划。将习近平总书记关于党风廉政建设、廉洁文化建设的重要论述，列入党委（党组）理论中心组学习计划，纳入全面从严治党培训教学工程，列入干部教育主体班，开发廉政教育精品课程，建立廉洁文化现场教学基地。贯彻“红色根脉强基工程”，把廉洁教育作为党组织政治教育重要内容，融入“三会一课”、主题党日、周三夜学等。把廉洁文化作为社科研究内容。用好“学习强国”“藕花洲大讲堂”等平台，依托“红临清风”纪法宣讲团、“新时代临平青年说”宣讲团等，健全廉洁文化基层宣讲制度。（区委宣传部、区纪委监委、区委组织部、市委党校临平区分校、团区委、区总工会、区社科联，列第一位的为牵头单位，下同）

2. 淬炼坚定理想信念。推动理想信念教育常态化制度化。深化党史学习教育成果，坚定党员、干部理想信念。深化党性教育，引导党员、干部正确用权。运用专题读书班、专题党课、青年理论学习小组等形式，持续深化不忘初心、牢记使命主题教育，传承党的光荣传统和优良作风，不断增强自身意志力、坚忍力、自制力。（区委宣传部、区委组织部、团区委）

3. 涵养健康政治文化。深化党风政风建设，发展积极健康的党内政治文化，营造风清气正的政治生态。坚持以廉洁文化浸润亲清政商关系，落实亲清政商交往“三张清单”，引导民营企业拥护党的领导，实现政商交往健康态、政商关系正循环。党员、干部要严格遵守党章党规，严格执行新形势下党内政治生活若干准则、廉洁自律准则等，严守政治纪律、政治规矩，培育积极健康的党内政治文化。（区

纪委监委、区委组织部、区委统战部、区工商联）

（二）挖掘廉洁元素，厚植克己奉公文化基础

4. 提炼廉洁历史基因。发挥优秀传统文化和革命文化精神，结合临平文化，组织科研力量开展反腐倡廉历史研究。发扬钟化民、沈近思、丁养浩等嘉言懿行。提炼区内党史重大事件、重要活动、重要人物等蕴含的廉洁理念。与红色教育相结合，强化中共鸭兰村支部旧址、塘栖何思敬等革命传统教育，依托“弘临”思政学院开设“廉洁文化”课堂，打造线上红色研习室。（区委宣传部、区纪委监委、区史志研究室、市委党校临平区分校、区教育局、区文化和广电旅游体育局、区社科联、临平学研究中心、区党史学习教育领导小组、相关镇街）

5. 汲取廉洁时代精华。把培育廉洁价值理念与社会公德、职业道德、家庭美德、个人品德结合起来，与市民公约、村规民约、学生守则、团体章程、行业规范结合起来，成为民众遵守、行业遵循、社会遵从的制度规范。把廉洁文化纳入精神文明建设，推动廉洁文化进机关、进村社、进学校、进医院、进企业、进家庭等。推选廉洁文化示范点，推动廉洁文化建设改进升级。〔区委宣传部、区纪委监委、区委组织部、区委统战部、区委机关工委、区教育局、区民政局、区农业农村局、区卫生健康局、区财政局（国资办）、区社科联、区总工会、区妇联、区工商联〕

6. 发挥勤廉先进榜样力量。挖掘革命英雄、建设楷模、时代先锋的崇高品质，引领党员干部形成忠诚干净担当的行动自觉。深化最美系列品牌，在担当作为好干部、道德模范、劳动模范等推选评议中，挖掘最美勤廉人物，采用交流学习、主题宣讲、实践体验等形式，宣传勤廉事迹。（区委宣传部、区纪委监委、区委组织部、区教育局、区总工会、团区委、区妇联）

（三）深化家风建设，筑牢拒腐防变家庭防线

7. 严格领导干部家教家风。通过集体座谈、个别家访等形式，强化领导干部家属助廉守廉意识，做好“八小时外”的监督员。严格执行规范领导干部廉洁从政从业行为相关规定和个人有关事项报告等制度，从严管好身边人，规范领导干部配偶、子女及其配偶经商办企业行为，加强对领导干部身边工作人员的教育和约束。（区委组织部、区妇联、区文明办）

8. 组织开展家风主题活动。持续开展“廉洁好家风”主题教育，面向新提拔领导干部，特别是“一把手”开展“我的家书”征集。挖掘、寻访、宣传“廉洁好家风”典型。发挥清廉家风教育基地作用。以弘扬清廉家风为主题，开展家风故事分享会，通过讲述革命先辈廉洁事迹以及新时代楷模、身边榜样廉洁家风故事，引导广大党员干部把廉洁要求贯穿到家庭教育和日常生活。（区妇联、区委直属机关工委、区文明办）

（四）加强廉洁教育，划定廉洁从政纪法红线

9. 强化党员干部纪法教育。把党章党规学习列入“三会一课”，纳入领导干部学法用法考试。开展纪法教育月、纪法教育周，开设纪法课程，开展纪法教育。严格执行中央和省、市关于加强对“一把手”和领导班子监督有关精神，抓实区委“五张责任清单”，推动“一把手”自觉接受监督，加强对领导干部的日常教育管理，注重廉洁、道德等方面的考察。紧盯党员干部入职、任免、晋升、提拔等关键节点，落实党内谈话制度，开展廉洁教育和廉政风险提示。将廉洁自律要求作为对新入职、新提拔年轻干部廉政谈话的重要内容，实施新时代基层干部推动共同富裕主题培训行动计划。（区委组织部、区纪委监委、市委党校临平区分校、区司法局、团区委）

10. 突出警示教育震慑效果。开展同级同类警示教育，做深做实案件查办“后半篇文章”。用好身边案例教育身边人，各单位每年召开警示教育会，发案单位按规定召开处分决定宣布会、专题民主生活会、组织生活会等，组织集体警示教育。加大案件通报曝光力度，建立健全以案说纪、以案说法等机制。组织党员、干部旁听职务犯罪案件庭审。挖掘警示教育资源，用好警示教育基地，深刻剖析违纪违法典型案例，通报曝光典型案件、编发典型案件警示录、制作警示教育片。（区纪委监委、区法院、区检察院、区司法局）

（五）传播廉洁文化，弘扬崇廉尚洁社会风尚

11. 加大廉洁文化传播力度。把廉洁文化建设作为党媒和主流媒体的政治责任，统筹电视、报纸、新媒体等各类媒体资源，扩大廉洁文化受众面。积极开展新闻舆论监督，加强廉洁文化网络内容建设，推动数字化传播。利用公园院墙、楼宇电视、电子显示屏、宣传栏、工地围挡等载体，加大廉洁文化公益宣传，建设廉洁文化主题地铁站点、公交专线和主题站点等。〔区委宣传部、区融媒体中心、区财政局（国资办）、区住建局、区交通运输局、区综合行政执法局〕

12. 丰富廉洁文化产品供给。把廉洁文化作品创作列入文艺创作计划、扶持范围等，支持文艺院团、社会力量、文艺工作者创作廉洁文化精品力作。把廉洁题材纳入舞台剧、影视剧、文学作品、非遗作品等创作，纳入报刊、图书、音像和网络视听产品的出版规划。组织开展“藕花洲杯”中国（浙江）廉洁故事大赛，打造具有临平辨识度和全国影响力的廉洁文化赛事。举办校园廉洁诗词比赛。结合“藕花洲”系列巡演、廉洁故事专场、博物馆巡展等品牌活动，推动廉洁主题活动下基层。结合“俞樾读书节”等文化惠民活动，向公众推荐优秀廉洁文化读物。融合滚灯、铁艺画、清水丝绵等非遗项目，制作“非遗中的廉洁”系列宣传片。（区委宣传部、区纪委监委、区融媒体中心、区文化和广电旅游体育局、区总工会、区文联）

13. 积极拓展廉洁文化阵地。将廉洁文化纳入公共文化服务总体布局，把各级廉政警示教育基地、家风家训馆、图书馆、文化馆、博物馆等纳入廉洁文化阵地建设范畴。挖掘各历史名胜、文化景点中廉洁元素，将廉洁文化融入农村文化礼堂、文化长廊、文化公园、名人纪念馆等。打造钟化民纪念馆，加快推进大运河廉洁文化带、上塘河宋韵文化带、运河清廉线路、超山清廉园、沈近思纪念馆、俞樾纪念馆、崇贤四维廉洁公园建设。打造清廉单元廉洁文化阵地，绘制廉洁文化地图。推动廉洁文化阵地资源数字化，建设网上文化展馆。〔区委宣传部、区纪委监委、区委统战部、区发改局、区教育局、区财政局（国资办）、区住建局、区交通集团、区农业农村局、区文化和广电旅游体育局、区卫生健康局、区工商联、相关镇街〕

14. 大力实施“藕花清韵满汀州”品牌亮化工程。做精做亮“藕花清韵满汀洲”廉洁文化品牌，积极融入大运河文化、宋韵文化等推出视觉符号和文创产品。强化“藕花清韵满汀洲”品牌统领，探索品牌名称、形象展示、阵地建设的有机融合。鼓励各地各单位结合地域特点、行业特色开展廉洁文化品牌建设。（区委宣传部、区纪委监委、区融媒体中心、区交通集团、相关镇街）

15. 持续推进民营企业廉洁文化建设。以厚植民营企业廉洁 文化为抓手，推进全区清廉民企建设。坚持“内强文化引领、外树合规理念”，积极引导民营企业营造清廉企业文化，强化企业推进清廉建设内心自觉。宣传诚信守法经营理念，树立合规经营形象，讲好新时代“临商”故事。推动民营企业在生产和经营活动中严格守法，防范反垄断合规风险，促

进民营经济和民营经济人士健康发展。（区委宣传部、区纪委监委、区委统战部、区工商联）

五、组织保障

1. 强化组织领导。进一步压实各级党委（党组）主体责任，各级党委（党组）坚持主抓直管，切实担负起廉洁文化建设的政治责任，充分发挥廉洁文化建设在一体推进不敢腐、不能腐、不想腐中的基础性作用，纳入全面从严治党、党风廉政建设和反腐败工作布局，研究制定工作措施，推动解决具体问题，总结推广特色经验。在全面从严治党主体责任检查、精神文明创建考评中，将廉洁文化建设作为重要内容，完善明责、履责、评责、督责、追责的闭环责任链条，确保落地落实。

2. 强化协同高效。建立健全内外贯通、上下联动的廉洁文化建设统筹协调机制，党委统一领导、党政齐抓共管，纪检监察机关加强监督推动，组织、宣传部门做好提前谋划，把廉洁文化建设作为党员、干部教育管理和宣传文化思想工作的重要任务，教育、文旅、团委、妇联等单位要围绕廉洁文化建设加强主题宣传力度，开设专栏专题，发挥舆论阵地作用，形成合力，共同推动构建廉洁文化建设大格局。

3. 健全保障机制。各地各单位要加大对廉洁文化建设的投入，在人力、物力、财力上提供保障；坚持目标导向、问题导向、效果导向，探索建立内容全面、指标合理、方法科学的评估体系，通过定性定量、正向反向相结合，多维度对廉洁文化工作实绩实效、水平区间进行评估分析、立体画像，注重评价结果运用，推动廉洁文化高质量发展。

附件

临平区加强新时代廉洁文化建设工作任务分解表

表1

序号	工作主题	主要工作	责任部门	时间安排
1	强化理论武装	扎实推进习近平新时代中国特色社会主义思想教育培训计划和“第一议题”制度，贯彻落实理论走心工程和习近平新时代中国特色社会主义思想教育培训计划。	区委宣传部、区纪委监委、区委组织部	常态化推进
		将习近平总书记关于党风廉政建设、廉洁文化建设的重要论述，列入党委（党组）理论中心组学习计划，纳入党校全面从严治党能力培训教学提升工程，列入全年干部教育主体班培训课程，开发一批廉政教育精品课程，建立“班子领学、专家导学、团队研学、全员深学、学员好学”学习机制，挖掘打造一批符合新时代廉洁文化建设要求的现场教学基地。	区委宣传部、区纪委监委、区委组织部、市委党校临平区分校	常态化推进
		贯彻实施“红色根脉强基工程”，把廉洁教育作为党支部政治教育的重要内容，融入各级党组织“三会一课”支部主题党日、组织生活会、周三夜学、论坛讲座等。	区委组织部、区委宣传部	常态化推进

续表1

序号	工作主题	主要工作	责任部门	时间安排
1	强化理论武装	把廉洁文化建设作为社科研究内容，为做好廉洁文化建设工作提供智力支持。	区委宣传部、区社科联	常态化推进
		用好“学习强国”等平台，建立健全廉洁文化宣讲制度，依托“红临清风”纪法宣讲团、“新时代临平青年说”宣讲团、“亲企兵”特色宣讲团、“乔司好声音”理论宣传团等理论宣讲形式，“守好红色根脉，班前10分钟”等载体，采取理论宣讲、政策解读、案例剖析等形式，对全面从严治党重大原则、重大任务、历史性成就进行宣传解读，推动领导干部、专家学者、书记党员等全面开展廉洁文化宣讲。	区委宣传部、区纪委监委、区委组织部、区总工会、团区委	常态化推进
2	淬炼坚定理想信念	运用专题读书班、专题党课、青年理论学习小组等形式，持续深化不忘初心、牢记使命主题教育，传承党的光荣传统和优良作风，不断增强自身意志力、坚忍力、自制力。	区委宣传部、区委组织部、团区委	常态化推进
3	涵养健康政治文化	持续深化党风政风建设，坚持以廉洁文化浸润亲清政商关系，落实亲清政商交往“三张清单”。	区纪委监委、区委统战部、区工商联	
		严格执行新形势下党内政治生活若干准则、廉洁自律准则等，严守政治纪律、政治规矩，培育积极健康的党内政治文化。	区纪委监委、区委组织部	常态化推进
4	提炼廉洁历史基因	深入挖掘历史传承中的廉洁思想，依托高校等专业力量，持续深化对临平历史名人廉洁故事、政德史绩研究与宣传。	区委宣传部、区史志研究室、市委党校临平区分校、区教育局、区文化和广电旅游体育局、临平学研究中心、区党史学习教育领导小组	常态化推进
		发扬钟化民、沈近思、丁养浩等古圣先贤、清官廉吏的嘉言懿行，使优秀传统文化更富创造性、创新性。	区委宣传部、区纪委监委、相关镇街	2023年年底
		提炼区内党史重大事件、重要活动、重要人物等蕴含的廉洁理念，讲好党的故事、革命故事、英雄故事，将廉洁文化宣传教育与红色教育相结合，以中共鸭兰村支部旧址、塘栖何思敬等革命故事为教材强化革命传统教育。	区委宣传部、区纪委监委、市委党校临平区分校、区教育局、区党史学习教育领导小组、相关镇街	常态化推进
		协调整合党校、社科联等专业科研力量，开展反腐倡廉历史研究，提炼廉洁文化内核特质，运用历史智慧推进党风廉政建设。	区委宣传部、区纪委监委、市委党校临平区分校、区社科联	常态化推进

续表1

序号	工作主题	主要工作	责任部门	时间安排
5	汲取廉洁时代精华	把廉洁文化建设纳入文明城市、文明村镇、文明单位、文明校园、文明家庭等创建内容，推动廉洁文化进机关、进村社、进学校、进医院、进企业、进家庭等，形成立体化、全方位格局。	区委宣传部、区纪委监委、区委组织部、区委统战部、区委机关工委、区教育局、区民政局、区农业农村局、区卫生健康局、区财政局（国资办）、区总工会、区妇联、区工商联	2022年12月
		依托“弘临”思政学院，开设“廉洁文化”课堂，打造线上红色研习室。	区委宣传部、区纪委监委、区委组织部、区教育局	常态化推进
6	强化勤廉先进示范	推动最美系列品牌建设，在担当作为好干部、道德模范、劳动模范、“美丽临平人”、“最美家庭”、“十佳新生代企业家”、美德少年推选评议中，挖掘最美勤廉人物，采用交流学习、主题宣讲、实践体验等形式，大力宣传勤廉事迹，形成见贤思齐、美美与共的廉洁氛围。	区委宣传部、区纪委监委、区委组织部、区教育局、区总工会、团区委、区妇联	常态化推进
7	严格领导干部家教家风	注重领导干部家庭家教家风建设，将领导干部家风建设情况纳入民主生活会、组织生活会和述责述廉内容，推动廉洁教育融入家庭生活，将廉洁从政和廉洁齐家有机结合起来。	区委组织部、区妇联、区文明办	常态化推进
		通过集体座谈、个别家访等形式，强化领导干部家属助廉守廉意识，做好“八小时外”的监督员，当好“廉内助”。	区委组织部、区妇联、区文明办	常态化推进
		将强化家风建设与加强干部作风建设相结合。严格执行规范领导干部廉洁从政从业行为相关规定和个人有关事项报告等制度，从严管好身边人，规范领导干部配偶、子女及其配偶经商办企业行为，加强对领导干部身边工作人员的教育和约束。	区委组织部、区妇联、区文明办	常态化推进
8	组织开展家风主题活动	持续深入开展“廉洁好家风”主题教育活动，面向新提拔领导干部，特别是“一把手”开展“我的家书”征集活动。做廉洁文化的传承者、守护者、倡导者，引领向上向善社会主义家庭文明新风尚。	区妇联、区委直属机关工委、区文明办	常态化推进
		挖掘、寻访、宣传区内“廉洁好家风”典型。充分发挥清廉家风教育基地作用，以视频、宣讲、微课堂等多种形式深入机关、村社、家庭开展多形式宣传，以亲子活动、传统文化体验、学家风书籍等活动将清廉家风融入家庭。	区妇联、区文明办	常态化推进
		充分运用多种传播平台，创新传播手段，以弘扬清廉家风为主题，开展家风故事分享会，立体化、沉浸式、多样化讲述革命先辈的廉洁事迹以及新时代楷模、身边榜样的廉洁家风故事，通过榜样示范引领、文化熏陶感染，引导广大党员干部把廉洁要求贯穿到家庭教育和日常生活中。	区妇联、区文明办	常态化推进

续表1

序号	工作主题	主要工作	责任部门	时间安排
9	强化党员干部纪法教育	把党章党规学习列入“三会一课”基本内容，纳入领导干部学法用法考试，使党内法规学习常态化制度化，培养党员、干部遵守党章党纪的良好习惯。	区委组织部、区纪委监委	常态化推进
		结合普法宣传，每年开展纪法教育月、纪法教育周活动，促进依法履职、廉洁从政。	区纪委监委、区司法局	常态化推进
		在区委党校开设纪法课程，发挥廉政教育、党员教育基地作用，采用纪法课堂、现场教学、直播课堂等形式，深入开展纪法教育。	市委党校临平区分校、区纪委监委	2023年6月
		严格执行中央关于加强对“一把手”和领导班子监督的意见以及区委实施意见，落实落细“五张责任清单”，推动“一把手”自觉接受监督，加强对领导干部的日常教育管理，注重廉洁、道德等方面的考察，使品德端正的干部得到褒奖和重用、品行低劣的干部受到警醒和惩戒。	区委组织部、区纪委监委	常态化推进
		紧盯党员干部入职、任免、晋升、提拔等关键节点，落实党内谈话制度，开展廉洁教育和廉政风险提示。将廉洁自律要求作为对新入职、新提拔年轻干部廉政谈话的重要内容，扣好年轻干部廉洁从政第一粒扣子。	区委组织部、团区委	常态化推进
		结合实施新时代基层干部推动共同富裕主题培训行动计划，强化基层干部纪法教育。	区委组织部、市委党校临平区分校	2022年9月底前完成
10	突出警示教育震慑效果	用好身边案例教育身边人，各镇街、区直部门每年召开警示教育会，发案单位按规定召开处分决定宣布会、专题民主生活会、组织生活会等，组织集体警示教育。	区纪委监委、区法院、区检察院、区司法局	常态化推进
		多形式拓宽警示教育方式载体，加大案件通报曝光力度，建立健全以案说纪、以案说法等机制，按有关规定组织党员、干部旁听职务犯罪案件庭审，切实提升震慑力和穿透力。	区纪委监委、区法院、区检察院、区司法局	常态化推进
		深入挖掘区内警示教育资源，用好区级警示教育基地，深刻剖析违纪违法典型案例，通过通报曝光典型案件、编发典型案件警示录、制作警示教育片等形式，以身边事教育身边人，深化以案促改、以案促治。	区纪委监委	常态化推进

续表1

序号	工作主题	主要工作	责任部门	时间安排
11	加大廉洁文化传播力度	在党的思想文化宣传中融入廉洁文化，把廉洁文化宣传纳入宣传思想和文化工作年度计划，积极传播廉洁价值理念，扩大廉洁文化宣传范围，形成强大舆论宣传声势。	区委宣传部、区融媒体中心	常态化推进
		统筹《今日临平》《临平新闻》“临平发布”“天天看临平”“悦临平”等各类媒体资源，打造品牌栏目等，运用新闻报道、短视频等多种形式，层层传播，扩大廉洁文化受众面。	区委宣传部、区融媒体中心	常态化推进
		注重舆论监督，发挥主流媒体舆论监督品牌栏目作用，积极开展新闻监督，营造扬廉抑腐、廉荣贪耻的社会氛围。	区委宣传部、区融媒体中心	常态化推进
		充分利用公园院墙、楼宇电视、户外电子显示屏、宣传栏、广告牌、工地围挡等载体，及时传播廉洁文化主题公益宣传标语等内容，建设廉洁文化主题地铁站点、公交专线和主题站点等，力求广泛覆盖、有效覆盖。	区委宣传部、区融媒体中心、区财政局（国资办）、区住建局、区交通运输局、区综合行政执法局	常态化推进
12	丰富廉洁文化产品供给	丰富廉洁文化相关的优质产品和服务供给，丰富文艺创作，把廉洁文化作品创作列入重大文艺创作计划、文艺扶持范围等，支持文艺院团、社会力量、文艺工作者积极创作廉洁文化相关的精品力作。	区委宣传部、区文广旅体局、区文联	常态化推进
		把廉洁题材纳入舞台剧、影视剧、文学作品、美术作品、视频作品、非遗作品等创作，纳入报刊、图书、音像和网络视听产品的出版规划。	区委宣传部、区融媒体中心、区文广旅体局、区文联	常态化推进
		组织开展“藕花洲杯”第六届中国（浙江）廉洁故事大赛、临平区职工书画摄影大赛，每季度开展一次廉洁诗词讲座，举办校园廉洁诗词比赛。	区委宣传部、区纪委监委、区总工会、区文联	2023年6月
		创新方式载体，结合“藕花洲”系列巡演活动、博物馆巡展活动、“藕花洲”故事会廉洁故事专场等品牌活动，开展廉洁主题下基层活动。	区委宣传部、区文化和广电旅游体育局、区文联	常态化推进
		结合“俞樾读书节”、“藕花洲”万册图书进万家文化惠民等活动，积极向公众推荐优秀廉洁文化读物。	区委宣传部、区文化和广电旅游体育局、区文联	常态化推进
		推广滑稽戏《清清白白》文艺作品及《鲍氏家风》《不给工资的纺织女工》《王书记的“受贿簿”》等廉洁故事，创作廉洁小品《五十块钱》及廉洁微视频、微电影。	区委宣传部、区纪委监委、区文化和广电旅游体育局、区文联	2022年12月
		传承融合滚灯、铁艺画、清水丝绵、古琴斫制等非遗项目，制作“非遗中的廉洁”系列宣传片。	区委宣传部、区纪委监委、区文化和广电旅游体育局	常态化推进

续表1

序号	工作主题	主要工作	责任部门	时间安排
13	积极拓展廉洁文化阵地	优化资源配置，将廉洁文化阵地建设纳入公共文化服务总体布局，把区内廉政教育基地、警示教育基地、家风家训馆以及各级公共图书馆、文化馆、博物馆等场所，纳入廉洁文化阵地建设范畴，进一步充实内容，完善功能。	区委宣传部、区文广旅体局、区妇联、区文联	常态化推进
		深入挖掘区内各类文物古迹、历史名胜、旅游景点中蕴含的廉洁元素，发挥各类基层文化宣传阵地作用，将廉洁文化融入文化长廊、文化公园、名人纪念馆、公益广告等公共设施和景观中。	区委宣传部、区文广旅体局、区文联	常态化推进
		把廉洁文化建设融入农村文化礼堂“建管用育融”全过程。	区委宣传部、区农业农村局	常态化推进
		打造钟化民纪念馆，加快推进“运河守清·廉韵塘栖”清廉线路、“超然清风·吾心印廉”超山清廉园、沈近思纪念馆、大运河廉洁文化带、崇贤四维廉洁公园建设，做好上塘河宋韵文化带、临平山文化景观、临平博物馆西馆区、俞樾纪念馆等阵地廉洁文化结合文章。	区委宣传部、区纪委监委、区财政（国资办）、区文化和广电旅游体育局、区住建局、区交通集团、相关镇街	2022年12月
		结合清廉单元建设工作，打造一批廉洁主题鲜明、氛围浓郁、引领明显的廉洁文化阵地，绘制临平区廉洁文化地图。	区委宣传部、区纪委监委、区委统战部、区教育局、区财政（国资办）、区交通运输局、区农业农村局、区文化和广电旅游体育局、区卫生健康局、区妇联、区文联、区工商联	2023年6月
		建立廉洁诗词角（墙）。丰富廉洁文化展馆展陈内容，充分发挥廉洁文化教化大众、立德树人方面的作用。	区委宣传部、区文联	2023年6月
		加快推动廉洁文化阵地资源数字化信息化，建设网上文化展馆，提升廉洁文化的代入感和互动性。	区委宣传部、区纪委监委、区文化和广电旅游体育局	2023年年底
14	大力实施“藕花清韵满汀州”品牌亮化工程	推出一批“藕花清韵满汀州”品牌视觉符号和文创产品，全方位宣传展示品牌精神特质，提升品牌热度。	区委宣传部、区纪委监委、区融媒体中心、区交通集团、各镇街	常态化推进
15	持续推进民营企业廉洁文化建设。	坚持“内强文化引领、外树合规理念”，积极引导民营企业营造清廉企业文化，强化企业推进清廉建设内心自觉。宣传诚信守法经营理念，树立合规经营形象，讲好新时代“临商”故事。推动民营企业在生产和经营活动中严格守法，防范反垄断合规风险，促进民营经济和民营经济人士健康发展。	区委宣传部、区纪委监委、区委统战部、区工商联	常态化推进

中共杭州市临平区委办公室 杭州市临平区人民政府办公室 关于印发《临平区高质量推进乡村人才振兴的实施意见》的通知

临平区委办〔2022〕26号

各镇党委、政府，街道党工委、办事处，区直各单位：

《临平区高质量推进乡村人才振兴的实施意见》已经区委、区政府同意，现印发给你们，请遵照执行。

中共杭州市临平区委办公室
杭州市临平区人民政府办公室
2022年7月28日

临平区高质量推进乡村人才振兴的实施意见

为贯彻落实中央和省、市关于推进乡村人才振兴决策部署，强化人才支撑作用，全面推动临平区乡村振兴，根据中共中央办公厅、国务院办公厅《关于加快推进乡村人才振兴的意见》（中办发〔2021〕9号），中共浙江省委办公厅、浙江省人民政府办公厅《关于高水平推进乡村人才振兴的实施意见》（浙委办发〔2021〕84号）等文件精神，结合临平实际，制定本实施意见。

一、总体要求

以习近平新时代中国特色社会主义思想为指导，全面贯彻中共十九大和十九届历次全会以及中央人才工作会议精神，坚持和加强党对乡村人才工作的全面领导，坚持把乡村人力资本开发放在首要位置，以培育打造产业发展的领军人才、乡村运营的专业精英、双创赋能的乡村创客、各行各业的乡村工匠、乡村治理的能人乡贤等“五大临农英才”为重点，全面培养造就一支有文化、懂技术、会经营的乡村人才队伍，为奋力打造江南水乡地区乡村振兴临平样板、共同富裕示范区临平样板，提供强有力的人才支撑。到2024年，全区农村实用人才总量达到12000名，累计培育农创客200名以上、乡村工匠200名以上、乡村运营管理精英20名以上，培训各级各类人才12000人次以上，基本构建促进临平区乡村振兴的乡村人才队伍。

二、主要措施

（一）以培育五大临农英才为重点，打造乡村振兴“大本营”

1. 积极培育产业发展的领军人才。根据“一个产业、一个团队、一批基地”的要求，以农业技术首席专家、学术带头人为核心，遴选农业企业负责人、农民专业合作社带头人、家庭农场主、农村电商带头人等引领带动特色产业发展的生产经营能手为成员，组建成立乡村振兴产业技术创新与推广服务团队。落实团队运行管理办法，按照年初有计划、全年有服务、年度有评价的思路，培育一批产业发展领军人才。完善优化科技特派员扶持激励政策，实施科技特派员和农业科技成果引进推广应用项目。（牵头单位：区农业农村局、区经科局；配合单位：区财政局）

2. 突出引育乡村运营的专业精英。将乡村运营管理人才纳入乡村人才培养的重要内容，采取招录、聘用等方式，引进专业的农村职业经理人作为乡村运营的精英CEO。鼓励成立由农村职业经理人领衔的乡村运营团队，引导其聚焦主业，发挥专长，促进村级集体经济发展。完善农村职业经理人运营、评价、培育和激励机制，形成一整套农村职业经理人培养、运营和管理的临平模式样板。每年开展农村职业经理人业绩晾晒大比拼1次，出台评价办法，对通过考核的农村职业经理人团队，给予每年不超过20万元的经费激励，由区、镇（街道）按照1:1比例承担。（牵头单位：区农业农村局；配合单位：区财政局）

3. 着重培育双创赋能的乡村创客。贯彻落实省十万农创客培育工程，建立青年人才和新乡贤向农村流动引导机制，实施青年人才专项政策，引导高校毕业生、在杭高校在校生以及45周岁以下创业青年，在农业生产、农产品加工、农村农产品电商、农业服务、农文旅融合等乡村领域返乡创业。依托大运河青创联盟、青农创孵化中心等平台，按照储备一批、发展一批、提升一批的总体思路，挖掘肯干事、能干事，敢创新敢尝试的人才，培育壮大农创客队伍，每年新增农创客50名以上，到2025年争创省级青创农场2家以上。（牵头单位：区人力社保局、区农业农村局；配合单位：区财政局、团区委）

4. 大力培育各行各业的乡村工匠。在临平工匠认定等活动中安排一定比例用于乡村振兴领域人才，重点围绕乡村旅游宣讲、现代种养殖业、乡村运营管理、传统手工技艺、非遗传承等方面挖掘培养能人巧匠。成立乡村领域工匠师资库，培养传统技艺文化、传统种养殖业和农产品加工技艺传承人，打造一批三家村藕粉手削大师、鸭兰绣花大师、红烧羊肉厨艺大师、蔬菜育苗大师等特色工匠品牌。每年认定有一技之长、示范带动明显的乡村领域工匠能手50名以上。（牵头单位：区总工会、区农业农村局；配合单位：区文化和广电旅游体育局、区住建局）

5. 加快培育乡村治理的能人乡贤。注重从在外优秀人才、农村致富能手、本土大学毕业生、退役军人中的党员里培养选拔村党组织书记，派强用好农村工作指导员。探索新乡贤助力乡村振兴的新路径，举办乡贤家乡行、乡情恳谈会等活动，鼓励新乡贤回乡发展，在推进乡村振兴、投身家乡建设、参与社会治理、助力公益慈善、引领乡风民情等方面发挥积极作用，协助推进乡村和谐发展。每年召开新乡贤座谈会1次以上。（牵头单位：区委组织部、区委统战部；配合单位：区民政局、区卫生健康局、区经科局、区农业农村局）

（二）以健全三大机制为核心，充盈乡村人才“蓄水池”

6. 完善招引机制。从对接高等院校、行业协同合作和本地人才挖掘等方面广开渠道，走出去引进来，适时利用数字化平台，采取聘用、柔性引进等方式壮大人才队伍。推进全方位的校地、校村、校企共建模式，建立大学生合作交流机制，通过专场招聘、实训实习、社会实践等形式推动大学生返乡就业创业。探索建立农业产业技术专家工作室，聘用区外专家教授为成员，开展结对帮扶、指导服务乡村产业。推动区内乡村人才为高等院校客座教授，“借高引低”实现人才双向引流。每年安排一定量资金用于专家工作室专家开展指导服务，实施校地合作项目20个以上，农业农村领域新就业大学生50名以上。（牵头单位：区人力社保局、区农业农村局；配合单位：区财政局、团区委）

7. 创新培育机制。探索建立“乡村振兴培训机构”，从土地、资金、团队、宣传等方面给予积极保障，打造乡村人才培育临平亮点品牌。创新“院校+合作社+基地”“青年企业家—青农创客—高层次人才”结对机制等模式，建立乡村振兴人才培养、技术培训、学历提升、成果转化“四位一体”培训体系，形成理论政策、能力素质、综合管理、实用技能等多种培训模块，通过高度参与互动和演练，提升专业技能，满足多种人才培训需求，培育农业创业小精灵。每年培训农村实用人才3000人次以上，高素质农民270人以上，新增农村实用人才300名以上。（牵头单位：区农业农村局；配合单位：区委宣传部、市委党校临平区分校、区财政局、区人力社保局、市规划和自然

资源局临平分局、团区委、区交通集团）

8. 建立激励机制。鼓励乡村人才参加在职研修生报考、学历提升、各级各类技能大赛，通过以考促学、以学促练、以练促育的形式，激发人才创业热情。对当年度参加区级及以上农业农村系统创新创业大赛和技能大赛等活动的个人或项目负责人，获省级一、二、三等奖的，分别给予30万元、20万元、10万元奖励，同时可申请认定区级C类、D类、D类人才；获市级一、二、三等奖的，分别给予10万元、5万元、2万元奖励，同时可申请认定区级D类、E类、E类人才；获区级一、二、三等奖的，分别给予1万元、0.5万元、0.3万元奖励，同时可申请认定区级E类、F类、F类人才。（牵头单位：区委组织部、区农业农村局；配合单位：区财政局、区人力社保局）

（三）以保障四大服务为抓手，优化留用人才“生态圈”

9. 强化创业用地服务。每年安排不少于5%的新增建设用地计划指标，保障乡村重点产业和项目用地，优先保障乡村振兴人才创新创业需求。对发展以农业特色优势产业为基础的休闲农业、农业科技服务、农产品营销服务等一二三产融合产业，并符合条件的乡村振兴领军人才和优秀农创客，优先保障相关用地；对于科技含量高、带动力强且投资额超过5000万元的项目可适当提高用地额度。（牵头单位：市规划和自然资源局临平分局；配合单位：区农业农村局、区财政局）

10. 提升融资金融服务。鼓励各类金融机构积极开办创业贷款，加强融资渠道对接，设立“农创贷”，对入选乡村振兴优秀人才和在各级大赛中获奖项的乡村人才涉农项目，在我区落地实施的，可通过农村承包土地经营权、农业设施、农机具抵押，信用等贷款方式，给予最高500万元授信额度；符合条件的可申请以信用为主的政策性融资担保服务、政府应急周转金支持、贷款贴息政策补助，重大项目可优先申请政府产业基金的投资。（牵头单位：区发改局、区农业农村局；配合单位：区财政局、人民银行支行）

11. 优化生活保障服务。落实乡村振兴优秀人才相对应的子女入学、医疗保健、住房等方面各项人才待遇。对到村任职或村聘大学生，符合条件的，可根据各级人才政策，享受高层次人才购租房补贴、新引进应届大学生租房补贴、新就业大学生创业人员公租房补贴等住房保障政策。对农业产业化国家重点龙头企业和省级骨干农业龙头企业，分别给予2个、1个子女入园入学和医疗保健服务名额。（牵头单位：区住建局、区教育局、区卫生健康局、区人力社保局、区农业农村局；配合单位：区财政局）

12. 畅通平台服务通道。优化人才服务环境，创造良好乡村人才生态。鼓励有条件的镇（街道）设立“农创客之家”，用好区农创客发展联合会、“农创客之家”和农创中心等三大农创服务平台，丰富区内乡村人才的活动资源，畅通服务渠道。发挥农创客发展联合会和“农创客之家”的桥梁纽带和阵地作用，开展学习交流、展示展销、谋划发展等活动，通过宣讲座谈、展销服务、互助共享助力成果转化，推进产业发展。（牵头单位：区农业农村局）

三、组织保障

（一）加强组织领导。全面推进我区乡村人才振兴工作，充分发挥区乡村振兴领导小组的组织协调作用，定期研究乡村人才振兴工作，领导小组办公室（设在区农业农村局）负责领导小组日常工作，具体开展乡村人才振兴工作的组织、协调和实施。各有关部门、镇街协调推进各项举措的具体实施，构建区、镇（街道）、村三级联动的乡村人才振兴工作体系，推动形成党委领导、政府负责、部门协同、上下配合的工作格局。

（二）加强督查考核。各成员单位要分解落实好乡村人才振兴重点任务，建立督导落实机制，完善考核指标体系，夯实工作责任，将乡村人才振兴年度成效纳入乡村振兴战略和人才工作述职评议考核。各镇（街道）党委、政府要把推进乡村人才振兴工作列入重要议事日程，强化人才振兴工作导向，坚持用人才发展引领事业发展。

（三）**加强典型选树**。积极推荐政治素质好、有突出贡献的乡村人才为各级劳模、“两代表一委员”，充分发挥人才作用，扩大社会影响，引导人才参政议政、建言献策，提高乡村人才的社会地位和影响力，营造人才引领乡村振兴的浓厚氛围。适时总结宣传优秀乡村振兴人才反哺故里的事迹。

本意见自2022年7月1日起施行，有效期至2024年12月31日。本意见涉及的项目承担单位为在临平区内注册的农业经营主体；具备农业相关专业且从事农业技术工作的，学历为大专的高校毕业生，可同等享受本科学历相关政策。区其他人才政策文件如与本意见不一致的，以本意见为准。本意见对同一事项涉及多项奖励的或与其他政策文件有重复的，按最高标准执行。本意见由区委负责解释，具体工作由区委组织部、区农业农村局、区人力社保局承担。

（责任编辑　董双双）

·杭州市临平区2022年国民经济和社会发展统计公报·

杭州市临平区统计局

2022年，面对复杂多变的宏观环境，全区上下坚决贯彻中央、省、市和区委决策部署，落实习近平总书记“疫情要防住、经济要稳住、发展要安全”的重要指示，克难攻坚、大抓落实，统筹推进“数智临平·品质城区”建设，全年经济运行呈现较强韧性和活力，社会各项事业有序推进，高质量发展取得新成效。

一、综合

（一）经济总量

根据全市统一初步核算，2022年全区生产总值（GDP）为1006.68亿元，按可比价计算，比上年增长0.3%。

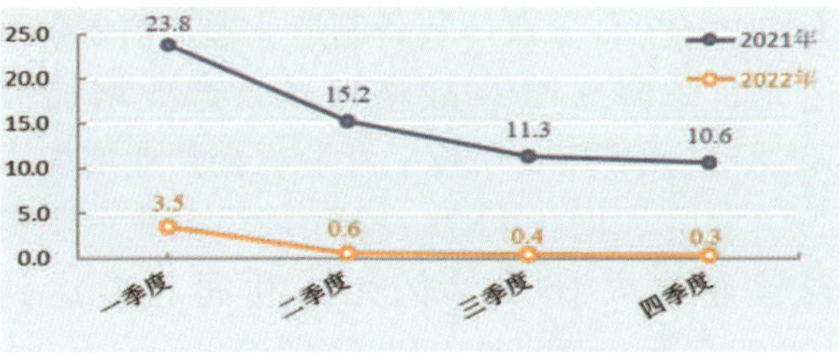

图1　地区生产总值累计增幅（%）

从GDP构成看，第一产业增加值16.01亿元，增长2.5%；第二产业增加值532.12亿元，下降0.5%；第三产业增加值458.55亿元，增长1.1%。全区三次产业增加值结构由上年的1.6∶52.4∶46.0调整为1.6∶52.9∶45.5。按常住人口计算，人均地区生产总值为8.76万元（按年平均汇率折算1.30万美元）。

全区数字经济核心产业增加值65.6亿元，增长3.4%，高于GDP增速3.1个百分点，占GDP比重为6.5%。

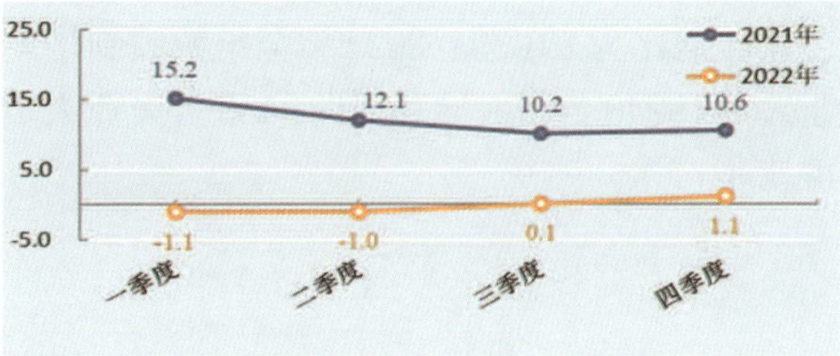

图2　服务业增加值累计增幅（%）

（二）财政收支

全年完成财政总收入229.93亿元、地方一般公共预算收入135.57亿元，扣除留抵退税因素后，分别下降2.7%、2.4%。从收入结构看，税收收入占财政总收入的比重为94.3%；从主要税种看，增值税、企业所得税比重分别为39.5%、26.7%。

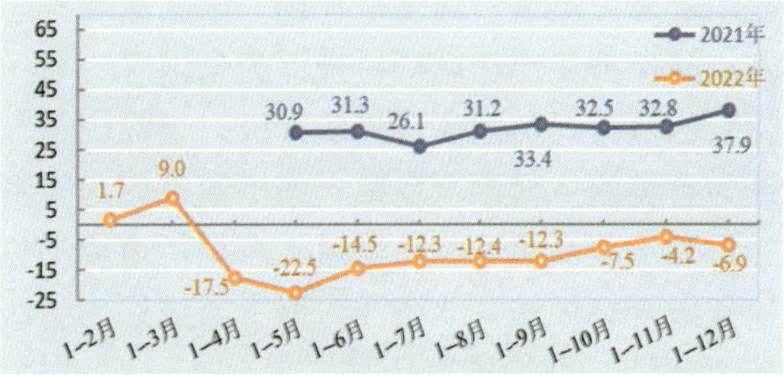

图3　财政总收入增幅（%）

注：2021年财政总收入按行政区划调整后月度数据发布

全年完成财政预算支出196.88亿元。其中，用于民生支出156.04亿元，占全区财政预算支出的79.3%。在支出结构中，一般公共服务、公共安全、教育、社会保障和就业、卫生健康、节能环保分别占比8.4%、4.5%、22.2%、9.2%、12.4%、1.1%。

（三）人口就业

据2022年全市5‰人口变动抽样调查推算，年末全区常住人口110.8万人，比上年末减少8.3万人。城镇化率89.1%。全区户籍人口60.24万人，年末总户数18.14万户，较上年末增加0.74万户。全年出生人口6336人，人口出生率10.5‰，人口自然增长率6.2‰，户籍出生婴儿性别比为104.39。2022年全年城镇新增就业人员19240名，引导和帮助9456名失业人员再就业。

二、农业和农村

全区实现农业增加值16.80亿元，增长2.7%；农业总产值24.65亿元，增长3.4%。其中，种植业产值13.54亿元，增长7.7%；畜牧业产值0.60亿元，增长79.8%；渔业产值8.59亿元，下降4.6%。全区粮食作物播种面积2720公顷，粮食总产量1.56万吨；全省率先完成“非粮化”整治优化面积964.08公顷。

高标准创建大运河省级现代农业园区，塘栖枇杷种植系统被评为省第一批重要农业文化遗产资源。推进“沾驾桥莲藕”国家地理标志农产品保护工作，塘栖村被评为全国“一村一品”示范村。美丽乡村提质升级，崇贤街道被评为省美丽乡村示范乡镇，塘栖镇被评为省乡村振兴示范乡镇。临平街道、东湖街道成功创建省级森林城镇。北塔漾、西太漾被评为省级美丽河湖。塘栖镇塘栖村、运河街道双桥村、塘栖镇丁河村、崇贤街道鸭兰村、运河街道新宇村入选浙江省第二批未来乡村。全区实现农产品电商销售额9亿元，比上年增长28%。全年村级集体经营性收入7.34亿元，比上年增长8.3%，村均达616.8万元，全面消除经营性收入100万元以下相对薄弱村。休闲农业接待游客总量87万人次，营业总收入7933万元。实施农村建房解困工作三年行动，完成农村建房1142户，住房解困1071户。获评省深化“千万工程”建设新时代美丽乡村（农村人居环境提升）工作优胜县（市、区），成功列入全省新时代村级集体经济发展乡村集成改革试点县。

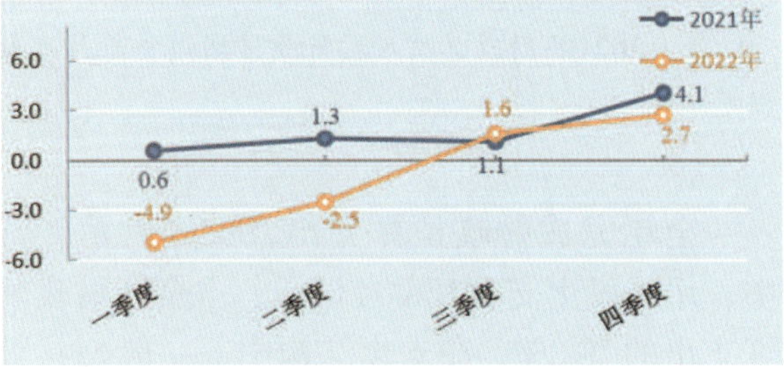

图4 农业增加值累计增幅（%）

三、工业和建筑业

（一）工业

全区实现规模工业增加值414.71亿元，下降1.5%。规模工业实现高新技术产业增加值334.54亿元，下降1.5%，占规模工业增加值比重为80.7%；新产品产值率55.6%，高于全市平均14.4个百分点。装备制造业增加值256.63亿元，下降0.4%；战略性新兴产业增加值165.81亿元，增长0.9%；生物医药产业增加值39.91亿元，增长4.8%。全年规模工业企业实现营业收入1660.72亿元，利润总额达到120.05亿元，营业收入利润率为7.2%。

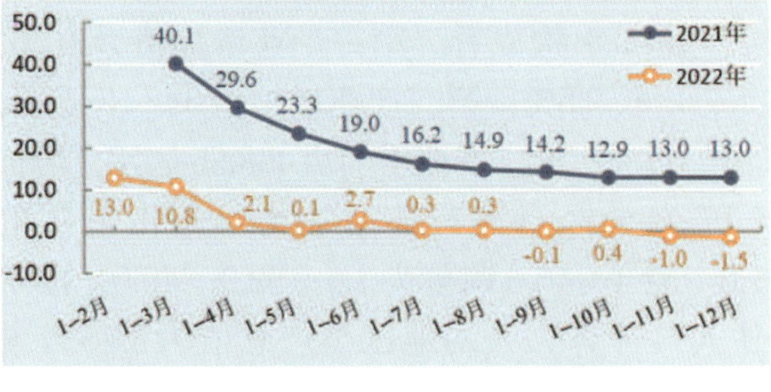

图5 规模以上工业增加值累计增幅（%）

规模工业增加值及增速

表1

指 标	2022年实绩（亿元）	2022年增长（%）
规模工业增加值	414.71	-1.5
其中：高新技术产业	334.54	-1.5
装备制造业	256.63	-0.4
战略性新兴产业	165.81	0.9
环保制造业	91.01	-6.9
生物医药产业	39.91	4.8
家纺服装产业	38.09	-11.5
数字经济制造业	33.95	1.3

（二）建筑业

全区实现建筑业增加值30.51亿元，增长1.9%，增加值总量占GDP的比重为3.0%。截至年末，全区共有建筑业企业405家，共核发施工许可证166项，办理建设工程安全监督注册手续161项、质量监督注册手续161项、竣工验收备案137项。

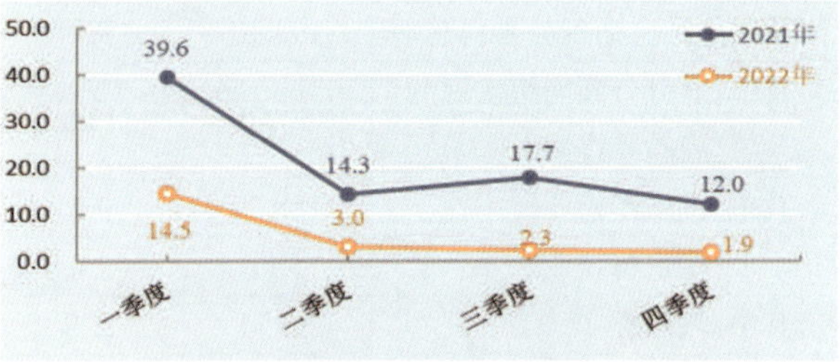

图6 建筑业增加值累计增幅（%）

四、交通运输

全区实现营运客车客运量21.24万人次，客运周转量3268.74万人次。实施交通强区建设三年行动计划，地铁3号线（一期首通段）开通运营，望梅、东湖、320国道快速路二期和沪杭高速临平段改建工程建成通车，成为全省首个快速路环线贯通的区县，截至年末，累计开通快速路5条，总里程58.5千米。持续推进“四好农村路”建设，累计建成农村公路247条，总里程267.83千米。全年新增、优化调整公交线路17条，开通4条“求知专线”，缓解学生接送难。推进政府单位、学校错时对外开放泊位2462个。

五、金融和上市

全区金融业增加值为115.11亿元，增长17.0%。年末全区本外币存款余额2965.23亿元，增长2.6%；本外币贷款余额2768.62亿元，增长11.9%；其中，小微企业贷款增长23.0%，高于全区总贷款增速11.1个百分点，制造业企业贷款增长11.9%。全区不良贷款余额10.02亿元，不良贷款率0.36%，远低于全省全市平均水平。金融服务示范区创建有序推进，推出“金服宝·小微”综合服务平台、金融综合服务平台临平专区，累计为7000多家企业成功授信超过220亿元；推进数字人民币试点工作，累计开立个人和企业数字人民币钱包34万多个，发放数字人民币消费券超过500万元。深入实施“凤凰行动”计划，加强上市培育梯队管理，全年新增上市企业4家，累计达24家；新增培育企业10家，列入区级培育企业共44家。

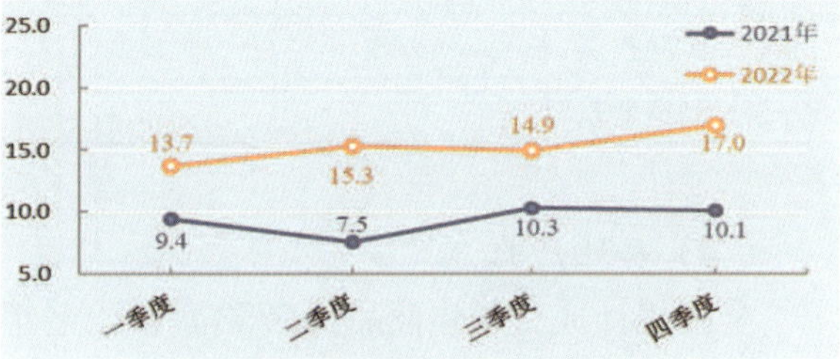

图7 金融业增加值累计增幅（%）

六、固定资产投资和房地产业

（一）固定资产投资

全区固定资产投资增长11.4%。其中，项目投资增长11.1%，房地产开发投资增长11.8%。高新技术产业投资增长38.1%；交通投资下降13.5%；生态环境城市更新和水利设施投资增长82.8%；制造业投资增长17.0%；民间投资增长17.9%。国有投资（含房地产开发投资）增长4.5%。新开工项目（含房地产开发项目）264个，累计完成投资116.59亿元。集中开工重大项目57个，“152”项目开工率100%。

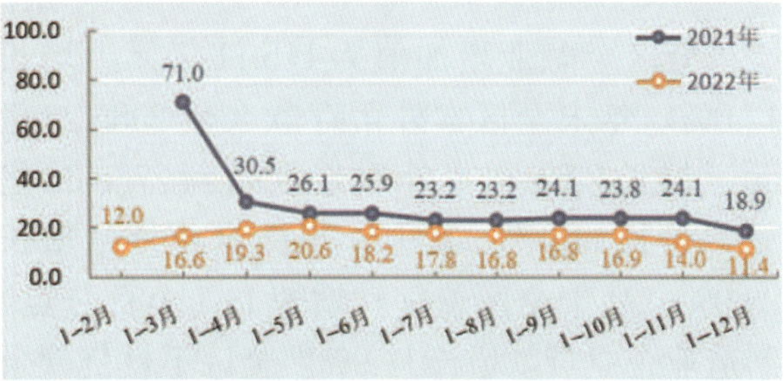

图8　固定资产投资累计增幅（%）

固定资产投资增速表

表2　　　　　　　　　　　　单位：%

指　标	2022年增长
固定资产投资	11.4
其中：项目投资	11.1
房地产开发投资	11.8
其中：交通投资	-13.5
生态环境、城市更新和水利设施投资	82.8
高新技术产业投资	38.1
民间投资	17.9
制造业投资	17.0

（二）房地产业

全区累计成交新建商品房9753套，比上年下降63.9%；成交面积108.6万平方米，比上年下降62.0%；成交金额268.2亿元，比上年下降61.8%；成交均价24710元/平方米，比上年上涨0.5%。其中住宅成交8652套，比上年下降64.8%；成交面积99.5万平方米，比上年下降62.7%；成交金额252.9亿元，比上年下降62.0%；成交均价25417元/平方米，比上年上涨1.9%。

七、国内贸易

全区实现社会消费品零售总额373.60亿元，增长5.7%，增速高于全省平均1.4个百分点，低于全市平均0.1个百分点。其中，限上批零业实现零售额188.79亿元，增长9.2%；限上住餐业实现零售额5.11亿元，增长2.6%。从消费门类看，汽车类消费实现零售额80.44亿元，增长17.2%，其中新能源汽车实现零售额21.75亿元，增长222.5%，占汽车类消费比重为27.0%；吃穿用等民生类实现零售额65.81亿元，增长8.5%；石油类消费实现零售额24.69亿元，增长4.7%。限上单位通过公共网络实现的商品零售额为50.60亿元，增长12.0%，占限上单位零售额比重为26.1%。

全区社会消费品零售总额及增速

表3

指　标	2022年实绩（亿元）	2022年增长（%）
社会消费品零售总额	373.60	5.7
限额以上社会消费品零售总额	193.90	9.1
其中：通过公共网络实现的商品零售额	50.60	12.0
其中：批发零售业	188.79	9.2
住宿餐饮业	5.11	2.6
其中：汽车类	80.44	17.2
服装类	31.09	3.1
石油类	24.69	4.7

八、对外经济

（一）外贸出口

全年实现进出口总额392.65亿元，增长10.9%。其中，进口额27.56亿元，增长8.8%；出口额365.09亿元，增长11.1%。从出口产品看，机电产品、服装服饰、高新产品出口分别增长19.2%、7.0%、4.5%。从出口地区看，对“一带一路”国家、美国出口分别增长12.5%、

14.4%。实现服务贸易进出口总额7.05亿美元，其中离岸外包执行额6.11万美元，增长14.6%。

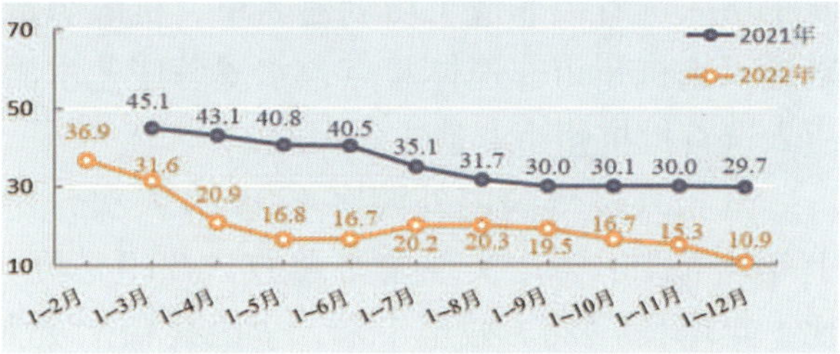

图9 货物进出口总额累计增幅（%）

（二）招商引资

全区实际利用外资2.10亿美元，增长24.9%。持续开展"双集中"活动，集中签约重大产业项目135个，总投资超400亿元，招引亿元以上项目70个（其中10亿元以上项目10个、50亿元以上项目2个）。招引瑞科生物、远森制药、东方基因等生物医药项目32个；晶盛、飞仕得、杭汽轮等高端装备制造项目24个；玉美、遥望、朱炳仁铜等时尚文创产业项目20个；中管数智、柏科电子、思必驰等数字经济项目35个。

（三）境外投资

全年新增境外投资额1.35亿美元，比上年增长2.2%，涉及24个境外投资项目。完成"一带一路"投资项目7个，涉及境外投资额0.76亿美元。

九、教育、科技和人才

（一）教育

全年开工学校项目20个，竣工投用学校项目19个、新增学位9240个，杭州高级中学临平校区项目顺利开工。面向全国公开选聘名优教师91人，其中省特级教师10人、省教坛新秀等9人；新招聘应届毕业生346人，其中全国双一流大学和重点师范大学优秀毕业生117人。

全区幼儿园62所。招生11499人，在园幼儿37262人，较上年增加1498人；幼儿园专任教师2947人，较上年增加158人。

全区小学28所。招生13540人，在校学生73140人，较上年增加4185人；小学适龄儿童入学率及女童入学率达100%；小学巩固率及女童巩固率达100%；生均占地面积15.65平方米、生均校舍建筑面积10.67平方米；数字终端拥有量11997台。小学专任教师3699人，较上年增加175人。

全区初中（含九年一贯制学校）19所。招生9595人，在校学生26372人，较上年增加2423人；初中阶段入学率100%，巩固率100%，初中毕业生升学率99.97%；生均占地面积35.84平方米、生均校舍建筑面积23.75平方米；初中专任教师2010人，较上年增加154人。

全区普通高中（含十二年一贯制学校）7所。招生3420人，在校学生9940人，较上年增加426人；生均占地面积54.53平方米、生均建筑面积49.73平方米；普通高中专任教师915人，较上年增加51人。全区职业高中4所。招生2995人，在校学生8492人，较上年增加497人；生均占地面积29.49平方米、生均校舍建筑面积18.75平方米；职业高中专任教师615人，较上年增加9人。

全区特殊教育学校1所。现有班级17个，招生54人，现有在校学生307人，专任教师53人。

（二）科技

新增发明专利807件，增长38.9%。拥有各级专利试点示范企业178家，其中国家知识产权示范企业4家，国家知识产权优势企业6家，省级知识产权示范企业5家。

加速拓展创新空间，新增孵化载体23个、物理空间120.38万平方米。实施"双倍增"计划，新增国家高新技术企业318家、累计1142家，新增省科技型中小企业587家。实施企业梯次培育，新增国家级专精特新"小巨人"企业11家、省级专精特新中小企业6家，贝达药业获评国家技术创新示范企业，西奥电梯获评省级“雄鹰”企业，7项成果获评省科学技术进步奖、省技术发明奖，13个项目入选省“尖兵”“领雁”研发攻关计划。落实“凤凰行动”计划，杭州徐工研究院、浙江理工大学临平研究院、省国防科技成果转化中心成功落户，城西科创大走廊联创中心全面投运，与国科大杭高院战略合作正式启动。

（三）人才

深化未来智造工程师协同创新中心省级试点，举办科技人才月、全国未来智造卓越工程师计划、杭州国交大会临平分会等赛会活动，打响“临聚里”未来智造工程师队伍品牌，全区人才总量突破20万，集聚高水平工程师、高技能人才超10万名，集聚市级及以上海内外引才计划专家30名，其中2022年新增高技能人才3619名、首次来杭大学生1.78万名，新认定市级以上人才（E类）763人。累计引进国家级领军人才21名，自主培育国家级海外引才计划专家3名、国家级领军人才1名，首次实现“零”突破。

十、文化旅游、卫生和体育

（一）文化旅游

全年文化产业增加值40.1亿元，增长15.3%。年末全区文化馆1个，综合文化站8个，农村文化礼堂54家；国有博物馆1个，公共图书馆1个，杭州书房8个，临品书坊15个，公共图书馆总藏量超过146万册。玉架山考古遗址公园一期建成开放，江南水乡文化博物馆新馆顺利启用。临平智慧图书馆入选首届浙江省最美公共文化空间，江楠糕版艺术馆入选省首批乡村博物馆。举办中国曲艺牡丹奖等特色文化活动，获评中国曲艺之乡，小品《抢“地盘”》获中国曲艺牡丹奖，实现牡丹奖五连冠，影视剧《问天》入选全国“五个一工程”，舞蹈《临平滚灯》入选浙江首批公共文化国际交流项目，歌曲《山水引》获浙江省旅游歌曲大赛金奖。成功创建省级大运河文化传承生态保护区，三家村藕粉制作工坊、塘栖百匠工坊入选省级非遗工坊创建名单，杭缎织造基地入选杭州市非遗体验点，水墨蓉庄艺术酒店入选首批杭州市非遗主题民宿。

全年共接待国内外游客400.5万人次，比上年增长19.1%；实现旅游总收入63.0亿元，比上年增长7.2%。截至年末，全区共有A级景区5家，其中AAAA级以上景区2家；四星级以上饭店4家；星级旅行社6家；省级旅游风情小镇1个；省级景区镇3个，其中AAAA级以上景区镇2个；省级景区村庄36个，其中AAA级以上景区村14个；市级中小学生研学基地1处；非遗体验基地（街区）3处；省AAA级采摘旅游体验基地1处。获省全域旅游示范区、省文旅产业融合试验区、省AAA级景区城。

（二）卫生

年末全区共有各类医疗卫生机构501家，其中区属医院4家，社区卫生服务中心8家、社区卫生服务站78家。全区8家社区中心均通过全国“优质服务基层行”创建，成为全市首个国家级推荐标单位全覆盖区。全区医疗机构核定床位4600张，其中区属医院2050张。卫生技术人员6875人，其中执业（助理）医师2827人，注册护士4048人。全年医疗机构完成诊疗人数1005万多人次，县域就诊率94.81%。新增婴幼儿照护服务托位1505个，累计可提供托位4643个，实现每千名常住人口拥有婴幼儿照护服务托位数3.9个。完成家庭医生签约28.3万人。全年共招引医疗卫生人才247名，其中选聘高层次医疗卫生人才74名，新增市级E类及以上人才166名。全年获省、市级科研项目立项116项，获批新型专利92项，发表论文218篇，其中78篇被SCI收录。

（三）体育

成功列入省体育现代化县（市、区）创建

名单。举办“韵味杭州”2022年全国空手道锦标系列赛（第一站）、“闹元宵 迎亚运”临平区万米精英赛暨亚运场地测试赛、“亚运动起来 追梦共富路”临平区嵌入式体育场地系列活动暨阳光运动达人挑战赛等迎亚运系列活动70多场。推进基层体育场地建设，新增望梅路桥下运动公园、水美公园、丰彩公园等嵌入式体育场地93个。

十一、人民生活和社会保障

（一）人民生活

城镇常住居民人均可支配收入79422元，增长2.9%；农村常住居民人均可支配收入51384元，增长5.5%，农村居民收入增速快于城镇2.6个百分点。城乡收入比由上年的1.58缩小至1.55，处于省、市最低行列。全区城镇常住居民人均生活消费支出51204元，比上年增长3.6%；农村常住居民人均生活消费支出39913元，比上年增长5.8%。（注：2022年居民收支沿用原余杭区口径。）

（二）社会保障

城镇新增就业3.06万人，调查失业率为5%。户籍人口基本养老保险、基本医疗保险参保率分别达99.43%、99.95%。全区基本养老保险参保人数62.82万人，基本医疗保险参保人数79.02万人，工伤保险参保人数51.58万人，生育保险参保人数45.76万人。完善15分钟养老服务圈，配建养老服务用房2.1万平方米，建成全区首家智慧养老院，新增持证养老护理员150人，新增康养联合体2家、示范型居家养老服务照料中心14家、认知障碍照护专区床位100张、家庭照护床位150张，9家镇街级居家养老服务中心智能服务终端全覆盖，上线智慧助餐“一卡通”，完成全区11.7万名老年人能力综合评估工作。加强困难群众兜底保障，全年累计发放各类救助补助资金5945.43万元。

十二、公共事业、环境保护和安全生产

（一）供电供水

临平自来水厂一期工程通水试运行。全年完成销售水量1.18亿吨，出厂水水质合格率100%，完成污水处理量0.81亿吨。落实碳达峰、碳中和战略，成立区能源大数据中心，分布式光伏装机总容量达286兆瓦，年发电量可达2.8亿千瓦时。全年全社会用电量69.11亿千瓦时，增长2.1%，其中工业用电量29.76亿千瓦时，下降6.5%；城乡居民生活用电18.30亿千瓦时，增长7.8%。

（二）生态环境

深入推进“无废城市”建设。乔司职高获评生态环境部“无废公众教育”试点学校，老板电器入选全省第一批“无废亚运工厂”示范点，区中医院等6家单位获评杭州市“无废细胞”，建成区级“无废细胞”53个。完成工业企业类“污水零直排”整治项目64个，生活小区类整治项目16个，“六小行业”类整治项目106个，完成农村生活污水处理设施新建改造5个。临平第二净水厂项目主体全面开工。临平街道梅堰社区、运河街道新宇村、崇贤街道鸭兰村、崇文社区4个村社入选全省第二批低（零）碳村（社区）。全年环境空气质量优良天数275天，优良率76.8%，比上年下降5.5个百分点；PM10平均浓度为61.6微克/立方，降至历史最好水平；PM2.5平均浓度为30.2微克/立方米。

（三）安全生产

2022年，全区社会大局总体平安稳定，安全生产事故起数、死亡人数，分别下降43.8%、下降8.3%，未发生泥石流、地震等自然灾害。

公报注释：

1. 本公报数据为初步统计数；

2. 本文使用的增长速度，除“生产总值”、一、二、三产业“增加值”以及涉及增加值相关指标按可比价计算外，其余均按现价计算。

·2022年统计资料·

省、市、区主要指标完成情况表

表1

指标名称		2022年目标		1—12月	
		人代会目标%	市下达目标%	实绩(亿元)	增幅(%)
地区生产总值	全省	—	—	77715	3.1
	杭州	—	—	18753.07	1.5
	临平	7.5	7.5	1006.68	0.3
服务业增加值	全省	—	—	42185.42	2.8
	杭州	—	—	12787.24	2.0
	临平	7.5	7.0	458.55	1.1
规模工业增加值	全省	—	—	21900	4.2
	杭州	—	—	4197.53	0.3
	临平	9.0	10.0	414.71	-1.5
财政总收入	全省	—	—	14421.30	-0.7
	杭州	—	—	4590.08	0.6
	临平	10.0	—	229.93	-6.9
地方一般公共预算收入	全省	—	—	8039.38	-2.7
	杭州	—	—	2450.61	2.7
	临平	10.0	—	135.57	-10.4
固定资产投资	全省	—	—	—	9.1
	杭州	—	—	—	6.0
	临平	7.0	7.0	668.52	11.4
制造业投资	全省	—	—	—	17.0
	杭州	—	—	—	26.4
	临平	12.0	12.0	93.04	17.0
社会消费品零售总额	全省	—	—	30467.2	4.3
	杭州	—	—	7293.56	5.8
	临平	7.0	7.0	373.60	5.7
出口额(亿元)	全省	—	—	34325.4	14.0
	杭州	—	—	4875.67	10.9
	临平	—	—	365.09	11.1

续表1

指标名称		2022年目标		1—12月	
		人代会目标%	市下达目标%	实绩(亿元)	增幅(%)
到账外资(亿美元)	全省	—	—	—	—
	杭州	—	—	78.12	-4.4
	临平	10.0	2.1亿美元	2.10	24.9
城镇常住居民人均可支配收入(元)	全省	—	—	71268	4.1
	杭州	—	—	77043	3.1
	临平	—	高于GDP增速	79422	2.9
农村常住居民人均可支配收入(元)	全省	—	—	37565	6.6
	杭州	—	—	45183	5.8
	临平	—	正增长	51384	5.5

注：1. GDP相关指标按季度发布；
2. 居民收入数据沿用原余杭区口径，按季度发布；
3. 临平区到账外资为市局通报反馈数

规模以上工业、用电量情况表

表2

主要指标	计量单位	累计	增长%
1. 增加值	亿元	414.71	-1.5
其中:高新技术产业	亿元	334.54	-1.5
装备制造业	亿元	256.63	-0.4
战略性新兴产业	亿元	165.81	0.9
环保制造业	亿元	91.01	-6.9
生物医药产业	亿元	39.91	4.8
家纺服装产业	亿元	38.09	-11.5
数字经济制造业	亿元	33.95	1.3
2. 全社会用电量	亿千瓦时	69.11	2.1
其中:工业用电量	亿千瓦时	29.76	-6.5
第三产业用电量	亿千瓦时	18.87	15.2
城乡居民生活用电量	亿千瓦时	18.30	7.8
3. 科技			±百分点
高新技术产业增加值占比	%	80.7	0.6
新产品产值率	%	55.6	1.2

规模工业分行业增加值情况表

表3

行业名称	累计(亿元)	增长%
电气机械和器材制造业	107.53	-1.3
通用设备制造业	78.49	-5.6
医药制造业	29.84	3.7
专用设备制造业	27.82	6.9
纺织服装、服饰业	19.93	-3.6
电力、热力生产和供应业	18.13	9.4
纺织业	18.05	-20
铁路、船舶、航空航天和其他运输设备制造业	17.20	29.5
非金属矿物制品业	14.76	-23.2
造纸和纸制品业	10.67	7.7
金属制品业	9.46	-7.6
橡胶和塑料制品业	8.46	-10.7
食品制造业	8.27	1.8
仪器仪表制造业	7.34	-12.4
计算机、通信和其他电子设备制造业	5.21	19.7
化学原料和化学制品制造业	4.32	28.2
其他制造业	3.92	-4.4
印刷和记录媒介复制业	3.70	-0.9
汽车制造业	3.45	5.5
燃气生产和供应业	3.37	0.6
水的生产和供应业	2.84	4.8
农副食品加工业	2.74	2.8
家具制造业	1.86	-10.9
文教、工美、体育和娱乐用品制造业	1.79	-28.5
化学纤维制造业	1.61	-10.9
酒、饮料和精制茶制造业	1.48	76.4
黑色金属冶炼和压延加工业	0.97	-20.5
皮革、毛皮、羽毛及其制品和制鞋业	0.66	-32.9
木材加工和木、竹、藤、棕、草制品业	0.52	-17.2
有色金属冶炼和压延加工业	0.18	-0.7
金属制品、机械和设备修理业	0.13	-15.7
石油、煤炭及其他燃料加工业	0.05	16.2

规模以上工业企业效益情况表

表4

主要指标	计量单位	累计	增长(%)
企业家数	家	696	—
营业收入	亿元	1660.72	-4.5
利税总额	亿元	165.69	-0.8
利润总额	亿元	120.05	-3.5
亏损企业家数	家	207	31.8
亏损企业亏损额	亿元	17.03	44.4
应收票据及应收账款	亿元	430.56	5.6
产成品	亿元	103.14	-1.8
			±百分点
总资产贡献率	%	7.76	-0.9
资产负债率	%	54.34	-2.0
工业成本费用利润率	%	7.75	0.1
流动资产周转次数	次	1.16	-0.2
企业亏损面	%	29.74	7.2

规模以上服务业企业效益情况表

表5

主要指标	计量单位	累计	增长%
一、企业单位数			
批发和零售业	家	499	—
住宿和餐饮业	家	37	—
交通运输业	家	47	—
营利性服务业	家	86	—
其中:信息传输、计算机服务和软件业	家	19	—
其他营利性服务业	家	67	—
其他	家	43	—
二、营业收入			
批发和零售业	亿元	947.76	-1.9
住宿和餐饮业	亿元	5.11	8.2
交通运输业	亿元	72.48	-6.8
营利性服务业	亿元	140.86	17.6
其中:信息传输、计算机服务和软件业	亿元	62.11	-0.1
其他营利性服务业	亿元	78.75	36.6
其他	亿元	25.68	-6.2
三、营业利润			
批发和零售业	亿元	9.50	-51.3

续表5

主要指标	计量单位	累计	增长%
住宿和餐饮业	亿元	-0.22	(-0.48)
交通运输业	亿元	0.83	32.7
营利性服务业	亿元	-1.50	(-9.54)
其中:信息传输、计算机服务和软件业	亿元	6.36	-3.6
其他营利性服务业	亿元	-7.87	(-16.14)
其他	亿元	2.21	-9.9
四、经营税金			
批发和零售业	亿元	11.26	32.8
住宿和餐饮业	亿元	0.09	95.6
交通运输业	亿元	0.94	-46.1
营利性服务业	亿元	4.37	85.4
其中:信息传输、计算机服务和软件业	亿元	0.79	19.8
其他营利性服务业	亿元	3.58	111.1
其他	亿元	1.22	-1.4

注：1.（ ）内数据为上年同期数；
2. 以上数据不含房地产开发经营类企业数据；
3. 经营税金为税金及附加+应交增值税；
4. 其他营利性服务业包括租赁和商务服务业、科研技术服务业、居民服务业和文体娱乐业

固定资产投资情况表

表6

主要指标	计量单位	累计	增长%
一、固定资产投资	亿元	668.52	11.4
项目投资	亿元	319.89	11.1
其中:基础设施投资	亿元	106.90	18.8
房地产开发投资	亿元	348.63	11.8
二、结构投资			
交通投资	亿元	34.40	-13.5
生态环保城市更新和水利设施投资	亿元	103.07	82.8
高新技术产业投资	亿元	72.13	38.1
民间投资	亿元	78.61	17.9
制造业投资	亿元	93.04	17.0
三、项目数			
项目个数	个	706	11.5
其中:新开工项目个数	个	248	3.8
新开工项目完成投资	亿元	84.66	41.8

续表6

主要指标	计量单位	累计	增长%
“152”项目个数	个	3	—
“152”项目开工率	%	100.0	—

注：1. 民间投资不含房地产项目；
2. 项目数不包含房地产项目个数

财政、金融情况表

表7

主要指标	计量单位	累计	增长%
一、财政总收入	亿元	229.93	-6.9
其中：增值税	亿元	90.82	-4.0
企业所得税	亿元	61.49	0.9
个人所得税	亿元	17.48	-3.5
二、地方一般公共预算收入	亿元	135.57	-10.4
三、地方一般公共预算支出	亿元	196.88	7.6
其中：一般公共服务	亿元	16.60	-8.1
公共安全	亿元	8.77	12.7
教育	亿元	43.67	17.6
科学技术	亿元	8.13	139.8
社会保障和就业	亿元	18.05	-7.9
卫生健康	亿元	24.42	50.9
节能环保	亿元	2.24	53.4
城乡社区	亿元	41.29	19.9
四、本外币存款余额	亿元	2965.23	2.6
五、本外币贷款余额	亿元	2768.62	11.9
六、不良贷款率	%	0.4	-

专利、市场主体、双招双引情况表

表8

主要指标	计量单位	累计	增长%
一、专利			
专利授权量	项	10103	-2.4
其中：发明专利	项	807	38.9
有效发明专利	项	3158	29.5
PCT国际专利申请	项	91	5.8
二、市场主体			
新设内资市场主体	户	21613	3.3

续表8

主要指标	计量单位	累计	增长%
新设内资企业	户	9585	4.1
新设个体工商户	户	12028	2.6
三、双招双引			
新增高校毕业生	万人	1.78	–
到账外资	亿美元	2.10	24.9

注：到账外资数据为市局通报反馈数

国内贸易情况表

表9

主要指标	计量单位	累计	增长%
1. 社会消费品零售总额	亿元	373.60	5.7
2. 限额以上社会消费品零售总额	亿元	193.90	9.1
其中:通过公共网络实现的商品零售额	亿元	50.60	12.0
其中:批发零售业	亿元	188.79	9.2
住宿餐饮业	亿元	5.11	2.6
其中:汽车类	亿元	80.44	17.2
服装类	亿元	31.09	3.1
石油类	亿元	24.69	4.7

对外贸易情况表

表10

主要指标	累计(亿元)	增长%
进出口总额	392.65	10.9
其中:进口额	27.56	8.8
出口额	365.09	11.1
出口分企业性质:		
外贸流通企业	68.66	8.1
民营生产企业	250.50	15.2
外商投资企业	45.94	–3.5
主要出口产品:		
纺织品	105.18	–7.5
其中:家纺面料及成品	62.58	–16.3
服装及服饰	24.03	7.0
涂层面料及箱包	18.57	12.8
机电产品	167.18	19.2
高新产品	31.21	4.5

续表10

主要指标	累计(亿元)	增长%
日用品及休闲用品	13.11	-16.2
主要出口经济体:		
美国	79.15	14.4
欧盟27国	102.40	0.2
金砖国家	33.18	24.6
中东地区16国	22.70	8.6
独联体12国	15.19	11.9
"一带一路"国家	120.77	12.5
其中,东盟10国	35.43	12.3

人民生活情况表

表11

主要指标	计量单位	累计	增长%
一、全体居民人均可支配收入	元	70394	3.9
城镇常住居民人均可支配收入	元	79422	2.9
城镇常住居民人均消费支出	元	51204	3.6
农村常住居民人均可支配收入	元	51384	5.5
农村常住居民人均消费支出	元	39913	5.8
二、劳保就业		累计	人数增减
城镇登记失业人员数	万人	0.82	-
城镇新增就业人数	万人	1.92	-
帮助失业人员再就业人数	万人	0.95	-
基本养老保险参保人数	万人	62.82	-
失业保险参保人数	万人	41.65	-
参加工伤保险人数	万人	51.58	-

注:居民收入数据沿用原余杭区口径,按季度发布

房地产、旅游情况表

表12

主要指标	计量单位	累计	增长%
一、商品房供应情况			
商品房可售套数	套	15452	-22.5
商品房可售面积	万平方米	162.8	-25.2
二、商品房成交情况			
商品房成交量	套	9753	-63.9
成交面积	万平方米	108.6	-62.0

续表12

主要指标	计量单位	累计	增长%
成交金额	亿元	268.2	-61.8
商品房成交均价	元/平方米	24710	0.5
其中:住宅成交均价	元/平方米	25417	1.9
三、旅游总收入	亿元	63.00	7.2
其中:国内收入	亿元	62.90	-
外汇收入	万美元	151.50	-
总游客	万人次	400.50	19.1
其中:国内游客	万人次	400.20	-
入境游客	万人次	0.30	-

注：旅游指标按季度发布

生态环境情况表

表13

一、大气环境质量			
指标名称	计量单位	本月	环比%
优良率	%	83.3	-16.7
PM2.5月平均浓度	微克/立方米	44	65.4
PM10月平均浓度	微克/立方米	79.2	36.1
二氧化硫月平均浓度	微克/立方米	9	28.6
二氧化氮月平均浓度	微克/立方米	43	16.2
O3～90per	微克/立方米	70	-36.9
降尘量	吨/(平方千米·月)	2.4	71.4
酸雨发生率	%	0	-14.3
二、水环境质量			
1. 运河流域			
点位	功能区要求	本月类别	环比变化趋势
五杭运河大桥	III	Ⅳ	变差
塘栖大桥	IV	Ⅳ	变差
博陆-桐乡	III	Ⅲ	持平
武林头	III	—	—
中央商务区桥	IV	—	—
2. 上塘河流域			
点位	功能区要求	本月类别	环比变化趋势
星桥	IV	劣V	变差
保障桥	IV	—	—

注：空气质量按GB 3095—2012《环境空气质量标准》评价

各镇街、平台部分“硬核指标”情况表

表 14

单位名称	规模工业增加值			规模以下工业样本企业营业收入		单位工业增加值能耗	
	实绩(亿元)	增长(%)	位次	增长(%)	位次	下降率(%)	位次
临平街道	1.13	−12.5	9	20.5	6	−10.5	10
南苑街道	7.83	4.2	1	51.0	2	11.9	4
星桥街道	15.72	−12.9	10	−20.6	10	−5.1	9
乔司街道	3.98	−5.1	4	21.4	5	23.7	1
运河街道	6.03	−7.4	8	10.0	8	12.2	3
崇贤街道	21.64	−6.5	6	−14.3	9	16.2	2
塘栖镇	20.30	−4.3	3	55.6	1	3.0	7
开发区	317.88	0.1	2	14.7	7	4.7	6
临平新城	28.66	−7.1	7	29.1	4	2.8	8
大运河科创城	41.94	−5.4	5	33.5	3	7.2	5

单位名称	规模以上服务业营业收入			规模以上营利性服务业营业收入		
	实绩(亿元)	增长(%)	位次	实绩(亿元)	增长(%)	位次
临平街道	53.22	−4.6	6	8.83	−3.6	9
南苑街道	340.97	5.1	3	86.79	19.3	4
星桥街道	77.91	16.8	1	3.07	66.6	1
乔司街道	80.61	−7.8	7	5.10	62.9	2
运河街道	7.95	−3.3	5	—	—	—
崇贤街道	162.83	−23.0	10	4.51	2.4	8
塘栖镇	77.79	−8.8	8	0.43	12.6	6
开发区	390.62	9.7	2	32.12	14.2	5
临平新城	552.70	3.5	4	103.79	19.5	3
大运河科创城	240.62	−18.9	9	4.94	3.2	7

单位名称	数字经济核心产业增加值		社会消费品零售总额			建筑业总产值	
	增长(%)	位次	实绩(亿元)	增长(%)	位次	增长(%)	位次
临平街道	12.3	5	41.49	1.7	10	3.2	4
南苑街道	−11.7	10	63.89	8.9	1	−3.6	9
星桥街道	−2.6	9	62.59	8.7	2	18.1	2
乔司街道	98.8	1	60.71	2.1	9	−3.2	8
运河街道	1.4	7	6.14	4.4	6	79.2	1
崇贤街道	26.3	4	16.76	8.0	3	−19.8	10
塘栖镇	36.0	2	36.80	2.5	8	−1.5	6
开发区	−2.1	8	85.21	7.0	4	6.6	3
临平新城	4.2	6	228.68	5.6	5	1.4	5
大运河科创城	29.1	3	53.57	4.2	7	−2.7	7

续表14

单位名称	固定资产投资			制造业投资		
	实绩(亿元)	增长(%)	位次	实绩(亿元)	增长(%)	位次
临平街道	8.07	18.2	7	0.31	78.9	2
南苑街道	92.83	55.1	2	1.41	-41.0	9
星桥街道	27.90	39.5	4	7.49	123.2	1
乔司街道	20.43	-46.6	10	0.11	-98.8	10
运河街道	3.81	31.2	5	1.04	-1.3	4
崇贤街道	24.70	46.8	3	2.99	-35.8	7
塘栖镇	16.35	24.3	6	4.26	-13.0	5
开发区	166.73	7.1	9	75.42	40.2	3
临平新城	164.26	15.8	8	9.31	-38.4	8
大运河科创城	51.64	72.2	1	7.26	-24.1	6

注：1. 运河街道暂无规模以上营利性服务业企业；

2. 规模以上服务业营业收入为服务业、批零业、住餐业营业收入合并数据。

3. 数字经济核心产业增加值为数字经济规模以上企业增加值。

4. 建筑业总产值按省内建筑业总产值口径测算

杭州地区交流资料一览表

表15

区(县、市)	地区生产总值			第三产业增加值			数字经济核心产业增加值		
	实绩(亿元)	增长(%)	位次	实绩(亿元)	增长(%)	位次	实绩(亿元)	增长(%)	位次
全市	18753.07	1.5	–	12787.24	2.0	–	5075.97	2.8	–
上城区	2560.53	3.8	1	1889.49	4.2	1	100.03	29.9	1
拱墅区	2003.32	1.5	6	1809.95	1.5	8	80.45	-3.5	12
西湖区	1970.10	0.1	12	1813.02	0.1	12	663.90	-5.2	13
滨江区	2184.80	1.8	5	1335.27	2.3	7	1722.95	3.5	8
萧山区	2063.95	1.2	8	1203.93	2.6	3	227.07	18.5	2
余杭区	2651.25	1.0	9	2270.16	1.1	9	1698.72	0.7	11
临平区	1006.68	0.3	11	458.55	1.1	9	65.59	3.4	9
钱塘区	1226.03	0.1	12	390.02	3.1	2	134.83	7.4	5
富阳区	917.40	2.1	4	448.87	2.6	3	105.84	3.0	10
临安区	672.34	0.4	10	284.24	-3.8	13	84.31	5.7	6
桐庐县	431.41	3.5	2	201.63	2.4	6	51.61	3.8	7
淳安县	269.51	2.4	3	155.85	2.6	3	8.06	8.6	4
建德市	433.54	1.3	7	173.02	0.9	11	16.11	18.2	3

续表15

区(县、市)	规模工业增加值			规模以上营利性服务业营业收入			实际利用外资
	实绩(亿元)	增长(%)	位次	实绩(亿元)	增长(%)	位次	实绩(亿美元)
全市	4197.53	0.3	—	13695.77	-0.2	—	78.12
上城区	479.84	3.0	5	531.88	-3.6	10	10.91
拱墅区	109.21	2.4	6	833.44	6.9	5	2.71
西湖区	111.25	0.1	9	2144.20	-7.1	11	7.01
滨江区	756.38	1.5	7	2653.64	0.2	7	8.20
萧山区	573.66	-1.9	12	463.33	10.9	4	10.60
余杭区	242.62	-0.4	10	6237.17	0.1	8	9.55
临平区	414.71	-1.5	11	140.86	17.6	1	2.10
钱塘区	722.94	-1.9	12	203.74	-1.8	9	10.60
富阳区	285.65	0.3	8	74.19	14.5	3	3.52
临安区	251.93	5.6	2	71.91	6.0	6	2.02
桐庐县	123.27	6.4	1	18.44	-17.6	13	1.93
淳安县	34.71	5.5	3	23.32	-7.8	12	0.61
建德市	159.10	3.3	4	8.66	16.2	2	1.40

区(县、市)	社会消费品零售总额			固定资产投资		制造业投资	
	实绩(亿元)	增长(%)	位次	增长(%)	位次	增长(%)	位次
全市	7293.56	5.8	—	6.0	—	26.4	—
上城区	1073.09	8.8	3	5.5	11	47.6	2
拱墅区	1312.93	2.0	12	12.1	6	15.8	11
西湖区	845.73	5.8	5	2.5	12	41.6	3
滨江区	546.96	6.2	4	16.4	4	15.8	10
萧山区	905.68	9.7	2	10.1	8	33.4	6
余杭区	801.10	10.2	1	9.7	9	12.0	12
临平区	373.60	5.7	6	11.4	7	17.0	9
钱塘区	337.95	-3.3	13	17.5	2	34.6	5
富阳区	438.17	5.0	9	17.0	3	36.7	4
临安区	224.28	5.5	7	7.0	10	24.7	8
桐庐县	166.99	5.3	8	18.1	1	26.7	7
淳安县	94.04	4.5	10	15.2	5	182.1	1
建德市	129.00	2.3	11	-17.7	13	-5.9	13

区(县、市)	财政总收入			地方一般公共预算收入			出口额	
	实绩(亿元)	增长(%)	位次	实绩(亿元)	增长(%)	位次	实绩(亿元)	增长(%)
全市	4590.08	0.6	—	2450.61	2.7	—	4875.67	10.9
上城区	405.63	7.4	3	210.56	4.6	5	407.24	17.8
拱墅区	340.14	5.6	5	184.29	2.6	6	473.86	20.5

续表15

区(县、市)	财政总收入			地方一般公共预算收入			出口额	
	实绩(亿元)	增长(%)	位次	实绩(亿元)	增长(%)	位次	实绩(亿元)	增长(%)
西湖区	463.40	34.1	1	233.49	32.9	2	260.86	5.4
滨江区	433.62	6.5	4	214.65	5.8	4	749.41	1.9
萧山区	515.12	-8.8	10	318.31	-7.2	10	872.04	10.7
余杭区	671.50	-9.9	11	352.93	-6.1	8	351.88	7.9
临平区	229.93	-6.9	8	135.57	-10.4	12	365.09	11.1
钱塘区	230.45	-4.2	7	116.63	-0.6	7	618.38	4.9
富阳区	153.19	-12.3	13	91.74	-12.6	13	205.89	19.3
临安区	131.99	-11.4	12	83.99	-7.1	9	227.51	38.0
桐庐县	71.22	5.4	6	41.49	8.0	3	132.45	52.2
淳安县	43.66	-8.6	9	23.92	-7.8	11	13.28	12.8
建德市	80.53	20.9	2	52.02	35.1	1	89.66	3.6

注：位次按全市13个区（县、市）增速排名，市对区综合考评排名不含淳安

临平区工业营业收入前百强企业一览表

表16

序号	企业名称	序号	企业名称
1	浙江运达风电股份有限公司	20	杭州微光电子股份有限公司
2	杭州老板实业集团有限公司	21	杭州天元宠物用品股份有限公司
3	浙江春风动力股份有限公司	22	浙江永创机械有限公司
4	杭州西奥电梯有限公司	23	浙江求是半导体设备有限公司
5	浙江元通线缆制造有限公司	24	杭州意丰歌服饰有限公司
6	杭州诺贝尔陶瓷有限公司	25	杭州本松新材料技术股份有限公司
7	浙江益海嘉里食品工业有限公司	26	浙江欧伦电气有限公司
8	杭州汽轮动力集团股份有限公司	27	杭州胡庆余堂药业有限公司
9	杭州东华链条集团有限公司	28	杭州世佳电子有限公司
10	杭州豪悦护理用品股份有限公司	29	浙江春风凯特摩机车有限公司
11	浙江中大元通特种电缆有限公司	30	杭州微策生物技术股份有限公司
12	杭州南都动力科技有限公司	31	杭州大东南高科新材料有限公司
13	贝达药业股份有限公司	32	浙江铁流离合器股份有限公司
14	杭州福斯达深冷装备股份有限公司	33	杭州西子智能停车股份有限公司
15	杭州民生药业股份有限公司	34	杭州三中新型建材科技有限公司
16	杭州尚金缘珠宝首饰有限公司	35	浙江美浓世纪包装科技有限公司
17	欧文斯科宁复合材料(中国)有限公司	36	杭州瑞鼎建材有限公司
18	杭州港华燃气有限公司	37	杭州西奥电梯现代化更新有限公司
19	银都餐饮设备股份有限公司	38	阿里巴巴迅犀(杭州)数字科技有限公司

续表16

序号	企业名称	序号	企业名称
39	杭州国能汽轮工程有限公司	70	杭州弘晟智能科技有限公司
40	杭州华味亨生物科技有限公司	71	杭州新纪元消防科技有限公司
41	杭州新希望双峰乳业有限公司	72	杭州华源前线能源设备有限公司
42	杭州蕙勒智能科技股份有限公司	73	江潮电机科技股份有限公司
43	浙江华江科技股份有限公司	74	杭州华虹电子设备科技有限公司
44	浙江健拓医疗仪器科技有限公司	75	杭州慧翔电液技术开发有限公司
45	杭州海得龙塑胶新材料有限公司	76	浙江普利药业有限公司
46	杭州宝晶生物股份有限公司	77	浙江泰昌实业有限公司
47	杭州贝因美母婴营养品有限公司	78	杭州瑞磊建材有限公司
48	杭州西联物流有限公司	79	杭州润娴服饰有限公司
49	浙江威尔达化工有限公司	80	杭州沃尔夫链条有限公司
50	杭州申华混凝土有限公司	81	杭州飞仕得科技有限公司
51	杭州川空通用设备有限公司	82	杭州旺旺食品有限公司
52	杭州兴源环保设备有限公司	83	杭州泰姆电气有限公司
53	万通智控科技股份有限公司	84	杭州金杭包装印业有限公司
54	杭州天地数码科技股份有限公司	85	杭州帷盛科技有限公司
55	中翰盛泰生物技术股份有限公司	86	杭州杰西嘉机械有限公司
56	杭州天都照明电器有限公司	87	杭州恒达印刷包装有限公司
57	杭州嘉溢制衣有限公司	88	杭州海的动力机械股份有限公司
58	杭州汽轮铸锻有限公司	89	杭州金升金属制品有限公司
59	杭州中为光电技术有限公司	90	杭州顶星电子有限公司
60	杭州优格电子有限公司	91	杭州宸达新材料有限公司
61	南方智水科技有限公司	92	浙江联运知慧科技有限公司
62	浙江四通新材料科技股份有限公司	93	杭州朱炳仁铜艺股份有限公司
63	浙江纳雅服饰有限公司	94	浙江宇龙药业有限公司
64	杭州杰丰服装有限公司	95	杭州科汀光学技术有限公司
65	浙江捷峰环境科技有限公司	96	杭州临平新奥能源发展有限公司
66	宝鼎重工有限公司	97	杭州思越科技有限公司
67	杭州安杰思医学科技股份有限公司	98	杭州川禾冷拉型钢有限公司
68	众望布艺股份有限公司	99	杭州晨宇建材有限公司
69	杭州神彩包装印业有限公司	100	杭州九味食品有限公司

注：该排名只针对注册在临平区的工业企业，（部分在临平区有多家法人企业的，按集团口径合并计算）营业收入前100位企业进行的排序，不包括中央直属企业

临平区服务业营业收入前五十强企业一览表

表17

序号	企业名称	序号	企业名称
1	杭州滴滴出行科技有限公司	26	杭州韵建速递有限公司
2	杭州小木吉软件科技有限公司	27	浙江民泰保安服务有限公司
3	杭州优酷文化娱乐有限公司	28	杭州立佳环境服务有限公司
4	杭州青奇科技有限公司	29	杭州沛瑞供应链管理有限公司
5	杭州华数传媒电视网络有限公司	30	浙江临平高速公路有限责任公司
6	中通云仓科技有限公司	31	杭州邦尔医院有限公司
7	杭州百诚医药科技股份有限公司	32	浙江子不语电子商务有限公司
8	联通(浙江)产业互联网有限公司	33	杭州北港物流有限公司
9	杭州临平安保科技有限公司	34	网赢如意仓供应链有限公司
10	浙江晶创自动化设备有限公司	35	浙江汇丰物流有限公司
11	浙江联运环境工程股份有限公司	36	浙江文华建设项目管理有限公司
12	杭州鸭梨互动网络科技有限公司	37	浙江爱中环境科技有限公司
13	杭州阿里巴巴云朵科技有限公司	38	浙江中都物业管理有限公司
14	杭州五洋公共服务有限公司	39	杭州理想四维物业服务有限公司
15	耀华建设管理有限公司	40	杭州衣科信息技术股份有限公司
16	浙江安贤陵园有限责任公司	41	浙江中聚物流有限公司
17	浙江保通安保服务有限公司	42	杭州卓远国际物流有限公司
18	杭州子不语供应链管理有限公司	43	浙江中能工程检测有限公司
19	构美(浙江)信息科技有限公司	44	浙江网新电气技术有限公司
20	浙江长运物流股份有限公司	45	杭州临平人力资源管理有限公司
21	杭州崇贤港投资有限公司	46	杭州南苑物业管理有限公司
22	杭州万庆德电子商务有限公司	47	杭州鹏旭实业有限公司
23	浙江顶顺物流有限公司	48	杭州皓阳生物技术有限公司
24	杭州华硕医学检验实验室有限公司	49	杭州市余杭公共交通有限公司
25	杭州英格玛智能制造技术服务外包有限公司	50	杭州森帛服饰有限公司

注：按法人单位营业收入从大到小排序

临平区零售额前五十强企业一览表

表18

序号	企业名称	序号	企业名称
1	杭州宝驿汽车销售服务有限公司	5	杭州中油石油天然气销售有限公司
2	杭州法趣服饰有限公司	6	杭州元泽汽车有限公司
3	杭州空刻网络科技有限公司	7	浙江中升锦澳汽车销售服务有限公司
4	杭州元通元佳汽车有限公司	8	杭州华元宠物用品有限公司

续表18

序号	企业名称	序号	企业名称
9	杭州瑞通汽车销售有限公司	30	杭州远博汽车销售服务有限公司
10	杭州贵丰汽车销售服务有限公司	31	浙江东海石油实业有限公司
11	浙江杭迪汽车有限公司	32	杭州乐乐猫宠物用品有限公司
12	杭州百联奥特莱斯商业有限公司	33	杭州伯喜服饰有限公司
13	杭州物美东汇百货有限公司	34	浙江一季时装有限公司
14	杭州领辰汽车服务有限公司	35	杭州元通友通汽车有限公司
15	杭州云格汽车有限公司	36	杭州东恒星河加油站有限公司
16	杭州小芳超市连锁有限公司	37	杭州华味亨电子商务有限公司
17	浙江和田汽车有限公司	38	杭州张小泉电子商务有限公司
18	杭州康隆丰田汽车销售服务有限公司	39	杭州大红鹰超市有限公司
19	杭州嗨喜电子商务有限公司	40	杭州杭石公交加油站有限公司
20	杭州宜家家居有限公司	41	杭州余杭中石化交通能源有限公司
21	杭州佰鹏汽车销售服务有限公司	42	杭州余杭石油有限公司
22	浙江众美汽车有限公司	43	杭州莱孚电子商务有限公司
23	杭州临平交通中石化能源有限公司	44	中海油销售杭州有限公司
24	浙江余杭新华书店有限公司	45	沃尔玛华东百货有限公司杭州临平分店
25	杭州临平银泰百货有限公司	46	华鼎菲妮迪国际时装零售有限公司
26	杭州宝奇行汽车有限公司	47	杭州豪瑞汽车销售服务有限公司
27	杭州英涉时装有限公司	48	杭州兴达京昀电器有限公司
28	杭州润泰汽车销售服务有限公司	49	杭州余杭润星商贸有限公司
29	浙江余燃燃气有限公司	50	浙江车尚贸易发展有限公司

注：按法人单位零售额从大到小排序

临平区建筑业总产值前五十强企业一览表

表19

序号	企业名称	序号	企业名称
1	杭州凯达电力建设有限公司	11	浙江国兴建设集团有限公司
2	浙江华临建设集团有限公司	12	傲浒建设集团有限公司
3	浙江坤兴建设有限公司	13	杭州宏旭建设有限公司
4	浙江贝利建设集团有限公司	14	浙江昂大建设集团有限公司
5	深川控股集团有限公司	15	杭州巨龙建筑工程有限公司
6	杭州嘉澍建设工程有限公司	16	浙江新瀚建设集团有限公司
7	浙江盛都建工控股集团有限公司	17	杭州中临建筑工程有限公司
8	杭州永顺建筑工程有限公司	18	浙江海宸建设有限公司
9	浙江光大建设集团有限公司	19	杭州邦泰建筑安装工程有限公司
10	龙升控股集团有限公司	20	广济环境建设集团有限公司

续表19

序号	企业名称	序号	企业名称
21	杭州金锄市政园林工程有限公司	36	浙江华幕建设有限公司
22	浙江博颖装饰工程有限公司	37	杭州九丰建设工程有限公司
23	杭州睦远建设工程有限公司	38	杭州博鸿建设有限公司
24	浙江金众建设有限公司	39	杭州久畅建设有限公司
25	浙江建贤装饰工程有限公司	40	杭州恒力市政景观艺术有限公司
26	浙江大运建设集团有限公司	41	杭州余景建设有限公司
27	杭州创泰建筑工程有限公司	42	浙江锦圣建设有限公司
28	杭州原景建设环境有限公司	43	杭州木兰建设有限公司
29	杭州天顺市政园林工程有限公司	44	杭州超宇净化科技股份有限公司
30	浙江西子联合钢构有限公司	45	杭州元城建筑工程有限公司
31	杭州贤达建设有限公司	46	杭州恒越节能环保工程有限公司
32	杭州圆方地基基础工程有限公司	47	杭州中大电器承装有限公司
33	浙江五云环境建设有限公司	48	杭州韶华建设有限公司
34	浙江继光建设有限公司	49	杭州天晟建设有限公司
35	杭州林风园林工程有限公司	50	汉尔姆建设有限公司

注：按资质以上建筑业企业总产值从大到小排序

（责任编辑　董双双）

索 引

Indexes

说 明

一、本索引采用主题分析法编制。

二、索引按主题词首字拼音字母顺序和音序排列,按标引词首字的汉语拼音音序排列,首字相同按第二字音序排列,以此类推。

三、标引词后的阿拉伯数字表示内容所在的页码。

四、正文索引仅限于具体条目、类目、分目及条目中的"综述""概况""概述"不做索引。

五、"特载""大事记""附录"内容未做索引。

条目索引

数 字

A

B

C

D

E

F

G

H

J

K

L

R

S

T

Z

表格索引

图书在版编目（CIP）数据

临平年鉴．2023 / 中共杭州市临平区委党史研究室（杭州市临平区地方志编纂研究室）编．—北京：方志出版社，2023.10

ISBN 978-7-5144-5858-9

Ⅰ．①临…　Ⅱ．①中…　Ⅲ．①区（城市）－杭州－2023－年鉴　Ⅳ．①Z525.54

中国国家版本馆CIP数据核字（2023）第212341号

责任编辑：王娜
责任校对：张玉霞
责任印制：梅中英
出 版 者：方志出版社
地　　址：北京市朝阳区潘家园东里9号（国家方志馆4层）
邮　　编：100021
网　　址：http://www.zgfzcb.cn
发　　行：方志出版社图书营销中心（010-67110500）
印　　刷：杭州富春印务有限公司
开　　本：889毫米×1194毫米　1/16
印　　张：26.75
字　　数：652千字
版　　次：2023年10月第1版
印　　次：2023年10月第1次印刷
定　　价：268.00元